Bernd Tesch / Xenia von Hammerstein /
Petra Stanat / Henning Rossa (Hrsg.)

Bildungsstandards aktuell:

Englisch/ Französisch

in der Sekundarstufe II

Herausgeberinnen und Herausgeber, Autorinnen und Autoren

Burwitz-Melzer, Eva (Justus-Liebig-Universität Gießen)
Caspari, Daniela (Freie Universität Berlin)
Martinez, Hélène (Justus-Liebig-Universität Gießen)
Meißner, Franz-Joseph (Justus-Liebig-Universität Gießen)
Nold, Günter (Universität Dortmund)
Rossa, Henning (Universität Dortmund)
Schröder, Konrad (Universität Augsburg)
Stanat, Petra (Institut zur Qualitätsentwicklung im Bildungswesen, Berlin)
Tesch, Bernd (Universität Kassel)
Vollmer, Johannes (Universität Osnabrück)
Von Hammerstein, Xenia (Evangelisches Gymnasium zum Grauen Kloster, Berlin)

Mitwirkende, Aufgabenentwicklerinnen und Aufgabenentwickler

Adler, Martina (Sächsisches Bildungsinstitut, Radebeul)
Beck, Rolf (Staatliches Gymnasium Bergschule Apolda)
Bial, Jessica (Qualitäts- und Unterstützungsagentur – Landesinstitut für Schule des Landes Nordrhein-Westfalen, Soest)
Bremm, Bernhard (Staatliches Studienseminar für das Lehramt an Gymnasien, Trier)
Butzko, Ellen (Regierungspräsidium Tübingen)
Edelmann, Frank (Professor-Fritz-Hofmann Gymnasium, Kölleda)
Frenzel, Friedrich (Rhön-Gymnasium, Bad Neustadt an der Saale)
Gebauer, Eva (Hermann-Tast-Schule, Husum)
Hampel, Margareta (Institut zur Qualitätsentwicklung im Bildungswesen, Berlin)
Horn, Dieter (Europaschule Gymnasium „Am Sonnenkamp", Neukloster)
Knaack, Melanie (Institut zur Qualitätsentwicklung im Bildungswesen, Berlin)
Nöth, Dorothea (Herder-Gymnasium, Berlin)
Roebers, Jochen (Ministerium für Schule und Weiterbildung des Landes Nordrhein-Westfalen, Düsseldorf)
Schinschke, Andrea (Landesinstitut für Schule und Medien Berlin-Brandenburg, Ludwigsfelde)
Schmidt, Thomas (Sigmund-Schuckert-Gymnasium, Nürnberg)
Seydel, Christian (Institut zur Qualitätsentwicklung im Bildungswesen, Berlin)
Steffen, Claudia (Herbart Gymnasium, Oldenburg)
Walker-Thielen, Susanne † (Gymnasium am Schloss, Saarbrücken, Ministerium für Bildung und Kultur des Saarlandes)
Werry, Hanno (Landesinstitut für Pädagogik und Medien, Saarbrücken)
Zettl, Véronique (Kaufmännische Schule, Schwäbisch Gmünd)

Bernd Tesch / Xenia von Hammerstein /
Petra Stanat / Henning Rossa (Hrsg.)

Bildungsstandards aktuell:

Englisch/ Französisch

in der Sekundarstufe II

mit DVD

Institut zur Qualitätsentwicklung
im Bildungswesen

Diesterweg
Schroedel
westermann

westermann GRUPPE

© 2017 Bildungshaus Schulbuchverlage
Westermann Schroedel Diesterweg Schöningh Winklers GmbH, Braunschweig
www.diesterweg.de

Druck A[1] / Jahr 2017
Alle Drucke der Serie A sind im Unterricht parallel verwendbar.

Umschlaggestaltung und Layout: thom bahr GRAFIK, Mainz
Druck und Bindung: westermann druck GmbH, Braunschweig

ISBN 978-3-425-**04538**-2

Inhalt

Grußwort der Präsidentin der Kultusministerkonferenz   8
Vorwort 10

1   Einleitung 14

1.1   Kompetenzen und Bildung 14
1.1.1 Traditionen des Oberstufenunterrichts und Hinwendung
       zur Kompetenzorientierung 14
1.1.2 Bildungsstandards und Kompetenzen im Fremdsprachenunterricht 17
1.1.3 Sprachlich-kulturelle Bildung 21
1.1.4 Themen und Inhalte im Zeitalter der Kompetenzorientierung –
       und die Angst vor einer Verarmung des Fremdsprachenunterrichts 23
1.1.5 Ein kurzes Fazit 24

1.2   Bildungsstandards für die Allgemeine Hochschulreife . . . 25
1.2.1 Kompetenzstrukturmodell 25
1.2.2 Standardbeschreibungen 27
1.2.3 Anforderungsniveaus und Anforderungsbereiche 31
1.2.4 Hinweise zur Prüfungsdurchführung 31
1.2.5 Aufgabenbeispiele 32
1.2.6 Ausblick 35

2   Kompetenzen 36

2.1   Interkulturelle kommunikative Kompetenz 36
2.1.1 Interkulturelles Lernen in der Fremdsprachendidaktik 36
2.1.2 Interkulturelle Kompetenz in den Dokumenten der KMK 37
2.1.3 Interkulturelle Kompetenz in den Bildungsstandards
       für die Allgemeine Hochschulreife 38
2.1.4 Erläuterung der Standards 40
2.1.5 Aufgaben zur Entwicklung und Förderung der interkulturellen
       kommunikativen Kompetenz 42

2.2   Text- und Medienkompetenz 56
2.2.1 Textarbeit im Fremdsprachenunterricht: Die bisherige Situation . . 56
2.2.2 Definition Text- und Medienkompetenz 58
2.2.3 Textbegriff und Medienbegriff 59
2.2.4 Die Operationalisierung der Standards 62
2.2.5 Die Entwicklung von Aufgaben zur Text- und Medienkompetenz . . 67

2.3   Hörverstehen 84
2.3.1 Theoretische Grundlagen des Hörverstehens 85
2.3.2 Das Hörverstehen in den Bildungsstandards für die Allgemeine
       Hochschulreife 91

2.3.3   Aufgabenkonzeption   93
2.3.4   Ausblick   99

2.4   Hörsehverstehen   100
2.4.1   Theoretische Grundlagen des Hörsehverstehens   100
2.4.2   Das Hörsehverstehen in den Bildungsstandards für die Allgemeine
        Hochschulreife.   104
2.4.3   Aufgabenkonzeption   106
2.4.4   Ausblick 119

2.5   Leseverstehen   120
2.5.1   Lesen in fremdsprachendidaktischen Kompetenzmodellen   120
2.5.2   Leseverstehen in den Bildungsstandards für die Allgemeine
        Hochschulreife.   124
2.5.3   Grundsätzliches zur Konstruktion fremdsprachlicher Leseaufgaben   125
2.5.4   Diagnose in Lesekompetenz-Aufgaben   133
2.5.5   Aufgabenbeispiele   134
2.5.6   Ausblick 140

2.6   Schreiben   142
2.6.1   Theoretische Aspekte der Kompetenz Schreiben   142
2.6.2   Die innovativen Komponenten der kommunikativen Modellierung
        des Schreibens in den Bildungsstandards für die Allgemeine
        Hochschulreife.   149
2.6.3   Aufgabenkonzeption   152
2.6.4   Ausblick 158

2.7   Sprechen   159
2.7.1   Theoretische Grundlagen des Sprechens   159
2.7.2   Sprechen in den Bildungsstandards für die fortgeführte Fremdsprache
        (Englisch/Französisch) für die Allgemeine Hochschulreife   163
2.7.3   Aufgabenkonzeption   167
2.7.4   Ausblick 178

2.8   Sprachmittlung.   179
2.8.1   Konzeption und Modellierung   179
2.8.2   Sprachmittlung in den Bildungsstandards   182
2.8.3   Didaktische Schwerpunkte der Aufgaben   184
2.8.4   Weitere Aspekte der Sprachmittlung.   195
2.8.5   Ausblick 199

2.9   Sprachbewusstheit   201
2.9.1   Sprachbewusstheit als Teil von Fremdsprachenkompetenz   201
2.9.2   Sprachbewusstheit – Sprachenbewusstheit: Analyse und
        Bildungsstandards   204
2.9.3   Aufgaben zur „Sprachbewusstheit"   211
2.9.4   Zusammenfassung und Ausblick.   218

2.10   Sprachlernkompetenz   220
2.10.1 Einführung.   220

2.10.2 Zur Entstehung und Weiterentwicklung des Begriffs
       Sprachlernkompetenz   221
2.10.3 Sprachlernkompetenz in den Bildungsstandards   224
2.10.4 SLK, Sprachlernbewusstheit und Aufgabenkonstruktion   229
2.10.5 Förderung von Sprachlernkompetenz in Lernaufgaben   230
2.10.6 Abschließende Anmerkungen und Ausblick   243

3   Lernaufgaben   244

3.1   Lernaufgaben: Definitionen, Prinzipien und Kriterien . . .   244
3.1.1 Entstehung und Entwicklung des Konzepts   244
3.1.2 Definition, Aufbau und Prinzipien von Lernaufgaben   247
3.1.3 Abgrenzung zu anderen Aufgaben   250
3.1.4 Entwicklung und Erprobung von Lernaufgaben beim IQB   252
3.1.5 Lernaufgaben genauer betrachtet   254
3.1.6 Ausblick   265

3.2   Umsetzung und Weiterentwicklung von Lernaufgaben . .   266
3.2.1 Kompetenzorientierte Lernaufgaben und Implementation
       der Bildungsstandards   266
3.2.2 Planungs- und Prozessebene von Lernaufgaben   267
3.2.3 Lehrende, Lernende und Lernaufgaben   268
3.2.4 Arbeiten mit Aufgaben im Unterricht   278
3.2.5 Lernaufgaben als Instrument für die Weiterentwicklung
       des Fremdsprachenunterrichts   285

3.3   Evaluation und Lernaufgaben   287
3.3.1 Formative und summative Evaluation   287
3.3.2 Das WAS / WER / WIE der Evaluation   289
3.3.3 Die diagnostische Funktion von Lernaufgaben   296
3.3.4 Von der Aufgabenanalyse zur Aufgabenevaluation – Förderung
       der Aufgabenbewusstheit   300
3.3.5 Zusammenfassung und Ausblick   306

3.4   Inhalte und Themen   307
3.4.1 Begriffliche Klärung   307
3.4.2 Wissensbereiche des Fremdsprachenunterrichts   309
3.4.3 Rahmenthemen   311
3.4.4 Das Verhältnis von Kompetenz-, Themen- und Aufgaben-
       orientierung   312
3.4.5 Einzelthemen   314
3.4.6 Kriterien für die Auswahl von Inhalten, Themen und Texten
       für das Fremdsprachenlernen   319
3.4.7 Ausblick   320

Literaturverzeichnis   322
Stichwortverzeichnis   336

Grußwort

der Präsidentin der Kultusministerkonferenz

Dass uns heute gesicherte Befunde der empirischen Bildungsforschung vorliegen, verdanken wir maßgeblich der mit dem „Konstanzer Beschluss" der Kultusministerkonferenz 1997 eingeleiteten sogenannten „empirischen Wende". Wir müssen damit nicht länger spekulieren, worin die Stärken und Schwächen unseres Bildungssystems liegen.

Die Kultusministerkonferenz legt einen besonderen Schwerpunkt auf die Entwicklung und Einführung von bundesweit geltenden Bildungsstandards. Damit sichern wir die gewünschte Qualität im Bildungssystem auf Grundlage des auch international bewährten „Dreiklangs" von

- mehr Eigenständigkeit für Schulen
- bei gleichzeitiger Vorgabe verbindlicher Standards
- und regelmäßiger Evaluation.

Dabei beschreiben die Bildungsstandards der Kultusministerkonferenz Leistungserwartungen in Form fachlicher Kompetenzanforderungen, über die Schülerinnen und Schüler bis zum Ende der Grundschule, der Sekundarstufe I und der Sekundarstufe II verfügen sollen.

In den Jahren 2003 und 2004 wurden Bildungsstandards für den Primarbereich, den Hauptschulabschluss und den Mittleren Schulabschluss verabschiedet. Im Oktober 2012 hat die Kultusministerkonferenz Bildungsstandards in den Fächern Deutsch, Mathematik und der fortgeführten Fremdsprache (Englisch/Französisch) für die Allgemeine Hochschulreife verabschiedet. Mit Beginn der Einführungsphase des Schuljahres 2014/2015 bilden sie die Grundlagen der fachspezifischen Anforderungen für die Allgemeine Hochschulreife und gelten für standardbasierte Abiturprüfungen ab dem Schuljahr 2016/2017. Damit sind für die zentralen Fächer einheitliche Leistungsanforderungen formuliert, die für mehr Vergleichbarkeit zwischen den Bundesländern sorgen und ein gemeinsames Leistungsniveau zu sichern helfen.

Die Bildungsstandards, wie jede andere Innovation im Bildungswesen, entfalten ihre Wirkungen aber nur dann, wenn sie Eingang in die alltägliche Praxis der Schulen finden. Ihre Umsetzung in die schulische Praxis zielt insbesondere auf eine Unterrichtsgestaltung, die den Kompetenzerwerb als die pädagogisch zu gestaltende Verbindung von Wissen und Können in den Mittelpunkt pädagogischer Prozesse stellt. In Lernprozessen muss somit der systematische Aufbau inhaltsbezogenen Wissens und die Entwicklung der Fähigkeit, dieses Wissen flexibel zu nutzen und selbstständig in neuen Kontexten anzuwenden, konsequent berücksichtigt werden. Dies ist ohne die Bereitschaft der Lehrerinnen und Lehrer, sich mit neuen fachbezogenen Anforderungen auseinanderzusetzen und den Unterricht entsprechend didaktisch und methodisch weiterzuentwickeln, nicht möglich.

Bei der Umsetzung der Bildungsstandards für die Allgemeine Hochschulreife gilt es deshalb, den Lehrerinnen und Lehrern in der gymnasialen Oberstufe konkrete Hinweise an die Hand zu geben, wie ein kompetenzorientierter Unterricht auf Grundlage der Bildungsstandards in der Praxis gestaltet werden kann. Die bewährte Unterrichtskultur in den Schulen der Sekundarstufe II soll dabei nicht aufgegeben, sondern vielmehr schrittweise weiterentwickelt werden.

Eine Unterrichtsgestaltung, die im Sinne der Bildungsstandards den Erwerb von Wissen und Können miteinander verbindet und damit die Kompetenzentwicklung ermöglicht, spiegelt sich ganz wesentlich auch in guten Aufgaben. Deshalb hat die Kultusministerkonferenz das Institut zur Qualitätsentwicklung im Bildungswesen (IQB) gebeten, zur Unterstützung des Implementationsprozesses illustrierende Lernaufgaben zu entwickeln.

Diese fachlich fundierten und praxisnahen Anregungen für den kompetenzorientierten Unterricht in der fortgeführten Fremdsprache Englisch bzw. Französisch in der Sekundarstufe II liegen nun mit dieser Publikation vor. Dabei werden die Grundlagen eines standardbasierten Unterrichts beschrieben und mit anschaulichen Aufgabenbeispielen illustriert. So wird auch das Potenzial der Bildungsstandards, Schülerinnen und Schüler in ihren Lernprozessen wirksam zu unterstützen, anschaulich gemacht.

Ich wünsche mir, dass diese Veröffentlichung vor allem unter den Lehrkräften und den Verantwortlichen in der Lehreraus- und -fortbildung große Verbreitung und Anwendung findet, und danke allen, die an dieser grundlegenden Veröffentlichung mitgewirkt haben.

Staatsministerin Brunhild Kurth
Präsidentin der Ständigen Konferenz der Kultusminister
der Länder in der Bundesrepublik Deutschland, Januar 2015

Vorwort

Englisch und Französisch in der Sekundarstufe II: Bildungsstandards, Unterricht, Abitur

Im Oktober 2012 wurden von der KMK die Bildungsstandards für die Allgemeine Hochschulreife für Deutsch, Mathematik und die fortgeführte Fremdsprache (Englisch/Französisch) (KMK 2014)[1] veröffentlicht. Damit sind die Weichen für die Weiterentwicklung des Oberstufenunterrichts in Deutschland auch in den sprachlichen Fächern gestellt worden. Die Einführung der Bildungsstandards kann dann als erfolgreich bezeichnet werden, wenn diese im Unterricht der Oberstufe ankommen, d. h. wenn Lehrkräfte den Unterricht so gestalten, dass Schülerinnen und Schüler[2] die in den Bildungsstandards definierten Kompetenzen weiterentwickeln und anschließend die Abiturprüfung erfolgreich absolvieren.

Die Hattie-Studie (Hattie 2009) hat noch einmal verdeutlicht: Der schulische Erfolg einer Schülerin und eines Schülers hängt maßgeblich von qualifizierten Lehrkräften und deren Unterrichtsgestaltung ab. Diese Publikation möchte einen Beitrag dazu leisten, die Bildungsstandards in ihrem Potenzial den Lehrkräften – und das schließt selbstverständlich alle an der Lehreraus- und Lehrerfortbildung Beteiligten mit ein – so nahezubringen, dass sie auf dieser Basis den Oberstufenunterricht gestalten können. Dieses Ziel ergibt sich auch daraus, dass ab dem Schuljahr 2016/17 die Abiturprüfungen in den genannten Fächern auf der Grundlage der Bildungsstandards für die Allgemeine Hochschulreife erfolgreich durchgeführt werden sollen. Sie bilden mit Beginn der Einführungsphase des Schuljahres 2014/2015 die Grundlage der fachspezifischen Anforderungen für die Allgemeine Hochschulreife und werden dann die Einheitlichen Prüfungsanforderungen in der Abiturprüfung (EPA) ablösen.

Mit dem Übergang in die gymnasiale Oberstufe an allgemeinbildenden Schulen ist im deutschen Bildungswesen i. d. R. die Wahl zweier Fremdsprachen verbunden. Die Schülerinnen und Schüler können dabei meist zwischen mehreren Fremdsprachen wählen, da das Sprachenangebot der Schulen mittlerweile nicht mehr nur die traditionellen Schulfremdsprachen, sondern verstärkt auch „kleinere" europäische sowie nichteuropäische Sprachen (z. B. Chinesisch, Japanisch) umfasst. Dieser Band widmet sich mit Englisch und Französisch den beiden Sprachen, zu denen Bildungsstandards für die Allgemeine Hochschulreife vorliegen; gleichzeitig wird im Sinne der Förderung von Mehrsprachigkeit eine Übertragbarkeit auch für andere Sprachen angestrebt, d. h., die Erläuterungen in diesem Band zu den Bildungsstandards und Aufgabenbeispielen schließen die Brückenfunktion des Englischen und des Französischen für das Erlernen weiterer Sprachen mit ein.

[1] Die Bildungsstandards für die Allgemeine Hochschulreife stehen auf der KMK-Homepage (http://www.kmk.org/fileadmin/Dateien/veroeffentlichungen_beschluesse/2012/2012_10_18-Bildungsstandards-Fortgef-FS-Abi.pdf) zur Verfügung, sind aber auch im Buchhandel (Wolters-Kluwer) erhältlich.

[2] Im Weiteren werden – gerade in den Aufgaben – der Kürze und besseren Lesbarkeit halber zuweilen die Abkürzung SuS sowie die maskuline Form verwendet. Letztere meint jedoch immer Schülerinnen und Schüler; in einer weiteren generischen Verwendung steht mitunter „Lehrer" für „Lehrerinnen und Lehrer".

Für das Englische in der gymnasialen Oberstufe gelten überdies Lernansprüche, die mit seiner Bedeutung als Wissenschaftssprache verbunden sind. Dies gilt zwar im Hinblick auf alle funktionalen kommunikativen Teilkompetenzen, in besonderem Maße jedoch für die Förderung der Lesefähigkeit und des Hörverstehens. Englisch stützt sich zudem auf didaktische Konzepte, die der Tatsache Rechnung tragen, dass Englisch in der Schule in der Regel die erste Fremdsprache darstellt und das Fach somit eine besondere Rolle aber auch Verantwortung für das Erlernen weiterer Sprachen übernimmt. Französisch als zweithäufigste Schulfremdsprache besitzt z.B. durch die didaktischen Ansätze zur Interkomprehension[3] vielfältige Möglichkeiten, seiner Funktion als Brückensprache zu anderen romanischen Sprachen gerecht zu werden.

Aus fachdidaktischer Sicht ist mit diesem Band zu den gemeinsamen Bildungsstandards für Englisch und Französisch die Integration der anglistischen und romanistischen Fremdsprachendidaktiken verbunden. Expertinnen und Experten beider Ausrichtungen haben über mehrere Jahre gemeinsame Standards entwickelt, gemeinsam Aufgabenentwicklerinnen und -entwickler beraten und gemeinsame Kapitel verfasst. Jeder war dadurch gezwungen, die Sichtweise des anderen wahrzunehmen und mit seinen eigenen Sichtweisen zu koordinieren. Erfahrene Fachlehrerinnen und Fachlehrer beider Sprachen haben über mehrere Jahre hinweg als Aufgabenentwickler kooperiert. Das Ergebnis ist ein Band, in dem die Orientierung an Kompetenzen, wie sie in den Bildungsstandards für die Allgemeine Hochschulreife (KMK 2014) nun auch für die gymnasiale Oberstufe konzipiert wurde, in drei Kapiteln mehrperspektivisch aus anglistischer und aus romanistischer Sicht erläutert und illustriert wird.

Das Buch umfasst drei Kapitel mit dem Schwerpunkt auf Kapitel zwei, das sich mit den Kompetenzen beschäftigt. Das erste Kapitel (Einleitung, 1.1) beschreibt zunächst den bildungspolitischen Kontext, der zur Erarbeitung der Bildungsstandards geführt hat, setzt die Standards in Bezug zum Bildungsbegriff und beleuchtet den verwendeten Kompetenzbegriff. Im zweiten Teilkapitel (1.2) werden die Bausteine der Bildungsstandards vorgestellt und erläutert: das Kompetenzmodell, die Einzelstandards, die Hinweise zur Prüfungsdurchführung (die die früheren Einheitlichen Prüfungsanforderungen ersetzen) sowie die illustrierenden Lern- und Prüfungsaufgaben.

Das zweite Kapitel des Bandes führt in zehn fachdidaktischen Beiträgen in die einzelnen Kompetenzen ein, erläutert die Einzelstandards[4] und verbindet die Theorie mit den Lernaufgaben. Hier wurde in einem Punkt von der Systematik der Bildungsstandards leicht abgewichen: Dem Hörsehverstehen wurde – der Komplexität und zunehmenden Bedeutung dieser Teilkompetenz geschuldet – ein eigenes Teilkapitel gewidmet. Die Bildungsstandards für die Allgemeine Hochschulreife halten dagegen aus Gründen der Kontinuität in Bezug auf die Bildungsstandards für den Mittleren Schulabschluss (KMK 2004a) an der Darstellung von Hörverstehen und Hörsehverstehen in einem gemeinsamen Kapitel fest.

---

[3] „Interkomprehension heißt, eine Sprache verstehen (können), ohne sie formal oder in ihrer kulturellen Umgebung erlernt zu haben" (Meißner 2010: 29).

[4] Der Übersichtlichkeit halber wird anders als in den veröffentlichten KMK-Bildungsstandards eine Nummerierung für die Einzelstandards verwendet, die jedoch der Reihenfolge in den KMK-Bildungsstandards entspricht.

Das dritte Kapitel öffnet die Perspektive von der Mikroebene der Einzelkompetenzen zur Meso- und Makroebene kompetenzübergreifender didaktischer Aspekte: der Lernaufgabenbegriff (Kapitel 3.1), die Umsetzung und Weiterentwicklung von Aufgaben (Kapitel 3.2), Evaluation und Lernaufgaben (Kapitel 3.3) sowie Themen und Inhalte (Kapitel 3.4).

Bei aller Zustimmung zum Lernaufgabenkonzept wäre es allerdings ein Irrtum anzunehmen, dass sich der Fremdsprachenunterricht im Allgemeinen und insbesondere in der gymnasialen Oberstufe in der Bearbeitung oder gar Abarbeitung von Aufgaben erschöpfen würde. Aufgaben und ihr Einsatz im Unterricht sind zwar ein Kernelement – wenn nicht sogar „das" Kernelement – der Kompetenzentwicklung; Fremdsprachenunterricht ist jedoch mehr als reine Aufgabenbearbeitung. Aufgaben sind nur das Medium. Fremdsprachenunterricht wird von Menschen in einem Kontext durchgeführt und ist durch sehr spezifische Lehrer-Schüler- und Schüler-Schüler-Interaktionen, durch die jeweiligen Klassen- oder Kurs-Profile (z. B. soziale Klassenzusammensetzung, Anzahl der Schülerinnen und Schüler, die bereits einen Auslandsaufenthalt absolviert haben, G8 bzw. G9) sowie Schulprofile und sich daraus ableitende Schwerpunkte (Stadtschule / Landschule, regionales Einzugsgebiet, Schulpartnerschaften, bilinguale Angebote, Teilnahme an Programmen etc.) geprägt. Bei sehr autonomen Lerngruppen / Klassen / Kursen kann das aufgabenorientierte und eher konstruktivistisch geprägte Lernen dominieren, bei weniger autonom arbeitenden Lerngruppen / Klassen / Kursen kann ein mehr instruktivistisch orientierter Unterricht erfolgversprechender sein, der ggf. kleinschrittiger und stärker lenkend vorgeht.

Ein Faktor, der das Prinzip des aufgabenorientierten Lernens – ein Lernen, das sich zentral auf anspruchsvolle komplexe Aufgabenstellungen stützt und Aufgabenbewusstheit, selbstständige Planung und Lernreflexion privilegiert – künftig verändern könnte, ist die Etablierung der elektronischen Mediennutzung im Unterricht. In absehbarer Zeit dürften die meisten Klassen mit elektronischen Endgeräten ausgestattet sein. Dies wiederum könnte zusammen mit moderner Lernsoftware auch den Fremdsprachenunterricht stark beeinflussen und die Individualisierung des Lernens unterstützen. Ein solches Lernszenario würde möglicherweise auch vermehrt Phasen des gezielten, individuellen Kompetenztrainings beinhalten.

Der vorliegende Band sucht den Anschluss an frühere Reihen des IQB herzustellen. Dort wurde in den Jahren 2006 bis 2008 erstmals der Versuch unternommen, die Kompetenzorientierung der Bildungsstandards für den Mittleren Schulabschluss (KMK 2004a) zu konkretisieren. Auch diese erste Reihe fachbezogener Bände erhob keinesfalls den Anspruch, eine vollständige Didaktik wiederzugeben, sondern verfolgte das Ziel, auf Grundlage von Lernaufgaben die jeweiligen fachbezogenen Bildungsstandards zu illustrieren und zu erläutern. Damals bereits enthielten die Bände Aufgabensammlungen auf einer beigefügten CD-ROM, die später auf der Webseite des IQB veröffentlicht wurden. Dasselbe Verfahren kommt auch bei diesem Band wieder zur Anwendung. Auf der Webseite des IQB können unter http://www.iqb.hu-berlin.de/bista/UnterrichtSekII die Aufgaben und Zusatzmaterialien, die auch auf einer DVD dem Buch beigefügt sind, aufgerufen und heruntergeladen werden. Dieser Service erhöht die Zugriffsmöglichkeiten für diejenigen Lehrerinnen und Lehrer, die zunächst vor allem an den Materialien interessiert sind.

Bei der Aufgabensammlung wurde auf formale Einheitlichkeit geachtet. Dennoch gibt es Unterschiede im Hinblick auf die Detailliertheit einzelner Ausführungen. Dies betrifft insbesondere die „Hinweise zur Durchführung der Aufgabe" und ist dem Umstand geschuldet, dass sehr viele Personen mit der Erarbeitung der Aufgaben befasst waren. In einzelnen Fällen war es möglich, Schülerantworten in die Aufgabensammlung aufzunehmen. Leider war es auf Grund vielfältiger auch urheberrechtlicher Probleme nicht möglich, für die verschiedenen Kompetenzen jeweils gleich viele Aufgaben zu publizieren. Dass einige Standards in den Aufgaben häufig abgebildet wurden, hängt natürlich auch damit zusammen, dass es bei allen Kompetenzen ganz basale Aktivitäten gibt, die fast immer aufgerufen werden (z. B. globales Leseverstehen oder Hörverstehen). Sie sind auf dem grundlegenden Niveau zu verorten. Andere Aktivitäten, die in den Standards dem erhöhten Niveau zugeordnet sind, sind dagegen weniger häufig bzw. konnten nicht alle in der Anlage der ausgewählten Aufgaben realisiert werden.

Dem in Kapitel 3.1 dargelegten Lernaufgabenkonzept folgend unterscheiden wir auch auf der Aufgaben-DVD zwischen (komplexen) Lernaufgaben und Einzelaufgaben. Lernaufgaben sind „thematisch gerahmte Arrangements aus Einzelaufgaben, die jeweils auf eine bestimmte Kompetenz fokussieren" (S. 247 ff.). Die Lernaufgabe *L'Institut Paul Bocuse* beispielsweise umfasst drei Kompetenzschwerpunkte (Leseverstehen, Schreiben, Sprechen) mit jeweils einer Einzelaufgabe pro Kompetenzschwerpunkt. Die Lernaufgabe *Cross-cultural relations between Asia and the Western World* dagegen fokussiert mit insgesamt fünf Einzelaufgaben nur auf einen Kompetenzschwerpunkt, das Leseverstehen. Bei der Mehrzahl der Aufgaben auf der DVD handelt es sich um Einzelaufgaben, deren thematische Rahmung benannt wird, die aber nicht zu einer vollständigen Lernaufgabe unter Einschluss weiterer Einzelaufgaben ausgearbeitet worden sind. Jede Einzelaufgabe besteht aber i. d. R. aus mehreren Teilaufgaben.

Der Band hat somit ein spezifisches Format. Er will weder eine Fremdsprachendidaktik noch ein Lehrwerk noch eine Aufgabensammlung sein, sondern eine didaktische Monographie mit reichhaltigem illustrierenden Material. Neben den Unterrichtenden sind die in der Lehrerbildung der ersten, zweiten und dritten Phase tätigen Expertinnen und Experten Zielgruppe des Bandes: Ausbilder bzw. Dozenten an den Hochschulen, Fachleiter an Studienseminaren, Fachberater, Fachmoderatoren, Fachabteilungsleiter und Referenten der Landesinstitute. Ihnen allen möchte das IQB ein Instrument an die Hand geben, das ihnen bei der Implementation der Bildungsstandards helfen soll. Wir hoffen, dass sowohl die theoretischen Ausführungen als auch die Konkretisierungen durch Aufgabenbeispiele die Erwartungen der Leserinnen und Leser erfüllen.

Kassel, Berlin und Dortmund, Januar 2015
Prof. Dr. Bernd Tesch[5], Xenia von Hammerstein[6], Prof. Dr. Petra Stanat,
Vertr.-Prof. Dr. Henning Rossa

---

[5] IQB-Fachkoordination Französisch 2005–2013
[6] IQB-Fachkoordination Englisch 2012–2014

1 Einleitung

1.1 Kompetenzen und Bildung

Konrad Schröder / Bernd Tesch / Günter Nold
unter Mitarbeit von
Johannes Vollmer und Franz Joseph Meissner

Die Bildungsstandards für die fortgeführte Fremdsprache (Englisch/Französisch) für die Allgemeine Hochschulreife des Jahres 2012 stellen einen Markstein in der Entwicklung des Fremdsprachenunterrichts der gymnasialen Oberstufe dar: In historischer Perspektive sind sie ein wichtiger Schritt nach vorn auf dem Weg zu einer kommunikativ und interkulturell zeitgemäßen Gymnasialbildung in den fremdsprachlichen Fächern. Im Folgenden werden die Entwicklungen skizziert, die zur Ausgestaltung der Bildungsstandards für die Allgemeine Hochschulreife im Bereich der modernen Fremdsprachen geführt haben. Es werden dabei Traditionen beleuchtet, und es wird auch das Verhältnis von Kompetenzorientierung und Bildung reflektiert.

1.1.1 Traditionen des Oberstufenunterrichts und Hinwendung zur Kompetenzorientierung

die neuhumanistische Tradition: ein inhaltlich fixierter Bildungskanon

Rund 150 Jahre lang, von der Einführung des Abiturs in Preußen (1812) bis in die 1960er Jahre hinein, stand fremdsprachliche Oberstufenarbeit im Dienste der Vermittlung von kanonisierten Bildungsgütern, von Texten und von textbegleitenden Überlegungen, denen man – vor dem Hintergrund der Bildungsvorstellungen des Deutschen Idealismus – erzieherischen Wert zuschrieb.

der Übergang auf einen lernzielorientierten Ansatz und das Prinzip des Exemplarischen

Die schrittweise Revision des ererbten, vorwiegend inhaltlich fixierten Bildungskanons in den 1960er Jahren wurde Anfang der siebziger Jahre durch neue Lehrpläne und Richtlinien beschleunigt; dies begünstigte den Übergang zu einem „lernzielorientierten" Ansatz, bei dem bildungs- und ausbildungstheoretische Zielsetzungen im Mittelpunkt stehen. Dieser Ansatz wurde auch für die mit Beschluss der Kultusministerkonferenz vom 7.7.1972 (im Folgenden: KMK) geschaffene gymnasiale Oberstufe (Sekundarstufe II) übernommen[1]. Zu

---

[1] Eine Detailanalyse der Reform von 1972 liefern für den fremdsprachlichen Bereich Bliesener/ Schröder 1977: 1–72.

den Grundprinzipien des neuen Systems von Grund- und Leistungskursen gehörte es, exemplarisch vorzugehen: Erkenntnisgewinn sollte durch forschendes
Lernen an beispielhaft ausgewählten Gegenständen ermöglicht werden. Hinter
den exemplarisch ausgewählten Gegenständen verbargen sich in der Folgezeit
allerdings oft die alten Bildungsgüter – in entkanonisierter Form.

Lernziele, hierarchisch strukturiert als Richtziele, Grobziele, Feinziele, waren
Setzungen eines *input-orientierten* Systems. Sie wurden auf der Basis von Bildungs-
und Ausbildungstheorien gesetzt, weniger aber etwa durch Vorstellungen und
Erwartungen im Hinblick auf kommunikative und (inter-)kulturelle Fähigkeiten,
Fertigkeiten oder Kompetenzen begründet. Man folgte dabei (teilweise traditi-
onsreichen) Vorstellungen davon, was zu lernen angemessen sei; die Erreich-
barkeit der Zielsetzungen unter den jeweiligen Bedingungen von Schule und
Unterricht spielte kaum eine Rolle und war auch nicht Gegenstand von Empirie.
Das Erreichen von Lernzielen wurde nur unvollkommen durch mitunter wenig
valide Lernerfolgskontrollen überprüft.

Warnende Stimmen, die fächerübergreifend darauf hinwiesen, dass die gymnasiale Oberstufe gar nicht jene Ziele erreiche, an die das Gymnasium und seine
Lehrerschaft glaube, gab es dann auch zuhauf, vor allem aus dem Hochschul-
bereich, aber auch aus Kreisen der Wirtschaft. Sie wurden in den siebziger und
achtziger Jahren allzu leichtfertig als Unkenrufe abgetan.

Umso herber war das Erwachen, als Deutschland in der PISA-Studie der OECD
2000 nur relativ schwache Leistungen zeigte (vgl. Baumert 2003): Der sogenannte PISA-Schock war die Folge. Ergebnisorientierung wurde nun verordnet, zunächst für die Sekundarstufe I und für die Grundschule. In den Folgejahren wurden weitere großangelegte Lernstandserhebungen durchgeführt, wobei für den
fremdsprachlichen Bereich vor allem das DESI-Projekt der KMK zu nennen ist
(vgl. Beck/Klieme 2007; DESI-Konsortium 2008).

Die Entwicklung von Bildungsstandards für die Sekundarstufe I (KMK 2004a und
2004b) ist als eine unmittelbare Reaktion auf die PISA-Ergebnisse zu werten. Sie legen fest, welche Kompetenzen und Teilkompetenzen am Ende der Sekundarstufe I
vorhanden sein sollen. Gleichzeitig bieten sie erste Musteraufgaben zur Evaluation des Erreichten. In den Fremdsprachen greifen die Bildungsstandards von
2003 eine didaktische Entwicklung auf, die sich in den 1990er Jahren weitgehend
außerhalb der staatlichen Schulsysteme angebahnt hatte und in der Folgezeit das
Fremdsprachenlernen und den Fremdsprachenunterricht neu ausrichten sollte.

Unter der Federführung des Europarates war auf teilempirischer Basis ein kompetenzorientiertes didaktisches Regelwerk, der Gemeinsame europäische Referenzrahmen für Sprachen: lernen, lehren, beurteilen (Europarat 2001) entstanden.
Dieser ermöglichte es erstmals in der Geschichte des Fremdsprachenunterrichts,

- Facetten fremdsprachlichen Könnens auf sechs aufeinander aufbauenden
  Kompetenzniveaus zu beschreiben,
- dabei auch kommunikative Mündlichkeit auf den unterschiedlichen Stufen
  umfassend darzustellen,
- fremdsprachliches Können in seinen Stufungen positiv zu fassen („Was können die Lernenden schon?" anstelle des traditionellen schulischen „Was können sie noch nicht?"),

Lernziele in einem input-orientierten System

fehlende Empirie und wenig valide Erfolgskontrollen

warnende Stimmen

… und ein herbes Erwachen: PISA 2000

eine Konsequenz: die Bildungsstandards der KMK für den Mittleren Schulabschluss von 2003

Kompetenzorientierung, eine Entwicklung der 1990er Jahre

der Gemeinsame europäische Referenzrahmen (GeR) 2001: neue Horizonte

• den unterschiedlichen Kompetenzniveaus im Sinne von *basic, independent, proficient user* einen eigenen Stellenwert zu geben und damit den Weg zu einer gestuften Mehrsprachigkeit zu öffnen, wie sie die Europäische Union für ihre Bürger explizit seit 1995 forderte (Europäische Kommission 1996: 72).

die Betonung von Niveaustufen beim Erwerb von sprachlichen und kulturellen Kompetenzen

Vom Gemeinsamen europäischen Referenzrahmen (GeR) wird weiter unten noch ausführlich die Rede sein. Im Rahmen einer Wertung sollte dabei nicht übersehen werden, dass der GeR mit seinen Skalen von Kompetenzen und Teilkompetenzen Fremdsprachenniveaus auf eine zuvor nicht da gewesene Weise präzisiert. Dies geschah zu einer Zeit, in der die Fremdsprachendidaktiken auch in anderen fachlichen Bereichen (besonders im Bereich der interkulturellen kommunikativen Kompetenz) gerade dabei waren, sich mit kognitiven, affektiven und sozialen Lernprozessen wie auch mit Entwicklungen des Zweitspracherwerbs auseinanderzusetzen.

die BMBF-Expertise „Zur Entwicklung nationaler Bildungsstandards" 2003

Mit der im Auftrag des Bundesministeriums für Bildung und Forschung verfassten Schrift „Zur Entwicklung nationaler Bildungsstandards. Eine Expertise" (Klieme et al. 2003) wurde die Kompetenzorientierung als allgemeindidaktisches Leitprinzip für die Schul- und Unterrichtsentwicklung eingefordert, und – nach der Einführung länderübergreifender Bildungsstandards – wurden einige Anstrengungen unternommen, dies nach und nach in der Lehrerbildung zu verankern. Der leitende Gedanke war zunächst, dass durch die Ausrichtung des Lehrens und Lernens an überprüfbaren Kompetenzen eine Qualitätsentwicklung im Unterricht und eine Steigerung der Schulleistungen der Schülerinnen und Schüler erzielt werden könne. Auch erhoffte man sich konkrete Verbesserungen im Hinblick auf die Diagnosekompetenz von Lehrpersonen und, damit verbunden, Möglichkeiten der effizienteren Förderung der Lernenden aller Leistungsgruppen.

die Einheitlichen Prüfungsanforderungen in der Abiturprüfung (EPA) der KMK von 2002/ 2004: erste Berührungen mit dem neuen Denkansatz

Die erwähnten Maßnahmen bezogen sich zunächst vor allem auf die Sekundarstufe I. Dies erscheint folgerichtig, da der Auslöser der Reformanstrengungen, die PISA-Studie 2000, Schulleistungen Fünfzehnjähriger im internationalen Vergleich untersucht hatte, also derjenigen Schülerinnen und Schüler, die am Ende der Sekundarstufe I standen. Die gymnasiale Oberstufe blieb dagegen zunächst noch außerhalb der Entwicklung, auch wenn die Einheitlichen Prüfungsanforderungen in der Abiturprüfung Englisch/Französisch (EPA) der KMK aus den Jahren 2003/2004 (KMK 2003, KMK 2004c) erste Berührungen mit dem neuen Denkansatz aufweisen.

der KMK-Beschluss von 2007: Bildungsstandards für die Allgemeine Hochschulreife …

… verabschiedet im Oktober 2012

Im Oktober 2007 beschloss die Kultusministerkonferenz dann auch, Bildungsstandards für die Allgemeine Hochschulreife entwickeln zu lassen und beauftragte das Institut zur Qualitätsentwicklung im Bildungswesen (IQB) in Berlin mit der Koordination dieser Aufgabe. In einem fächerübergreifend abgestimmten Prozess wurden von 2010 bis 2012 in Deutsch und Mathematik sowie für die fortgeführte Fremdsprache (Englisch/Französisch) Bildungsstandards einschließlich illustrierender Lern- und Prüfungsaufgaben entwickelt. Sie wurden im Oktober 2012 verabschiedet und traten mit der Einführungsphase zu Beginn des Schuljahres 2014/2015 in Kraft (KMK 2014).

Die Dokumente umfassen jeweils ein fachspezifisches Kompetenzstrukturmodell, die Nennung von Standards zu Einzelkompetenzen sowie Hinweise zur Prüfungsdurchführung für das Abitur. Hinzu kommen illustrierende Lern- und Abiturprüfungsaufgaben.

Kompetenzbeschreibungen und Kompetenzniveaus

1.1.2 Bildungsstandards und Kompetenzen im Fremdsprachenunterricht

Bildungsstandards sind normative Festlegungen dessen, was als erstrebenswert für einen Bildungsabschluss erachtet wird. Die Festlegungen werden als Kompetenzbeschreibungen konkretisiert; sie verdeutlichen, was die Schülerinnen und Schüler erreichen sollen. Dabei orientieren sich die anzustrebenden Kompetenzniveaus an Zielen, die nach Expertenmeinung realistischerweise erreicht werden können. Als normative Setzungen beschreiben die Standards mithin Kompetenzen und Teilkompetenzen für einen bestimmten Abschluss, von denen vermutet wird, dass sie unter entsprechenden schulischen und außerschulischen Bedingungen von der Mehrzahl der Schülerinnen und Schüler erreicht werden können. Daher werden sie auch als „Regelstandards" bezeichnet. Regelstandards entsprechen einem mittleren Anforderungsniveau, das allerdings im Bereich der Sekundarstufe II nach grundlegendem und erhöhtem Niveau differenziert wurde.

Bildungsstandards als normative Setzungen

Der Unterricht der Sekundarstufe II richtet sich demzufolge an dem zu erreichenden Abschlussniveau aus. Daraus ergeben sich für die Unterrichtsplanung einschließlich der Planung und Durchführung von Lernerfolgskontrollen und deren Bewertung eine Reihe von Konsequenzen.

Bedeutung für den Unterricht

Der Unterricht und auch die zugrunde gelegten Lehr- und Lernmaterialien müssen von den Zielen, nämlich von den Standards des angestrebten Abschlusses (*backward planning*) her, geplant werden. Dementsprechend ist auch innerhalb der einzelnen Unterrichtssequenz der Blick gewissermaßen auf die Zielperspektive ausgerichtet.

backward planning

Lernerfolgskontrollen dienen der Feststellung des Zugewinns an Kompetenzen und Teilkompetenzen. Sie begleiten die schulischen Lern- und Erwerbsprozesse und bieten eine kompetenzorientierte Rückmeldung an Lehrkräfte und Lerner. Dazu müssen sie das erfassen, was erreicht werden soll.

Lernerfolgskontrollen

Das Zählen von Fehlern führt nicht zu einer kompetenzorientierten Kontrolle des Lernerfolgs. Vielmehr muss die Methode der Bewertung im Rahmen eines positiven Herangehens („Was ist schon vorhanden, was fehlt noch?") vor allem darauf ausgerichtet sein zu erfassen, was Schülerinnen und Schüler beispielsweise in einer sprachlich kommunikativen Situation schon leisten können. Eine angemessene Bewertung erfolgt hier auf der Grundlage sowohl von einzelnen Kriterien (Kriterienorientierung) als auch auf der Basis von ganzheitlichen Beurteilungen. Letzteres setzt allerdings eine professionelle Erfahrung voraus.

Fehlerzählen kein Instrument kompetenzorientierter Bewertung

Der Begriff Kompetenz ist heute alltäglich; er kommt in den unterschiedlichsten Kontexten vor. Gleichwohl beschreibt er hochkomplexe Gegebenheiten und Zusammenhänge, die in aller Regel nur indirekt sichtbar sind.

zum Begriff ‚Kompetenz'

Die wissenschaftliche Verwendung des Begriffs geht auf den amerikanischen Linguisten Noam Chomsky (1965) zurück. Er brachte das Begriffspaar Kompe-

Chomsky: Kompetenz und Performanz

tenz und Performanz[1] in die Diskussion und traf damit eine Unterscheidung, die in zweierlei Hinsicht bedeutsam war: Sie stellte zum einen ein allgemein verständliches Bild dafür zur Verfügung, dass es eine dem konkreten Gebrauch der Sprache zu Grunde liegende Sprachfähigkeit gibt, die nicht unmittelbar sichtbar ist, auf die aber über eine Analyse der Performanz geschlossen werden kann. Zum zweiten implizierte Chomskys Unterscheidung, dass eine hohe Kompetenz nicht auch automatisch zu einer hohen sichtbaren Performanz in einer konkreten Situation führt, sondern dass diese durch hemmende Faktoren eingeschränkt oder gar blockiert sein kann. Vorhandene Motivation sowie eine adäquate Lern- bzw. Handlungsgelegenheit begünstigen die Nutzung und den Ausbau von Kompetenzen, während beispielsweise zu hoher Leistungsdruck oder eine wenig anregende Lernumgebung hemmend auf den Kompetenzaufbau wirken können.

Viele Wissenschaftszweige haben in der Folgezeit den Begriff der Kompetenz in ihr terminologisches Repertoire aufgenommen, was eine breite semantische Auffächerung bewirkte (vgl. Weinert 1999). In den Sozialwissenschaften etablierte sich in den 1990er Jahren der Begriff der „Schlüsselkompetenz". Er wirkte auch ins Bildungswesen hinein.

Hymes: kommuni-kative Kompetenz

Der für die Entwicklung des GeR zentrale Begriff der „kommunikativen Kompetenz" wurde 1972 von dem Anthropologen Dell Hymes geprägt. Er verstand darunter das formalsprachliche, soziopragmatische, psycholinguistische, soziokulturelle und praktisch verfügbare Wissen eines Sprechers (bzw. Lernenden) sowie die darauf beruhende Fähigkeit, eine Sprache kommunikativ zu verwenden.

Darüber hinaus ist im Kontext sprachlicher Kompetenzorientierung auf den Kompetenzbegriff bei Weinert und Le Boterf hinzuweisen.

der Kompetenz-begriff in der Bildungswissen-schaft: Weinert

Der Bildungswissenschaftler Franz Weinert versteht unter Kompetenzen

[…] die bei Individuen verfügbaren oder von ihnen erlernbaren kognitiven Fähigkeiten und Fertigkeiten, bestimmte Probleme zu lösen, sowie die damit verbundenen motivationalen, volitionalen und sozialen Bereitschaften und Fähigkeiten, die Problemlösungen in variablen Situationen erfolgreich und verantwortungsvoll nutzen zu können. (Weinert 2001: 27)

Weinerts Kompetenzbegriff ist in seiner Fokussierung auf das Problemlösen sehr weit gefasst. Er umfasst kognitive, motivationale, volitionale und soziale Attribute. Die Kombination der verschiedenen Attribute stellt aus der Perspektive von Pädagogik und Fachdidaktik den besonderen Reiz der Definition dar. Lernen beruht nicht nur auf kognitiven, sondern auch auf motivationalen und sozialen Faktoren.

… und in der Arbeits- und Organisations-psychologie: Le Boterf

Der französische Arbeits- und Organisationspsychologe Le Boterf vertritt einen ähnlichen handlungs- bzw. problemlösebezogenen Kompetenzbegriff, führt jedoch zusätzlich aus:

Wenn Kompetenz tatsächlich eine Handlungskompetenz (*savoir agir*) ist, also eine Integrations-, Mobilisierungs- und Transferkompetenz, die in einem gegebenen Kontext ein Ensemble von Ressourcen (Kenntnisse, Haltungen, Attitüden, Überlegungen) umfasst, um ein Problem oder eine Aufgabe zu lösen, dann besteht die Kom-

---

[1] Der Performanz-Begriff selbst wurde im Zuge der Entwicklung der Sprechakttheorie von J. Austin (1962) geprägt.

petenz nicht additiv aus der Kenntnis der Ressourcen, sondern in der Mobilisierung der Ressourcen an sich. Kompetenz ist daher immer eine Mobilisierungskompetenz (*savoir mobiliser*). (Le Boterf 1994: 16, zitiert nach Candelier et al. 2009: 15)

Was Le Boterf mit „Mobilisierungskompetenz" bezeichnet, umschreibt Weinert mit der Formulierung „Bereitschaften und Fähigkeiten, die Problemlösungen in variablen Situationen erfolgreich und verantwortungsvoll nutzen zu können". Die folgenden Ausführungen zu den Kompetenzen arbeiten die Spezifika des Kompetenz-Begriffs für das Lehren und Lernen fremder Sprachen heraus.

Parallelen bei Weinert und Le Boterf

Das derzeit einflussreichste Kompetenzmodell im Bereich der Sprachen liefert der Gemeinsame europäische Referenzrahmen (GeR). Es handelt sich dabei um ein empirisch basiertes Referenzinstrument für Kompetenzsetzungen und die auf solche Setzungen gerichteten kommunikativen Aufgaben in ihren sprachlichen und auch inhaltlichen Dimensionen. Allerdings sind die Aussagen des Referenzrahmens schwerpunktmäßig auf den Bereich der funktionalen kommunikativen Kompetenzen beschränkt.

das Kompetenzmodell des GeR

Der GeR beschreibt Kompetenzen wie folgt:

Kompetenzen sind die Summe des (deklarativen) Wissens, der (prozeduralen) Fertigkeiten und der persönlichkeitsbezogenen Kompetenzen und allgemeinen kognitiven Fähigkeiten, die es einem Menschen erlauben, Handlungen auszuführen.
Allgemeine Kompetenzen sind diejenigen, die nicht sprachspezifisch sind, sondern die man bei Handlungen aller Art einsetzt, natürlich auch bei sprachlichen.
Kommunikative Sprachkompetenzen befähigen Menschen zum Handeln mit Hilfe spezifisch sprachlicher Mittel. (Europarat 2001: 21)

die Beschreibung und Einbettung der Kompetenzen im GeR

Mit seinen Kompetenzskalen beschreibt der GeR Facetten kommunikativen Verhaltens im Hinblick auf einzelne (unterschiedlich komplex angelegte) sprachliche Kompetenzen und Teilkompetenzen anhand von Deskriptoren auf sechs Kompetenzniveaus. Aus der Perspektive der Schule beschreiben die Skalen, was Schülerinnen und Schüler auf unterschiedlichen Niveaus sprachlich bewältigen können. Die im GeR beschriebenen Kompetenzen und Teilkompetenzen zeichnen sich durch (berufliche) Lebensnähe und Handlungsorientierung aus; auch der zuvor in der schulischen Praxis schwer quantifizierbare Bereich kommunikativer Mündlichkeit wird erfasst und zwar sowohl im Vortrag als auch in der Interaktion.

die Kompetenzskalen des GeR: Lebensnähe und Handlungsorientierung

Der Bildungsauftrag schulischen Fremdsprachenunterrichts erschöpft sich allerdings nicht im Erreichen bestimmter GeR-Niveaus. Schulischer Fremdsprachunterricht strebt vielmehr an, auch eine kritische interkulturelle und literarästhetische Bewusstheit sowie Bewusstheit für Sprachen und für das Sprachenlernen zu fördern. Damit werden persönlichkeitsbildende Ziele im Fremdsprachenunterricht betont.

Die Abstufungen des Sprachhandelns und Sprachkönnens auf den einzelnen Kompetenzniveaus des GeR werden mittels kriterienorientierter und auch ganzheitlich formulierter Deskriptoren unterschiedlich konkret festgelegt. Es ist daher zu empfehlen, jedes dieser Niveaus im Kontext der Nachbarniveaus zu rezipieren. Erst auf diese Weise werden die Abstufungen der einzelnen Kompetenzniveaus nachvollziehbar. Der Rekurs auf die Deskriptoren einzelner Kompetenz-

die einzelnen Kompetenzniveaus im Kontext der jeweiligen Nachbarniveaus rezipieren niveaus ohne Beachtung der sich nach oben bzw. nach unten anschließenden Abstufungen führt häufig zu Fehlinterpretationen und Verzerrungen.

Auch wenn die empirische Fundierung und die Präzision der GeR-Skalen in den vergangenen Jahren mitunter kritisiert wurde (z. B. Alderson et al. 2006), ist das Modell bis heute der wichtigste Bezugspunkt der fachdidaktischen und sprachenpolitischen Entwicklungen in Europa und darüber hinaus. Auch die in Europa gängigen Sprachenzertifikate (z. B. DELF-DALF, DELE, Cambridge ESOL) haben ihre Niveaus mittlerweile auf GeR-Basis umgestellt.

interkulturelle kommunikative Kompetenz im GeR: weitgehend ein Desiderat

Im Vergleich zu den funktionalen kommunikativen Kompetenzen wird der Bereich der interkulturellen kommunikativen Kompetenz im GeR nur ansatzweise entwickelt. Er wird berücksichtigt (vgl. etwa das Teilkapitel 5.1), bleibt aber marginal, da abstufende Deskriptoren fehlen. Dies hängt in erster Linie mit der Tatsache zusammen, dass vor mehr als einem Jahrzehnt die theoretischen Grundlagen für eine detaillierte und quantifizierende Definition des Bereichs noch nicht vorhanden waren. Aus heutiger Forschungsperspektive lassen sich inzwischen zumindest Komponenten dieser Kompetenz wie (inter-)kulturelles Wissen, (inter)kulturelles Verstehen, soziopragmatisches Handeln und *critical awareness* detailliert darstellen (vgl. Nold / Rossa 2008, Hu / Byram 2009, Timpe 2013).

mehrsprachige und plurikulturelle Kompetenz

Auch mehrsprachige und plurikulturelle Kompetenz findet bereits im GeR Berücksichtigung, wenn auch nur am Rande. Kapitel 5.1.4 des GeR beispielsweise beschreibt einige Merkmale guten Sprachenlernens. Der GeR verbindet diese jedoch noch nicht mit einem Kompetenzmodell, das die Dimensionen von Können (*can do / savoir faire*) und Wissen (*knowledge / savoir*) mit den Haltungen / Einstellungen (*attitudes / savoir* être) bzw. mit Volitionalität verbindet. Eine umfassendere Modellbildung bleibt ein Desiderat.

der „Referenzrahmen für Plurale Ansätze" (RePA) des Europarats in seiner Bedeutung für Mehrsprachigkeit, Sprachbewusstheit und Sprachlernbewusstsein

Der „Referenzrahmen für Plurale Ansätze zu Sprachen und Kulturen" (RePA, Candelier et al. 2009) versucht diesbezüglich eine Lücke zu schließen und stellt die Modellbildung im Bereich Mehrsprachigkeit in den Mittelpunkt. Er beschreibt den Aufbau der für das Fremdsprachenlernen relevanten Kompetenzen in den Bereichen des interkulturellen Lernens, der Mehrsprachigkeit, der Sprachbewusstheit sowie der Sprachlernkompetenz. Didaktische Gesichtspunkte sind integriert. Ziel des RePA ist es auch, den Begriff der Kompetenz weiter zu durchdringen und auf diese Weise griffiger zu machen. Hierzu verband man in Anlehnung an den GeR die Dimensionen von Wissen, Können und Haltungen / Einstellungen / Volitionalität mit den die Kompetenzen im Kern konstituierenden kognitiven Elementen (als „Ressourcen" bezeichnet), ohne die eine Kompetenz nicht vorstellbar ist. In Ergänzung des GeR ist der RePA als ein weiteres Grundlagenpapier für die Planung und Evaluation von Fremdsprachenunterricht anzusehen.

1.1.3 Sprachlich-kulturelle Bildung

Den Bildungsstandards für die fortgeführte Fremdsprache (Englisch/Französisch) für die Allgemeine Hochschulreife liegt ein Strukturmodell zugrunde, in dem fünf Kompetenzen miteinander verbunden sind. Eine zentrale Position nehmen dabei die funktionale kommunikative Kompetenz, die interkulturelle kommunikative Kompetenz sowie die Text- und Medienkompetenz ein. Als begleitende Kompetenzen treten die Sprachbewusstheit und die Sprachlernkompetenz hinzu (s. Kap. 1.2).

der Bildungsauftrag von Schule: Reflexion der Funktionalitäten und kulturellen Implikationen von Sprache und Sprachen

Das Zusammenspiel der Kompetenzen ermöglicht insbesondere die Entwicklung der mündlichen und schriftlichen Diskursfähigkeit auf dem für die Oberstufe angestrebten Niveau. Durch die Auseinandersetzung mit Themen anglophoner bzw. frankophoner Kulturen entfaltet sich die Kompetenz, mündlich und schriftlich zu kommunizieren. Es werden u. a. politische, wirtschaftliche, geographische, geschichtliche und literarische Aspekte berücksichtigt, wobei auch die Text- und Medienkompetenz eine gewichtige Rolle spielt. Die Diskursfähigkeit stellt somit einen Eckpfeiler der sprachlich-kulturellen Bildung dar.

Im Fremdsprachenunterricht der Oberstufe kommt außerdem der Sprachbewusstheit sowie der Sprachlernkompetenz eine besondere Bedeutung zu. Bereits in den einzelnen Beiträgen des Sammelbands von Tenorth (2001) wird deutlich, dass die klassische, systembezogene Sprachreflexion einem wesentlich breiteren Zugang Platz gemacht hat: der Reflexion der Funktionalitäten und kulturellen Implikationen von Sprache und Sprachen (vgl. hierzu den „Orientierungsrahmen für den Lernbereich Globale Entwicklung", KMK 2015).

Dahinter steht die Erkenntnis, dass Sprachen ,menschengemacht' sind, ,eine Welt' zum Gegenstand haben und daher als Kommunikationsmedien mehr Gemeinsamkeiten haben als Trennendes – ein Aspekt, den der bisherige Sprach- und Fremdsprachenunterricht viel zu wenig in Erwägung gezogen hat, galt es doch stets, einzelsprachliche Spezifika und zwischensprachliche Differenzen herauszuarbeiten. Sprachenvergleich wird im Fremdsprachenunterricht des Gymnasiums in Zukunft (wieder) verstärkt eine Rolle spielen. Es wird neue Formen sprachlichen Lernens geben müssen, in einem Unterricht, der sprachlichen und kommunikativen Phänomenen im Rahmen des schulisch Möglichen auf den Grund geht: sowohl in funktionaler wie auch in interkultureller Hinsicht, anhand vielfältiger Textsorten und medialer Zugänge.

Sprachen: mehr Gemeinsamkeiten als Trennendes

sprachlichen und kommunikativen Phänomenen im Rahmen des schulisch Möglichen auf den Grund gehen

Jenseits von „Kochbuch-Regeln" (Motto: Wenn *ago*, dann Past Tense) werden insbesondere in der gymnasialen Oberstufe Einsichten in Sprachfunktion und Sprachform angeregt, das Bewusstsein für deren Besonderheiten und Gemeinsamkeiten wird geschärft und die Sensibilität für die eigenen sprachlichen Lernpotentiale wird gefördert. Das DESI-Projekt hat gezeigt, dass ein großer Teil der Gymnasiasten im Bereich Sprachbewusstheit einen deutlichen Nachholbedarf hat (Nold/Rossa 2008). Die Schülerinnen und Schüler sind beispielsweise nur sehr eingeschränkt in der Lage, sprachstrukturelle und sprachpragmatische Abweichungen der Zielsprache von der Muttersprache/Zweitsprache Deutsch vor dem Hintergrund des anderen Sprach- und Normensystems zu durchschauen. Daher können sie eigene Fehler oder Verstöße weder als solche erkennen noch sich entsprechend korrigieren. Gleichzeitig fehlt ihnen die Sensibilisierung für

Nachholbedarf im Bereich Sprachbewusstheit

mögliche Fehler, auch wenn die entsprechenden Strukturen im Unterricht behandelt wurden. Insgesamt sind Sprachbewusstheit wie auch Sprachlernfähigkeit Kompetenzbereiche, die es in Zukunft im Fremdsprachenunterricht von Anfang an stärker aufzubauen und zu entwickeln gilt, weil sie langfristig die Selbstständigkeit der Lernenden und ihren eigenständigen Umgang mit schulischen Anregungen und Stützsystemen stärken.[2]

Sprache als Wort gewordene Kultur

Sprache muss als Wort gewordene Kultur begriffen werden. Die bei Tenorth (2001) geforderte, von den Bildungsstandards für die fortgeführte Fremdsprache (Englisch / Französisch) für die Allgemeine Hochschulreife verwirklichte Gleichgewichtung von funktionaler und interkultureller kommunikativer Kompetenz zielt auf Sprachhandlungsfähigkeit in kulturellen Kontexten, und zwar vor dem Hintergrund kritischer und selbstkritischer Toleranz gegenüber dem Fremden. Interkulturelle kommunikative Kompetenz umfasst dabei auch Erscheinungsformen der Alltagskultur. Damit leistet Fremdsprachenunterricht einen zentralen Beitrag auch zu kultureller und interkultureller Bildung.

Teilhabe an gesellschaftlich relevanten Diskursen

Im Rahmen der kulturell-interkulturellen Zielsetzung des Fremdsprachenunterrichts entfaltet sich die Diskursfähigkeit und zwar auch verstanden als die Fähigkeit zur Teilhabe an gesellschaftlich relevanten Diskursen unter Beteiligung einer oder mehrerer Fremdsprachen. Ein Diskurs kann im Modus des direkten persönlichen Kontakts, im Lesen fremdsprachiger gedruckter oder digitaler Texte, im Sehen von Filmen, in der Begegnung mit Kunstwerken oder auch in der Auseinandersetzung mit gesellschaftlich-politischen Texten, Themen und Zeugnissen der englisch- oder französischsprachigen Welt stattfinden. Dabei sind es stets relevante, herausfordernde Themen, die die Schülerinnen und Schüler zunächst ansprechen und motivieren, sprachlich zu handeln und sich in die vorhandenen Diskussionsstrukturen einzubringen. Fremdsprachlicher Diskurs erschließt damit Zugänge zu Welterfahrung und zur Persönlichkeitsentwicklung, die denjenigen, die keine Fremdsprachen sprechen, verwehrt bleiben. Die hier beschriebene Diskursfähigkeit gehört damit zum Kernbereich gymnasialer Bildung.

Mehrsprachigkeitserfahrung als Bestandteil einer speziellen neusprachlichen Bildung

Zum ureigenen Feld neusprachlicher Bildung gehört schließlich die Erfahrung mit Mehrsprachigkeit sowie mit deren Verwirklichung in interkultureller Kommunikation. Fremdsprachenkompetente Menschen wissen nicht nur, was sie in welcher ihrer Sprachen ausdrücken können, sie verfügen als Teil ihrer sprachlichen Bildung auch über verwertbare Spracherwerbs- und Sprachlernerfahrungen. Sie sind in der Lage, eine anspruchsvolle mündliche und schriftliche Kommunikation zu führen, komplexe textuelle bzw. kommunikative Strukturen zu rezipieren (auch als Bestandteil literarischer Arbeit) sowie mündliche und schriftliche Beiträge zu liefern, die ihrer individuellen Interessenslage und Reifeentwicklung Rechnung tragen.

---

[2] Untersuchungen zu den Sprachlernerfahrungen von Studierenden zeigen, dass das „Lernen des Lernens von Sprachen" (Sprachlernkompetenz) alles andere als ein regelmäßiges Thema des Unterrichts ist. Vgl. dazu Nold / Haudeck / Schnaitmann 1997 sowie Meissner / Beckmann / Schröder-Sura 2008.

1.1.4 Themen und Inhalte im Zeitalter der Kompetenzorientierung – und die Angst vor einer Verarmung des Fremdsprachenunterrichts

Der bisherige Oberstufenunterricht war stärker als der Unterricht der Sekundarstufe I an Themen orientiert. Wie schon in Abschnitt 1.1.1 ausgeführt, hatte die thematische Orientierung ihren Ursprung in jenem Kanon der Texte und Bildungsgüter, der zwischen etwa 1810 und 1960 – also immerhin und trotz aller politischen Verschiebungen rund 150 Jahre lang – die didaktische Richtschnur für die Oberstufenarbeit abgegeben hatte. Dieser Kanon wurde nach 1968 als ideologisch belastet und der pluralistischen Gesellschaft nicht mehr gemäß beiseite geschoben. Es folgte eine kanonlose Zeit, die aber durchaus ihren eigenen, alternativen, verdeckten Kanon schuf. Entsprechende Texte im Englischunterricht waren beispielsweise *1984*, *Brave New World*, *The Catcher in the Rye* und *The Lord of the Flies* oder im Französischunterricht *L'étranger* oder *Huis clos*. Es soll nicht in Abrede gestellt werden, dass diese Texte und Themen bedeutsam sind, nur wurden sie zur Mode, und besonders die übergreifenden Themen kehrten quer durch die Fächer zu häufig wieder, um bei den Lernenden noch Interesse zu wecken. Der „heimliche Kanon" wurde kontraproduktiv.

Themenorientierung und ein Themenkanon als Ausgangspunkt

das Ende des alten Kanon, die kanonlose Zeit und der „heimliche Kanon"

Die Kanonproblematik ist bis heute nicht gelöst, weder für den allgemeinen und literarischen Bereich, noch beispielsweise für den der Kulturgeschichte oder der Gegenwartskulturen. Konsens scheint aber am Ausgang der lernzielorientierten Epoche darüber zu herrschen, dass Inhalte nicht beliebig sind, dass didaktisch sinnvolle Themenkataloge geplant und im schulischen Alltag vorhanden sein müssen (hier liefern für die Sekundarstufe I die Lehrpläne immer noch entscheidende Vorgaben) und dass dem exemplarischen Lernen durchaus Grenzen gesetzt sind. Kompetenzen sind inhaltlich neutral, ihre Realisierung kann aber nur an Inhalten erfolgen, und auch die Lernmotivation der Schülerinnen und Schüler wird weitgehend über Inhalte gesteuert. Sprachlich-funktionale Kompetenzen lassen sich nur im Rahmen von thematischen und kulturellen Kontexten entwickeln. Dabei erlauben die inhaltlichen Bezüge unterschiedliche und vom gewählten Kompetenzschwerpunkt her zu bestimmende Fokussierungen. Anspruchsvolle Sachtexte und auch literarische Texte können mit einem sprachlichen Fokus (z.B. Verwendung spezifischer kommunikativer Strategien und sprachlicher Mittel), mit einem textuellen Fokus (z.B. Intentionalität, Narrativität, Fiktionalität) oder auch mit einem interkulturellen Fokus (kulturspezifische Ausprägungen in thematischer, sprachlicher und kommunikativ-strategischer Hinsicht) im Unterricht behandelt werden – dabei stets auch mit dem Ziel eigener mündlicher und/oder schriftlicher Produktion. Werden die Inhalte als beliebig angesehen, dann tritt ein Zustand ein, den Kritiker bereits nach dem Erscheinen der Bildungsstandards von 2004 verschiedentlich mit Etiketten wie „Kompetenzen ohne Inhalte" oder „Kompetenzen ohne Bildung" versahen (vgl. z.B. Bausch et al. 2005). In ihren Augen besteht die Gefahr, dass ein mechanisches Training von Fertigkeiten die gymnasiale Bildungsarbeit ersetzt.

die Kanonproblematik: eine ungelöste Frage

Kompetenzen sind inhaltlich neutral, werden aber an Inhalten realisiert.

Aus den genannten Gründen ist die Diskussion der Inhalte, gerade auch mit Blick auf die Sekundarstufe II, von unmittelbarer Bedeutung. In den kommen-

ein Desiderat:
Kriterienkataloge
zur Selektion von
Inhalten

den Jahren werden Kriterienkataloge zu entwickeln sein, die zur Orientierung bei der Selektion von Inhalten herangezogen werden. Als Kriterien bieten sich u. a. an: Berufswelten, Globalisierung, Verstehen anderer Kulturen sowie Lebensnähe (*meaningfulness*) für die Schülerinnen und Schüler.

1.1.5 Ein kurzes Fazit

Die Bildungsstandards für die fortgeführte Fremdsprache (Englisch / Französisch) für die Allgemeine Hochschulreife bilden Facetten eines zeitgemäßen Konzeptes sprachlicher Bildung ab, das Traditionen nicht leugnet, sie aber pädagogisch und fachdidaktisch begründet fortentwickelt. Gleichzeitig fordern die Bildungsstandards einen kommunikationsorientierten und kulturpraktischen Fremdsprachenunterricht, der den wissenschaftspropädeutischen Zielsetzungen der gymnasialen Oberstufe entspricht, die berufspropädeutischen Erfordernisse nicht außer Acht lässt und die lebenspraktischen Implikationen eines fortgeschrittenen Fremdsprachenlernens ernst nimmt.

Die Bildungsstandards bieten damit einen Rahmen für Lehr- und Lernverfahren, die die komplexen Abläufe fremdsprachlichen Kompetenzerwerbs nicht nur transparenter machen, sondern dem Fremdsprachenunterricht auch etwas von seinem angestammten bildenden Wert zurückgeben können, durchaus im Sinne von Humboldt, jedoch in einem modernen, nicht zuletzt auf globales Lernen ausgerichteten Gewande: Die Reflexion von Sprache, von Sprachen und Kulturen steht mit im Vordergrund.

1.2 Bildungsstandards für die Allgemeine Hochschulreife

Bernd Tesch / Konrad Schröder

Die Arbeiten zu den Bildungsstandards begannen 2010 mit der Erarbeitung eines Kompetenzstrukturmodells, das einerseits innovativ und zukunftsorientiert, andererseits jedoch auch anschlussfähig an das Kompetenzstrukturmodell der Bildungsstandards für den Mittleren Schulabschluss sein sollte. Dazu wurde eine Arbeitsgruppe aus Fachdidaktikerinnen und Fachdidaktikern, Ministerialbeamtinnen und -beamten sowie erfahrenen Lehrkräften eingesetzt. Sie konnte sich in relativ kurzer Zeit auf die Bestimmung der Kompetenzen einigen, die in ein neues Kompetenzmodell eingehen sollten.

Im Folgenden wird zunächst dieses Kompetenzmodell vorgestellt und erläutert. Der Struktur der Bildungsstandards folgend wird anschließend in die einzelnen Teilkapitel der Bildungsstandards für die Allgemeine Hochschulreife für die fortgeführte Fremdsprache (Englisch/Französisch) inklusive der Hinweise zur Prüfungsdurchführung eingeführt.

1.2.1 Kompetenzstrukturmodell

Ein zentraler Bezugspunkt bei der Entwicklung des Kompetenzstrukturmodells für die Allgemeine Hochschulreife war zunächst das Modell für den Mittleren Schulabschluss (KMK 2004a), das in Abbildung 1, S. 26, dargestellt ist.

Bezugspunkt Kompetenzmodell für den Mittleren Schulabschluss

Es weist drei Kompetenzbereiche auf: die funktionalen kommunikativen Kompetenzen (unterteilt in kommunikative Fertigkeiten und Verfügung über die sprachlichen Mittel), die interkulturellen Kompetenzen und die methodischen Kompetenzen. Die funktionalen kommunikativen Kompetenzen sowie die interkulturellen Kompetenzen waren als zentral erachtete und integrativ konzipierte Kompetenzbereiche auch für das neue Kompetenzmodell unstrittig. Diese zentralen Kompetenzbereiche schließen im Kompetenzstrukturmodell von 2012 auch grafisch an das Kompetenzstrukturmodell von 2003 an.

Schwieriger war hingegen die Frage, ob an der Bezeichnung „methodische Kompetenzen" festgehalten werden sollte oder nicht. Der 2003 für den Mittleren Schulabschluss modellierte Kompetenzbereich umfasste einen eher heterogenen Verbund verschiedener Teilkompetenzen, Techniken und Verfahren, die sich auf unterschiedlichste Kompetenzbereiche bezogen. Dies erschwerte eine klare Zuordnung.

„methodische Kompetenzen"

Funktionale kommunikative Kompetenzen	

• Hör- und Hör-/Sehverstehen
• Leseverstehen
• Sprechen:
   – an Gesprächen teilnehmen
   – zusammenhängendes Sprechen
• Schreiben
• Sprachmittlung
	• Wortschaft
	• Grammatik
	• Aussprache und Intonation
	• Orthographie

Interkulturelle Kompetenzen	
• soziokulturelles Orientierungswissen • verständnisvoller Umgang mit kultureller Differenz • praktische Bewältigung interkultureller Begegnungssituationen	
Methodische Kompetenzen	
• Textrezeption (Leseverstehen und Hörverstehen) • Interaktion • Textproduktion (Sprechen und Schreiben) • Lernstrategien • Präsentation und Mediennutzung • Lernbewusstheit und Lernorganisation	

Abb. 1: Kompetenzen in den Bildungsstandards für die erste Fremdsprache (Englisch/Französisch) für den Mittleren Schulabschluss (KMK 2004a: 8)

lateral
und zentral
angeordnete
Kompetenzen

Die konzeptionelle Schwierigkeit wurde damit gelöst, dass – dem Stand der fachdidaktischen Theoriebildung folgend – Sprachbewusstheit und Sprachlernkompetenz aus den „methodischen Kompetenzen" herausgelöst, aufgewertet und als eigenständige und gleichwertige Kompetenzen lateral positioniert wurden. Die Text- und Medienkompetenz wurde zusammen mit der interkulturellen kommunikativen Kompetenz und der funktionalen kommunikativen Kompetenz zentral positioniert. Diese zentral angeordneten Kompetenzen gelten zugleich als integrative Kompetenzen: Wird eine funktionale sprachliche Teilkompetenz, z. B. Leseverstehen, aktiviert, so werden integrativ auch die interkulturelle kommunikative Kompetenz sowie die Text- und Medienkompetenz aktiviert. Die laterale Anordnung von Sprachbewusstheit und Sprachlernkompetenz hingegen impliziert, dass diese beiden Kompetenzen nicht automatisch und integrativ durch Aufgaben zu den zentralen Kompetenzen mit angesteuert bzw. aktiviert werden. Sie können jedoch mit allen Kompetenzen verbunden und durch gezielte Aufgaben an die zentralen Kompetenzen angebunden werden.

Die Abbildung 2, S. 27, zeigt das abschließend definierte Modell, das nach vielfältigen Überlegungen die Perspektive der Weiterentwicklung des Fremdsprachunterrichts mit der notwendigen Anschlussfähigkeit an das Modell des Mittleren Schulabschlusses verbindet.

stärkere
Gewichtung der
interkulturellen
kommunikativen
Kompetenz

Der Vergleich der Kompetenzstrukturmodelle der Bildungsstandards für die Sekundarstufe I und für die Allgemeine Hochschulreife zeigt auch die durchgängig hohe Gewichtung der interkulturellen kommunikativen Kompetenz. Dies kommt in der Abbildung 2 dadurch zum Ausdruck, dass sie zusammen mit der funktionalen kommunikativen Kompetenz sowie der Text- und Medienkompetenz im zent-

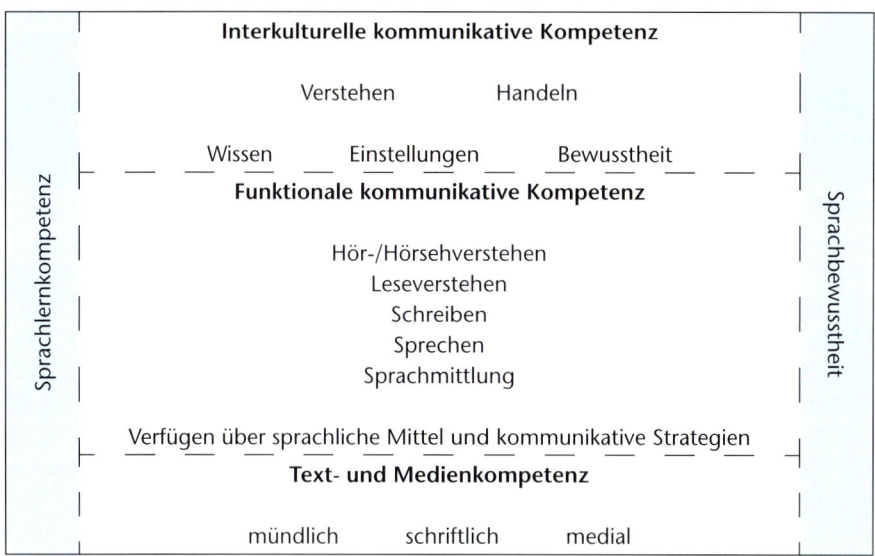

Abb. 2: Kompetenzen in den Bildungsstandards für die fortgeführte Fremdsprache (Englisch/Französisch) für die Allgemeine Hochschulreife (KMK 2014: 12)

ralen integrativen Bereich positioniert wurde. Der Zusatz „kommunikativ" er-klärt sich damit, dass nicht nur interkulturelle Haltungen und Einstellungen, sondern auch sprachliche rezeptive und produktive Prozesse beteiligt sind.

Die funktionale kommunikative Kompetenz mit ihren fünf Teilkompetenzen wurde in der Mitte positioniert. Diese Setzung erscheint als Ordnungs- oder Zu-ordnungsprinzip für die anderen Kompetenzbereiche sinnvoll, da diese stets mit funktionalen kommunikativen Aktivitäten verknüpft sind. Gleichzeitig wurde die innere Verbindung aller Kompetenzen durch die Verwendung unterbroche-ner Trennlinien deutlich hervorgehoben.

funktionale kommunikative Kompetenz

Die graphische Darstellung des Kompetenzmodells reduziert die Komplexität der Vernetzungen bewusst auf eine Skizze. Eine komplexere Darstellungsform, die sämtliche Beziehungen zwischen den Kompetenzbereichen sichtbar machen würde – z.B. mit einer Pfeilsymbolik – wäre zwar aus wissenschaftlicher Sicht wünschenswert, jedoch schwerer verständlich und damit der gewünschten Ver-breitung eher abträglich gewesen.

1.2.2 Standardbeschreibungen

Die Formulierung von expliziten Abschlussstandards stellt für den Sekundarbe-reich II eine Neuerung dar. In der Formulierung der Einzelstandards werden Leis-tungserwartungen für das Ende der gymnasialen Oberstufe kompetenzorientiert festgelegt. Obwohl sich die EPA für das Fach Englisch (KMK 2003) bereits an den Gemeinsamen europäischen Referenzrahmen für Sprachen (GeR, Europa-rat 2001) anlehnten und sich damit an Kompetenzen orientierten, fehlte ihnen noch der explizite Bezug auf Standards. Denn die Fertigstellung der EPA Englisch erfolgte noch vor der Publikation des Grundlagendokuments „Zur Entwicklung

Vorläufer: EPA 2003–2004

nationaler Bildungsstandards: Eine Expertise" (Klieme et al. 2003). Der Kernge-danke – Bildungsstandards stellen eine wichtige Grundlage für Qualitätssiche-rung und -entwicklung von Unterricht dar – wurde erstmals beginnend mit den Bildungsstandards 2004 für den Sekundarbereich (Deutsch, Mathematik und die erste Fremdsprache für den Mittleren Schulabschluss und den Hauptschulab-schluss) sowie den Bildungsstandards für den Primarbereich umgesetzt.

Zusammenführung von Englisch und Französisch

Auch die Zusammenführung der beiden Fächer Englisch und Französisch stellt fachdidaktisch im Hinblick auf die gymnasiale Oberstufe eine Neuerung dar. Damit wurden einige Gemeinsamkeiten der Fächer gestärkt und zu enge fachliche Abgrenzungen vermieden. Gleichzeitig wurden Besonderheiten der beiden Schulsprachen wie bereits in den Bildungsstandards für den Mittleren Schulabschluss nun auch in den Bildungsstandards für die Allgemeine Hoch-schulreife für die fortgeführte Fremdsprache jeweils kenntlich gemacht. So wird das Niveau in den Bildungsstandards für die fortgeführte Fremdsprache folgen-dermaßen spezifiziert: „Am Ende der gymnasialen Oberstufe wird von Schülerin-nen und Schülern im Bereich der funktionalen kommunikativen Kompetenz das

GeR-Niveaus

Niveau B2 des GeR (Englisch: in rezeptiven Teilkompetenzen auch das Niveau C1) erwartet" (KMK 2014: 14). Eine ähnliche Formulierung wurde in Kapitel 3.2.1.3 „Bewertung der Prüfungsleistung" der „Hinweise zur Prüfungsdurchfüh-rung" verwendet. Im Vergleich zu den EPA 2003 wurden die Erwartungen bezo-gen auf die GeR-Niveaus für Englisch angepasst; in den EPA Englisch 2003 hieß der entsprechende Passus noch „Diese Erwartungen orientieren sich für Grund-kurs und Leistungskurs an einer Bandbreite zwischen den Kompetenzstufen B2 (Independent User: Vantage) und C1 (Proficient User: Effectiveness) [...]" (KMK 2003: 12). In den EPA Französisch 2004 hieß es bereits abschwächend „[...] und in einzelnen Bereichen C1" (KMK 2004c: 10). Die modifizierte Niveauerwartung in den Bildungsstandards für die Allgemeine Hochschulreife entspricht nach Einschätzung von Expertinnen und Experten eher der Realität des Abschluss-niveaus als das in den EPA Englisch 2003 formulierte Ziel, worauf auch einige empirische Befunde hinweisen (s. Köller et al. 2003).

Im Folgenden werden die Einzelkompetenzen in den Bildungsstandards für die Allgemeine Hochschulreife kurz beschrieben, wobei auf Weiterentwicklun-gen fokussiert wird. Bei den funktionalen Einzelkompetenzen wird die Verwen-dung von kommunikativen Strategien jeweils in den Kompetenzbeschreibungen mit berücksichtigt, wohingegen der Gebrauch der sprachlichen Mittel separat im Anschluss an die fünf Teilkompetenzen Hör-/Hörsehverstehen, Leseverstehen, Sprechen, Schreiben und Sprachmittlung dargestellt wird.

Hör- und Hörsehverstehen

„Hör- und Hörsehverstehen" werden analog zu den Bildungsstandards für den Mittleren Schulabschluss gemeinsam beschrieben, d. h. die fachdidaktisch plau-sible Trennung der beiden Kompetenzen wird (noch) vermieden. Vieles spricht dafür, dass es sinnvoll wäre, für Hörverstehen, Hörsehverstehen und sogar rei-nes Sehverstehen künftig separate Kompetenzbeschreibungen zu entwickeln. Solange die Modellierung der Medienkompetenz und im Besonderen der audio-visuellen und der visuellen Kompetenz noch unabgeschlossen ist (s. Volkmann 2012), ist die Zurückhaltung in dieser Frage bei den Bildungsstandards für die Allgemeine Hochschulreife jedoch gerechtfertigt. Dem Niveau B2 entsprechend ist in den Standardbeschreibungen das Verstehen impliziter Informationen bei gesprochener Sprache, vor allem auf erhöhtem Niveau, im Vergleich zum Mittleren Schulabschluss verstärkt berücksichtigt.

Auch beim „Leseverstehen" steht das Verstehen impliziter Informationen auf Niveau B2 im Vordergrund. Zusätzlich wird hier das Verstehen von Funktion und Wirkung von Texten („unterschiedlicher Textsorten und Entstehungszeiten", KMK 2014: 16) betont.

Leseverstehen

Beim „Sprechen" („An Gesprächen teilnehmen", „Zusammenhängendes Sprechen", ibd. 16) reicht das Spektrum der Themen dem Niveau B2 des GeR gemäß bis hin zu „weniger vertrauten Themen". Bezüglich der pragmatisch-interkulturellen Dimension des Sprechens finden sich erwartungsgemäß die Attribute „situationsangemessen und adressatengerecht" (ibd.) in den Deskriptoren. Der im Vergleich zum Mittleren Schulabschluss höhere Anspruch ergibt sich vor allem aus der thematischen Breite und Tiefe sowie aus der erwarteten Flüssigkeit und Spontaneität in der Interaktion.

Sprechen

Ähnliches gilt für das „Schreiben", wobei der aktuelle Stand der Schreibdidaktik bei der Definition der Standards einbezogen wurde (z. B. „Schreibprozesse selbstständig planen, umsetzen und reflektieren", ibd.: 17). Auffällig ist auch die Weiterentwicklung im Bereich der „Sprachmittlung". Hier ist das kommunikative Handeln differenzierter als beim Mittleren Schulabschluss oder in den EPA 2003 bzw. 2004c beschrieben, was sich schon rein quantitativ in der Anzahl der Einzelstandards manifestiert.

Schreiben

Sprachmittlung

Die Beschreibung der ‚sprachlichen Mittel' hingegen fällt knapper aus als in den Bildungsstandards für die Sekundarstufe I bzw. ähnlich knapp wie in den EPA 2003 bzw. 2004c, was auch darauf zurückzuführen ist, dass diese Anforderungen in den Beschreibungen der anderen sprachlichen Teilkompetenzen bereits implizit enthalten sind.

sprachliche Mittel

Die „interkulturelle kommunikative Kompetenz" wurde völlig neu konzipiert, wobei die drei Unterdimensionen „Wissen, Einstellungen und Bewusstheit" (ibd.: 19 f.) deutlich ausformuliert und fachdidaktische Erkenntnisse bezüglich des Wechselspiels von Eigen- und Fremdverstehen eingearbeitet worden sind. Hingegen wurde das Konzept der Transkulturalität in expliziter Weise nicht mit hineingenommen, da hierzu noch kein fachdidaktischer Theoriekonsens besteht.

interkulturelle kommunikative Kompetenz

Am bedeutsamsten erscheint, wie bereits erwähnt, die Auflösung des in den Bildungsstandards für den Mittleren Schulabschluss als „Methodenkompetenzen" und in den EPA als „Umgang mit Texten und Medien" sowie „fachliche Methodenkompetenzen und Arbeitstechniken" bezeichneten Kompetenzbereichs zugunsten dreier völlig neu gefasster Kompetenzen, nämlich: „Text- und Medienkompetenz", „Sprachbewusstheit" und „Sprachlernkompetenz".

„Text- und Medienkompetenz" fasst begrifflich Texte und Medien zusammen und schließt damit an die EPA an. Dabei ist zu bedenken, dass der Medienbegriff „alle Mittel und Verfahren der Informationsverarbeitung und -verbreitung" (ibd.: 20) umfasst und somit der Textkompetenz eine weitere integrative Dimension hinzufügt. In den Bildungsstandards für den Mittleren Schulabschluss (KMK 2004a) ist diese Kompetenz nur in Ansätzen erkennbar bzw. noch nicht

Text-und Medienkompetenz

modelliert. Auch die Begrifflichkeit „Umgang mit Texten und Medien" in den EPA Englisch (KMK 2003: 15) bleibt noch etwas vage, obwohl dort bereits sowohl rezeptive als auch produktive Zugänge beschrieben sind. Die rezeptiven Anteile werden in den EPA als wissenschaftspropädeutisch begründete „analytisch-interpretierende Zugänge" gefasst (KMK 2003: 15). Diese Verengung auf die Wissenschaftspropädeutik ist fachdidaktisch und bildungstheoretisch heute nicht mehr haltbar, und die Verwendung des Begriffs „Text- und Medienkompetenz" in den Bildungsstandards für die Allgemeine Hochschulreife sowie seine Beschreibung durch Standards sind daher umfassender. Dies ist ein innovativer Schritt, zumal das Verstehen und Produzieren von Texten in der Vergangenheit nicht selten lediglich als Facette sprachlicher Kompetenzen, vor allem des Lesens und Schreibens, verstanden wurde und nicht als eigenständige Kompetenz.

Die Text- und Medienkompetenz als wichtiger, eigenständiger Bereich fremdsprachlichen Lehrens und Lernens wurde fachdidaktisch in den vergangenen Jahren intensiv bearbeitet, so dass nun eine moderne Beschreibung vorgelegt werden konnte. Sie bezieht sich auf Texte aller Art und umfasst die Rezeption und die Produktion auch in ihrem Prozesscharakter sowie insbesondere die Reflexion von Deutungs- und Produktionsprozessen.

medial geprägte Umwelt

Die Modellierung und die zentrale Positionierung der Text- und Medienkompetenz im Kompetenzstrukturmodell der Bildungsstandards für die fortgeführte Fremdsprache trägt dem Umstand Rechnung, dass Schülerinnen und Schüler in einer medial geprägten Umwelt leben und lernen, die die Bedeutung der traditionellen gedruckten Medien relativiert hat. Die Medien selbst, ihre Merkmale und Funktionen und die intermediale Vernetztheit sind zum Lerngegenstand geworden.

Sprachlernkompetenz und Sprachbewusstheit

Auch die Sprachlernkompetenz und die Sprachbewusstheit haben an der Weiterentwicklung Anteil: Die beiden Kompetenzen spielen für die Förderung von Mehrsprachigkeit eine entscheidende Rolle und wurden bereits in den EPA für Englisch und Französisch (KMK 2003 bzw. 2004c) im Ansatz gewürdigt. Ihre Beschreibungen liegen z. T. eng beieinander, wobei die Sprachlernkompetenz die Reflexion der beim Sprachenlernen beteiligten Prozesse betont, während Sprachbewusstheit auf die Reflexion der Sprache selbst (z. B. Lexik, Strukturen, Varietäten, Stil, Register) und die Regeln des sprachlichen Handelns (z. B. Formen der Höflichkeit) sowie auf das Vergleichen von Sprachen abhebt. Kennzeichnend

Reflexivität

für beide ist ein hohes Maß an Reflexivität, und diese Reflexivität impliziert einen Wandel auch bezüglich der traditionellen Spracharbeit. Grammatik und Wortschatz und die Prozesse ihres Erwerbs werden in teilweise neuartigen Aufgabenformen eingebunden, die die Grammatik und den Wortschatz u. a. auch als interkulturelle und textuelle Bedeutungsträger kenntlich machen und somit als Lerngegenstand aufwerten. Mit Sprachbewusstheit und Sprachlernkompetenz verbindet sich auch eine Reflexion der eigenen Lernmotivation, was ebenfalls eine deutliche Weiterentwicklung im Vergleich zu den Bildungsstandards für den Mittleren Schulabschluss und zu den EPA darstellt.

1.2.3 Anforderungsniveaus und Anforderungsbereiche

Die Anforderungsniveaus („grundlegendes und erhöhtes Niveau", KMK 2014: 14) stellen auf normativer Ebene einen Lehrgangs- bzw. Lehrplanbezug und die Anforderungsbereiche („Anforderungsbereiche I/II/III", 2014: 23) einen Prüfungsbezug her. Es handelt sich dabei nicht nur um administrative Bezüge. Die Stufung der Anforderungsniveaus geht von der Vorgabe aus, dass das für die beteiligten Fächer Mathematik, Deutsch und fortgeführte Fremdsprache grundlegende Niveau einen Sockel an sprachlichen und inhaltlichen Leistungen abbildet, der durch das erhöhte Niveau erweitert wird, und dass für das grundlegende Niveau ein Richtwert von mindestens drei, für das erhöhte Niveau von vier und mehr Wochenstunden zu Grunde zu legen ist. Grundlegendes und erhöhtes Niveau sind somit nicht mehr als jeweils eigenständige Lehrgangsprofile (Grund- und Leistungskurse) konzipiert. Dies ist vor dem Hintergrund der heterogenen Entwicklungen bei der Ausgestaltung der gymnasialen Oberstufe in den Ländern zu sehen. Manche Länder halten an den Bezeichnungen Grund- und Leistungskurs fest, andere haben sie aufgegeben, behalten jedoch Niveaudifferenzierungen bei. Wieder andere haben auch die Niveaudifferenzierung aufgegeben und weisen ihren Kursen bzw. Klassen generell erhöhtes Niveau zu. Auch die Stundenzuweisungen variieren in den einzelnen Ländern.

Anforderungs-niveaus

Anforderungsbereiche beschreiben die Anforderungen, die in Prüfungsaufgaben operationalisiert werden können und sich auf bestimmte kognitive Operationen beziehen, das heißt im weiteren Sinne auf ein Kognitionsmodell. In den „Hinweisen zur Prüfungsdurchführung" wird in diesem Zusammenhang die Bezeichnung „Stufung" (KMK 2014: 23) verwendet. Für die Fremdsprachen ist allerdings zu betonen, dass damit keine wertende Hierarchie im Sinne von kognitiv höher bzw. kognitiv niedriger verbunden ist. Vielmehr ist damit gemeint, dass sich bestimmte kognitive Aktivitäten zwar im Grad der Komplexität unterscheiden, in sich aber eine geschlossene kognitive Leistung darstellen. Die kognitiven Leistungen in den drei Bereichen lassen sich bestimmten Aufgabenstellungen zuordnen, wobei komplexe Aufgaben, wie sie in der Abiturprüfung üblich sind, meist mehrere Anforderungsbereiche beinhalten. So kann beispielsweise eine Hörverstehensaufgabe auf Niveau B2 unter Umständen alle drei Anforderungsbereiche umfassen, wenn nämlich neben dem Erkennen von Bedeutungen auf der Wortoberfläche (AFB I) zusätzlich auch komplexe Inferenzenbildungen inklusive Bewertungen (AFB II+III) erforderlich sind.

Anforderungs-bereiche

1.2.4 Hinweise zur Prüfungsdurchführung

Die Einheitlichen Prüfungsanforderungen für die Fächer Englisch (KMK 2003) und Französisch (KMK 2004c) wurden durch die Bildungsstandards für die fortgeführte Fremdsprache (Englisch/Französisch) für die Allgemeine Hochschulreife verbunden mit „Hinweisen zur Prüfungsdurchführung" abgelöst. Damit ist, wie bereits oben beschrieben, die verstärkte Ausrichtung der Schul- und Unterrichtsentwicklung auch in der gymnasialen Oberstufe an Standards und Kompetenzorientierung sowie der Anschluss an die entsprechenden Vorgaben in der Sekundarstufe I verbunden. Insgesamt betrachtet stehen insbesondere die „Hinweise

Doppel-konstruktion: Bildungsstandards plus Hinweise zur Prüfungsdurch-führung

zur Prüfungsdurchführung" im Zeichen der Kontinuität zu den EPA Englisch (KMK 2003) bzw. Französisch (KMK 2004c) sowie der Konformität mit den Fächern Mathematik und Deutsch.

verpflichtender Prüfungsteil Schreiben

Den Kern der Abiturprüfungsaufgabe in der fortgeführten Fremdsprache Englisch bzw. Französisch bildet nach wie vor die Textaufgabe, in den EPA 2003 bzw. 2004c in Kombination mit „maximal zwei" verpflichtenden Prüfungsteilen (KMK 2003: 11), in den Bildungsstandards für die Allgemeine Hochschulreife mit einem weiteren verpflichtenden Prüfungsteil, „der grundsätzlich aus zwei Aufgaben zu unterschiedlichen Kompetenzbereichen besteht" (KMK 2012: 25). Die EPA 2003 bzw. 2004c boten allerdings auch die Möglichkeit an, die Textaufgabe als einziges Prüfungsformat zu wählen, ohne Kombination mit weiteren Elementen. Diese Möglichkeit besteht nun nicht mehr.

Wichtiger als die Kombination bestimmter Kompetenzbereiche ist jedoch aus fachdidaktischer Perspektive die Praxisnähe der Aufgaben, also inwieweit sich die Aufgaben durch die Einbettung in reale Anwendungskontexte und den Bezug auf authentische Kommunikationsanlässe auszeichnen. Bereits die EPA 2003 bzw. 2004c tendierten in diese Richtung und nährten die Hoffnung, dass die Länderabiture diese Perspektive offensiv nutzen würden. Im Nachhinein muss konstatiert werden, dass dies in sehr unterschiedlichem Ausmaß geschah, was mit zur unterschiedlichen Entwicklung der Abiturprüfungen in den Ländern beitrug.

Überprüfung des Leseverstehens

Eine wichtige Neuerung betrifft die Überprüfung des Leseverstehens, die nun auch separat und im Rahmen des weiteren verpflichtenden Prüfungsteils erfolgen kann, während dies zuvor lediglich integrativ innerhalb der Textaufgabe möglich war. Die Bildungsstandards für die Allgemeine Hochschulreife von 2012 legen zugleich fest, dass das Leseverstehen zwingend im weiteren verpflichtenden Prüfungsteil zu überprüfen ist, wenn im verpflichtenden Prüfungsteil Schreiben ein Hör- oder Hörsehdokument als Textvorlage verwendet wurde.

Stärkung der Mündlichkeit

Schließlich bleibt noch zu erwähnen, dass die Mündlichkeit in der gymnasialen Oberstufe dadurch gestärkt werden soll, dass die Überprüfung des Sprechens als produktive Mündlichkeit sowie des Hörverstehens oder des Hörsehverstehens als rezeptive Mündlichkeit für das Erreichen des Abiturs jetzt verpflichtend ist, entweder als Teil der Abiturprüfung selbst oder im Rahmen einer verpflichtenden Klausurprüfung in der Qualifikationsphase.

1.2.5 Aufgabenbeispiele

erstmals Lernaufgaben

Eine augenfällige Neuerung findet sich bei den Aufgabenbeispielen. In den EPA 2003 bzw. 2004c gibt es lediglich Beispiele für Abiturprüfungsaufgaben, in den Bildungsstandards für den Mittleren Schulabschluss und den Hauptschulabschluss Aufgaben, die sich für die Abschlussprüfung eignen. In den Bildungsstandards für die Allgemeine Hochschulreife werden dagegen erstmals neben Prüfungsaufgaben auch Lernaufgaben veröffentlicht, was für die Implementation der Kompetenzorientierung in der gymnasialen Oberstufe von erheblichem Nutzen sein dürfte.

Weitere Neuerungen bei den illustrierenden Aufgaben betreffen

- die thematische Verknüpfung von Einzelaufgaben zu komplexen Aufgaben-arrangements
- die Verwendung geschlossener und halboffener Aufgabenformate
- ausführliche Hinweise zu den Aufgaben
- detaillierte Ausführungen zur Diagnose von Schülerarbeiten verbunden mit Empfehlungen zur Weiterarbeit bei den Lernaufgaben
- detaillierte Ausführungen zur Bewertung bei den Prüfungsaufgaben.

1.2.5.1 Lern- und Prüfungsaufgaben

Die 2012 von der KMK als Teil der Bildungsstandards für die fortgeführte Fremd-sprache (Englisch/Französisch) veröffentlichten Aufgabenbeispiele für die Abi-turprüfung bilden jeweils eine vollständige Abiturprüfung ab; die Lernaufgaben bilden Arrangements, die entweder *en bloc* oder aber modular im Unterricht der gymnasialen Oberstufe eingesetzt werden können. Die mündlichen Teilkom-petenzen wurden mit Aufgaben zum Hörverstehen sowie mit Aufgaben zum Sprechen und zur mündlichen Sprachmittlung illustriert; lediglich das Hörseh-verstehen kann – auch bedingt durch urheberrechtliche Hürden – erst in der vorliegenden Veröffentlichung hinreichend einbezogen werden.

Beispiele für eine vollständige Abiturprüfung

Die Teilaufgaben innerhalb der Aufgaben zum Kompetenzbereich Schreiben sind gemäß der Intention der Hinweise zur Prüfungsdurchführung (KMK 2014, Kap. 3.2.1.2) thematisch verbunden, was auch bei den Lernaufgaben der Fall ist. Zusätzlich stehen einzelne Lern- und Abiturprüfungsaufgaben in einem gemein-samen thematischen Rahmen, was bezüglich der Unterrichtsplanung folgerichtig ist, denn die thematischen Bezüge der Abiturprüfung ergeben sich aus den cur-ricularen Themenschwerpunkten der Qualifikationsphase. Damit wurde bei den Bildungsstandards für die Allgemeine Hochschulreife der Versuch unternommen, auch thematisch-inhaltlichen Entwicklungslinien wenigstens beispielhaft gerecht zu werden.

thematische Verbindung

Zugleich wird deutlich, dass nicht alle Kompetenzen, die mit Hilfe von Lern-aufgaben entwickelt werden können, auch in Abituraufgaben überprüft werden können (z. B. Sprachlernkompetenz).

1.2.5.2 Geschlossene und halboffene Aufgabenformate

In den Aufgabenbeispielen finden sich erstmals auch zur Abiturprüfung Bei-spiele für die Verwendung halboffener und geschlossener Formate. Die Vorteile geschlossener Formate wie z. B. Multiple Choice liegen beim Hör- und Hörseh-verstehen auf Grund der Bearbeitung in Echtzeit – d. h. die Bearbeitung muss schnell erfolgen – auf der Hand. Ihre Konstruktion ist jedoch aufwändig. Bezüg-lich des Leseverstehens entfällt das Argument der Bearbeitungszeit, es ist jedoch offenkundig, dass sobald etwas geschrieben werden muss, nicht mehr von einer Überprüfung des Leseverstehens im reinen Sinne gesprochen werden kann, son-dern eine weitere funktionale Kompetenz hinzutritt. Die Praxis in Bundeslän-dern, die geschlossene und halboffene Formate auch für die Überprüfung des Leseverstehens einsetzen, zeigt, dass die Entwicklung von Lesestrategien in der gymnasialen Oberstufe von diesen Formaten profitieren kann.

1.2.5.3 Hinweise zu den Aufgaben

Jeder Lern- und Abituraufgabensequenz in den Bildungsstandards für die Allgemeine Hochschulreife wurden ausführliche Hinweise zum Thema bzw. zur thematischen Verknüpfung, zu den Textvorlagen, zum Kursniveau (Lernaufgaben), zur Intention der Einzelaufgaben, zu den Vorkenntnissen (Lernaufgaben) und zur Durchführung im Unterricht (Lernaufgaben) hinzugefügt. Diese Ausführungen vervollständigen gemeinsam mit den detaillierten und einzelaufgabenbezogenen Standardbezügen die tabellarischen Beschreibungen zu Beginn jeder Aufgabe.

1.2.5.4 Lernaufgaben: Hinweise zur Diagnose von Schülerarbeiten verbunden mit Empfehlungen zur Weiterarbeit

Berücksichtigung von Schülertexten

Die Einbeziehung von Schülertexten bildete bis zur Veröffentlichung der Bildungsstandards für die fortgeführte Fremdsprache (Englisch/Französisch) (KMK 2014) ein Desiderat in normativen Dokumenten. Für den Lernaufgabenteil im Aufgabenentwicklungsprojekt des IQB wurden erstmals neben Rückmeldungen von Lernenden und Unterrichtenden zu den Aufgaben auch Schülerinnen- und Schülerarbeiten ausgewertet. Ihre detaillierte kompetenzbezogene Beschreibung kann Lehrpersonen die gelungene und weniger gelungene Umsetzung nahe bringen, insbesondere wenn es sich um noch wenig vertraute Kompetenzen (z. B. interkulturelle kommunikative Kompetenz, Sprachbewusstheit, Sprachlernkompetenz) handelt. Aus der Analyse bzw. Diagnose von Schülerarbeiten lassen sich Rückschlüsse und Empfehlungen für die Weiterarbeit ableiten. Die Verbindung der drei Facetten

- aufgabenbezogene Erwartung an die Standarderfüllung,
- aufgabenbezogene Diagnose von Schülertexten und
- kompetenzbezogene und schüleradressierte Empfehlung

dürfte ein hilfreiches Instrument für die Umsetzung der Kompetenzorientierung auch in der gymnasialen Oberstufe darstellen.

1.2.5.5 Abiturprüfungsaufgaben: Ausführungen zur Bewertung

Gewichtungsvorschlag und Erwartungshorizont

Die Ausführungen zur Bewertung von Schülerarbeiten zu Abiturprüfungsaufgaben enthalten einen Gewichtungsvorschlag sowie für jede Einzelaufgabe einen allgemeinen Erwartungshorizont und ausführliche Beschreibungen der Leistungserwartungen für die Note gut (11 Punkte) und die Note ausreichend (05 Punkte), jeweils getrennt nach Inhalt und Sprache. Insbesondere die Ausführungen zur Sprache gehen deutlich über die Beschreibungstiefe der entsprechenden Ausführungen in den EPA von 2003 bzw. 2004c hinaus. Die Begründung für diese ausführlichen Beschreibungen ist, dass die Bewertung der sprachlichen Leistung von Schülerarbeiten in allen Kompetenzbereichen von Lehrkräften häufig als schwierig eingeschätzt wird. Die Reduktion auf zwei Bewertungskriterien, Sprache und Inhalt, folgt den Vorgaben der Hinweise zur Prüfungsdurchführung und vereinfacht die Handhabung. Die verschiedenen Kompetenzen des Kompetenzmodells finden sich aufgabenbezogen unter den beiden Bewertungskriterien Sprache und Inhalt wieder; mit anderen Worten: Die Bewertung z. B. einer Aufgabe zum Sprechen umfasst unter „Sprache" und „Inhalt" auch interkulturelle, text- und medienbezogene Aspekte sowie methodisch-strategische Komponenten und Aspekte der Sprachbewusstheit.

1.2.6 Ausblick

Die Einbeziehung noch wenig vertrauter Kompetenzen (Sprachbewusstheit, Sprachlernkompetenz) und die Aufwertung bereits vertrauter aber noch nicht überall im Abitur explizit geprüfter Kompetenzen (z. B. Hörverstehen) stellt zweifellos eine Herausforderung für den Oberstufenunterricht dar. Auch die technische Ausstattung bzw. Organisation des Unterrichts und die Organisation der Abiturprüfung wird sich dadurch verändern. Der Oberstufenunterricht und das Abitur bzw. seine Durchführung werden in den Fremdsprachen komplexer, aber auch abwechslungsreicher, was durchaus auch motivierend wirken kann.

Herausforderung für den Oberstufenunterricht

Für die Schülerinnen und Schüler bedeutet die Diversifizierung der Fremdsprachenprüfung neue Herausforderungen. Statt sich wie bisher relativ zielsicher auf das vertraute Gleis „Lesen plus Schreiben" in der Fremdsprache einstellen zu können, werden nun auch vermehrt auf Prüfungsniveau Hören und Sprechen zu bewältigen sein.

Herausforderungen für Schülerinnen und Schüler

Die neuen Bildungsstandards für die Allgemeine Hochschulreife werden voraussichtlich auch Rückwirkungen auf den Unterricht in der Sekundarstufe I mit sich bringen, denn die Förderung etwa von Sprachbewusstheit und Sprachlernkompetenz sollte selbstverständlich zum frühest möglichen Zeitpunkt ansetzen. Der starke Bruch, der häufig beim Übergang von der Sekundarstufe I zur Sekundarstufe II bzw. beim Übergang von Lehrwerksarbeit zu freier Textarbeit zu beobachten war, könnte damit abgemildert werden.

Rückwirkungen auf die Sekundarstufe I

Auch in Richtung nachschulischer Anschlussfähigkeit, d. h. die Vorbereitung auf Studium und Beruf, liegen in den Bildungsstandards für die Allgemeine Hochschulreife Chancen für die Fremdsprachen. Dies würde sich u. a. darin zeigen, dass zunehmend auch praxisnahe Aufgabenarten Eingang in den Oberstufenunterricht finden. Es ist allerdings notwendig, die Chancen, die die Bildungsstandards für die Allgemeine Hochschulreife sowohl für die Sekundarstufe II als auch für die Sekundarstufe I mit sich bringen, rasch transparent zu machen und sie in der Lehreraus- und Lehrerweiterbildung aufzugreifen.

nachschulische Anschlussfähigkeit

2 Kompetenzen

2.1 Interkulturelle kommunikative Kompetenz

Daniela Caspari / Eva Burwitz-Melzer
Aufgabenentwicklung: Jessica Bial, Dorothea Nöth,
Andrea Schinschke, Susanne Walker-Thielen

• •

Interkulturelles Lernen bzw. der Erwerb interkultureller Kompetenzen gilt seit ungefähr der Mitte der 1990er Jahre in Deutschland als zentrales Lernziel des Fremdsprachenunterrichts. In vielen Bundesländern avancierte dieses Ziel sogar zum fächerübergreifenden Leitziel der schulischen Erziehungs- und Bildungsaufgaben. In diesem Beitrag wird theoretisch und an Aufgabenbeispielen erläutert, wie das interkulturelle Lernen in seiner Neuausrichtung zu einem standard- und kompetenzorientierten Unterricht auch in der gymnasialen Oberstufe verankert werden kann.

2.1.1 Interkulturelles Lernen in der Fremdsprachendidaktik

von der Landeskunde zum interkulturellen Lernen

Die Beschäftigung mit der bzw. den Kulturen der Zielsprachenländer ist seit jeher Teil des schulischen Fremdsprachenunterrichts. Bis in die jüngste Vergangenheit war der Fokus der Themen und Texte trotz wechselnder Schwerpunkte und teilweise gegensätzlicher Zielsetzungen dabei nahezu ausschließlich auf die andere, fremde Kultur gerichtet. Im Vordergrund des Unterrichts stand zumeist der Erwerb von repräsentativem Wissen über die Hoch-, später auch die Alltagskultur (vgl. Grünewald/Küster/Lüning 2011: 49–52; Raddatz 1996). Seit den 1990er Jahren öffnete sich der Landeskundeunterricht, u. a. unter Rückgriff auf die „Stuttgarter Thesen zur Rolle der Landeskunde im Fremdsprachenunterricht" (Baumgratz et al. 1982), in Auseinandersetzung mit der interkulturellen Pädagogik für Vorstellungen des interkulturellen Lernens (vgl. Bausch et al. 1994). Für die Modellierung wurde in der deutschsprachigen Fremdsprachendidaktik das Konzept von Michael Byram (1997) besonders einflussreich.

interkulturelles Lernen

Während Landeskunde primär auf den Erwerb von Wissen über die fremde Kultur, ihre Gebräuche, Konventionen, Traditionen etc. abzielt, geht interkulturelles Lernen weit darüber hinaus. Es unterscheidet sich insbesondere durch einen weiten, mehrdimensionalen Kulturbegriff und die Vorstellung von der Wechselwirkung des Blicks auf die eigenen und die fremdkulturell geprägten Wirklichkeitsbereiche. In Anlehnung an Dieter Geulens (1982) Theorie des sozialen Handelns werden dabei drei Stadien des Perspektivenwechsels angenommen: Auf niedrigster Stufe führt die Identifizierung und Differenzierung anderer Sichtweisen zu einer Dezentrierung des eigenen Blickes. Auf der zweiten findet mit dem inhaltlichen Nachvollzug fremder Perspektiven ein Perspektivwechsel statt, auf der dritten die auf einer Meta-Ebene vollzogene Integration unterschiedlicher Perspektiven in Form einer Perspektivenkoordination (vgl. Burwitz-Melzer 2000).

Üblicherweise werden drei Bereiche interkulturellen Lernens unterschieden: ein kognitiver (Wissen), ein affektiver bzw. attitudinaler (Einstellungen) und ein pragmatischer (Verhalten). Beim interkulturellen Lernen werden somit sowohl Kenntnisse als auch Gefühle aktiviert, die sich in bestimmten (sprachlichen) Handlungen niederschlagen. Die besondere Komplexität interkulturellen Lernens zeigt sich darin, dass alle drei Bereiche eine sprachliche, eine kulturelle, eine strategische und eine persönlich-psychologische Dimension aufweisen (vgl. Caspari/Schinschke 2007).

2.1.2 Interkulturelle Kompetenz in den Dokumenten der KMK

Die Bildungsstandards für die Abiturprüfung (KMK 2014) stellen gegenüber der Modellierung dieses Kompetenzbereiches in den EPA (KMK 2003 bzw. 2004c) und in den Bildungsstandards für den Mittleren Schulabschluss (KMK 2004a) eine deutliche Weiterentwicklung dar.

Die EPA Französisch (KMK 2004c) und Englisch (KMK 2003) weisen „Interkulturelle Kompetenz" als einen der vier Zielbereiche des Fremdsprachenunterrichts in der Oberstufe sowie als punktuellen Beitrag zu den anderen Zielbereichen aus. Die Ziele interkulturellen Lernens umfassen (vgl. KMK 2003: 3 und KMK 2004c: 5): *interkulturelles Lernen in den EPA*

- gesicherte Kenntnisse bezogen auf relevante soziokulturelle Themen und Inhalte frankophoner bzw. anglophoner Kulturräume,
- die Vorbereitung auf komplexe interkulturelle Situationen der Verwendung des Französischen als Arbeits- und Partnersprache bzw. des Englischen als Weltverkehrssprache
- sowie die Fähigkeit zum Perspektivwechsel.

Dabei liegt der Schwerpunkt auf dem ersten Punkt (vgl. Caspari 2010 für die EPA Französisch), wobei die dort verhandelten Themen und Inhalte als Basis für die weiteren Fähigkeiten und Fertigkeiten interkulturellen Lernens, d.h. den mehrperspektivischen Umgang mit kulturellen Phänomenen, die Auseinandersetzung mit kultureller Vielfalt und die interkulturelle Kommunikation, angesehen werden (vgl. KMK 2004c: 10).

Trotz dieser zentralen Position wird der Bereich des interkulturellen Lernens in den Hinweisen zur schriftlichen Abiturprüfung (Kap. 3) nur in den allgemeinen Hinweisen (Kap. 3.1) erwähnt, in den Hinweisen zur mündlichen Abiturprüfung (Kap. 4) gar nicht. Somit ist eine deutliche Diskrepanz zwischen dem relativ hohen Stellenwert interkultureller Kompetenz als einem von vier Zielbereichen des Unterrichts und seinem quasi nicht vorhandenen Stellenwert in den für das Abitur zu erbringenden Leistungen zu konstatieren. Eine Analyse der Beispielaufgaben mit Zielsetzungen im Bereich interkulturellen Lernens (vgl. Caspari 2010) lässt ebenfalls vermuten, dass in diesem Dokument die Konzeption interkulturellen Lernens noch nicht ausgereift war und dessen Potenzial bei weitem nicht ausgeschöpft wurde.

interkulturelle Kompetenzen in den Bildungsstandards für den Mittleren Schulabschluss

In den Bildungsstandards für den Mittleren Schulabschluss (KMK 2003 und 2004a) gelten „Interkulturelle Kompetenzen" als „Leitziel" (KMK 2004a: 9) sowie als einer von drei Kompetenzbereichen. Als die drei wichtigsten Teilkompetenzen dieses Bereiches werden aufgeführt: soziokulturelles Orientierungswissen, verständnisvoller Umgang mit kultureller Differenz und praktische Bewältigung interkultureller Begegnungssituationen (KMK 2004a: 8).

Wie in den EPA kommt den interkulturellen Kompetenzen in den Bildungsstandards für den Mittleren Bildungsabschluss jedoch nicht die gleiche Bedeutung wie den anderen Kompetenzbereichen zu, wie dort sind sie auch nur punktuell mit ihnen verzahnt. So wird in lediglich zwei von sieben Standardformulierungen explizit auf kommunikative Handlungsfähigkeit Bezug genommen (KMK 2004a: 16, erster und letzter Aufzählungspunkt). Auch in ihrer Gesamtheit ergeben die Standards kein integratives Gesamtbild (vgl. Caspari 2008), zumal wie in den EPA dem soziokulturellen Orientierungswissen eine wesentlich höhere Bedeutung zugemessen wird als den fremdsprachigen Aspekten. Dabei erscheint der zugrunde gelegte Kulturbegriff traditionell und vereinfachend (vgl. Caspari 2008).

2.1.3 Interkulturelle Kompetenz in den Bildungsstandards für die Allgemeine Hochschulreife

interkulturelle kommunikative Kompetenz

Im Vergleich zu diesen beiden Dokumenten wird die interkulturelle Kompetenz in den Bildungsstandards für die Allgemeine Hochschulreife (KMK 2014) deutlich systematischer, umfassender und differenzierter gefasst. Außerdem wurde sie in ihrer Bedeutung aufgewertet; nicht nur durch eine nunmehr nach oben gerückte Position innerhalb des Kompetenzmodells, sondern vor allem durch die Verankerung in allen anderen Kompetenzbereichen: Interkulturelles Verstehen und Handeln „geschieht im Zusammenwirken mit [der] funktionalen kommunikativen Kompetenz, [der] Sprachbewusstheit sowie [der] Text- und Medienkompetenz" (KMK 2014: 19). Interkulturelle kommunikative Kompetenz wird zudem als konstitutiv für die zentrale Zielsetzung des Fremdsprachenunterrichts betrachtet: Das „wesentliche Ziel des Fremdsprachenunterrichts, […] die Befähigung zum mündlichen und schriftlichen Diskurs, […] umfasst wichtige interkulturelle Kompetenzen" (KMK 2014: 11). Umgekehrt manifestiert sich interkulturelle Kompetenz in fremdsprachigem Verstehen und Handeln (KMK 2014: 11). Diese unaufhebbare Verbindung wird durch den neuen Begriff der „interkulturellen kommunikativen Kompetenz" (IKK) betont.

neue Modellierung

Dass sich interkulturelle Kompetenz im Fremdsprachenunterricht in erster Linie in der pragmatischen Dimension manifestiert, wird nicht nur durch den neuen Begriff verdeutlicht, sondern auch durch die neue Modellierung. In der

Grafik (vgl. KMK 2014: 12) wird der Bereich der interkulturellen kommunikativen Kompetenz in zwei Zeilen näher bestimmt: In der ersten sind „Verstehen" und „Handeln", in der zweiten „Wissen", „Einstellungen" und „Bewusstheit" aufgeführt. Mit dieser Strukturierung setzen die Bildungsstandards für die Allgemeine Hochschulreife gegenüber der traditionellen Dreiteilung „Wissen, Einstellungen, Verhalten" einen neuen Akzent. Sie erheben die pragmatische Dimension zu einem eigenen Bereich und betonen für den Fremdsprachenunterricht damit die zentrale Bedeutung der Anwendung von Wissen und Einstellungen in fremdsprachigem Verstehen und Handeln. Zusätzlich zu „Wissen" und „Einstellungen" nehmen sie „Bewusstheit" als eigenen Bereich auf und verdeutlichen damit – wie auch durch den Kompetenzbereich der „Sprachbewusstheit" – die (selbst-)reflexive Komponente der Kompetenzen für Schülerinnen und Schüler in der Qualifikationsphase.

Der Bereich des Wissens ist im Vergleich zu den anderen beiden Dokumenten deutlich weiter gefasst und beinhaltet neben soziokulturellem Orientierungswissen ebenfalls kommunikatives und strategisches Wissen. Zudem wird das Wissen nicht als isoliert abfragbares Faktenwissen verstanden, sondern es wird stets der Anwendungsbezug betont: „Die Schülerinnen und Schüler können ihr Orientierungswissen über die Zielkulturen in vielfältigen Situationen anwenden" (KMK 2014: 19). In diesem Zusammenhang werden auch die Grenzen interkulturellen Kompetenzerwerbs und der produktive Umgang mit ihnen thematisiert: „[Strategisches Wissen] ermöglicht Schülerinnen und Schülern, mit eigenem und fremdem sprachlichem und kulturellem Nichtverstehen und mit der Begrenztheit ihrer Lernersprache in Kommunikationssituationen umzugehen." (KMK 2014: 19).

Wissen

Die Ziele im Bereich der Einstellungen erscheinen im Vergleich zu den Standards für den Mittleren Schulabschluss realistischer: Statt Neugier, Aufgeschlossenheit und Akzeptanz kultureller Vielfalt (vgl. KMK 2003: 16, zweiter Aufzählungspunkt) wird nun die „Bereitschaft und Fähigkeit, anderen respektvoll zu begegnen [und] sich konstruktiv-kritisch mit ihnen auseinanderzusetzen" (KMK 2014: 19) angestrebt. Hervorzuheben ist, dass nun auch im Bereich der Einstellungen die sprachliche Dimension („Bereitschaft und Fähigkeit [...] beim eigenen Sprachhandeln sprachliche und inhaltliche Risiken einzugehen") (KMK 2014: 19) explizit enthalten ist.

Einstellungen

Im Bereich der Bewusstheit ist die Fähigkeit und Bereitschaft zur Selbstreflexion („persönliches Verstehen und Handeln zu hinterfragen") und zur Toleranz („mit den eigenen Standpunkten Unvereinbares auszuhalten und in der interkulturellen Auseinandersetzung zu reflektieren") (KMK 2014: 19) zentral. Damit greifen die Abiturstandards Geulens Konzept der Perspektivenkoordination (1982) auf.

Bewusstheit

Im Unterschied zu den EPA ist die interkulturelle kommunikative Kompetenz auch in den Fachspezifischen Hinweisen zur schriftlichen Abiturprüfung in der fortgeführten Fremdsprache (Kap. 3.2.1, KMK 2014: 24–25) verankert: „Insbesondere im verpflichtenden Prüfungsteil Schreiben sind die funktionale kommunikative Kompetenz, die interkulturelle kommunikative Kompetenz und die Text- und Medienkompetenz so miteinander verbunden, dass Schülerinnen und Schüler eine eigenständige komplexe Leistung erbringen." (KMK 2014: 25).

Überprüfung IKK

Dies ist in den Beispielen für die Prüfungsaufgaben konkretisiert, in denen die interkulturelle kommunikative Kompetenz mit einem entsprechenden Gewichtungsvorschlag zur Bewertung ausgewiesen ist.

keine Niveau-
differenzierung

Im Unterschied zu den anderen Kompetenzbereichen werden für die IKK keine Niveauunterscheidungen vorgenommen, da die Entwicklung dieses Kompetenzbereiches nur in Teilaspekten an die fremdsprachige Entwicklung gebunden ist. Auch wäre anhand der fremdsprachigen Leistung allein keine sinnvolle Niveauunterscheidung in den anderen Bereichen der interkulturellen Kompetenz feststellbar. Für alle Schülerinnen und Schüler gelten somit die gleichen Ziele.

2.1.4 Erläuterung der Standards

Standard 1 und 2

Die Standards S1 und S2 umfassen die Fähigkeit, erworbenes Wissen über Zielkulturen und über Kommunikation in fremdsprachigen Situationen anzuwenden:

> Die Schülerinnen und Schüler können
> * ihr Orientierungswissen über die Zielkulturen in vielfältigen Situationen anwenden: Aspekte der Alltagskultur und Berufswelt, Themen und Probleme junger Erwachsener, gegenwärtige politische und soziale Bedingungen, historische und kulturelle Entwicklungen einschließlich literarischer Aspekte sowie Themen von globaler Bedeutung (S1)
>
> Die Schülerinnen und Schüler können
> * ihr Wissen über Kommunikation anwenden und fremdsprachige Konventionen beachten, u. a. zur Signalisierung von Distanz und Nähe (S2)

Die Aufzählung in S1 umfasst die ganze Breite von Themen, denen junge Erwachsene im Unterricht und in außerschulischen Situationen mit Ziel- oder Zweitsprachensprechern im Allgemeinen begegnen. Selbstverständlich können in zwei bzw. drei Jahren Oberstufenunterricht nicht alle Themen extensiv bearbeitet werden, zu achten ist daher darauf, dass die Schülerinnen und Schüler innerhalb der einzelnen Themenbereiche übertragbares Wissen sowie Strategien zur Aneignung und Anwendung unterschiedlicher Wissensbestände erwerben.

S2 weist darauf hin, wie wichtig Wissen über Kommunikation und die Besonderheiten interkultureller Kommunikation für die gelungene Verständigung mit Sprecherinnen und Sprechern der Zielsprache ist. Dazu gehört z. B. Wissen über die verschiedenen Funktionen von Sprache, über para- und nonverbales Verhalten (Mimik, Gestik, Akzent, Rhythmus, Pause, Tonfall), über Register und Varietäten, über Regeln des Sprecherwechsels, über die kulturspezifische Prägung von Wortschatz und semantischen Feldern (Konnotationen, Assoziationen, Metaphern, *Hotwords*) bis hin zu kulturspezifisch geprägten Konventionen des Diskursverhaltens (Gesprächsmanagement, Hotspots, Höflichkeit) (vgl. Heringer 2004; Knapp-Potthoff 1997: 199–203). Auch hier gilt, dass im Fremdsprachenunterricht keine Vollständigkeit möglich ist. An ausgewählten Situationen, z. B. aus Filmen oder authentischen Hörtexten, können jedoch einzelne Aspekte exemplarisch analysiert werden, um die Lernenden für die Bedeutung non- und paraverbaler Signale zu sensibilisieren. Dies gilt insbesondere für solche Aspekte, die in der direkten zielsprachigen Kommunikation immer wieder zu Fehlinterpretationen und Missverständnissen führen, wie z. B. Regeln des Sprecherwechsels, Lautstärke, Direktheit, Höflichkeitskonventionen und die im Standard beispielhaft genannten Konventionen zur Signalisierung von Nähe und Distanz.

Die folgenden Standards greifen Geulens (1982) Vorstellungen des Perspektivenwechsels auf. S3 konkretisiert die erste Stufe, die Dezentrierung des eigenen Blicks in mehreren Phasen: das Erkennen, Hinterfragen, Relativieren und ggf. Revidieren der eigenen Wahrnehmungen und (Vor-)Urteile. S4 umfasst die nächste Stufe, den kognitiven, ggf. auch emotionalen Nachvollzug fremder Perspektiven (Perspektivenwechsel) (vgl. Schinschke 1995) sowie die Voraussetzung für Geulens 3. Stufe, das Abwägen und Vergleichen verschiedener Perspektiven. Dies ist Voraussetzung für eine Perspektivenkoordination, die auf einer Meta-Ebene stattfindende Integration unterschiedlicher Perspektiven.

Standard 3 und 4

Die Schülerinnen und Schüler können
- ihre Wahrnehmungen und (Vor-)Urteile erkennen, hinterfragen, relativieren und ggf. revidieren (S3)

Die Schülerinnen und Schüler können
- einen Perspektivenwechsel vollziehen sowie verschiedene Perspektiven vergleichen und abwägen (S4)

Während S3 auf das Erkennen der eigenkulturellen Prägung abzielt, rückt S5 die Erkenntnis und Berücksichtigung der entsprechenden Prägung der zielsprachigen Kommunikationspartner in den Mittelpunkt. Ganz bewusst wird hier aber nicht von einer zuschreibenden oder gar vereinnahmenden „fremdkulturellen Prägung" der Gesprächspartner gesprochen, sondern die Schülerinnen und Schüler sollen zunächst einmal in der Lage sein, die, durch vielfältige Faktoren geprägten, Werte, Haltungen und Einstellungen ihrer jeweiligen Kommunikationspartner zu erkennen. Für das bessere Verstehen und die Einordnung der Werte, Haltungen und Einstellungen ziehen sie dann ihr Wissen über die fremde(n) Kultur(en) zu Rate.

Standard 5 und 6

S6 fokussiert auf den Umgang mit fremdsprachigen Dokumenten und Diskursen. Im Unterschied zum Umgang mit Personen wird hier gezielt auf die fremdkulturelle Dimension abgehoben. Zudem verlangt der Standard nicht nur das Erfassen dieser Dimension, sondern ebenfalls eine Deutung und Bewertung.

Die Schülerinnen und Schüler können
- Werte, Haltungen und Einstellungen ihrer zielsprachigen Kommunikationspartner erkennen und unter Berücksichtigung des fremdkulturellen Hintergrundes einordnen (S5)

Die Schülerinnen und Schüler können
- fremdsprachige Texte und Diskurse in ihrer fremdkulturellen Dimension erfassen, deuten und bewerten (S6)

Standard 7   S7 konkretisiert und spezifiziert Geulens dritte Stufe der Perspektivenkoordination:

> Die Schülerinnen und Schüler können
> - fremde und eigene Werte, Haltungen und Einstellungen in Hinblick auf international gültige Konventionen (z. B. die Menschenrechte) einordnen (S7)

Damit greift dieser Standard Byrams Vorstellung einer *critical cultural awareness* (2005: 9) als Teil umfassender interkultureller Kompetenz auf. In Frage kommt weder das unkritische Vertreten eigener noch das unkritische Akzeptieren anderer Werte, Haltungen und Einstellungen. Verlangt wird wesentlich mehr, nämlich die kritische Auseinandersetzung mit beiden Positionen. Dies dürfte auch für Schülerinnen und Schüler der Qualifikationsphase insbesondere in Hinblick auf religiös, kulturell oder sozial stark divergente Positionen eine große Herausforderung darstellen. Da diese Auseinandersetzung jedoch an einem gemeinsamen Vergleichmaßstab vorgenommen werden soll und als Ziel ausdrücklich keine Bewertung, sondern eine Einordnung steht, dürfte dieser Standard einen wichtigen Beitrag zu der von Krumm bereits 1995 geforderten „kritischen Toleranz" (Krumm 1995: 159) leisten.

Standard 10   S10 führt S7 weiter und konkretisiert gleichzeitig das Ziel einer „kritischen Toleranz":

> Die Schülerinnen und Schüler können
> - auch in für sie interkulturell herausfordernden Situationen reflektiert agieren, indem sie sprachlich und kulturell Fremdes auf den jeweiligen Hintergrund beziehen und sich konstruktiv-kritisch damit auseinandersetzen (S10)

Standard 8 und 9   Um dieses Ziel S10 erreichen zu können, müssen die Schülerinnen und Schüler über die in S8 und S9 genannten Fähigkeiten verfügen. Diese greifen ebenfalls auf andere Standards, insb. S2, S3 und S4, zurück.

> Die Schülerinnen und Schüler können
> - ihr strategisches Wissen nutzen, um Missverständnisse und sprachlich-kulturell bedingte Konfliktsituationen zu erkennen und zu klären (S8)

> Die Schülerinnen und Schüler können
> - sich trotz des Wissens um die eigenen begrenzten kommunikativen Mittel auf interkulturelle Kommunikationssituationen einlassen und ihr eigenes sprachliches Verhalten in seiner Wirkung reflektieren und bewerten (S9)

2.1.5 Aufgaben zur Entwicklung und Förderung der interkulturellen kommunikativen Kompetenz

In diesem Kapitel sollen ausgewählte Aufgaben aus den Bildungsstandards für die Allgemeine Hochschulreife in Bezug auf ihr Potenzial zur Förderung interkultureller kommunikativer Kompetenz vorgestellt und erläutert werden. Zunächst werden zwei Aufgaben aus diesem Band präsentiert, die gezielt für den Kompetenzbereich interkulturelle kommunikative Kompetenz (forthin IKK) entwickelt worden sind. Anschließend wird anhand von Aufgaben zu anderen Kompetenzbereichen dargelegt, wie in ihnen auch IKK gefördert werden kann. Von besonderem Interesse ist die Aufgabe *Immigrants' English,* bei der der Lernfokus wahlweise stärker auf Hörverstehen oder IKK liegen kann. Auf der Basis dieser Aufgaben werden abschließend allgemeine Prinzipien zur Erstellung von Lernaufgaben zur Förderung der IKK zusammengestellt.

2.1.5.1 Aufgaben zur gezielten Entwicklung und Förderung der interkulturellen kommunikativen Kompetenz

Die Aufgaben *Chinese Flag* und *Flag* sind die beiden einzigen, in denen die Förderung bzw. Entwicklung der IKK im Zentrum steht. Beide sind Teilaufgaben zur Vorbereitung einer Zielaufgabe, in der im Rahmen eines Projekttages die *cross-cultural relations* zwischen den USA and verschiedenen asiatischen Ländern dargestellt werden sollen.

Ziel der Aufgabe *Chinese Flag* (2_1_IKK_und_2_5_LV_E_Chinese_Flag) ist es, einen Kommentar zu einem Leserbrief in einer amerikanischen Provinzzeitung zu verfassen, in dem sich ein Bewohner über das Mitführen einer chinesischen Flagge während des Umzugs am Unabhängigkeitstag beschwert: *"Write a comment to be posted on the newspaper's website in response to Jack Dean's letter to the editor "Chinese flag an insult" explaining how you assess his attitude and what you think about the incident."*

Aufgabe *Chinese Flag:* systematische Kompetenz- entwicklung

Verlangt ist somit, den Ausgangstext detailliert zu verstehen, die dort zum Ausdruck gebrachte Position des Briefschreibers zu erkennen, im historischen Kontext nachzuvollziehen und kritisch zu ihr Stellung zu beziehen. Mit dieser anspruchsvollen Aufgabe werden gleich sechs der zehn Standards zur IKK gefördert: S1, S4, S5, S6, S7 und S10.

Bezug zu den Standards

Herzstück der Aufgabe ist das genaue Lesen und detaillierte Verstehen des Leserbriefes *„Chinese flag an insult"* (2_1_IKK_und_2_5_LV_E_Chinese_Flag, Part 1). Um die Problematik und die Haltung des Briefschreibers zu erkennen, ist zusätzlich inferierendes Leseverstehen der zahlreichen, häufig impliziten Aussagen notwendig. Die Schülerinnen und Schüler müssen dafür im Einzelnen historisches Wissen über den Unabhängigkeitstag aktivieren (S1), einen Perspektivenwechsel vollziehen (S4), den Brief in seiner fremdkulturellen Dimension verstehen (S6) sowie die Haltung des amerikanischen Briefschreibers erkennen und dabei seinen fremdkulturellen Hintergrund berücksichtigen (S5). Für das Abfassen ihrer Reaktion müssen sie darüber hinaus erkennen, ob die im Beitrag ausgedrückte Haltung im Einklang mit amerikanischen Werten und Idealen einerseits und dem amerikanischen Kapitalismus andererseits steht (S7), und sie müssen überlegen, ob der Verfasser die Situation angemessen erfasst hat (S4). Das Schreiben der Antwort verlangt den anspruchsvollsten Standard S10: „Die Schülerinnen und Schüler können auch in für sie interkulturell herausfordernden Situationen reflektiert agieren, indem sie sprachlich und kulturell Fremdes auf den jeweiligen Hintergrund beziehen und sich konstruktiv-kritisch damit auseinandersetzen."

Als Unterstützung wird zunächst eine vorbereitende Sprechaufgabe empfohlen, in der die Inhalte des Leserbriefes ausgehend von Merkmalen der Textsorte und den amerikanischen Grundwerten antizipiert werden. Nach der Lektüre erhalten die Schülerinnen und Schüler in Aufgabe 1a) differenziertes Material,

Unterstützung für das Erreichen der Standards

mit dem sie gezielt unterschiedliche Schwierigkeiten beim Textverstehen angehen können: 1. falls sie die Absicht des Briefschreibers nicht erkannt haben, 2. falls sie seine Haltung nicht erkannt haben, 3. falls sie Schwierigkeiten haben, den Brief kritisch zu deuten und zu bewerten. Damit werden gleichzeitig unterschiedliche Aspekte des Erwerbs der IKK gezielt unterstützt. Erst nach dem detaillierten Leseverstehen sollen sie in einer als *multiple-choice*-Test gestalteten Aufgabe ihr inferierendes Leseverstehen unter Beweis stellen. So vorbereitet können sie eine Antwort auf den Leserbrief verfassen: Nachdem sie die Haltung des Briefschreibers erkannt und im amerikanischen Kontext gedeutet haben, sind sie nun gehalten, ihre Meinung zu dem angesprochenen Zwischenfall zu äußern und die Haltung des Briefschreibers zu bewerten. Eine optionale Anschlussaufgabe, die Interpretation einer Karikatur, in der ein Kind den Fahneneid auf Amerika als Teil Groß-Chinas ablegen soll, ermöglicht eine vertiefende Diskussion amerikanischer Ängste.

Die einzelnen Teilaufgaben und insbesondere das differenzierende Material zum detaillierten Leseverstehen unterstützen somit gezielt die einzelnen Phasen interkulturellen Verstehens: genaue Wahrnehmung, Einordnung und Deutung der ausgedrückten Haltung unter Anwendung des Wissens über die Zielkultur (Perspektivenwechsel) sowie die anschließende persönliche, konstruktiv-kritische Auseinandersetzung damit (Perspektivenkoordination, *critical cultural awareness*).

Aufgabe *Flag:* bewusste Exploration der eigenen Kultur

Zu Geulens (1982) dritter Stufe interkultureller Kompetenz, der Perspektivenkoordination, gehört es, fremde Positionen im Vergleich zur eigenen einzuordnen und bewerten zu können. Betrachtet man Aufgaben zum interkulturellen Lernen, so scheinen die Aufgabenersteller i. d. R. davon auszugehen, dass den Schülerinnen und Schülern ihre eigene Position bewusst ist bzw. dass sie sich durch die Auseinandersetzung mit fremden Positionen automatisch ausschärft. Nur selten regen Aufgaben explizit dazu an, sich der eigenkulturellen Prägung der individuellen Haltung bewusst zu werden, noch seltener, sie gezielt mit anderen Auffassungen aus der eigenen Kultur zu vergleichen. Dies geschieht zumeist eher unsystematisch durch Einbringen der im Klassenzimmer vertretenen Positionen. Spätestens jedoch, wenn die Lernenden als Sprachmittler bzw. hier als interkulturelle Mittler tätig werden, sollten sie über ihre persönliche Auffassung hinaus andere, in Deutschland vertretene Positionen kennen und ihre eigene entsprechend einordnen können.

Dazu erhalten die Schülerinnen und Schüler in *Flag* (2_1_IKK_und_2_5_LV_E_ Flag) Gelegenheit. Die Zielaufgabe lautet: "*During your gap year in Maine, you have read this letter to the editor in your local newspaper. Your class wants you – as a German – to tell them what you think about the event Jack Dean refers to and the criticism he expresses. Prepare a presentation of 3–5 minutes in which you compare and contrast the role of the flag in Germany and the US. Use the material below to make notes and to choose visuals to illustrate your points.*"

Bezug zu den Standards

Auch mit dieser Aufgabe werden gleich mehrere Standards zur IKK angezielt: An mehreren Stellen wird die Anwendung des Orientierungswissens über die Zielkultur verlangt (S1), für die Recherche müssen die Schülerinnen und Schüler fremdsprachige Texte und Diskurse in ihrer fremdkulturellen, hier zusätzlich der eigenkulturellen Dimension erfassen, deuten und bewerten (S6), für die inhaltliche Schwerpunktsetzung und die Ausgestaltung ihrer Präsentation müssen sie einen Perspektivenwechsel hin zu gleichaltrigen amerikanischen Jugendlichen vornehmen (S4) sowie die Werte, Haltungen und Einstellungen ihrer zielsprachlichen Kommunikationspartner antizipieren (S5). Die Präsentation selbst verlangt, dass sie in dieser für sie interkulturell herausfordernden Situation reflektiert agieren, indem sie sprachlich und kulturell Fremdes auf den jeweiligen Hintergrund beziehen und sich konstruktiv-kritisch damit auseinandersetzen (S10).

Als Hilfestellung erhalten die Lernenden eine Reihe von Tipps, mit denen sie ihr Vorgehen strukturieren können. Sie zielen zum einen auf den Arbeitsprozess (z. B. *"Begin by making a mind-map with what you already know about the issue.")*, zum anderen auf zentrale Aspekte der IKK: *"Use (online) dictionaries to make sure you understand crucial terms you need [...]"*, *"Make sure you use material that enables you to reflect on differing attitudes towards the flag.", "Keep the target group of your presentation in mind. Explain your personal attitude giving the necessary background information, so that your listeners can follow you. Consider what you know about their knowledge and sensitivities concerning the issue."*

Des Weiteren erhalten sie eine leere Tabelle, in die sie die aus dem Leserbrief abgeleiteten Haltungen zur amerikanischen Flagge den aus dem weiteren Material abgeleiteten Haltungen zur deutschen Flagge gegenüberstellend eintragen, das jeweils herangezogene Bildmaterial analysieren und ihren persönlichen Kommentar formulieren. Durch diese Strukturierung werden die Schülerinnen und Schüler schrittweise zur Übernahme der fremden Perspektive und zur Perspektivenkoordination geführt.

Als Hilfe zur Recherche der deutschen Position wird u. a. der Film „Vergessene Fahnen", in dem den nach der Fußball-WM 2006 hängen gebliebenen Fahnen nachgespürt wird, angegeben und zum besseren Verständnis des amerikanischen Fahneneides eine einschlägige amerikanische Quelle. Zur Erarbeitung beider Positionen dienen mehrere Cartoons und Plakate, aus denen unterschiedliche Haltungen zur Nationalflagge abgeleitet werden können.

Nach der Analyse und Interpretation der Materialien sollten die Lernenden in der Lage sein, die Einstellungen zur Flagge in den USA und Deutschland miteinander zu vergleichen sowie die unterschiedlichen Haltungen zu erläutern und zu kommentieren. In ihrem Kurzvortrag sollen sie ebenfalls die vermuteten Befindlichkeiten der Gesprächspartner berücksichtigen. In der abschließenden Reflexionsaufgabe können sie sich anhand von Leitfragen ihren interkulturellen Lernprozess bewusst machen und dadurch ihre (interkulturelle) Sprachlernkompetenz erhöhen.

Unterstützung für das Erreichen der Standards

2.1.5.2 Aufgaben zu anderen Kompetenzbereichen mit Möglichkeit zur Förderung der interkulturellen kommunikativen Kompetenz

Bei der Bearbeitung von Lernaufgaben mit authentischen Texten und lebensnahen Kommunikationssituationen ist es oft gut möglich, IKK zu fordern bzw. zu fördern. Allerdings muss das interkulturelle Potenzial erkannt und durch entsprechende Hinweise bzw. Aufgabenstellungen auch für die Lernenden sichtbar gemacht werden. Im Folgenden soll anhand ausgewählter Aufgaben gezeigt werden, wie in Aufgaben zur schwerpunktmäßigen Förderung anderer Kompetenzbereiche ebenfalls die Förderung der IKK angelegt bzw. möglich ist.

Aufgaben zur Förderung der Text- und Medienkompetenz

Viele der Standards der Text- und Medienkompetenz (forthin TMK, vgl. auch Kap. 2.2) sind mit der IKK eng verknüpft. Dies gilt insbesondere für die Standards S4 (Die Schülerinnen und Schüler können sich mit den Perspektiven und Handlungsmustern von Akteuren, Charakteren, und Figuren auseinandersetzen und ggf. einen Perspektivenwechsel vollziehen.), S5 (Sie können bei der Deutung eine eigene Perspektive herausarbeiten und plausibel darstellen.), S7 (Sie können ihr Erstverstehen kritisch reflektieren, relativieren und ggf. revidieren.), S10 (Sie können die von ihnen vollzogenen Deutungs- und Produktionsprozesse reflektieren und darlegen.) sowie S11 (Sie können Textvorlagen unter Berücksichtigung von Hintergrundwissen in ihrem historischen und sozialen Kontext interpretieren.).

Strukturgleichheit zwischen literarischem und interkulturellem Verstehen → das eine kann durch das andere gefördert werden

In allen diesen Standards zur TMK sind die Schülerinnen und Schüler aufgefordert, ihr Verstehen und ihre Deutungsprozesse kritisch zu reflektieren und ggf. zu revidieren, sich mit anderen Perspektiven auseinanderzusetzen und dabei einen Perspektivenwechsel zu vollziehen. Dabei sollen sie zwischen Beschreiben, Analysieren und Deuten bewusst unterscheiden sowie gezielt Hintergrundwissen zum Verstehen und Deuten heranziehen. Bei alledem vollziehen sie Prozesse, die auch für Prozesse interkulturellen Verstehens und Handelns konstitutiv sind. Bredella (u.a. 1999) und andere (z.B. Burwitz-Melzer 2000) leiten aus der Überlegung, dass literarisches und interkulturelles Verstehen strukturgleich sind, die Annahme ab, dass sich das eine durch das andere fördern ließe. Dies geschieht z.B. in folgenden Aufgaben.

Aufgabe Education in China

Die Aufgabe *Education in China* (2_5_LV_E_Educaton_in_China), die ebenfalls zum Rahmenthema *Cross-cultural relations between Asia and the Western World* gehört, weist neben einer Förderung des Leseverstehens und der TMK ebenfalls die IKK aus (Standards S1, S3 und S7). Textgrundlage ist ein Teil eines Artikels, in dem ein amerikanisch-chinesisches Paar berichtet, wie es einem ehrgeizigen Mädchen aus einer völlig mittellosen chinesischen Familie dank einer amerikanischen Geldspende ermöglicht wurde, eine gute Schulbildung zu erhalten und Karriere zu machen. Da die kleine, ursprünglich nur für das Mädchen gedachte Spende eines Amerikaners durch einen Fehler der Bank vervielfacht wurde, konnten alle Schülerinnen und Schüler und die gesamte Schule unterstützt werden.

Die Aufgabe ist wie folgt aufgebaut: Die Schülerinnen und Schüler sollen sich vor dem Lesen des Textes ihrer Vorerwartungen bewusst werden und sich Vorwissen über die im Text angesprochenen Themen beschaffen. Während des Lesens sollen sie ihre Erwartungen bestätigen oder revidieren. Ggf. könnte hier noch ein Zwischenschritt eingefügt werden, in dem sich die Lernenden bewusst werden sollen, welche ihrer Annahmen sich bestätigt haben, welche nicht. Das zumeist detaillierte Leseverstehen wird danach durch einen *multiple-choice*-Test überprüft. In den sich anschließenden Einzelaufgaben werden die Schülerinnen und Schüler dazu angehalten, sich auf unterschiedliche Weise mit dem Inhalt des Textes zu beschäftigen: In Form eines Leserbriefes sollen sie über die Wirkung ausländischer finanzieller Unterstützung auf chinesische Mädchen reflektieren, in Form eines Flyers bzw. Posters sollen sie ihre Umgebung zu Spenden aufrufen, mit Hilfe einer Internetrecherche sollen sie sich näher über die Autoren und ihr Leben informieren und daran anschließend über die Möglichkeiten und Grenzen privater interkultureller Projekte diskutieren. In dieser Aufgabe besteht der spezifische Beitrag der TMK zum Erwerb interkultureller kommunikativer Kompetenz darin, dass die Lernenden durch die von ihnen verlangten unterschiedlichen Textsorten zu unterschiedlichen Denk- und Herangehensweisen in Hinblick auf das dargestellte Thema angeregt werden (reflexiv, appellativ, informativ, diskursiv). Besonders gelungen erscheint in diesem Zusammenhang der Rückbezug auf die eigene Lebenswirklichkeit: Für die geforderten Poster/Flyer müssen die durch den Text erworbenen Informationen auf emotional ansprechende Weise zielgruppengerecht dargestellt werden. Hierdurch können alle im Modell aufgeführten Aspekte der IKK zum Tragen kommen: Verstehen und Handeln, Wissen, Einstellungen und Bewusstheit.

Aufgaben zum Leseverstehen
Auch Aufgaben, in denen das Leseverstehen im Fokus steht (vgl. Kap. 2.5), können die IKK fördern. So enthalten mehrere Standards zum Lesen Kompetenzen, die ebenfalls für die IKK relevant sind. Es handelt sich insbesondere um die Standards S2 (Die Schülerinnen und Schüler können explizite und implizite Aussagen von Texten sowie deren Wirkungspotenzial erkennen und einschätzen.), S7 (Sie können die Absicht und Wirkung von Texten in deren zielkulturellen Zusammenhängen erkennen.) und S8 (Sie können mehrfach kodierte Texte und Texteile, z.B. in Werbeanzeigen, Plakaten, Flugblättern, aufeinander beziehen und in ihrer Einzel- und Gesamtaussage erkennen, analysieren und bewerten.). Auch die Standards des erhöhten Niveaus sind für die IKK wichtig, besonders S11 (Die Schülerinnen und Schüler können die Wirkung von Texten in deren zielkulturellen Zusammenhängen analysieren.). Alle diese Standards verlangen über die Informationsentnahme aus Texten hinaus, ihre Aussagen und Absichten sowie ihr Wirkungspotenzial zu erkennen.

Dies verlangt z.B. die Aufgabe *Lahore* (2_1_IKK_und_2_5_LV_E_Lahore), anhand derer die Schülerinnen und Schüler einen für sie vermutlich ungewohnten Blick auf den *American Dream* erhalten. Sie bearbeiten dazu einen Auszug aus der Erzählung „*The Reluctant Fundamentalist*" von Mohsin Hamid, in der der Protagonist sein Leben in Pakistan und Amerika vergleicht. Im Rahmen der Textanalyse sollen sie die Beschreibungen des Lebens in beiden Ländern sowie die dargestellten Erfahrungen und Kommentare einander gegenüberstellen. Anhand der hier geforderten Trennung von Beschreibung, persönlicher Erfahrung und Bewertung der Erfahrung vollziehen die Schülerinnen und Schüler exemplarisch das Vorgehen beim interkulturellen Verstehen nach. Interkulturelles Handeln wird von ihnen in der Anschlussaufgabe verlangt, in der sie einen Perspektivenwechsel vollziehen müssen, um aus der Sicht des Protagonisten einen Artikel für eine Broschüre zu verfassen, die sich an junge Menschen richtet, die ein Auslandspraktikum absolvieren wollen.

Aufgabe: *Lahore*

Aufgabe
Silence on irradie
Während sich die bisher dargestellten Aufgaben entweder auf Material beziehen, in denen zwei Kulturen dargestellt werden, oder ein solcher Bezug durch die Aufgabenstellung verlangt wird, ist dies in *Silence, on irradie* (2_5_LV_F_Silence_on_irradie) nicht der Fall. Und obwohl für diese Aufgabe in der Tabelle keine Ziele im Bereich der IKK angegeben werden, kann diese Kompetenz sehr wohl gefördert werden. Gegenstand ist ein Auszug aus dem gleichnamigen Jugendbuch von Christophe Léon, in dem die Empfindungen des jugendlichen Protagonisten bei einem Bad in einem als Kühlwasser fungierenden See eines Atomkraftwerkes geschildert werden. Interkulturelle kommunikative Kompetenz kommt in dieser Aufgabe zum einen für das Verstehen des Textes ins Spiel, denn die öffentliche Meinung zur Atomenergie in Deutschland und Frankreich unterscheidet sich traditionell sehr stark. In dem für die optionale Aufgabe vorgesehenen Zeitungsartikel, der die aktuelle Diskussion in Frankreich wiedergibt, können die Schülerinnen und Schüler darüber hinaus ihr Vorwissen aktualisieren bzw. ihre Klischees revidieren. Die IKK wird in dieser Lernaufgabe zusätzlich durch Einzelaufgaben gefördert, die auf die Kompetenz Sprachbewusstheit abzielen (s.u.).

Aufgaben zum Hörverstehen und Hörsehverstehen
Ähnlich wie beim Leseverstehen werden auch beim Hörverstehen und Hörsehverstehen (vgl. Kap. 2.4) Kompetenzen gefördert, die auch für die IKK wichtig sind. Dies gilt insbesondere für die Standards S5 (Die Schülerinnen und Schüler können Stimmungen und Einstellungen der Sprechenden erfassen.) und S6 (Sie können gehörte und gesehene Informationen aufeinander beziehen und in ihrem kulturellen Zusammenhang verstehen.). Auf erhöhtem Niveau betrifft dies die Standards S8 (Sie können implizite Informationen erkennen und einordnen und deren Wirkung interpretieren.) und S9 (Sie können implizite Einstellungen oder Beziehungen zwischen Sprechenden erfassen.). Die Fähigkeit, nicht explizit Gesagtes wahrzunehmen, im kulturellen Kontext zu deuten und die Wirkung zu interpretieren, stellt eine wesentliche Teilkompetenz interkultureller kommunikativer Kompetenz dar.

Aufgabe
Immigrants' English
Dies wird z. B. in der Aufgabe *Immigrants' English* (2_1_IKK_und_2_5_HV_E_immigrants_english) gefördert. In dieser Aufgabe bearbeiten die Schülerinnen und Schüler mehrere Ausschnitte aus einem von der britischen Zeitung *The Guardian* veröffentlichten Podcast über eine Richtlinie in Großbritannien, die einwanderungswilligen Migranten vorschreibt, englische Sprachkenntnisse nachzuweisen. Diese Lernaufgabe kann mit zwei unterschiedlichen Schwerpunktsetzungen unterrichtet werden: Einmal liegt der Fokus auf Hörverstehen, einmal auf IKK, wobei die andere Kompetenz jeweils mitgefördert wird. Die erste Aufgabe verlangt von den Schülerinnen und Schülern, neben dem Thema auch die Stimmung des Hörtextes zu erfassen, die Anschlussaufgabe erfordert einen Perspektivenwechsel hin zur eigenen Kultur (Sind die Argumente des britischen Pemierministers auch auf unser Land zu übertragen?). In der zweiten Aufgabe gilt es, asiatische Varietäten des Englischen zu erfassen und verschiedene Positionen zu vergleichen. In der dritten Aufgabe erwerben die Schülerinnen und Schüler soziokulturelles Hintergrundwissen über die unterschiedlichen Rollen von Frauen und Männern in der *Asian community*. In der anschließenden Diskus-

sion zum Thema ‚Integration von Migranten' diskutieren sie Einstellungen der Menschen und erhalten dabei Gelegenheit, ihre eigenen Einstellungen und Werte zu reflektieren. In der vierten Aufgabe werden die Nachteile der neuen Verordnung thematisiert, und die Thematik wird in Bezug zu international gültigen Konventionen gesetzt. In der komplexen Zielaufgabe können die Schülerinnen und Schüler die erworbenen Kompetenzen anwenden, indem sie für eine Podiumsdiskussion unterschiedliche Rollen entwickeln, die Diskussion durchführen und reflektieren.

Als Beispiel für das Hörsehverstehen sei auf die französische Lernaufgabe *Welcome* (2_4_HSV_F_Welcome) verwiesen. Dieser Aufgabe liegen drei Sequenzen aus dem gleichnamigen Film von Pillippe Lioret zugrunde, in dem die Geschichte des jungen Irakers Bilal erzählt wird. Nachdem dieser beim Versuch, auf einem Lastwagen illegal von Calais nach Dover zu gelangen, erwischt wird, begegnet er dem französischen Schwimmtrainer Simon, der ihn beherbergt und ihn für das Durchschwimmen des Ärmelkanals trainiert.

Aufgabe Welcome

In den Aufgaben werden anhand der verschiedenen Personen (Bilal, Simon, seine in Scheidung lebende Frau, ein Supermarktbesitzer, ein Polizist, Nachbarn) unterschiedliche Positionen zum Umgang mit illegalen Einwanderern erarbeitet. Sowohl für das Verstehen der Filmsequenzen als auch für die Anschlussaufgaben (das Gesehene beschreiben, erklären und bewerten) müssen die Schülerinnen und Schüler ihre interkulturellen Kompetenzen aktivieren und erweitern. So müssen sie ihr soziokulturelles Hintergrundwissen anwenden, die dargestellte Problematik aus verschiedenen Perspektiven sowie im Kontext internationaler Konventionen beleuchten und nicht zuletzt ihre eigenen Wahrnehmungen und (Vor-)Urteile erkennen, hinterfragen, relativieren und ggf. revidieren. Gefordert werden somit alle drei Stufen der Geulen'schen Taxonomie: Dezentrierung des eigenen Blicks, Perspektivenwechsel (Sichtweisen der unterschiedlichen Protagonisten, aber auch der Gesetzgebung) sowie Perspektivenkoordination, nicht zuletzt im Hinblick auf die Menschenrechte. Gefördert wird die IKK in dieser Aufgabe abschließend durch Arbeitsaufträge zur Sprachbewusstheit (s.u.).

Aufgaben zum Schreiben

Selbstverständlich kann auch in Aufgaben mit dem Kompetenzschwerpunkt Schreiben (vgl. Kap. 2.6) interkulturelle kommunikative Kompetenz gezielt gefördert werden. Denn bei der gezielten Förderung von Schreibkompetenz geht es zum einen darum, sich selbst adäquat darzustellen, z.B. indem man den eigenen Standpunkt strukturiert und kohärent vermittelt (vgl. S3). Es geht auch darum, in einem Text unterschiedlichen Positionen darzustellen und sich argumentativ mit ihnen auseinanderzusetzen (vgl. S4). Und es geht nicht zuletzt darum, die Erwartungen der Leserinnen und Leser zu antizipieren, indem man die Konventionen der jeweiligen Textsorten beachtet (vgl. S2) und situationsangemessen verwendet (vgl. S7). Auf erhöhtem Niveau wird zusätzlich das adressatengerechte Umsetzen der jeweiligen Textsorten verlangt (vgl. S9), und es wird die Beherrschung funktionaler Gesichtspunkte der Textgestaltung, wie z.B. Leserlenkung, erwartet. Die Kompetenz Schreiben kann somit nicht nur durch die Inhalte der zu verfassenden Texte, sondern auch durch das Beachten formaler Regeln und

Textfunktionen zur Erweiterung der IKK beitragen. Dies gilt umso mehr, wenn den Schülerinnen und Schülern diese Aspekte durch die Aufgabenstellung oder durch Reflexionsaufgaben bewusst gemacht werden.

Aufgabe
Les cinquante ans
Ein Beispiel für eine derartige Förderung liefert die Aufgabe *Les cinquante ans* (2_6_Schr_F_les_cinquante_ans). Grundlage ist der (fiktive) Aufruf des Bürgermeisters einer französischen Kleinstadt zu einem Schreibwettbewerb, in dem Jugendliche sich mit der Geschichte und Zukunft von (deutsch-französischen) Städtepartnerschaften beschäftigen sollen. Interkulturelle Kompetenz ist hier zum einen auf der Sachebene gefordert, indem sich die Schülerinnen und Schüler Informationen über die Entstehung und die aktuelle Situation von Städtepartnerschaften beschaffen. Sie ist ebenfalls auf der persönlichen Ebene gefordert, denn sie müssen sich mit der Zukunft und mit Möglichkeiten zur gezielten Weiterentwicklung von Städtepartnerschaften auseinandersetzen. Dadurch werden sie sich zu diesem Instrument der internationalen Verständigung positionieren. Beim Schreiben des Artikels müssen sie nicht nur auf Konventionen dieser Textsorte achten, sondern auch darauf, dass der Text französische Partner auch aus der Generation anspricht, die die Städtepartnerschaften als neue Möglichkeit des Reisens, des Austausches und der Horizonterweiterung kennen gelernt haben. Reaktionen auf die in Einzelarbeit zu erstellenden Schreibprodukte können per Kommentar zu einem eigens eingerichteten Blog erfolgen.

Anschließend wählen die Schülerinnen und Schüler nach selbst erstellten Kriterien zunächst in Kleingruppen, dann im Plenum den Artikel aus, der zum Wettbewerb geschickt werden soll. Abschließend reflektieren sie über das Endprodukt, indem sie einen Begleitbrief erstellen, der die Vorzüge des ausgewählten Artikels darstellt.

Aufgabe *Lettre
de candidature à
l'Institut
Paul Bocuse*
Eine andere Aufgabe zur Förderung der Schreibkompetenz ist *Lettre de candidature à l'Institut Paul Bocuse* (2_6_Schr_F_Bocuse_lettre_candidature). Hier sollen die Schülerinnen und Schüler sich für eine Ausbildung zum Koch bzw. zur Köchin in dieser renommierten französischen Kochschule bewerben und abschließend anhand vorgegebener Kriterien die beste Bewerbung aussuchen. Auch in dieser Aufgabe bieten sich viele Gelegenheiten zum interkulturellen Kompetenzzuwachs. Im Bereich des Wissens gewinnen die Schülerinnen und Schüler Wissen über die Bedeutung der Küche und des Kochens in der (französischen) Gesellschaft, über die Schullaufbahn in Frankreich im Vergleich zu Deutschland und über die Erstellung von französischen Bewerbungsbriefen. Im Bereich der Einstellungen sind sie gefordert, sich gedanklich auf die Perspektive der Ausbildung zum Koch / zur Köchin sowie auf die Perspektive eines Praktikums bzw. einer Ausbildung in Frankreich einzulassen. Und im Bereich der Bewusstheit werden sie für den Gebrauch von Sprache in formellen Schreibkontexten sensibilisiert (s. u.).

Aufgaben zur Förderung der Sprachbewusstheit
Der neue Kompetenzbereich Sprachbewusstheit (vgl. Kap. 2.9) hängt eng mit der IKK zusammen. Besonders deutlich wird dies im letzten Standard des erhöhten Niveaus der Sprachbewusstheit: Die Schülerinnen und Schüler können die Er-

fordernisse einer kommunikativen Situation (u. a. bezogen auf Medium, Adressatenbezug, Absicht, Stil, Register) reflektieren und in ihrem Sprachgebrauch berücksichtigen (S9). Aber auch die meisten Standards des grundlegenden Niveaus sind mit der IKK verbunden: Die Schülerinnen und Schüler können sprachliche Kommunikationsprobleme erkennen und Möglichkeiten ihrer Lösung [...] abwägen (S3). Sie können wichtige Beziehungen zwischen Sprach- und Kulturphänomenen an Beispielen belegen und reflektieren (S4). Sie können Gemeinsamkeiten, Unterschiede und Beziehungen zwischen Sprachen erkennen und reflektieren (S5). Sie können über Sprache gesteuerte Beeinflussungsstrategien erkennen, beschreiben und bewerten (S6). Sie können aufgrund ihrer Einsichten in die Elemente, Regelmäßigkeiten und Ausdrucksvarianten der Fremdsprache den eigenen Sprachgebrauch steuern (S9).

Die Kompetenzziele der Sprachbewusstheit können somit alle Bereiche der IKK unterstützen: Sie zielen sowohl auf das interkulturelle Verstehen wie auf das interkulturelle Handeln und sie umfassen die Anwendung von Wissen, Einstellungen und Bewusstheit. Dies wird in den Lernaufgaben auf unterschiedliche Art und Weise realisiert.

In den Aufgaben zum Film *Welcome* (2_4_HSV_F_Welcome) wird sowohl das Verstehen als auch das Deuten unterschiedlicher regionaler, sozialer und kulturell geprägter Varianten des Französischen geübt. Außerdem sollen die Schülerinnen und Schüler sprachliche Kommunikationsprobleme erkennen, Beeinflussungsstrategien erkennen, beschreiben und bewerten und auch den höchsten Standard, die Erfordernisse der kommunikativen Situation reflektieren. Methodisch wird dies dadurch umgesetzt, dass die einzelnen Aufgaben zu den drei Szenen sowohl Teilaufgaben zum detaillierten, teilweise wörtlichen Verstehen, als auch Aufgaben zum globalen und zum inferierenden Verstehen enthalten. Wichtig ist, dass die Schülerinnen und Schüler ihre Einschätzungen stets mit den gehörten sprachlichen Äußerungen und den gesehenen Aspekten begründen müssen *(Justifiez votre réponse…, Expliquez pourquoi…)*. Eine solch detaillierte und textnahe Interpretation der einzelnen Ausschnitte befähigt die Schülerinnen und Schüler zu erkennen, wie viele Informationen sie allein der Art und Weise des Sprechens entnehmen können. Dadurch, dass sie Sprache in ganz unterschiedlichen Situationen untersuchen (Polizeiwache, Dialog des Paares Simon und Marion in der Wohnung und Streit im Supermarkt), erkennen sie außerdem Unterschiede im Sprachgebrauch in institutionell, sozial und kulturell unterschiedlichen Situationen. Dies könnte durch einen bewussten Vergleich des Sprachgebrauchs in den drei Szenen möglicherweise noch besser verdeutlicht werden.

Entsprechend dem Kompetenzschwerpunkt Schreiben wird Sprachbewusstheit in der Aufgabe *Les cinquante ans* (2_6_Schr_F_les_cinquante_ans) durch die schriftliche Produktion der Schülerinnen und Schüler sowie die Überarbeitung und Bewertung der von ihnen verfassten Artikel zu Städtepartnerschaften gefördert. Durch kleine Änderungen könnte der interkulturelle Lernzuwachs hier noch gesteigert und besser bewusst gemacht werden: Das unterstützende Material zum Verfassen des Artikels könnte zusätzlich zu den textsortenspezifischen Merkmalen und den sprachlichen Hilfen um Strategien zur Ansprache

Aufgabe Welcome

*Aufgabe
Les cinquante ans*

und Überzeugung der Adressaten ergänzt werden. Für die Erarbeitung der Beurteilungskriterien wäre der Hinweis an die Lernenden hilfreich, dass für einen auch kulturell überzeugenden Artikel neben Inhalt und Form die Berücksichtigung von Situation und Adressaten wichtig ist.

Aufgabe Lettre de candidature à l'Institut Paul Bocuse

Auch in der Aufgabe *Lettre de candidature à l'Institut Paul Bocuse* (2_6_Schr_F_Bocuse_lettre_candidature) wird Sprachbewusstheit durch den Zirkel von Produktion und Reflexion gefördert. Besonderes Augenmerk wird auf das Erkennen und Produzieren von unterschiedlichen Sprachstilen gelegt. Dies geschieht, indem die Schülerinnen und Schüler einzelne mündlich geprägte Sätze aus Bewerbungsschreiben in einen klassischen, einen begeisterten sowie einen kurzen und direkten (Bewerbungs-) Stil umschreiben sollen. Die dabei erworbene Sensibilität für Gebrauch von Sprache in formellen Schreibkontexten sowie von Sprache als Ausdruck der Persönlichkeit stellt einen wichtigen Aspekt der IKK dar.

Aufgabe Silence, on irradie

Besonders umfassend wird Sprachbewusstheit in der Aufgabe *Silence, on irradie* (2_5_LV_F_Silence_on_irradie) gefördert, mit der gleich sieben der neun Standards angezielt werden sollen. Dies geschieht zum einen rezeptiv durch die systematische Weiterentwicklung des literarischen bzw. ästhetischen Lesens, durch das den Schülerinnen und Schülern die enge Verbindung von inhaltlichen und sprachlichen bzw. formalen Aspekten und ihrer Wirkweise deutlich wird. So werden u. a. die im Text gebrauchten Ausdrücke bestimmten Bereichen (Gefahr, Natur, die vier Sinne, Zerstörung) zugeordnet sowie Bilder und Metaphern analysiert. Dies geschieht aber auch produktiv durch eine Aufgabe, in der die Schülerinnen und Schüler einzelne französische Sätze aus der Textvorlage in literarisch ansprechende deutsche Sätze übertragen sollen. Gefragt ist dabei weder die textgetreue klassische Übersetzung noch die inhalts-, adressaten- und situationsorientierte Übertragung von Informationen (Sprachmittlung). Stattdessen sollen die Schülerinnen und Schüler durch das Erproben, Besprechen und Überarbeiten ihrer Übersetzungsversuche Sprache als Abbild interkulturell geprägter Vorstellungen zu den vier o. g. Bereichen erkennen. Eines der vorgegebenen Kriterien zur Evaluation der Übersetzungsversuche bezieht sich konsequenterweise auf die Originalität der Übersetzung. Die im Deutschen verwandten Bilder sollten zwar die des französischen Textes aufgreifen, sie jedoch in Bilder der eigenen Kultur übertragen.

Aufgaben zur Sprachmittlung

Die Kompetenz Sprachmittlung (s. Kap. 2.8.2) verlangt bzw. fördert alle Kompetenzbereiche: Je nach Ausgangs- und Zieltext werden die Kompetenzen Hörverstehen bzw. Hörsehverstehen oder Leseverstehen sowie Sprechen oder Schreiben gefordert. Darüber hinaus verlangt eine situations- und adressatengerechte Übertragung von Informationen gute interkulturelle Kompetenzen sowie Sprachbewusstheit. Es überrascht daher nicht, dass mit Lernaufgaben zur Sprachmittlung besonders gut die einzelnen Aspekte der IKK gefördert werden können, wie in Kap. 2.8.2.5 an Beispielen ausgeführt wird. Besonderes Potenzial enthalten hierfür Lernaufgaben, die thematisch verwandte Parallel- oder Spiegeltexte aus der anderen Sprache benutzen, anhand derer die Schülerinnen und Schüler inhaltliche und sprachliche Vergleiche anstellen können (vgl. Kap. 2.8.2.3).

2.1.5.3 Prinzipien für Aufgaben zur Förderung und Entwicklung interkultureller kommunikativer Kompetenz

Wie an den Aufgabenbeispielen sichtbar ist, kann IKK sowohl durch Aufgaben mit diesem Schwerpunkt als auch durch Aufgaben zu anderen Kompetenzbereichen gefördert werden. Aufgaben mit dem Kompetenzschwerpunkt IKK haben den Vorteil, dass sie die einzelnen Aspekte der IKK sowie die für interkulturelles Lernen notwendigen Prozesse ausführlicher und systematischer unterstützen können.

Aufgaben, die den Schwerpunkt auf andere Kompetenzbereiche legen, verfügen dagegen über den Vorteil, dass IKK als notwendiger Bestandteil für die anderen Kompetenzen sichtbar wird und beim Fördern der anderen Kompetenzen sozusagen ,mit erworben' werden kann. Jedoch, das zeigen die Aufgabenbeispiele, geschieht dies nicht automatisch: Um Lernenden und Lehrkräften diese Dimension bewusst zu machen, sollten die interkulturellen Aspekte in der Aufgabenstellung und in der Aufgabenbeschreibung ausgewiesen und damit sichtbar gemacht werden. Außerdem sollte bei der Evaluation der Arbeitsergebnisse der interkulturelle Aspekt mit berücksichtigt werden. In den Erwartungshorizonten der Prüfungsaufgaben in den Standards für die Allgemeine Hochschulreife (KMK 2014) finden sich entsprechende Beispiele. Dabei ist jedoch zu berücksichtigen, dass nur isolierte Aspekte bzw. die rezeptive Dimension der IKK zutreffend überprüft werden können. Da es sich bei den produktiven Aufgaben i. d. R. jedoch um Simulationen handelt, über deren kommunikativen Erfolg innerhalb des Klassenraums entschieden wird (z. B. der Entwurf von Postern / Flyern, das Verfassen von Artikeln und Bewerbungsschreiben, das Führen einer Podiumsdiskussion), kann keine valide Aussage darüber getroffen werden, ob und in welchem Maße die Lernenden in sprachlich und kulturell herausfordernden Situationen tatsächlich reflektiert agieren können. Hier liegen, anders als bei den kommunikativen Kompetenzen und der Text- und Medienkompetenz, prinzipielle Grenzen für die Überprüfbarkeit der IKK.

Zu beachten ist ebenfalls, dass Aufgaben zur Förderung anderer Kompetenzbereiche nicht automatisch die IKK fördern. Aus der in diesem Kapitel vorgenommenen Aufgabenanalyse können vielmehr folgende Kriterien bzw. Prinzipien für Aufgaben für fortgeschrittene Lernende abgeleitet werden:

1. Aufgaben zur Förderung der IKK enthalten oft Themen, in denen das Aufeinandertreffen zweier oder mehrerer Kulturen dargestellt wird. Diese Kulturen können in Bezug auf den nationalen oder ethnischen Hintergrund, aber auch in Bezug auf andere Aspekte wie Alter, Geschlecht, sozialer Status, Berufsgruppe, persönliche Erfahrungen etc. heterogen sein. Besonders lernförderlich scheint es zu sein, wenn die Differenzen an einzelnen Personen bzw. Personengruppen und ihren Bedürfnissen, Meinungen, Sichtweisen usw. sichtbar werden und wenn sie von den Schülerinnen und Schülern erkannt, verglichen und in produktiver Auseinandersetzung verhandelt werden. Allerdings muss dabei der Gefahr einer ungewollten Stereotypenbildung begegnet werden.

2. Aufgaben zur Förderung der IKK konfrontieren die Lernenden mit für sie neuen Themen und Sachverhalten bzw. verlangen die Erweiterung und Differenzierung von Bekanntem.

3. Aufgaben zur Förderung der IKK verlangen von den Schülerinnen und Schülern die Anwendung soziokulturellen Hintergrundwissens über die dargestellten Kulturen und/oder die eigene Kultur. Dies betrifft thematisches Wissen genauso wie bspw. Wissen über Sprachgebrauch, Kommunikationsregeln und Textsortenkonventionen.

4. Aufgaben zur Förderung der IKK unterstützen Prozesse des systematischen und bewussten Umgangs mit dem Dargestellten, insb. durch den Dreischritt Beschreiben (und Belegen) – Erklären bzw. Deuten – Bewerten. Alternativ könnten interkulturelle Lernprozesse durch Verfahren zur Förderung von TMK unterstützt werden, in denen der Verstehensprozess vom ersten, subjektiven Verstehen bis zum faktengestützten, abwägenden Interpretieren nachträglich bewusst gemacht wird.

5. Aufgaben zur Förderung der IKK fordern von den Schülerinnen und Schülern einen bewussten Perspektivenwechsel und ggf. die Koordination mehrerer Perspektiven. Die Aufgabenstellung und die Evaluationskriterien halten die Schülerinnen und Schüler dazu an, dafür gezielt die in den Materialien enthaltenen Informationen zu verwenden.

6. Aufgaben zur Förderung der IKK regen die Schülerinnen und Schüler dazu an, sich der eigenen Perspektive bewusst zu werden und sie zu reflektieren. Dies geschieht bspw. durch Aufgabenstellungen, in denen sie sich zum Dargestellten positionieren und ihre Auffassung begründen.

7. Aufgaben zur Förderung der IKK können sowohl eine binationale bzw. bikulturelle Ausrichtung haben (z. B. auf Deutschland und Frankreich, Amerika und Pakistan) als auch eine globale Ausrichtung. Dabei werden globale Themen wie Nationalstolz, Umgang mit Migranten, Armut und Bildung oder Umweltschutz an konkreten, kulturell verankerten Beispielen dargestellt und erörtert.

Bei der Analyse der Aufgaben fällt auf, dass viele der behandelten Themen bislang nicht gelöste Probleme betreffen und viele der Aufgaben auf das Erkennen nicht gelungener interkultureller Verständigung abzielen. Dies könnte daran liegen, dass den Schülerinnen und Schülern der Qualifikationsphase generell schwierigere Themen zugemutet werden und dass sie durch Beispiele nicht gelungener Kommunikation für deren Probleme sensibilisiert werden sollen. Andererseits benötigen jedoch auch ältere Lernende Beispiele dafür, dass interkulturelles Verstehen bereichern und wie interkulturelles Handeln erfolgreich verlaufen kann. Bei der Erstellung weiterer Aufgaben sollte diesem Aspekt verstärkt Rechnung getragen werden, z. B. dadurch, dass die Lernenden misslungene Kommunikation nicht nur analysieren, sondern Möglichkeiten ausprobieren, wie dieselbe Situation gelingen könnte.

Außerdem sollten mehr Aufgaben zur gezielten Förderung der Standards S8 (Die Schülerinnen und Schüler können ihr strategisches Wissen nutzen, um Missverständnisse und sprachlich-kulturell bedingte Konfliktsituationen zu erkennen und zu klären.) und S9 (Sie können sich trotz des Wissens um die eigenen begrenzten kommunikativen Mittel auf interkulturelle Kommunikationssituationen einlassen und ihr eigenes sprachliches Verhalten in seiner Wirkung reflektieren und bewerten.) entwickelt werden. Trotz der oben angesprochenen Probleme von Simulationen im Klassenraum stellen diese grundsätzlich eine gute Erprobungs- und Trainingsmöglichkeit dar (vgl. auch Caspari/Schinschke 2009). Darüber hinaus ermöglichen es die neuen Medien, den Klassenraum schnell und kostengünstig zu verlassen und z. B. in E-Mail-Projekten, Comenius-Projekten, E-Twinning-Projekten, der Beteiligung an Blogs oder Chats oder der Bearbeitung von Lernaufgaben zusammen mit Schülerinnen und Schülern aus ziel- oder fremdsprachigen Partnerklassen die eigenen sprachlichen und interkulturellen Möglichkeiten zu erproben und zu erweitern. Um den interkulturellen Lernerfolg und damit auch den Bildungsprozess der Schülerinnen und Schüler zu unterstützen, sollten die dabei gemachten Erfahrungen jedoch stets (selbst-)kritisch analysiert und reflektiert werden.

2.2 Text- und Medienkompetenz

Eva Burwitz-Melzer / Daniela Caspari
Aufgabenentwicklung: Martina Adler, Bernhard Bremm, Ellen Butzko,
Frank Edelmann, Friedrich Frenzel, Dieter Horn, Andrea Schinschke,
Thomas Schmidt, Claudia Steffen, Hanno Werry, Véronique Zettl

In diesem Unterkapitel wird es um einen neuen Kompetenzbereich in den Bildungsstandards gehen, die Text- und Medienkompetenz. Nach einem kurzen Rückblick über die bisherige Berücksichtigung von Texten und Medien in den bildungspolitischen Dokumenten wird eine Definition der neu konzipierten Text- und Medienkompetenz gegeben und die neuen Standards dieses Bereichs werden einzeln analysiert. Es folgen drei komplexe Aufgabenbeispiele, die sich auf Unterrichtsarbeit mit unterschiedlichen Texten bzw. Medien beziehen.

2.2.1 Textarbeit im Fremdsprachenunterricht: Die bisherige Situation

die Einführung der
Text- und Medien-
kompetenz

Die Text- und Medienkompetenz (TMK) wird in die Bildungsstandards für die fortgeführte Fremdsprache (Englisch / Französisch) für die Allgemeine Hochschulreife (2012) im Vergleich zu den bildungspolitischen Vorgängerdokumenten als neue Bezugsgröße eingeführt, weil der kompetenzorientierte Umgang mit Texten und Medien – der heutigen Lebenswelt entsprechend – für den Unterricht in der gymnasialen Oberstufe und die Abiturprüfung damit eine differenzierte und angemessene Grundlage erhält. Außerdem hat die Erfahrung des letzten Jahrzehnts gezeigt, dass die Darstellung der Kompetenzbereiche Leseverstehen, Hörverstehen, Hörsehverstehen und Schreiben in den Vorgängerdokumenten zum Fremdsprachenunterricht die komplexen, von zahlreichen Faktoren geprägten Verstehens- und Lernprozesse nicht ausreichend darstellen konnte (vgl. Burwitz-Melzer 2007, 2012). Die Einführung der TMK stellt deshalb eine wichtige Bereicherung der neuen Bildungsstandards dar; sie macht es erstmals möglich, präzise Ziele beim Umgang mit unterschiedlichen Texten und Medien im fortgeschrittenen Fremdsprachenunterricht zu formulieren und erlaubt deshalb auch eine bessere Diagnose der Schüler- und Schülerinnenleistungen in diesem Unterrichtsbereich. Die Einführung des Kompetenzbereichs TMK stellt gerade für die letzten fortgeschrittenen Jahre der Fremdsprachenausbildung eine längst überfällige Bereicherung des bisherigen Inventars an Kompetenzbeschreibungen dar.

Um die Änderungen zu verstehen, die die neuen Standards in Bezug auf die Arbeit mit Texten und Medien in der gymnasialen Oberstufe anstreben, ist es nötig, kurz zusammenzufassen, auf welcher Grundlage sie aufbauen (vgl. auch Caspari 2013). Im Gemeinsamen europäischen Referenzrahmen (GeR) (Europarat 2001), einer der wichtigsten bildungspolitischen Grundlagen für die Bildungsstandards im Fremdsprachenunterricht (vgl. Quetz/Vogt 2009: 64–69), werden Texte und Medien gleichberechtigt nebeneinander erwähnt: Für das Lesen verschiedener Textsorten und für das Hören bzw. Hörsehverstehen von unterschiedlichen Medien werden separate Skalen angeboten (vgl. z.B. Europarat 2001: 96). Damit wird durchaus unterschiedlichen Textsorten und der heutigen Medienvielfalt Rechnung getragen, doch bleiben literarische Texte weitestgehend unberücksichtigt. Mittels einer salvatorischen Klausel erklären die Autoren, dass ästhetische Texte keinen Schwerpunkt ihres Dokuments darstellten (vgl. Europarat 2001: 95–97). Somit treten auch die Kompetenzen, die für die Sinnkonstitution der literarischen Texte zentral sind, wie z.B. landeskundliches Wissen oder interkulturelle Fertigkeiten und Fähigkeiten, in den Hintergrund, einige werden als ‚nicht skalierbar' dargestellt. Da literarische Texte, Spielfilme und von anderen Medien vermittelte ästhetische Texte im Fremdsprachenunterricht aber eine wichtige Rolle spielen, ist es nötig, grundsätzliche Ergänzungen bei den Standards vorzunehmen, um der komplexen Arbeit mit den verschiedensten Textsorten und Medienformaten gerecht zu werden.

Voraussetzungen aus anderen bildungspolitischen Dokumenten

Die Bildungsstandards für die erste Fremdsprache (Englisch/Französisch) für den Mittleren Schulabschluss (KMK 2004a) wurden auf der Grundlage der Kompetenzbeschreibungen im GeR verfasst und beziehen sich auf die Niveaustufen B1 und B1+. In Bezug auf die Kompetenzbeschreibungen zum Leseverstehen, zum Hörverstehen und Hörsehverstehen haben sie die recht einseitige Darstellung des Dekodierprozesses und die Operationalisierung der dabei beteiligten Kompetenzen aus dem Referenzrahmen übernommen. Auch hier kommen literarische Texte bei den Kompetenzbeschreibungen zu kurz. Zudem werden in den Bildungsstandards für die Sekundarstufe I kaum unterschiedliche Medien bei den Standards selbst und bei den angeführten Beispielen berücksichtigt. Doch sind auch für jüngere oder weniger erfolgreich Lernende viele Unterrichtsszenarien mit dem Einbezug von kürzeren Spielfilmen, Diagrammen, Bildgeschichten oder Tonaufnahmen denkbar, die den Unterricht interessant machen und interkulturell bereichern. Dafür stehen bisher keine ausreichenden Standards und Operationalisierungen von Aufgaben für die Sekundarstufe I zur Verfügung (vgl. Burwitz-Melzer 2007).

Die bisherigen Einheitlichen Prüfungsanforderungen für das Abitur im Fach Englisch bzw. Französisch (EPA, KMK 2003 und 2004c) wurden ebenfalls zu einem gewissen Anteil vom GeR beeinflusst. In ihnen finden sich einige Innovationen, die in der nun erfolgten Neukonzeption der Text- und Medienkompetenz Berücksichtigung fanden. Medien finden als mehrfach kodierte Texte Eingang in Aufgabenstellungen, werden in den EPA aber kaum in adäquater Weise berücksichtigt. Der Textbegriff bleibt insgesamt eher geschlossen, zumal auch die Beispielaufgaben außer Spielfilmszenen keine große Bandbreite an Textsorten oder Medien anbieten. Der Kompetenzbezug, der das Zusammenwirken von Fertigkeiten und Fähigkeiten, Wissen und Arbeitsweisen beschreibt, ist nicht konkret beschrieben. Darüber hinaus ist der Prozesscharakter der Textarbeit, die auch ein reflektierendes Aufgreifen einmal gefasster Urteile wieder relativieren oder korrigieren lässt, nicht ins Auge gefasst. Auch der Begriff des vernetzenden Lernens spielt in diesem Dokument noch keine Rolle. In der Historie der Entstehung der Kompetenzbeschreibungen zur Arbeit mit Texten und Medien stellen die EPA 2003 bzw. 2004 einen Zwischenschritt dar, auf dem mit den neuen Standards aufgebaut werden konnte.

2.2.2 Definition Text- und Medienkompetenz

neue Anforderungen an Lehrende und Lernende

Die im Herbst 2012 von der KMK verabschiedeten Bildungsstandards für die fortgeführte Fremdsprache (Englisch/Französisch) für die Allgemeine Hochschulreife schlagen einen neuen Weg ein in Bezug auf den Umgang mit Texten und Medien im Fremdsprachenunterricht. Besonders hervorzuheben sind dabei der umfassendere und offenere Textbegriff und das Eingehen auf eine im Unterricht angebotene Medienvielfalt sowie die genaueren und prozesshaft angelegten Operationalisierungen beim Umgang mit den Texten und Medien. Textsortenvielfalt und Medienvielfalt werden in diesem Kompetenzbereich erstmalig zusammengefasst und ermöglichen einen neuen und komplexeren Umgang mit ihnen über die herkömmlichen Kompetenzbereiche Leseverstehen, Hörverstehen, Hörsehverstehen und Schreiben hinaus. Die Text- und Medienkompetenz wird dabei als eine „komplexe, integrative Kompetenz" bezeichnet (KMK 2014: 20), die mit den funktionalen kommunikativen Kompetenzen, der interkulturellen kommunikativen Kompetenz, der Sprachlernkompetenz und der Sprachbewusstheit eng verbunden ist (vgl. 1.2.1), aber in wichtigen Punkten ganz neue Anforderungen formuliert (vgl. 1.2.2). In ihrem Kern versucht die neue Kompetenzdefinition eine umfassende Beschreibung der Schüler- und Schülerinnenleistungen sowie eine möglichst große Offenheit in Bezug auf die Auswahl der Texte und die Bandbreite der Medien zu formulieren:

> Text- und Medienkompetenz ermöglicht das Verstehen und Deuten von kontinuierlichen und diskontinuierlichen – auch audio- und audiovisuellen – Texten in ihren Bezügen und Voraussetzungen. Sie umfasst das Erkennen konventionalisierter, kulturspezifisch geprägter Charakteristika von Texten und Medien, die Verwendung dieser Charakteristika bei der Produktion eigener Texte sowie die Reflexion des individuellen Rezeptions- und Produktionsprozesses. (KMK 2014: 20)

konsequente Positionierung aller Arten von Texten und Medien

Eine solch konsequente Positionierung der Bedeutung von Texten und Medien für den Fremdsprachenunterricht in der Oberstufe ist neu, aber der heutigen Medien- und Kommunikationssituation der Schüler und Schülerinnen unbedingt angemessen. Mündliche, schriftliche und medial vermittelte Texte jedweder Art werden von diesem Kompetenzbereich für die Arbeit im Fremdsprachenunterricht zusammengefasst; sie alle sind kulturelle Produkte, die als „Repräsentationen von Diskursen in fremdsprachigen Kulturen" (Hallet 2010: 128) in die Klassenzimmer (und natürlich darüber hinaus) eingebracht werden. Medien wiederum erschließen Schülerinnen und Schülern die unterschiedlichen Zugänge zu diesen Texten mit ihren ganz unterschiedlichen Darstellungsmöglichkeiten, Kodierungsformen und Adressatengruppen. Das Geflecht authentischer fremdsprachiger Texte, die im Unterricht durch didaktisierte und instruierende Texte sowie durch Lernertexte noch ergänzt werden können (ibid.), fordern von Fremdsprachenlernenden über die Kenntnisse in der jeweiligen Fremdsprache hinaus ein umfassendes Wissen der jeweiligen medialen Bedingungen der Informationsverarbeitung, ihrer Gesetze, ihrer Kodierungsformen und speziellen Sprache.

Wer nicht nur rezipieren, sondern auch in und mit den Medien Texte produzieren will, also eine aktive Teilhabe an der fremden Kultur anstrebt, muss eine Kompetenz entwickeln, die ihm den Einsatz der Fremdsprache auf medienangemessene Art und Weise ermöglicht. Damit geht die TMK in den neuen Standards über bisherige Kompetenzbeschreibungen in den erwähnten Vorgänger- und Referenzdokumenten hinaus und legt Lehrerinnen und Lehrern erstmalig auch einen direkten Einbezug unterschiedlicher Medien in den Fremdsprachenunterricht nahe, also z. B. TV-Sendungen, Spielfilme, soziale Netzwerke, E-Mails, *graphic novels* etc. neben den traditionellen Printmedien. Über die Betrachtung von Einzeltexten und Medien hinaus können damit auch die Beziehungen zwischen Texten und Medien, also die Intertextualität und Intermedialität, an Bedeutung gewinnen.

Förderung der Teilhabe der Lernenden an der fremden Kultur

Es hat bisher zwar schon eine Nutzung der großen Diversität von Texten und Medien im Fremdsprachenunterricht gegeben, doch war dieser Text- und Mediengebrauch letztendlich beliebig und nicht auf solch systematische Weise in den Unterricht integriert, wie dies die neuen Standards einfordern. In dem Moment, in dem Medien und unterschiedliche Textsorten und -genres als Gegenstand der Rezeption, der Produktion und Reflexion Eingang in die Abiturstandards finden, muss der Umgang mit ihnen auch systematisch in den Jahrgangsstufen der Oberstufe eingeübt werden.

Ein Schwerpunkt der TMK liegt dabei – z. B. durch den verstärkten Einbezug authentischer Texte aus Büchern und anderen Medien – auf dem vernetzenden Lernen, also einem Lernen, das Vorwissen über die eigene(n) Kultur(en) und neu erworbene Kenntnisse über die anderen Kulturen miteinander verknüpft. Schülerinnen und Schülern bietet ein solch kulturell vernetzendes Lernen die Möglichkeit, ihre interkulturellen und kulturellen Wissensbestände und ihre Emotionen in den Fremdsprachenunterricht in angemessener Weise einzubringen. Lehrerinnen und Lehrer sollten lernen, sich solche Wissensbestände und Emotionen zu erschließen bzw. zu evozieren und in angemessener Form in den Unterricht einzubeziehen.

vernetzendes Lernen als Ziel

2.2.3 Textbegriff und Medienbegriff

Will man den Begriff des Textes aus seiner alltäglichen Bedeutung herauslösen, um ihn so zu verstehen, wie er in den neuen Bildungsstandards angelegt ist, so muss man ihn mit einer relativ abstrakten Definition erfassen. Allen Textformen gemeinsam ist die übergeordnete Funktion der Kommunikation und die Qualität der Kohärenz, die den Text „zusammenhält". Eine solch abstrakte Definition ermöglicht es

ein offener und abstrakter Textbegriff als Grundlage der TMK

> [...] mündliche und schriftliche Äußerungen aller Art sowie originale fremdsprachige Texte ebenso wie Schüler- und Schülerinnenäußerungen als Texte zu klassifizieren; darüber hinaus aber trägt sie der Tatsache Rechnung, dass die Digitalisierung und der mediale Wandel dazu geführt haben, dass der vom geschlossenen Schrifttext geprägte Textbegriff abgelöst wurde durch ein Textkonzept, das auch offene, multimodale

Formen nach Art des multimedialen Hypertextes umfasst, ‚ein' Text, der seinerseits aus einer prinzipiell unendlich großen Zahl von elektronisch verknüpften Texten besteht. (Hallet / Königs 2010: 173–174)

Bereits vor etwa fünfzehn Jahren hatte die New London Group einen solch abstrakten und offenen Textbegriff sowie – eng damit verbunden – eine neue Pädagogik für den Unterricht eingefordert, um die Schülerinnen und Schüler auf die Anforderungen in der modernen Welt vorzubereiten.

> A pedagogy of multiliteracies, by contrast, focuses on modes of representation much broader than language alone. These differ according to culture and context, and have specific cognitive, cultural, and social effects. In some cultural contexts – in an Aboriginal community or in a multimedia environment, for instance, – the visual mode of representation may be much more powerful and closely related to language than 'mere literacy' would ever be able to allow. Multiliteracies also create a different kind of pedagogy, one in which language and other modes of meaning are dynamic representational resources, constantly being remade by their users as they work to achieve their various cultural purposes. (New London Group 1996: 10)

Der Einfluss der medialen Welt auf die Kommunikation und damit auf die möglichen Formen der Texte ist in beiden Zitaten unverkennbar. Medien, damit sind hier vor allem auditive, visuelle sowie audiovisuelle Medien gemeint (vgl. Tabelle S. 61), müssen in einen zukunftweisenden Fremdsprachenunterricht einbezogen werden, wenn Schülerinnen und Schüler auf die Lebens- und Berufswelt der Erwachsenen angemessen vorbereitet werden sollen. Eine medienkritische und gleichzeitig auch auf Kreativität im Umgang mit den Medien ausgerichtete Erziehung ist ein ernstzunehmendes Bildungsziel, das sorgfältig durch Standards beschrieben und operationalisiert werden muss. Dabei müssen sich die Kompetenzbeschreibungen sowohl auf den rezeptiven wie auch den produktiven Umgang mit den Medien beziehen. Bereits im ersten Absatz der Kompetenzbeschreibung wird deutlich gesagt, dass „alle mündlich, schriftlich und medial vermittelten Produkte, die Schülerinnen und Schüler rezipieren, produzieren oder austauschen" als Text verstanden werden (KMK 2014: 20). Später wird ausgeführt, dass die TMK auch das „Verstehen und Deuten von kontinuierlichen und diskontinuierlichen – auch audio- und audio-visuellen Texten" (KMK 2014: 20) umfassen soll; mehrfach ist vom Einbezug inhaltlich komplexer, literarischer und nicht-literarischer Texte die Rede (ibid.).

Indem Tafeln, Schaubilder und komplexe digitale Grafiken einbezogen werden, hält der Alltag mit einer Fülle von Text-Bild-Kompositionen Einzug ins Klassenzimmer. So wird eine alte Forderung der Fremdsprachen- und der Kulturdidaktik eingelöst, die bereits seit Jahrzehnten anmahnt, dass die Schule sich einer größeren Text- und Medienvielfalt öffnen solle, um die Schülerinnen und Schüler im Unterricht an die gesellschaftliche Teilhabe und an gesellschaftliche Praktiken im Umgang mit Medien und Texten heranzuführen. Fachdidaktiker und Lehrkräfte müssen sich bei dieser Öffnung hin zu einer größeren Text- und Medienvielfalt im Unterricht darüber im Klaren sein, dass die Standards damit hohe Maßstäbe setzen, die nicht leicht umzusetzen sein werden im Unterricht, werden doch die unterschiedlichsten Medien nun gleichberechtigt nebeneinander gesetzt, ohne explizit die bisher stets als favorisiert vorausgesetzten Printmedien zu bevorzugen.

Vorbereitung auf Berufs- und Lebenswelt der Erwachsenen

ein adressatengerechter Lebensweltbezug

Der Fremdsprachenunterricht, der diese Forderungen einlösen will, muss sich damit mehr und ganz anders als bisher um die visuellen Medien und das Internet bemühen, er muss eine visuelle Kompetenz entwickeln helfen und neue Aufgabenformate erstellen, die eine Gleichberechtigung der Texte und Medien einlöst und den souveränen Umgang mit ihnen auch einüben und überprüfen kann. Um einen kleinen Überblick über die angestrebte Medienvielfalt zu bieten, sei hier eine Tabelle angefügt, die die Bandbreite der Medien, also alle jene Träger von Informationen nennt, die im Fremdsprachenunterricht genutzt werden können. Darüber hinaus werden auch einige Charakteristika dieser Medien genannt sowie besondere Schwerpunkte der geforderten Kompetenzen.[1]

Entwicklung einer visuellen Kompetenz

Medium	Charakeristika	Beipiele
Bild als Medium	semantisierende Funktion von Bildern, visuelle Kompetenz erforderlich, kulturelle und historische Dimension wichtig. Leseverstehen, Schreiben, Sprechen, Hörverstehen, IKK	Illustrationen, Karikaturen, Grafiken, Printwerbung, Fotos, Malerei
Text-Bild-Kombination als Medium	semantisierende Funktion von Bildern, kulturelle und historische Dimension wichtig, visuelle Kompetenz erforderlich; Doppelkodierung von Text und Bild muss verstanden werden. Leseverstehen, Schreiben, Sprechen, Hörverstehen, IKK	Karikaturen, Cartoons, Comics, multimodale Gedichte, Romane und Kurzgeschichten
auditive Medien	Hörverstehen, Schreiben, Sprechen, IKK, evtl. Leseverstehen	Features, Reportagen, Hörspiele / Hörbücher, Chansons / Songs, Musik
audiovisuelle Medien	Verknüpfung von Bild und Ton. Filmkompetenz, Leseverstehen, Schreiben, Sprechen, Hörverstehen, IKK	Werbespots, Nachrichtensendungen, Dokumentarfilme, Kurzfilme, Spielfilme, Videoclips
Computer und Internet	Verbindung von Information, Recherche und Selbstlernen sowie Kommunikation mit anderen *(CALL); electronic literacy*, Leseverstehen, Schreiben, Sprechen, Hörverstehen, IKK	Internetauftritte, Podcasts, Wikis, Plattformen, Foren, Blogs, soziale Netzwerke

---

[1] Diese Tabelle ist nicht erschöpfend, sondern fasst nur die wichtigsten Informationsträger zusammen. Sie ist auf der Grundlage des Eintrags „Visuelle Kompetenz" von Carola Hecke im Metzler Lexikon Fremdsprachendidaktik entstanden (Surkamp 2010: 325 f.). Hier sind Textsorten nach ihrer Textfunktion in Bezug auf Sender oder Empfänger der Nachricht erfasst. Auch diese Tabelle ist nicht erschöpfend, sie greift aber wichtige Beispiele von einfach und doppelt kodierten Texten, also Texten die Schrift- und Bildelemente enthalten, auf.

Die mit der Konzeption der Text- und Medienkompetenz angestrebte Offenheit im fremdsprachlichen Unterricht der gymnasialen Oberstufe stellt auch eine Verpflichtung dar, neue Wege bei der Lehreraus- und -weiterbildung zu beschreiten, die in Zukunft die neuen wie die alten Textformate gleichermaßen berücksichtigen. Dies wird zwar keine ganz neue Pädagogik erfordern, aber doch eine spürbare Änderung in den Curricula an den Universitäten und Studienseminaren.

2.2.4 Die Operationalisierung der Standards

Die Text- und Medienkompetenz geht von zwei Niveaus, einer grundlegenden und einer erhöhten Niveaustufe, aus, die sich auf die Zielvorstellung von Grund- bzw. Leistungskursen in der Fremdsprache beziehen: Bereits auf dem grundlegenden Niveau werden zahlreiche komplexe Fertigkeiten formuliert. Die zwei ersten Standards beziehen sich auf das grundlegende Verstehen von Texten, d. h. die Fertigkeit, sie strukturiert zusammenzufassen und zu analysieren:

Grundlegendes Niveau

Die Schülerinnen und Schüler können
- sprachlich und inhaltlich komplexe, literarische und nicht-literarische Texte verstehen und strukturiert zusammenfassen (S1)
- mithilfe sprachlichen, inhaltlichen sowie textsortenspezifischen und ggf. stilistisch-rhetorischen Wissens literarische und nicht-literarische Texte aufgabenbezogen analysieren, deuten und die gewonnenen Aussagen am Text belegen (S2)

Es ist wichtig, dass hier – wie im gesamten Kompetenzbereich – gleichberechtigt von literarischen und nicht-literarischen Texten gesprochen wird; alle Textsorten werden somit nebeneinander gestellt und nicht als konkurrierende Textarten von unterschiedlicher Wichtigkeit angesehen (vgl. auch Caspari 2013). Für alle Textsorten muss mit den Schülerinnen und Schülern eine grundlegende Verstehenskompetenz erarbeitet werden. Obwohl der Gebrauch des Verbs „verstehen" nicht genau die Verarbeitungstiefe des Verstehens angibt, sollte man bei diesem Globalverständnis ersten Standard davon ausgehen, dass ein Globalverständnis des Textes gemeint ist, das auch die Voraussetzung für eine „strukturierte Zusammenfassung" darstellt, die als erste Bearbeitungsform genannt wird.

Der zweite Standard erklärt genauer, welche Ebenen der Textarbeit beim Analysieren und „Deuten" eines Textes im Fremdsprachenunterricht von Bedeutung Detailwissen sind; es geht um spezifiziertes Detailwissen auf unterschiedlichen Ebenen der Textbearbeitung. Hier werden in einer Aufzählung jene Wissensbestände genannt, die ein Lernender benötigt, um einen Text zu analysieren: Sprachliches und inhaltliches, sowie textsortenspezifisches und stilistisch-rhetorisches Vorwissen sollen im Sinne des vernetzenden Lernens (vgl. KMK 2014: 20) in die Textarbeit mit einbezogen werden. Als besonders wichtig wird betont, dass die Lernenden die Deutung abhängig von der Aufgabenstellung vornehmen und ihre Ergebnisse auch am Text belegen sollen, also „Beweise" für ihre Lesart im Text selbst finden. Damit wird zum einen gezeigt, dass Texte prinzipiell zwar bedeutungsoffen sind und die Lernenden nicht auf eine Lesart festgelegt werden sollen, zum anderen wird aber eine Beliebigkeit der Analyse ausgeschlossen, da die Textbelege stets eine Rückführung der persönlichen Meinung auf den Text selbst und seine Aussagen erfordern. Es wird also kein vorgegebenes Interpretationsschema angelegt und abgefragt, sondern eine persönliche, durchdachte Reaktion der Lernenden auf die Texte eingefordert.

Im dritten Standard wird ein neues Element in die Textarbeit eingeführt, das zwar bereits in den EPA von 2003 und 2004 genannt, aber noch nicht konsequent in die Kompetenzbeschreibungen integriert worden war:

Die Schülerinnen und Schüler können
* die Wirkung spezifischer Gestaltungsmittel medial vermittelter Texte erkennen und deuten (S3)

Schülerinnen und Schüler, die Gestaltungsmittel in den verschiedenen Medien erkennen und ihre Wirkung beurteilen können, müssen sich in diesen Medien gut auskennen. Gestaltungsmittel in Medien sind z. B. die Kameraführung in Spielfilmen, akustische Akzente in Hörspielen oder auch die Farbgebung oder Bildfolgen in *comics* oder *bandes dessinées*. Stärker als bisher wird in diesem Standard auf fachspezifisches Medienwissen Wert gelegt, das zum einen die Wirkung der Medien und Texte erklären kann, zum anderen auch durch Aufklärung vor möglichen schädlichen Wirkungen der Medien zu schützen vermag. Hier wird also nicht nur ein Beitrag zum tieferen Verstehen von Texten eingefordert, sondern auch ein Beitrag zur Medienkompetenz, die Schülerinnen und Schüler zu einem aufmerksameren und kritischeren Publikum werden lässt. Die Kenntnisse, die die Lernenden erwerben müssen, um spezifische Gestaltungsmittel erkennen und in ihrer Wirksamkeit beurteilen zu können, sind Fach- und Detailkenntnisse, wie das Erkennen einer Vogelperspektive, die den Protagonisten, der diese Perspektive einnimmt, als klein und unbedeutend erscheinen lässt. Oder eine Geräuschkulisse in einem Hörspiel, die z. B. den Auftritt einer bestimmten Person begleitet und damit bedeutungstragend ist. In bisherigen Kompetenzbeschreibungen und Prüfungsbestimmungen sind solche Kenntnisse nicht in systematischer Form verlangt worden. Ein Fremdsprachenunterricht, der Wert legt auf eine Erschließung von möglichst vielen Textsorten und unterschiedlichen Medien, sollte diese medienspezifische Kenntnis nicht nur vermitteln, sondern auch die Lernenden die Wirkung der Gestaltungsmittel erleben lassen und diese Effekte mit ihnen erörtern.

Gestaltungsmittel

Der nächste Standard bezieht sich besonders auf literarische Texte, indem er die Identifikation mit Charakteren anspricht:

Die Schülerinnen und Schüler können
* sich mit den Perspektiven und Handlungsmustern von Akteuren, Charakteren und Figuren auseinandersetzen und ggf. einen Perspektivenwechsel vollziehen (S4)

Der Begriff des Perspektivenwechsels stammt ursprünglich aus dem Bereich der Entwicklungs- und Sozialpsychologie und bezeichnet eine bestimmte Stufe entwicklungspsychologischer Reife in jungen Menschen. Von einem Perspektiven-

Perspektiven-wechsel

wechsel kann gesprochen werden, wenn man versucht, „psychische Zustände und Prozesse, wie etwa das Denken, Fühlen oder Wollen einer anderen Person zu verstehen, indem die Situationsgebundenheit des Handelns [...] erkannt und entsprechende Schlussfolgerungen gezogen werden" (Silbereisen 1998: 831). Es handelt sich bei einem Perspektivenwechsel, der mit einer literarischen Figur vollzogen wird, also um einen hypothetischen Verstehensprozess, der sich darin manifestiert, dass der Lernende die Gedanken, Wünsche und Motive einer Figur nicht nur nachvollziehen, sondern auch selbst in Worte fassen und zu einem stimmigen Bild vervollständigen kann. Zu einem solchen Perspektivenwechsel benötigen die Lernenden nicht nur eine recht große sprachliche Kompetenz, sondern auch Einfühlungsvermögen und Wissen über beispielsweise das soziale Umfeld der Person, mit der der Perspektivenwechsel vollzogen werden soll. Auch bei diesem Standard geht es also um vernetzendes Lernen. Einschränkend wirkt in dieser Beschreibung der Zusatz „ggf.", der davon ausgeht, dass sich Lernende auch ohne einen Perspektivenwechsel mit den literarischen Figuren auseinandersetzen können. Das weitaus weniger intensive „Auseinandersetzen" legt dabei keine Tiefe der Beschäftigung mit den Charakteren eines Textes fest, während der Perspektivenwechsel, der sich ja um eine größtmögliche Passung der vorgestellten Motive, Wünsche und Gedanken mit der dargestellten Figur bemüht, ein deutlich stärkeres Befassen der Schülerinnen und Schüler mit Text- und Figurendetails verlangt. Es ist also durchaus wünschenswert im Sinne einer intensiven Verarbeitungstiefe des Textes, dass häufige Perspektivenwechsel bei der Textarbeit verlangt werden, wo immer dies sinnvoll erscheint.

Die Schülerinnen und Schüler können
- bei der Deutung eine eigene Perspektive herausarbeiten und plausibel darstellen (S5)
- Textvorlagen durch das Verfassen eigener – auch kreativer – Texte erschließen, interpretieren und ggf. weiterführen (S6)

Textproduktion Die nächsten beiden Standards befassen sich mit den von den Lernenden zu erarbeitenden schriftlichen oder mündlichen Deutungen von Texten und selbst zu erstellenden Texten, also der Textproduktion. Der erste Standard bezieht sich auf einen mündlichen oder schriftlichen Deutungstext, der die Textvorlage analysiert und erläutert. Hierbei sollen die Schülerinnen und Schüler Wert auf eine konsistente, in sich schlüssige Argumentation legen, die sich in stringenter Weise auf den Ausgangstext bezieht. Es wird hier noch einmal deutlich, dass es bei dem Konzept der TMK nicht um die Vorgabe von Interpretationen geht, sondern um persönliche Stellungnahmen der Lernenden, die sie allerdings auch schlüssig begründen müssen.

Der zweite Standard fasst den Ausgangstext als Textvorlage auf, die der Lernende für eine eigene Textproduktion nutzt. Hintergrund dieses Standards ist das Konzept, dass Texte sich nicht nur durch eine Analyse erschließen lassen, sondern ihre Wirkmechanismen auch dadurch offenbar werden, dass man sie nach bestimmten Vorgaben verändert oder sinnvoll weiterführt. Dabei können ganz unterschiedliche Arbeitsformen benötigt werden: Es kann sich bei der eigenen

Textproduktion um das Verfassen einiger Gedichtzeilen (in Anlehnung an den Ausgangstext) handeln, um ein Romankapitel oder um einen kleinen Film oder einige *panels/planches* (Bilder) für einen Comic. Je nach Texttyp oder Medium müssen die Schülerinnen und Schüler die Wirkweise der Vorlage dekodieren und einen in sich schlüssigen Text erstellen. Typisch für eine solche Aufgabenstellung ist, dass das eigene Verfassen eines Textteils das Verstehen der Textvorlage erst unterstützt und die Lernenden gleichzeitig zu aktivem Handeln in der Fremdsprache im Unterricht befähigt werden. Eine angemessene Würdigung des entstandenen Produkts im Unterricht erscheint in diesem Zusammenhang wichtig.

Die Schülerinnen und Schüler können
- ihr Erstverstehen kritisch reflektieren, relativieren und ggf. revidieren (S7)

Dieser Standard verweist auf den Prozesscharakter der Textarbeit, die es oft nötig macht, sich in einem zyklischen Vorgehen dem spezifischen Text oder Medium anzunähern. Endpunkt ist nicht unbedingt das erste Textverständnis, das in einer einmal verfestigten Meinung mündlich oder schriftlich festgehalten werden soll, sondern es werden Spielräume geschaffen für eine allmähliche Annäherung an literarische und nicht-literarische Texte. Gerade im Fremdsprachenunterricht ist dies ein wichtiges Anliegen, denn die Lernenden müssen sich die Texte auf zahlreichen Ebenen erschließen, da ihnen zum einen die Sprache noch teilweise unbekannt ist und ihnen zum anderen auch die in den Texten dargestellten Kulturen und Konzepte noch fremd sind. Dieser Standard sorgt mit dem beschriebenen Dreischritt von kritischer Reflexion, eventueller Relativierung und Revision der Deutung für einen größtmöglichen Spielraum für die Schülerinnen und Schüler. Allerdings verpflichtet er auch zu großer Sorgfalt bei der Analyse und Interpretation, indem er sich nicht mit einem „Etappenziel" zufriedengibt, sondern ein kritisches Nachfragen und Überprüfen in den Mittelpunkt der Aufmerksamkeit stellt. Ein prozesshafter Charakter der Textarbeit ist Chance und Verpflichtung zugleich; die Lernenden müssen bei der Überprüfung einer eigenen Meinung auch zulassen, dass einmal gefasste Schlüsse zugunsten einer größeren Verarbeitungstiefe noch einmal genau durchdacht und korrigiert werden sollen.

Prozesscharakter der Textarbeit

Die Schülerinnen und Schüler können
- Hilfsmittel zum vertieften sprachlichen, inhaltlichen und textuellen Verstehen und Produzieren von Texten selbstständig verwenden (S8)

Auch bei diesem Standard werden der prozesshafte Charakter und die starke Kompetenzorientierung deutlich spürbar. Der Gebrauch von Hilfsmitteln schließt z. B. Lexika und Wörterbücher, Hintergrundliteratur oder auch Internetrecherchen ein, die zu sprachlichen oder inhaltlichen Fragen Aufschluss geben können. Dieses Hinzuziehen weiterer Wissensbestände und Materialien wird bewusst im Sinn des vernetzenden Lernens wie auch der Selbstlernkompetenz eingeplant. Damit soll klargestellt werden, dass es bei dieser Form von Textarbeit nicht um das Abfragen auswendig gelernter Inhalte geht. Die Schülerinnen und Schüler entscheiden selbst, wann und für welche Ebene der Textarbeit sie mehr

Informationen benötigen, und sie sind in der Lage, sich diese auch sinnvoll zu erschließen und angemessen zu zitieren. Dies geschieht stets mit dem Ziel, ein besseres Textverstehen oder eine gelungenere Textproduktion sowie eine größere Lernerautonomie zu erreichen. Darüber hinaus wird an dieser Stelle auch eine wichtige Voraussetzung für das lebenslange Lernen gelegt, indem Schülerinnen und Schüler bereits frühzeitig erkennen lernen, wie sie sich mit Hilfe passender Auswahlstrategien Hilfsmittel zugänglich machen und sinnvoll nutzen.

erhöhtes Niveau   Das erhöhte Leistungsniveau weist drei weitere Standards auf, die sich durch Komplexität der geforderten Arbeitsvorgänge von den Beschreibungen des grundlegenden Niveaus manchmal geringfügig, manchmal auch deutlich unterscheiden.

Erhöhtes Niveau

Die Schülerinnen und Schüler können darüber hinaus
• Gestaltungsmittel in ihrer Wirkung erkennen, deuten und bewerten (S9)

In Bezug auf die Gestaltungsmittel fordert das erhöhte Leistungsniveau nicht nur ein „Erkennen und Deuten" ein, sondern auch eine Bewertung der erfolgten Wirkung. Dieser Aspekt geht deutlich über die Anforderung des Standards im grundlegenden Leistungsniveau hinaus, legt er doch nicht nur die Analyse und Interpretation eines Textes oder Mediums oder die implizite Verwendung von textuellen Gestaltungsmitteln für eigene Textproduktion als Zielvorstellung fest, sondern stellt auch die Frage nach der Erkenntnis der Wirkungspotenziale und ggf. manipulativer Gestaltungsmerkmale von Medien und Texten.

Die Schülerinnen und Schüler können
• die von ihnen vollzogenen Deutungs- und Produktionsprozesse reflektieren und darlegen (S10)

Auch dieser Standard erweitert eine Kompetenzbeschreibung des grundlegenden Niveaus: Während dort von den Lernenden gefordert war, dass sie ihr „Erstverstehen kritisch reflektieren, relativieren und ggf. revidieren" (vgl. S. 17), sollen im erhöhten Niveau sowohl der Rezeptions- und Analyseprozess von Texten wie auch der Produktionsprozess bei selbst verfassten Texten überdacht und erklärt werden können.

Die Schülerinnen und Schüler können
• Textvorlagen unter Berücksichtigung von Hintergrundwissen in ihrem historischen und sozialen Kontext interpretieren (S11)

Dieser letzte Standard stellt zum einen eine Steigerung des Anspruchs dar, der im grundlegenden Niveau vorsieht, „Hilfsmittel zum vertieften sprachlichen, inhaltlichen und textuellen Verstehen" (vgl. S. 18) von Texten zu nutzen, zum anderen bezieht er den weiten Raum der historischen und sozialen Kontexte mit ein, die bei einer umfassenden Textdeutung mit berücksichtigt werden müssen. Hier wird einmal mehr der hohe Anspruch der TMK an die Fremdsprachenlernenden spürbar, der verlangt, dass Vorwissen, Fertigkeiten und Fähigkeiten gemeinsam wirken, um Texte und Medien einordnen und auch in ihren historischen und sozialen Potenzialen bewerten zu können. Nicht ausdrücklich erwähnt, aber implizit verlangt wird auch eine breite Recherchekompetenz der Schülerinnen und Schüler, die sich das Hintergrundwissen zumindest teilweise selbst erschließen können müssen.

2.2.5 Die Entwicklung von Aufgaben zur Text- und Medienkompetenz

In diesem Kapitel sollen einige ausgewählte Beispiele zeigen, wie Lernaufgaben jeweils sehr unterschiedliche Texte und Medien in sich vereinigen, verschiedene Einzelstandards berücksichtigen und zu einem sinnvollen Aufgabenpaket zusammengestellt werden können. Allerdings sollte auch beachtet werden, dass nicht alle Einzel- und Teilaufgaben in der hier vorgeschlagenen Form realisiert werden müssen. Die präsentierten Aufgaben sind Vorschläge, die auch nur teilweise übernommen werden bzw. in ähnlicher Form mit ganz anderen Texten und Medien im Unterricht der Sekundarstufe II zum Einsatz kommen können. Beispielhaft und von Vorteil ist allerdings die Text- und Medienvielfalt, die in jeder Aufgabe realisiert wurde.

drei Aufgabenbeispiele illustrieren die Umsetzung der Standards

Die drei Beispielaufgaben sollen zentrale Punkte illustrieren, die es bei der Erstellung von Lernaufgaben zur Text- und Medienkompetenz zu beachten gilt: die Sinnkonstitution durch die Lernenden anhand unterschiedlicher Texte und Textsorten, die integrative Kompetenzentwicklung und Komplexität solcher Aufgaben und die Passgenauigkeit von Text(en), Zielsetzung und Aufgabenstellung.

2.2.5.1 Aufgabenbeispiel 1: Integrative Kompetenzentwicklung und Komplexität der Lernaufgaben

Die Lernaufgabe *London Snow* (2_2_TMK_E_London_Snow) konzentriert sich vor allem auf die Kompetenzbereiche TMK und Schreiben; sie ist auf etwa vier Unterrichtsstunden angelegt und umfasst die Beschäftigung der Schülerinnen und Schüler mit einem Bild, einem Gedicht und einem aktuellen Zeitungsartikel. Das Bild von John O'Connor *Sunset, St. Pancras Hotel and Station from Pentonville Road* (1884), das Gedicht von Robert Bridges und der Sachtext aus dem Internet mit dem Titel *Snow Storm in London as big freeze hits planes and trains* (vom 29.07.2013) ergänzen einander in der hier geplanten Einheit, die als komplexe Lernaufgabe nach und nach alle Standards des Kompetenzbereichs TMK berücksichtigt. Durch eine geschickte Binnendifferenzierung können – je nach Lernstand der Schülerinnen und Schüler – die Standards des grundlegenden und des erhöhten Niveaus gefördert werden. Ziel der Aufgabe ist es, die Lernenden London im Winter durch die Augen von Menschen aus der viktorianischen Epoche sehen und erleben zu lassen, die Stimmung der verschneiten Stadt nachzuempfinden, und diese Stimmung einem heutigen Publikum näherzubringen, indem die Problematik der Großstadt im Schnee auch auf das heutige London bezogen wird und aktuelle Gesichtspunkte herausgearbeitet werden.

Aufgabenbeispiel 1

Das Bild von John O'Connor *Sunset, St. Pancras Hotel and Station from Pentonville Road* (1884), das mit seinen gelblich braunen Farben einen recht düsteren, neblig-rußigen Eindruck von der stark bevölkerten Metropole im Spätherbst vermittelt, soll zunächst von den Schülerinnen und Schülern analysiert werden.

Teilaufgabe 1	Geförderte Kompetenzen
Analyse how John O'Connor presented London in his painting: *Sunset, St Pancras Hotel and Station from Pentonville Road*, 1884. In a group share your findings.	TMK: S1, S2, S3, Schreiben, Sprechen

Für die Erfüllung dieser Aufgabe sind die Standards S1, S2 und S3 der Text- und Medienkompetenz erforderlich. Es gilt das Bild in seiner Globalaussage zu erfassen (S1), zentrale Einzelaspekte und die Globalaussage zu analysieren und dazu Notizen anzufertigen (S2). Dabei muss auch auf die Wirkung der Gestaltungsmittel Bezug genommen werden (S3). Die Schülerinnen und Schüler sollen auch unter Rückgriff auf eventuell schon bestehendes Vorwissen eine kurze, aber dennoch differenzierte Bildanalyse erstellen, wobei sie einzelne Stichpunkte in einem Analysegerüst (2_2_TMK_E_London_Snow, Task Support for Part 1) aufschreiben können. Die Stichpunkte helfen den Lernenden, sich einerseits bei ihrer Deutung auf das Wesentliche zu konzentrieren, zum anderen aber auch die unterschiedlichen Aspekte des Bildes in strukturierter Form zu beachten. Dabei werden nicht nur Details abgefragt, sondern es wird von den Schülerinnen und Schülern zudem verlangt, zusammenfassende Ergebnisse zum Aspekt *atmosphere* und *effect on the observer* zu erarbeiten.

Nachdem die Lernenden die Notizen in Einzelarbeit erstellt haben, sollen sie diese in der Gruppe darstellen und ein Gespräch über die Resultate führen. So werden die Eindrücke der einzelnen Lernenden bereits hier abgeglichen, in einen größeren Kontext gestellt, reflektiert und eventuell auch relativiert.

Die nächste Teilaufgabe stellt eine Überleitung vom Bild zum Haupttext, dem Gedicht *London Snow*, dar.

Teilaufgabe 2	Geförderte Kompetenzen
With this painting in mind imagine London after heavy snowfall. How would the atmosphere change? Present your ideas to a partner.	TMK: S2, S3, S5, S7, Sprechen

Für die Erfüllung dieser Teilaufgabe (2_2_TMK_E_London_Snow, Part 2) ist neben den TMK-Standards S2 und S3 auch der Standard S5 erforderlich, denn diese Aufgabenstellung verlangt eine individuelle Deutung der Situation durch den einzelnen Lernenden auf der Grundlage von Vorwissen; als Bezugspunkt fungiert das Bild aus Teilaufgabe 1. Die Präsentation der eigenen Ideen in einem Tandemgespräch verlangt Sprechfertigkeiten, die zum einen eine strukturierte Darstellung erfordern, zum anderen eine Erläuterung der eigenen Ideen. Als Einstiegshilfe gibt es Stichpunkte (2_2_TMK_E_London_Snow, Task Support for Part 2), die in Form von Adjektiven die Stimmung beschreiben und als Satzanfänge die Argumentation erleichtern sollen. Bei fortgeschrittenen Lerngruppen mit viel Erfahrung und einem großen Wortschatz kann diese Unterstützung auch weggelassen werden.

Beim Gespräch in den Tandems müssen situationsangemessene Strategien angewandt werden, um dem Partner die Sicht auf das Bild bzw. die Stadt unter Schnee nahezubringen. Es kann erwartet werden, dass zwischen den Partnern auch eine Reflexion der Inhalte stattfindet (S7).

Teilaufgabe 3: In dieser Aufgabe geht es um den Haupttext der Lernaufgabe (2_2_TMK_E_London_Snow, Part 3). Er soll angemessen eingeführt werden und die Schülerinnen und Schüler mit seiner Atmosphäre fesseln.

Teilaufgabe 3	Geförderte Kompetenzen
Listen to the recording of the poem *London Snow* and then read it. The annotations for the first half of the poem will help, for the second half consult a dictionary. Does your view of the atmosphere (part 2) match the one created in the poem?	TMK: S1, S2, S5, S8, Hörverstehen, Leseverstehen

Es ist an der Aufgabe deutlich ablesbar, dass nach und nach immer mehr Standards der TMK in den Lernprozess einbezogen werden können. Um eine gründliche Einführung des Textes zu garantieren, kann er zunächst als Hörtext präsentiert werden, den die Schülerinnen und Schüler in Gänze einmal auf sich einwirken lassen, ohne dabei den Text mitzulesen. So kann ein atmosphärischer Globaleindruck entstehen (S1). Danach wird der Text in Stillarbeit gelesen. Die Lernenden bekommen für die erste Hälfte des Gedichts einsprachige Vokabelhilfen. Die zweite Hälfte des Gedichts muss eigenständig mit Hilfe eines ein- oder zweisprachigen Wörterbuchs erarbeitet werden (S8). Gelenkt wird der doppelte Rezeptionsprozess über Hör- und Leseverstehen durch die Frage, ob ihre individuell geprägte Vorstellung vom viktorianischen London im Schnee mit dem Eindruck aus dem Gedichtvortrag übereinstimmt oder nicht. Als Abgleich werden die Notizen aus der zweiten Teilaufgabe herangezogen.

Die Lernenden müssen also bei ihrer Deutung auch eine eigene Perspektive herausarbeiten (S5).

Teilaufgabe 4	Geförderte Kompetenzen
The poem consists of one stanza only, although there is a clear inner structure. Divide the poem into parts and provide headings for each part.	TMK: S1, S2, S5, S6, S7, S8, Leseverstehen, Schreiben

Die Lernenden werden nun tiefer in den Textsinn eingeführt, indem sie seine Struktur erkennen, markieren und betiteln müssen. Bei den Standards kommt jetzt noch S7 hinzu, denn das Erstverstehen des Gedichts muss von jedem Lernenden noch einmal kritisch überprüft und reflektiert werden. Titel für die Gedichtteile zu erfinden, ist eine kreative Schreibleistung, die durch den Standard S6 ausgedrückt wird.

Teilaufgabe 5	Geförderte Kompetenzen
Describe the speaker's view on the effects of snow (ll.1–18). Underline the relevant words or passages and sum up the effects that are evoked.	TMK: S2, S3, S4, S7, Leseverstehen, Schreiben

Das Globalverstehen tritt zurück hinter ein Detailverstehen der verschiedenen Figuren im Gedicht (S2). Zunächst soll die Sicht des Sprechers genauer untersucht werden, dazu müssen die Lernenden sich eingehender mit seiner Perspektive auseinandersetzen (S4). Dabei geht es durchaus auch um die spezifischen Gestaltungsmittel, die hier im Moment vor allem inhaltliche Bedeutung haben (S3). Die Lernenden erhalten für ihr Vorgehen einige Beispiele (2_2_TMK_E_London_Snow, Task Support for Part 5), die ihnen zeigen, wie sie die unterstrichenen Passagen mit kurzen individuellen Kommentaren erläutern sollen. Dazu ist es auch nötig, dass vorher gefasste Meinungen über das Gedicht reflektiert und u. U. relativiert oder abgeändert werden (S7).

Teilaufgabe 6	Geförderte Kompetenzen
List how people react to the snow in the second part (ll.19–37). Underline and summarize like in part 5.	TMK: S2, S3, S4, S7, Leseverstehen, Schreiben

Teilaufgabe 6 (2_2_TMK_E_London_Snow, Part 6) schließt nahtlos an die vorhergehende an, jetzt stehen die Akteure der zweiten Gedichthälfte, die Jungen und die arbeitende Bevölkerung im Fokus der Aufmerksamkeit. Die Lernenden müssen nun deren Perspektiven durchleuchten und die Indikatoren dafür im Gedicht ausfindig machen.

Nachdem die bisherigen Detailanalysen sich vor allem auf inhaltliche Aspekte beschränkt haben, soll es in Teilaufgabe 7 (2_2_TMK_E_London_Snow, Part 7) um stilistische Aspekte des Gedichts gehen. Dieser letzte wichtige Schritt im Analyseprozess von *London Snow* rundet das Bild ab. Die Lernenden können bei dieser Teilaufgabe erkennen, wie Form und Funktion, stilistische Mittel und Aussage des Gedichts einander unterstützen.

Teilaufgabe 7	Geförderte Kompetenzen
Analyze how the language used in this poem creates its particular atmosphere.	TMK: S1, S2, S3, S7, S9, S11, Leseverstehen, Schreiben

Die Schülerinnen und Schüler erhalten eine angefangene Tabelle (ebd.), die ihnen erläutert, wie sie vorgehen sollen. Im Mittelpunkt steht dabei die Förderung der Teilkompetenz, die Wirkung spezifischer stilistischer Gestaltungsmittel im Gedicht zu erkennen und zu deuten (S3). Dafür ist es nötig, dass die Lernenden ihre vorherigen Interpretationen kritisch durchleuchten und gegebenenfalls abändern, um ein stimmiges Bild ihrer Analyse zu erhalten. Die Tabelle ermöglicht es den Schülerinnen und Schülern, Zeile für Zeile strukturiert und planvoll vorzugehen. Besonders für Lernende mit weniger Erfahrung in der Gedichtanalyse stellt dieses „Gerüst", das sie dazu bringt, möglichst vielen Einzelphänomenen der rhetorischen Mittel auf die Spur zu kommen, eine wichtige Hilfe dar. Für fortgeschrittene Schülerinnen und Schüler, die bereits über Hintergrundwissen zur viktorianischen Epoche verfügen, bietet es sich an, spezielle stilistische Mittel und ihre Funktion herausarbeiten zu lassen (z. B. die Funktion von Reimen in der viktorianischen Lyrik); hier können die Standards S9 und S11 wichtig sein.

In Teilaufgabe 8 (2_2_TMK_E_London_Snow, Part 8) der detaillierten Gedichtanalyse wird der Blick nun wieder auf den Globalaspekt der Wirkung von Lyrik auf den einzelnen Lernenden gelenkt:

Teilaufgabe 8	Geförderte Kompetenzen
The speaker of the poem "London Snow" presents the snowfall in London in an emotional way. Does this portrayal convince you? Discuss this with a partner.	TMK: S1, S2, S3, S5, S7, S9, S11, Sprechen

In dieser Aufgabe können beim Gespräch mit dem Partner sehr individuelle Antworten gegeben werden, die aber durch Belege am Text konsolidiert werden sollten (S5). Es ist durchaus legitim, wenn die Lernenden sich nicht vom emotionalen Ton des Gedichts angesprochen fühlen, doch sollten sie ihre Meinung begründen und auch mündlich strukturiert argumentieren. Für fortgeschrittene Lernende kann das Hintergrundwissen über die viktorianische Epoche wieder einen wichtigen Punkt der Meinungsbildung darstellen (S9, S11).

Teilaufgabe 9 (2_2_TMK_E_London_Snow, Part 9): Direkt an das Partnergespräch anknüpfend sollen die Lernenden nun noch einen dritten Text berücksichtigen, den Internet-Artikel zum Schneechaos im London des 21. Jahrhunderts. Der Internet-Artikel zeichnet sich durch eine Vielzahl an technischen, meteorologischen und geografischen Details aus, die sich zu einem Gesamtbild der negativen Auswirkungen von Schnee im modernen London zusammenfügen. Es handelt sich nicht um eine atmosphärische Darstellung, sondern um eine Aufzählung der maßgeblichen Behinderung des alltäglichen Berufs- und Geschäftslebens durch das Wetter. Zitate von verschiedenen berufstätigen Personen verstärken das Bild einer fehlenden Infrastruktur zur Bekämpfung des Wintereinbruchs.

Teilaufgabe 9	Geförderte Kompetenzen
Some people might argue that a natural phenomenon like snowfall and its effect is better dealt with in a non-fictional text. Read the article below outline the author's intention in writing the article. a) How does the author develop his point of view? Analyze linguistic means and state what effect on the reader is created. b) Compare the effect of the article with the effect the poem had on you. Do you prefer one of the two ways of presenting the topic?	TMK: S1, S2, S3, S5, S7, S9, S10, S11, Leseverstehen, Schreiben

Die Lernaufgabe bekommt durch den Artikel und die umfangreiche Schreibaufgabe einen aktuellen Bezug und lässt es zu, dass die Lernenden eine persönliche Sicht auf die Wirkung von unterschiedlichen Textsorten herausarbeiten. Es wird erwartet, dass die Schülerinnen und Schüler zunächst den Artikel sorgfältig erarbeiten und seine Wirkung auf sich selbst zusammenfassen (S1, S5, S9). Danach soll diese Wirkung mit der Wirkung des Gedichts verglichen werden (S1, S9). Dabei müssen natürlich auch Einzelaspekte der Texte sowie textsortenspezifisches Wissen berücksichtig werden (S2, S3). Die zweifache, stark unterschiedliche Darbietung des Themas „Schnee in London" muss von fortgeschrittenen Lernenden auch in einen historischen Kontext eingebettet werden (S11). Die Gegenüberstellung der Sichtweisen soll durch eine Darstellung der persönlich bevorzugten Variante abgeschlossen werden; dazu ist einerseits eine kritische Einschätzung der bisherigen Rezeption der Texte und u. U. auch eine Reflexion des eigenen Rezeptionsprozesses nötig (S7, S10). Es versteht sich von selbst, dass es keine vorgegebene Lösung zu dieser Aufgabe geben kann, sondern dass die Lernenden eine gelungene Aufgabenlösung geschafft haben, wenn sie die Unterschiedlichkeit der Textsorten angemessen erklärt und ihre persönliche Sicht durch stichhaltige Argumente dargelegt haben.

Als Abschluss folgt mit Teilaufgabe 10 (2_2_TMK_E_London_Snow, Part 10) eine weitere umfangreiche Schreibleistung, die kreativer Art ist. Die Schülerinnen und Schüler stellen den Beginn einer Filmszene im verschneiten London dar.

Teilaufgabe 10		Geförderte Kompetenzen
Imagine you are a film director who wants to turn the poem *London Snow* into the opening scene of a film set in 19th century London. Describe the film sequence for potential producers to convince them to finance the film. You may include some of the following aspects: sound, music, lighting, camera angle and movement, perspective etc. a) Fill in the chart below to collect ideas for your text.		TMK: S5, S6, S10, Schreiben
effect as created in the poem	what you can see in the film	what you can hear in the film
• imitation of seemingly endless snowfall	• fast motion of a town that is getting white from snow	• hushed violin sound

...	...	...
b) Write your description of the film scene. You may start like this: *The first thing you see/hear ...*		

Die kreative Schreibleistung, die hier gefordert wird (S6), ist hochkomplex und sehr individuell (S5). Zum einen müssen die Lernenden alle Erfahrungen, die sie bisher mit dem Thema „Schnee im viktorianischen London" gemacht haben, in die Filmszene einfließen lassen. Es ist nötig, dass die bisher erfolgten Deutungs- und Produktionsprozesse noch einmal reflektiert werden (S10). Komplex wird die Aufgabe dadurch, dass der Film als neues Ausdrucksmedium ins Spiel kommt. Je nach Erfahrung der Lernenden kann eine Vokabelhilfe, bezogen auf die cineastischen Mittel, angeboten werden. Sinnvoll ist es, die Aufgabe in zwei Schritte aufzuteilen: erstens eine Ideensammlung, die vom Effekt im Gedicht zu visuellen und akustischen Eindrücken in der imaginierten Filmszene führt. Eine solche Stichwortsammlung fußt auf Detailkenntnissen, die auch immer textsortenspezifisch sein müssen (S2). Die Lernenden müssen sich überlegen, welche Musik, welche anderen Geräusche ihre Bilder begleiten sollen, wie die Kamera durchs Bild führt, wie hell, dunkel oder bunt ihre Bilder sich präsentieren sollen. Aus den Einzelphänomenen in der Tabelle wird – zweitens – dann eine Filmszene erstellt, die einen zeitlichen Ablauf festlegt. Ist die Filmszene gelungen, so sollten die Lernenden die unterschiedlichen Gestaltungsmittel des Films erfolgreich zu einer atmosphärisch stimmigen Gesamtszene verarbeitet haben.

2.2.5.2 Aufgabenbeispiel 2: Sinnkonstitution mithilfe der Interpretation medialer Gestaltungsmittel

Die nächste Lernaufgabe *Le couloir* (2_2_TMK_F_lecouloir) bietet den Lernenden einen Animationsfilm an, dessen Sinn sie sich allmählich mit Hilfe verschiedener Aufgaben erschließen sollen. Dazu werden Teilaufgaben aus dem Bereich der TMK und anderer Kompetenzbereiche gestellt. Zum Schluss soll das Verstehen des Films einfließen in ein Rollenspiel, bei dem Schülerinnen und Schüler dem „Regisseur", dessen Rolle von einem Lernenden gespielt wird, Fragen zu seinem Animationsfilm stellen.

Aufgabenbeispiel 2

Tâche :
Vous allez regarder un court métrage s'appelant *Le couloir*. Comme tâche finale, on va vous demander de vous mettre dans la peau du réalisateur pour expliquer dans une interview avec le magazine *FasCiné* votre style, le message et la mise en scène de ce film.

Bei dem Film *Le couloir* (2005) handelt es sich um eine kafkaeske kleine Vignette der Filmemacher Jean-Loup Felicioli und Alain Gagnol, die mit den Alltagsproblemen eines jungen Paares beginnt, dann aber zunehmend surrealistischer wird. Das Paar hat gravierende finanzielle Probleme, da der junge Mann arbeitslos ist. Als er schließlich wieder eine Arbeit findet, vernachlässigt er seine Frau, die ihn letztendlich enttäuscht verlässt. Die nicht ganz einfache Filmhandlung wird durch eindrucksvolle animierte Bilder dargestellt. Helligkeit und Farben des Films werden immer düsterer, je weiter die Erzählung voranschreitet. Nur sporadisch wird Musik eingesetzt, jedoch ist es stets das gleiche Motiv, das auf dieselbe Situation im Laden des Antiquitätenbesitzers verweist. Die Schülerinnen und Schüler sollen durch die fünf folgenden Teilaufgaben sukzessive an ein tieferes Verstehen des Kurzfilms herangeführt werden.

Activités pendant le visionnage	Geförderte Kompetenzen
1) Regardez le début du court métrage « Le couloir » sans le son. (5'41'') Après ce visionnage, notez vos premières impressions qui peuvent porter sur l'atmosphère, les dessins, l'action etc. du film. Échangez vos idées avec un partenaire.	TMK: S1, S2, S3, Sprechen

Der Film wird bis zu dem Punkt angeschaut, an dem der junge Mann bei der Arbeit einschläft und dann sieht, dass das bewachte Zimmer leer ist, er aber trotzdem nicht wegen Unachtsamkeit entlassen wird. Bisher hat sich das junge Paar noch sehr gut verstanden. Es schien seine finanziellen Probleme in den Griff zu bekommen, auch wenn die Frau arbeitslos war. Die Bilder zeigten sie zusammengekuschelt auf ihrem Sofa oder vereint beim gemütlichen Essen, noch voller Hoffnung. Wenn die Lernenden den Film bis zu dieser Stelle ohne Ton anschauen, müssten gerade diese Bilder sich besonders einprägen. Wenn hier erste Eindrücke zu der Handlung, der Atmosphäre und den Bildern verlangt werden, sollen die Lernenden noch ungeordnet ihre spontanen Eindrücke wiedergeben, ohne an besondere Vorgaben gebunden zu sein (S1, S2, S3). Im Vergleich können sie feststellen, ob die anderen Schülerinnen und Schüler ähnliche Eindrücke gesammelt haben.

In der zweiten Aufgabe geht es zunächst um das Detailverstehen des Filmanfangs und darum, Hypothesen zum weiteren Verlauf des Films aufzustellen.

Teilaufgabe 2: Comprendre le court métrage	Geförderte Kompetenzen
a) Lisez les phrases suivantes avant le 2ème visionnage. Regardez le début du film avec le son et cochez ⊠ la bonne réponse. (Detaillierte Aufgabenstellung vgl. 2_2_TMK_F_lecouloir, pendant le vissionnage)	TMK: S1, S2.
b) Mise en commun.	TMK: S1, S2, S7, Sprechen
c) En binôme, imaginez une suite à cette histoire. Justifiez vos idées.	TMK: S1, S2, S3, S6, S7, Sprechen

Das Ausfüllen des Rasters a) verlangt von den Schülerinnen und Schüler eine detaillierte Kenntnis und Analyse der Filmhandlung und der Charaktere, denn die Aussagen in der Tabelle weichen oft nur in geringfügigen Details ab von den tatsächlichen Vorgängen im Film (S1, S2). Wenn in Aufgabe b) die Ergebnisse in der Gruppe verglichen werden, müssen die Lernenden ihre Lösungen genau begründen, reflektieren und unter Umständen auch revidieren (S7). Teilaufgabe c) sieht dann vor, dass die Schülerinnen und Schüler in Partnerarbeit den Fortgang der filmischen Erzählung beschreiben sollen (S6); auch hierfür ist eine Begründung nötig (S7). Indem sie sich auf die Vorgänge der ersten Minuten des Films einlassen und diese inzwischen auch genau bearbeitet haben, können die Lernenden eine sinnvolle eigene Anschlusserzählung entwerfen. Da diese mit dem Partner begründet werden muss, ist eine genaue Reflexion der Handlung und der Charaktere nötig, um die Fortführung plausibel zu machen.

Bevor der Perspektivenwechsel mit der kreativen Aufgabenstellung im nächsten Schritt getan werden kann, müssen die Lernenden den Film zumindest einmal, in weniger leistungsstarken Klassen eventuell auch zweimal anschauen.

Activités après le visionnage : L'histoire racontée par le film	Geförderte Kompetenzen

1) La perspective du spectateur:
  Vous allez maintenant regarder la suite du film. Comparez la fin de l'histoire à vos idées.
2) La perspective d'un des personnages :
  Mettez-vous à la place de la femme. Rédigez une lettre à votre meilleure copine: décrivez les changements survenus dans votre vie de couple et essayez de les expliquer. Appuyez-vous sur les trois images suivantes.
 	
	TMK: S2, S3, S4, S6, S7, S10,
	Hörverstehen,
	Schreiben

Felicioli, Jean-Loup und Gagnol, Alain (2004) : « Le couloir », arte (ed.), http://www.arte.tv/fr/ art-musique/court-metrage/400994, CmC=898464.html [26.08.2013]

Bei dieser Teilaufgabe steht der Perspektivenwechsel zu der Sicht der jungen Frau im Mittelpunkt der Aufgabenstellung (S4). Ihre Gefühle und ihr Verhalten erschließen sich den Lernenden leichter als die schwer nachvollziehbaren Emotionen des jungen Mannes, denn ihre Zurückweisung durch den Partner wird mehrfach im Film deutlich gezeigt. Ihre Bemühungen, ihn wieder auf sich aufmerksam zu machen oder dazu zu bewegen, die neue Arbeit kritisch zu reflektieren, sind deutlich dargestellt. Die Aufgabe ist für alle Lernenden nachvollziehbar und lösbar, unabhängig vom Geschlecht, denn die Probleme, die sich bei diesem Paar entwickeln, sind elementarer Natur und werden von den stilistischen Mitteln des Films, wie der räumlichen Darstellung beider Partner zueinander, den Farben und der Helligkeit der Bilder gut gespiegelt. Die Lernenden brauchen für eine Lösung dieser Aufgabe natürlich auch die Kompetenzen, die sie zuvor schon für die Analyse des Films einsetzen mussten (S2, S3). Es handelt sich um eine schriftliche kreative Aufgabe, die in mehreren Schritten reflektiert und überarbeitet werden muss (S6 und S7, S10).

Die nächste Teilaufgabe 4 will die Lernenden bewusst darüber nachdenken lassen, wie die stilistischen Mittel des Films wirken. Dazu wurde eine Gruppenaufgabe gewählt, in der es jeweils drei Experten gibt, die sich jeweils um den Ton, Geräusche und Musik, um Farben und Helligkeit sowie um die Kameraführung und -perspektive kümmern sollen.

Approche aux idées du réalisateur : L'usage des moyens filmiques	Geförderte Kompetenzen
3a) Travaillez en groupes d'experts de trois personnes. Regardez le court métrage et prenez des notes dans votre colonne (expert 1 ou expert 2 ou expert 3.)	TMK: S2, S3, S7, S9, Schreiben
3b) Afin de préparer les réponses aux questions du journaliste (voir ex.4) : Présentez vos résultats dans votre groupe. Mettez-vous d'accord sur l'effet de l'ensemble du moyens filmiques de chaque séquence ainsi que sur la relation entre l'action et les moyens filmiques. Notez vos résultats dans les colonnes « résultats ».	TMK: S2, S3, S7, S9, Sprechen

Die Detailanalyse der filmischen Gestaltungmittel verlangt spezielle Kenntnisse, die eingeübt und gefördert werden müssen (S2, S3, S9). Es werden Experten für die verschiedenen stilistischen Mittel wie Geräusche, Musik, Farben und Helligkeit, Kamerabewegung und Kameraperspektive eingesetzt. Zwei Experten beschäftigen sich mit der Wirkung, die die filmischen Mittel auf den Betrachter haben, sowie mit der Verbindung zwischen filmischen Mitteln und der Filmhandlung. Für diese Teilaufgabe „Expertenrollen" zu vergeben, ist ausgesprochen sinnvoll, denn die Aufgabe verlangt eine Spezialisierung der Lernenden. Darüber hinaus ist die Aufgabe sehr stringent in sechs Zeitschritte unterteilt, sodass jeder Lernende etappenweise die Antworten vorbereiten und eintragen kann (2_2_TMK_F_lecouloir, Approche: Moyens filmiques). Jeder der Experten sollte

natürlich seine Ergebnisse mit dem bereits vorhandenen Erstverstehen abgleichen (S7).

Nach der Erstellung des Rasters sollen die Lernenden bereits die nächste Teilaufgabe vorbereiten. Sie müssen nun ihre Einzelergebnisse in der Dreiergruppe
vorstellen und ihre Meinung zu den filmischen Mitteln miteinander abstimmen,
um die Fragen für das Interview vorbereiten zu können. Dazu ist es nötig, dass
sie ihr bereits erarbeitetes Vorwissen in die Diskussion einbringen und dies auch
wieder kritisch reflektieren (S2, S3, S7).

L'Interview avec le réalisateur du film *Le couloir* pour le magazine *FasCiné*	Geförderte Kompetenzen
4) Mettez-vous à la place du réalisateur et rédigez vos réponses. *Bonjour.* *Merci d'avoir accepté cette interview.* *Nos lecteurs seraient ravis d'avoir de plus amples informations sur le film « Le couloir » qui les a fascinés.* Pourquoi avez-vous choisi le titre « Le couloir » ? Si vous deviez réduire le film à un seul message, ce serait lequel ? Pourquoi avez-vous choisi le genre du dessin animé ? Pourriez-vous décrire votre style à nos lecteurs, s.v.p. ? Merci d'être venu. …	TMK: S1, S2, S3, S4, S5, S7, S9, S10, Sprechen

In dieser letzten Teilaufgabe wird von den Schülerinnen und Schülern verlangt,
dass sie in die Rolle des Regisseurs schlüpfen und die vorbereiteten Fragen an
ihn schriftlich beantworten (S4, S5). Gestellt werden Detailfragen zum Film; die
Lernenden müssen sich deshalb über die Handlung, die Charaktere und die stilistischen Mittel des Films sehr genau im Klaren sein. Basis ist das inzwischen
mehrfach reflektierte Vorwissen und die Ergebnisse der Detailanalysen, die bereits durchgeführt wurden (S1, S2, S3, S7, S9, S10).

2.2.5.3 Aufgabenbeispiel 3: Von der Rezeption eines Films zur Produktion von Schülerfilmen

Das dritte Aufgabenbeispiel (2_2_TMK_E_Mankind_is_no_island_Variante_1) Aufgabenbeispiel 3
zeichnet sich vor allem dadurch aus, dass es erstens den im Bereich Text- und
Medienkompetenz zentralen Schritt von der Textrezeption zur Textproduktion
umfasst und dies zweitens durch den konsequenten Einbezug von Gruppenarbeitsphasen organisiert.

   Inhalt der Aufgabe ist der Kurzfilm *Mankind is no island*, der 2008 ein renom-
miertes Kurzfilmfestival gewonnen hat. Gezeigt werden vom Handy aufgenom-
mene Szenen aus den beiden Metropolen Sydney und New York, die sich besonders auf die Obdachlosenszene und Menschen am Rande der Gesellschaft
konzentrieren. Der von Jason van Genderen produzierte Film kommt ganz ohne
gesprochene Sprache aus, seine Botschaft steckt in den eindringlichen Szenen

der Menschen und in einer Schilderbotschaft, die sorgfältig zusammengesetzt den kritischen und letztendlich doch versöhnlichen Text enthält. Dieser ist organisiert wie ein Gedicht in freier Lyrik, ohne Reime, aber durchaus mit einer rhythmischen Organisation, die mehrere Strophen mit Wiederholungen von Passagen umfasst. Unterstrichen wird die Sprache der Schilder durch eine einprägsame Melodie gespielt von Klavier, Geige und Cello, die sich der Melodie der Worte anpasst. Die wie zufällig zusammengesetzten Bildfolgen zeigen ebenfalls Wiederholungen, die dem Kurzfilm eine besondere Struktur verleihen.

Task
The film *Mankind is no island* has won 'Tropfest', the world's largest short film festival. In your English course you watch the film and decide that you want to produce similar films filmed with your cell phone cameras about your home town or region. Your films will then be shown on the website of your American partner school, together with accompanying texts in which you comment on the production process of your film.

In der ersten Teilaufgabe geht es darum, dass die Lernenden durch ein kleinschrittiges Vorgehen mit Vermutungen über Inhalt und filmische Mittel zur Analyse kommen.

Part 1: Film analysis	Geförderte Kompetenzen
You are going to watch the film "Mankind is no island" shot by a cell phone camera in Sydney and New York. a) Before watching the film, speculate about its content together with a partner, e.g. what kind of images and topics are to be expected with this title. Also include ideas about how the film was made.	TMK: S1, S3, Sprechen
b) Watch the film without its soundtrack, then write down your first impression.	TMK: S1, S3, Hörsehverstehen
c) Watch the film a second time (without its soundtrack) and try to write down as many words and text passages shown there as possible.	TMK: S2, S3 Hörsehverstehen, Schreiben
d) Together with a partner, compare your first impressions and the text passages you wrote down in c). Then formulate the message of the film.	TMK: S1, S2, S3, S7, Sprechen, Schreiben

e) Speculate about the film's soundtrack (i.e. dialogues, sound effects, background music). Keep in mind the different functions of film music: syntactic function: film sequences are combined by music, either to connect them or to separate them from each other expressive function: music is used to emphasize the events in the film, e.g. the sound of violins that make a romantic scene even more romantic dramaturgic function: music characterizes persons and their feelings throughout the film, e. g. brass drums when a bad or sinister character appears	TMK: S3, S7, Sprechen
f) Watch the film a third time – with its soundtrack. How does your impression now differ from the one you had when you watched the film for the first time? Does the actuel soundtrack meet your speculations (cf. task e)? Which function does the music have in this film?	TMK: S1, S2, S3, S7, S9, S10, Sprechen
g) Describe the different elements the film makes use of. Use the grid below to collect your findings.	TMK: S1, S2, S3, S7, S9, S10, Sprechen

Die tabellarische Liste der Teilaufgaben zeigt deutlich, in welch kleinen Schritten der Globalsinn des Kurzfilms entdeckt und die Analyse der filmischen Mittel von den Schülerinnen und Schülern vorgenommen werden soll. Die Standards bauen aufeinander auf, indem die Lernenden aufgefordert werden, in kleinen Schritten die Sinnkonstitution des Films immer weiter voranzutreiben von der ersten Vermutung (a: S1, S3), über die Gesamtaussage des Films ohne Ton (b: S1, S3), über die Aussage der Schilder (c: S1, S3) bis zur Deutung des Films mit Musikbegleitung. Dabei ist es nötig, dass die Schülerinnen und Schüler ihr Erstverstehen kritisch reflektieren bzw. auch revidieren (d, e, f: S7). Die genaue Analyse der stilistischen Mittel steht am Schluss. Hier sollen sowohl die „Kameraführung", die auf den ersten Blick sehr spontan wirkt, tatsächlich aber deutlich strukturiert ist, wie auch die musikalische Begleitung der Bilder genau decodiert werden (f, g: S9, S10). Für die letzten beiden Teilaufgaben erhalten die Lernenden eine stützende Tabelle (2_2_TMK_Mankind_is_no_island_Variante_1, Part 1: Film Analysis), die stufenweise ausgefüllt werden soll. So wird einmal mehr sichergestellt, dass auch leistungsschwächere oder mit Filmen noch unerfahrene Schülerinnen und Schüler die Aufgabe gut erfüllen können.

Part 2: Film Production	Geförderte Kompetenzen
a) Form groups of three to four. Discuss what aspect(s) regarding your home town or region are worth being put into a film. Decide on one or two topics that would create the message of your short film. Aspects might be: something that makes your town/region unique, singles it out from others OR something that is especially interesting for others OR something that is very positive/negative in your eyes OR something that …	TMK: S6, S9, S10, Sprechen
b) Discuss the effect your film is supposed to have on the audience, which mood it should convey. Summarize your decision in one or two sentences.	TMK: S6, S9, S10, Sprechen, Schreiben
c) Have again a look at the grid above (cf. 1g and 1b). Discuss which film elements you want to include in your film. Consider the following questions: – Would the elements also support the message of your film? – Are there other cinematic means (e. g. voice over, captions/subtitles, colour vs. black/white shots) you want to include? – Are there students in your group who can do the technical realization of the film? – Do you have access to the appropriate technical equipment (e. g. Windows Movie Maker) that is needed?	TMK: S6, S9, S10, Sprechen
d) Plan your film. Discuss how you want to realize your ideas. The grid below might help you. (…)	TMK: S6, S9, S10, Sprechen
e) In your group decide on jobs every member is responsible for during the actual filming process. The following "job descriptions" might be helpful: (…)	TMK: S6, S9, S10, Sprechen

Teilaufgabe 2 ist der Planung der eigenen Filmproduktion der Lernenden vorbehalten. Gestützt auf die Analyse des Kurzfilms insgesamt und der filmischen Mittel in Teilaufgabe 1 sind die Schülerinnen und Schüler nun in der Lage, sich Gedanken zu machen über den von ihnen zu erstellenden Filmbeitrag. Wieder ist das Vorgehen sorgfältig schrittweise arrangiert, die Teilaufgaben entsprechen den Standards S6, S9, und S10. Eine Filmproduktion nach Vorlage stellt noch eine recht neue handlungsorientierte Aufgabe im Fremdsprachenunterricht dar, die Lehrkräfte und Lernende vor eine Herausforderung stellt: Über die Überlegungen zu einer Grundidee (a) und zur Gesamtaussage des Films (b) sollen die Lernenden filmische Mittel auswählen, die ihnen bereits bekannt sind, um sie nun selbst einzusetzen (c). Dass sie dabei auch schon Entscheidungen über die beste „Besetzung" ihres Teams und die technische Ausrüstung treffen, ist unerlässlich und trägt zum Projektcharakter der Aufgabe bei. Ein weiteres Planungsgerüst hilft ihnen bei der Festlegung, welche filmischen Mittel für bestimmte Aussagen des Films eingesetzt werden sollen (d). Letztendlich werden die Rollen für die Produktion genau festgelegt, dies entspricht einer konkreten „Verpflichtung" der beteiligten Schülerinnen und Schüler, die sich damit für eine Funktion im Team entscheiden und so ihre spätere Leistung auch festlegen (e).

Teilaufgabe 3 verlangt von den Lernenden eine kommentierende Darstellung des Projektverlaufs und des Films selbst. Diese Kommentare sollen dann auf der Webseite der Partnerschule zusammen mit den Filmen eingestellt werden.

Part 3: Writing a commentary	Geförderte Kompetenzen
a) Each group is supposed to write a short commentary about their filming process and their experiences. When writing your text, consider your audience and the way your film will be shown. Your commentary should include the following information: • short synopsis of the film including its message • selected screenshots of your film with short captions • descriptions of the experiences of each of you in your "jobs" (what was especially interesting and challenging, what was new for you, where did you have difficulties etc.) • reflection on whether the filming has changed your view on your town / region • further information you find interesting or remarkable	TMK: S6, S9, S10, Schreiben
b) Decide who does what for the final commentary, e. g. apart from writing about his or her own experiences, who is responsible for writing the synopsis, for the screen shots, who compiles all the material. You can also have a look at the findings in step 2 for further information you could include in your text.	TMK: S6, S9, S10, Schreiben
c) Think about the design and layout of your commentary that should consist of different shorter texts and images. Make different drafts and discuss its effects on the readers.	TMK: S6, S9, S10, Schreiben
d) Write your texts and compile them to create an interesting and readable commentary for your film.	TMK: S6, S9, S10, Schreiben
e) Read your draft and decide together, what is already well done and where the draft needs improvement.	TMK: S6, S9, S10, Schreiben
f) Write your text.	TMK: S6, S9, S10, Schreiben

Der Begleitkommentar jeder Schülergruppe flankiert das Filmprodukt und legt offen, welche Planungs- und Umsetzungsschritte jede Gruppe vorgenommen hat. Die Standards, die diesen Teilaufgaben zugrunde liegen, sind im Kompetenzbereich TMK stets dieselben: S6, S9 und S10. Zunächst soll überblicksartig ein Rohtext erstellt werden (a). Dafür ist es nötig, dass die Lernenden sich zu zentralen Punkten ihrer Grundidee und ihres Films sowie des Produktionsprozesses Gedanken machen. Als nächster Schritt der Texterstellung wird festgelegt, wer welche Aufgaben dafür übernimmt, da es sich hierbei wieder um eine Gruppenarbeit handelt, die einer genauen Einteilung der Verantwortlichkeiten bedarf (b). Der Schreibprozess beginnt mit der Teilaufgabe c), die von den Lernenden verlangt, mit der Leserschaft, dem Filmpublikum und der Textsorte „Filmkommentar" im Blick, Entwürfe für den Kommentar zu erstellen (c). Die nächsten drei Schritte zeigen einen gut geplanten Arbeitsablauf beim Erstellen von Texten: Die Schülerinnen und Schüler sollen bei jedem neuen Korrekturvorgang stets wieder ihre Gedanken zum Film und zum Produktionsprozess reflektieren und korrigieren, um ihre Kommentare strukturiert und kohärent wiederzugeben (d, e, f). Leserlenkung und Fokussierung auf die wichtigsten Punkte ihres Kommentars gehören dabei ebenso zu den Kriterien bei der Texterstellung wie eine formal korrekte Textproduktion.

Die abschließende Teilaufgabe 4 stellt eine Art „Generalprobe" dar, bevor der Film mitsamt Kommentar ins Netz gestellt wird.

Part 4: Presentation	geförderte Kompetenzen
a) Before you can put your film and commentary on the website of your American partner school, you are asked to present both to your fellow students to get some feedback. Be prepared to show your film and decide which of the information from your commentary you want to share with your audience in a short talk.	TMK: S6, S7, S9, S10, Sprechen
b) Give feedback to the other groups: • Do you get a clear impression of the topic of the film? • What is especially well done / impressive about the film? • Do you like the cinematic means that support the message of the film? • Is the combination of images and sounds convincing? • Is the commentary of the film helpful?	TMK: S6, S7, S9, S10, zusammenhängendes monologisches Sprechen, Hörverstehen
c) Is your commentary informative and adequate in terms of language and style for the students, teachers and parents of the American partner high school or do you have to change anything after you discussed the film with your fellow students?	TMK: S6, S7, S9, S10, Schreiben
d) On the basis of these questions, decide about the best films and commentaries in your class – these will be sent to your American partner school.	TMK: S5, S7, S8

Die geförderten Kompetenzen im Bereich der TMK sind in den ersten zwei Schritten identisch; sie beziehen sich auf die Darstellung des Produktionsprozesses und den Produktionsprozess selbst. Die eigentliche Präsentation (b) findet nach einer Vorbereitung (a) statt, in der von jeder Gruppe festgelegt wird, was genau von der Planung und der inhaltlichen wie auch medialen Umsetzung in der Präsentation vorgestellt und erläutert werden soll. Nach der Diskussion der wichtigsten in b) angegebenen Fragen mit der vorstellenden Gruppe mag es sinnvoll sein, noch einen letzten Revisionsschritt einzufügen, der es den Gruppen ermöglicht, die Kommentare im Lichte der Diskussion und vor dem Einstellen ins Netz noch einmal zu überarbeiten (c).

2.2.5.4 Text- und Medienkompetenz als Bestandteil von Lernaufgaben mit anderem Kompetenzfokus

Die oben erläuterten Lernaufgaben haben die Text- und Medienkompetenz als jeweils wichtigste Kompetenz innerhalb der Aufgabe gezeigt; kommunikative Kompetenzen wurden natürlich ebenfalls gefördert, die Zielaufgabe fokussierte aber jeweils in ganz besonderem Maße die Standards der TMK. Zum Abschluss sollen hier noch einige Beispielaufgaben kurz genannt werden, die in diesem Band an anderer Stelle detailliert vorgestellt werden, da sie hauptsächlich eine kommunikative Kompetenz fokussieren; für die Lösung dieser Aufgaben benötigen die Schülerinnen und Schüler aber auch die Text- und Medienkompetenz.

Integration von TMK in Aufgaben mit anderen Kompetenzschwerpunkten

In der Lernaufgabe zum Film *Welcome* (2_4_HSV_F_Welcome) sollen die Lernenden sich mit einer doppelten Liebesgeschichte befassen, die von der schwierigen Reise eines irakischen jungen Mannes zu seiner Freundin nach England erzählt. Das Beispiel ist als Lernaufgabe zum Hörsehverstehen konzipiert und weist in seinen Teilaufgaben entsprechende Aufträge an die Lernenden aus. Zum erfolgreichen Lösen der Aufgabe ist es aber nötig, dass die Schülerinnen und Schüler den Film mit seinen unterschiedlichen Handlungssträngen, seiner visuellen Darstellung und seinen differenzierten Dialogen zwischen den Protagonisten verstehen können, es muss also auch Filmwissen eingebracht und entsprechend gefördert werden.

Hörsehverstehen und TMK

Die Lernaufgabe *Immigrant Stories* (2_6_Schr_E_Immigrant_Stories) fokussiert vor allem auf die Schreibleistungen der Lernenden, die ein Romankapitel verfassen sollen, das sich mit der Auswanderung von Deutschland in die USA befasst. Dazu ist es nötig, dass die Schülerinnen und Schüler sich eingehend mit Fragen der Konstruktion von ästhetischen Texten beschäftigen, um die Aufgabe lösen zu können. Sie müssen sich überlegen, welche Art eines Erzählers sie installieren möchten, welche Protagonisten handeln sollen, wie die Handlung des Kapitels aufzubauen ist und welche stilistischen Mittel sie verwenden möchten, um bestimmte Effekte zu erzielen. Auch hier zeigt sich, dass die Schreibaufgabe ohne die entsprechende Text- und Medienkompetenz nicht zu bewältigen ist.

Schreiben und TMK

Um Leseverstehen geht es in der Lernaufgabe zu *Silence, on irradie* (2_5_LV_F_Silence_on_irradie). Der Jugendroman ist geprägt von der bildlichen Sprache des Autors, mit der sich die Lernenden im Leseprozess erst einmal vertraut machen müssen. Die Leseverstehensaufgaben gehen schrittweise vor bei der Erschließung der Sprache des Romans, lassen die Schülerinnen und Schüler erst ihre Eindrücke visualisieren, dann beschreiben. Vorbedingung für ein Verstehen des literarischen Textes ist wiederum die Text- und Medienkompetenz, die es den Lernenden erst ermöglicht, den Roman und seine Strategien angemessen zu beurteilen.

Leseverstehen und TMK

2.3 Hörverstehen

Henning Rossa / Franz-Joseph Meißner
Aufgabenentwicklung: Rolf Beck, Dorothea Nöth,
Thomas Schmidt, Susanne Walker-Thielen

Bedeutung des Hörverstehens für das Sprachenlernen

Beim Sprachenlernen kommt dem Hörverstehen (im Weiteren HV) die wichtige Funktion zu, bereits bekannte Bedeutungen und Strukturen einer Sprache zu festigen und neu zu erlernende Elemente in ihrer akustischen Form wahrzunehmen und für weitergehende Lernprozesse bereitzustellen.

Notwendigkeit einer gezielten Förderung im Unterricht

Angesichts der vorrangigen Bedeutung von HV für die kommunikativen Ziele des Fremdsprachenunterrichts in der gymnasialen Oberstufe sowie für das über das Erlernen der jeweiligen Fremdsprache hinausweisende Ziel der Sprachlernkompetenz ist es notwendig, den in den Bildungsstandards für die erste Fremdsprache (KMK 2004a), den EPA (KMK 2003 bzw. 2004a) und den Bildungsstandards für die Allgemeine Hochschulreife (KMK 2014) eingeforderten hohen Stellenwert der Mündlichkeit (vgl. KMK 2014: 11f.) im Unterricht der Sekundarstufe II konkret umzusetzen. Mehrere quantitative Studien zum Unterrichtserlebnis und zu den Wünschen der Schülerinnen und Schüler an den Fremdsprachenunterricht weisen übereinstimmend aus, dass diese vorrangig den Erwerb der mündlichen Kompetenzen wünschen. Dies trifft insbesondere auf andere Fremdsprachen als Englisch zu. Hier steht der Wunsch des Erwerbs von HV-Kompetenz und Sprechen deutlich vor dem der schriftbasierten Fertigkeiten (vgl. Meißner/Schröder-Sura 2009; Morkötter et al. 2010; Beckmann 2014).

In der Vergangenheit wurde das HV in der hiesigen Unterrichtspraxis der Sekundarstufe II stiefmütterlich behandelt. Wurde es explizit zum Gegenstand des Unterrichts gemacht, so handelte es sich in vielen Fällen eher um reduzierte Formen des Testens von HV, etwa durch „die berüchtigten Fragen zum Text", wie Solmecke (2003: 8) kritisch bemerkt. Nicht nur die Frage, wie das Verstehen fremder Sprachen gelingen kann, wird dabei vernachlässigt, auch Gelegenheiten zur Entwicklung und zum Einüben unterschiedlicher Hör- bzw. Verstehensstrategien entstehen so nur selten und eher zufällig. Diese Praxis wird oft mit der Annahme begründet, das HV sei bereits in der Sekundarstufe I ausreichend entwickelt worden und werde zudem implizit, quasi *en passant* im Unterrichtsgespräch trainiert. Diese Hoffnungen stimmen jedoch nicht mit den Forschungsergebnissen zum schulischen Fremdsprachenlernen im Allgemeinen und zur Entwicklung des HV in der Fremdsprache im Besonderen überein: Bloßes wiederholtes Hören ermöglicht die Weiterentwicklung der HV-Kompetenz noch nicht (vgl. Hummel/French 2010; Nold/Rossa 2008; Rossa 2012; Vandergrift 2007).

Wenn die Lernenden in der Sekundarstufe II Gelegenheiten erhalten sollen, ihre Fähigkeiten im Sinne der Bildungsstandards kontinuierlich weiter zu entwickeln, müssen Lernmaterialien und Aufgaben mit Blick auf authentische, lebensweltliche Situationen ausgewählt werden. Dies betrifft in starker Weise bereits die Auswahl von HV-Texten. Längst nicht jeder vorgelesene Text ist geeignet. Außerdem müssen sich die Anforderungen, die Lernende bei der Bearbeitung von HV-Aufgaben zu bewältigen haben, an den für diese Kompetenz relevanten Prozessen der Sprachverarbeitung ausrichten: Dies meint die Identifikation sprachlicher Formen, Bedeutungen und Funktionen sowie die Sinnkonstruktion auf der Ebene von Satz, Text und Situation. Nur wenn Aufgaben in diesem Sinne eine zielführende Passung aufweisen, ist eine Förderung des HV mit Blick auf die in den Standards ausgewiesenen Maßstäbe möglich.

Im Folgenden wird daher das HV mit Blick auf relevante mentale Prozesse beschrieben. Daran anschließend folgen Überlegungen zur Förderung der HV-Kompetenz sowie eine kurze Übersicht der in den Bildungsstandards spezifizierten Kompetenzerwartungen. Abschließend werden Auszüge aus zwei exemplarischen Lernaufgaben präsentiert und in Bezug auf ihre Ausrichtung auf Teilbereiche der HV-Kompetenz beschrieben.

2.3.1 Theoretische Grundlagen des Hörverstehens

Die zentrale Anforderung beim Hörverstehen besteht darin, den Strom von Lauten in einer kommunikativen Situation zu segmentieren, d.h. in Sinneinheiten zu teilen, Bedeutungen zu erkennen und unter Rückgriff auf sprachliches Wissen, Weltwissen sowie Lern- und Kommunikationsstrategien zu erschließen. Das Ergebnis dieser komplexen, gleichzeitigen, interaktiven und innerhalb eines sehr engen Zeitfensters ablaufenden Prozesse wird in theoretischen Arbeiten zum HV als flüchtige und veränderliche gedankliche Konstruktion des Hörers beschrieben (z. B. Lynch / Mendelsohn 2002). Bedeutung wird konstruiert, indem Hörer entsprechend ihrer Hör- bzw. Verstehensabsicht oder Hörerwartung zwischen relevanten und eher nebensächlichen Informationen unterscheiden und ihre Aufmerksamkeit auf die (von ihm oder ihr) als bedeutsam bewerteten Informationen richten (vgl. McKoon / Ratcliff 2008: 177; vgl. auch Kapitel 2.5). Im Kontext des Fremdsprachenerwerbs ist es von besonderer Bedeutung, dass sich die Hörerwartung sowohl auf inhaltliche als auch auf sprachliche Aspekte bezieht. Dies erfordert die Verknüpfung von sprachdatengeleiteter (*bottom up*) und konzeptgeleiteter, vom Welt- und Erfahrungswissen ausgehender (*top down*) Verarbeitung des Gehörten. Fremdsprachliche Lerneffekte sind nur möglich, wenn es gelingt, Formen mit Bedeutungen und Funktionen zu verbinden. Bloßes Raten im Sinne der allein inhaltsgerichteten W-Fragen erreicht das Ziel des Spracherwerbs qua HV nicht (vgl. Meißner 2006, siehe Aufgabe *Livre électronique ou livre papier ?* 2_3_HV_F_livre_electronique, Partie 2 : J'identifie les détails). Wenn im Unterricht hingegen auch eine Auseinandersetzung mit phonetischen und syntaktischen Merkmalen verschiedener Sprachvarietäten, mit Dialekten und individuellen Sprechweisen (Idiolekten) ermöglicht wird, kann neben der HV-Kompetenz auch die Sprachbewusstheit der Lernenden erweitert werden.

2.3.1.1 Hörverstehen in der Fremdsprache: Prozesse und Ergebnisse

relevante
Wissensbereiche

Buck (2001) entwirft einen theoretischen Rahmen für die erforderlichen sprach-lichen und strategischen Kompetenzen und Teilkompetenzen des HV in Anleh-nung an das Modell kommunikativer Kompetenzen von Bachman und Palmer (1996). Demnach umfasst das HV phonologisches, lexikalisches, morphologi-sches, syntaktisches, soziolinguistisches, sprachlich pragmatisches und Diskurs-wissen. Die bei Rezeptionsprozessen gleichfalls beteiligte strategische Kompe-tenz bezieht sich auf Prozesse der Informationsverarbeitung und Lernsteuerung. Dies betrifft zunächst kognitive Prozesse wie Identifikation der Sprachformen und Zuordnung bzw. Verknüpfung der einzelnen Elemente im Abgleich mit wiederholten Plausibilitätsproben; sodann die metakognitive Selbststeuerung: Aufmerksamkeit für den eigentlichen HV-Prozess, für das eigene HV-Verhalten und schließlich den Entwurf einer Strategie zur Verbesserung der eigenen HV-Kompetenz. Stets ist also beim HV das Gedächtnis im Spiel. Die erkannten Sinn-einheiten müssen im echotischen Gedächtnis gehalten werden, bis die Plausi-bilitätsprobe erfolgt ist und Memorisierungseffekte eingeleitet werden können. HV-Strategien greifen auf diesen Vorgang zu. Sie stehen den Hörenden zum ge-zielten Einsatz zur Verfügung, soweit sie bewusstseinsfähig sind (z. B. O'Malley et al. 1989; Vandergrift 2003).

Segmentierung
des Lautstroms
und Verknüpfung
von Bedeutungen

In der mentalen Verarbeitung des Gehörten müssen Laute, Lautkombinatio-nen, Wörter und Wortgruppen unter Rückgriff auf das Sprachwissen segmentiert (identifiziert) und in ihrer Bedeutung erkannt werden. Auf der Ebene der Phra-sen, Sätze und Textabschnitte untersuchen Hörer die formalen, funktionalen und semantischen Beziehungen zwischen den sprachlichen Informationen und verknüpfen sie mit bisherigen Erfahrungen und Erwartungen sowie dem allge-meinen und themenspezifischen Vorwissen (vgl. Buck 2001).

Bedeutung
des Vorwissens

Aus Sicht theoretischer Arbeiten zum Textverstehen (z. B. Kintsch 1998; Graes-ser / Singer / Trabasso 1994) ist das Vorwissen auch notwendig, damit sogenannte Inferenzen entwickelt werden können. Es handelt sich hierbei um Informatio-nen, die implizit vermittelt und vom Hörer schlussfolgernd konstruiert werden. So würde der Hörer auf die Aussage „Ich habe mein Sparschwein kräftig geschüt-telt, aber es hat leider keinen Laut von sich gegeben" typischerweise mit der Kon-struktion von Inferenzen wie „Im Sparschwein des Sprechers ist zurzeit kein Geld zu finden" oder „Das Sparschwein des Sprechers ist vermutlich leer" reagieren. Die denkbare Schlussfolgerung „Das Sparschwein ist vermutlich mit Geldschei-nen vollgestopft" würde von kompetenten Hörern, die die Bewertung („leider") der genannten Situation durch den Sprecher ebenfalls korrekt verstanden und im Gedächtnis behalten haben, als weniger plausibel eingeschätzt und bei der sich weiter entwickelnden Konstruktion des eigenen Verständnisses verworfen werden.

In die kontinuierliche Konstruktion und Plausibilitätsprüfung des Verständ-nisses fließen neben den sprachlichen Informationen und Schlussfolgerungen auch Interpretationen des Gehörten ein. Die Unterschiede zwischen datenge-leiteter und stärker weltwissensbasierter Bedeutungskonstruktion sind für den Hörer selbst oft nicht klar zu erkennen.

Das Ergebnis dieser Verstehensprozesse wird als mentale Repräsentation des Gehörten bezeichnet. Gemeint ist unsere individuell strukturierte Erinnerung an die Bedeutungen, die wir dem Gehörten entnehmen und mit unserem bisherigen Erfahrungswissen verknüpfen und vergleichen konnten. Mit dem Begriff „Bedeutungen" sind die Sprecher (Wer spricht wo, mit wem oder zu wem, in welcher Absicht?), die Ideen und Konzepte (Worüber oder wovon wird gesprochen?) gemeint, die in dem Hörtext benannt wurden, eine Einschätzung der (logischen, kausalen usw.) Beziehungen zwischen diesen Informationen, eine Bewertung der implizit vermittelten Einstellungen, Stimmungen, Emotionen und Konflikte. Eine weiterführende Darstellung zu den Prozessen und Bedingungen der Konstruktion eines Textverständnisses ist in Kapitel 2.4 „Hörsehverstehen" zu finden.

Textverständnis: mentale Repräsentation des Gehörten

2.3.1.2 Hörverstehen in Verbindung mit weiteren Kompetenzen

Beim HV nutzen wir unsere Fähigkeiten gewöhnlich in kommunikativen Situationen, die sich in Bezug auf die Frage unterscheiden, welche weiteren Kompetenzen integrativ eingesetzt werden müssen; etwa das Lesen unterstützender Materialien, das Anfertigen von Notizen oder die mündliche Paraphrasierung des Gehörten.

Integration weiterer Kompetenzen

Um die Frage zu klären, welche Facetten des HV in entsprechenden kommunikativen Aufgaben schwerpunktmäßig herausgefordert werden, ist es zudem hilfreich zu bedenken, inwiefern der Hörer aufgefordert ist, an der Interaktion teilzuhaben. Es lassen sich vier verschiedene Hörerrollen unterscheiden (vgl. Rost 1993: 5 f.; Bejar et al. 2000: 10 f.):

verschiedene Hörerrollen

1. Die erste Rolle nehmen Hörer in interaktiven Situationen ein, in denen sie vor dem Hintergrund des Verständnisses der Situation aufgefordert sind, rasch auf die Äußerungen der Gesprächspartner zu reagieren. HV alterniert hier in der Regel mit dem Sprechen.
Im Unterricht versuchen Rollenspiele und Diskussionen, oft in Kleingruppen, diese Hörerrolle einzuüben. Hier können sich die Kommunikationspartner durch Nachfragen, Wiederholungen und Umformulierungen bei der Konstruktion ihres Verständnisses unterstützen.
2. Die zweite Rolle entspricht der eines Adressaten, dem nur begrenzt Raum für eine Beteiligung an der Kommunikation gegeben wird (z. B. als Lernender bei einem Lehrervortrag).
3. Die dritte Rolle, die eines Zuhörers, ist dadurch charakterisiert, dass keine direkte verbale Reaktion erwartet wird, beispielsweise beim Hören eines Radiobeitrags.
4. Die vierte Rolle ist die eines Mithörers, der z. B. im Bus zufällig eine Unterhaltung mitbekommt, an der er selbst nicht direkt beteiligt ist.

Kommunikative Situationen stellen in Abhängigkeit von der jeweiligen Hörerrolle unterschiedliche Anforderungen an unsere HV-Fähigkeiten. So wird der Prozess des HV in interaktiven Situationen dadurch überlagert, dass der Hörer gleichzeitig bemüht ist, eine angemessene verbale Reaktion vorzubereiten. In weniger interaktiven Situationen, etwa beim Mithören eines Gesprächs, kann fehlendes Wissen über den Kontext und den Gegenstand des Gesprächs das Verstehen erschweren oder gänzlich unmöglich machen (vgl. Grotjahn 2005).

Anforderungen unterschiedlicher kommunikativer Situationen

Alle Situationen gleichen sich aber darin, dass die präsentierten Informationen flüchtig sind und in dem Tempo verarbeitet werden müssen, das die Sprecher vorgeben. Nur selten, beispielsweise bei Tonaufnahmen, Audiodateien oder Podcasts im Internet, kann der Hörer das Gesagte in mehreren Durchgängen entschlüsseln.

Schwierigkeiten beim Hörverstehen in der Fremdsprache

Lernende nehmen das HV im Vergleich mit anderen Situationen der Sprachverwendung oft als besonders schwierig wahr. Schwierigkeiten ergeben sich hauptsächlich daraus, dass das fremdsprachliche und zielkulturelle oder interkulturelle Wissen der Lernenden nicht so schnell verfügbar ist, wie es für die Entschlüsselung eines in natürlichem Sprechtempo gesprochenen Textes notwendig wäre. Die Morphemgrenzen im kontinuierlichen Lautstrom zu erkennen und die Entscheidung zu treffen, welche Bedeutung eines Wortes im gegebenen Kontext vermutlich gemeint ist, ist mit einem mangelhaft automatisierten Sprachwissen schwer möglich. Hinzu kommt im Unterricht die Angst, mit einem nur bruchstückhaften Verständnis des Hörtextes dem weiteren Geschehen nicht folgen zu können.

die genuinen Bedingungen des Hörverstehens

Diese besondere Anforderung an die Verstehensprozesse des Hörers zeigt, dass beim Erwerb der HV-Kompetenz im Vergleich zum Leseverstehen ganz eigene Lernprozesse bewältigt werden müssen.

In alltäglichen Situationen mündlicher Kommunikation verarbeiten Hörer Informationen, die im Gegensatz zu typischen Lesetexten Merkmale gesprochener Sprache aufweisen (z. B. unvollständige Sätze, Wiederholungen, Fehlstarts, Hesitationsphänomene, Eröffnungs- und Abschlusssignale). Im Unterschied zum Hören in realen Situationen fehlen bei Übungen zum HV im Unterricht oft visuelle Informationen zum Kontext der Gesprächssituation sowie die Gestik und Mimik der Sprecher, die der Hörer üblicherweise entschlüsseln und zur Unterstützung seines sich entwickelnden Verständnisses einsetzen könnte (z. B. Rost 2002).

HV-Kompetenz im Hinblick auf zielkulturell lebensweltliche und realitätsnahe Situationen zu entwickeln verlangt die Auswahl entsprechender Texte. Nicht jeder Text ist in gleicher Weise als HV-Vorlage geeignet. Die Forschung zur Sprechsprache unterscheidet grundlegend zwischen den Kriterien „Entstehung" und „Kanal". Hörtexte sind natürlich Texte, die typischerweise gesprochen werden. Ihre Entstehung geschieht in der Regel „spontan" und ohne aufwändige Satzplanung. Ihre Anwendung ist zudem oft hochgradig an sprechsituative Routinen bzw. Kollokationen gebunden: *Et avec ça? – Darf es noch etwas sein? Une dorade, mais une belle. – Eine Dorade, aber eine große.* Gerade durch die Anwendung solcher komplexer Formeln (Kollokationen) erhält die Sprechsprache ihr vergleichsweise hohes Tempo und das HV sein enges Zeitfenster. Als Texte gesprochener Sprache haben geeignete HV-Vorlagen typische Muster, wie folgende Synopse am Beispiel des Französischen deutlich macht:

Sprachplanung	akustischer Kanal	visueller Kanal
sprech-sprachlich	ʒəvɛpa	*je vais pas*
schreib-sprachlich	ʒənvɛpa	*je ne vais pas*

Die Sprech- und Schreibregister unterscheiden sich natürlich nicht nur im Hinblick auf grammatische Phänomene. Generell ist Sprechsprache zu den familiären oder nähesprachlichen Registern hin geöffnet, was sich nicht nur im Französischen mit erheblichen lexikalischen Unterschieden und „elliptischen" Sprechweisen verbindet: *voiture – bagnolle* (Auto), *ta gueule* (halt die Klappe/ Schnauze), *clope – cigarette* usw. (Meißner 2006; 2008). Hierneben stehen erhebliche Bandbreiten, was die phonische Realisierung der Rede angeht, die verstanden werden soll: Sprechtempo, dialektale Aussprachen, „Verschlucken" ganzer Wörter u. a. m. Dies bedeutet, dass HV in der Breite der relevanten Textsorten geübt werden muss. Was die Internationalität des Englischen als *lingua franca* angeht, so sind des Weiteren dessen primärsprachliche Großregister wie *British, Indian, American, African, Australian English* betroffen (vgl. Ahrens et al. 1995: 27ff.), aber eigentlich auch die Art und Weise, wie Chinesen, Japaner, Deutsche usw. Englisch sprechen (Hüllen 1995: 55 ff.).

Abhängig von den Erwartungen, die Hörer der kommunikativen Situation entgegenbringen, verfolgen sie mehr oder weniger bewusst unterschiedliche Verstehensabsichten (vgl. Europarat 2001: 71). Solche sollten für die Modellierung authentischer Hörsituationen und bei der Entwicklung und Auswahl von HV-Aufgaben berücksichtigt werden. So können wir unsere Aufmerksamkeit etwa auf die Entnahme spezifischer Informationen (z. B. Datum, Uhrzeit, Namen, Bedingungen eines Zusammenhangs), auf das Verständnis zentraler Gedankengänge, auf die Gesamtaussage einer Äußerung oder die Interpretation nur implizit vermittelter Informationen richten.

Verstehens-absichten

Das HV bietet einen eigenen elementaren Zugang zur Fremdsprache, der für die Lernenden nicht zuletzt im fortgeschrittenen Kompetenzerwerb von zentraler Bedeutung bleibt. Das HV ist eine Kompetenz, die über den sehr basalen Kompetenzbereich hinausgehend umfangreiches routiniertes Sprachwissen abfordert. Über das Hören werden die Lernenden mit bislang unbekannten Wörtern, Ausdrucksmöglichkeiten und Varietäten der Fremdsprache auf eine Weise vertraut, die ein schriftlich basierter Lehrgang nicht ersetzen kann. Dies erklärt, weshalb die Förderung des HV eine langfristige Aufgabe eines jeden kommunikativ orientierten Unterrichts sein muss.

Hörverstehen als langfristige Aufgabe eines kommunikativ orientierten Unterrichts

In der natürlichen Spracherwerbssituation erfolgt der Aufbau der Sprachkompetenz vorrangig über die Mündlichkeit, und zwar in einer reichhaltigen und differenzierten Sprachverwendung in kommunikativer Interaktion mit sehr zahlreichen Sprachpartnern. Im schulischen Fremdsprachenunterricht ist indes die Situation eine ganz andere. Die Lernenden hören im Vergleich zum natürlichen Spracherwerb zu wenig authentisches Sprechen von viel zu wenigen authentischen Personen (Idiolekte). Daher muss der Unterricht so gestaltet werden, dass er die Nachteile des schulisch gelenkten Spracherwerbs möglichst gut kompensiert und den Lernenden genügend Gelegenheiten zur Entwicklung dieser komplexen Fähigkeit gibt.

zur Förderung des Hörverstehens im Fremdsprachenunterricht der Sekundarstufe II

Es ist zu beobachten, dass die Frustrationen, die Lernende bei gescheitertem HV empfinden, oft auf mangelnde Erfahrung im Umgang mit der akustisch-phonetischen Ebene der Fremdsprache, ihrer Varietäten und Register zurückzuführen sind (vgl. Meißner 2006; Rossa 2009: 140; Field 2008: 3). So ist beispiels-

Probleme beim fremdsprachlichen Hörverstehen

weise mangelndes bzw. mangelhaft eingeübtes Wissen zur Umgangssprache, der man etwa in Filmen oder TV-Debatten begegnen kann, ein zentrales Problem beim HV in der Fremdsprache (vgl. Köller et al. 2006). Unter dem Eindruck, dass die Bedeutung des Gehörten nur mit Mühe zu entschlüsseln ist, verlassen sich die Lernenden stärker auf ihr Erfahrungswissen und rekonstruieren die Lücken in ihrem Verständnis mit zunehmend spekulativen und inhaltlich ungenauen Schlussfolgerungen (vgl. Rossa 2012: 132 ff.).

Fähigkeiten der Segmentierung und Worterkennung stärken

Wenn es gelingt, die fundamentalen Fähigkeiten der Segmentierung und Worterkennung zu verbessern, können die Lernenden die Aufmerksamkeit stärker auf die Konstruktion eines kohärenten Verständnisses richten. Zudem können sie die Bedeutungen in einem Hörtext müheloser mit ihrem Weltwissen verknüpfen, wenn sie in die Lage versetzt werden, die explizit dargebotenen Informationen genauer zu entschlüsseln. Lernende müssen also wiederholt Gelegenheiten bekommen, sich mit der Formebene gesprochener Texte auseinanderzusetzen.

Im Sinne der Differenzierung und Begleitung ihrer individuellen Lernprozesse können die Lernenden im Unterricht außerdem durch visuelle und schriftliche Stützmaterialien (vgl. Hummel / French 2010) und ein Training metakognitiver Strategien (vgl. Vandergrift / Tafaghodtari 2010) bei der Weiterentwicklung ihrer HV-Kompetenzen unterstützt werden.

Lernaufgaben zum Hörverstehen

Mit Blick auf die Umsetzung der Bildungsstandards für die Allgemeine Hochschulreife im Fremdsprachenunterricht der gymnasialen Oberstufe wurden exemplarische Lernaufgaben publiziert (KMK 2014: 188 ff.), die illustrieren, mit welchen Aufgabenstellungen die Weiterentwicklung einzelner Kompetenzen verfolgt werden kann. Die Entwicklung der Lernaufgaben als Arrangements mehrerer Einzelaufgaben berücksichtigte einerseits das Ziel, die Aufgaben inhaltlich an der „thematischen Organisation des gymnasialen Oberstufenunterrichts" (KMK 2014: 188–189) auszurichten und nach dem Vorbild realer (kommunikativer) Herausforderungen komplexe Interaktions- und Aushandlungsprozesse anzustoßen, innerhalb derer die Lernenden verschiedene Kompetenzen einsetzen.

Andererseits sollen die Einzelaufgaben Gelegenheiten bieten, funktional kommunikative Teilkompetenzen weiterzuentwickeln. Bei der Auswahl oder Konstruktion solcher Einzelaufgaben kommt es darauf an, die genuinen Bedingungen der jeweiligen kommunikativen Aktivität in den Mittelpunkt zu stellen. Kompetenzorientiert unterrichten bedeutet in diesem Zusammenhang konkret, in Aufgaben zum HV inhaltlich bedeutsame und lebensweltlich sowie curricular relevante Hörtexte bereitzustellen, die sich durch typische Merkmale gesprochener Sprache auszeichnen. Die Lernenden sollen bei der Bearbeitung der Lernaufgaben Gelegenheiten erhalten, sich im Umgang mit der Flüchtigkeit gesprochener Sprache zu üben, die Mitteilungsabsicht der Sprecher aufzunehmen und sprachliche Merkmale zu identifizieren (Laute, Lautkombinationen, Wörter, Sprechweisen und Sprechstile). Hierbei ist es hilfreich, wenn sie in die Lage versetzt werden, gedanklich die Plausibilität des Gehörten zu prüfen, etwa in Form von inhaltsgerichteten (Wer, was ist warum gemeint?), sprachlichen (Welches Wort wird mit welchem anderen Wort zusammen gebraucht? Wer sagt was, wie?) und auf den Kontext (Was will der Sprecher in dieser Situation sagen?) gerichteten Fragen.

2.3.2 Das Hörverstehen in den Bildungsstandards für die Allgemeine Hochschulreife

Die Bildungsstandards für die Allgemeine Hochschulreife in der fortgeführten Fremdsprache beschreiben HV-Kompetenzen, die auf den Bildungsstandards für den Mittleren Schulabschluss (KMK 2004a) aufbauen.

Die allgemeine Kompetenzbeschreibung lässt bereits erkennen, dass die weiter entwickelten Kompetenzen es den Lernenden ermöglichen sollen, authentische Hörtexte zu verstehen. Auf dem Niveau des mittleren Schulabschlusses (MSA) wird noch davon ausgegangen, dass die Texte „in deutlich artikulierter Standardsprache gesprochen" werden (KMK 2004a: 11). Auf Abiturniveau lautet die Bedingung „sofern repräsentative Varietäten der Zielsprache gesprochen werden" (KMK 2014: 12).

authentische Hörtexte verstehen

Auf der Ebene der gedanklichen Verarbeitung des Gehörten besteht die Erweiterung gegenüber den Bildungsstandards für den Mittleren Schulabschluss darin, Informationen in thematische Zusammenhänge einordnen zu können. Diese Erwartung geht auf das Prinzip der Themenorientierung des fortgeschrittenen Fremd-sprachenunterrichts zurück und erfordert, dass Lernaktivitäten zum HV in den Kontext inhaltlich bedeutsamer Unterrichtsvorhaben eingebettet werden müssen.

thematische Zusammenhänge

Im Folgenden werden die einzelnen Standards erläutert.

Grundlegendes Niveau

Die Schülerinnen und Schüler können
- einem Hör- bzw. Hörsehtext die Hauptaussagen oder Einzelinformationen entsprechend der Hör- bzw. Hörseh-Absicht entnehmen (S1)
- textinterne Informationen und textexternes Wissen kombinieren (S2)

Die ersten beiden Standards beschreiben die Fähigkeit, einerseits einzelne Informationen im Text zu verstehen und zu größeren Sinneinheiten zusammenzufassen und andererseits das so entstandene Verständnis mit dem eigenen Erfahrungswissen zu verknüpfen. Diese Verknüpfung geschieht während des Hörens mehr oder weniger automatisch, auch auf niedrigeren Kompetenzniveaus. Der Standard S2 lässt sich daher als Erwartung interpretieren, dass die Schülerinnen und Schüler explizit mit Aufgaben konfrontiert werden, die eine solche Kombination verschiedener Wissensquellen erfordern. Dies bedeutet wiederum, dass sie in die Lage versetzt werden müssen, ihr Verständnis so stabil zu konstruieren, dass es auch nach der Phase des Hörens für weitere Lernaktivitäten, in denen z. B. die Kombination mit textexternem Wissen schriftlich festgehalten wird, verfügbar ist.

Die Schülerinnen und Schüler können
- Stimmungen und Einstellungen der Sprechenden erfassen (S5)
- gehörte und gesehene Informationen aufeinander beziehen und in ihrem kulturellen Zusammenhang verstehen (S6)

Erhöhtes Niveau

Die Schülerinnen und Schüler können darüber hinaus
- implizite Informationen erkennen und einordnen und deren Wirkung interpretieren (S8)
- implizite Einstellungen oder Beziehungen zwischen Sprechenden erfassen (S9)

Die Standards S5, S6 und, auf erhöhtem Niveau, S8 sowie S9 beziehen sich ebenfalls auf die stärker weltwissensbasierten mentalen Prozesse, die den subjektiv-interpretativen und konstruktiven Charakter des HV betonen. Stimmungen und Einstellungen der Sprecher vermitteln sich schließlich nicht nur auf der Ebene der Semantik, sondern vielmehr mit Blick auf die Frage, wie der Hörer pragmatische und paralinguistische Phänomene wie Stimmfarbe, Intonation, Sprechmelodie, Sprechgeschwindigkeit usw. wahrnimmt. Wenn die Schülerinnen und Schüler implizite Informationen entschlüsseln (S8, S9), müssen sie auf der Basis des Gehörten angemessene Schlussfolgerungen und Hypothesen generieren können. In gewisser Weise ist in diesem Bereich der HV-Kompetenz ein Anschluss an die Auseinandersetzung mit literarischen Texten im Unterricht möglich, auch wenn diese üblicherweise auf das Leseverstehen und die Schreibkompetenz zielt. Hier lernen die Schülerinnen und Schüler ebenfalls, die Wirkung dessen, was nicht oder nur zwischen den Zeilen gesagt wird, zu analysieren und zu kommentieren.

Wenn, wie in S6 beschrieben, audiovisuell vermittelte Informationen in ihrem kulturellen Zusammenhang verstanden werden sollen, setzt dies erstens voraus, dass ein solcher Zusammenhang besteht und stellt zweitens die Anforderung, dass die Schülerinnen und Schüler über ein entsprechendes Wissen zu (fremd-)kulturellen Konzepten verfügen und diese in den Hör- bzw. Hörsehtexten auch wiedererkennen können.

Die Schülerinnen und Schüler können
- in Abhängigkeit von der jeweiligen Hör-/Hörseh-Absicht Rezeptionsstrategien anwenden (S3)
- angemessene Strategien zur Lösung von Verständnisproblemen einsetzen (S4)

Die Standards S3 und S4 stellen im Vergleich zu den Standards für den mittleren Schulabschluss einen Zusatz dar, da hier Stütz- und Reparaturstrategien explizit als Teil der HV-Kompetenz beschrieben werden. Das heißt, im Unterricht muss ein bewusster Umgang mit Verstehensabsichten und entsprechenden HV-Strategien eingeübt werden.

Erhöhtes Niveau

Die Schülerinnen und Schüler können darüber hinaus
- (Englisch: komplexe) Hör- und Hörsehtexte auch zu wenig vertrauten Themen erschließen (S7)
- Hör- und Hörsehtexte (Französisch: im Wesentlichen) verstehen, auch wenn schnell gesprochen oder nicht Standardsprache verwendet wird (S10)
- (Englisch) einem Hör- bzw. Hörsehtext die Hauptaussagen oder Einzelinformationen entsprechend der Hör- bzw. Hörseh-Absicht entnehmen, auch wenn Hintergrundgeräusche oder die Art der Wiedergabe das Verstehen beeinflussen (S11)

Der Standard S7 des erhöhten Niveaus weist darauf hin, dass eine höher entwickelte HV-Kompetenz es den Lernenden erlaubt, Themen in fremdsprachlichen Texten für sich zu erschließen, die das bislang vertraute Spektrum von Inhalten erweitern. In diesen Fällen wird das Weltwissen der Schülerinnen und Schüler typischerweise nicht in ausreichendem Maße ausgebildet sein, um alle Informationen im Rahmen eines unvertrauten Themas zu verstehen. Dies kann aber durch den Einsatz von Strategien und durch ein stärker automatisiertes Sprachwissen kompensiert werden. Diese linguistische Komponente der HV-Kompetenz ist auch für die Standards S10 und S11 von Bedeutung. Von der Standardsprache abweichende Varietäten, schnelle Sprechgeschwindigkeit und störende Hintergrundgeräusche kann nur entschlüsseln bzw. ertragen, wer über ein differenziertes Sprachwissen verfügt und genügend Gelegenheiten bekommen hat, sein Ohr an die Fremdsprache in ihren vielfältigen Ausdrucksformen zu gewöhnen.

2.3.3 Aufgabenkonzeption

Im folgenden Abschnitt werden zunächst Prinzipien beschrieben, die bei der Entwicklung von standardbasierten Lernaufgaben für das HV in der Fremdsprache Englisch bzw. Französisch verfolgt wurden. Daran anschließend werden zwei Beispiele für Lernaufgaben vorgestellt, die zwar beide ein erhöhtes Niveau der Kompetenzentwicklung voraussetzen, die aber gleichsam auch unterstützende Materialien und differenzierende Aufgaben für Lernende mit schwächer ausgeprägten Kompetenzen enthalten.

2.3.3.1 Grundlagen der Aufgabenkonstruktion

Die Lehrkräfte, die maßgeblich für die Aufgabenentwicklung verantwortlich waren, haben in ihrer Unterrichtspraxis erfahren, dass die Motivierung der Schülerinnen und Schüler besser gelingt, wenn die Hörsituation möglichst authentisch ist und wenn sie wissen, zu welchem Zweck sie sich mit dem Hörtext auseinandersetzen. Daher wurden realistische Situationen mit authentischen Hörabsichten ausgewählt und Anschlussaufgaben entwickelt, in denen die Schülerinnen und Schüler ihre Verstehensergebnisse kommunikativ nutzen.

Transparenz der Verstehensabsichten

Die Qualität einer HV-Aufgabe hängt naturgemäß ganz maßgeblich von den Eigenschaften der ausgewählten Hörtexte ab. Trotz der guten Verfügbarkeit authentischer fremdsprachlicher Hördokumente auf Datenträgern und bei Mediendiensten im Internet bleibt es für Aufgabenentwicklerinnen und Aufgabenentwickler eine große Herausforderung, einen Text auszuwählen, der sowohl inhaltlich als auch sprachlich sowie auf der akustischen Ebene zu den Anforderungen der Lernaufgabe passt und für die Schülerinnen und Schüler verständlich ist. Neben diesen grundlegenden Bedingungen wurde bei der Suche nach angemessenen Hörtexten für die Lernaufgaben das Ziel verfolgt, Varietäten der Fremdsprachen zu präsentieren, um den Bildungsstandards für das Abitur gerecht werden zu können.

Auswahl authentischer Hörtexte

Die Hörtexte beziehen sich inhaltlich auf Aspekte, die den Lernenden Einblicke in relevante Themen der Zielkulturen ermöglichen. Dies ist mit dem Ziel verknüpft, dass die Schülerinnen und Schüler fremdkulturelles Orientierungswissen

interkulturelles Lernen

für die Konstruktion ihres Verständnisses werden einsetzen können. Ausgehend von der Auseinandersetzung mit solchen Hörtexten kann im Unterricht interkulturelles Lernen stattfinden, indem die Schülerinnen und Schüler nachzuvollziehen versuchen, aus welchen Umständen, Bedürfnissen und gesellschaftlichen Entwicklungen „fremde" kulturelle Phänomene entstanden sein könnten.

kooperative Bedeutungsaushandlung

Ein weiteres Prinzip für die Konzeption von Aufgaben besteht in der Integration von kooperativen Phasen in den Ablauf der Teilaufgaben, in denen sich die Schülerinnen und Schüler über die Bedeutung(en) des Gehörten verständigen. Diese methodische Entscheidung scheint zunächst der individuellen Natur des HV als stille, gedankliche Arbeit zu widersprechen. Tatsächlich aber bietet die Kommunikation in der Gruppe den Lernenden vielfältige Möglichkeiten ihr Verständnis zu prüfen und zu sichern und weitergehende fremdsprachliche Lernprozesse im Sinne einer Bedeutungsaushandlung (*negotiation of meaning*) anzustoßen.

Differenzierung und Unterstützung der Lernenden

Die unterstützenden Materialien, die für die Lernaufgaben entwickelt wurden, erlauben es den Schülerinnen und Schülern, selbst zu entscheiden, ob und wann sie welche Unterstützung benötigen, um die authentischen Hörtexte im Sinne der Aufgabe und darüber hinausweisend verstehen zu können.

Einsatz von Hörverstehensstrategien

Dieses Prinzip ist verknüpft mit der expliziten Fokussierung der Aufgaben auf den Einsatz von HV-Strategien, die es den Lernenden beispielsweise ermöglichen, Redundanzen in den Hörtexten für ihr Verständnis zu nutzen.

2.3.3.2 Aufgabenbeispiele

Die Englisch-Aufgabe *Immigrants' English* orientiert sich inhaltlich an dem Rahmenthema *National Identity and Diversity* und ist für den Einsatz gegen Ende des ersten Jahres der Qualifikationsphase vorgesehen.

Die Französisch-Aufgabe *Livre électronique ou livre papier ?* kann im Laufe des zweiten Lernjahres der Qualifikationsphase in eine komplexe Lernaufgabe zu modernen Medien integriert werden.

- *Immigrants' English*
  (2_1_IKK_und_2_3_HV_E_immigrants_english)

Die Aufgabe besteht aus vier Teilen, die auf Auszügen eines Radio Podcasts basieren. Es geht um eine neue Richtlinie im Vereinigten Königreich, die einwanderungswilligen Migranten vorschreibt, englische Sprachkenntnisse nachzuweisen.

In einem ersten Ausschnitt kommt der ehemalige Premierminister Cameron zu Wort und begründet die Vorschrift (2_1_IKK_und_2_3_HV_E_immigrants_english, Part 1: Introduction). In weiteren Ausschnitten wird die Realität im UK beleuchtet: Am Beispiel einer öffentlichen Bibliothek im Osten von London wird erläutert, wie Migranten zum Konsum englischsprachiger Medien ermutigt werden (2_1_IKK_und_2_3_HV_E_immigrants_english, Supportive questions for Part 2). Am Beispiel des nordenglischen Bradford wird gezeigt, dass Ghettoisierung und die soziale Begrenzung asiatischer Frauen auf den familiären Bereich den Erwerb der englischen Sprache erschweren (2_1_IKK_und_2_3_HV_E_immigrants_english, Part 3). In einem letzten Beispiel wird deutlich, dass die Vorschrift zum einen im Widerspruch zu den Menschenrechten stehen kann, zum anderen wird erläutert, dass die Regelung nicht auf Flüchtlinge angewendet wird (2_1_IKK_und_2_3_HV_E_immigrants_english, Part 4: Interview).

- ***Livre électronique ou livre papier ?***
  (2_3_HV_F_livre_electronique)

Die vierteilige Aufgabe bezieht sich auf Ausschnitte einer Radiosendung, die sich mit den Vor- und Nachteilen der Verwendung von E-Books beschäftigt.

In einem ersten Ausschnitt führen zwei Moderatoren in das Thema ein, indem sie E-Books und ihre Vor- und Nachteile beschreiben (2_3_HV_F_livre_ electronique, Matériel partie 1 : Transcription). Im zweiten Abschnitt kommt die Sprecherin von Kindle-France zu Wort, welche eine eher kommerzielle Sichtweise vertritt (2_3_HV_F_livre_electronique, Matériel partie 2 : Transcription). Der dritte Abschnitt lässt den Direktor der Verlagsgruppe Payot zu Wort kommen, der eine konträre Sichtweise zu der vorher geäußerten vertritt (2_3_HV_F_livre_ electronique, Matériel partie 3 : Transcription). Im letzten Abschnitt, der in verschiedenen Abspielgeschwindigkeiten zur Verfügung steht, erfährt man seine Sicht der Zukunft des Buchmarktes im Allgemeinen und die des E-Books im Besonderen (2_3_HV_F_livre_electronique, Matériel partie 4 : Transcription).

2.3.3.3 Lernpotenzial und praktische Umsetzung der Aufgabenbeispiele

Im Folgenden soll beschrieben werden, welche Lerngelegenheiten mithilfe der oben in Auszügen vorgestellten Lernaufgaben geschaffen werden können.

Die Sozialform wechselt bei beiden Aufgaben zwischen Einzel-, Partner- und Gruppenarbeit. Einen Hörtext zu verstehen, ist allein durch die notwendige Konzentration auf das Gesagte eine individuelle Leistung, die durch vielfältige Unsicherheiten geprägt ist und nur in möglichst ungestörter Einzelarbeit erfolgreich realisiert werden kann. So entstehen Gelegenheiten zur Kommunikation mit einem oder mehreren Partnern, z. B. über den Erfolg (oder auch Misserfolg) beim Verstehen und beim Memorieren des Verständnisses oder über hilfreiche und hinderliche Faktoren. Dieser Wechsel der Sozialform kann dazu beitragen, dass die Lernenden ihre individuellen Arbeitsstände der mündlichen Rezeption prüfen und ggfs. unangemessene oder missverstandene Facetten ihres Verständnisses verbessern. Die Diskussion in der Lerngruppe gibt schließlich Gelegenheit zur Bestätigung und weiteren Verallgemeinerung der gesammelten inhaltlichen und lernstrategischen Erkenntnisse.

Wechsel der Sozialform

Die Höraufgabe *Immigrants' English* dient der Vorbereitung einer komplexen Sprechaufgabe: der Planung und Durchführung einer Podiumsdiskussion. Zu Beginn der Auseinandersetzung mit der Lernaufgabe sollte den Schülerinnen und Schülern dieses übergreifende Hörziel im Sinne einer Situierung der folgenden Teilaufgaben erläutert werden.

Immigrants' English: Integration der Kompetenz Sprechen

Differenzierungsmöglichkeiten werden nach jeder einzelnen Teilaufgabe vorgeschlagen. Die sogenannte *skills page* bietet den Schülerinnen und Schülern Tipps zum Einsatz von HV-Strategien.

Differenzierung, Einsatz von Strategien

Hauptaussage verstehen

Bei der ersten Teilaufgabe (2_1_IKK_und_2_3_HV_E_immigrants_english, Part 1) geht es darum, das Thema (*gist*) zu erfassen. Dies kann in leistungsstarken Gruppen allein durch Bearbeitung des ersten Hörtextes erfolgen; für lernschwächere Gruppen werden zusätzliche Impulse angeboten. Im Anschluss an das Hören können Fragen bearbeitet werden, die sich auf die Stimmung des Hörtextes beziehen.

Detailverstehen

Die zweite Teilaufgabe (2_1_IKK_und_2_3_HV_E_immigrants_english, Part 2) fokussiert auf das Detailverstehen, wobei auch die Hintergrundgeräusche, das *setting* und die Sprecherrollen berücksichtigt werden. Hier kann auch geübt werden, solche Informationen für den Aufbau einer Hörerwartung zu nutzen. Außerdem kann explizit an das Vorwissen angeknüpft werden, dazu gibt es Zusatzmaterial für lernschwächere Gruppen. Auch eine Bewusstmachung der Besonderheiten von asiatischen Varietäten des Englischen kann im Kontext dieser Aufgabe stattfinden.

Einzelinforma-tionen verstehen

In der dritten Teilaufgabe geht es um sehr konkrete Informationen zu der Situation in Bradford, wobei die unterschiedlichen Rollen von Männern und Frauen in der *Asian Community* angesprochen werden (2_1_IKK_und_2_3_HV_E_immigrants_english, Part 3). Hier sollen die Schülerinnen und Schüler Notizen anfertigen, die sie dann in einer Diskussion zum Thema „Integration von Migranten" nutzen können. Schwächere Schülerinnen und Schüler können selbstständig auf unterstützendes Material zur Antizipation, zum Detailverstehen und zur Nutzung von Redundanzen in gesprochenen Texten zurückgreifen.

abstrakte Informa-tionen erschließen

Die vierte Teilaufgabe befasst sich mit den Nachteilen des neuen Gesetzes und mit Ausnahmeregelungen (2_1_IKK_und_2_3_HV_E_immigrants_english, Part 4). Auch hier sollen Notizen zur weiteren Verwendung angefertigt werden. Da hier der Inhalt abstrakter ist als in den Teilen zwei und drei, sollten die Schülerinnen und Schüler darauf hingewiesen werden, wie sie gezielt auf Weltwissen zum Thema Flüchtlinge zurückgreifen können.

Livre électronique ou livre papier ?

Die Aufgabe *Livre électronique ou livre papier ?* kann im Unterricht auf erhöhtem Niveau im Laufe des zweiten Lernjahres der Qualifikationsphase eingesetzt werden.

vor dem Hören: eine Erwartungs-haltung aufbauen

Bevor es zum eigentlichen HV kommt, bauen die Lernenden gelenkt eine Erwartungshaltung auf (2_3_HV_F_livre_electronique, Partie 1). Hierfür werden unterschiedliche Wege vorgeschlagen, für die sich die Lernenden selbst entscheiden können (Lernweg A oder Lernweg B).

In Teilaufgabe 1 machen sich die Lernenden zunächst Gedanken zu Inhalten, die sie erwarten könnten (2_3_HV_F_livre_electronique, Matériel partie 1). Diese diskutieren sie mit ihrem Partner oder einer Kleingruppe mit dem Ziel, die Zahl der denkbaren Informationen zu reduzieren. Die Differenzierung erfolgt über eine offene Aufgabenform (Lernweg A) und stärker lenkende Fragen (Lernweg B). Auf dem Lernweg B kann zudem die Anzahl der Informationen variiert werden. Zur Bearbeitung der Teilaufgaben bieten sich kooperative Lernformen (z. B. das *placemat* / Platzdeckchen) an.

Überprüfen der erwarteten Infor-mationen

Während des sich anschließenden Hörens wird überprüft, ob zu den erwarteten Inhalten etwas gesagt wird oder nicht, und weitere Informationen werden notiert (2_3_HV_F_livre_electronique, Partie 1). Auf dem Lernweg B wurde eine Aufgabe eingefügt, die beim Hören die Aufmerksamkeit auf inhaltlich relevante

Wörter zu lenken versucht und dazu aufgefordert, Wissen zu thematischen Wortfeldern sowie zu Wortfamilien zu aktivieren.

Die Schülerinnen und Schüler, die mit dem Lernweg A nicht zu Recht gekommen sind, können auf dem Lernweg B Unterstützung finden, jene, die sich bei der Lösung der Aufgaben des Lernwegs B unsicher sind, können Zusatzmaterialien zu Hilfe nehmen. Als Zusatzmaterialien sind hier angeboten: je eine Übersicht zur Wortfamilie *lire* und zum Wortfeld *livre* (2_3_HV_F_livre_electronique, Matériel partie 1).

Differenzierung

Zudem können Lückentextübungen aus dem Transkript (2_3_HV_F_livre_electronique, Matériel partie 1 : Transcription) erstellt werden, die auf Wörter aus der Wortfamilie und dem Wortfeld abzielen. Mit den Transkripten der drei weiteren Aufgabenteile kann vergleichbar gearbeitet werden. Denkbar wäre durchaus, die Schülerinnen und Schüler selbst Aufgabenblätter mit den entsprechenden Lösungen erstellen zu lassen.

Hörübungen zum Wortfeld

Im Rahmen des Abschnitts *Réflexion* (Teilaufgaben 2a und 2b) werden das HV erleichternde bzw. erschwerende Elemente notiert (2_3_HV_F_livre_electronique, Partie 2). Dann werden mit Hilfe der Transkripte und bei Bedarf mehrerer Hörvorgänge weitere Schwierigkeiten identifiziert (z. B. Rolle der *Liaison* beim Erkennen von Pluralformen, die genaue Unterscheidung der Nasale oder der s-Laute, Umgang mit unbekannter Lexik). Die Lernenden werden angeregt, sich zu Möglichkeiten der Kompensation von Verstehensschwierigkeiten Gedanken zu machen (Teilaufgabe 2b).

Wiederholtes Hören, Einsatz der Transkripte

Der dritte Teil der Aufgabe widmet sich dem Verständnis von Informationen, die der Sprecher über die bewusste Auswahl der von ihm verwendeten sprachlichen Mittel weitergibt (2_3_HV_F_livre_electronique, Partie 3). Im vorliegenden Abschnitt des Hörtextes geht es um die Wiedergabe eines Standpunkts. Dies wird zunächst durch eine Reaktivierung sprachlicher Mittel vorbereitet, die im Unterrichtsgespräch abgesichert und ergänzt werden kann (vor allem mit dem Blick auf *mots utilisés* und *façon de parler*). Die eigentliche HV-Aufgabe ist offen formuliert. Leistungsschwächere Lernende können mit den vorgeschlagenen Fragen beim gezielten Hören unterstützt werden. Die Schülerinnen und Schüler können selbst entscheiden, wie oft sie den Hörtext anhören.

Verstehen von Hauptgedanken, Einstellungen

Im vierten Teil der Aufgabe nutzen die Lernenden einen Hörtext, um drei vorgegebene Fragen zu beantworten (2_3_HV_F_livre_electronique, Partie 4). Das Dokument steht in drei Versionen zur Verfügung. Die Lernenden wählen selbst, mit welcher Version sie arbeiten möchten. Im Sinne einer Reflexion über schwierigkeitsgenerierende Merkmale eines Hörtextes kann vorgeschlagen werden, die drei Versionen des Hörtextes vergleichend mit Hilfe der Transkription dahingehend zu untersuchen, welchen Einfluss die Sprechgeschwindigkeit auf das Hörverständnis hat. Unter der Rubrik *Pour vous donner des idées* werden kleine Hinweise zum differenzierten Arbeiten gegeben.

variable Sprechgeschwindigkeit

2.3.3.4 Standardbezug

Die Aufgaben bieten Gelegenheiten verschiedene Aspekte des HV zu trainieren. So werden in den Teilaufgaben spezifische Informationen, Details, Hauptgedanken und das Thema in den Blick genommen und Fragen zu implizit vermittelten

funktionale kommunikative Kompetenz: Hörverstehen

Informationen bearbeitet. Auch Stimmungen und Einstellungen der Sprecher werden untersucht.

Integration weiterer funktionaler kommunikativer Teilkompetenzen

Die Aufgabe *Immigrants' English* präsentiert verschiedene Varietäten des Englischen und setzt Schwerpunkte bei der Auseinandersetzung mit implizit oder paralinguistisch vermittelten Informationen sowie in Bezug auf die Einbindung textexternen Wissens, etwa zur Frage der gesellschaftlichen Integration.

In *Livre électronique ou livre papier ?* werden die unterschiedlichen Verstehensabsichten in den Teilaufgaben bewusst einzeln zur Lenkung und Unterstützung der HV-Prozesse genutzt. Die Lernergebnisse nutzen die Schülerinnen und Schüler kommunikativ, unter Rückgriff auf andere Teilkompetenzen; etwa in Phasen, in denen ein mündlicher oder schriftlicher Austausch oder eine Weiterverarbeitung stattfindet (z. B. Vorbereitung einer Podiumsdiskussion, Gespräch in der Kleingruppe zur Frage, welche Aspekte das Verstehen erleichtern bzw. erschweren).

Durch die thematische Ausrichtung der Hörtexte bzw. durch die Auswahl von Sprechern, die unterschiedliche Positionen vertreten, werden auch relevante Bereiche der interkulturellen kommunikativen Kompetenz in den Blick genommen. So entstehen in der Aufgabe *Immigrants' English* Gelegenheiten, die Frage nach dem Zusammenhang von kultureller Identität, Sprachkompetenz, Sprachverwendung und dem Wert gesellschaftlicher Teilhabe zu erörtern und hierbei auch einen Perspektivenwechsel vorzunehmen, um die Entwicklung fremdkultureller Werte und Überzeugungen (annähernd) nachzuvollziehen.

Sprachlernkompetenz / Text- und Medienkompetenz

Da die Aufgaben mehr oder weniger explizit eine Beschäftigung mit Verstehensstrategien und eine Auseinandersetzung mit den sprachlichen Phänomenen der Hörtexte einfordern, werden zudem die lateralen Kompetenzen Sprachlernkompetenz sowie Text- und Medienkompetenz berührt. Insbesondere die Aufgabe *Livre électronique ou livre papier ?* fordert die Schülerinnen und Schüler auf, sich ihrer Verstehensprozesse bewusst zu werden und gelingendes und gescheitertes HV wahrzunehmen und zu reflektieren. Auf diese Weise können sie ihre Fähigkeit stärken, den eigenen Umgang mit den Anforderungen fremdsprachlicher Lernmaterialien besser zu kontrollieren und an die jeweiligen Bedingungen und Absichten anzupassen.

2.3.3.5 Einzelaufgaben in kompetenzorientierten Lernaufgaben

In der kompetenzorientierten Unterrichtsplanung ist es sinnvoll, mit Blick auf die einzelnen Kompetenzen – hier das fremdsprachliche HV – einerseits Gelegenheiten für gezieltes Lernen und Festigen des bereits Gelernten (z. B. sich an eine Varietät der Fremdsprache gewöhnen oder die Aufmerksamkeit auf eine bestimmte Verstehensabsicht zu fokussieren) zu schaffen. Andererseits ist es für die kommunikative und themenorientierte Ausrichtung des Unterrichts unerlässlich, Phasen, in denen schwerpunktmäßig ein Kompetenzbereich trainiert wird, inhaltlich in ein komplexeres Unterrichtsvorhaben einzubetten und mit Lernaktivitäten zu verknüpfen, die den Einsatz weiterer Kompetenzen verlangen. Dies geschieht im Sinne der Orchestrierung verschiedener Wissens- und Könnensbereiche durch die Lernenden, die für die Bewältigung authentischer Situationen fremdsprachlicher Kommunikation notwendig ist.

In der Terminologie des hier vorliegenden Bandes stellt sich für die praktische Umsetzung der oben genannten Empfehlungen die Frage, wie „Einzelaufgaben" als Teile von komplexeren „Lernaufgaben" im Unterricht inhaltlich und hinsichtlich der intendierten Lernprozesse einen lernwirksamen „roten Faden" ergeben können.

Mit Blick auf die hier vorgestellte Beispielaufgabe *Immigrants' English* lassen sich zwei Prinzipien illustrieren, die zur Herstellung einer solchen didaktischen Kohärenz beitragen sollen. Erstens enthält die Aufgabe einen stetigen Wechsel zwischen Phasen gezielten Anwendens bzw. Übens einer bestimmten Teilkompetenz und metakognitiven Phasen, in denen die Lernenden ihre sprachlichen Lernprozesse reflektieren und ihre kommunikativen Leistungen bewerten. So werden die Lernenden etwa nach einer auf die linguistischen Phänomene asiatischer Varietäten des Englischen ausgerichteten Teilaufgabe aufgefordert, zu reflektieren, wie hilfreich die Auseinandersetzung mit den Besonderheiten der Aussprache für die Entwicklung ihres Verständnisses war.

Wechsel von Phasen sprachlichen Lernens und Metakognition

Zweitens zeigt *Immigrants' English*, wie weitere funktionale kommunikative Teilkompetenzen so miteinbezogen werden können, dass diese einer Art kommunikativen Progression folgen: In den Teilaufgaben zwei bis vier werden die Lernenden nach Abschluss der jeweiligen Verstehensaufgabe aufgefordert, erst in Partnerarbeit ein Rollenspiel durchzuführen, dann eine Gruppendiskussion und schließlich eine Podiumsdiskussion inhaltlich und sprachlich vorzubereiten und durchzuführen.

Kommunikative Progression: Rollenspiel, Gruppen-, Podiums- diskussion

2.3.4 Ausblick

Die pädagogisch, didaktisch und empirisch ausgerichtete Diskussion um die Kompetenzorientierung des Fremdsprachenunterrichts (vgl. Aguado / Schramm / Vollmer 2009; Caspari et al. 2008), hat zu einer verstärkten Beachtung des HV und seiner Bedeutung für das Sprachenlernen geführt. Wie eingangs angedeutet, erscheint es notwendig, dem HV auch in der Praxis des Fremdsprachenunterrichts in der Qualifikationsphase mehr Raum zu geben als bisher. Für viele Schülerinnen und Schüler können die üblicherweise eher vereinzelt in den Unterricht eingebrachten HV-Übungen und -Tests frustrierende Erlebnisse bedeuten, wenn sie wegen der mangelnden Automatisierung ihres Sprachwissens und der fehlenden Gewöhnung an den Einsatz von Verstehensstrategien dem flüchtigen Strom der Laute eines Hörtextes nicht so schnell folgen können, wie es notwendig wäre.

Die hier exemplarisch dargestellten Aufgaben zeigen, wie wichtige Komponenten des HV gezielt geübt und mit den anderen – funktionalen kommunikativen und lateralen – Kompetenzen verknüpft werden können.

Angesichts der Bedeutung des HV für das lebensbegleitende Sprachenlernen erscheint es sinnvoll, auch für Abiturprüfungen Aufgabenkonzeptionen zu entwickeln, die eine Überprüfung dieser rezeptiven Kompetenz auf dem angestrebten Niveau der Bildungsstandards ermöglichen. Dabei kann bereits auf den Erfahrungen in einzelnen Ländern (z. B. Bayern, Mecklenburg-Vorpommern, Saarland, Thüringen) aufgebaut werden.

2.4 Hörsehverstehen

Günter Nold / Henning Rossa
Aufgabenentwicklung: Dorothea Nöth, Claudia Steffen,
Susanne Walker-Thielen, Hanno Werry

Das Hörsehverstehen stellt unter den funktionalen kommunikativen Kompetenzen eine Besonderheit dar: Es ist einerseits wie das Hörverstehen auf die Verarbeitung von Hörtexten ausgerichtet, andererseits ist es mit einem visuellen Medium verbunden, das seinerseits zu verarbeiten ist. Die Bedeutungen der gehörten und visuell wahrgenommenen Informationen werden im Abgleich mit sprachlichem und inhaltlichem Vorwissen erschlossen und miteinander verknüpft. In seiner besonderen Prägung ist das Hörsehverstehen demnach die Fähigkeit, mit sprachlich und visuell kodierten Texten parallel umzugehen (*dual coding theory,* Paivio 1986; Clark/Paivio 1991).

parallele Verarbeitung gesprochener und visuell kodierter Texte

Das Zusammenspiel von mentalen Prozessen gestaltet sich durch die Aktivierung von zwei Kanälen der Informationsverarbeitung im Vergleich zum reinen Hörverstehen besonders vielfältig. Je nachdem, in welcher Weise Hören und Sehen sich zu einer in sich stimmigen Bedeutung zusammenführen lassen, erleichtert oder erschwert die doppelte Verarbeitung den Prozess des Hörsehverstehens.

2.4.1 Theoretische Grundlagen des Hörsehverstehens

2.4.1.1 Hörsehverstehen als Prozess – in Verbindung mit weiteren Kompetenzen

Schon das reine Hörverstehen verlangt den Einsatz besonders differenzierter Verarbeitungsprozesse. Dabei sind Wahrnehmungs- und Verstehensprozesse ebenso beteiligt wie der Einsatz von strategischen Prozessen, beispielsweise zur Steuerung oder Fokussierung der Aufmerksamkeit.

Erkennen, Konstruieren, Interpretieren

Die Verstehensprozesse schließen sowohl das Erkennen und Konstruieren von Bedeutung als auch das Interpretieren von sprachlichen Äußerungen ein. Dementsprechend sind Lautketten sowie lexikalische, grammatische und darüber hinausgehende textuelle Elemente zu erkennen, miteinander zu verknüpfen und zu ordnen, um mögliche Bedeutungen eines gehörten Textes zu konstruieren und auf ihre Schlüssigkeit im Fortlauf des Gehörten zu überprüfen. Zugleich findet ein Abgleich von Gehörtem und abgerufenem inhaltlichen Vorwissen statt. Denn die durch das Gehörte aktivierten Assoziationen, Schemata und Skripte (vgl. Kap. 2.7) werden als Vorwissen in die sich entwickelnde Bedeutungskonstruktion einbezogen. So sind beispielsweise in der Lernaufgabe *India News*, die im weiteren Verlauf dieses Kapitels vorgestellt wird, Wissenselemente über Indien abzurufen und mit dem Gehörten zu verbinden. Dabei können auch affektive Komponenten, wie Einstellungen zu Indien, eine Rolle spielen.

Auch beim visuellen Dekodieren findet eine Bedeutungskonstruktion statt, und zwar auf der Basis einer strategisch gelenkten Entschlüsselung der visuell wahrgenommenen Stimuli in Verbindung mit abgerufenem oder assoziiertem Vorwissen aus dem bildlichen Bereich. Bildverstehen entsteht entsprechend in einem Prozess der Wahrnehmung von Visuellem, der Analyse und der Reflexion darüber. Beispielsweise wird in der ersten Filmszene der französischen Lernaufgabe *Welcome* (siehe unten) ein kurdischer Flüchtling gezeigt, dessen Aufenthalt in Frankreich illegal ist. Dies an Hand von visuellen Details annähernd zu erschließen und die Erkenntnis in das Bedeutungsgeflecht des Films einzuordnen, ist eine herausfordernde Aufgabe, die auch interkulturelle Kompetenz und Medienkompetenz herausfordert.

Bildverstehen als Zusammenspiel verschiedener Wissensbereiche

Es handelt sich dabei nicht um einen additiven Prozess im Sinne einer Kombination von Einzelelementen, sondern vielmehr um einen Prozess der integrierenden Bedeutungskonstruktion hin zu einem Gesamtbild. So entsteht das Gesamtbild des kurdischen Flüchtlings in *Welcome* durch das Zusammenspiel von sprachlichen Äußerungen, dem Aussehen und Verhalten von Personen in einem visuellen Kontext sowie von Vorwissenselementen zur Interpretation der Situation.

Nach dem gegenwärtigen Erkenntnisstand sind die sprachlichen und strategischen Kompetenzanteile, wie bereits im Kapitel 2.3 dargelegt, auch beim Hörsehverstehen grundlegend. Da jedoch Hörtext und Bild im Bedeutungskonstruktionsprozess des Hörsehverstehens aufeinandertreffen, sind darüber hinaus spezifische Verarbeitungsprozesse ins Auge zu fassen, die für das Hörsehverstehen deutlich bestimmend sind.

Beim Hörsehverstehen werden die Verarbeitungsprozesse bei parallel laufenden Impulsen von Sprache und Bild eher unterstützt und erleichtert, bei komplementären Impulsen eher erweitert und ergänzt, während sie bei widersprüchlichen Impulsen auch gestört werden können (vgl. Porsch/Grotjahn/Tesch 2010, 144ff). Der Hörtext und der visuelle Text können beispielsweise in Cartoons, Film- und Fernsehsequenzen parallel zueinander aufgestellt sein und somit gleichlaufende Bedeutungen so unterstreichen, dass ein passendes Gesamtmodell von sprachlicher und visueller Bedeutung entstehen kann. Bei komplementärer Aufstellung kann es zu einander ergänzenden Bedeutungen kommen. Sind Hörtext und Bild jedoch konträr zueinander aufgestellt, wie insbesondere im Falle von Ironie, sind die Rezipienten herausgefordert, Widersprüchliches zu erkennen und zu durchschauen (vgl. Porsch/Grotjahn/Tesch 2012, 2010). So steht beispielsweise in *Welcome* das Poster „*Welcome*" im Kontrast zu der filmischen Szene danach. Allerdings ist in diesem Fall das Poster ein eigenständiges visuelles Element, das der Rezeption des Filmes zwar inhaltlich zugeordnet ist, zeitlich jedoch nicht parallel zum Film verarbeitet wird.

mit komplementären bzw. widersprüchlichen Informationen umgehen

Die Art der Hörtext- und Bildverarbeitung hängt darüber hinaus auch von spezifischen Textsorten bzw. Genres der Hörsehtexte und -materialien ab. Entsprechend dem textsortenspezifischen Gewicht der auditiven und visuellen Anteile in einem Hörsehtext sind Ausprägungen in zwei Richtungen erkennbar. In einer öffentlichen Rede im Fernsehen kann der visuelle Anteil beispielsweise auf die Präsentation der sprechenden Person eingegrenzt sein, vielleicht ergänzt

Verarbeitung verschiedener Textsorten und Genres

um einen Eindruck des räumlichen Kontextes der Rede. Bei dieser Textsorte ist das visuelle Element des Hörsehtextes auf den unmittelbaren Kontext der sprechenden Personen beschränkt; es wird dementsprechend von kontextbezogenen Visualisierungen gesprochen (vgl. Posch/Grotjahn/Tesch 2010: 148 – im Anschluss an Ginther 2001, 2002). In diesem Fall kommt dem Hörtext die Funktion des Hauptmediums in der Hörseherfahrung zu.

relative Bedeutung von bildlichen bzw. sprachlichen Informationen

Umgekehrt kann die Bildpräsentation so dominant gegenüber der sprachlichen Mitteilung sein, dass im Extremfall eine reine Bilddekodierung ausreicht, um die erforderlichen oder gewünschten Mitteilungen zu erschließen oder zu konstruieren. Visuell dominante Hörsehtexte dieser Art lassen sich zur Textsorte der inhaltsbezogenen Visualisierungen rechnen, die von Ergänzungen der auditiven Mitteilungen bis zu völlig eigenständigen Mitteilungen reichen. Bezüglich dieser Frage illustriert beispielsweise der visuelle Anteil zu Beginn der Filmszene in der Lernaufgabe *Foodbank* (siehe unten), dass der visuelle Impuls einer filmischen Kameraeinstellung eine durchaus dominante Rolle spielen kann. Erweist sich der visuelle Stimulus bei einer Aufgabe zum Hörsehverstehen als unverhältnismäßig dominant, bleibt die Kritik nicht aus, es handele sich nicht mehr um eine sprachliche Kompetenz, die hier gefördert wird (vgl Buck 2001: 114, 123). Entsprechend dieser theoretischen Klarstellung wird von Hörsehverstehen nur in solchen Fällen gesprochen, bei denen es sich um eine rezeptive Sprachkompetenz im Umgang mit sprachlich und zugleich visuell kodierten Texten handelt. Dem sprachlichen Anteil kommt dabei eine unverzichtbare Rolle für die Konstruktion von Bedeutung zu, wobei inhaltsbezogene Visualisierungen typischerweise auf „den Inhalt des verbalen Stimulus" (ibid.) bezogen sind und folglich die visuelle Präsentation erst im Zusammenspiel mit Sprache ihre volle Bedeutung gewinnt. So gehören beispielsweise Bildgeschichten oder Videoclips nur dann zum Bereich der doppelt kodierten Hörsehtexte, wenn ihre Rezeption auch tatsächlich von einem Höranteil abhängt.

2.4.1.2 Hörsehverstehen und lernrelevante Anforderungen

kognitive Prozesse bei der Verarbeitung von Hör- und Bildstimulus

Die Besonderheiten der Beziehungen zwischen auditiven und visuellen Stimuli in Hörsehtexten und die unterschiedlichen Gewichtungen von Hören und Sehen in bestimmten Textsorten des Hörsehverstehens legen noch nicht endgültig fest, welche Anforderungen mit einem bestimmten Hörsehtext verbunden sind. Um hier letztlich ein klares Verständnis des Anforderungsprofils eines Hörsehtextes zu erlangen, ist es nötig, die kognitiven Prozesse bei der Verarbeitung von Hör- und Bildstimulus näher zu untersuchen. Mayers *Cognitive Theory of Multimedia Learning* (Mayer 2005; s. auch Posch/Grotjahn/Tesch 2010: 145) ermöglicht es, hier entscheidende Einsichten zu gewinnen.

Anforderungsbereiche: Gedächtnisleistung, sprachliche und strategische Kompetenzen

Er verbindet die Erkenntnisse aus der Theorie der dualen Kodierung (Paivio 1986) mit Feststellungen zur Begrenztheit des Arbeitsgedächtnisses und berücksichtigt die aktiven strategischen Fähigkeiten im Prozess der Informationsverarbeitung. So ist zu beobachten, dass selbst ein Hörsehtext mit komplementären Hör- und Bildinformationen Fremdsprachenlernende auf unterschiedlichen Niveaus ihrer fremdsprachlichen Kompetenzentwicklung vor verschiedene Anforderungen stellt. Der Grund hierfür liegt in den unterschiedlich ausgeprägten sprachlichen und strategischen Kompetenzen der Lernenden, die den Bedeutungskonstruktionsprozess unterschiedlich komplex werden lassen. Ferner ist nicht zu übersehen, dass inhaltsbezogene Visualisierungen den Verstehensprozess eher erleichtern, während kontextbezogene Visualisierungen nur in bestimmten Fällen einen positiv erleichternden Einfluss haben, beispielsweise wenn sie Sprecherwechsel visualisieren, während in anderen Fällen positive Effekte eher ausbleiben (ibid., 148f).

Darüber hinaus ist zu berücksichtigen, dass sich aus der Forschung zum Textverstehen – hier ist in der Regel das Leseverstehen gemeint – auch Erkenntnisse auf das Hörsehverstehen übertragen lassen. Entsprechend den Forschungen von Kintsch (vgl. Kintsch 1998; Nold / Willenberg 2007: 22f) hängt der Erfolg rezeptiver Verstehensprozesse davon ab, inwiefern es dem Leser / Hörer gelingt, ein gedankliches Abbild der inhaltlichen Bedeutungen eines Textes (Situationsmodell) zu konstruieren, das es ermöglicht, den Gesamtzusammenhang eines Textes zu erfassen. Entsprechend gibt Kintsch Merkmale von Texten und Variablen der Textverarbeitenden an, die einen Einfluss auf den Verstehensprozess ausüben.

Konstruktion eines gedanklichen Abbilds des Textes

Diese Erkenntnisse können genutzt werden, um in Lernaufgaben differenzierte Anforderungen und Lerngelegenheiten zu schaffen:

Differenzierung: Anforderungen, Lerngelegenheiten

- Schnelles Dekodieren erleichtert den Verstehensprozess. Wer schnell dekodieren kann, ist weniger darauf angewiesen, andere Elemente des Verstehensprozesses (z.B. Diskursstruktur oder domänenspezifisches Wissen) kompensatorisch zu aktivieren.
- Ein umfangreiches, vor allem domänenspezifisches Wissen wirkt sich verstehenserleichternd aus (vgl. Kintsch 1998: 287).

Bedeutung des Vorwissens

- Die Anzahl der in einem Textabschnitt enthaltenen neuen Informationen hat einen Einfluss auf den Textverarbeitungsprozess. Je besser sich die Informationen verknüpfen lassen, desto eher kann ein Gesamtbild des Textes entwickelt werden (vgl. Kintsch 1998: 285).
- Fragen zum Text, deren Antworten explizit darin enthalten sind, richten das Augenmerk auf die Verarbeitung der Textoberfläche und reduzieren die Bedeutung des domänenspezifischen Vorwissens (vgl. Kintsch 1998: 305).
- Eine Aufgabe, bei der in einem Text entweder nur wörtlich genannte Hauptideen identifiziert oder nur nach wörtlich vorkommenden Textdetails gesucht wird, verhindert die aktive Rolle der textverarbeitenden Rezipienten, da wenig Problemlösen, Erschließen von Zusammenhängen und Schließen von sprachlichen oder inhaltlichen Lücken (Inferieren) erforderlich sind. Damit wird die Tiefenverarbeitung eher unterbunden (vgl. Kintsch 1998: 313). Schülerinnen und Schüler mit einer hohen Kompetenz werden durch eine solche Aufgabenstellung eher benachteiligt, da sie nicht entsprechend herausgefordert werden, während schwachen Rezipienten damit geholfen werden kann.
- Ein Text mit einer geringen Kohärenz wird von Schülerinnen und Schülern, die über ein hohes Maß an textrelevantem Weltwissen verfügen, erfolgreicher verarbeitet, weil er sie zur Tiefenverarbeitung herausfordert. Schwächere oder wenig informierte Textverarbeitende haben mit solchen Texten größere Probleme (vgl. Kintsch 1998: 314).

Die Erkenntnisse von Kintsch machen deutlich, dass die Schwierigkeit einer Hörerfahrung – und analog auch der Höranteil in einer Hörseherfahrung – von Faktoren bestimmt wird, die stark von der fremdsprachlichen Kompetenz und dem bereichsspezifischen Vorwissen der einzelnen Personen abhängt. Es ist damit zu rechnen, dass bedingt durch das jeweilige Fremdsprachenniveau und das bereichsspezifische Vorwissen der Verstehensprozess für den einen zu einer positiven Herausforderung wird, während er für den anderen zu einer Unter- oder Überforderung geraten kann. Diese Erkenntnisse lassen sich mit entsprechenden Forschungsergebnissen im Gefolge von Mayers Theorie zum multimedialen Lernen verbinden (vgl. Porsch/Grotjahn/Tesch 2010: 145f). Wenn beispielsweise die kognitive Anforderung oder Komplexität einer Text-Bildsequenz in Betracht gezogen wird, ist die erforderliche Aufnahmekapazität des Arbeitsgedächtnisses in bestimmten Fällen ein Problem. So kann ein zu niedriges Fremdsprachenniveau angesichts der beispielsweise zu gering ausgebildeten Automatismen zu einer Überlastung des Arbeitsgedächtnisses in der Sprachverarbeitung führen, oder es kann auf Grund eines zu gering entwickelten Vorwissens zu einer Störung in der Bedeutungskonstruktion kommen. Zu einer Beeinträchtigung können dabei auch ungenügend ausgebildete kulturelle und interkulturelle Aspekte der Fremdsprache und des Vorwissens sowie mangelnde Text- und Medienkompetenzen führen (ibid., 182f).

2.4.2 Das Hörsehverstehen in den Bildungsstandards für die Allgemeine Hochschulreife

Die Bildungsstandards für die Allgemeine Hochschulreife in der fortgeführten Fremdsprache beschreiben das Hörsehverstehen gemeinsam mit dem Hörverstehen (Kapitel 2.3) und legen Kompetenzerwartungen auf grundlegendem und erhöhtem Niveau fest. Bezogen auf das grundlegende Niveau werden drei Standards aufgelistet, die explizit auf das Hörsehverstehen hinweisen (Standards 1, 3, 6):

> **Grundlegendes Niveau**
>
> Die Schülerinnen und Schüler können
> - einem Hör- bzw. Hörsehtext die Hauptaussagen oder Einzelinformationen entsprechend der Hör- bzw. Hörseh-Absicht entnehmen (S1)
> - in Abhängigkeit von der jeweiligen Hör-/Hörseh-Absicht Rezeptionsstrategien anwenden (S3)
> - gehörte und gesehene Informationen aufeinander beziehen und in ihrem kulturellen Zusammenhang verstehen (S6)

Auf dem erhöhten Niveau werden drei weitere Standards für das Hörsehverstehen genannt (Standards 7, 10, 11), die für das Französische und das Englische leicht unterschiedliche Anforderungen beschreiben:

Erhöhtes Niveau

Die Schülerinnen und Schüler können darüber hinaus
- (Englisch: komplexe) Hör- und Hörsehtexte auch zu wenig vertrauten Themen erschließen (S7)
- Hör- und Hörsehtexte (Französisch: im Wesentlichen) verstehen, auch wenn schnell gesprochen oder nicht Standardsprache verwendet wird (S10)
- (Englisch) einem Hör- bzw. Hörsehtext die Hauptaussagen oder Einzelinformationen entsprechend der Hör- bzw. Hörseh-Absicht entnehmen, auch wenn Hintergrundgeräusche oder die Art der Wiedergabe das Verstehen beeinflussen (S11)

Die übrigen Standards, in denen Hörsehverstehen nicht explizit erwähnt wird, gelten sinngemäß auch für das Hörsehverstehen. So sind beispielsweise angemessene Strategien zur Lösung von Verständnisproblemen auch beim Hörsehverstehen einzusetzen (vgl. S4). Allerdings ermöglicht der Input beim Hörsehverstehen ein strategisches Vorgehen sowohl über die Text- als auch die Bildebene. Entsprechendes gilt sinngemäß für die weiteren Standards:

Grundlegendes Niveau

Die Schülerinnen und Schüler können
- textinterne Informationen und textexternes Wissen kombinieren (S2)
- angemessene Strategien zur Lösung von Verständnisproblemen einsetzen (S4)
- Stimmungen und Einstellungen der Sprechenden erfassen (S5)

Erhöhtes Niveau

Die Schülerinnen und Schüler können darüber hinaus
- implizite Informationen erkennen und einordnen und deren Wirkung interpretieren (S8)
- implizite Einstellungen oder Beziehungen zwischen Sprechenden erfassen (S9)

Grundsätzlich ist für das Hörsehverstehen zur Konstruktion von Bedeutung wie beim Hörverstehen der Einsatz von sprachlichen Teilkompetenzen und von Erschließungsstrategien sowie die Aktivierung von kontextspezifischem und interkulturellem Vorwissen erforderlich. Dabei betonen die Standards deutlich das Erschließen von Informationen, die nicht wörtlich im Text enthalten sind.

In den Standards, die explizit auf das Hörsehverstehen eingehen, kommt zusätzlich zur auditiven Dekodierung der visuellen Verarbeitung besondere Bedeutung zu. Beim Hörsehverstehen auf grundlegendem Niveau spielen einerseits die Hörsehabsicht eine große Rolle sowie der Einsatz von angemessenen Rezeptionsstrategien, die benötigt werden, um beispielsweise Detailinformationen und Hauptaussagen in doppelt kodierten Hörsehtexten zu erschließen (vgl. S1 und S3). Andererseits wird der kulturelle Aspekt besonders erwähnt: Die Schülerinnen und Schüler sollen auf diesem Niveau Hörtexte und visuell kodierte Texte aufeinander beziehen und in ihrem kulturellen Zusammenhang verstehen können (S6). Es wird genügend Raum gelassen, um unterschiedliche Arten der Beziehung zwischen Hörtext- und Bildinformation berücksichtigen zu können.

grundlegendes Niveau

Differenzierung:
Verhältnis von
Text- und Bild-
verarbeitung
Damit bleibt für die Festlegung des angepeilten Kompetenzniveaus für das Hörsehverstehen ein Spielraum in der Zuordnung von Text- und Bildverarbeitung. In den jeweiligen Aufgaben ist diese Zuordnung konkret zu gestalten, wobei das angestrebte Niveau der Bildungsstandards den Prozess der Verarbeitung von sprachlich und visuell kodierten Texten als Zielmarke auf dem Weg zum Abitur insgesamt bestimmen soll.

Fokus auf (inter-)
kulturelle Inhalte
Zugleich wird in den Standards zum Hörsehverstehen mit dem unverkennbaren Fokus auf kulturelle und interkulturelle Aspekte unterstrichen, dass auch für visuell kodierte Texte (wie Bilder, Bildsequenzen, Filmausschnitte) und deren Verarbeitung das Kompetenzmodell der Bildungsstandards für die fortgeführte Fremdsprache grundlegend ist.

erhöhtes Niveau
Auf erhöhtem Niveau sollen die Schülerinnen und Schüler Hörsehtexte auch zu wenig vertrauten Themen erschließen können (vgl. S7). Hörsehtexte sollen die Schülerinnen und Schüler ferner auch verstehen können, wenn schnell gesprochen oder nicht Standardsprache verwendet wird (vgl. S10). Darüber hinaus sollen die Schülerinnen und Schüler in einem Hörsehtext die Hauptaussagen oder Einzelinformationen entsprechend der Hörsehabsicht entnehmen können, auch wenn Hintergrundgeräusche oder die Art der Wiedergabe das Verstehen gegebenenfalls erschwerend beeinflussen (vgl. S11). Für das Englische wird auf diese Herausforderung spezifisch hingewiesen, sinngemäß gilt dies jedoch auch für das Französische. Obwohl in den Standards demnach leichte Unterschiede im Hinblick auf das Kompetenzniveau zwischen Englisch und Französisch herausgestellt werden, spielen diese in den Lernaufgaben eine eher untergeordnete Rolle, da beispielsweise bei der Auseinandersetzung mit authentischem Filmmaterial Hörsehverstehen ohne Hintergrundgeräusche oder unterlegte Musik kaum denkbar ist.

Hörsehmaterialien
auswählen und
Anforderungen
einschätzen
Es kommt also bei der Auswahl von Hörsehmaterialien darauf an, die spezifischen Herausforderungen vor dem Hintergrund der Standards unter die Lupe zu nehmen und beispielsweise die Hintergrundgeräusche und den Ton daraufhin zu untersuchen, ob sie als eine Stütze beim Dekodierungsprozess betrachtet werden können. In bestimmten Fällen, beispielsweise im Falle von Ironie oder erwartungswidrigen Entwicklungen in Narrativen, kann ein Kontrast zwischen Sprache und Bild oder Ton entstehen, der eine besondere Herausforderung für die Schülerinnen und Schüler darstellen dürfte. Jedoch auch solche Fälle lassen sich bei genauerer Betrachtung durchaus als im Einklang mit den Standards betrachten, vorausgesetzt die Schülerinnen und Schüler können angesichts ihrer fortgeschrittenen Medienkompetenz auf einem entsprechenden Vorwissen aufbauen, das sie dazu befähigt, auch mit unerwarteten Begebenheiten zurecht zu kommen.

2.4.3 Aufgabenkonzeption

2.4.3.1 Grundlagen der Aufgabenkonstruktion

In den Lernaufgaben zum Hörsehverstehen werden doppelt kodierte Texte und dazugehörige Arbeitsaufträge (*tasks*) zusammengeführt. Die Aufgaben zeigen exemplarisch, wie diese facettenreiche Kompetenz in verschiedene Anforderungen übersetzt werden kann, wenn die theoretischen Erkenntnisse über die Dekodierung der sprachlichen und visuellen Textanteile in die Aufgabenentwicklung einbezogen werden.

Grundsätzlich lässt sich die Weiterentwicklung der Hörsehkompetenz in der Sekundarstufe II sowohl integriert in umfassendere Hörsehaufgaben zu verschiedenen Kompetenzfeldern der Abiturstandards gestalten, als auch isoliert in speziell dafür vorgesehenen Einzelaufgaben. Inhaltlich werden in den folgenden Lernaufgaben abituradäquate Themen auf der medialen Basis von Filmclips oder Filmausschnitten präsentiert. Dementsprechend sind beim unterrichtlichen Einsatz zusätzlich zu den auditiven Kompetenzanteilen auch Facetten der Text- und Medienkompetenz, etwa Kenntnisse zu Techniken der Filmanalyse, in die Bearbeitung der Aufgaben einzubeziehen (vgl. Leitzke-Ungerer 2009; Burger 1995).

Integration von Hörsehverstehen sowie Text- und Medienkompetenz in komplexeren Lernaufgaben

2.4.3.2 Aufgabenbeispiele

Im Folgenden werden zwei Lernaufgaben aus dem Englischen und eine aus dem Französischen dargestellt.

• **Englisch: Lernaufgabe *India News***

Diese Lernaufgabe (2_4_HSV_E_India_news) fokussiert bezogen auf den umfassenderen thematischen Rahmen *Cross-cultural relations between Asia and the Western World* das Thema Indien heute. Diese Thematik ist besonders relevant, da das heutige Indien durch den Fortschritt in der IT-Technologie vor allem in den westlichen Industrieländern eine Einstellungsänderung herbeigeführt hat, die sich in dem Videoclip der Lernaufgabe *India News* indirekt widerspiegelt.

Die übergreifende Aufgabenstellung (*task*) richtet dementsprechend das Augenmerk auf die Vorbereitung einer Präsentation im Rahmen eines Projekttages zu *cross-cultural relations between the USA and different Asian countries.*

Task: *You are preparing a project day on cross-cultural relations between the USA and different Asian countries. Your task is to prepare a presentation on the depiction of these relations in various media. Here your material to work on is a news video from Russia Today (a state-run Russian news channel in Moscow with an international target audience) about Americans working in India.*

Aufgabenstellung India News

In ihrer Gliederung ist die Lernaufgabe so angelegt, dass die Kompetenz des Hörsehverstehens in drei inhaltlich und methodisch angelegten Schritten ins Zentrum gestellt wird. Im vierten und fünften Teil der Aufgabe werden die bislang erarbeiteten Erkenntnisse um filmanalytische Aspekte erweitert und schließlich in einem Unterrichtsgespräch kommentiert und reflektiert.

Im ersten Teil geht es darum, die Art und Funktion des Films und das Thema zu identifizieren. Der visuelle Anteil der Aufgabe stellt dabei eine Hilfe zur Erschließung der Sprache dar, da er komplementär zum Gehörten aufgestellt ist. Dies ist umso wichtiger, als es hier Elemente von *Indian English* gibt, die den Schülerinnen und Schülern weniger vertraut sind. Zugleich ist Vorwissen aus der Filmanalyse und damit der Text-Medien-Kompetenz zu aktivieren. Ferner bedarf es speziellen sprachpragmatischen Wissens und Diskurswissens, um die Funktion des Films näher einschätzen zu können.

Part 1: Genre und Textsorte erfassen

Part 1: While-listening/watching (text type)

To find out more about the image of India in visual media, watch the film clip.

While watching, focus on the text type and topic.

What type of film is it?

What is its function?

Mit dem Teilschritt *topic* wird das Thema in den Mittelpunkt gerückt. Hier geht es um eine erste Grobeinschätzung des Themas, die durch die intensivere Beschäftigung mit dem Filmclip im weiteren Verlauf differenziert wird.

Part 2:
Das Thema erfassen

Part 2: While-listening/watching (topic)

Choose the heading which best fits the contents of the film clip.

(a) Worldwide job opportunities in the IT branch

(b) Current political developments in India and their impact on the US

(c) India's attractiveness for American computer specialists

(d) Effects of the economic crisis in the US on India

Part 3:
Inhalte erfassen

Im dritten Schritt sollen die wichtigsten Inhalte genauer erfasst werden. Da hier das Aufgabenformat kurze geschriebene Antworten vorsieht, fließt auch Schreiben als Kompetenz in einem begrenzten Umfang in die Aufgabe ein. Dabei geht es um die Mitteilungsfunktion des Schreibens; sprachlich fehlerhafte Antworten sind entsprechend möglichst positiv zu berücksichtigen.

Part 3: While-listening/watching (main ideas)

Watch the film clip again. Then use the table below to take notes on the main ideas.

information about Infosys	...
consequences of developments for US	...
problems in India	...
prediction for 2015	...
attitude towards globalization	...

Compare your notes with your partner/classmates. You may watch the film again if necessary.

Part 4:
Filmanalyse

Mit dem vierten Schritt machen sich die Schülerinnen und Schüler mit den filmischen Mitteln der Darstellung vertraut. Vergleichbar der Analyse der Darstellungsmittel in einer reinen Hörsequenz werden hier in der Hörsehaufgabe die filmischen Mittel untersucht.

Part 4: While-listening / watching (cinematic means to convey the message)

Watch the film again and analyze the means used to convey the message concerning Americans in India. Focus on aspects such as setting, images, contrast, voice over, speakers, camera work, gestures, facial expressions, colors, background noises. You may watch parts of the film several times.

Im weiterführenden fünften Schritt werden die Einschätzungen über den Film *India News* kritisch hinterfragt, und zwar angesichts der Tatsache, dass es sich bei dem Filmclip um eine russische Produktion handelt. Hörsehverstehen findet hier eine Weiterführung in der Kompetenz des interaktiven Sprechens.

Part 5: Sprechen, kommentieren

Part 5: Post-listening / watching

Consider the source (Russia Today) and reflect on how a report for an American and / or German audience would probably differ from the one you have seen. You might first want so do some research on 'Russia Today'.

- **Englisch: Lernaufgabe *Foodbank***

Diese Lernaufgabe (2_4_HSV_E_Foodbank) zum Hörsehverstehen behandelt an Hand eines Filmausschnittes das Thema *Poverty in the Western World*. Konkret wird die Lebenssituation einer Frau aus einer Gruppe von Einwanderern in Großbritannien dargestellt. Sie verfügt offensichtlich nicht über ein ausreichendes Einkommen in einem an sich reichen Land. Da mit dieser Thematik sehr verantwortungsvoll und auch einfühlsam umzugehen ist, erfordert die Aufgabe sowohl den Einsatz interkultureller Fähigkeiten als auch Vorwissen über soziale und wirtschaftliche Zusammenhänge.

Lernaufgabe Foodbank

Task: *You are working on a project on poverty in the rich world. You have found a video from Britain. Watch the following video carefully concentrating on aspects related to poverty that are mentioned and on camera shots employed to depict those aspects.*

Aufgabenstellung Foodbank

Die Aufgabe besteht in ihrer Hauptstruktur aus drei Teilen, und zwar *Part 1: previewing*, *Part 2: while-viewing* und *Part 3: post-viewing*. Zunächst wird in einem ersten Schritt die Hörsehphase durch die Aktivierung von Vorwissen vorbereitet. Danach stehen in der zweiten Phase die Entwicklung des Hörsehverstehens und die Reflexion der verwendeten filmischen Mittel und der damit verbundenen Hörseherfahrung im Mittelpunkt. Schließlich wird im Anschluss an die Hörsehphase der Diskussion Raum gegeben, um die Hörseherfahrung im Diskurs zu vertiefen und persönlich zu kommentieren.

Ergänzend zu den Aufgabenstellungen in der dreigliedrigen Hauptstruktur der Aufgabe werden zusätzliche unterstützende Aufgabenangebote (2_4_HSV_E_ Foodbank, Task support for part 2) gemacht, um vornehmlich die Komplexität der zweiten Phase der Aufgabe aufzubrechen. Dabei werden konkrete Bearbeitungsmöglichkeiten aufgezeigt, und zwar sowohl für den Bereich der Filmanalyse als auch der Überprüfung des Hörsehverstehens im engeren Sinne.

Angesichts der zumindest anfänglich eher konträr angelegten Text-Bild-Relation im Filmausschnitt der Aufgabe und der anspruchsvollen Sprache der Hauptdarstellerin des Films (Sprechgeschwindigkeit und unvollständige Sätze) wird der Verstehensprozess in der Hörsehverstehensaufgabe besonders sorgfältig vorbereitet.

Part 1:
Inhaltliche
Vorbereitung

Es wird dementsprechend im ersten Aufgabenteil *pre-viewing* das relevante Vorwissen zum Filmausschnitt von *Foodbank* aktiviert.

Part 1: Pre-viewing
Anticipation

You are going to watch a short film about a young mother in England who uses a food bank. Discuss the following questions in class.

- *What is a food bank? If you do not know, have a guess. Try to explain the word.*
- *Who are the people using food banks?*
- *What do you expect the mother to be like?*
- *How do people react to those who have to use food banks?*
- *What do you imagine such a person's life to be like?*

Part 2:
Trennung
des visuellen
und auditiven
Inputs

Ferner werden in der Begegnung mit dem danach folgenden Filmausschnitt zunächst die Seh- und die Hörerfahrungen getrennt, um den Verstehensprozess angesichts der zu erwartenden Schwierigkeiten im Hören und Sehen zu erleichtern oder um Überforderungen zu vermeiden. Durch diese Trennung des visuellen und des auditiven Inputs ergeben sich verschiedene Möglichkeiten, auf die Stärken und Schwächen der Schülerinnen und Schüler einzugehen. So können Hör- und Sehgewohnheiten gezielt reflektiert und die jeweiligen Anteile im Verstehensprozess ausgelotet werden, bevor das Hörsehverstehen als ein Prozess der Integration von Gehörtem und Gesehenem erfahren wird. Im Rahmen einer Lernaufgabe lässt sich eine solche Trennung vor allem aus diagnostischen Gründen rechtfertigen.

Part 2: While-viewing

(a) Watch the video and confirm or revise your initial expectations.

(b) Now watch the video again, concentrating on aspects related to poverty that are mentioned and on camera shots employed to depict those aspects. You can watch the video several times. First work with a partner, then exchange your findings with your class.

*First viewing: First watch the video **concentrating on the visual aspects**.*
*Second viewing: Then watch the video again, this time **concentrate on what the young woman says**.*

Differenzierung:
Task support
for part 2

Zur Unterstützung der Arbeit im Aufgabenteil *Part 2* lassen sich an dieser Stelle die konkreten Vorschläge des Zusatzangebots (2_4_HSV_E_Foodbank, Task support for part 2) berücksichtigen:

Genre
What type of film is it?

Visual aspects
Means used to convey the message:
Watch the film concentrating on the means used to convey the message. Focus on aspects such as setting, images, contrast, voice over, speakers, camera work, gestures, facial expressions, …

Camera work: to tilt up/down / to pan left/right / to zoom in/out

Field size: long shot / full shot / medium shot / close-up / extreme close-up / panning shot / tracking shot zoom / establishing shot / point-of-view shot

(Look up the definition of these terms in your skills pages, if you are not familiar with them.)

Use the table below to take some notes.

establishing shot / setting	
presentation of speaker: field size	
panning shots depict …	
last image	
speaker's mood / facial expression / gestures	
contrast	

What the young woman says:
Main ideas
Use the table below to take notes on the main ideas. The video should be stopped several times to give you enough time to take notes.

speaker's feelings when entering place for the first time	
explanation of her initial feelings	
her situation	
her attempt to correct a picture people might have of her	
her future	

Compare your notes with those of your class mates/partner and then (if necessary) watch the video again.

Function / intention of the producers:

The video wants to …
describe / inform / explain / persuade / appeal / instruct / comment / define / argue / narrate / entertain / shock / ridicule / criticize / ask for understanding / raise awareness

Hier werden die inhaltlich-thematischen Aspekte in einer Hörverstehensaufgabe überprüft, und es werden die Erkenntnisse über die filmischen Gestaltungsmittel zusammengeführt und kritisch reflektiert. Schließlich kann die Hörsehverstehensaufgabe in eine Phase des interaktiven Sprechens übergeleitet werden, bevor sie um eine schriftliche und damit verbundenen kreative filmische Aufgabenstellung erweitert wird. Dabei kann ein diskontinuierlicher Text (ein Diagramm) als Zusatztext in die Lösung einbezogen werden. Die Hörsehverstehenserfahrung trägt Früchte, nachdem die Einzelelemente in einem mehrschichtigen Verstehensprozess erschlossen und zusammengeführt wurden.

Part 3:
Integration der
Sprachproduktion,
schriftlich und
mündlich
Den Abschluss der Aufgabe bildet der folgende dritte Teil. Hier wird die integrative Anlage der Hörsehverstehensaufgabe wiederum deutlich, insofern zusätzlich zum Hörsehverstehen die mündlichen und gegebenenfalls auch schriftlichen Kompetenzen im Unterrichtsgespräch oder in schriftlichen Stellungnahmen zum Tragen kommen. So werden die Hörseherfahrungen und die Erkenntnisse aus der Filmanalyse zusammengetragen und schließlich mit einer persönlichen Situationsbewertung abgeschlossen.

Part 3: Post-viewing

a) *Discuss with your class mates: Which of your expectations were met by the video, which had to be revised?*

b) *How can the unusual field size of camera shots be explained? Why are we never offered a full view of the speaker's face?*

c) *What is your reaction to the young woman's situation?*

Part 4: Follow-up activity

Produce (write and then read out) a voice-over that the video does not offer. For your commentary you can also refer to the data shown in the chart below.

Diese Aufgabe zeigt in ihrer Dreigliedrigkeit deutlich, wie die oben dargelegten theoretischen Überlegungen zum Hörsehverstehensprozess in der konkreten Lernaufgabe ihre Anwendung finden. Zugleich wird das Geflecht zusammenlaufender Kompetenzen in der integrativen Komposition der Aufgabe verständlich.

• **Französisch: Lernaufgabe** *Welcome*

Lernaufgabe
Welcome
Diese Lernaufgabe (2_4_HSV_F_Welcome) lässt sich inhaltlich dem Thema *Immigration – Émigration* zuordnen. In den drei ausgewählten Filmausschnitten wird aus verschiedenen Perspektiven die Situation von Einwanderern nach Frankreich thematisiert. Zunächst geht es um einen illegal nach Frankreich eingereisten Jugendlichen aus dem Irak, der auf dem Weg nach Großbritannien in Calais zur Überfahrt angekommen ist. Hier findet seine Reise ein vorläufiges Ende in den Händen der französischen Polizei und Justiz. Gleichzeitig wird die Thematik Immigration in zwei parallelen Szenen aufgegriffen, in denen eine Auseinandersetzung zwischen zwei französischen Jugendlichen fokussiert wird, die mit der Situation des illegalen Einwanderers in Berührung kommen. Die thematische Seite der Lernaufgabe legt es nahe, bei der Bearbeitung der Aufgabe neben Hörsehverstehen weitere Kompetenzen der Bildungsstandards einzubringen. Beim Hörsehverstehen der drei Filmsequenzen sind nämlich über die sprachlichen und visuellen Anteile der Verstehensprozesse hinaus Vorwissenselemente nötig,

die vor allem durch die Aktivierung der interkulturellen Kompetenz sowie Text- und Medienkompetenz aktiv bereitgestellt werden können. Die entsprechenden Vorwissenselemente beziehen sich unter anderem auf das Sprachverhalten von Sprechern, die nicht französische Muttersprachler sind, oder auf das Aussehen wie beispielsweise die Berufskleidung der Richter oder die Mimik und Gestik von Personen (beispielsweise: *en colère*) in kritischen Situationen wie im Supermarkt.

In der Lernaufgabe wird das Hörsehverstehen in zwei Hauptschritten fokussiert, die sich daraus ergeben, dass sowohl die bildliche Seite als auch die sprachliche Seite der ausgewählten Filmsequenzen vielfältige Erschließungsprozesse in den Details erforderlich machen.

Zur Erarbeitung der Thematik wird zunächst das Filmplakat zu dem Film *Welcome*, in dem der Titel ironisch auf die Thematik Immigration vorbereitet, eingesetzt, und zwar in Einzel- sowie Gruppenarbeit und anschließend in einem Unterrichtsgespräch in der Klasse.

Tâche: *Dans le cadre d'un projet pédagogique, votre lycée travaille durant une semaine sur le thème de l'immigration en Europe. Comme toutes les classes travaillent selon leurs besoins, votre cours de français a choisi le film « Welcome » comme point de départ pour examiner de près les effets de l'immigration et les problèmes qui se posent pour la société française et pour l'individu qui cherche à trouver refuge dans un pays européen.*

Aufgabenstellung Welcome

Activité avant le visionnage

1. Travail individuel. Décrivez l'affiche. Prenez des notes :

Imaginez l'histoire du film. Prenez des notes.

2. Travail en groupes de trois

Présentez vos résultats à tour de rôle. Puis discutez vos hypothèses concernant l'histoire du film et mettez-vous d'accord sur l'histoire la plus vraisemblable.

3. Mise en commun (en classe)

Activité avant le visionnage: Hypothesen generieren anhand des Filmplakats

Weil das Zusammenspiel des visuellen und des sprachlichen Anteils der Hörsehverstehensaufgabe bei der ersten Begegnung für die Schülerinnen und Schüler eine Überforderung bedeuten dürfte, wird der visuelle Kanal zunächst getrennt angesprochen, indem die Filmszenen ohne Ton abgespielt werden. Erst beim zweiten Durchgang wird die Tonspur mit abgespielt. Über die Auseinandersetzung mit den Bildern und die Aktivierung des Wortschatzes werden die Schülerinnen und Schüler für das Thema, die Protagonisten und die Handlungsstränge des Films sensibilisiert. Danach folgen Aufgabenstellungen mit geschlossenen und halb-offenen Aufgabenformaten sowie eine mündliche Phase der Besprechung im Unterrichtsgespräch, damit die Schülerinnen und Schüler im Austausch ihre Verstehensprozesse überprüfen können.

Bei den unterschiedlichen Aktivitäten im Anschluss besteht folgerichtig die Möglichkeit, entsprechend der Zielsetzung einer Lernaufgabe bestimmte Szenen mehrmals zu sehen und zu hören oder auch eine Szene nur zu hören.

Activité pendant le 1ᵉʳ visionnage (séquences 1–3)

Travail en groupes de trois (à tour de rôle)

Vous allez regarder trois séquences de 3–4 minutes du film « Welcome » sans le son.

Séquence 1 :

- *Élève 1 regarde la séquence 1 pendant que les deux autres tournent le dos à l'écran.*

- *Pendant le visionnage, élève 1 décrit ce qu'il voit.*

- *Après le visionnage, vous avez tous 3 minutes pour prendre des notes.*

(Prenez vos notes sur une feuille.)

- *Puis, les deux élèves qui n'ont pas vu la séquence, résument ce qu'ils ont compris.*

- *Élève 1 corrige les deux autres et ajoute des informations importantes.*

Séquence 2 et 3 :

- *Même procédé à la séquence 1 (=> élève 2, élève 3)*

Bei der zweiten Präsentation der Filmsequenzen mit Ton werden die Inhalte nacheinander und detailliert erarbeitet und besprochen. Es steht der Aufbau der individuellen Kompetenzen im Vordergrund, daher sollen alle Aufgaben zunächst in einer Phase des *travail individuel* bearbeitet werden. Geschlossene Aufgaben zum lautlichen Identifizieren bzw. zum Detailverstehen wechseln ab mit halboffenen Aufgaben, bei denen Gesehenes und / oder Gehörtes miteinander kombiniert und begründet wird.

Auswahl von Aufgabenstellungen zur dritten Filmsequenz:

1) *Comment Simon explique-t-il la présence des deux illégaux dans son appartement auprès de Marion?*

2) *Choisissez trois adjectifs pour décrire la réaction de Marion quand elle aperçoit les deux hommes. Justifiez votre avis.*

3) *Au commissariat.*

(Es folgen jeweils drei Optionen im Format Multiple Choice.)

Qui a accusé Simon?

Pourquoi est-il convoqué au commissariat ?

Expliquez pourquoi Simon répond : « On a vu le film en anglais pour apprendre la langue. »

Im Unterrichtsgespräch erhalten die Schülerinnen und Schüler die Gelegenheit, über die Aufgaben zu reflektieren und zu entscheiden, ob sie ein weiterführendes

Angebot zum Hören annehmen und an der Textoberfläche vertiefend weiterarbeiten möchten (z. B. *discours du juge*).

Schließlich folgt an das Hörsehverstehen anknüpfend eine weiterführende Schreib- und Sprechaufgabe. Im Anschluss an eine kritische Reflexion der Inhalte der Filmsequenzen werden die Geschichte oder einzelne Aspekte der Handlung textbasiert fortgeschrieben. In einem Unterrichtsgespräch könnte darüber hinaus angesprochen werden, inwiefern die hier dargestellte Situation eine typisch französische ist (z. B.: kurdische Flüchtlinge aus dem Irak, geografische Lage Frankreichs, Schengen-Abkommen).

2.4.3.3 Lernpotential der Aufgaben

Die Aufgabe *India News* (2_4_HSV_E_India_news) dient der Entwicklung des Hörsehverstehens von Texten, die nicht durchgehend in einer vertrauten Standardvariante formuliert sind. Dabei wird nicht nur das Verstehen der zentralen Aussagen geübt, sondern auch das Deuten der visuellen Elemente in ihrem kulturellen Kontext.

India News: Varietäten des Englischen verstehen

Sie kann mit anderen Aufgaben der Filmanalyse z. B. *Slumdog Millionaire* kombiniert werden oder als Ergänzungsaufgabe thematisch z. B. in die komplexere Lernaufgabe *Cross-cultural relations between Asia and the Western World* eingebettet werden. Bei der Kombination mit dieser umfassenderen Lernaufgabe kann die Aufgabe *India News* z. B. nach der Analyse der Darstellung der Erfahrungen des Protagonisten im Roman *The Reluctant Fundamentalist* genutzt werden, um zum Vergleich die Erfahrungen von US-Amerikanern in Indien heranzuziehen.

Die Aufgabe kann auf erhöhtem Niveau ab dem zweiten Halbjahr der Kursphase eingesetzt werden.

Beim ersten Sehen sollen die Schülerinnen und Schüler sich auf die Art und Funktion des Films sowie das Thema konzentrieren. In lernstärkeren Gruppen, die bereits mit der Filmanalyse vertraut sind, sollten die Stützmaterialien zu den Filmgenres und Funktionen der Texte nicht vorgegeben werden. Die Informationen können als Möglichkeit der inneren Differenzierung auch an einzelne Schülerinnen und Schüler gegeben werden, die in diesem Bereich noch unsicher sind.

Durchführung und Möglichkeiten der Differenzierung

Als Alternative wäre es auch denkbar, den Film erst ohne Text zu präsentieren, um anhand der visuellen Elemente die Darstellung Indiens zu beschreiben. Da die Bilder das Verstehen des Textes unterstützen, eignen sie sich als Grundlage für die Antizipation der Inhalte.

Antizipation der Inhalte

Die erste Teilaufgabe (2_4_HSV_E_India_news, Part 1) sollte zunächst allein bearbeitet werden, dann werden die Ergebnisse mit einem Partner verglichen und schließlich im Plenum besprochen. In Lerngruppen, denen das Hörsehverstehen noch schwer fällt, könnte auch der Titel vor dem ersten Sehen vorgegeben werden. Die Formulierung *Curry Favor – US job hopefuls pack for India* ermöglicht es, den Inhalt des Filmbeitrages zu antizipieren, was das anschließende Verstehen erleichtern würde.

Als Alternative zur Teilaufgabe *Part 2: Topic* (2_4_HSV_E_India_news, Part 2) können leistungsstärkere Schülerinnen und Schüler das Thema des Filmes auch in eigenen Worten formulieren und ihr Ergebnis anschließend mit der Wahl der anderen abgleichen.

Die danach folgenden Teilaufgaben *Part 3* (2_4_HSV_E_India_news, Part 3) und *Part 4* (2_4_HSV_E_India_news, Part 4) werden nach dem individuellen Anfertigen von Notizen in Gruppen bearbeitet. Bei der vierten Teilaufgabe können die Informationen mit den Begriffen der Filmtechnik weggelassen werden. Hier können die Schülerinnen und Schüler ggf. auch selbstständig auf die *Skills*-Seiten ihrer Lehrwerke zurückgreifen.

In sehr heterogenen Gruppen kann die vierte Teilaufgabe auch als Zusatzaufgabe nur von den leistungsstärkeren Schülerinnen und Schülern bearbeitet werden. Die zusätzliche Anschlussaufgabe – die Teilaufgabe *Part 5* (2_4_HSV_E_India_news, Part 5) – dient der abschließenden Bewertung des Films. Hier kann erst in kleinen Gruppen diskutiert werden, bevor die Meinungen dann im Plenum ausgetauscht werden.

Für Schülerinnen und Schüler, die auch Russischunterricht haben bzw. in anderen Fächern die Beziehungen USA-Russland in ihrer historischen Entwicklung thematisiert haben, eignet sich in besonderer Weise die Anschlussaufgabe, bei der auch diese Beziehungen berücksichtigt werden. Gemeinsam kann in solchen Gruppen überlegt werden, wie ein russischer Bericht über die steigende wirtschaftliche Kraft und zunehmende Attraktivität Indiens für die IT Branche sowie die Gefahren des *Braindrains* für die USA als gezielte anti-amerikanische Propaganda gewertet werden kann.

Da der Text sprachlich sehr anspruchsvoll ist, sollte die Aufgabe auf erhöhtem Niveau gegen Ende der Qualifikationsphase eingesetzt werden.

Der Aufgabenfokus der Aufgabe *Foodbank* (2_4_HSV_E_Foodbank) ist detailliertes Hörsehverstehen; neben diese funktionale kommunikative Kompetenz tritt die Text- und Medienkompetenz, die hier eine besondere Rolle spielt, da die mediale Darstellung des Problems wesentliche Aussagen über das soziale Problem macht (Ausgrenzung, Vorurteile, Scham, Ausweglosigkeit). Obwohl es sich bei dem Video um eine Produktion des englischen Verlagshauses *The Guardian* handelt, sollte auch erkannt werden, dass das gezeigte Problem kein spezifisch britisches ist, sondern auch unser eigenes Land / andere europäische Länder / die USA betrifft. In diesem Zusammenhang müssen im anschließenden Unterrichtsgespräch auch interkulturelle Fragen bearbeitet werden.

Foodbank: detailliertes Hörsehverstehen sowie Text- und Medienkompetenz

Ausgehend vom Titel des Videos können im Sinne einer vorentlastenden Sprechaufgabe die Bedeutung von Lebensmitteltafeln sowie (Vor-)Urteile in Bezug auf deren Nutzer antizipiert und vorhandenes Weltwissen aktiviert werden.

Zur Erschließung des Hörsehtextes werden zunächst visuelle Darstellungsmittel thematisiert und analysiert, erst in einem zweiten Schritt konzentrieren sich die SuS auf Hörinhalte. Auf diese Art und Weise wird die Komplexität des Videos etwas reduziert.

Die Sprache der gezeigten Frau ist nicht immer deutlich, sie spricht recht schnell und gelegentlich in unvollständigen Sätzen, sodass der Text ausgesprochen anspruchsvoll ist. Zum besseren Verständnis der Aussagen der jungen Mutter sollte das Video oder Ausschnitte daraus mehrmals gesichtet werden. Zu diesem Zweck sollte das Video auch gestoppt werden, um den SuS Gelegenheit zu geben, sich Notizen zu machen. Es wird eine Reihe von unterstützenden Materialien angeboten, die das Erschließen der Textaussagen erleichtern sollen.

Auch sollte den SuS die Möglichkeit gegeben werden, sich untereinander aus-
zutauschen, so dass das Textverstehen letztlich das Ergebnis von Gruppen- oder
Partnerarbeit ist.

Durch die Zusammenschau der visuellen Darstellungsmittel mit den transportierten Inhalten soll schließlich die Intention des Videos verstanden werden.

Als weiterführende Aufgabe soll nach einer kritischen Reflexion des Videos,
das sich auf eine unkommentierte Darstellung der jungen Mutter beschränkt,
ein Kommentar produziert werden, der bei einer erneuten Sichtung des Videos
als Hintergrundkommentar gesprochen werden soll. Zu diesem Zweck kann auf
die Daten einer Grafik zugegriffen werden. Die Sozialform wechselt hierbei zwischen Einzel- und Partner- sowie Plenumsarbeit.

- **Französisch: Lernaufgabe** *Welcome* (2_4_HSV_F_Welcome)

Die Schüler kennen die Textsorte „Spielfilm" (*long métrage*) und wissen, dass der
Einsatz kinematographischer Mittel – insbesondere durch das Zusammenwirken
der Elemente von Bild- und Tonspur – ein typisches Merkmal für einen Kinofilm
ist.

Welcome:
Filmanalyse,
Wechsel im
Sprachduktus,
hohes Sprech-
tempo

Der Protagonist Bilal bietet den Schülern durch sein jugendliches Alter, seinen
Mut, seine Offenheit und seinen unerschütterlichen Einsatz für seinen Traum
ein hohes Identifikationspotenzial.

Im Unterricht wurden zuvor Aspekte der aktuellen französischen Einwande-
rungspolitik sowie historische und geografische Fakten (z. B. La France en Europe) thematisiert.

Es handelt sich in allen Sequenzen um authentische Sprachverwendung in
unterschiedlichen alltäglichen Situationen. In Sequenz 1 ergibt sich eine relativ
hohe Sprachhürde durch schnellen Szenenwechsel ohne Überleitung, unvermit-
telte Wechsel im Sprachduktus, funktionale Sprache (*au commissariat, devant le
juge*) und hohes Sprechtempo. Die Bildspur unterstützt den Verstehensprozess
teilweise gut, sprachlich schwierig ist jedoch der *discours du juge*: Der Richter
spricht nicht partnerbezogen, sondern distanzsprachlich (*langue de distance)*, sein
monologischer Vortrag entspricht abgelesenem Sprechen. Der junge Kurde Bilal,
der kein Französisch spricht, ist dem Richter sprachlich noch mehr ausgeliefert
als die Lerner. Eine vertiefende Aufgabe zum Hörverstehen (Lückentextübung)
auf Grundlage einer Transkription ermöglicht den Schülern das Detailverstehen
dieses Textteiles und das Arbeiten an der Textoberfläche.

In Sequenz 2 wird nähesprachliches (*langue de proximité*), relativ unmarkiertes
Französisch verwendet. Sowohl die Bildspur als auch die Dialogsituation unterstützen das Verstehen der eindeutigen Situation teilweise stark (z. B. Mimik, Gestik). Schwieriger ist die hohe Sprechgeschwindigkeit (v. a. Dialog Marion-Simon)
sowie die Verschleifung von Sprache (Simon *mâche les mots*). Hier dient das Aufgabenformat *Qui dit quoi ?* dem lautlichen Identifizieren. Es bereitet auch auf
den weiteren Umgang mit der Sequenz vor, z. B. auf die Charakterisierung von
Marion und Simon.

Die Sequenz 3 ist sprachlich ebenfalls anspruchsvoll, aber durchgängig klar
und bildgestützt sowie inhaltlich gut vorbereitet durch die Arbeit an der zweiten

Sequenz. Hier kann man sehr gut unterscheiden zwischen Nähesprache (in der Wohnung / auf der Straße / im Auto) und Distanzsprache (auf dem Kommissariat: strategisch / Verhörsituation, partnerbezogen).

Integration der Text- und Medien- kompetenz

In die Hörsehverstehensaufgaben ist der analytische Zugang teilweise integriert und sollte entsprechend den Standards der Text- und Medienkompetenz anschließend vertieft werden, z. B. durch die Auseinandersetzung mit der Handlungsweise der Figuren unter Einbeziehen der Deutung und Bewertung der filmischen Gestaltungsmittel.

Potentiale für eine Erweiterung hinsichtlich interkultureller Kompetenz und Sprachbewusstheit

Weiterführend bietet sich im Rahmen der Standards der interkulturellen kommunikativen Kompetenz an, die Ergebnisse der Analyse als Grundlage der Auseinandersetzung mit fremden und eigenen Haltungen und Einstellungen zum Filmthema zu nutzen (z. B. Illegale Einwanderer – kein Recht auf Menschenrechte?) und auch einmal den Perspektivwechsel zu vollziehen (z. B. die Sicht der Gesetzgebung).

Die Sequenzen können darüber hinaus genutzt werden, um die Kompetenz Sprachbewusstheit in den Fokus zu stellen. Hier bietet sich die Thematisierung über unterschiedliche Zugänge an: z. B. nähesprachliche versus distanzsprachliche Dialoge oder Untersuchung funktionaler Sprache (vor Gericht und auf dem Kommissariat).

2.4.3.4 Standardbezug

Die drei Lernaufgaben decken mit leichten Schwerpunktsetzungen sämtliche Standards zum Hörsehverstehen nahezu vollständig ab. Dabei wird Hörsehverstehen in umfangreichere Lernaufgaben integriert eingesetzt, um im Anschluss über die Inhalte zu sprechen und zu schreiben. Auch die interkulturelle kommunikative Kompetenz sowie die Text- und Medienkompetenz tragen zum Gesamtkonzept der Aufgaben bei, da eine Begegnung mit Personen aus verschiedenen Ländern stattfindet, die fremd- und eigenkulturelles Verstehen erfordern, und da Filmszenen gezeigt werden, bei denen an filmisches Vorwissen angeknüpft werden kann. Die folgenden Standards zum Hörsehverstehen lassen sich daher mit den Lernaufgaben in den Unterricht einbringen:

- einem Hör- bzw. Hörsehtext die Hauptaussagen oder Einzelinformationen entsprechend der Hör- bzw. Hörseh-Absicht entnehmen (alle drei Aufgaben)
- textinterne Informationen und textexternes Wissen kombinieren (alle drei Aufgaben)
- in Abhängigkeit von der jeweiligen Hör- / Hörseh-Absicht Rezeptionsstrategien anwenden (vor allem in *Foodbank: part 2* und *Welcome: Activités pendant le visionnage*, Aufgaben 1 und 2)
- Stimmungen und Einstellungen der Sprechenden erfassen (*Foodbank: part 2* und *Welcome: M5 Aufgabe 2*)
- gehörte und gesehene Informationen aufeinander beziehen und in ihrem kulturellen Zusammenhang verstehen (alle drei Aufgaben)

In den Lernaufgaben werden auch Elemente des erhöhten Niveaus berücksichtigt:

* Hör- und Hörsehtexte auch zu wenig vertrauten Themen erschließen (alle drei Aufgaben)
* implizite Informationen erkennen und einordnen und deren Wirkung interpretieren (vor allem in *Foodbank: part 2* und *Welcome: Activités pendant le visionnage, Aufgabe 2*)
* implizite Einstellungen oder Beziehungen zwischen Sprechenden erfassen (alle drei Aufgaben)
* Hör- und Hörsehtexte verstehen, auch wenn schnell gesprochen oder nicht Standardsprache verwendet wird (alle drei Aufgaben)
* einem Hör- bzw. Hörsehtext die Hauptaussagen oder Einzelinformationen entsprechend der Hör- bzw. Hörseh-Absicht entnehmen, auch wenn Hintergrundgeräusche oder die Art der Wiedergabe das Verstehen beeinflussen (alle drei Aufgaben).

In allen filmischen Präsentationen der Lernaufgaben sind die Hör- und Bildanteile notwendige Elemente im Prozess der Bedeutungskonstruktion. In den einzelnen Aufgaben haben die visuellen Elemente jedoch eine jeweils spezifische Beziehung zu dem Hörtextanteil der gesamten Aufgabe.

2.4.4 Ausblick

Das Hörsehverstehen sollte als rezeptive Kompetenz neben dem Hör- und Leseverstehen im Fremdsprachenunterricht einen festen Platz einnehmen. Als besonderer Grund dafür ist einerseits die damit verbundene Erweiterung der Texte im Unterricht durch den Einbezug von Filmen zu nennen. Filme und filmische Szenen stellen eine Bereicherung für den Fremdsprachenunterricht dar, und zwar sowohl motivational als auch interkulturell und medial. Andererseits hat empirische Forschung deutlich belegt, dass durch audiovisuelle Texte insbesondere die soziopragmatischen Fähigkeiten von Lernenden gefördert werden (vgl. Timpe 2013), da Hörsehverstehensaufgaben vielfältige Möglichkeiten bieten, sich mit angemessenem Sprachverhalten auseinanderzusetzen. Es gilt, dieses Potential von Aufgaben zum Hörsehverstehen gezielt zu nutzen, denn die soziopragmatische Ebene der Sprachverwendung hat eine zentrale Bedeutung für gelingende fremdsprachliche Kommunikation. So kann beim Hörsehverstehen sprachliches Handeln in authentischen Situationen intuitiv erfasst oder auch gezielt analysiert werden. Es werden Lerngelegenheiten geschaffen, die den erfolgreichen Erwerb eines angemessenen sprachlichen Handelns in der Fremdsprache auf hohem Niveau ermöglichen können. Damit wird ein entscheidender Beitrag zum Erreichen des in den Bildungsstandards ausgewiesenen Niveaus der funktionalen kommunikativen Kompetenzen geleistet. In der Alltagspraxis des Fremdsprachenunterrichts lässt sich authentisches Sprachhandeln dagegen gerade mit Blick auf die üblichen Unterrichtsmaterialien nur sehr eingeschränkt erfahren.

2.5 Leseverstehen

Franz-Joseph Meißner / Konrad Schröder
Aufgabenentwicklung: Jessica Bial, Dorothea Nöth,
Susanne Walker-Thielen, Hanno Werry

● ●

Lesen nimmt im schulischen Fremdsprachenunterricht traditionell eine zentrale Stellung ein. Es gilt als Voraussetzung für den Erwerb von Bildung, und das Fremdsprachenlernen war mitunter sogar relativ einseitig über das Lesen gesteuert. In einem Unterricht, der kommunikative Mündlichkeit kaum berücksichtigte, wurde das Lesen zudem weitgehend auf seine Rolle für die Ausbildung der Schreibkompetenz reduziert. Ebenso wenig wie bei den anderen kommunikativ-funktionalen Kompetenzen wurde der *Prozess* des Lesens aufgegriffen, geschweige denn unterrichtlich thematisiert.

Die PISA-Studie definiert *Lesekompetenz* als

> Fähigkeit, geschriebene Texte zu verstehen, zu nutzen und über sie zu reflektieren, um eigene Ziele zu erreichen, das eigene Wissen und Potenzial weiterzuentwickeln …
> (Baumert, Stanat & Demmrich 2001: 22)

PISA erweiterte auch den Textbegriff, insbesondere zugunsten diskontinuierlicher Texte (Text in Kombination mit Grafiken, Statistiken, Cartoons, Bilder). Um zu erkennen, was für das jeweilige Leseinteresse von Bedeutung ist, müssen die Schülerinnen und Schüler zielführende Strategien entwickeln und unterschiedliche Lesestile anwenden, insbesondere Relevantes von Irrelevantem unterscheiden.

Das Konzept der Lesekompetenz in den Bildungsstandards für die Allgemeine Hochschulreife und seine Anbindung an den erweiterten Textbegriff knüpfen an die gymnasiale Bildungstradition an und entsprechen der propädeutischen Aufgabe der Sekundarstufe II, wobei sowohl Studium und Beruf (vgl. die Französischaufgabe *Paul Bocuse*) als auch lebenspraktische Bezüge von Bedeutung sind.

2.5.1 Lesen in fremdsprachendidaktischen Kompetenzmodellen

Beim Lesen in fremden Sprachen kommen Bedingungen hinzu, die sich aus der „Fremdsprachlichkeit" und „Fremdkulturalität" der Texte ergeben. Aufzufangen sind daher vor allem das vergleichsweise geringere Maß an Vertrautheit mit der Zielsprache und mit zielkulturellen Themen und Konventionen (*common*

fremdsprachliche Leseabsichten

grounds). Schon hier wird deutlich, dass das fremdsprachliches Lesen zwei grundlegend unterschiedliche Leseabsichten verfolgt:

1. das themengerichtete und das literarische Lesen sowie
2. das Lesen zum Zweck des Ausbaus zielsprachlicher und mehrsprachlicher Kompetenz und der Sprachlernkompetenz.

Beide Formen fremdsprachlichen Lesens müssen sich in Leseaufgaben widerspiegeln.

Leseaufgaben gehen implizit oder explizit von einer Modellierung der Lesekompetenz aus. Solche Modelle haben

- die „Psychologie" bzw. „Psycholinguistik des Lesens" soweit zu berücksichtigen, als dies für die Konstruktion von Lernaufgaben zur Förderung fremdsprachlicher Lese-, Sprach- und Lernkompetenz notwendig ist sowie
- das Lesen innerhalb pädagogisch operationalisierbarer Kompetenztheorien zu erklären.

Wie Modelle zu den anderen Teilkompetenzen müssen auch die zum Lesen einen Bezug zum mehrsprachigen mentalen Lexikon der Lernenden herstellen, das sprachliche Schemata (Wortformen und Bedeutungen, *Chunks*, Modi, Aspekte usw.) nach bestimmten Organisationsprinzipien speichert. Die Art der Organisation entscheidet über den Zugriff auf das sprachliche Material, entweder zu rezeptiven oder zu produktiven Zwecken. Je zahlreicher die Merkmale zu Form, Bedeutung, Gebrauch und Funktion solcher Schemata und je vernetzter sie miteinander sind, desto leichter fallen Identifikations- und Findungsprozesse. Lernaufgaben müssen so gestaltet sein, dass sie den Aufbau solcher die Flüssigkeit des Lesens bewirkender Schemata befördern.

die Modellierung des fremdsprachlichen Lesens

Die Forschungen zum Fremdsprachenerwerb bzw. zum interlingualen Transfer unterstreichen, dass nicht nur die Muttersprache beim Erlernen fremder Sprachen mitspielt, sondern auch die einem Individuum bekannten Sprachen und die entsprechenden Sprachlernerfahrungen.

Zur Förderung der Sprachlernkompetenz im Hinblick auf das Leseverstehen ist die Lerndiagnose ein unverzichtbares Instrument: Auch sie kann nicht ohne Rückgriff auf ein Modell der Lesekompetenz erfolgen.

Das von Artelt et al. (2001) für das muttersprachliche Lesen erstellte und von Neugebauer et al. (2010) modifizierte Modell nennt vier interagierende Variablenkomplexe, die jedes Lesen konstituieren: (1) Leser (Vorwissen, lexikalischer und grammatischer Zugriff, Einstellungen, Kenntnis von Textmerkmalen, Lernstrategiewissen), (2) leserseitige mentale Aktivitäten (adaptiver Einsatz von Lernstrategien und Lesestilen, Überwachung der Lesehandlung, Selbstregulation und Mobilisierung von Wissens- und Handlungsressourcen, (3) Merkmale des zu rezipierenden Textes (Textdichte, Textstruktur, textimmanente Stützen zur Aktivierung des Inferenzpotentials), (4) Leseförderung und Lesestile (verstehendes, kritisches, reflexives, involviertes, spracherwerbsgerichtetes, strukturierendes Lesen, *skimming* und *scanning*). Lesen kann reflexiv oder „naiv" sein. Letzteres ist der Fall, wenn es als Handlung selbst nicht analysiert und im Unterrichtsdiskurs nicht entsprechend thematisiert wird.

Um der Aufgabenkonstruktion speziell für das fremdsprachliche Lesen mehr Anhaltspunkte zu geben, wird das „Modell zum Leseverstehen im Fach Englisch" von Nold / Willenberg (2007) um Elemente ergänzt, die insbesondere das spracherwerbsorientierte Lesen und die lesebezogene Sprachlernkompetenz umfassen.

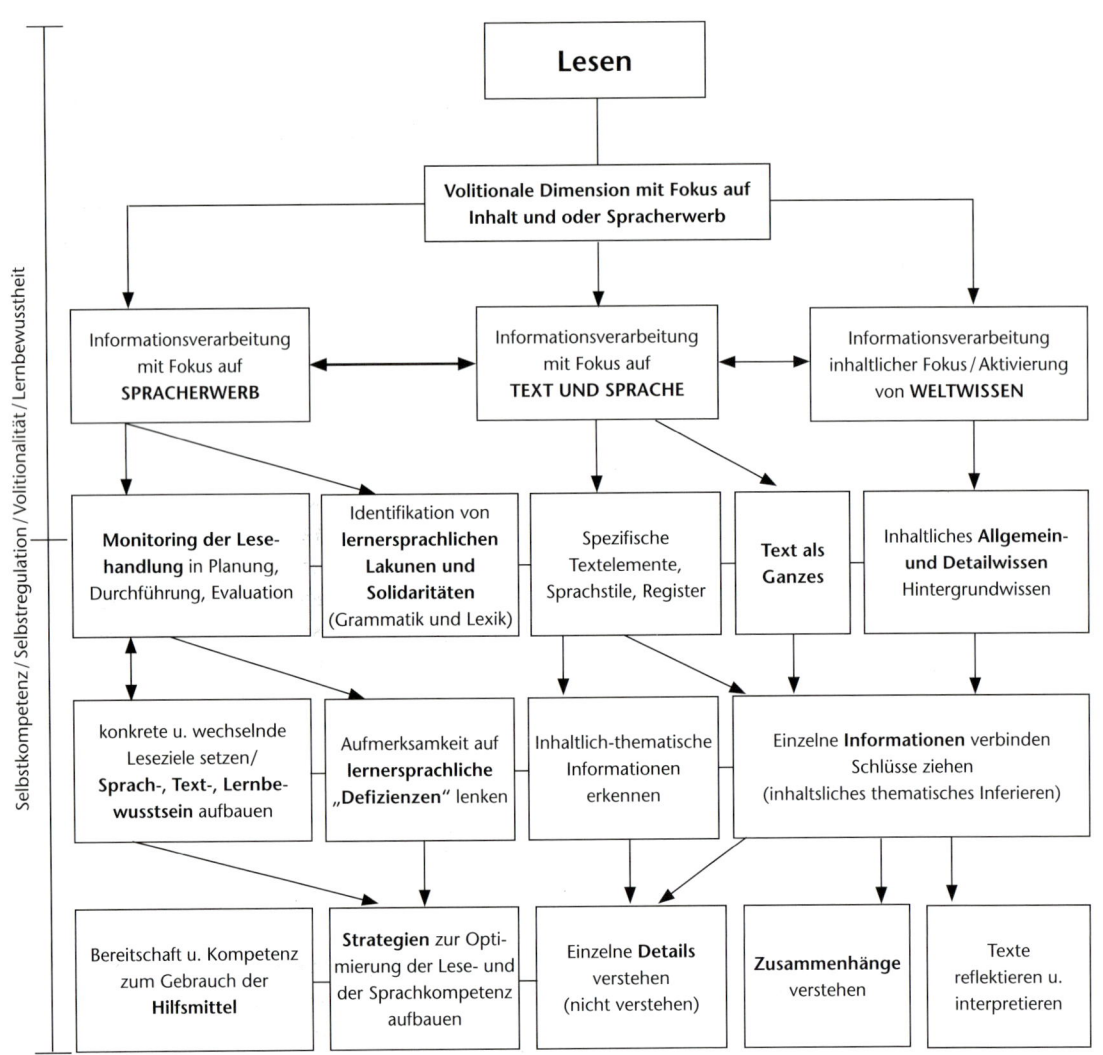

Abb. 1: Fremdsprachliche Lesekompetenz

Erläuterungen zu Abb. 1: Grundsätzlich interagieren alle Variablen. Alle Aktivitäten sind abhängig von den Faktoren um Einstellungen / Haltungen (vertikal gesetzt). Alle Beziehungen sind mehrdirektional: Pfeile signalisieren also nur die Einleitung entsprechender Prozesse, nicht aber deren Rückwirkungen auf erneute Initiationsimpulse. Da das Lesen sowohl sequentiell als auch parallel und mehrdirektional ablaufende Prozesse bündelt, ist für die Aufgabenkonstruktion im Prinzip die Gesamtheit des Tableaus zu berücksichtigen. Gleichwohl ist eine Fokussierung auf einzelne Faktoren unerlässlich. Mit „lernersprachlichen Defizienzen"[1] verbinden sich neue Lernziele, die sich Leser in der Auseinandersetzung mit dem Text und dem Weiterbau der Sprachkompetenz setzen.

---

[1] „Lernersprache" (*interlanguage*) bezeichnet einen Kompetenzstatus zu einem gegebenen Zeitpunkt des Fremdsprachenerwerbs. Kennzeichen sind Systematizität, Dynamik (Veränderbarkeit) und Individualität. Die idiosynkratische Lernersprache weicht u. U. erheblich von der Zielsprache ab, zeigt Spuren der Muttersprache und oft der zuvor erworbenen Sprachen.

Ausgehend von der grundlegenden Unterscheidung zwischen inhalts- und spracherwerbsorientiertem Lesen ist bei der Gestaltung von Aufgaben die Komplementarität beider Leseabsichten zu berücksichtigen. Hierzu ist zu beachten, dass sich sprachbasierte Sinnkonstruktionen in einem komplexen Wechselspiel von Prozessen bilden. Hierbei interagiert das thematische und konzeptuelle Vorwissen mit den Sprachformen und den in ihnen liegenden Bedeutungen und Funktionen. Thematische Bedeutungskonstruktionen wechseln mit inhaltlichen und sprachlich-formalen Plausibilitätsproben. Je früher und präziser Formen, Bedeutungen und Funktionen identifiziert werden, desto rascher und besser gelingt die Kommunikation. Fragen zum Inhalt könnten etwa lauten: Was sagt der Text? Ist meine Deutung richtig? Welches zielkulturelle Wissen benötige ich, um den Inhalt besser zu verstehen? Fragen zur Sprache hingegen sind: Welche Strukturen habe ich nicht oder nicht richtig / hinreichend verstanden? Wodurch kann ich das sprachliche Defizit ausgleichen? Wo führt die Lektüre mein bisheriges zielsprachliches Wissen und Können weiter? Während inhaltsbezogenes Lesen stark auf das thematische Vorwissen zugreift und dieses die inhaltliche Verarbeitung prägt, verlangt spracherwerbsorientiertes Lesen die Identifikation sprachlicher Formen, ihrer Bedeutungen und Funktionen. Das für das Behalten sprachlicher Formen entscheidende Moment ist ihr verstehender Abgleich (d.h. von Wörtern, Kollokationen, syntaktischen Regularitäten, Aspekten, Modi usw.) mit den Bedeutungen und Funktionen, die sie transportieren. Schon dies zeigt, dass die Grenzen zwischen inhaltlichem und sprachorientiertem Lesen nicht immer trennscharf zu ziehen sind. Grundsätzlich gilt: Je mehr Sprachformen *ad hoc* mit Bedeutung gefüllt werden können, desto schneller und präziser gelingt das Textverständnis, desto mehr Zeit bleibt für die inhaltliche Auseinandersetzung mit den neuen Informationen.

> inhaltsgerichtete und sprachformengeleitete Interaktionsprozesse beim Lesen

Schwache oder mit einer Fremdsprache noch wenig vertraute Leser müssen zahlreiche sprachform- und inhaltsbezogene Plausibilitätsproben durchführen, ehe die Sinnkonstruktion gelingt. Gute fremdsprachliche Leser sind i.d.R. „schnelle Leser", deren Lesen zudem eine latente Aufmerksamkeit für den Vorgang des Lesens selbst und für den lesebasierten Spracherwerb umfasst. Sie wird im festgestellten Bedarfsfall aktiviert.

Offensichtlich ist beim Lesen immer ein Inferieren im Spiel: zum einen bezüglich des „Verständnisses" der in einem Text liegenden sprachlich-formalen Informationen, zum anderen des „Verstehens" der Inhalte und der damit verbundenen Bewertung. Das inhaltliche Inferieren reicht weit über die in einem Text liegenden Informationen hinaus. Es wird von Wissensschemata gespeist, die ein Individuum im Laufe seiner Enkulturation und Akkulturation erworben hat. Die Literatur spricht in diesem Zusammenhang vom „tiefen Lesen" (vgl. Ehlers 1998: 51–69; auch Finkbeiner 2005; Lutjeharms 2010). Das Inferieren greift also potentiell sehr weit und ist lehrseitig nicht exakt voraussehbar.

> Notwendigkeit des Inferierens in Bezug auf Verständnis und Verstehen

Anders als die mündlichen Kompetenzen ist das Leseverstehen meist nicht an ein enges Zeitfenster gebunden: Es lässt der Verarbeitung einer fremden Sprache die notwendige Zeit, um unbekannte Formen, Bedeutungen und Funktionen zu identifizieren, Unsicherheiten zu klären und die neuen Schemata in den systemischen Zusammenhang der Zielsprache zu integrieren. Das variable Zeitfenster,

> Leseverstehen – eine Kompetenz innerhalb variabler Zeitfenster

das – um im Bild der Metapher zu bleiben – mehrfach geöffnet und geschlossen werden kann, erklärt die Vorteile des Lesens für den Erwerb fremder Sprachen überhaupt.

Ästhetisches oder efferentes Lesen? Die Frage des Lesetempos betrifft auch den Unterschied zwischen dem „ästhetischen" und dem „efferenten Lesen":

> LeserInnen können Texte so lesen, dass ihnen vornehmlich ihre eigenen Vorstellungen, Bilder und Gefühle wahrnehmbar werden. Diese Haltung bezeichnet Rosenblatt (2004) als eine ästhetische Haltung. Demgegenüber können LeserInnen auch eine efferente Haltung einnehmen, wenn sie sich vornehmlich auf die faktischen, sprachlichen und logischen Aspekte des Gelesenen konzentrieren (Garbe et al. 2009: 106).

Bewusst langsames bzw. mikroskopisches Lesen kann aber auch für den potentiell schnellen Leser wertvolle stilistische, sprachliche oder inhaltliche Einsichten zu Tage fördern, die beim schnellen Lesen leicht „überlesen" werden. Die Literaturdidaktik fordert, um den Mehrdeutigkeiten fiktionaler Texte gerecht zu werden, das „entschleunigte Lesen" (Surkamp 2007). Eine diesbezügliche Herangehensweise illustrieren die Teilaufgaben zu *Silence, on irradie*.

2.5.2 Leseverstehen in den Bildungsstandards für die Allgemeine Hochschulreife

Dem Lesen kommt in der Sekundarstufe II insofern eine zentrale Bedeutung zu, als es besonders eng mit der wissenschafts- und berufspropädeutischen Funktion des Unterrichts zusammenfällt. Diese Orientierungen signalisieren schon die textbezogenen Bemerkungen der Bildungsstandards zum Leseverstehen: „authentische Texte auch zu ‚abstrakteren Themen'", „umfassendes Textverständnis", „textinterne Informationen" (KMK 2014: 15–16).

Die Bildungsstandards gehen von einem (im Unterricht vermittelten) breiten Wissen zu zielkulturellen, aktuellen, historischen sowie zu interkulturellen Themen aus. Demgemäß können die Schülerinnen und Schüler der Sekundarstufe II:

> **Grundlegendes Niveau**
>
> Die Schülerinnen und Schüler können
> • Texte unterschiedlicher Textsorten und Entstehungszeiten erschließen (S1)

Gemeint sind nicht nur Gedichte, Prosatexte, Texte literarischen oder landeskundlichen, historischen oder aktuellen Inhalts, politische, wirtschaftliche Texte oder solche des täglichen Lebens, sondern auch verschriftlichte Texte der Mündlichkeit, Texte in Verbindung mit Bildern und Film.

> • explizite und implizite Aussagen von Texten sowie deren Wirkungspotenzial erkennen und einschätzen (S2)

Der Deskriptor bezieht sich zum einen auf die Inhalte der Texte und auf das „Lesen zwischen den Zeilen" – auch im Sinne von Ursachen und Folgen; zum anderen auf die Merkmale eines Textes bezüglich seines Verfassers und des möglichen

Adressatenbezugs oder der dargestellten Welt. Dies schließt auch soziolinguistische Merkmale ein, wie etwa Jugendsprache, *American English, le français des cités,* Dia-, Soziolekte usw. (vgl. Kapitel Sprachbewusstheit).

- Texte und Textteile mit Bezug auf ein spezifisches Leseziel auswählen (S3)

Solche können z. B. den Spracherwerb, die Sprachbewusstheit, die Sprachlernkompetenz oder aber inhaltliche Aspekte betreffen.

- der Leseabsicht entsprechende Rezeptionsstrategien selbstständig anwenden (S4)

Gute Leser ändern ihre Lesestile während des Lesens. Entscheidend sind Fragen wie: Wo finde ich im Text Informationen gemäß meiner Leseabsicht? Verändern die gerade aufgenommenen Informationen meine Leseabsicht? Welchen Lesestil muss ich einsetzen, um meinem neuen (veränderten) Informationsinteresse zu entsprechen?

- mehrfach kodierte Texte und Textteile, z. B. in Werbeanzeigen, Plakaten, Flugblättern, aufeinander beziehen und in ihrer Einzel- und Gesamtaussage erkennen, analysieren und bewerten (S8)

Betroffen sind Fragen der Informationserwartung und Textkohärenz, definiert als eine sinnvolle Abfolge sprachlicher Zeichen, sowie stilistische Merkmale. Hybride Textkompositionen verlangen die Zuordnung von Texten mit nicht lesebasierten Elementen (Bild, Film, Ton).

Auf erhöhtem Niveau können die Schülerinnen und Schüler

Erhöhtes Niveau

Die Schülerinnen und Schüler können darüber hinaus
- selbstständig (Englisch: komplexe) Texte unterschiedlicher Textsorten und Entstehungszeiten auch zu wenig vertrauten Themen erschließen (S9)

Um die Standards zu erreichen, müssen Lerner ihre eigenen Leseprozesse durchschauen und diese gezielt steuern können.

2.5.3 Grundsätzliches zur Konstruktion fremdsprachlicher Leseverstehensaufgaben

Die im Folgenden vorgelegten Beispielaufgaben wirken der mangelnden Vertrautheit der Schülerinnen und Schüler mit der Zielsprache und den zielkulturellen Themen auf einer ersten Ebene entgegen, indem sie einen Themenrahmen vorgeben: in einer Englisch-Aufgabe etwa zu den Beziehungen zwischen den USA zu einigen asiatischen Ländern. So werden Aufbau und Ausbau zielkultureller Inhaltsressourcen erleichtert[2].

[2] Um sprachlichen Verständnisdefiziten zu begegnen, wurde den Lernaufgaben zum Thema

Die lernerseitige Kontrolle der Lesehandlung betrifft etwa folgende Fragen:

Dimension der Selbstregulation

- In der Dimension der Selbstregulation: Was und wie lese ich warum zu welchem Zweck? Welche Lesestile benötige ich, um meinem Informationsinteresse zu entsprechen? Über welche Lesestrategien verfüge ich? Was kann ich warum verstehen, was warum nicht? Welche Strategien sind warum für die Verbesserung meiner Lesekompetenz heranzuziehen? Welches auf Textsorten und Inhalte bezogene relevante Vorwissen habe ich? Wie kann ich relevantes Wissen aktivieren? Aber auch: Wie kontrolliere ich meine Reaktion auf kulturelle Fremdheit?

Dimension des Könnens

- In der Dimension des Könnens: Welchen Lesestil verlangt mein Leseinteresse? Wo/an welcher Stelle des Textes ändere ich ihn aufgrund der neuen, in der Lesehandlung gewonnenen Informationen? Wie löse ich im Text liegende Mehrdeutigkeiten auf? Wie nutze ich welche möglichen Hilfsmittel zielführend?

Dimension des Wissens

- In der Dimension des Wissens: Welches inhaltliche und sprachliche Wissen benötige ich – etwa aus der Zielkultur, aus der interkulturellen Handlungsdomäne, dem Sprachenwissen, dem Sprachlernwissen?

Die Lesekontrolle umfasst alle Phasen der Lesehandlung, wobei die Schülerinnen und Schüler den Leseprozess zunehmend selbst kontrollieren. Betroffen sind die Leseplanung, die Lesehandlung und die Lesekontrolle selbst. Infolge der Dynamik des Lesens (Wechsel der Leseziele und Lesestile während der Rezeption) greifen die unterschiedlichen Phasen ineinander und interagieren. In diesem Sinne zeigt Abb. 2 ein etwas vereinfachtes Modell, das die retroaktiven Prozesse ausspart (ohne die die notwendigen Anpassungen der Leseziele im Verlauf der sich während des Lesens erweiternden Rezeption nicht möglich sind):

Lesestrategien aktivieren: Leseplanung, Leseprognose, adaptives Leseverhalten vorbereiten (Leseabsicht u. Lesestile)	**Überblick gewinnen:** Vorwissen aktivieren, Zusammenhänge erkennen, Vorhersagen versuchen, Textaufbau erkennen	**Lesehandlung: Hauptsachen erfassen,** inhaltliche Elemente einander zuordnen, Lesestil adaptieren, Kontrolle der Lesehandlung	**Tiefes Lesen:** am Text mitbauen, den Text testen, auf den Text reagieren (Brief, Protest, Rezension, Gegendarstellung usw.) Kontrolle der Lesehandlung und der Selbstregulation

Abb. 2: Phasenmodell des Lesens

Cross-cultural relations between Asia and the Western World, das den Rahmen für die Einzelaufgaben zum Leseverstehen bildet, für die Schülerhand das „Zusatzmaterial Leseverstehen" (2_5_LV_E_Zusatzmaterial_Leseverstehen) beigefügt. Die Aufgabe *Candidature à l'Institut Paul Bocuse* (2_5_LV_F_Bocuse_Institut_Paul_Bocuse) wird durch einen begleitenden Text zum Stellenwert der Gastronomie innerhalb der französischen Kultur eingeleitet. Insgesamt wird die Relevanz des Themas für berufsorientierte Kontexte deutlich.

Im Folgenden sei mit Bezug zu den vorgelegten Aufgaben das Phasenmodell kurz erläutert:

(1) Leseplanung: z. B. Informationsinteresse und Leseabsicht definieren, Erwartungen an den Text (Inhalt, Funktion, Stil) formulieren, erste Auswahl von Lese- und Sicherungsstrategien treffen (relevante Textteile markieren; Notizen zu Inhalt und Sprache / zum eigenen Spracherwerbsinteresse anfertigen[3]).

Leseplanung

(2) Lesehandlung: Lesestrategien an die sich während des Lesens wandelnde Leseabsicht anpassen (vgl. Zusatzmaterial zur Bewusstmachung verschiedener Leseabsichten und Lesestile für Englisch aufgabenübergreifend (2_5_LV_E_Zusatzmaterial_Leseverstehen) und für Französisch die Beispiele *Lettre de candidature à l'Institut Paul Bocuse* (2_6_Schr_F_Bocuse_lettre_candidature) und *Silence, on irradie* (2_5_LV_F_Silence_on irradie); bei *Lahore* (2_5_LV_E_Lahore, Task Support for Part 2) findet sich auch Zusatzmaterial zum Umgang mit Verständnisproblemen).

Lesehandlung

(3) Lesekontrolle: Sicherung der gewonnenen relevanten Informationen sowie des neuen Wissens zu den eigenen, beim Lesen ablaufenden mentalen Prozessen.

Lesekontrolle

Die Beispielaufgaben illustrieren auf zwei Arten, wie die weitere Arbeit erfolgen kann: Einerseits werden Anschlussaktivitäten vorgestellt, in denen mit den durch das Lesen gewonnenen Informationen weitergearbeitet wird (z. B. Vorbereitung auf eine Präsentation zur Bedeutung der Flagge in den USA und in Deutschland, auf das Verfassen eines Artikels für eine Broschüre oder auf ein Auswahlgespräch in Lyon). Andererseits können zur Kontrolle des Textverständnisses auch geschlossene oder halboffene Aufgaben als Selbsttest eingesetzt werden, z. B. Aufgaben zum Leserbrief in *Chinese Flag* (2_1_IKK_und_2_5_LV_E_Chinese_Flag, Part 2, Test) und zu *Education in China* (2_5_LV_E_Education_in_China, Part 2) oder *Faut-il supprimer le bac ?* (2_5_LV_F_Supprimer_le_bac, 2. Questionnaire).

Bei komplexeren Aufgaben zur Lesehandlung greifen Fragen nach individuellen Leseprozessen: zu gewählten Strategien, zu Verständnisproblemen und Lösungswegen (vgl. *Candidature à l'Institut Paul Bocuse*: *Partie 3: Auto-évaluation* (2_5_LV_F_Bocuse_Institut_Paul_Bocuse, Part 3: Auto-évaluation)). Zur Identifikation der Prozesse können Aufgabenformate zur Förderung der Sprachlernkompetenz wie das *noticing* oder Laut-Denk-Protokolle eingesetzt werden (siehe unten). Beide Aktivitäten lenken die lernerseitige Aufmerksamkeit auf die eigenen individuellen Lernhandlungen und machen sie in ihren einzelnen Schritten explizit. Die Ergebnisse der individuellen Aufzeichnungen werden dann in der Klasse gesammelt, analysiert und diskutiert.

Halten wir fest: Die Konstruktion von Leseaufgaben sollte berücksichtigen, dass gute Leser, wie erwähnt, gezielt unterschiedliche Lesestile anwenden und diese bei Bedarf im Verlauf der Rezeption eines Textes wechseln: Man überfliegt (*skimming*) z. B. die Überschriften von Zeitungen (um interessierende Artikel für

skimming

---

[3] Die von der DVD abrufbaren Aufgaben enthalten entsprechende Hilfestellungen. Sie zeigen, wie ein Buchcover oder Filmposter zum Aufbau eines Erwartungshorizontes herangezogen werden kann und wie Hintergrundinformationen, persönliche Erfahrungen oder soziokulturelles Wissen usw. genutzt werden können, um inhaltliche Erwartungen aufzubauen (vgl. *Lahore, Education in China, Faut-il supprimer le bac ?* und *Silence, on irradie*).

das eingehendere Lesen auszuwählen) oder einen längeren Text auf der gezielten Suche nach bestimmten Informationen – oft ist dies die Kernaussage – , um
dann, von einer konkreten Leseabsicht gesteuert, einen Textabschnitt detailliert
scanning   und analytisch (*scanning*) zu „durchkämmen"; eventuell auch, um Ursachen
und Folgen / Wirkungen zu erkennen und zu analysieren. Oft führt das Ergebnis
dieser Operation zu einem erneuten „Überfliegen".... und wiederum zu einem
neuen Verstehensprozess.

Des Weiteren ist im Blick zu behalten, dass es innerhalb der Lesestile Stufen-
gen gibt und dass Lesestile auf einem Kontinuum angesiedelt sind. Dass Leser je
nach Bedarf zwischen ihnen wechseln müssen, wird bei der Rezeption diskontinuierlicher Texte deutlich, in denen unterschiedliche Textformate und Textsorten abwechseln: erzählender Text, erklärender Text, Text zu audiovisuell darge-
stellter Mündlichkeit, Text in Kombination mit Statistiken, Text in Verbindung
mit Bildlichem, Lesetexte in Kombination mit gesprochener (oder gesungener)
Sprache, mit Video usw. In hybriden Textarrangements müssen die einzelnen
Informationen zusammengefügt, aufeinander bezogen und in der Gesamtheit
der Text-Medien-Komposition verarbeitet und ggf. analysiert werden (vgl. Kap.
2.2 Text- und Medienkompetenz).

Die Aufgabenbeispiele zeigen auf, wie die Standards bzw. Fähigkeiten an konkreten Texten, Textsorten und Themen entwickelt und wie Schülerinnen und
Schüler im Sinne des selbstständigen Sprachenlerners für Strategien und individuelle Kompetenzprofile sensibilisiert werden können. Betroffen sind wiederum[4]:
• inhaltliche und thematische Ressourcen
• zielsprachliche Ressourcen
• Ressourcen zur Selbst- und Lernaufmerksamkeit im Bereich des fremdsprachlichen Lesens.

im Fokus: das   Die Bildungsstandards für die Allgemeine Hochschulreife stellen das erschlie-
erschließende   ßende Lesen besonders heraus: Es umfasst verschiedene Textsorten, Lesestile, das
Lesen   Verständnis und das Verstehen von Texten. Textsorten und Texte unterschiedlicher Epochen finden daher in den Beispielaufgaben Berücksichtigung. Stets erfordert Lesen die Aktivierung von Ressourcen unterschiedlicher Domänen: So
verlangt das Verstehen eines Gedichts neben dem notwendigen sprachlichen
und thematischen Wissen Kenntnisse zu den Stilmitteln gebundener Sprache
(Reim, Versmaß, Figuren usw.), das eines politischen Kommentars Wissen zum
Interessensstandort des Autors, zu Handlungen und Zusammenhängen, zur Gesellschaft, zur politischen Situation usw. Bei der Interpretation einer historischen
Quelle sind geschichtliche Kenntnisse unabdingbar. Immer ist also auch Domä-
nenwissen zu Thema, Inhalt oder der geschilderten Situation betroffen. Allerdings steht die entsprechende Sachkompetenz weniger im Fokus als dies in den
Sachfächern oder im sog. bilingualen Fachunterricht der Fall ist.

---

4   Die verwandte Terminologie orientiert sich am Kompetenzmodell des Referenzrahmens für
      Plurale Ansätze zu Sprachen und Kulturen (vgl. Kapitel 2.10 zur Sprachlernkompetenz).

2.5.3.1 Den (impliziten) Spracherwerb beim Lesen fördern

Da auch die Sekundarstufe II in der Pflicht steht, den Zielspracherwerb der Schü- *Sprachbewusstheit*
lerinnen und Schüler zu vertiefen und zu erweitern, sind spracherwerbsbezogene *auf sprachliche*
Anteile in Lernaufgaben – hier für das Lesen – unverzichtbar. Spracherwerbsbe- *Solidaritäten*
zogene Lesestrategien sind nicht nur zur Erschließung unbekannten Vokabulars *lenken*
(intelligentes Raten, ein „unbekanntes" Wort in anderen schon bekannten Sprachen wiedererkennen) einzusetzen, sondern auch zur Festigung von zielsprachlichen morphologischen oder syntaktischen Strukturen mit noch unsicherem
Status im mentalen Lexikon der Lerner. Solche Strategien heben sprachliche
„Solidaritäten" ins Bewusstsein. Hierunter sind semantische, morphologische, *semantische und*
syntagmatische oder orthographische Merkmalskongruenzen zu verstehen, die *morphologische*
kompetente Sprecher stets zusammen (automatisiert) organisieren, was erst die *Solidaritäten*
Flüssigkeit der entsprechenden Teilkompetenz ermöglicht. Das „strukturierende *erkennen*
Lesen" fördert den routinehaften Zugriff auf derlei Kongruenzen. Routinen zur
Sprachbewusstheit liefern Grundlagen für den Aufbau fehlerprophylaktischer
Strategien, weil sie das spontane Verbessern sprachlicher „Fehler" bewirken. Sie
sind ein Merkmal kompetenten Sprachbesitzes.

Beispiele für derlei Solidaritäten liefern z. B. für das Deutsche die Verbklammer
(Typ: „aufgehen": Morgen geht die Sonne um 5.13 auf); für die romanischen
Sprachen die Fernkongruenz: (*les roses que tu as achetées sont déjà fânées…/die*
Rosen, die du gekauft [kein Merkmal zu Genus und Numerus des Objekts] *hast,*
sind schon verwelkt [kein Merkmal…]); für das Englische: *Yesterday, the president*
was sworn in und nicht: **yesterday …has been sworn in.* Auch das fehlerprophy-
laktische Lesen ist gemeint: So ist es gut, wenn sich deutsche Leser vergegenwär-
tigen, dass *undertaker* nicht „Unternehmer" (z. B. *entrepreneur*) meint, sondern
„Bestatter". Wer weiß, dass „Flammen züngeln" und man „Grenzen überschrei-
ten" kann, liest schneller und präziser als jemand, der über solch kollokatives
Ressourcenwissen nicht verfügt. Dieses Wissen macht den Kopf frei für weiter
reichendes inhaltliches Inferieren.

Strukturierendes Lesen ist gerade in morphologisch stark differenzierenden *strukturierendes*
Sprachen (wie dem Französischen) eine Rezeptions- und Produktionsroutinen *Lesen bildet ein*
bildende Strategie zur mentalen Organisation zusammengehöriger Satzteile. Es *Bewusstsein dafür*
sensibilisiert für Zusammenhänge innerhalb der zielsprachlichen Architektur, *aus, was sprachlich*
baut entsprechende Hör- oder Leseerwartungen auf und muss als Teil der Fehler- *zusammengehört*
prophylaxe verstanden werden.

2.5.3.2 Vom Lesen zum Schreiben

Mit Blick auf die Konstruktion von Aufgaben zum Leseverstehen sei unter dem *die Wechselbezie-*
Stichwort der integrativen Kompetenzen hervorgehoben, dass im Fremdspra- *hung zwischen*
chenunterricht das Lesen in engem Verhältnis zum Schreiben steht. Oft werden *Lesen und*
Lesetexte als Vorlagen für Schreibleistungen benutzt, wie mehrere Schreibaufga- *Schreiben*
ben illustrieren. Die Korrekturen von Schülerarbeiten zeigen: Nicht selten werden wenig zufriedenstellende schriftliche Leistungen auf nicht angemessenes
Leseverstehen zurückgeführt. Allerdings deuten schwache produktive Leistungen nicht zwingend auf schwache rezeptive Kompetenzen hin.

Besonders deutlich wird die Gleichartigkeit der mit dem Lesen und dem

Schreiben verbundenen Prozesse bei der redaktionellen Überprüfung von in der Fremdsprache erstellten Texten. In diesen Fällen schlüpfen Schülerinnen und Schüler aus der Rolle von Schreibern in die von Lesern. Betroffen sind grob die Kriterien der inhaltlichen Textgestaltung (Argumentation, Kohärenz), der formal-sprachlichen Korrektheit (vgl. Kapitel 2.6 zum Schreiben) und der Lernkompetenz im Bereich Lesen und Schreiben.

Die Komplementarität der integrativen Lese-/Schreibkompetenz erklärt auch, weshalb die Hilfsmittel für beide Teilkompetenzen überwiegend dieselben sind.

2.5.3.3 Kriterien zur Auswahl von Lesetexten und zur Konstruktion von Leseaufgaben

zentral: die Auswahl von Texten

Die fremdsprachliche Leseförderung beginnt spätestens bei der Auswahl von Texten. Relevante Auswahlkriterien sind u. a. in bunter Folge:

(1) der sprachliche und der inhaltliche Schwierigkeitsgrad eines Textes (für eine bestimmte Lerngruppe) bzw. seine Anforderung an das Text- und Leseverständnis sowie an das Text- und Leseverstehen;

Theorie der zone of proximal development

(2) seine Eignung für den weiteren Ausbau der zielsprachlichen und zielkulturellen Kompetenz; in Anlehnung an Vygotskys (1934) Theorie der *zone of proximal development* sollten Texte leicht oberhalb (aber nicht außerhalb) der Reichweite des Leseverständnisses und Leseverstehens liegen;

(3) die leserseitigen Merkmale: Alter, Geschlecht, Lebenssituation, Interessen, Vorwissen, Motivation etc.;

(4) die Relevanz des Themas im Sinne der Lehrpläne bzw. der Abiturprüfung; hier betonen die Bildungsstandards als Kriterien die Auseinandersetzung mit „Klischeehaftigkeit" und „Realitätsbezug" (KMK 2014: 92);

(5) die kurz- und langfristige motivatorische Wirkung, die von dem angesteuerten Leseerlebnis auf eine Lerngruppe zu erwarten ist. Hiermit ist eng die emotionale Leseerfahrung verbunden, die nicht zuletzt beim Lesen literarischer Texte eine Rolle spielt (Frederking 2013);

(6) der über das Leseerlebnis bewirkte weitere Ausbau der Sprachlernkompetenz. Dies schließt neben der Kontrolle der Leseprozesse auf den Ebenen von Selbstregulation und Lesehandlung auch die kompetente Benutzung der Hilfsmittel ein.

Hilfreich für die Konstruktion von Leseaufgaben ist das „Drei Ebenen-Modell" von van Dijk/Kintsch (1983). Es unterscheidet zwischen der

(a) wortbezogenen Ebene

Aufgaben können hier bei einzelnen Schlüsselwörtern für ein Thema oder bei zielkulturellen Hochwertwörtern ansetzen. Aufgabenformate betreffen z. B. kleine Wortgeschichten oder Szenarien, die die Verwendung der Begriffe im kollektiven Gedächtnis der zielkulturellen Gemeinschaft prägen. Auf der Ebene der Hilfsmittel aktivieren entsprechende Aufgaben Strategien zur Klärung (Disambiguierung): ko-textuelles Erschließen, Erschließen über formkongruente Wörter aus anderen Sprachen (Typ: *enthusiasm* < Enthusiasmus). Auch die angeleitete Internet-Recherche kann zielführend sein.

(b) der propositionalen Ebene

Aufgaben betreffen das orientierende und das detaillierte (mikroskopische) Leseverständnis und Leseverstehen. Nicht nur im Zusammenhang mit fiktionalen
Texten liefert die Stilanalyse Impulse für die Konstruktion entsprechender Aufgaben.

(c) der durch die Aktivität des Rezipienten gegebenen Situation

Repräsentationen entstehen im Zusammenspiel zwischen den im Text liegenden Informationen und leserseitig interagierenden Variablen wie Motivation,
Interesse, Aufmerksamkeit, Vorwissen, Vertrautheit mit dem Stoff, einem Autor,
einer Textsorte usw. Erneut betont dies neben dem Wissen und dem Können die
Relevanz des Wollens und des Fühlens beim Lesen in Verbindung mit langfristig wirkenden Erfahrungen mit Texten und Textsorten bis hin zu den Lesege-
wohnheiten. Diese Gemengelage ist individuell verschieden. In der Arbeit mit
Lerngruppen ist daher ein Kompromiss zwischen der Individualität der Lerner
und der gemeinsamen Textvorlage zu suchen. Er wird möglich, wenn Aufgaben
so angelegt werden, dass sie auch die individuellen Bedeutungskonstruktionen
sichtbar machen, so dass ein entsprechendes Unterrichtsgespräch über diese individuellen Prozesse zustande kommt.

Für Textauswahl, Aufgaben und Steuerung des Unterrichts speziell in der Sekundarstufe II ist mit Blick auf die Förderung lernerseitiger Selbstwirksamkeit die Frage
gestellt, inwieweit die im Verlauf der Sekundarstufe II behandelten Stoffe infe-
rentiell einander „stützen". Es sollten sich zwischen ihnen dichte und plausible
Beziehungen herstellen lassen. Diese liefern die Grundlage für den erfolgreichen
Transfer und das zielführende Vergleichen sprachlicher und vor allem inhaltlicher
Bezüge. Positive Leseerlebnisse wirken auf Motivation und Interesse für das Lesen,
das Sprachenlernen, die Beschäftigung mit fremden Kulturen usw. zurück.

> dichte und plau-
> sible Beziehungen
> zwischen Texten
> und Themen als
> Grundlage für
> erfolgreichen
> Transfer

Problemorientierte Aufgaben lassen in besonderer Weise die Herstellung
dichter und plausibler Beziehungen zwischen unterschiedlichen Texten zu. Sie
gestatten den Schülerinnen und Schülern das Einbringen bisheriger Lese- und
Wissenserfahrungen, individueller Sichtweisen und Überlegungen. Leseaufgaben können diesen Schritt befördern, indem sie sehr konkret nach individuellen Lesarten und vorhandenen Erfahrungen mit dem Lesen, mit den Lesestoffen
und nach den Wirkungsweisen auf den einzelnen Leser fragen (Wie und warum
verstehst du diesen Text so, wie du ihn verstehst? Worin besteht seine Relevanz
für dich selbst? Warum hast du ihn gerne / ungerne gelesen? Für das Gespräch
im Klassenraum könnte hinzukommen: Warum versteht eigentlich Lukas diesen
Text an dieser Stelle anders als Svenja?).

Das „reflexive Lernen" verlangt Metakognition (s. Kap. 2.10 Sprachlernkompetenz). Zu den Aufgabenformaten gehören vor allem Notizen zur Art und Weise, wie
Textinhalte entschlüsselt und konstruiert bzw. wie inhaltliche Positionen zum Text
erarbeitet wurden und/oder das Erstellen und die Analyse von individuellen Laut-
Denk-Protokollen in der Klasse. Die Literatur spricht davon, dass „Lerner ihren
eigenen Lernprozess erforschen". Im Falle des Lesens berührt dies die eingesetzten
Lesestrategien und die Kompetenzen im Bereich der Nutzung der Hilfsmittel usw.

> Lerner als Forscher
> – reflexives Lernen
> und Leseförderung

Traditionelle Aufgabenformate zur Überprüfung des Leseverstehens sind:
- Mehrfachwahlaufgaben
- richtig/falsch-Aufgaben, nach Möglichkeit mit Angabe der konkreten Referenz im Text
- kombinierte Einpassaufgaben und sog. *table completion* bzw. Ergänzungsaufgaben (Es können Argumente in Tabellen aufgenommen werden, die insgesamt die Beziehungen zwischen den Argumenten sichtbar machen.)
- Lückentext
- Vervollständigen eines Textausschnitts; eventuell auch „nur" von Sätzen
- kurze Antworten zum Text

von Fragen zum Text zu Fragen des Textverstehens

Solche überkommenen Formate lösen keine metakognitiven oder selbstreflexiven Operationen aus. Dies ändert sich, wenn die Formate nicht nur nach Inhalten eines Textes fragen, sondern nach den Prozessen, welche die Schülerinnen und Schüler zu einer konkreten, einer möglichen oder einer fehlenden Antwort zum Inhalt veranlassten. Dann nämlich werden Fragen zum Text zu Fragen des Textverständnisses und des Textverstehens, das sich von Individuum zu Individuum unterschiedlich gestaltet. Solche Fragen lauten etwa: Warum und wie bist du zu dem Ergebnis gekommen? … hast du diese Lösung angekreuzt? … hast du diese neuen Argumente zusammengestellt? Wieso hast du den Text um diese Erweiterungen ergänzt? Warum hast du welches Hilfsmittel eingesetzt? Welche Vorteile bietet es für deinen Spracherwerb? Die identifizierten Prozesse werden dann in Kleingruppen – kollaborativ – verglichen und diskutiert. In Bezug auf das gemeinsame Lernen zeigt sich, welche Strategien warum zielführend eingesetzt wurden. Die Klärung solcher Fragen ist für jede Form der Lesediagnostik von Belang. Sie liefert Grundlagen für die Individualisierung des Leseunterrichts.

Planung der Lesehandlung und Evaluation des eigenen Leseprozesses

Die Notwendigkeit metakognitiv zielender Aufgaben zeigt sich auf dem Feld des Lesens, wie angeklungen, in der engen Verbindung mit Selbstregulation, der reflexiven Steuerung bzgl. der Planung der Lesehandlung sowie der Evaluation des eigenen Leseprozesses. Konkret betroffen sind:
- der Wille, etwas Bestimmtes zu lesen und die Definition der konkreten Leseabsicht
- die Identifikation und Aktivierung des inhaltlich und sprachlich relevanten Vorwissens
- die Anwendung zielführender Strategien im Hinblick auf das Zusammenspiel von Leseabsicht, Lesestil und Textsorte
- der Einsatz von Strategien zum Wechsel der Leseabsichten innerhalb der Rezeption eines bestimmten Textes

Zu nennen sind konkret:
- der Wechsel vom suchenden (bestimmte Wörter, Namen usw.) zum überfliegenden (grobe inhaltliche Identifikation von Textpassagen) und zum detaillierten oder mikroskopischen Lesen (möglichst alle relevanten Informationen im Text sowie im geforderten Inferierungspotential erkennen)
- vom inhalts- zum spracherwerbsgerichteten Lesen (und eventuell umgekehrt)

Hervorgehoben wurde bereits die Kompetenz, papierne und elektronische Wörterbücher sowie Konkordanzwörterbücher angemessen zu benutzen (Meißner 2003: 404f.; Zöfgen 2010)[5];

Weitere Verfahren / Aufgabenformate zur Förderung metakognitiver Anteile in Leseprozessen und deren Steuerung sind:

- das analytische und (selbst-)reflexive Sprechen (oder Schreiben) über den eigenen Rezeptions- und Sinnkonstruktionsprozess; hierzu gehört auch die Auswertung von Lautdenk-Protokollen
- das Sprechen über notwendige inhaltliche und sprachliche Plausibilitätsproben (ko- bzw. kontextuelles Raten) im Rahmen des Lesens und der Leseprozessanalyse
- das Sprechen über „sprachliche" Fragen an den Text und das tiefere Leseverstehen auch im Rahmen kooperativer Lernformate und -arrangements
- das Sprechen über die begründete Beurteilung von Lösungs- bzw. Disambiguierungswegen bei sprachlichen Unsicherheiten
- das Sprechen über die Erfahrung bei der Nutzung von Hilfsmitteln

weitere Verfahren/ Aufgabenformate zur Förderung metakognitiver Anteile in Leseprozessen

Stets betroffen bei der Vermittlung / Förderung von Strategien sind (1) die Bewusstmachung bereits vorhandener Strategien, (2) die Informationen über die betroffene Strategie, (3) die Erprobung und Ausführung der strategisch basierten Lesehandlung und (4) die Bewertung / Evaluation der angewandten Strategien.

Eine Beschreibung von Aufgabenformaten greift zu kurz, wenn sie sich nicht auch zur Verwendung der Formate im Unterricht äußert. Die Beispielaufgaben (nicht nur) zum Leseverstehen machen daher an zahlreichen Stellen deutlich, wie Aufgaben in verschiedene Sozialformen des Unterrichts eingebunden werden können (vgl. die einschlägigen Beiträge in Klein et al. 2013).

Es entspricht der komplexen Interaktion der an der Lesehandlung – von der Planung über die Durchführung bis hin zu Kontrolle und Evaluation – beteiligten Faktoren, wenn Aufgaben zunehmend offen angelegt sind.

Im Rahmen der reflexiven Bearbeitung von Lesekompetenzaufgaben ist die Selbstdiagnose der eigenen Lesehandlung einschließlich ihrer Einleitung, Durchführung und Bewertung unverzichtbar. Im Rahmen des Unterrichts ist daher auch die Selbstevaluation ein zu behandelndes Thema. Hierauf geht das folgende Teilkapitel ein.

2.5.4 Diagnose in Lesekompetenz-Aufgaben

Die folgende Tabelle stellt Steuerungs- und Evaluationsstrategien bzw. Strategien zur Förderung von Leseverständnis und Leseverstehen zusammen, und zwar auf der Ebene von Elaboration und Vernetzung[6].

---

[5] Welches Verb passt zu welchem Substantiv? Der Suchstring "[v] task" generiert über 100 Beispiele. Kann man *solve a task* sagen? Dafür gibt es nur einen Beleg. Sucht man nach "[v] a task" (Verb a task), so findet man u.a. *is, perform, create, accomplish, form, complete, appointed, be, completing, given, mastering, undertake, establishing, finishes* u.a.v.m. (z.B. COCA, vgl. S. 137 und ATILF-FRANTEXT, vgl. S. 139)

[6] Weitere Maßnahmen und Formate zur Leseförderung sind andernorts zusammengestellt (u.a. Meißner 2013b).

Diagnostische Orientierungen zur Leseförderung in Aufgaben

Strategien zur
Förderung von
Leseverständnis
und Leseverstehen

Steuerung / Elaborationstyp	konkretes Handeln
Kontrolle der inter-textuell inferieren-den Aktivitäten	Vergleich eines Textes mit vergleichbaren Texten; Vergleichs-punkte ergeben sich zu: Themen, Autor, Entstehungssituati-on, Zeiten und Orte; Perspektivenwechsel (unterschiedliche Protagonisten), Mehrperspektivität (z. B. ein ähnliches Thema zu verschiedenen Zeiten)
Kontrollen der intra-textuell inferieren-den Aktivitäten	Erkennen von Signalwörtern, Schlüsselbegriffen, besonders aus-sagekräftigen Sätzen; stilistischen Merkmalen; Verknüpfungen mit intertextuellen Elaborationen und mit spracherwerbsgerich-teten Lesestilen; Inhalte gruppieren / miteinander in Beziehung setzen / vernetzen
Kontrolle zum Aus-bau von Sprach-, Sprachlern- und Lesekompetenz	Elektronische und papierne Wörterbücher bzw. Konkordanzer und Konsultationsgrammatiken zur Disambiguierung sprach-licher Fragen benutzen; personelle Hilfen organisieren: *native speakers*, Lehrerinnen und Lehrer, Tandempartner, Mitschülerin-nen und -schüler
volitionale Kontrolle und Elaboration	Identifikation von Leseinteressen und deren Veränderung infol-ge konkreter Lektüre; Sensibilisierung für Lesestile; Kernfrage: Relevanz der Beschäftigung mit fremdsprachlichen Lesestoffen unterschiedlicher Art für die eigene Einstellung, das eigene Selbst sowie für den Fremdsprachenerwerb
systematische Kon-trolle von Lösungs-schritten für die Leseaufgabe bzw. von Lernschritten	Analyse der eigenen Lesehandlung im Hinblick auf intertex-tuelles und intratextuelles Inferieren und der dazu gehörigen Strategien bzw. der eigenen Lösungs- und Lernhandlung. Das Erstellen von Mindmaps kann hilfreich sein. Betroffen sind: das spracherwerbsgerichtete Lesen, das sprach-vergleichende Lesen; das Erkennen von Fehlinterpretationen; die Analyse der Entstehung von Fehldeutungen; die Analyse der eigenen Lesehandlung zwischen *top down-* und *bottom up-*Prozessen; die Aktivierung des themenrelevanten Vorwissens; das rasche *advance organising*: Erkennen von relevanten Textsig-nalen wie Überschriften und visuellen oder akustischen Stimuli; *intelligent guessing*: Strategien zur Bedeutungsidentifikation unbekannter Wörter / Strukturen

2.5.5 Aufgabenbeispiele

Vorab: Die gewählten Aufgabenausschnitte betreffen, was die Formate (also nicht die Inhalte) angeht, i. d. R. nicht exklusiv den Englisch- oder Französisch-unterricht. Vielmehr sind sie, soweit es sich um Formatbeschreibungen handelt, grundsätzlich für den Fremdsprachenunterricht von Interesse. Die Auswahl er-folgt gemäß dieser Vorgabe.

Die Aufgabenstellung bestimmt die Lesehandlung, die offen oder sehr eng an einer Vorgabe / einem Impuls orientiert sein kann. Offene Aufgabenstellungen verlangen vom Leser reflexive Lesekompetenz, welche die Planung und den selbstständig einzuleitenden mehrfachen Wechsel von Lesestilen während der Lesehandlung umfasst. Hierfür liefert die Leseaufgabe *Chinese Flag* (2_1_IKK_ und_2_5_LV_E_Chinese_Flag) ein anschauliches Beispiel:

Part 1: First, read the following letter to the editor that was published in a small-town American newspaper. Concentrate on the writer's position and the cultural context.

offene Aufgaben-stellung: mehrfa-cher Wechsel von Lesestilen während der Lesehandlung

Der Hinweis *Concentrate on…* lenkt das Leseinteresse in eine bestimmte Richtung: Das Sich-Hineinversetzen in die Person des Leserbriefschreibers verlangt Empathie. Dies bedeutet auch, dass die Schülerinnen und Schüler Ressourcen aktivieren (können), die den heterokulturellen Autor des Briefes zum Verfassen desselben veranlasst haben. Hierzu sind Kenntnisse aus der Zeitgeschichte unumgänglich.

Die Aufgabe betrifft die Textsorte „Leserbrief", die die Meinung (Emotivität, Subjektivität, Beteiligtsein, Betroffenheit) verschiedener Personen (Verfasser, Leser) in den Vordergrund rückt. Die Provokation unterschiedlicher Sichten auf das „Problem" – Zustimmung oder Ablehnung – liegt in der Absicht dieser Textsorte, was besonders zu tiefer Verarbeitung (Problemorientierung) einlädt.

Chinese Flag: Provokation unterschiedlicher Sichten auf das ‚Problem'

Der problemhaltige Text bietet breiten Raum zur Aktivierung zielkulturell relevanten Vorwissens (Rolle der USA als Führungsmacht der Westlichen Welt mit den Daten Erster und Zweiter Weltkrieg; Kriege im asiatischen Raum, etwa in Japan, Korea, Vietnam, Irak, Afghanistan …; die Entwicklung der 1,3 Mrd. Menschen zählenden neuen Großmacht der Volksrepublik China, ihrem rasant wachsenden Bruttosozialprodukt …. aber auch einem chinesischen Chauvinismus; seitens der Supermacht USA: die Verwendung von Ideologien und Selbstzuschreibungen zur Herstellung von innerem Konsens (*Declaration of Independence*: *"We hold these truths to be self-evident, that all men are created equal, that they are endowed by their Creator with certain unalienable Rights. …"* USA: *torchbearer of freedom/The New Colossus, "Give me your tired, your poor, / Your huddled masses yearning to breathe free"*). Der Text verlangt zudem die Aktivierung von Ressourcen zur politischen Urteilskraft; Stichworte: Veränderung der politischen Weltlage, Realpolitik, Interessensphären im pazifischen Raum, Globalisierung, Ideologie und Realität mit Bezug auf USA und China, Menschenrechtspolitik usw. Die Offenheit macht deutlich, dass das relevante Vorwissen nicht nur im Englischunterricht, sondern in mehreren Schulfächern und durch die Informationsmedien aufgebaut wurde. Indem die Aufgabe auf einen sehr kontroversen Zusammenhang zielt und dessen Beleuchtung aus verschiedenen Perspektiven verlangt, entspricht sie dem Bildungsauftrag der Schule bzw. den Bildungsstandards.

Schülerinnen und Schülern, die über die Kompetenz des selbstständigen Lesens noch nicht hinreichend verfügen, werden Hilfen geboten. Sie umfassen den gesamten Lesevorgang, eingeteilt in Aktivitäten, (1) welche der eigentlichen Handlung vorausgehen und ihre Ausführung erleichtern (*pre-reading / pré-lecture*), (2) welche sich mit der Lesehandlung selbst verbinden (*while-reading / pendant-lecture*) und (3) welche im Anschluss an diese stattfinden (*post-reading / après-lecture*). Die Steuerung ist auf Inhalte und Textrezeption bezogen. Sie umfasst noch nicht Fragen der Selbstorganisation und der Selbstaufmerksamkeit im engeren Sinne.

support materials

Einer efferenten Lesekontrolle (Was wurde aus dem Text herausgelesen? Wo steht was im Text?) entspricht das Format der einfach kodierten Multiple Choice-Aufgabe:

Part 2: Test your understanding

1. The person who wrote the letter wanted to
 	
   a)   correct a factual mistake made by the paper.
 	
   b)   express his opinion about a relevant issue.
 	
   c)   remark on an article that appeared in that paper.
 	
   d)   respond to another letter that was published previously.

Bei der Konstruktion von Multiple Choice-Aufgaben ist auf die Unmissverständlichkeit der Fragen zu achten.

Das folgende Format bietet den Lesern / Lernenden ein Mehr an Zielsprache (Input qua Aufgabe: *to note down, to find / give evidence for, to claim democratic standards, to believe whole heartedly in sth., to be outraged…*). Indem das Format produktive Aktivitäten fordert, leitet es zum Schreiben über. Zu beachten ist, dass der Text sehr genau und stark inferierend gelesen werden muss.

Alternative format Part 2

You have noted down some ideas and want to check whether you can find evidence for or against them in the letter.

Read the text, and then decide whether the following ideas are true or false. Give evidence from the text to support your decision. You may either use your own words or quote from the text. Always give the line(s). There is one example at the beginning (0).

ideas	true	false
0. The person who wrote the letter wanted to express criticism of an article that appeared in that paper.		✓
Evidence: He did not refer to an article published another issue. He wanted to express his opinion about a relevant issue: I felt compelled to write this letter after watching the Bangor-Brewer Independence Day Parade. (line 1)		
1. The author claims to value democratic ideals highly.	✓	
Evidence: I am a proud American Citizen and whole-heartedly believe in the freedom of speech and the freedom of expression (lines 1-3)		
2. The mood of the letter writer/tone of the letter can be described as calm.		✓
Evidence: His mood is highly emotional: I was totally outraged (line 4).		

Die sich anschließende Aufgabe, eine *Cartoon Analysis* (2_1_IKK_und_2_5_LV_E_ Chinese_Flag, Follow up activity), sollte zunächst in Einzelarbeit angegangen werden. Auch hierbei kann die oben genannte Phasierung (*pre/while/post*) angewandt werden. Die Schreibaufgabe setzt insoweit beim Lesen an, als das Schreiben hier das Leseverstehen voraussetzt.

unmittelbarer Lebensbezug in *Faut-il supprimer le bac ?*

Offensichtlich meint die Luftblase „etwas, was der Volksrepublik China alleine gehört". Eine Lernaufgabe könnte hier lauten: „Beschreibe detailliert, *wie* du die Formel *wholly owned subsidiary* entschlüsselst und was du daraus lernst".

Follow-up activity: Cartoon Analysis

Describe and interpret the following cartoon in the context of the letter to the editor. Work in pairs or in groups of four. Discuss your results in your group and decide who is to present them to the class.

Abb. 3: Keepe, Mike (2009): China-flag. In: The Denver Post.
[Online: http://0.tqn.com/d/politicalhumor/1/0/r/e/2/US-China-Flag.jpg ; 17.07.2013].

Die Produktionsaufgabe (*Describe and interpret…*) führt die Ergebnisse des tiefen Lesens (Lese-„*Verstehen*") weiter. Die Kombination von Bild und Text verlangt die Klärung von „Schlüsselwörtern": *I pledge – allegiance – wholly owned subsidiary*. Die Schülerinnen und Schüler können hier z. B. die zuletzt genannte Formel mit Hilfe des COCA (Corpus of Contemporary American English, www.corpus.byn.edu/coca) „entschlüsseln" (disambiguieren): „*The Republican Party is now a **wholly owned subsidiary** of big business/ that's a **wholly owned subsidiary** of the Democratic Party/Henderson will become a **wholly owned subsidiary** of Boston-based…*" usw. Die Formel meint also, dass die Republikanische Partei in völliger Abhängigkeit vom *Big Business* steht. Mögliche deutsche Entsprechungen wären: „Filiale, Ableger, Unternehmen + Nennung des Eigentümers" oder ähnlich.

Das Thema China/USA (Westliche Welt) begegnet den Schülerinnen und Schülern unter dem Oberthema *Cross-cultural relations between Asia and the Western World* erneut.

Dem Katalog der Aufgaben sind weitere Informationen zu entnehmen. Die Tabellen zu den Aufgaben illustrieren, welche Orientierungen bei der Erstellung einer Aufgabe anzustellen sind: Ausgehend von den in den Bildungsstandards angestrebten Niveaustufen des Leseverstehens mit der Unterscheidung zwischen dem grundlegenden und dem erhöhten Niveau betrifft dies konkrete inhaltliche und auf die Sprachlernkompetenz bezogene Ziele. Das notwendige inhaltliche Inferieren wird durch die Einbettung der Aufgabe in ein „Rahmenthema" erleichtert. Weitere Orientierungen für die Gestaltung der Aufgabe betreffen die Wahl der Hilfsmittel, die inhaltlichen, sprachlichen und auf das Lernen bezogenen Voraussetzungen bzw. das Vorwissen.

Vergleich der genannten Schemata aus der Perspektive deutscher (persönlicher) Erfahrungen

Der Text *Faut-il supprimer le bac ?* (2_5_LV_F_Supprimer_le_bac, Tâche et Texte) darf für sich in Anspruch nehmen, dass er Schülerinnen und Schüler in ihrem unmittelbaren Lebensbezug betrifft. Dies machen schon die *Activités avant-lecture* deutlich:

Tâche

Vous allez bientôt passer votre bac. En France comme ailleurs, de nombreux élèves se demandent déjà « que faire après ? ». Dans cette tâche de compréhension écrite, vous allez apprendre plus sur le rôle du baccalauréat dans la société française. Pour ce faire, vous allez étudier de très près un article du magazine Le Nouvel Observateur.

(A) Activité avant-lecture
Activer des connaissances antérieures/motiver pour la lecture

---

1. *Que savez-vous déjà?*
a) *Faites un remue-méninges sur le thème et notez tout ce que vous associez.*

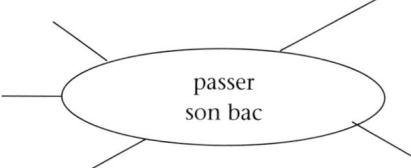

Abb. 4: Remue-méninges

b) *Faites maintenant un deuxième remue-méninges, mais maintenant en allemand (non exhaustif).*
Comparez ensuite les résultats des deux schémas associatifs français et allemand. Le schéma allemand est certainement plus complet. Dressez à partir de cette comparaison une liste qui enregistre les mots et tournures allemands pour lesquels vous auriez besoin d'équivalents français... Consultez, à ces fins
- *LEO (http://dict.leo.org/frde/index_de.html#)*
- *le site du CNRTL (http://www.cnrtl.fr/concordance/)*
- *le concordancier-corpus français (http://www.lextutor.ca/concordancers/concord_f.html).*
pour vérifier l'usage des mots dans la phrase. Si vous avez des doutes grammaticaux, n'hésitez pas à les désambiguïser à l'aide des concordanciers.
Complétez ensuite votre schéma associatif français.

Die Schülerinnen und Schüler haben den Artikel aus der Wochenzeitung *Le Nouvel Observateur* gelesen und sich ein entsprechendes Assoziationsfeld aufgebaut, was bestimmte Wörter oder Formeln signalisieren:

IUT, Jack Lang, CNRS, « le bac inutile », de moins en moins sélectif, 80% de reçus, réussir le bac n'est qu'une formalité, une prépa, décrocher le droit de se planter en fac, 150000 correcteurs, des bataillons de profs pour élaborer 4900 sujets différents, tout tourne autour du bac, développer leur imagination, leur réflexion, leur autonomie, bachoter, pour être équitable, le bac doit rester anonyme. Non à un bac Sarcelles et à un bac Henri-IV usw.

Die Kenntnis solchen Vokabulars belegt landeskundliches Wissen.

Das in deutscher Sprache erfolgende *brainstorming* bereitet auf den Vergleich der im Artikel genannten Schemata aus der Perspektive deutscher (persönlicher) Erfahrungen vor. Die heranzuziehenden Hilfsmittel erleichtern es den Schülerinnen und Schülern, in der Fremdsprache das auszudrücken, was sie zum Ausdruck bringen wollen. Die Fähigkeit zum Formulieren in der Zielsprache mit Hilfe geeigneter Korpora entwickelt ihre funktionale kommunikative Kompetenz und Sprachlernkompetenz weiter. Dies gibt ihnen erst die Möglichkeit, den präzisen und situativ passenden Ausdruck zu finden und selbstständig Gedanken im Französischen zu formulieren. Was die Verwendung der Wörterbücher und Konkordanzer für das eigentliche Leseverstehen angeht, so zeigen sie nicht nur die Bedeutung von Wörtern und Kollokationen, sondern vor allem ihre Verwendung: Welches Substantiv erfordert welches Verb? Löst *vraisemblable* anders als *possible* einen *subjonctif* aus?

les ceux-ci avaient la mort, il était	vraisemblable	qu*Ayrton ne pourrait rien leur apprendre
irait le portrait d'une belle esclave, chose	vraisemblable	a une époque ou l'art ayant cessé d'être cre
fendit au père vendre sa fille, et il est	vraisemblable	que la même défense protégait le fils. L'au
e connais que deux pays où un tel trait soit	vraisemblable	la *Grèce et la *Turquie Il dénote à la f
elle est de nouveau bouleversée, il est bien	vraisemblable	que l'Europe entière le serait également, e
arde de trop près : rien n'est souvent moins	vraisemblable	que le vrai. D'autre part, selon *J. *J *Rous
mangez un conte, tâchez au moins qu'il soit	vraisemblable	monsieur! Bimbachis, topbachis, kaimakans

Abb. 5: Auszug aus ATILF-FRANTEXT (Analyse et Traitement Informatique de la Langue Française, www.frantext.fr.) zum Suchstring vraisemblable

Wie kläre ich meine sprachlichen Unsicherheiten mit Hilfe des Konkordanzers?

Die *Activités pendant lecture* (2_5_LV_F_Supprimer_le_bac, (B) Activités pendant lecture) umfassen das reziproke Lesen: Hierbei wird ein Text abschnittweise

das Verfahren des reziproken Lesens

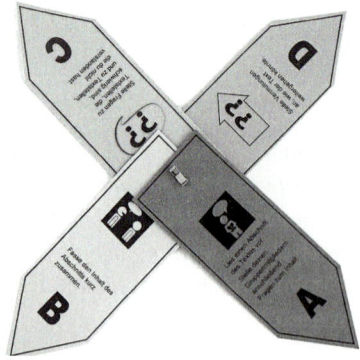

im Wechsel zwischen Einzel-, Partner oder Gruppenarbeit erarbeitet. Dabei wenden die Lernenden vier verschiedene Lesestrategien an: unbekannte Wörter und Kollokationen klären (*clarifier / désambiguïser*), den Inhalt des gelesenen Abschnitts unstrukturiert, d. h. nicht unter einem vorgegebenen Rezeptionsziel, zusammenfassen (*résumer*), Fragen formulieren (*questionner*) und Hypothesen bilden (*présumer*). Die Hypothesen richten sich sowohl auf das Verständnis des Textes als auch auf das Verstehen. Schließlich betrifft die Hypothesenbildung die Lesekontrolle (vgl. Sprachlernkompetenz; sodann die Tabelle zu *clarifier, résumer, questionner, présumer* (2_5_LV_F_Supprimer_le_bac, Description des rôles : cours mutuel).

Die Tradition der (französischen) *explication de texte* verlangt den konkreten Bezug auf die inhaltlichen und stilistischen Merkmale eines Textes: Die Schülerinnen und Schüler müssen ihre Interpretation auf Textbelege stützen. Das Format des *Questionnaire à choix multiple* (2_5_LV_F_Supprimer_le_bac, 2. Questionnaire) wird in diesem Sinne um eine konkrete Textreferenz ergänzt:

2. Questionnaire à choix multiple

Répondez aux questions suivantes en cochant la ou les bonnes cases. Nommez aussi le passage du texte qui justifie votre choix. Cet exercice permet de vérifier si vous avez bien compris tous les détails importants du texte et d'analyser les problèmes individuels que vous avez connus.

1.) Dans le premier paragraphe, la journaliste

❑ *caricature le déroulement du baccalauréat en France.*
❑ *souligne l'importance du bac pour les jeunes d'aujourd'hui.*
❑ *dénonce la vanité de l'épreuve du baccalauréat.*

Nommez le ou les passage(s) du texte qui justifient votre réponse :

2.5.6 Ausblick

Dem Lesen kommt auch in der Epoche des Internets und der Multimedialität im Fremdsprachenunterricht weiterhin eine herausgehobene Funktion zu. Dies erklärt sich aus seiner Rolle für den Fremdsprachenerwerb, für die Herstellung internationaler Anschlussfähigkeit und die Wissenschafts- und Berufspropädeutik.

Im Unterschied zu Zeiten, welche die linguistischen und psycholinguistischen Implikationen der funktional-kommunikativen Kompetenzen nicht kannten, müssen heutige Leseaufgaben neben der allgemein pädagogischen die psycholinguistische Passung berücksichtigen und Schülerinnen und Schüler zur Ana-

Anforderungen an die moderne Leseaufgabe

lyse ihrer eigenen Leseprozesse anleiten. Nur wenn dies angemessen geschieht, werden sie auf das lebensbegleitende Lernen, wie es die Wissensgesellschaft erfordert, vorbereitet. Hierzu gehört nach Auffassung der Europäischen Kommission (2002: 12) zentral die „Fähigkeit zu lernen, wie man lernt".

Eine Folge der in der Tat umwälzenden Innovationen der letzten Jahrzehnte ist die medial vermittelte Erreichbarkeit bzw. Allgegenwart der Zielsprachen in ihrer auditiven und visuellen Gestalt (Film, Video, Internet, zielkulturelles Fernsehen, Skype, Lernen auf Gegenseitigkeit usw.). Hiermit aufs Engste verbunden ist die Hybridität neuer Textsorten. Sie verlangen im Vergleich zu den traditionellen Trägern graphischer Informationen neue Formen des Lesens, oft auch im Kontext interkulturellen Lernens bzw. interkultureller Kommunikation.

medial vermittelte Erreichbarkeit bzw. Allgegenwart der Zielsprachen

Zugleich haben die Corpus-Linguistik und die didaktische empirische Wörterbuchgebrauchsforschung dem Fremdsprachenlernen neue Instrumentarien an die Hand gegeben. Sie sind eng an sog. *computer-literacy* gebunden. Nie zuvor war es Nicht-Muttersprachlern möglich, ihre Fremdsprachenkenntnis mit Hilfe der Medien derart auszubauen / zu überprüfen, wie es heutzutage dank des Internets und der neuen Text-Corpora möglich ist.

neue Instrumentarien durch Corpus-Linguistik und empirische Wörterbuchgebrauchsforschung

Der Unterricht fremder Sprachen darf dieses reiche Potential an Innovation nicht übersehen. Die Bildungsstandards kommen dieser neuen Situation entgegen.

2.6 Schreiben

Konrad Schröder / Günter Nold / Bernd Tesch
Aufgabenentwicklung: Martina Adler, Rolf Beck,
Jessica Bial, Ellen Butzko

• •

„Writing [is] a rich, multifaceted, meaning-making activity that occurs over time
and in a social context, an activity that varies with purpose, situation,
and audience and is improved by reflection on the written product and
on the strategies used in creating it." (Camp 1996: 35)

2.6.1 Theoretische Aspekte der Kompetenz Schreiben

2.6.1.1 Schreiben als sozialer Prozess

Schreiben: ein sozialer Prozess mit Adressatenbezug

Schreiben ist stets Bestandteil eines sozialen Prozesses, selbst wenn – wie beispielsweise im Falle von Tagebuch-Einträgen – die eigene Person der gegenwärtige und der zukünftige Adressat ist. Im schulischen Kontext gelten für Schreibaufgaben wie allgemein für komplexe Aufgaben und Übungen bestimmte Qualitätsanforderungen: Sie müssen authentisch sein, den Lernenden sinnvoll erscheinen und für sie eine Herausforderung darstellen. Schreibaufgaben im schulischen Kontext, die keinen konkreten und sinnvoll erscheinenden Adressatenbezug haben, sind somit nicht authentisch. Der Adressatenbezug ist Bestandteil der lebensweltlichen Einbettung der Aufgabe, die auch situative und thematische Komponenten hat und für die Schreibenden nachvollziehbar sein muss. Denn wie alles Kommunizieren hat auch das Schreiben einen mehrfachen kommunikativen Bezug: Wer etwas schreibt, macht Ausführungen zu einem Thema. Er sagt aber auch – in vielen Fällen implizit – etwas über sich selbst, und er sagt – wiederum implizit – etwas über seinen Leser. Darüber hinaus sagt eine geschriebene Botschaft in aller Regel etwas aus über das wechselseitige Verhältnis von Schreiber und Adressat.

Schreibaufgaben: authentisch und sinnvoll

zumindest die Lebensnähe eines Planspiels

Bei alledem ist klar, dass die Lebensnähe der Schule in vielen Fällen über die eines Planspiels nicht hinauskommt. Es ist daher umso wichtiger, den Lernenden im Rahmen des Planspiels den (indirekten) Lebensbezug zu verdeutlichen, gerade im Kontext von schulischem Schreiben.

2.6.1.2 Schreiben als komplexer kommunikativer Akt

Schreiben als Aktivität, in der zwischenmenschliche Kommunikation stattfindet

Im Folgenden werden auf der Grundlage der Bildungsstandards für die Allgemeine Hochschulreife Anregungen gegeben, wie Schreibkompetenz zielgerichtet und motivierend – und damit effizient – unterrichtet werden kann. Grundvoraussetzung für den neuen Ansatz ist, dass Schreiben in der Schule nicht mehr in erster Linie als eine Lerneraktivität gesehen wird, die Beurteilung ermöglicht und zu Notengebung führt, sondern als eine Aktivität, in der zwischenmenschliche Kommunikation stattfindet, etwas Sinnvolles kommuniziert wird und sich der Lernende in seinem fremdsprachlichen Können und darüber hinaus beweisen kann: Kommunikativität, lebensweltlicher Bezug, Adressatenbezug und Herausforderungscharakter sind konstitutiv für pädagogisch sinnvolle Schreibaufgaben.

Selbstständig gestaltetes, adressatenbezogenes Schreiben ist eine kommunikative Tätigkeit, bei der unterschiedliche Kompetenzen und Teilkompetenzen zusammenwirken: So ist der funktionalen kommunikativen Teilkompetenz Schreiben das Verfügen über sprachliche Mittel und kommunikative Strategien zugeordnet. Stets stehen die Schülerinnen und Schüler vor der Frage, mit welchen Worten sie einem realen oder imaginären Kommunikationspartner – ihrem Leser, ihrer Leserin – die Botschaft am besten zutragen.

unterschiedliche Kompetenzen und Teilkompetenzen wirken zusammen

Schreiben in der Fremdsprache ist als Vorgang noch komplexer als muttersprachliches Schreiben, da im Normalfall nur ein eingeschränktes Inventar von Ausdrucksmöglichkeiten zur Verfügung steht. Selbst auf dem Kompetenzniveau B2(+) des Abiturs ist fremdsprachliches Schreiben bestenfalls eine Annäherung an die in der Erstsprache vorhandene Vielfalt sprachlicher Ausdrucksformen: Unzureichendes sprachliches Vermögen und die mehr oder minder präsente Angst des Schreibers vor Sprach- und Kulturfehlern kann zu halbherzigen, evasiven Lösungen führen, gerade auch bei guten und entsprechend problembewussten Schülerinnen und Schülern. Angesichts dieser Tatsache gehört es zu den vordringlichen Aufgaben des Schreibtrainings, bei den Lernenden ein Gespür für das rechte Maß an Risikobereitschaft zu entwickeln und gängige, in der Welt der Schule und vielleicht auch des Elternhauses geprägte Vorstellungen von Fehlerfreiheit als Idealzustand zurückzudrängen. Auf diese Weise kann auch das von Korrektoren häufig beklagte Nebeneinander von sprachlich glatten, inhaltlich aber nichtssagenden und inhaltlich potentiell anspruchsvollen, sprachlich aber unzulänglichen Arbeiten ein Stück weit vermieden werden.

Schreiben in der Fremdsprache: ein eingeschränktes Inventar von Ausdrucksmöglichkeiten

Da es sich bei fremdsprachlichem Schreiben in aller Regel um ein Kulturgrenzen überschreitendes Kommunizieren handelt, tritt die interkulturelle kommunikative Kompetenz hinzu. Mit ihrer Hilfe werden kulturelle Differenzen und Übereinstimmungen erkannt, die die Wirkung des Textes auf den Leser positiv oder negativ beeinflussen und Intentionen gegebenenfalls auch verzerren können. Bedeutsam ist in diesem Kontext eine Sensibilität für Kulturfehler, die zu nicht intendierten affektiven Reaktionen des Rezipienten führen können. Gegebenenfalls müssen dann „sichere" alternative Formulierungen gewählt oder Wohlwollen heischende Floskeln (*captationes benevolentiae*) benutzt werden: *if I may say so/si vous le permettez/permettez-moi, Monsieur/Madame… – if you know what I mean/vous savez à quoi je pense – please do not take it amiss (if…)/ne me comprenez pas mal, Monsieur/Madame, (si…) – I hope it is not too rude to say …/permettez-moi de le dire sans ambages* usw. Dabei spielt die Kenntnis rhetorischer Traditionen (etwa: *Litotes, understatement* bzw. *formules de politesse*) eine Rolle. Man mag an dieser Stelle einwenden, dass solche Formeln der formalen mündlichen Kommunikation entstammen: Dies trifft zu, und die Tatsache zeigt nur, wie eng eine formale Schriftlichkeit, die ihre argumentativen und kommunikativen Bezüge ernst nimmt, mit anspruchsvoller formaler Mündlichkeit in Verbindung

Kulturgrenzen überschreitendes Kommunizieren

Wohlwollen heischende Floskeln

enge Beziehungen zwischen formaler Schriftlichkeit und formaler Mündlichkeit

steht – ein Faktum, das im Fremdsprachenunterricht der Schule bisher gerne übersehen wurde, da (scheinbar) anspruchsvollen schriftlichen Argumentationen häufig die authentische Präsentationsqualität (möglicherweise andersdenkende Leser als Adressaten) und auch die interkulturelle Dimension (kulturell anders verortete Leser) fehlte.

sprachliche und kulturelle Konventionen der Textsorte

Insbesondere die Text- und Medienkompetenz ist für adressatenbezogenes Schreiben bedeutsam: Die sprachlichen und kulturellen Konventionen der jeweiligen Textsorte müssen beachtet werden; eine angemessene Sprachebene ist zu wählen und durchzuhalten. Gegebenenfalls muss an potentielle Weiterverwendungen oder spätere multimediale Ergänzungen des entstehenden Textes gedacht werden.

die Rolle von Sprachbewusstheit und Sprachlernkompetenz für den Schreibprozess

Über die drei hier genannten Kompetenzbereiche hinaus kommen jene Kompetenzen ins Spiel, die in den Bildungsstandards als flankierende Kompetenzen ausgewiesen sind: Sprachbewusstheit und Sprachlernkompetenz. Sprachbewusstheit ermöglicht Fehlervermeidung, steuert den Bezug von Form und Inhalt, sensibilisiert für „Schwachstellen" und ist hilfreich bei der Selektion von Reparaturtechniken. Sprachlernkompetenz steuert die im Rahmen des Schreibprozesses generierten Möglichkeiten für autonomes sprachliches und kulturelles Lernen, wobei positive Erfahrungen für die Kompetenz selbstverstärkend wirken. Sie beeinflusst auch die Beseitigung von Fehlern und „Schwachstellen", indem beispielsweise in ihrem Bereich angesiedelte instrumentelle und mediale Kompetenzen (Konsultation von Hilfsmitteln) nutzbar gemacht werden. Beide Kompetenzbereiche sind eng miteinander verbunden und begünstigen sich gegenseitig.

die Komponenten des Schreibens einzeln und auch integriert entwickeln

Die komplexe Struktur des selbstständig gestalteten Schreibens hat Konsequenzen für das Schreibtraining, insofern die verschiedenen Komponenten des Schreibens am Gegenstand einzeln und auch integriert entwickelt werden müssen. Die Komplexität der Schreibkompetenz ist auch zu berücksichtigen, wenn Schreibaufgaben zur Lernerfolgskontrolle eingesetzt werden.

Bezüge ergeben sich zudem zum Aufgabenbereich der Mediation, sofern dabei ein zielsprachlicher Text schriftlich zu erstellen ist. Auch hier geht es darum, sprachlich adäquat, kulturell angemessen, präzise und gut lesbar Inhalte zu vermitteln. Auch die strategischen Dimensionen der Texterstellung stimmen überein.

2.6.1.3 Schreiben als Prozess

Schreibforschung und Schreibprozessforschung

In den vergangenen 35 Jahren haben sich eine Schreibforschung und eine Schreibprozessforschung als Teildisziplinen der Angewandten Linguistik und Sprachlehrforschung etabliert (s. Harsch et al. 2007; Porsch 2010). Zunächst ist ein Modell von Bereiter (1980, zit. nach Harsch et al. 2007: 47ff.) von Interesse:

> Nach diesem Modell können Kinder (im Erstsprachenerwerb) und Jugendliche (beim Erlernen einer Fremdsprache) aufgrund mangelnder information-processing capacities [...] erst nach und nach die benötigten (sprachlichen, intellektuellen, sozialen und kognitiven) Fertigkeiten in ihr Wissenssystem Schreiben integrieren und automatisieren. Jede Phase ist demnach gekennzeichnet durch die Nutzung und Integration bestimmter Fertigkeiten; erst wenn diese automatisiert sind, werden wieder Kapazitäten frei, um weitere Fertigkeiten zu integrieren. (ebd.: 47)

Es werden vier aufeinander aufbauende Dimensionen des Schreibens unterschieden: *associative writing* als „einfachste Form des Schreibens", *performative writing* (hier werden Textsortenkonventionen sowie orthographische und stilistische Konventionen beachtet), *communicative writing* (hier wird „die sprachliche Realisierung des Adressatenbezugs entwickelt") und *unified resp. epistemic writing*. Bei der höchsten Stufe „geht es vorrangig um die Integration kritischer und evaluativer Lesefertigkeiten und um die Integration reflexiver Kapazitäten." (ebd. op. cit.) Bereiter gesteht zu, dass

> verschiedene Fertigkeiten und Schreibphasen durchaus in verschiedener Reihenfolge entwickelt werden können, in Abhängigkeit von Lernervorwissen und Persönlichkeit und in Abhängigkeit vom Schreibunterricht. (ebd.)

Diese einschränkende Bemerkung zeigt, dass es sich hier nicht um ein Phasenmodell im strengen Sinne handelt. Vielmehr ist wohl davon auszugehen, dass einzelne Aspekte bzw. Komponenten des Schreibens in einzelnen Schritten gelernt und schließlich auf höheren Kompetenzniveaus mehr und mehr integriert beherrscht werden.

Für das fremdsprachliche Schreibtraining im Bereich der Sekundarstufe II bedeutet dies, dass die in den Klassen 10 bzw. 11 vorhandenen Schreibkompetenzen eine weitreichende Heterogenität aufweisen. Eine größere Homogenität auf höherem Niveau lässt sich am ehesten im Rahmen eines individualisierten Trainingsprozesses erreichen, der facettenreiche Schreibgelegenheiten in hinlänglicher Zahl bietet.

Heterogenität der Schreibkompetenzen in den Klassen 10 und 11

Die Schreibprozessforschung (Hayes/Flower 1980) hat sich den reflexiven und produktiven Teilfähigkeiten zugewandt, die im Prozess des Schreibens eine Rolle spielen. Es sind dies:

Schreibprozessforschung nach Hayes/Flower

- Zielorientierung (Überbrückung des zwischen Schreiber und Leser bestehenden Informationsgefälles)
- Rezeptionsleistung (Der Schreibende muss die Thematik und Problematik seines Schreibens rezipieren und durchschauen können.)
- Reduktionsleistung auf das Wesentliche, gleichzeitig genaue Einführung des Lesers in das Problem
- Abstraktions- und Interpretationsleistung
- Distanzierung vom Einzelfall, Einordnung in größere Zusammenhänge
- Formulierung des Textes (ebd.: 48)

Der fremdsprachliche Schreibprozess: Strategien der Texterstellung

Fremdsprachliches Schreiben baut auf muttersprachlichen Schreiberfahrungen auf. Auch wenn in den vorausgehenden Abschnitten bereits eine Reihe von Details, die bei der fremdsprachlichen Textproduktion bedacht werden müssen, thematisiert wurden, stand insgesamt doch das Endprodukt, der geschriebene Text, argumentativ im Mittelpunkt. Nun ist aber die Erstellung eines „gefeilten" Textes selbst ein mehrstufiger Prozess, den es zu durchschauen und zu trainieren gilt. Folgende Stufen können modellhaft unterschieden werden:

Herstellung eines „gefeilten" Textes ein mehrstufiger Prozess

- **Planung**: Reflexion auf das Thema, die gegebene Situation, die Mitteilungs-intention, die formalen Gesichtspunkte (Wahl der Textsorte, Sprache, Länge usw.) und die bevorstehenden Abläufe, Erstellung einer Materialsammlung und ggf. einer Gliederung
- **Entwurf**: Er liefert einen ersten „Schneisenschlag", mit Leerstellen und ggf. mit Hinweisen (in Klammern), die im späteren Redaktionsprozess Berücksich-tigung finden können.
- **Redaktion und Überarbeitung des Entwurfs** (*editing* und *re-editing*): Sie wird sinnvollerweise in einem gewissen zeitlichen Abstand durchgeführt. Es erfolgt eine Kontrolle der Gestalt des Textes (Kohärenz und Kohäsion, interkulturel-le Aspekte, Situations- und Adressaten-Angemessenheit, äußere Form) sowie der sprachlichen Mittel, der stilistischen Faktoren und der kommunikativen Strategien.
- **Fertigstellung** des Textes und abermalige Korrekturlektüre

der Stellenwert von Planung, Redaktion und Überarbeitung

Schülerinnen und Schüler neigen bekanntlich dazu, zu schnell und impulsiv zu schreiben, besonders wenn sie das Thema anspricht, nämlich für sie sinnvoll er-scheint und eine Herausforderung darstellt. Daher müssen gerade die Stadien der Planung sowie der Redaktion und Überarbeitung im Rahmen der Schreibschu-lung besonders geschult werden; es muss eine Verhaltensveränderung erreicht werden, und dies kann nur im Rahmen von bewusstem Training über einen längeren Zeitraum geschehen. Dabei sollte der Redaktionsprozess auf die skiz-zierten einzelnen Facetten heruntergebrochen werden: Das Auffinden passender Konnektoren beispielsweise oder auch der Einbau prägnanter Adjektive oder aber die Kontrolle übergreifender stilistischer Merkmale sind dann Einzeletappen der Texterstellung. In diesem Zusammenhang ist zu unterstreichen, dass der Erwerb von Kompetenzen im instrumentellen Bereich (Umgang mit Wörterbüchern, elektronischen Glossaren und Konkordanzern, Konsultationsgrammatiken) für die redaktionelle Bearbeitung der Texte unerlässlich ist.

instrumentelle Kompetenzen

2.6.1.4 Schreiben in der Fremdsprache: Besondere Aspekte

andere formale Konventionen

Fremdsprachliche Texte unterliegen mitunter anderen formalen Konventionen als das deutsche Pendant. Die Unterschiede können beispielsweise Gliederungs-prinzipien betreffen, thematische Zusätze, oder aber stilistische Normen. So wird in vielen Kulturen vermieden, mit der Tür ins Haus zu fallen („deutsche Direktheit"; Weinrich 1986), man thematisiert dann in einem Brief beispielswei-se erst einmal die allgemeine Problemlage oder lobt positive Entwicklungen. Es entspricht französischer Konvention, dass man auf den Adressaten persönlich eingeht, nach seinem Befinden fragt usw. Im angelsächsischen Raum wird Kritik – außer in extremen Situationen – meist nur in höflicher Verpackung und eher indirekt geäußert. *Understatement* als Form des Sprachstils ist kulturell unabding-bar, und Techniken des bloßen Andeutens, ja des Vermeidens, sind vonnöten. Allgemein sind in interkultureller Kommunikation die Regeln der Höflichkeit besonders zu beachten.

In der französischen Tradition ist die Ich-Form in essayistischen Texten ver-pönt («le moi est haïssable» Pascal, Pensées: 597–455), in englischen Essay-Texten ist sie hingegen gängig. Das Deutsche hat die Regel der *variatio stilistica:* Man wiederholt nicht mehrmals hintereinander das gleiche Nomen (oder Verb). Diese Regel ist im angelsächsischen Bereich deutlich weniger ausgeprägt.

Im deutschen Schulwesen war jahrzehntelang der ‚Besinnungsaufsatz' das Rückgrat muttersprachlicher Ertüchtigung und Leistungserhebung. Briten empfanden ihn stets als *very German indeed*, eben systematisch, *thorough* – und humorlos-langweilig. Die Form hatte im britischen System keine Entsprechung. Im französischen Bildungswesen hingegen spielt seit jeher die kohärent und nach festen Regeln durchkomponierte *dissertation littéraire* eine bedeutende Rolle. Ganz anders als in Großbritannien signalisiert in Deutschland der Gebrauch von Jargon, etwa im Bereich wissenschaftlicher Fachsprache, Problembewusstsein und Kastenzugehörigkeit; in der britischen Tradition, geprägt durch die Wissenschaftsauffassung der *Royal Society* des 17. Jahrhunderts, ist er verpönt, ebenso verpönt wie der deutsche Nominalstil. Werden deutscher Jargon und deutscher Nominalstil ins Englische übertragen, etwa bei der Übersetzung von Fachbeiträgen durch Deutsche, so entsteht jenes (Pseudo-)Englisch, das – wiewohl grammatisch korrekt – in der angelsächsischen Welt als unlesbar empfunden wird, besonders dann, wenn die deutschen Schachtelsätze nicht in mehrere wesentlich kürzere, klar konturierte Sätze aufgebrochen wurden, und dies in einer Diktion, die auch für den denkenden, interessierten Laien, den *liberally educated gentleman* eben und die *liberally educated lady*, verständlich ist. Bei einer Übertragung ins Englisch, die den Namen verdient, spielen neben einem weitgehenden Verzicht auf Jargon ein leserfreundlicher Duktus und dann auch die Anpassung des Satzfokus an die englische Syntax eine wichtige Rolle.

Geschriebene Texte sind, soweit es sich dabei nicht um bloße schriftlich fixierte Mündlichkeit handelt (*scripted texts*), bearbeitet, ja „gefeilt". Nicht nur die schriftsprachliche Ebene muss durchgehalten werden, es sind auch ein besonderes Maß an begrifflicher Präzision und eine präzise Übereinstimmung mit den Kategorien der realen Welt (Kohärenz) erforderlich. Darüber hinaus bedarf es der textimmanenten Kohäsion, mit klaren Bezügen und einer durch einen adäquaten Gebrauch von Konnektoren gesicherten logisch-argumentativen Struktur. Der Leser darf nicht bei der Lektüre „entgleisen", weil seine Gedanken und Antizipationen in die falsche Richtung gelenkt werden. Auf fortgeschrittenem Niveau spielen dann auch noch rhetorisch-ästhetische Maßnahmen eine Rolle, die den Text glatt erscheinen lassen und die Lektüre angenehm machen. Wie schon in Abschnitt 2.6.1.2 angedeutet, können Übernahmen aus mündlicher Rede (formale Ebene) gerade im Englischen strategisch begründet in „gefeilte" Schriftlichkeit übernommen werden, ohne dass dadurch die schriftsprachliche Ebene verlassen wird. Im Bereich argumentativer Textformen ist im angelsächsischen Raum die Form des Essays nach wie vor formal tonangebend. Es lohnt sich, die Vorbilder hinsichtlich ihres formalen Aufbaus sowie der Argumentationsstruktur und -strategien exemplarisch zu sezieren, um dann die Schülerinnen und Schüler zunächst einmal im *paragraph writing* zu üben.

englische, französische und deutsche Konventionen im Vergleich: Beispiele

was den „gefeilten" Text auszeichnet

2.6.1.5 Zur Bewertung des Schreibens

das Fehlen durchgängiger Schwierigkeits-merkmale und Anforderungs-niveaus

Da Schreiben im Fremdsprachenunterricht traditionell einen hohen Stellenwert besitzt, haben sich insbesondere hier feste Vorstellungen zur Bewertung von Schülerleistungen entwickelt, die bis heute tradiert werden. Die Bildungsstandards regen dazu an, neu über Bewertungsmaßstäbe nachzudenken. Angesichts des Facettenreichtums der thematisch-inhaltlich-kulturellen Füllungen möglicher Aufgabenstellungen fällt es schwer, durchgehende Schwierigkeitsmerkmale und Anforderungsniveaus mit exemplarischen Beispielen auszubringen, zumal dies umfangreiche empirische Untersuchungen zu einzelnen, wie auch immer modellierten, Kategorien von Aufgabenstellungen und -bearbeitungen voraussetzen würde. Allerdings kann Schreiben nur dann adäquat bewertet werden, wenn zuvor im Rahmen der Aufgabenstellung ein bestimmtes Anforderungsniveau vorgegeben wurde.

kriterienorientierte Bewertung

Es versteht sich von selbst, dass die Bewertung von Schreibleistungen kriterienorientiert und innerhalb aller Kriterien für die jeweiligen „Autorinnen" und „Autoren" transparent erfolgen muss. Neben die Bewertung durch die Lehrerin bzw. den Lehrer tritt die Begutachtung durch die Mitschüler (*peer correction*) und auch durch den Verfasser selbst – stets auf der Basis vorgegebener oder ausgehandelter expliziter Kriterien.

peer correction und Selbst-korrektur

schwierigkeits-generierende Merkmale gemäß GeR

Die Skalierungen des GeR (Europarat 2001) suggerieren als schwierigkeitsgenerierende Merkmale auf dem Kompetenzniveau B2(+) Klarheit, Detailliertheit, das Zusammentragen von Informationen und Argumenten aus verschiedenen Quellen und deren Abwägung (Skala Schriftliche Produktion allgemein), die thematische Breite, die Beachtung von *Genre*-Konventionen, die Darlegung von Zusammenhängen zwischen verschiedenen Ideen (Skala Kreatives Schreiben), Systematik und Abgewogenheit der Erörterung, die Abwägung verschiedener Ideen oder Problemlösungen (Skala Berichte und Aufsätze schreiben), den Abstraktionsgrad des Themas, die Präzision der Erklärungen und der Fragen (Skala Schriftliche Interaktion allgemein), den Ausdruck von unterschiedlich starken Gefühlen, die Hervorhebung der persönlichen Bedeutung von Ereignissen und Erfahrungen, die Kommentierung entsprechender Erfahrungen des Kommunikationspartners (Skala Korrespondenz).

weitere schwierigkeits-generierende Merkmale

Mit Sicherheit wirken auch die geforderte sprachliche Differenziertheit der Darstellung, die angenehme Lesbarkeit des Textes (Duktus), die kulturelle Adäquanz des intendierten Schriftstücks schwierigkeitsgenerierend. Auch der Anspruch an den Schreiber, einen eigenständigen, sprachlich und inhaltlich möglichst wagemutigen Text zu verfassen, steigert das Schwierigkeitsniveau. Mitunter legt die Textsorte nahe, die mögliche Wirkung des Geschriebenen im Text selbst explizit zu machen: Auch dies ist ein Faktor, der das Anforderungsniveau der Aufgabe insgesamt steigert.

2.6.2 Die innovativen Komponenten der kommunikativen Modellierung des Schreibens in den Bildungsstandards für die Allgemeine Hochschulreife

Auf der Ebene B2 des Referenzrahmens ist das Schreiben auf Texte zu einem breiten Spektrum von Themen des fachlichen und persönlichen Interesses gerichtet, die adressatengerecht und textsortenspezifisch erstellt werden sollen. Techniken und Strategien des formellen, informellen und kreativen Schreibens sollen verfügbar sein (vgl. Europarat 2001: 67f.).

Dazu werden auf dem grundlegenden Niveau der Bildungsstandards für die Allgemeine Hochschulreife acht Standards genannt, die auf einzelne Facetten des Schreibprozesses gerichtet sind und auch schreibstrategische und allgemeinere kognitive Teilkompetenzen umfassen. (KMK 2014: 17)

Grundlegendes Niveau

Die Schülerinnen und Schüler können

Schreibprozesse selbstständig planen, umsetzen und reflektieren (S1)

- Texte in formeller oder persönlich-informeller Sprache verfassen und dabei wesentliche Konventionen der jeweiligen Textsorten beachten (S2)
- Informationen strukturiert und kohärent vermitteln (S3)
- sich argumentativ mit unterschiedlichen Positionen auseinandersetzen (S4)

Standards im Bereich Schreiben auf dem grundlegenden Niveau der Bildungsstandards

Die selbstständige Planung von Schreibprozessen impliziert die Fähigkeit, den Adressatenbezug zu durchschauen und vom Adressaten her Inhalt und Form des zu erstellenden Textes festzulegen, zu arrangieren und zu realisieren, und zwar im Rahmen der gegebenen, textsortenspezifischen Normen. Der Standard (S1) deckt neben der begleitenden Reflexion auf Inhalte und Formen auch das Erkennen der Gestalt des Schreibprozesses und die Techniken des Redigierens (*editing*) ab. Sprachlich soll sowohl der formelle wie auch der informelle Bereich berücksichtigt werden, wobei auch hier die grundlegenden Konventionen der Textsorte zu beachten sind (S2). Die Informationen sollen logisch strukturiert und sachlich kohärent vermittelt werden, was zugleich einen kohäsiven Text impliziert (S3). Mögliche unterschiedliche Standpunkte bzw. Sichtweisen sollen bei entsprechender Aufgabenstellung, falls erfordert, argumentativ aufbereitet werden. Dies erfordert sprachpraktische Techniken des Gegenüberstellens, gegeneinander Abgrenzens, Hervorhebens und subjektiven Bewertens, wobei gerade wieder das subjektive Bewerten auch kulturellen Konventionen (*understatement*, Vermeidung von Gesichtsverlust, ggf. konstruktives Herangehen) unterliegt (S4).

Weiterhin heißt es:

Die Schülerinnen und Schüler können

- Texte zu literarischen und nicht-literarischen Textvorlagen verfassen (S5)
- eigene kreative Texte verfassen, ggf. in Anbindung an eine Textvorlage (S6)
- Textsorten zielorientiert in eigenen Textproduktionen situationsangemessen verwenden (S7)

Als Schreibvorlagen sollen sowohl anspruchsvolle Sachtexte als auch literarische Texte herangezogen werden. Die bisherige Fixierung vor allem auf Textkommentierung und Interpretation nach einem festgefügten Schema wird zugunsten eines lebensnäheren und auch partiell kreativeren Umgangs mit der Schreibvorlage aufgegeben. Texte können beispielsweise die persönliche emotionale Auseinandersetzung mit dem Ausgangstext thematisieren (S5). Die Textvorlage kann auch dazu dienen, anknüpfend an darin enthaltene Elemente und angeregt durch die eigene Ideenwelt selbstständige Anschlusstexte zu verfassen, etwa freie Übertragungen in andere Bezugsfelder oder verfremdende Texte (S6). Die dabei gewonnenen Kenntnisse von Textsorten sollen die Schülerinnen und Schüler in eigenen Texten in möglichst situationsangemessener Weise realisieren (S7).

Schließlich heißt es:

Die Schülerinnen und Schüler können
• diskontinuierliche Vorlagen in kontinuierliche Texte umschreiben (S8)

Diskontinuierliche Texte (z. B. alle Formen der Text-Bild-Kombination) spielen in einer daten- und informationsorientierten Kultur eine bedeutende Rolle. Sie sind Ausgangspunkt für explikative und auch wertend kommentierende Texte. Die Schülerinnen und Schüler sollen befähigt sein, am Diskurs um diskontinuierliche Texte schreibend teilzunehmen. Dies impliziert deren Präsentation, Auslegung, Kommentierung und Kritik.

Auf erhöhtem Niveau kommen drei weitere Standards hinzu.

Standards im Bereich Schreiben auf dem erhöhten Niveau der Bildungsstandards

Die Schülerinnen und Schüler können darüber hinaus
• aus einem Spektrum eine Textsorte auswählen, in eigenen Textproduktionen situationsangemessen und adressatengerecht umsetzen und dabei die Konventionen der jeweiligen Textsorte beachten (S9)
• bei der Textgestaltung funktionale Gesichtspunkte, z. B. Leserlenkung und Fokussierung, beachten (S10)
• literarische und nicht-literarische Textvorlagen transformieren, z. B. einen historischen Text in einen modernen Text umwandeln, einen Text mit fachspezifischen Elementen für eine andere Zielgruppe adaptieren (S11)

Die Realisierung der Standards 9–11 setzt die Verfügbarkeit der Standards 1–8 voraus. Die Standards 9–11 sind allerdings komplexer. Sie schärfen den Blick auf Funktionalitäten und Intentionalitäten von geschriebenen Texten (S10), und sie richten sich auf die zielgruppenadäquate Bearbeitung von Texten für andere Leserschaften. Sie berücksichtigen fachspezifische thematische Elemente sowie die Aufbereitung von historischen literarischen und nicht-literarischen Textdokumenten für moderne Leser (S11).

Komplexität und Facettenreichtum des Kompetenzbereichs Schreiben

Die Standardformulierungen machen – erstmals in der Geschichte der gymnasialen Oberstufe – die Komplexität und den Facettenreichtum des Kompetenzbereichs Schreiben deutlich: Das Schreiben in den drei dort genannten Variationen formell, informell und kreativ gehorcht unterschiedlichen Konventionen.

Formelles Schreiben erfordert eine bestimmte Stilebene, die eben nicht all- *formelles* tagssprachlich ist und der daher im Fremdsprachenunterricht eigene, breit ange- *Schreiben* legte Übungsstränge gewidmet sein müssen. Darüber hinaus sind vergleichswei- se festgefügte enge kulturelle Normen und Konventionen zu wahren.

Auch informelle Schreibstile (Brief, E-Mail, Tagebuch) folgen kulturellen Nor- *informelle* men, die allerdings stärkeren Wandlungen unterliegen. Da in diesem Bereich die *Schreibstile* Stilebene eher alltagssprachlich ist, können die Lernenden einerseits deutlich an den Fremdsprachenunterricht der Sekundarstufe I anknüpfen, sie sollten je- doch andererseits insbesondere ihre idiomatischen Fähigkeiten beim Schreiben ausbauen. Im E-Mail-Bereich ist ein spezifischer Trainingsbedarf vorhanden, da es hier fließende Übergänge zu formaleren Ausprägungen, etwa mit Blick auf Berufsleben und Geschäftsverkehr, gibt. Deutliche stilistische Unterschiede be- stehen zu spontaner Konversation etwa im Blog-Bereich oder am Telefon. Im- merhin wiegen Verstöße gegen Konventionen hier angesichts der „lockereren" Kontexte der Schreibanlässe weniger schwer als im Bereich formellen Schreibens.

Kreatives Schreiben ohne direkte Anbindung an eine konkrete Textvorlage *kreatives* verfolgt die freiere Gestaltung von Texten und regt dazu an, Schreiben als eine *Schreiben* kommunikative Tätigkeit persönlich zu erweitern; es vermag beispielsweise die Textanalyse zu ergänzen. Insofern bietet sich diese Form des Schreibens strate- gisch auch als ein Bindeglied zwischen traditionellem Schreib- und Leseunter- richt und neueren Formen eines solchen Unterrichts an.

Die Aufgabenstellungen zum Schreiben bewegen sich grundsätzlich auf ei- *Aufgabenstellun-* ner Skala von stark gelenkt bis ganz frei. Bei völlig freien Aufgabenstellungen *gen: eine Skala von* stellt sich allerdings die Frage nach dem didaktischen Nutzen. Texte können *stark gelenkt bis* umgestaltet oder auch in andere Medien übertragen werden; wichtig ist stets der *ganz frei* eigene schöpferische bzw. intuitive Anteil. Der kreativ Schreibende folgt text- sortenspezifischen, metrischen, zeittypischen usw. Konventionen, die beachtet und geübt werden müssen. Bei allen Formen des Schreibens ist der Prozess des Ausarbeitens, des *editing*, wie weiter oben ausgeführt, von zentraler Bedeutung.

Kreatives Schreiben kann genutzt werden, um die Lernenden zu einer *vicari-* *kreatives Schrei-* *ous experience* zu führen: Sie nehmen schreibend die Gefühlslage und Perspektive *ben als vicarious* einer anderen, möglicherweise aus einer anderen Kultur oder Zeit stammenden *experience* Person ein. Im Falle der in Abschnitt 2.6.3 vorgestellten Aufgabe *Immigrant Sto-* *ries* (2_6_Schr_E_Immigrant_Stories) ist dies eine Irin aus den 1950er Jahren, die in die USA emigriert.

Für die Fremdsprachenlernenden ist kreatives fremdsprachliches Schrei- *kreatives Schrei-* ben trotz seines schulischen Stellenwertes anfangs zumindest ungewohnt; es *ben: ein metho-* kommt für sie jenseits des schulischen Kontextes kaum vor. Auch der mutter- *disch nicht immer* oder herkunftssprachliche Umgang mit Sprache sowie entsprechende kreative *einfacher Bereich* Aktivitäten im Schulfach Deutsch stützen die Entwicklung des kreativen Schrei- bens nur in den Fällen, bei denen von einer hohen sprachlichen Kompetenz im Deutschen oder in den Herkunftssprachen ausgegangen werden kann. For- melles oder kreatives Schreiben spielt normalerweise erst im Erwachsenenalter eine Rolle.

In der Regel sind die meisten Schülerinnen und Schüler lediglich mit be- stimmten Formen des informellen Schreibens vertraut (E-Mail und Blog). Insofern ist der Gesamtbereich fremdsprachliches Schreiben als schwierig, mühevoll, potentiell bei einem Teil der Schüler weniger motivierend und angesichts der vorwiegend schriftlichen Form der schulischen Lernerfolgskontrollen bis zu einem gewissen Grade auch als angstbesetzt einzustufen, mit allen Konsequenzen, die daraus resultieren. Umso wichtiger sind ein nachhaltiges Training in diesem Bereich, die Würdigung von Mut und Kreativität und adäquate Formen der Präsentation des Erreichten.

Schreiben in den Standards für den Mittleren Schulabschluss und in den Bildungsstandards von 2012

Im Unterschied zu den auf das GeR-Niveau B1 als unteres Niveau einer selbstständigen Sprachverwendung bezogenen Standards für den Mittleren Schulabschluss sind die Standards zur Kompetenz Schreiben in den Bildungsstandards für die Allgemeine Hochschulreife dem höheren Niveau entsprechend deutlich ausgeprägter und sehr viel fordernder, aber auch präziser. Die Standards für den Mittleren Schulabschluss modellieren Schreiben als die Kompetenz, Aufgaben zu bewältigen, die „über die Wiedergabe von Informationen hinaus in einfacher Form auch Erläuterungen, begründetes Stellungnehmen und kreatives Gestalten erfordern" (KMK 2003: 7). Im Übrigen sollen die Lernenden „ihre Fremdsprachenkenntnisse in der späteren beruflichen Tätigkeit und in der beruflichen Weiterbildung verwenden", in diesem Zusammenhang „kurze, den Regeln des Umgangs entsprechende Briefe und E-Mails verfassen" und „sich auf eine angebotene Stelle bewerben." (ebd.: 9)

Schreiben in den EPA Englisch von 2002

In den Einheitlichen Prüfungsanforderungen für die Abiturprüfung Englisch aus dem Jahre 2002 (hier exemplarisch auch für Französisch) ist der Bereich Schreiben auf eine relativ traditionelle Weise systematisch gefasst: Schreiben wird zunächst eher statisch und produktorientiert als „schriftliche Textproduktion" gefasst (KMK 2002: 13). Allerdings wird ein Adressatenbezug zumindest teilweise hergestellt, wobei zwischen „persönlichem und sachlichem Stil" unterschieden wird. Weitere auf das Schreiben bezogene Setzungen erscheinen bei den „fachlichen Methodenkompetenzen und Arbeitstechniken" (ebd.: 16), wo u. a. von *presentation skills* die Rede ist. Insgesamt fällt auf, dass der bewusste Einsatz angemessener kommunikativer Strategien, auch beispielsweise zur Vermeidung sprachlicher und kultureller Missverständnisse, noch nicht durchgängig mitgedacht wird.

2.6.3 Aufgabenkonzeption

2.6.3.1 Die Lernpotentiale der Aufgaben

komplexe, mehrstufige Lernaufgaben als Beispiele

Die beiden im Folgenden vorgestellten Schreibaufgaben Englisch, *Model European Parliament: The United States of Europe* (2_6_Schr_und_2_10_SLK_E_Model_European_Parliament) und *Immigrant Stories* (2_6_Schr_E_Immigrant_Stories), und auch die Schreibaufgaben Französisch, *Les cinquante ans* (2_6_Schr_F_les_cinquante_ans) und *Lettre de candidature à l'Institut Paul Bocuse* (2_6_Schr_F_Bocuse_lettre_candidature), sind komplexe und mehrstufige Lernaufgaben. Alle Aufgaben haben einen engen, wenn auch unterschiedlich konstituierten Bezug zur Lebenswelt der Schüler, sie sind authentisch, und sie stellen eine Leistungsherausforderung dar; alle Aufgaben laufen zu auf ein vorzeigbares Werkstück, das in unterschiedlicher Weise präsentiert werden kann.

Die beiden englischen Aufgaben arbeiten mit Mustertexten, die als Lesetexte (Rede- bzw. Romanausschnitt) präsentiert und erarbeitet werden, bevor dann der Transfer des Gelernten auf die Erfordernisse der jeweiligen Schreibaufgabe erfolgt.

Auch *Lettre de candidature à l'Institut Paul Bocuse* arbeitet mit Vorlagen und Mustertexten, während *Les cinquante ans* einen Web 2.0-basierten Schreibprozess anbietet: Anwendungen im Web 2.0 und zum Teil darauf basierende soziale Netzwerke ermöglichen einen relativ unkomplizierten Austausch von Informationen in Form von Texten unterschiedlichster Qualität.

Arbeit mit Muster-texten oder ein Web 2.0-basierter Schreibprozess

Thematisch orientiert sich die erste englische Aufgabe an der europäischen Initiative *Model European Parliament*, in deren Rahmen nach dem Vorbild einer erfolgreich gehaltenen Rede eine angemessene eigene Rede zu einem bestimmten Thema zu halten ist, die schriftlich ausgearbeitet werden kann. Es geht dabei unter anderem um Schriftlichkeit und Mündlichkeit sowie Fragen des Stils.

Model European Parliament

Ausarbeitung einer Rede

Die zweite englische Aufgabe stellt zunächst eine traditionelle Schreibaufgabe zu einem Roman dar, die allerdings zu einer kreativen Schreibaufgabe hinführt, da in Anknüpfung an die Thematik *Immigration* ein eigener Romanabschnitt zu dieser Thematik selbstständig erarbeitet werden soll. Schreiben variiert in den beiden Aufgaben ferner sowohl bezüglich der Vorgaben und ihrer Verbindlichkeit als Modell für das eigene Schreiben als auch insbesondere hinsichtlich der kreativen Ausrichtung der Schreibanlässe.

Immigrant Sories

Verfassen eines fiktionalen narrativen Textes

Lettre de candidature à l'Institut Paul Bocuse zielt auf die sprachlich-stilistischen, inhaltlichen und strukturellen Variationsmöglichkeiten eines Bewerbungsschreibens und deren jeweilige Wirkung. Die Aufgabe stellt somit einen direkten Bezug zur Berufsorientierung her und fordert zur Auseinandersetzung mit einem interkulturell relevanten Berufsziel heraus, das im späteren Werdegang deutscher Abiturienten zunächst nicht vorgesehen ist. Die Schülerinnen und Schüler lernen den kulturellen Stellenwert einer Koch- und Gastronomieausbildung an einem prestigevollen Ausbildungsinstitut in Frankreich kennen und damit eine originelle Alternative zum rein akademischen Hochschulstudium. Weiterhin erkennen sie die Bedeutung eines guten Bewerbungsschreibens für den Zugang zu Ausbildungs- und Arbeitsplätzen und die Herausforderung einer stilsicheren Redaktion. Das gesamte Bewerbungs-„Paket" aus Lebenslauf, Bewerbungsschreiben und ggf. Bewerbungsgespräch (s. Lernaufgabe 2_6_Schr_F_Bocuse_lettre_candidature) besitzt einen hohen interkulturellen und spezifisch berufsorientierten Stellenwert für die Schulabgänger.

Lettre de candidature à l'Institut Paul Bocuse

Ein Bewerbungs-schreiben im Mittelpunkt

Am Beispiel der Aufgabe *Les cinquante ans* (2_6_Schr_F_les_cinquante_ans) soll vorgestellt werden, wie eine interaktive Schreibwerkstatt auf der Basis eines Blogs durchgeführt werden kann. Die Aufgabe greift den Themenkomplex „Miteinander leben in Europa" in einer Form auf, die einen starken Bezug auf die Lebenswirklichkeit der Lernenden zulässt. Die Aufgabe berührt kognitiv und emotional ein interkulturelles Kernthema des Französischunterrichts: die deutsch-französische Freundschaft an der Basis der Gemeindepartnerschaften. Gefordert wird eine (politische) Argumentation, die positive Emotionen spiegeln soll, aber auch konstruktive Kritik enthalten darf. Gleichzeitig ist der zu schreibende Text eine Aufforderung zum Dialog. Die große Zahl an Regional-, Städte- und Schulpartnerschaften lässt die Wahrscheinlichkeit zu, dass die Lernenden

Les cinquante ans

Durchführung einer interaktiven Schreibwerkstatt auf der Basis eines Blogs

auch persönliche Erfahrungen einbringen können. Überlegungen zu Geschichte, Gegenwart und Zukunft einer Partnerschaft und deren Bewertung bieten Gelegenheit zur Auseinandersetzung mit dem politischen und menschlichen Phänomen ‚Deutsch-französische Freundschaft' am konkreten Beispiel.

Model European Parliament und *Immigrant Stories*

Die Aufgaben *Model European Parliament: The United States of Europe* (2_6_Schr_und_2_10_SLK_E_Model_European_Parliament) und *Immigrant Stories* (2_6_Schr_E_Immigrant_Stories) thematisieren unterschiedliche Verwertungszusammenhänge von Schreibkompetenz: Im ersten Fall wird eine Rede, ein formaler, mündlich vorzutragender expositorischer Text also, schriftlich vorbereitet, im zweiten Fall entsteht modellhaft ein narrativer, fiktionaler Text. Beide Texte wurden im Rahmen eines größeren Unterrichtsvorhabens thematisch vorbereitet. Insofern sind beide Aufgaben thematisch angebunden. Beide Aufgaben richten ihr Augenmerk auf prozedurale und strategische Aspekte des Schreibens, aber auch auf Adressatenbezug und textsortenspezifische Aspekte; beide Aufgaben arbeiten, wie oben schon angedeutet, mit einem Textmuster.

Candidature à l'Institut Paul Bocuse und *Les Cinquante ans*

Lettre de candidature à l'Institut Paul Bocuse (2_6_Schr_F_Bocuse_lettre_candidature) spielt wie die Sprechaufgabe *Entretien de candidature à l'Institut Paul Bocuse* (2_7_und_2_10_SLK_F_Spr_Bocuse_Entretien_candidature) mit der Simulation einer Realsituation, nämlich der Bewerbung auf einen Ausbildungsplatz. Das Spiel mit den Stilvarianten und die Begutachtung der Schreibprodukte gehören zur komplexen Gesamtaufgabe dazu, und der Text, der in einem „Schreibkonferenz"-Verfahren die beste Bewertung erhält, bekommt schließlich den „Zuschlag" der Jury.

Die Aufgabe *Les cinquante ans* (2_6_Schr_F_les_cinquante_ans) bietet alternativ auch die Variante an, das Schreiben des Artikels in einem Blog durchzuführen. Die Schülerinnen und Schüler veröffentlichen ihre Arbeiten im Blog, als vom Administrator des Blogs zugelassene Autoren, oder im Rahmen der Kommentar-Funktion, wobei die Kontrolle, die Korrektur oder der Kommentar der jeweiligen Texte möglich sind. Die (komplexere) Autoren-Lösung bietet neben der Möglichkeit der Bewertung in Form einer Abstimmung einige weitere Funktionen; es entsteht ein expositorischer Text, der im Web verbreitet wird, und, als Derivat, auch ein Brief, der französischen Adressaten übergeben werden soll. Damit fokussiert die Aufgabe auf zwei Textsorten. Die Aufgabe arbeitet nicht mit einem Mustertext, wohl aber mit der Web-Recherche, was ein Training des Leseverstehens (in erster Linie *skimming* und *scanning*) mit sich bringt. Außerdem dient die Gruppendiskussion der Schülerprodukte in der Abschlussphase der Aufgabe dem Training diskursiver Mündlichkeit.

2.6.3.2 Standardbezüge

weitere Kompetenzen, auf die die Aufgaben fokussieren

Die beiden auf Englisch bezogenen Aufgaben decken die ersten zehn der insgesamt elf Schreibstandards nahezu vollständig ab. Beide Aufgaben sind in umfangreichere Lernaufgaben eingebettet, die auf weitere Kernkompetenzen gerichtet sind, im Falle von *Model European Parliament: The United States of Europe* besonders die Sprachbewusstheit und die Sprachlernkompetenz, im Falle von *Immigrant Stories* das (literarische) Lesen. Es besteht in beiden Aufgaben Aus-

gewogenheit zwischen thematisch-inhaltlichen (wissensbezogenen), kommuni-
kativ-sprachpraktischen, interkulturellen und strategisch-prozeduralen Bezügen.
Die Lernwege können bis zu einem gewissen Grade individuellen Neigungen
und Arbeitsweisen angepasst werden, womit sich Möglichkeiten zur Individualisierung des Unterrichts ergeben. Während die Aufgabe *Model European Parliament: The United States of Europe* einen unmittelbaren Lebensbezug zu Aktivitäten
des jungen Erwachsenenalters aufweist (etwa: sich einbringen, mit entscheiden),
liegt das Erkenntnispotenzial der Aufgabe *Immigrant Stories* bei der Durchschau-
barwerdung literarischer Mechanismen und Bauformen angesichts eines eigenen
kreativen Umgangs mit einem „Stück" Literatur. Darüber hinaus liegt der inhaltliche Zugewinn in der Perspektivenübernahme einer jungen Auswanderin.

Individualisierung der Lernwege

interkultureller Zugewinn

Die Standardbezüge der vier vorgestellten Aufgaben:

- *Model European Parliament: The United States of Europe*
  (2_6_Schr_und_2_10_SLK_E_Model_European_Parliament)
Von den Standards des grundlegenden Niveaus erweisen sich insbesondere die
Einzelstandards zum Schreibprozess (S1), zum Stil und den Textsorten (S2), zur
Kohärenz (S3), zur Argumentationslinie (S4) sowie zur Situationsangemessenheit
(S7) als relevant. Darüber hinaus werden zwei Standards des erhöhten Niveaus,
die Wahl einer situations- und adressatengerechten Textsorte (S9) und funktionale Gesichtspunkte bei der Textgestaltung wie etwa Leserlenkung (S10) in be-
sonderer Weise berücksichtigt.

die Standard-
bezüge der vier
vorgestellten
Aufgaben

- *Immigrant Stories*
  (2_6_Schr_E_Immigrant_Stories)
Auch hier sind die Einzelstandards S1 bis S3 zum Schreibprozess, zum Stil und
zu den Textsorten sowie zur Kohärenz bedeutsam. Hinzu kommen die Textproduktion im Anschluss an literarische Vorgaben (S5) sowie das Verfassen eigener
kreativer Texte (S6). Schließlich spielt die Leserlenkung eine Rolle (S10).

- *Lettre de candidature à l'Institut Paul Bocuse*
  (2_6_Schr_F_Bocuse_lettre_candidature)
Wiederum steht der Prozesscharakter des Schreibens im Vordergrund (S1 bis S3).
Außerdem sind auch hier der Umgang mit literarischen bzw. nicht-literarischen
Textvorlagen (S5) sowie die Fähigkeit zur zielorientierten Verwendung einer
Textsorte (S7) relevant. Schließlich spielen erneut Leserlenkung und Fokussie-
rungsstrategien (S10) eine Rolle.

  Die Bindung an Vorlagen ist bei dieser Aufgabe sehr eng, wobei die Variation
der Sprache (formeller oder persönlicher Stil) und die Reflexion der Effekte Teil
der Aufgabe sind.

- *Les cinquante ans*
  (2_6_Schr_F_les_cinquante_ans)
Die Palette der Standardbezüge im Bereich Schreiben entspricht insgesamt dem
Beispiel *Lettre de candidature à l'Institut Paul Bocuse*. Allerdings spielen Textvorlagen in der Textproduktion und diskontinuierliche Texte keine unmittelbare Rol-

le, auch wenn sie sehr wohl Teilergebnisse der Internet-Recherche sein können. Der Ausgangstext ist vielmehr exhortativ, d. h. er stellt eine Aufforderung dar.

2.6.3.3 Kompetenzaufbau im Rahmen der Schreibschulung in der gymnasialen Oberstufe

Schreiben als zwingend erforderliches Modul im Rahmen eines authentischen Diskurserwerbs

Es versteht sich von selbst, dass die Entwicklung der Schreibkompetenz im Bereich der Sekundarstufe II stets auf die ein oder andere Weise eingebettet ist in thematisch ausgerichtete Lernaufgaben; schließlich hat das Schreiben in seiner neuen, komplexen und facettenreichen Gestalt eine Schlüsselfunktion für den Sprach- und Kulturerwerb inne und dementsprechend auch einen zentralen Platz im Abitur. In den vorliegenden Aufgaben erscheint das Schreiben nicht als schulischer Selbstzweck, als Fingerübung, sondern als zwingend erforderliches Modul im Rahmen eines authentischen und sinnvollen Diskurserwerbs (politische Teilhabe, kreative Teilhabe an künstlerischem Schaffen).

2.6.3.4 Planung und Umsetzung

weit im Vordergrund: die Planung des Schreibprozesses

Die Planung des Schreibprozesses steht in den vier Aufgaben weit im Vordergrund. Die Aufgabe *Model European Parliament: The United States of Europe* unterscheidet zehn Arbeitsschritte, *Immigrant Stories* bietet Hinweise auf die literarisch komplexe Auslegung von Charakteren und Plot (Stringenz, Glaubwürdigkeit) innerhalb der Vorarbeiten zu dem eigentlichen kreativen Teil des Schreibprozesses. Außerdem werden *writing*, *revising* (anhand von *guided questions*) und *re-writing* als eigene Etappen des Schreibprozesses benannt. In *Lettre de candidature à l'Institut Paul Bocuse* planen die Schülerinnen und Schüler ihren Schreibprozess sowohl inhaltlich als auch sprachlich und textbezogen. Durch die Variation des Bewerbungsschreibens in unterschiedlichen Stilen entwickeln sie Sensibilität für den Gebrauch von Sprache in formellen Schreibkontexten und Bewusstheit dafür, dass Sprache als Ausdruck von Persönlichkeit fungieren kann. Auch innerhalb der Aufgabe *Les cinquante ans* sind Redaktions- und Revisionsphasen breit ausgewiesen. Gleichzeitig ist die Phase der Vorplanung des Schreibprozesses (Web-Recherche, Selektion, Konsensfindung) hier auf besonders komplexe Weise realisiert.

Aus sprachlicher Perspektive spielen in den genannten Aufgaben strategische Fragen eine wichtige Rolle:

die Beachtung strategischer Fragen

In der Aufgabe *Model European Parliament: The United States of Europe* (2_6_Schr_ und_2_10_SLK_E_Model_European_Parliament) gilt es nicht nur, die kommunikationsstrategischen und rhetorischen Kennzeichen einer Rede umzusetzen; die Schülerinnen und Schüler müssen sich bewusst sein, dass das, was sie niederschreiben, eine Form von *scripted speech* ist: gepflegte, sozial verträgliche, der Kultur des Parlaments angemessene Mündlichkeit, die ansprechen muss, vielleicht aufrütteln, auf jeden Fall aber überzeugen. Ein matter, kontaktschwacher Diskurs, auch wenn er von relevantem Wissen getragen ist, kommt nicht an und ist für das Anliegen kontraproduktiv.

Immigrant Stories (2_6_Schr_E_Immigrant_Stories) als Aufgabe basiert ebenfalls auf einem Lesetext, der zugleich als Einstimmung dient, läuft aber nicht auf einen – zumindest frei wirkenden – mündlichen Vortrag zu. Selbst ein Vorlesen der Schülertexte durch ihre Autoren vor dem Kursplenum bedarf einer Rahmenkonstruktion (Typ „Autorenlesung"); authentischer ist die in der Aufgabe angelegte gegenseitige kritische Lektüre der Elaborate in der Kleingruppe mit Verbesserungsvorschlägen. Damit werden im Übrigen weitere Komponenten des Schreibens abgedeckt, so etwa die *Peer*-Redaktion eines in Teilen noch unfertigen Produkts. Redaktionelle Tätigkeiten dieser Art in Kombination mit einem Gruppendiskurs (zielgeleitete kommunikative Mündlichkeit) sind im modernen Berufsleben in einer Vielzahl von Kontexten gängig.

Auch in der Aufgabe *Lettre de candidature à l'Institute Paul Bocuse* (2_6_Schr_F_Bocuse_lettre_candidature) werden Methoden der autonomiefördernden Planung und Umsetzung gewählt. Zunächst gilt es, unterschiedliche Perspektiven und Informationsstände bezüglich des Themas zu artikulieren und zu koordinieren. Anschließend werden in einer Transformationsaufgabe Varianten der sprachlichen Realisierung geübt, die die Grundlage für die Umsetzung des Schreibauftrags bilden. In der sich unmittelbar anschließenden Evaluation der Schreibprodukte werden die gewählten Varianten sodann kollaborativ bewertet.
eine autonomiefördernde Planung und Umsetzung

Die Planung und Umsetzung der Aufgabe *Les cinquante ans* (2_6_Schr_F_les_cinquante_ans) werden in dem in Abschnitt 2.6.3.2 wiedergegebenen didaktischen Kommentar zu den Lernpotentialen erläutert. Das Schreiben des Artikels fordert Kenntnisse zu Form, Struktur, inhaltlichem Aufbau und sprachlichen Konventionen der Textsorte. Um die vorliegende Aufgabe bearbeiten zu können, muss der bisher erfolgte Unterricht hierzu bereits Vorleistungen erbracht haben. Die Internet-Recherche und die argumentative Einstimmung in der Lerngruppe erbringen einen Ideenpool, der Ausgangspunkt für den Schreibakt sein kann. Zu diesem Zweck enthält das zur Aufgabenstellung mitgelieferte Dossier eine Materialsammlung und als Materialsammlung auch exemplarisch den Internetauftritt der Partnerschaft Schwabach – Les Sables d'Olonne.
Vorleistungen des Unterrichts

Besonders ausgeprägt ist bei der Aufgabe die prozessorientierte begleitende Selbstreflexion. Hierfür bieten die Materialien zur Aufgabenstellung eine eigene *fiche de réflexion* (2_6_Schr_und_2_10_SLK_F_les_cinquante_ans, Matériel supplémentaire, Fiche de réflexion).
prozessorientierte begleitende Selbstreflexion

2.6.3.5 Selbst- und Fremdevaluation des Schreibens

Was die Evaluation angeht, so sieht die Aufgabe *Model European Parliament: The United States of Europe* eine Selbsteinschätzung des gesamten Arbeitsprozesses durch den Verfasser vor. Im Vordergrund steht dabei die Frage, wie weit er seine Planungsschritte in die Realität umsetzen konnte, und ob er sein Vorgehen im Wiederholungsfall modifizieren würde. Außerdem ist ein Evaluationsbogen vorgesehen, der sowohl vom Verfasser selbst als auch im Rahmen einer Fremdevaluation genutzt werden kann (2_6_Schr_und_2_10_SLK_E_Model_European_Parliament, Task support for Part 7, Evaluation Sheet).
Selbst- und Fremdevaluation, auch mit Evaluationsbogen

Angesichts der lediglich thematisch kanalisierten Textproduktionen der Aufgabe *Immigrant Stories* und der Schwierigkeit, die literarischen Texte nach einheitlichen Kriterien zu evaluieren, wird hier der vorsichtig wertende, eigene textbezogene Neigungen einbeziehende *Peer*-Kommentar im Vordergrund stehen. Der bietet allerdings seine eigenen kommunikativen Anreize und Trainingsmöglichkeiten: Bekanntlich ist das schonende Äußern vorsichtiger Kritik fernab von deutscher Direktheit ein kulturelles Spezifikum der angelsächsischen Welt. Gleichwohl sind Kriterien der Evaluation gegeben, im sprachlich-stilistischen Bereich ebenso wie hinsichtlich der literarischen Qualität der Texte: Es sind die im Aufgabentext niedergelegten *guiding questions* aus der Revisionsphase (2_6_Schr_E_Immigrant_Stories, Part 4, Revising).

Bewertung
im Rahmen einer
Simulation, die
Teil der Aufgabe ist

Ein Korpus von
Schülerarbeiten

Die Evaluation der Schreibprodukte in *Lettre de candidature à l'Institut Paul Bocuse* geschieht gemäß der globalen Simulation eines Bewerbungsprozesses als Aktivität einer Auswahlkommission. Die Aufgabe fordert zu einer *table ronde* auf, in der alle Bewerbungsschreiben von allen Mitgliedern der Kommission gelesen (2_6_Schr_F_Bocuse_lettre_candidature, Étape 4) und auf Grundlage einer *fiche d'évaluation* bewertet werden (2_6_Schr_F_Bocuse_lettre_candidature, Grille d'évaluation).

Zu der Aufgabe *Les cinquante ans* ist eine mehrstufige Evaluationsphase der Schreibprodukte (*Peer* Evaluation) vorgesehen. Die Materialien zur Aufgabe enthalten einen Fragebogen mit Ja-/Nein-Fragen, der von den Schülerjurys ergänzt werden kann (2_6_Schr_F_les_cinquante_ans, Matériel : Évaluer un article).

2.6.4 Ausblick

Der Schreibprozess ist integrativer Teil des kompetenzorientierten Lernmodells. Jedem authentischen Schreibprozess liegt eine Vielzahl von kommunikations- und kulturstrategischen Entscheidungen zu Grunde. Diese müssen ins Bewusstsein gehoben und die damit verbundenen Kompetenzen aufgebaut werden.

Schreiben in der Schule hat eine lange Tradition; das ist einerseits positiv, jedoch kann die Tradition in ihren Ausprägungen übermächtig werden. Auf jeden Fall muss in Zukunft gelten: kein Schreiben ohne klaren Adressatenbezug. Neue Fokussierungen für den Kompetenzbereich Schreiben und für Schreibprozesse ergeben sich im Übrigen auch aus dem Kapitel Text- und Medienkompetenz.

Stilsicheres Schreiben ist im Rahmen des internationalen Berufslebens unabdingbar. Zugleich ist fremdsprachliches Schreiben stets auch ein Sprachspiel, das die Beziehung des lernenden Individuums zu der zu lernenden Sprache festigt und der interkulturellen Sensibilisierung dient.

2.7 Sprechen

Bernd Tesch / Günter Nold
Aufgabenentwicklung: Jessica Bial, Eva Gebauer,
Jochen Roebers, Hanno Werry

• •

Eine der allgemeinen Zielsetzungen der Bildungsstandards für die fortgeführte Fremdsprache (Englisch/Französisch) für die Allgemeine Hochschulreife (KMK 2014) besteht – wie bereits bei den Bildungsstandards für den Mittleren Schulabschluss (KMK 2004a) – darin, die Mündlichkeit zu stärken. Dabei steht das zielsprachliche Sprechen als Kernkompetenz der Mündlichkeit neben dem Hör- und Hörsehverstehen und der mündlichen Sprachmittlung im Vordergrund. Konkrete Ziele des Kompetenzausbaus beim fremdsprachlichen Sprechen in der gymnasialen Oberstufe sind, *Aufwertung der Mündlichkeit*

- die Flüssigkeit und Spontaneität in der Interaktion zu erhöhen, *Ziele des Kompetenzausbaus*
- situationsbezogen und adressatengerecht zu handeln sowie allgemein
- die Thematiken des Sprechens über den Bereich vertrauter Themen hinaus zu entwickeln, wobei die Verfügbarkeit über einen breiten und facettenreichen Wortschatz zu sichern ist (GeR-Niveau B2).

Diese Ziele sind in den Standards zum Sprechen explizit ausgewiesen. Sie werden durch Aufgaben operationalisiert, die die Prozesshaftigkeit, die Interaktivität sowie die Integrativität des Sprechens spiegeln.

Die genannten Ziele lassen erkennen, dass die Bildungsstandards gerade im Hinblick auf das Sprechen ein sehr anspruchsvolles Niveau intendieren. Es ist nur durch einen lerneraktivierenden Unterricht zu erreichen, in dem die verschiedenen Formen des Sprechens in unterschiedlichen kommunikativen Kontexten verwirklicht werden. Die Bildungsstandards für die fortgeführte Fremdsprache (Englisch/Französisch) für die Allgemeine Hochschulreife gehen deutlich über die Kompetenzerwartungen in den Einheitlichen Prüfungsanforderungen Englisch (KMK 2003) bzw. Französisch (KMK 2004c) hinaus. Hierin schlägt sich auch auf normativer Ebene die Aufwertung der Mündlichkeit nieder, die aufgrund ihrer realen Bedeutung seit langem von der Fachdidaktik gefordert wurde.

2.7.1 Theoretische Grundlagen des Sprechens

2.7.1.1 Sprechen als Prozess

Sprechen beruht auf dem Zusammenspiel von sprachlichen (phonologischen, lexikalischen, grammatischen, semantischen, textuellen, sozio- und pragmalinguistischen) Teilkompetenzen, von Weltwissenselementen (beispielsweise themen- und situationsspezifischen Schemata, Skripten und Narrativen) sowie interkulturellen und kommunikationsstrategischen Teilkompetenzen (insbeson- *Zusammenspiel verschiedener Komponenten* dere angemessene Verhaltensweisen im Sprachgebrauch). Im Prozess des Sprechens kommen alle diese Komponenten zum Tragen.

Aus psycholinguistischer Sicht lässt sich das Sprechen als ein Phasenmodell darstellen. Im realen Sprachgebrauch laufen diese Phasen in Bruchteilen von Sekunden ab. Die Forschung (Levelt 1989, De Bot 1992) unterscheidet mehrere Hauptphasen, deren chronologische Abfolge sich (grob) folgendermaßen darstellt:

Planung,
Umsetzung und
Auswertung

1. die Planung des Sprechens,
2. die Umsetzung des Sprechens und ihre Kontrolle,
3. die Auswertung der Wirkung des eigenen Sprechens für die Planung weiterer Sprechhandlungen.

Die Planung umfasst den Inhalt und die benötigten Wissensressourcen. Die Umsetzung umfasst das Formulieren und Artikulieren. Die Auswertung beinhaltet ein umfassendes Selbst*monitoring* bezogen auf eventuelle Kommunikationsstörungen (Fehler und Fehlerkorrektur). In die Planung gehen bestimmte Variablen ein wie z.B. die Sprechsituation, das Thema, kultur- und sprachspezifische Besonderheiten des Sprechens (man kann nicht in allen Sprachen über Gleiches in gleicher Weise sprechen) sowie die Größe des zur Verfügung stehenden Zeitfensters, die Visualität der verbalen Interaktion (z.B. telefonieren *versus face to face*), die Interaktionsteilnehmer, Normen und Genres. Das Phasenmodell kann auch auf das Schreiben (s. Kap. 2.6) übertragen werden.

Im Fremdsprachenunterricht können sowohl die einzelnen Komponenten des Sprechens als auch die Hauptphasen des Sprechprozesses gezielt fokussiert werden, um den Schülerinnen und Schülern eine Gelegenheit zur Entwicklung ihrer Sprachbewusstheit zu geben und ihnen entsprechend ihres Kompetenzentwicklungsstatus Lerngelegenheiten anzubieten. Auf Grund der lexikalisch-grammatikalischen Unsicherheiten besteht die Besonderheit des fremdsprachlichen Sprechens im Vergleich zum muttersprachlichen Sprechen vor allem darin, die

Planungszeit
effizient nutzen

Planungszeit effizient zu nutzen bzw. sie zu erhöhen (Dechert et al. 1984; Wolff 2000; 2002). Dazu können bestimmte Strategien eingesetzt werden: Strategien, die es erlauben, die Sprechabsicht trotz – im Vergleich zum muttersprachlichen Sprechen – bestehender sprachlicher Defizite umzusetzen (durch Rückgriff auf automatisierte Wortgruppen [Kollokationen], Verwendung von Pausenfüllern, Verwendung der Muttersprache oder anderer Sprachen, Umschreibungen) oder Vermeidungsstrategien, die zu einer Reduktion der ursprünglichen Sprechabsicht oder zu ihrer Transformation führen (vgl. Wolf 2002: 314 ff.). Für die Kontrolle der Umsetzung können sprachliche und interkulturelle Selbstkontrollfragen (z.B. „Entspricht meine Äußerung den englischen / französischen Höflichkeitsnormen?") genutzt werden.

2.7.1.2 Sprechen als Interaktion

Sprechen ist ein interaktiver Vorgang. Selbst in Gestalt eines freien Vortrags oder einer frei gehaltenen Rede ist das Sprechen eine Interaktion, insoweit der Vortragende oder Redner i.d.R. Reaktionen seines Publikums einplant, antizipiert bzw. diese schon bei der Planung der Rede mitbedenkt und während der Durchführung eventuell modifizieren muss. Aber erst im direkten Gespräch, wenn – anders als in der schriftlichen (distanten) Kommunikation – Planungs- und Reaktionszeit *Planungs- und* zusammenfallen, entsteht der notwendige Druck, weitergehende Interaktionsstra- *Reaktionszeit* tegien zu nutzen, um die Kommunikation aufrechtzuerhalten. Anders formuliert: Je rascher der sprachliche Austausch (die Interaktion), desto geringer ist ggf. die Zeit, sich die Erwiderung sprachlich, stilistisch, interkulturell etc. zu überlegen (Planungszeit). Entsprechend des Umfangs der Interaktion bzw. der zur Verfügung stehenden Planungszeit können wir somit zwischen Formen des zusammenhän- *monologisches* genden monologischen Sprechens (Referat, Buchvorstellungen, Erzählen einer *und dialogisches* Geschichte anhand von Bildern etc.) und Formen des dialogischen Sprechens (Ge- *Sprechen* spräch unter Anwesenden, Telefongespräch, Debatte, Rollenspiel etc.) unterschei- den. Die Übergänge sind i.d.R. fließend, und auch in Formen des dialogischen Sprechens sind häufig Phasen des zusammenhängenden Sprechens eingebettet.

Interaktive mündliche Aktivitäten werden im GeR in insgesamt neun Ska- *Sprechen im GeR* len operationalisiert: mündliche Interaktion allgemein, muttersprachliche Gesprächspartner verstehen, Konversation, informelle Diskussion, formelle Diskussion, zielorientierte Kooperation, Dienstleistungsgespräche, Informati- onsaustausch, Interviewgespräche (Europarat 2001: 79–85). Für Interaktions- strategien stehen dort drei zusätzliche Skalen zur Verfügung (Sprecherwechsel, kooperieren, um Klärung bitten, ibd.: 88–89) und für monologische Aktivitäten weitere vier Skalen (Erfahrungen beschreiben, argumentieren, öffentliche An- kündigungen/Durchsagen machen, vor Publikum sprechen, ibd.: 65–66). Auch die Bildungsstandards für den Mittleren Schulabschluss (KMK 2003a) nehmen die Unterscheidung zwischen dialogischen („an Gesprächen teilnehmen") und monologischen Sprechanteilen („zusammenhängendes Sprechen") vor.

Innerhalb der unterrichtlichen Interaktion als Sonderfall des fremdsprach- *Mitteilungs- und* lichen Sprechens ist ein Aspekt besonders hervorzuheben, nämlich die Unter- *Sprachbezogenheit* scheidung von Mitteilungs- und Sprachbezogenheit des Sprechens. Schulischer Fremdsprachenunterricht findet in einem lernintentionalen Kontext statt, das heißt, die Lernenden lassen sich auf ein Sprechen ein, das einerseits zwar zur Mitteilung von Informationen, Anliegen und Meinungen dient (*focus on mes- sage*), daneben aber auch zur Verbesserung und Erweiterung der Sprechkompe- tenz in formaler und strategischer Hinsicht (*focus on form*). Demgemäß konsta- tiert Butzkamm:

> Guter Fremdsprachenunterricht ist gekennzeichnet vom geschickten Wechsel zwi- schen Mitteilungsbezogenheit und Sprachbezogenheit, vom Pendeln zwischen ‚ei- gentlichem' Kommunizieren und dem Üben, zwischen einem focus on message und einem focus on form. Der Fremdsprachenunterricht lebt von der Spannung zwi- schen diesen beiden Polen (Butzkamm 2004: 22).

Die spezifische unterrichtliche Lehrer-Lerner-Interaktion ist überdies unver- meidlich gekennzeichnet durch

> sehr häufig gezielte, aufgabenorientierte Frage-Antwort-Sequenzen, Stellungnahmen und kurze Vorträge, sozusagen Monologe in Dialogen, selten dagegen durch komplexe Interaktionen, auch wenn es vornehmstes Ziel sein sollte, diese anzubahnen bzw. auf sie vorzubereiten. Anders als in nichtschulischen Verwendungssituationen steht der Lernprozess selbst, gekoppelt an die Bearbeitung von Aufgaben, im Mittelpunkt des Interesses (Tesch 2010: 92).

Flüssigkeit
und Korrektheit

Eine Schwierigkeit der Förderung zielsprachlichen Sprechens liegt darin, dass Flüssigkeit und Genauigkeit bzw. Korrektheit des Sprechens einen Gegensatz bilden können. Je mehr Wert auf das eine gelegt wird, umso schwieriger erscheint dann das andere. Eine weitere Schwierigkeit besteht darin, dass sich die Grammatik der gesprochenen Sprache grundlegend hinsichtlich des geplanten und ungeplanten Sprechens unterscheidet. Geplantes Sprechen zeigt streckenweise Merkmale der geschriebenen Sprache. Dies ermöglicht es auch, textgestützte (verschriftlichte) Vorlagen zur Beförderung des Sprechens zu nutzen. Beim ungeplanten, d. h. spontanen, Sprechen dagegen – dem Regelfall – verschwinden die Merkmale der geschriebenen, stärker elaboriert geplanten Sprache zugunsten kurzer und kürzester Äußerungen, die vermeiden wollen, den Arbeitsspeicher des Sprechers und des Zuhörers zu überlasten. Entsprechend finden wir in der *ad hoc* geplanten Sprache (Sprechе) kleinste Einheiten, oft nur „Signale": Eröffnungs- oder Kontaktsignale, die Aufmerksamkeit provozieren *(well, écoute, ben)*, Fehlstarts, Satzbrüche, die in dialogischer Rede oft durch eine Art interaktiver Kollaboration und durch Signale zur Verständnissicherung überbrückt werden, Ellipsen (häufig im Verbbereich, aber auch innerhalb von Nominalgruppen) sowie, präpositionale Ergänzungen, die von einem Sprecher begonnen und von einem anderen fortgeführt werden können. Je formeller der Sprechanlass umso komplexer ist die verwendete Syntax, je informeller die Sprechsituation, umso einfacher ist sie strukturiert (Tesch 2010: 121). Die Herausforderung an die Lehrer-Lerner-Interaktion besteht darin, auch hier Phasen der Formbezogenheit von Phasen der Mitteilungsbezogenheit zu trennen. In der aufgabenorientierten Unterrichtsplanung sind diagnostische Schnittstellen vorzusehen, an denen genau diese Aspekte zur Sprache kommen und bearbeitet werden können.

Grammatik
der gesprochenen
Sprache

2.7.1.3 Sprechen als integrative Kompetenz

Rückkoppelung
mit dem Hören

Wie bereits an den oben genannten Strategien deutlich wird, ist Sprechen eine weitgehend integrative Kompetenz. Neben der sprachlichen Produktion im engeren Sinne erfolgt meist eine Rückkoppelung mit dem Hören, insbesondere beim dialogischen Sprechen, sowie unter Umständen auch mit dem Lesen, z. B. bei einem notizengestützten Vortrag. Noch offensichtlicher wird der integrative Charakter des Sprechens, wenn man die interkulturelle kommunikative Kompetenz sowie die Text- und Medienkompetenz mit einbezieht. Beim fremdsprachlichen Sprechen fließen unmittelbar eigen- und fremdkulturelles Wissen, eigen- und fremdkulturelle Haltungen, eigen- und fremdkulturelle Bewusstheit ein, was sich bereits im Suchen nach dem „passenden Wort" manifestiert: Man prüft Varianten auf ihre Bedeutungsnuancen, wägt ab, wertet die Reaktion aus.

interkulturelle
kommunikative
Kompetenz

Text- und Medien-
kompetenz

Sprachbewusstheit

Text- und Medienkompetenz manifestiert sich darin, dass man sein Sprechen im Hinblick auf bestimmte eigene textsortenbezogene Erwartungen und die Erwartungen des Adressaten organisiert, z. B. einen Vortrag, einen Diskussionsbeitrag, ein Gespräch unter Freunden. Sprachbewusstheit zeigt sich z. B. darin, dass man bemüht ist, in einem Gespräch bei der Gastfamilie sprachlich nicht zu familiär, aber auch nicht zu formell zu werden, d. h. das angemessene Register zu wählen und entsprechende sprachliche Höflichkeitsformen zu verwenden. Auch die Unterscheidung von Distanz- und Nähesprache, d.h. die Sprache im Umgang mit fremden und die Sprache im Umgang mit vertrauten Personen, gehört zur Sprachbewusstheit. Hier sind die Grenzen zur interkulturellen kommunikativen Kompetenz fließend.

2.7.2 Sprechen in den Bildungsstandards für die fortgeführte Fremdsprache (Englisch/Französisch) für die Allgemeine Hochschulreife

Im Vergleich zu den Bildungsstandards für die erste Fremdsprache für den Mittleren Schulabschluss (KMK 2003 bzw. 2004a) lässt sich unmittelbar erkennen, wo die Spezifika der Kompetenzniveaus der Bildungsstandards für die Allgemeine Hochschulreife für die fortgeführte Fremdsprache (Englisch/Französisch) (KMK 2014) liegen. Sie betreffen die

- situative und thematische Bandbreite („in informellen und formellen Situationen persönliche Meinungen ausdrücken und begründen", „zu aktuell bedeutsamen Sachverhalten Stellung nehmen"; erhöhtes Niveau: „sich an Diskussionen zu weniger vertrauten Themen aktiv beteiligen, auf differenzierte Äußerungen anderer angemessen reagieren", „ggf. verschiedene Positionen sprachlich differenziert formulieren");
- interkulturelle und pragmatische Angemessenheit („ein adressatengerechtes und situationsangemessenes Gespräch führen", „verbale und nicht-verbale Gesprächskonventionen situationsangemessen anwenden", „Beachtung kultureller Gesprächskonventionen");
- strategische Variabilität („angemessene kommunikative Strategien bewusst einsetzen, um mit Nichtverstehen und Missverständnissen umzugehen");
- Flüssigkeit und Kohärenz („sprachlich angemessen und kohärent vorstellen", erhöhtes Niveau: „sich dabei spontan und weitgehend flüssig äußern").

Spezifika der Sek. II

situative und thematische Bandbreite

interkulturelle und pragmatische Angemessenheit

strategische Variabilität

Flüssigkeit und Kohärenz

Im Folgenden werden die Standards einzeln erläutert.

An Gesprächen teilnehmen

Grundlegendes Niveau
Die Schülerinnen und Schüler können
- ein adressatengerechtes und situationsangemessenes Gespräch in der Fremdsprache führen (S1)
- verbale und nicht-verbale Gesprächskonventionen situationsangemessen anwenden, um z.B. ein Gespräch oder eine Diskussion zu eröffnen, auf Aussagen anderer Sprecher einzugehen, sich auf Gesprächspartner einzustellen und ein Gespräch zu beenden (S2)

Erhöhtes Niveau
Die Schülerinnen und Schüler können darüber hinaus
- ein adressatengerechtes und situationsangemessenes Gespräch in der Fremdsprache führen und sich dabei spontan und weitgehend flüssig äußern (S8)

Schon auf Niveau B1 des GeR wird erwartet, dass Schülerinnen und Schüler in
der Lage sind, ein Gespräch zu beginnen, aufrechtzuerhalten und zu beenden.

Adressatenbezug Im fortgeschrittenen Fremdsprachenunterricht der Sekundarstufe II sollten sie
darüber hinaus sensibel für die Bedürfnisse von Adressaten sein und auf die Erfordernisse der Situation eingehen können. Der Begriff der Situation ist hier viel
weiter und daher innerhalb einer viel größeren Breite und Komplexität gefasst,
wie ein Vergleich der Deskriptoren für den A1-/A2- und den B-Bereich verdeutlicht. Deshalb verlangen die Ziele der Sekundarstufe II ein deutliches Mehr an
Sprachbewusstheit (bzgl. Sprecher- und Hörerrollen oder Sprecher- und Hörerer-
wartungen). So unterscheidet sich der Adressatenbezug in einem Gespräch unter
engen Freunden von dem eines beiläufigen Gesprächs mit Unbekannten in einer
Warteschlange, der Adressatenbezug in einem formellen Gespräch am Schalter
von dem in einem formellen Bewerbungsgespräch, die *Lingua-franca*-Situation
eines Deutschen, der sich mit einem Dänen oder Schweden auf Englisch unterhält, von der *Lingua-franca*-Situation eines Deutschen, der sich mit einem Spani-
er oder Franzosen auf Englisch unterhält. Die Beispiele zeigen, dass erfolgreiche
Gesprächsführung auf GeR-Niveau B2 auf grundlegendem Niveau die Fähigkeit
voraussetzt, auf der Grundlage des notwendigen interkulturellen Wissens Situationen und Adressaten differenziert einzuschätzen. Auf erhöhtem Niveau kommt
die weitgehend flüssige und spontane Verwendung angemessener sprachlicher
(verbaler und non-verbaler) Mittel hinzu. Auf diesem Niveau werden Strukturen
verwendet, die den Unterschied zwischen den GeR-Niveaus B1 und B2 ausmachen. Auf non-verbaler Ebene verfeinert sich die Fähigkeit, durch Mimik und Gestik, durch Körperhaltung und Blickkontakt Kommunikation variabel zu gestalten,
Hürden zu meistern, Nuancen auszuprobieren. Dies impliziert bis zu einem gewissen Grade auch die sprachliche Korrektheit, denn wenn diese nicht gegeben
ist, leidet u.U. auch die Flüssigkeit. Hier ist ein Differenzierungsmerkmal zwischen grundlegendem und erhöhtem Niveau zu erkennen: Auf grundlegendem
Niveau sind zögerliche und stockende Formulierungsversuche, lexikalische und
grammatische Unsicherheiten bzw. Unkorrektheiten, fehlendes Verfügen über
automatisierte Wortgruppen (*chunks*) und Kollokationen sowie eingeschränkte
non-verbale Möglichkeiten angesichts der dem Niveau B2 entsprechenden hohen
thematischen Vielfalt noch akzeptabel. Voraussetzung ist, dass die notwendigen
Reparatur- und Korrekturmaßnahmen erfolgen, um das Gespräch insgesamt erfolgreich einzuleiten, aufrechtzuerhalten und zu beenden. Auf erhöhtem Niveau
wird dagegen Spontaneität und weitgehende Flüssigkeit im Ausdruck erwartet.

Die Schülerinnen und Schüler können
- angemessene kommunikative Strategien bewusst einsetzen, um mit Nichtverstehen und Missverständnissen umzugehen (S3)

**Verständnis-
schwierigkeiten
abmildern** Im Normalfall praktizieren Gesprächsteilnehmer vor allem in der interkulturellen Kommunikation ein Verhalten, das es erlaubt, Verständnisschwierigkeiten
zu antizipieren und abzumildern. Sie verhalten sich generell eher vorsichtig und
rücksichtsvoll. Sie lassen z.B. dem Gesprächspartner die nötige Zeit zum Formulieren, sie hören geduldig zu, sie interpretieren seine Äußerungen offen, fragen

bei eigenen Verstehensunsicherheiten vorsichtig nach und planen alternative Gesprächsfortsetzungen ein, um Blockaden zu überwinden. Sollte es zu Nichtverstehen und Missverständnissen kommen, so greifen weitere kommunikative Strategien: eine situationsangemessene, sprachlich angemessene Entschuldigung, die Wiedergabe des korrekten Verständnisses, die Absicherung durch höfliche Bitte um Bestätigung, die humorvolle auch gestisch und mimisch gestützte Spannungsauflösung, die Verwendung von Selbstironie etc. Interkulturell versierte und sprachbewusste Sprecher sind in der Lage, mit Nichtverstehen und Missverständnissen so umzugehen, dass sog. *critical incidents* vermieden bzw. problemlos aufgelöst werden können (s. Hesse / Göbel 2006).

Grundlegendes Niveau
Die Schülerinnen und Schüler können
- sich zu vertrauten Themen aktiv an Diskussionen beteiligen sowie eigene Positionen vertreten (S4)
- in informellen und formellen Situationen persönliche Meinungen unter Beachtung kultureller Gesprächskonventionen ausdrücken und begründen (S5)
- zu aktuell bedeutsamen Sachverhalten in Gesprächen oder Diskussionen Stellung nehmen (S6)

Erhöhtes Niveau
Die Schülerinnen und Schüler können darüber hinaus
- sich an Diskussionen zu weniger vertrauten Themen aktiv beteiligen, auf differenzierte Äußerungen anderer angemessen reagieren sowie eigene Positionen vertreten (S7)
- zu aktuellen wie generell bedeutsamen Sachverhalten Stellung nehmen und in Diskussionen ggf. verschiedene Positionen sprachlich differenziert formulieren (S9)

Diese Standards gehen stärker als die zuvor beschriebenen auf die inhaltliche Seite von fremdsprachlich geführten Gesprächen ein. Am Ende der Sekundarstufe II wird von Schülerinnen und Schülern erwartet, sich zu vertrauten Themen zu äußern, auf erhöhtem Niveau auch zu unvertrauten Themen. Bereits in den Standards für den Mittleren Schulabschluss ist von „vertrauten Themen" die Rede. Das Niveau wird in diesem Zusammenhang mit B1+ benannt. Die Erweiterung liegt für die Sekundarstufe II in den „aktuell bedeutsamen Sachverhalten". Von Oberstufenschülern und -schülerinnen wird somit erwartet, aktuell und möglichst umfassend informiert zu sein.

Der zweite Aspekt, der in diesen Standards angesprochen wird, betrifft die Fähigkeit, eine eigene Position begründet einzunehmen und zu formulieren. Diese Fähigkeit hat selbstverständlich auch eine inhaltliche Komponente, denn sie setzt voraus, dass vielfältige und komplexe Informationen verarbeitet, d.h. aufgenommen, analysiert und bewertet werden. In formaler Hinsicht wird auf grundlegendem Niveau die Beachtung kultureller Gesprächskonventionen erwartet und auf erhöhtem Niveau zusätzlich sprachliche Differenziertheit. Kulturelle Gesprächskonventionen umfassen im Sinne der interkulturellen Pragmatik bestimmte sprachliche Strukturen und Figuren (z. B. sprachlich und situativ korrekt realisiertes *understatement*) sowie habituelle Verhaltensmuster. In romanischen Ländern gilt es beispielsweise nicht unbedingt als unhöflich, einem Ge-

interkulturelle
Pragmatik

sprächspartner während einer Diskussion ins Wort zu fallen. Dieses Verhalten
wird dort mitunter als Ausdruck von Lebhaftigkeit gewertet, einem positiv bewerteten Temperamentsmerkmal.

Zusammenhängendes monologisches Sprechen

Zusammenhängendes monologisches Sprechen betrifft das Sprechen in Vorträgen, Reden, zusammenhängenden Kommentaren etc., d.h. längere Sprechbei-
träge, nicht kurze Beiträge in Dialogen. Die Übergänge sind fließend, was man
z.B. daran erkennen kann, dass auch in Diskussionen privater oder öffentlicher
Natur längere zusammenhängende Kommentare vorkommen können, auch
wenn sie formal nicht als solche markiert sind. Die Standards für die Allgemeine
Hochschulreife gehen in Bezug auf das monologische Sprechen deutlicher über
die Standards für den Mittleren Schulabschluss hinaus als dies für das Teilnehmen an Gesprächen der Fall ist. Vor allem im unteren Niveaubereich A1 und A2
sind die Deskriptoren stärker an Funktionen gebunden und weniger an Themen;
sie betonen auf dem Niveau B2 insbesondere die kognitive Aktivität des Bewertens und auf der formalen Seite die Vortragstechniken.

Grundlegendes Niveau
Die Schülerinnen und Schüler können
- Sachverhalte bezogen auf ein breites Spektrum von Vorgängen des Alltags
  sowie Themen fachlichen und persönlichen Interesses strukturiert darstellen
  und ggf. kommentieren (S10)
- für Meinungen, Pläne oder Handlungen klare Begründungen bzw. Erläuterungen geben (S11)

Erhöhtes Niveau
Die Schülerinnen und Schüler können darüber hinaus
- Sachverhalte bezogen auf ein breites Spektrum von anspruchsvollen Themen
  fachlichen, persönlichen und kulturellen Interesses strukturiert darstellen und
  kommentieren (S14)

breites Spektrum
an Themen
Hier kommt klar der Anspruch zum Ausdruck, dass im Vortrag, der ja im Gegensatz zur Diskussion detailliert geplant und vorbereitet werden kann, ein breites
Spektrum an Themen erwartet wird, auf erhöhtem Niveau sogar anspruchsvoller Themen, die von persönlichem, fachlichem und kulturellem Interesse sein
können und die überdies im Vortrag kommentiert werden sollen (was nicht im
Umkehrschluss bedeutet, nicht auch dialogisch über die eigenen präsentierten
Themen sprechen zu können). Es wird darüber hinaus erwartet, dass der Vortrag
strukturiert, d.h. gut geplant, erfolgt.

Grundlegendes Niveau
Die Schülerinnen und Schüler können
- nicht-literarische und literarische, auch mediale Textvorlagen sprachlich angemessen und kohärent vorstellen (S12)
- im Kontext komplexer Aufgabenstellungen eigene mündliche Textproduktionen, z.B. Vorträge, Reden, Teile von Reportagen und Kommentare, planen,
  adressatengerecht vortragen und dabei geeignete Vortrags- und Präsentationsstrategien nutzen (S13)

Erhöhtes Niveau
Die Schülerinnen und Schüler können darüber hinaus
- komplexe nicht-literarische und literarische, auch mediale Textvorlagen sprachlich angemessen und kohärent vorstellen und dabei wesentliche Punkte und relevante unterstützende Details hervorheben (S15)
- eine Präsentation klar strukturiert und flüssig vortragen, ggf. spontan vom vorbereiteten Text abweichen und auf Nachfragen zum Thema eingehen (S16)

Diese beiden Standards und ihre Pendants im Bereich des erhöhten Niveaus ergänzen die zuvor genannten um Ausführungen zur Planungs- und Bearbeitungskomponente. Sie beziehen sich auf die Breite der verwendeten Textvorlagen und die Nutzung von Vortrags- und Präsentationsstrategien. Vorträge zu halten – insbesondere medial gestützt (z.B. Power-Point-Präsentationen) – gehört in vielen höher qualifizierten Berufen zum Alltag und sollte somit auch im Fremdsprachenunterricht der gymnasialen Oberstufe geübt werden. Auf erhöhtem Niveau wird zudem die Fähigkeit geübt, von der Redevorlage spontan abzuweichen und auf Nachfragen zu reagieren.

Nutzung von Vortrags- und Präsentationsstrategien

2.7.3 Aufgabenkonzeption

2.7.3.1 Grundlagen der Aufgabenkonstruktion zum Sprechen

Aus methodischer Sicht ist die Kompetenzentwicklung des zielsprachlichen Sprechens in der gymnasialen Oberstufe in vielerlei Hinsicht noch Neuland. Sie konzentriert sich auf folgende Fragen:

Unterrichtsverfahren

- Welche Verfahren sind den eingangs genannten Zielen der Bildungsstandards im Hinblick auf die Weiterentwicklung des zielsprachlichen Sprechens (Flüssigkeit und Spontaneität in der Interaktion, situationsbezogenes und adressatengerechtes Handeln, Verfügbarkeit des Wortschatzes über den Bereich vertrauter Themen hinaus) angemessen?
- Berücksichtigen die Verfahren auch Motivation, Haltungen und Einstellungen?
- Welche Verfahren eignen sich zur Verbesserung der Selbstkontrolle?
- Welche Verfahren eignen sich zur Selbst- und *Peer*-Evaluation?

Lernstufenunabhängig kann das zielsprachliche Sprechen generell durch thematisch-lexikalische Vorentlastungen bzw. die Bereitstellung geeigneter Redemittel, durch die Erarbeitung eines Redeplans/Strukturierungsplans sowie durch Übungen zur Intonation und Aussprache vorbereitet werden. Letzteres sollte im fortgeschrittenen Unterricht auf Sprachbewusstheit hin orientiert sein, d.h. auf die Reflexion der Wirkung von Intonation und Aussprache und das bewusste Spiel mit Aussprache- und Betonungsvarianten. Neveling et al. (2012, vgl. Blume 2007 und Tesch 2010: 95–99) nennen als Unterrichtsverfahren zur Förderung des Sprechens für die gymnasiale Oberstufe die Zwei-Minuten-Rede, Radiosendungen, Kettengeschichten, Bewerbungsgespräche, Planung eines Museumsbesuchs, literarisches Quartett, Diskussion, Debatte, Aushandeln einer Entscheidung sowie diverse Formate, zu denen keine konkreten Angaben zur Lernstufe existieren, so dass anzunehmen ist, dass sie auf mehreren Lernstufen eingesetzt

werden können (z. B. Witze oder Geschichten zu Sprichwörtern erzählen). Zu ergänzen wären noch unterschiedliche Formen des Rollenspiels, längere Vorträge
sowie das fremdsprachliche Theaterspiel.

*Selbstkontrolle,
Selbstkorrektur*

Weniger bekannt sind Verfahren zur Verbesserung der Selbstkontrolle bzw.
-korrektur. Tesch (2010: 96) geht auf die Nutzung von Audio- und Videoaufzeich-
nungsverfahren ein, die es erlauben, die flüchtige Sprechhandlung im Nachhinein zu analysieren, Sprechblockaden auf den Grund zu gehen und darauf aufbauend individuelle Strategieübungen abzuleiten, gibt aber zu bedenken, dass die
Aufzeichnung des Sprechens ihrerseits wieder Blockaden erzeugen könnte. Die
Aufzeichnung bietet auf alle Fälle den unschätzbaren Gewinn, Körperhaltung,
Mimik und Gestik, Intonation und Prosodie sowie das kommunikative Auftreten / Handeln anderer Lerngruppenmitglieder wahrzunehmen und zu reflektieren. Sie erlaubt es zudem, individuelle Zeitgewinnungsstrategien zu erkennen,
zu analysieren und ggfs. zu verbessern.

*Nutzung von
Audio- und Video-
aufzeichnung*

Kontrollfragen

Eine Selbstkontrolle bei der Umsetzung des Sprechens kann durch Kontroll-
fragen erreicht werden:
• Kontrollfragen zur transaktionalen Selbstkontrolle
• Kontrollfragen zur interaktionalen Selbstkontrolle
• Kontrollfragen zur interkulturellen Selbstkontrolle

Sie können durch gezielte aufgabenbezogene Selbstkontrollstrategien operationalisiert werden (2_7_Spr_und_2_10_SLK_F_Bocuse_Entretien_candidature, Fiche
d'autocontrôle). Transaktionale Kontrollfragen sind nach Levelt (1989: 460 ff.):
„Is this the message/concept I want to express now", *„Is this the way I want to say it"*,
„Is what I am saying up to social standards". Interaktionale Kontrollfragen sind z. B.
(s. Tesch 2010: 89): Wie reagiert mein Gesprächspartner auf die Wortwahl X, Y?
Zeigt mein Gesprächspartner Reaktionen, die auf ein mögliches Missverständnis
hindeuten? Denkbare interkulturelle Kontrollfragen, die sich sowohl auf die transaktionale als auch auf die interaktionale Kommunikation beziehen können, sind
z. B.: Gibt es Anzeichen dafür, dass mein Gesprächspartner nicht über ausreichendes interkulturelles Vorwissen verfügt, um meine Redeabsicht zu verstehen? Habe
ich den Eindruck, dass mich mein Partner im Sinne meiner Mitteilungsabsicht verstanden hat? Habe ich mich adressaten- und situationsgerecht ausgedrückt (an-
gemessen/überangepasst/unangepasst)? Welche Höflichkeitsformen sind situati-
onsadäquat und adressatengerecht?

*Diagnose- und
Bewertungsraster*

Als geeignetes Verfahren zur Weiterentwicklung der Selbst- und *Peer*-Evaluati-
on bietet sich die Arbeit mit Diagnose- und Bewertungsrastern an, wobei es vor-
zuziehen ist, sie von der Lerngruppe selbst erarbeiten zu lassen. Die Lernenden
sollten dabei festlegen, was ihnen besonders wichtig erscheint und worauf sie besonders achten wollen. Die Diagnose- und Bewertungsraster können wiederum
mit den Selbstkontrollstrategien verknüpft werden, so dass aus Sicht der Lernenden am Ende ein geschlossener Lernzirkel entsteht, der thematisch-inhaltliche
und strategische Redemittel, aufgabenbezogene Redepläne, Selbstkontrollstrategien sowie Diagnose- und Bewertungsraster umfasst.

Im nun folgenden Abschnitt werden zwei Aufgabenbeispiele vorgestellt, die
unterschiedliche Kompetenzschwerpunkte des Sprechens ansteuern, die Eng-

lisch-Aufgabe *NGO – advertising campaign* und die Französisch-Aufgabe *Entretien de candidature à l'Institut Paul Bocuse*.

2.7.3.2 Lernpotenzial der Aufgabe

Die beiden Aufgaben *NGO – advertising campaign* (2_7_Spr_E_NGO_ad_cam-paign) und *Entretien de candidature à l'Institut Paul Boscuse* (2_7_Spr_und_2_10_SLK_F_Bocuse_Entretien_candidature) verdeutlichen praktische Anwendungs-bezüge des Sprechens. *NGO* übt die Gestaltung eines Vortrags, *Candidature* die Durchführung eines Bewerbungsgesprächs. Beide Aufgaben enthalten in Tei-len auch den jeweils anderen, nicht schwerpunktmäßig angesteuerten Modus, d. h. *NGO* enthält auch Gesprächselemente und *Candidature* Vortragselemen-te. Thematisch decken die beiden Aufgaben gemäß den Anforderungen der Bildungsstandards ein breites Spektrum anspruchsvoller Themen bis in engere fachliche Bezüge hinein ab.

Aufgabenschwer-punkte

NGO – advertising campaign

Die vorliegende Lernaufgabe verlangt von den Schülerinnen und Schülern die Vorbereitung und Präsentation eines dreiminütigen monologischen Vortrags. In diesem sollen sie als freiwilliger Mitarbeiter einer Nichtregierungsorganisation (z. B. *WWF – World Wildlife Fund*) ihre Vorgesetzten von ihrem favorisierten Pla-kat für eine internationale Werbekampagne überzeugen. Um die Schülerinnen und Schüler thematisch einzustimmen, ist eine vorgeschaltete Antizipations-aufgabe sinnvoll. Im Gespräch über reale Anschlussoptionen nach dem Abitur werden z. B. Praktika im Ausland oder das „Freiwillige Soziale Jahr" genannt. Dies führt zur Überlegung, in welchen Ländern und bei welchen Organisationen dies möglich ist. Hierbei ist der Begriff der *NGO* (*non-governmental organisation*) zu klären.

Vorbereitung und Präsentation eines dreiminütigen Vortrags

Die aus neun Teilaufgaben bestehende Lernaufgabe kann sowohl während der Einführungsphase als auch zu Beginn der Qualifikationsphase als Einstieg in den Aufbau der Kompetenz „Sprechen" verwendet werden, um verschiede-ne Optionen für die Vorbereitung der monologischen Sprechsituation auszu-probieren und diese Optionen danach auf der Ebene der Sprachlernkompetenz bewusst zu machen (vgl. Teilaufgabe 9). Darauf aufbauend soll diese Planung zunehmend in die Hände der Schülerinnen und Schüler gelegt werden. Die von der Lehrkraft vorgegebenen Schritte können dann reduziert bzw. ange-passt werden. Die mit der Aufgabe zur Verfügung gestellten Arbeitsblätter bzw. Hilfen können binnendifferenzierend eingesetzt werden. Von den mit der Lernaufgabe zur Verfügung gestellten Plakaten werden den einzelnen Schü-lerinnen und Schülern jeweils zwei vorgelegt. Zur Erhöhung der inhaltlichen Breite können durch Gruppenbildung alle vier Plakate paarweise zum Einsatz kommen.

Planung NGO

In der ersten Teilaufgabe (2_7_Spr_E_NGO_ad_campaign, Part 1) notieren die Schülerinnen und Schüler mit Hilfe eines vorstrukturierten Arbeitsblattes ihre ersten Eindrücke zu den beiden Plakatentwürfen. Bei der Wirkungsanalyse kommt integrativ die interkulturelle Kompetenz zum Tragen.

Die Schülerinnen und Schüler sollen in der zweiten Teilaufgabe (2_7_Spr_E_ NGO_ad_campaign, Part 2) in einer dialogischen Sprechsituation den Gesprächspartner von der eigenen Sichtweise überzeugen bzw. sich überzeugen lassen, um sich dann gemeinsam für ein favorisiertes Plakat zu entscheiden. Dieser Austausch und die sich in Teilaufgabe drei anschließende Bewusstmachung ermöglichen eine tiefere Durchdringung und Schärfung der gefundenen Argumente. Dadurch wird die ab Teilaufgabe vier auszuarbeitende Präsentation inhaltlich vorbereitet.

Die Teilaufgaben vier bis acht fokussieren schrittweise auf den Aufbau der Kompetenz des monologischen Sprechens: Planung, Präsentation und Evaluation eines dreiminütigen Vortrags werden unter Bereitstellung von Unterstützungsmaterialien (Anhänge „Presentation Basics", 2_7_Spr_E_NGO_ad_campaign und „Evaluation criteria", 2_7_Spr_E_NGO_ad_campaign, Part 8 und Task support for part 8: Evaluation Sheet for Presentations) aufeinander aufbauend bearbeitet. Die Schülerinnen und Schüler werden hierbei mit der Komplexität der Kompetenz Sprechen konfrontiert. Um einer Überforderung entgegenzuwirken, sollte der Lernprozess durch einen sukzessiven Aufbau von Teilkompetenzen erleichtert werden. Durch Bewusstmachung dieser Teilkompetenzen können sich die Schülerinnen und Schüler bei der Vorbereitung und bei der Evaluation des Vortrags auf zwei Auswertungskriterien konzentrieren.

Reflexion   Die abschließende Reflexion (2_7_Spr_E_NGO_ad_campaign, Task support for Part 9: Reflecting learning process) der einzelnen Lernschritte in den Teilaufgaben bietet Gelegenheit zum Aufbau von Sprachlernkompetenz. Hierdurch werden die Schülerinnen und Schüler befähigt, zukünftige Sprechaufgaben bewusster und eigenständiger anzugehen.

Als mögliche Anschlussaufgabe bietet sich z. B. das Schreiben eines Spendenaufrufs an.

Entretien de candidature à l'Institut Paul Bocuse

Entretien de candidature: Struktur der Aufgabe   Das Auswahlgespräch verlangt von den Schülerinnen und Schülern vier aufeinanderfolgende Anforderungen zu bewältigen: eine zusammenhängende Selbstvorstellung, die Simulation einer Problemsituation, weiterführende Fragen zum Lebenslauf sowie die Gelegenheit, selbst Fragen zu stellen. Jede dieser vier Phasen kann durch Rede- bzw. Strukturierungspläne vorbereitet werden. Über die Verwendung der Rede- und Strukturierungspläne, z. B. Redegeländer (2_7_Spr_ und_2_10_SLK_F_Bocuse_Entretien_candidature, Redegeländer) entscheiden der Grad der Vertrautheit der Lerngruppe mit der Verwendung entsprechender Planungsinstrumente sowie die Notwendigkeit zur Differenzierung.

hinführende Aufgabe zur Reflexion des Themas   Das Thema hat (inter-)kulturelle und lebensnah-berufsbezogene Relevanz. In interkultureller Hinsicht eignet es sich zur Reflexion der eigenen Perspektive und zur Wahrnehmung anderer Perspektiven. Diese sollten in einer hinführenden Aufgabe ggf. anhand zusätzlicher Materialien (2_7_Spr_F_Bocuse_Entretien_candidature, Phase de planification) transparent gemacht und diskutiert werden: Was habe ich bei Begegnungen mit Franzosen oder Frankophonen bisher über dieses Thema erfahren? Welche Schlüsse habe ich bisher daraus gezogen? Kenne ich Laufbahnen französischer Jugendlicher meines Alters? Wofür haben sie sich entschieden und warum? Was bedeutet *la cuisine/l'art culinaire* für mich selbst? Welchen Stellenwert hat sie in meiner Stadt/Region? Käme ein praktischer Beruf oder sogar eine Kochausbildung trotz des angestrebten Abiturs für mich in Frage? Wenn ja, was würde mich daran reizen? Wenn nein, was würde mir dabei fehlen? (s. auch Kap. 3.2).

Auf sprachlicher und pragmatischer Ebene bieten die angebotenen Texte die Gelegenheit, ein Bewerbungsgespräch auf fortgeschrittenem Niveau (B2) zu simulieren, eine Realsituation zu üben und die dazu benötigten sprachlichen und strategischen Redemittel zu erwerben bzw. zu vertiefen. Hinzu kommen der kontextbedingte natürliche Wechsel von monologischer und dialogischer Rede, von geplanter und ungeplanter Rede, von Phasen höherer und geringerer Interaktivität sowie eine situativ-authentische Bewertung der Leistung. Die sprachlich-pragmatische Ebene ist eng verknüpft mit der textbezogenen Ebene: Für ein Bewerbungsgespräch werden ein Redeplan, d. h. ein strategischer Redeaufbau, sowie konkrete aufgabenbezogene Interaktions- und Reaktionsstrategien benötigt.

Redeplan

2.7.3.3 Standardbezüge

Die Aufgabe *NGO – advertising campaign* integriert entsprechend den Standards die verschiedenen Kompetenzen, die für das Abitur maßgebend sind. Der spezifische Zielpunkt der Aufgabenstellung ist in erster Linie in der funktional-sprachlichen Kompetenz des zusammenhängenden monologischen Sprechens zu sehen, da eine Präsentation das zentrale Lernziel darstellt. Auf dem Weg zur Umsetzung dieses Ziels kommt als zweites Element auch dialogisches Sprechen im Sinne von „an Gesprächen teilnehmen" zum Tragen; denn die Schülerinnen und Schüler erarbeiten ihre Präsentation nicht nur in Einzelarbeit, sondern sie erhalten die Möglichkeit, in Teilschritten diskursiv ihre Argumentationslinie zu entwickeln und damit ihre Präsentation sowohl sprachlich als auch sachbezogen zu verfeinern. Im Sinne der interkulturellen kommunikativen Kompetenz kann darüber hinaus der Adressatenbezug der Präsentation kritisch hinterfragt werden. Ferner ist in diesem Prozess der Erarbeitung auch eine medial gesteuerte Lernphase vorgesehen, in der durch eine Videoaufnahme das Vortragen kritisch analysiert und reflektiert werden kann. Somit werden zusätzlich die lateralen Kompetenzen der Standards Sprachbewusstheit und Sprachlernkompetenz berücksichtigt. Entsprechend der medialen Textbasis, die mit der Bearbeitung von Postern gegeben ist, kommt schließlich die Text- und Medienkompetenz in der Konzeption der Lernaufgabe zur vollen Geltung.

funktional-sprachliche Kompetenz

interkulturelle kommunikative Kompetenz

Sprachbewusstheit und Sprachlernkompetenz

Bezüglich des unterrichtlichen Vorgehens stellt sich hier die Frage, inwieweit es nötig ist, der Kleinschrittigkeit der Aufgabe zu folgen. Eine Antwort darauf ist möglich, wenn die unterrichtlichen Voraussetzungen der Schülerinnen und Schüler näher in Betracht gezogen werden. So ist zu berücksichtigen, inwieweit die Schülerinnen und Schüler auf den Umgang mit Bildern und die Rede über Bilder unterrichtlich auf einem hohen interkulturellen und sprachlichen Niveau vorbereitet sind. Sollte Binnendifferenzierung erforderlich sein, bieten sich die Teilaufgaben für unterschiedlich kompetente Gruppen an; in einer homogeneren und weiter fortgeschrittenen Lerngruppe kann auf die Kleinschrittigkeit ge-

Binnendifferenzierung

gebenenfalls verzichtet werden. Insbesondere die Schritte 3, 4, 5 der Aufgabe eignen sich für binnendifferenzierende Maßnahmen, da hier sowohl sprachliche als auch strukturierende Aspekte angesprochen werden, die für Schülergruppen mit einem höheren Kompetenzniveau verzichtbar sind.

Gerade das erhöhte Niveau der Standards hebt auf Teilgruppen mit höheren Kompetenzen ab. Dieses erhöhte Niveau zeigt sich im Umgang mit anspruchsvollen Themen, in der sprachlich angemessenen, kohärenten und flüssigen Vortragsweise sowie in der Differenziertheit und Spontaneität der Argumentation. Das Sprechen über ein bevorzugtes Poster gibt hier genügend Raum, diese besonderen Fähigkeiten beispielsweise durch die Einordnung des Posters in einen weiteren kulturellen Rahmen und durch die Analyse von Slogans unter Beweis zu stellen.

Integrativität bei Entretien de candidature à l'Institut Paul Bocuse

Die Aufgabe *Entretien de candidature à l'Institut Paul Bocuse* zielt mit Blick auf das Sprechen im Sinne der oben ausgeführten Integrativität auf Standards zum Sprechen wie auch auf Standards zur interkulturellen kommunikativen Kompetenz, zur Sprachbewusstheit und zur Sprachlernkompetenz. Was die Modalität „an Gesprächen teilnehmen" betrifft, so stehen auf erhöhtem Niveau durchweg die Strategien zum Erreichen einer spontanen, flüssigen und höflichen Gesprächsführung sowie die Realisierung einer dem Niveau B2 angemessenen thematischen Bandbreite im Vordergrund:

• In allen vier Phasen des Bewerbungsgesprächs wenden die Schülerinnen und Schüler verbale und nicht-verbale Gesprächskonventionen situationsangemessen an, um z. B. das Gespräch zu eröffnen, auf Nachfragen des *chef du personnel* und des Partnerbewerbers einzugehen, sich auf die beiden Gesprächspartner einzustellen und einen Gesprächsabschnitt (Aufgabenteil D) zu beenden.

• In allen vier Phasen setzen die Kandidatinnen und Kandidaten angemessene kommunikative Strategien bewusst ein, um mit Nichtverstehen und Missverständnissen der beiden Gesprächspartner umzugehen.

Auf erhöhtem Niveau gehen die Kandidatinnen und Kandidaten auch auf weniger vertraute Themen aktiv ein (Aufgabenteile B und C), reagieren auf differenzierte Äußerungen der beiden Gesprächspartner angemessen und vertreten eigene Positionen (insbesondere Aufgabenteil C).

spontane, flüssige und höfliche Gesprächsführung

In den Aufgabenteilen A und B, die stärker zusammenhängendes monologisches Sprechen verlangen, liegt der Akzent auf den Standards, die die situative und thematische Bandbreite sowie Flüssigkeit und Kohärenz betonen:

• Die Kandidatinnen und Kandidaten stellen Sachverhalte bezogen auf ein breites Spektrum von Vorgängen des Alltags (v. a. Aufgabenteile A und B) sowie Themen fachlichen und persönlichen Interesses (v. a. Aufgabenteile A und C) strukturiert dar und kommentieren sie ggf.

• Sie geben für Meinungen, Pläne oder Handlungen klare Begründungen bzw. Erläuterungen (v. a. Aufgabenteile B und C).

Insgesamt betrachtet ist die Aufgabe *Entretien de candidature à l'Institut Paul Bocuse* im Hinblick auf das grundlegende Niveau konzipiert. Insbesondere in den dialogischen Aufgabenteilen ist es jedoch leicht möglich, auch die Standards des erhöhten Niveaus umzusetzen.

2.7.3.4 Einzelaufgaben in kompetenzorientierten Lernaufgaben

Die Kompetenz Sprechen wird in der Unterrichtsplanung in einer thematisch ausgerichteten Lernaufgabe eingebettet.

Die Lernaufgabe *NGO – advertising campaign* gliedert sich in eine Phase

NGO: Struktur der Aufgabe

- der thematischen Erarbeitung
  (Teilaufgabe 1: 2_7_Spr_E_NGO_ad_campaign, Part 1)
- der Entwicklung einer argumentativen Redestrategie
  (Teilaufgabe 2: 2_7_Spr_E_NGO_ad_campaign, Part 2)
- der Reflexion der eigenen Redestrategie und der Überarbeitung des eigenen strategischen Vorgehens
  (Teilaufgabe 3: 2_7_Spr_E_NGO_ad_campaign, Part 3)
- der systematischen Strukturierung der Präsentation, wobei Hilfsmittel genutzt werden können
  (Teilaufgabe 4: 2_7_Spr_E_NGO_ad_campaign, Part 4)
- eine erste Evaluation der entwickelten Präsentation und eine mediengestützte (Selbst-)Evaluation
  (Teilaufgaben 5 und 6: 2_7_Spr_E_NGO_ad_campaign, Part 5; 2_7_Spr_E_NGO_ad_campaign, Part 6)
- die Durchführung der Präsentation bei gleichzeitiger Evaluation durch die Lerngruppe
  (Teilaufgabe 7: 2_7_Spr_E_NGO_ad_campaign, Part 7)
- zwei Evaluationsphasen zur Bewertung der Präsentation und zur Einschätzung der unterrichtlichen Vorgehensweise
  (Teilaufgaben 8 und 9: 2_7_Spr_E_NGO_ad_campaign, Part 8; 2_7_Spr_E_NGO_ad_campaign, Part 9).

Nach dem erfolgreichen Abschluss der Lernaufgabe sind Anschlussaufgaben denkbar, die auch weitere Kompetenzen einbeziehen. Als mögliche Anschlussaufgabe bietet sich z. B. das Schreiben eines Spendenaufrufs an.

Anschlussaufgabe

Das Beispiel *Entretien de candidature à l'Institut Paul Bocuse* zeigt, wie das Sprechen als Einzelaufgabe im Rahmen einer größeren Lernaufgabe zum Thema *L'Institut Paul Bocuse* entwickelt werden kann, die auch das Leseverstehen (s. Kap. 2.5, wahlweise auch Hör- oder Hörsehverstehen) und das Schreiben (s. Kap. 2.6) gezielt fördert. Die drei Einzelaufgaben nehmen dann den Charakter von Modulen ein, die wahlweise eingesetzt werden können. Die Reflexion der Lernprozesse und Lernfortschritte sollte alle Einzelaufgaben begleiten, aber auch je nach Umsetzung zum Abschluss der Gesamtlernaufgabe erfolgen.

die komplexe Lernaufgabe *Paul Bocuse*

(A) Hinführende Aufgaben zum Leseverstehen und Hör- oder Hörsehverstehen
    Restaurantvorstellung aus je einer französischen und deutschen Tageszeitung
    - Interviews mit je einem deutschen, englischen, französischen Koch
    - Fernseh-Reportage zum *art culinaire*
    - Auszüge aus deutschen, englischen und französischen Kochsendungen

rezeptive Kompetenzbereiche

(B) Obligatorisch: Internetmaterialien zum Institut *Paul Bocuse* + *Dossier de candi-dature* (2_5_LV_F_Bocuse_Institut_Paul_Bocuse).

Ziel dieses Aufgabenmoduls ist es, die notwendigen Vorinformationen zum *art culinaire* zu liefern und damit das Interesse an den Folgemodulen zu we-cken. Das *Dossier de candidature* wiederum ist Voraussetzung für die Bearbei-tung der Schreib- und der Sprechaufgabe.

Kompetenzschwer-
punkt Schreiben

(C) Aufgaben zum Kompetenzschwerpunkt Schreiben (2_6_Schr_F_Bocuse_lettre_candidature)
- Ausfüllen der Bewerbungsunterlagen für die Aufnahme in einen Kurs des Instituts Paul Bocuse
- Verfassen eines *curriculum vitae* und einer *lettre de motivation pour le dossier de candidature*
- Vergleich der Bewerbungsunterlagen und Auswahl eines Bewerbers / einer Bewerberin

Kompetenzschwer-
punkt Sprechen

(D) Aufgaben zum Kompetenzschwerpunkt Sprechen
- Selbstvorstellung im Auswahlgespräch
- Interaktion im Auswahlgespräch

2.7.3.5 Planung des Sprechens

NGO – advertising campaign

Mit der Lernaufgabe NGO lässt sich monologisches Sprechen im Unterricht in flexibel gestaltbaren Schritten und in verschiedenen Sozialformen anregen und anbahnen. Am Anfang eines jeden Sprechaktes steht ein Redeanlass und eine Idee, die sprechend kommuniziert wird: Gerade beim monologischen Sprechen geht es darum, etwas Bedeutsames mitzuteilen.

Einzelarbeit zur
Auseinander-
setzung mit der
Thematik

Es ist daher nur konsequent, dass die Schülerinnen und Schüler in der ersten Teilaufgabe zunächst die Gelegenheit haben, sich in Einzelarbeit mit einer The-matik – in diesem Fall in der Auseinandersetzung mit zwei Postern – vertraut zu machen, wobei visuell kodierte Botschaften unter Einsatz von relevantem Vor-wissen zu entschlüsseln und zu analysieren sind, um bedeutsame Aussagen für die spätere Präsentation zu erarbeiten.

Partnergespräch

In der zweiten Teilaufgabe können diese bedeutsamen Aussagen im Partner-gespräch in unterschiedlich interaktiven Gesprächsformen mitgeteilt werden. Zugleich kann die Wirkung des eigenen Redebeitrags ausprobiert und kritisch reflektiert werden. Damit werden zentrale Aspekte der Sprechkompetenz für die Gestaltung von Lernprozessen erschlossen.

Schrittweise
Entwicklung der
Präsentation

In den Teilaufgaben 3 bis 6 wird die Präsentation in Schritten entwickelt, wo-bei sprachliche Hilfen (z. B. Redemittel für relevante Sprechintentionen), Struk-turierungshilfen (z. B. *presentation basics*) und Bewertungskriterien (z. B. Bewer-tungsraster) im Sinne von *scaffolding* eingesetzt werden können und zugleich Raum für Selbstreflexion im Sinne von *monitoring* geschaffen wird.

Entretien de candidature à l'Institut Paul Bocuse

Zur allgemeinen Vorbereitung des Auswahlgesprächs klärt bzw. reaktiviert die Lerngruppe zunächst ihre Vorstellungen zum Ablauf und zur Vorbereitung eines Auswahlgesprächs. Dazu kann sie sich folgende inhaltliche Fragen erarbeiten und die Antworten selbst recherchieren:

- Wie verläuft ein Auswahlgespräch in Frankreich und wie in Deutschland?
- Welche Bedeutung könnte ein Migrationshintergrund für die Gestaltung eines Auswahlgesprächs haben?
- Was hat das Institut eventuell von der Bewerbung eines Deutschen? Worin könnte der Mehrwert für das Institut liegen?
- Wie stellt man seine Person bzw. Persönlichkeit vor?

(Randnotiz: inhaltliche Fragen stellen)

Zur genauen Kenntnis des Ablaufs eines Auswahlgesprächs in Deutschland und in Frankreich können eine Fülle von Dokumenten im Internet recherchiert werden (2_7_Spr_und_2_10_SLK_F_Bocuse_Entretien_candidature, L'entretien d'embauche). Aus der Perspektive der Kompetenzentwicklung werden durch diese Fragen sowohl die interkulturelle kommunikative Kompetenz als auch die Sprachlernkompetenz berührt bzw. aktiviert. Zu jeder dieser Fragen kann eine *Mindmap* angefertigt werden, die die Funktion hat, inhaltliche Aspekte zu sammeln, zu verknüpfen und zu sortieren sowie Lexik zu reaktivieren und bereitzustellen.

(Randnotiz: Internetrecherche)

(Randnotiz: Mindmap anfertigen)

Beispiel : *carte heuristique <se présenter>*

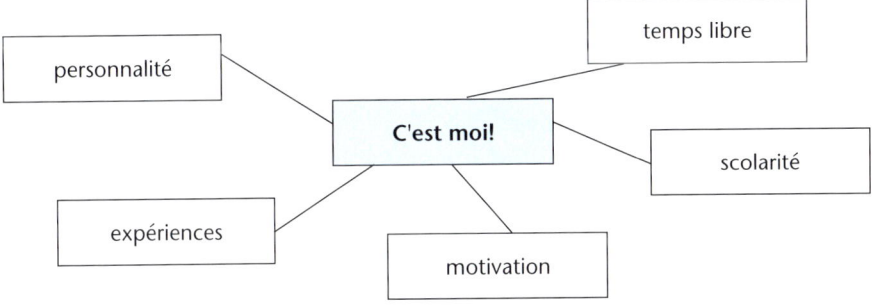

Im zweiten Planungsschritt können in Kleingruppen nun zu den vier verschiedenen Aufgabenteilen zunächst Rede- bzw. Strukturierungspläne sowie die dazu gehörigen Redemittel erarbeitet werden.

Die Aufstellung eines Strukturierungsplans für die Selbstvorstellung (2_7_Spr_und_2_10_SLK_F_Bocuse_Entretien_candidature, Plan d'auto-présentation) bereitet die Phase des zusammenhängenden monologischen Sprechens vor. Sie ist eventuell durch Nervosität und größere Unsicherheit geprägt, da sich das Gespräch noch in der Phase der Kontaktaufnahme befindet. Zur Förderung der Sprachbewusstheit können verschiedene Varianten der sprachlichen Realisierung reflektiert (2_7_Spr_und_2_10_SLK_F_Bocuse_Entretien_candidature, Auto présentation : Sprachbewusstheit) und nützliche Redemittel der Kooperation

(Randnotiz: Strukturierungsplan für die Selbstvorstellung)

(Randnotiz: Varianten der sprachlichen Realisierung reflektieren)

reaktiviert werden (2_7_Spr_und_2_10_SLK_F_Bocuse_Entretien_candidature, Moyens linguistiques).

Aktivierung von Redemitteln

Auch zur Vorbereitung der drei folgenden Gesprächsphasen können diese Redemittel reaktiviert werden. Das Rollenspiel ist in dieser Phase durch zunehmende Interaktivität gekennzeichnet, die auf beiden Seiten, Kandidat und Prüfer, durch Rollenkarten und Fragen/Antworten antizipiert werden können (2_7_Spr_und_2_10_SLK_F_Bocuse_Entretien_candidature, Questions). Das Rollen-

Rollenkarten

Redegeländer

spiel selbst sollte nur noch mit Hilfe eines „Redegeländers" (2_7_Spr_und_2_10_SLK_F_Bocuse_Entretien_candidature, Redegeländer) durchgeführt werden, um eventuelle wörtliche Übersetzungen oder ein Ablesen zu vermeiden und den Schülern mehr Freiraum für eigene Ideen und Formulierungen zu lassen. Als

Differenzierung

Differenzierungsmöglichkeit für schwächere Lernende kann das Redegeländer auch in der Übungsphase mit genutzt werden. Sie können das Redegeländer als Stichwortgeber einsetzen und im Anschluss, je nach Bedarf, wieder überarbeiten, kürzen oder ergänzen.

2.7.3.6 Umsetzung des Sprechens

NGO – advertising campaign

Video-aufzeichnung

Teilaufgabe 6 (*Practice your presentation with a partner. Use a video camera to check on your performance.*) gibt den Schüler(inne)n Gelegenheit, ihre Präsentation vorzuüben. Die Videoaufzeichnung bietet vertiefte Kontroll- und ggf. Korrekturmöglichkeiten durch den Partner und den Sprechenden selbst.

Die eigentliche Präsentationsphase beginnt in Teilaufgabe 7, in der die erarbeitete Rede realisiert wird. Hier erhalten die Adressaten der Präsentation zugleich die Aufgabe, die Qualität der Präsentation nach bestimmten Kriterien zu bewerten.

Entretien de candidature à l'Institut Paul Bocuse

Selbstkontrolle

Für die Einübung der Redepläne und die anschließende Selbstkontrolle empfiehlt sich die Ton-/Ton-Bild-Aufzeichnung bzw. die Verwendung von Aufnahmegeräten (Kamera oder Audioaufnahmegerät) und die Arbeit im Tandem oder in der Kleingruppe. Die Tandem-/Gruppenpartner unterstützen die Selbstkontrolle des Kandidaten. Dazu können Selbst- und Partnerkontrollbögen (2_7_Spr_und_2_10_SLK_F_Bocuse_Entretien_candidature, Fiche d'auto-contrôle) genutzt werden. Sie unterstützen vor allem die Weiterentwicklung der Sprachlernkompetenz in Verbindung mit Sprachbewusstheit. Je nach Lernniveau kann die

autonome Planung

Verwendung der deutschen Sprache auf der Metaebene der Selbstkontrolle und Partnerdiagnose zulässig sein. Das Tandem/die Kleingruppe bestimmt selbst, wo es/sie zusätzlich benötigte sprachliche und inhaltliche Informationen beschaffen möchte (Lehrperson, Internet, …), wie viele Übungsdurchgänge ggf. pro Aufgabenteil erforderlich sind und wer welche Rollen jeweils einnimmt.

2.7.3.7 Bewertung des Sprechens

NGO – advertising campaign

Die Schülerinnen und Schüler, die in den Präsentationen ihre Kompetenz im monologischen Sprechen und zugleich ihre Fähigkeiten in Hinsicht auf interkulturelle kommunikative Kompetenz, Text- und Medienkompetenz sowie die lateralen Kompetenzen erproben, werden im Kontext der Klasse von ihrer *peer group* an Hand eines Evaluationsbogens (2_7_Spr_E_NGO_ad_campaign, Part 8) kritisch bewertet. Dieser Evaluationsbogen kann in den Phasen vor der Präsentation von den Schülerinnen und Schülern einvernehmlich selbst erarbeitet werden (2_7_E_F_ 15_Analyseraster). Da die Kriterien der Evaluation in den Phasen vor der Präsentation schon zum Einsatz kamen, ergeben sich nun zahlreiche Möglichkeiten, die bewerteten Präsentationen als Anregung zur Weiterentwicklung zu nutzen. Das hierdurch erreichte Fokussieren auf einzelne Kriterien erhöht die individuelle Nutzbarkeit für die jeweils vortragenden Schülerinnen und Schüler. Die Auswahl der zu beobachtenden Kriterien zwingt sie zu einer Auseinandersetzung mit ihren teilkompetenzbezogenen Stärken und Schwächen. Darüber hinaus wird auch die unterrichtliche Umsetzung der Lernaufgabe einer kritischen Bewertung unterzogen.

Evaluationsbogen

Fokussierung

Entretien de candidature à l'Institut Paul Bocuse

Die Lerngruppe bildet eine Jury, die die Kandidaten bewertet. Sie kann dazu auf Grundlage ihrer Selbst- und Partnerkontrollbögen ein gemeinsames Bewertungsraster (2_7_Spr_und_2_10_SLK_F_Bocuse_Entretien_candidature, Phase d'évaluation de la production orale) erarbeiten. Die Rolle der Nicht-Kandidaten (Beobachter und Jury) ist in der Aufgabenstellung genau festgelegt.

Bewertungsraster selbst erarbeiten

Die Bewertung des Sprechens bildet somit einen integralen Bestandteil des Bewerbungsgesprächs und muss nicht metadiskursiv an die Simulation angehängt werden. Im Gesamtlernprozess bildet diese Phase eine Zusammenführung der beiden im Kompetenzmodell der KMK (KMK 2014: 12) lateralen Kompetenzen (Sprachlernkompetenz und Sprachbewusstheit) sowie der drei integrativen Kompetenzen (interkulturelle kommunikative Kompetenz, funktionale kommunikative Kompetenz und Text- und Medienkompetenz).

Für die Evaluation des Sprechens gibt es auf nationaler Ebene (z. B. Veröffentlichungen der Landesinstitute) und auf internationaler Ebene (z. B. GeR: 37 f., Veröffentlichungen der Zertifikatsanbieter) verschiedenste Raster, in denen i. d. R. eine begrenzte Anzahl an Grobkriterien Skalen- oder Notenausprägungen zugeordnet werden, die wiederum meist durch Deskriptoren beschrieben sind. Dem Vorteil der Zeitökonomie in der Prüfungssituation steht allerdings der Nachteil mangelnder Transparenz und Partizipation in der Lernsituation gegenüber. Überdies sind die angebotenen Raster meist nicht alters- bzw. lernniveauspezifisch und erst recht nicht aufgabenspezifisch konzipiert, müssten also für die Verwendung in Lernaufgaben zeitaufwändig angepasst werden (generell zur Arbeit mit Bewertungsrastern für Sprechleistungen s. Zausch 2012).

Bewertungsraster

Zeitökonomie, aber mangelnde Transparenz

selbstständige
Erarbeitung von
Bewertungsrastern

Sinnvoller erscheint es somit, Raster gemeinsam mit den Lernenden und angepasst an die spezifischen Anforderungen der Aufgabe zu entwickeln. Dabei können die genannten Vorlagen Unterrichtenden als Referenz bzw. theoretische Orientierung dienen. Die gemeinsame Erarbeitung von Bewertungsrastern durch die Lerngruppe bietet überdies den Zugewinn, dass die Lernenden auf diese Weise noch intensiver in ihrer Fähigkeit zur Selbst- und Peerevaluation geschult werden, als dies bei der Nutzung fertiger Raster der Fall wäre.

Analyseraster
des IQB und
aufgabenbezogene
Konkretisierung

Die für die Lehrerbildung konzipierten Entwürfe für Analyseraster des IQB zum monologischen und zum dialogischen Sprechen (2_7_E_F_15_Analyseraster) umfassen drei Hauptkategorien: Inhalt, Diskursorganisation und Sprache. Diese werden jeweils durch mehrere Subkategorien (Kriterien) ausdifferenziert. Empfehlenswert für die Arbeit in der gymnasialen Oberstufe ist es, an den Hauptkategorien festzuhalten und gemeinsam mit den Lernenden aufgabenbezogene Subkategorien zu entwickeln. Inwieweit es sinnvoll erscheint, überhaupt fachdidaktische Termini zu benutzen, hängt von den Voraussetzungen der Lerngruppe und den Unterrichtszielen ab. Wichtiger ist das Ausfüllen der dritten Spalte, in der beschrieben wird, was die Aufgabe genau beinhaltet bzw. welche Sprechleistungen sie einfordert. Die Kategorisierung der Erwartungen in drei Gruppen (unterhalb, entsprechend und oberhalb der Erwartung) muss ebenfalls an die Aufgabe angepasst werden. Im Beispiel *Entretien de candidature á l'Institut Paul Bocuse* etwa könnte sie zur Urteilsfindung der Jury genutzt werden, auch ohne dass die Erwartungen vorher durch Schülerinnen- und Schülerleistungen illustriert werden (was ohnehin in der Unterrichtspraxis nicht umsetzbar wäre). In der Urteilsfindung durch die Jury und die Beobachter können somit Aspekte der Sprachlernkompetenz, der Sprachbewusstheit und der interkulturellen Kompetenz bewusst gemacht werden.

2.7.4 Ausblick

Die beiden Lernaufgaben *NGO – advertising campaign* und *Entretien de candidature à l'Institut Paul Bocuse* verfolgen einen vergleichbar integrativen Ansatz in der Verknüpfung von Kompetenzen. Nach dem erfolgreichen Abschluss der Lernaufgabe sind Anschlussaufgaben denkbar, die weitere Kompetenzen einbeziehen.

Das Beispiel *Entretien de candidature à l'Institut Paul Bocuse* zeigt, wie das Sprechen als Einzelaufgabe im Rahmen einer größeren Lernaufgabe zum Thema *L'Institut Paul Bocuse* entwickelt werden kann, die auch das Leseverstehen (s. Kap. 2.5, wahlweise auch Hör- oder Hörsehverstehen) und das Schreiben (s. Kap. 2.6) gezielt fördert. Die drei Einzelaufgaben nehmen dann den Charakter von Modulen ein, die wahlweise eingesetzt werden können. Die Reflexion der Lernprozesse und Lernfortschritte sollte alle Einzelaufgaben begleiten, aber auch je nach Umsetzung zum Abschluss der Gesamtlernaufgabe erfolgen.

Die vorgestellten Aufgabenbeispiele zeigen, dass es eine große Schnittmenge an gemeinsamen Merkmalen für Lernaufgaben der beiden Sprachen auf dem Weg zum Abitur gibt.

2.8 Sprachmittlung

Daniela Caspari / Andrea Schinschke
Aufgabenentwicklung: Bernhard Bremm, Eva Gebauer,
Jochen Roebers, Claudia Steffen

● ●

2.8.1 Konzeption und Modellierung

Sprachmittlung ist der Oberbegriff für verschiedene Formen der mündlichen und schriftlichen Übertragung von Texten in eine andere Sprache. Es handelt sich um eine im Alltag häufig benötigte Kompetenz, die auch von Schülerinnen und Schülern als bedeutsam betrachtet wird. Wichtig ist bei allen Formen der Sprachmittlung, dass der Mittler dabei nicht seine eigenen Absichten zum Ausdruck bringt, sondern Mittler zwischen Gesprächspartnern ist, die einander nicht direkt verstehen können (vgl. Europarat 2001: 89).

Definition

Der Gemeinsame europäische Referenzrahmen für Sprachen unterscheidet unterschiedliche Formen der Sprachmittlung (Abb. 1, vgl. Europarat 2001: 89).

Formen der Sprachmittlung

Formen der Sprachmittlung im GeR

schriftlich
- genaue Übersetzung
- literarische Übersetzung
- Zusammenfassung der wesentlichen Punkte in der jeweils anderen Sprache
- Paraphrasieren

mündlich
- Simultan-Dolmetschen
- Konsekutiv-Dolmetschen
- informelles Dolmetschen

Abb. 1

Je nach Kommunikationssituation sind grundsätzlich verschiedene Sprachrichtungen möglich (Abb. 2).

Ausgangs- und Zielsprachen

Ausgangssprache:	Zielsprache:
Erstsprache (L 1)	Fremdsprache (L 2, L 3 etc.)
Fremdsprache (L 2, L 3 etc.)	Erstsprache (L 1)
Fremdsprache (L 2, L 3)	Fremdsprache (L 3, L 2)

Abb. 2

Außerdem gibt es verschiedene Kombinationen der Sprachrezeption und -produktion (Abb. 3).

Mündlichkeit und Schriftlichkeit

Ausgangstext	Zieltext	
mündlich (Original oder Ton-/Videodokument)	mündlich	schriftlich
schriftlich (Fließtext oder diskontinuierlicher Text)	mündlich	schriftlich

Abb. 3

Professionelle und alltägliche Formen der Sprachmittlung unterscheiden sich erheblich (Abb. 4) (vgl. Caspari 2008; Hallet 2008: 5):

Sprachmittlung als Beruf – Sprachmittlung im Alltag

	professionelle Sprachmittlung	Sprachmittlung in Schule und Alltag
Form	Dolmetschen und Übersetzen	informelles Dolmetschen, Zusammenfassung, Paraphrase
Anwendungs-situation	i. d. R. berufliche oder politische Kontexte	kommunikative Alltagssituationen, ggf. auch berufsvorbereitend
Grad der inhalt-lichen und sprach-lichen Genauigkeit	vollständige Entsprechung von Ausgangs- und Zieltext	sinngemäße Übertragung wesentlicher Inhalte und Mitteilungsabsichten
Orientierung	am Text; dies erfordert u. a. Textsortenadäquanz, Terminologiekonsistenz etc.	am Adressaten; dies erfordert möglicherweise erklärende Zusätze, Auslassungen, Paraphrasierungen etc.

Abb. 4

In der schulischen und universitären Tradition galt die Übersetzung lange als favorisierte Methode des Sprachenlernens (Grammatik-Übersetzungs-Methode). Genaue oder literarische Übersetzungen bedürfen wie das Simultan- oder Konsekutivdolmetschen jedoch einer intensiven professionellen Schulung und sind daher kein Ziel des allgemeinbildenden schulischen Fremdsprachenunterrichts. Wohl aber können, insb. im beruflichen Gymnasium, berufliche Kontexte als Rahmen für eine Sprachmittlung im dargestellten Sinne fungieren.

Die seit den Bildungsstandards für den Mittleren Schulabschluss (KMK 2003 bzw. 2004c) in der Schule eingeführten Formen der Sprachmittlung (*mediation* bzw. *médiation*) stellen jedoch keine reduzierte Form von Dolmetschen oder Übersetzung dar, sondern eine gezielte und reflektierte Transformation des Ausgangstextes (vgl. Caspari 2013): Je nach Adressat, Situation und Zielsetzung bzw.

kommunikativer Absicht wählt der Sprachmittler die zu mittelnden Inhalte, die Textsorte und den Stil bzw. die Diskursform. Sprachmittlung in schulischen wie in Alltagssituationen stellt somit eine eher weniger textgetreue Übertragung des Ausgangstextes dar, die von der Wiedergabe ausgewählter Inhalte über eine Zusammenfassung oder eine Paraphrase bis hin zu punktuell wörtlicher Übersetzung reichen kann. Je nach Vorkenntnissen des Adressaten können zusätzliche, meist kulturelle Erläuterungen notwendig werden. Wesentlich ist, dass der Sprachmittler bei der Transformation vom Ausgangs- in den Zieltext nicht seine eigenen Absichten einbringt.

Bei der Sprachmittlung handelt es sich um eine komplexe kommunikative Tätigkeit (vgl. Rössler 2008; Caspari/Schinschke 2012). Wie die verschiedenen Modellierungen (u. a. Caspari 2013; Kolb 2011; Sarter 2008) veranschaulichen, verlangt Sprachmittlung Fähigkeiten und Fertigkeiten aus allen Kompetenzbereichen: aus dem Bereich der funktionalen kommunikativen Kompetenzen je nach Realisierungsform Hör- bzw. Hörsehverstehen oder Leseverstehen sowie Sprechen oder Schreiben, dazu Text- und Medienkompetenz, interkulturelle kommunikative Kompetenz, Sprachbewusstheit und oft auch Sprachlernkompetenz. Zusätzlich verlangt die Sprachmittlung gute inhaltliche und allgemein lebensweltliche Kenntnisse sowie gute rezeptive und produktive Kompetenzen im Deutschen[1]. Anders als der Umgang mit zwei Sprachen es vermuten lassen könnte, fordert Sprachmittlung die Schülerinnen und Schüler gerade nicht dazu heraus, (innerlich) Wort für Wort zu übertragen, sondern die zu mittelnden Inhalte direkt im Kontext der jeweils anderen Sprache zu verarbeiten. Wie diese Haltung bereits im Anfangsunterricht gefördert werden kann, zeigt u. a. Kolb (2008).

Sprachmittlung als komplexe kommunikative Tätigkeit

Umgekehrt kann Sprachmittlung auch alle oben genannten Kompetenzbereiche fördern. Dabei besteht jedoch die Gefahr, dass der mit der Sprachmittlung verbundene Anspruch so stark reduziert wird, dass die Sprachmittlungssituation lediglich als ‚Verpackung' für eine Übung bzw. Überprüfung eines anderen Kompetenzbereichs fungiert. Eine Analyse von Sprachmittlungsaufgaben aus Lehrwerken, Zusatzmaterialien und Lern- bzw. Prüfungsaufgaben diverser Landesinstitute ergab, dass die Sprachmittlungssituation nicht selten als situativer Rahmen für die Übung bzw. Überprüfung lexikalischer und grammatischer Kenntnisse, von Lese- oder Hörverstehen, von Sprechen, Schreiben (bis hin zum Verfassen eines *résumé*) oder interkultureller Kompetenz dient (vgl. Caspari 2013). In solchen Aufgaben wird von den Lernern jeweils nur ein Teilbereich der für die Sprachmittlung notwendigen Kenntnisse und Fertigkeiten verlangt, ohne sie jedoch auf die durch die Komplexität einer Sprachmittlungssituation entstehenden Anforderungen vorzubereiten.

Problem: Sprachmittlungssituation zur Übung anderer Kompetenzen

---

1 Dies gilt, wenn Deutsch, was im schulischen Fremdsprachenunterricht derzeit noch meist der Fall ist, als Ausgangs- oder Zielsprache beteiligt ist.

2.8.2 Sprachmittlung in den Bildungsstandards

Die Bildungsstandards für die Allgemeine Hochschulreife für die fortgeführte Fremdsprache (Englisch/Französisch) (KMK 2014) bauen auf der Modellierung dieses Kompetenzbereiches in den EPA (KMK 2003 bzw. 2004c) und in den Bildungsstandards für den Mittleren Schulabschluss (KMK 2004a) auf.

Sprachmittlung in den Bildungsstandards für den Mittleren Schulabschluss

In den Bildungsstandards für den Mittleren Schulabschluss (KMK 2004a: 13) wird Sprachmittlung definiert als „sinngemäßes" Übertragen von einer Sprache in die andere. Unterschieden wird zwischen mündlicher Sprachmittlung innerhalb von im Alltag vorkommenden „Routinesituationen" und schriftlicher Sprachmittlung von zusammenhängenden sprachlichen Äußerungen in Form von „persönliche[n] und einfache[n] Sach- und Gebrauchstexte[n]".

Sprachmittlung in den EPA

In den EPA (KMK 2003 bzw. 2004c) werden der Anwendungsbezug und der interkulturelle Charakter der Sprachmittlung hervorgehoben: „Die Schülerinnen und Schüler beherrschen im Sinne interkultureller Kommunikation anwendungsorientiert verschiedene Formen der Sprachmittlung" (KMK 2004c: 12). Deutlich wird in dieser Formulierung („beherrschen") ebenfalls die Kompetenzorientierung. Es gibt gleichlautende Standards für die mündliche und die schriftliche Sprachmittlung: „in zwei- und ggf. mehrsprachigen Situationen vermitteln". Interessant ist, dass Sprachmittlung hiermit zwei Funktionen zukommt: Sie dient als direkte kommunikative Verständigungshilfe in Begegnungssituationen mit Sprechern aus zwei Sprachen sowie als Strategie für die Verständigung in mehrsprachigen Situationen. Dafür wird wie in den Standards für den Mittleren Schulabschluss keine Richtung (z. B. Sprachmittlung ins Deutsche, in die Zielsprache, aus anderen Fremdsprachen) angegeben.

Sprachmittlung in den Bildungsstandards für die Allgemeine Hochschulreife

Im Vergleich zu diesen beiden Dokumenten wird die Sprachmittlung in den Bildungsstandards für die Allgemeine Hochschulreife (KMK 2014: 18) deutlich präzisiert.

> Die Schülerinnen und Schüler können – auch unter Verwendung von Hilfsmitteln und Strategien – wesentliche Inhalte authentischer mündlicher oder schriftlicher Texte, auch zu weniger vertrauten Themen, in der jeweils anderen Sprache sowohl schriftlich als auch mündlich adressatengerecht und situationsangemessen für einen bestimmten Zweck wiedergeben.

Zum einen werden die Ausgangstexte genauer bestimmt: Unter Sprachmittlung versteht man die Wiedergabe wesentlicher Inhalte „authentischer mündlicher oder schriftlicher Texte, auch zu weniger vertrauten Themen". Zum anderen werden die Zieltexte genauer bestimmt: Sie beinhalten die Wiedergabe „wesentliche[r] Inhalte [...] in der jeweils anderen Sprache". Diese Wiedergabe zeichnet sich dadurch aus, dass sie „adressatengerecht und situationsangemessen für einen bestimmten Zweck" erfolgt. Diese Wiedergabe kann „auch unter Verwendung von Hilfsmitteln und Strategien" geschehen.

einzelne Standards

In den Standards werden einzelne Aspekte der Sprachmittlung näher erläutert.

Grundlegendes Niveau

Die Schülerinnen und Schüler können mündlich und schriftlich

- Informationen adressatengerecht und situationsangemessen in der jeweils anderen Sprache zusammenfassend wiedergeben (S1)
- interkulturelle Kompetenz und entsprechende kommunikative Strategien einsetzen, um adressatenrelevante Inhalte und Absichten in der jeweils anderen Sprache zu vermitteln (S2)
- bei der Vermittlung von Informationen gegebenenfalls auf Nachfragen eingehen (S3)
- Inhalte unter Nutzung von Hilfsmitteln, wie z. B. Wörterbüchern, durch Kompensationsstrategien, wie z. B. Paraphrasieren, und gegebenenfalls Nutzung von Gestik und Mimik adressatengerecht und situationsangemessen sinngemäß übertragen (S4)

Erhöhtes Niveau

Die Schülerinnen und Schüler können darüber hinaus

- für das Verstehen erforderliche Erläuterungen hinzufügen (S5)
- zur Bewältigung der Sprachmittlung kreativ mit den beteiligten Sprachen umgehen (S6)

Hiermit werden zwei weitere, für die erfolgreiche Mittlung in Alltagssituationen wichtige Fertigkeiten genannt: Zunächst die Fertigkeit zu erkennen, welche zusätzlichen Informationen und Erklärungen der bzw. die Empfänger ggf. benötigen, um die Inhalte der Sprachmittlung angemessen verstehen zu können. Dabei dürfte es sich vor allem um **kulturspezifische Eigenheiten** (sozio-kulturelles Orientierungswissen) handeln. So ist es für die Mittlung eines deutschsprachigen Textes über den Schuleintritt von Grundschulkindern unabdingbar, die Funktion und Bedeutung einer Schultüte zu erläutern. Es kann sich z. B. aber auch um Hintergrundinformationen zur Kommunikationssituation oder zu kommunikativen Absichten handeln. Beispielsweise kann es im Vorfeld der Mittlung der Begrüßungsrede eines Bürgermeisters eines französischen Kleinstädtchens für deutsche Austauschschülerinnen und -schüler hilfreich sein, auf die damit verbundene Absicht (z. B. explizite Wertschätzung der deutschen Gäste, Ausdruck der deutsch-französischen Beziehungen) und den typischen Ablauf einer solchen Rede vorzubereiten.

Bedeutung von Hintergrundwissen

Auch der zweite Standard appelliert an den Mittler, sich der Tatsache bewusst zu sein, dass selbst eine genaue sprachliche Übertragung nicht automatisch Verständigung garantiert. So stellen nicht nur Kultureme („,Almabtrieb' *is something like cattle drive*", Kolb 2008), sondern auch Alltagsbegriffe wie „Spaßbad" oder die im Deutschen häufig verwandten Anglizismen oder Scheinanglizismen (z. B. *Talkmaster, Hotline, Last-minute*-Reisen oder *Handy*-Tasche) nicht nur für das Französische eine Herausforderung an die Sprachmittler dar. Sie müssen wissen, welche Anglizismen auch in der Fremdsprache geläufig sind, und sie müssen zur Mittlung der anderen Begriffe Strategien wie Umschreibung, Erläuterung oder Analogiebildung sowie Neologismen anwenden. Beide Standards verlangen in besonderem Maße interkulturelles Wissen, interkulturelle Sensibilität und (interkulturelle) Sprachbewusstheit.

Schwierigkeiten bei der Übertragung von Begriffen

Diese letzten beiden Standards weisen darauf hin, dass selbst in der gleichen Sprachmittlungssituation Unterschiede in den Zieltexten zu erwarten sind. Stärker als bei professionellen Sprachmittlungen hängt es von den Einschätzungen des Sprachmittlers bzw. der Sprachmittlerin ab, welche Inhalte und Absichten er bzw. sie als „situationsangemessen" und „adressatenrelevant" interpretiert und wie er bzw. sie das Vorwissen und Vorverständnis der Empfänger einschätzt.

Progression im Vergleich zur Sek. I

In den Standardformulierungen wird eine deutliche Progression gegenüber den Bildungsstandards für den Mittleren Schulabschluss (KMK 2004a) ersichtlich. Die Mittlung „authentischer" Ausgangstexte „auch zu weniger vertrauten Themen" verlangt nicht nur höhere sprachlich-funktionale Kompetenzen, sondern spiegelt vor allem den höheren kognitiven Entwicklungsstand der Schülerinnen und Schüler sowie ihre größeren Kompetenzen im Bereich der interkulturellen kommunikativen Kompetenz und der Sprachbewusstheit. So sind sie in der Lage, auch anspruchsvollere Texte mit komplexeren Inhalten zu mitteln und dabei das (nicht nur kulturelle) Vorwissen der Gesprächspartner besser zu berücksichtigen.

Umgekehrt kann Sprachmittlung in der Oberstufe auch hervorragend dazu genutzt werden, bestimmte Aspekte anderer Kompetenzbereiche gezielt bewusst zu machen und zu üben. So können vor bzw. nach der eigentlichen Sprachmittlung Überlegungen zu den eigenen sprachlichen und nicht-sprachlichen Kompetenzen angestellt werden („Woran liegt es eigentlich, dass ich bei der Sprachmittlung so viele Probleme habe?"). Teil-Aufgaben zu den verwandten lexikalischen Mitteln oder zur idiomatischen Angemessenheit von Formulierungen können die Sprachbewusstheit fördern, genau wie Aufgaben, die die Möglichkeiten und Grenzen von Äquivalenten thematisieren, die Problematik von Wort-für-Wort-Übersetzungen oder die Machart von (guten) Texten (vgl. die Beispiele in Caspari/Schinschke 2012). Vor allem aber fordern und fördern Sprachmittlungsaufgaben interkulturelle Kompetenzen (vgl. Seidel 2012). Zu achten ist jedoch, wie oben bereits dargelegt wurde, darauf, dass die Förderung aller dieser Aspekte nicht als Selbstzweck betrachtet wird, sondern (letztlich) der Förderung der Sprachmittlungskompetenz dient.

2.8.3 Didaktische Schwerpunkte der Aufgaben

Die für die Bildungsstandards für die Allgemeine Hochschulreife (KMK 2014) und für diese Publikation entwickelten Aufgaben spiegeln eine beträchtliche Vielfalt an Schwerpunktsetzungen und Realisierungsmöglichkeiten von Aufgaben zur Sprachmittlung wider (vgl. folgende Tabelle):

Aufgaben zur Sprachmittlung in den Bildungsstandards und der vorliegenden Publikation

Titel der Aufgabe	Sprach- richtung	Form mdl. / schriftl.	Ausgangstext / Zieltext	Situation / Absicht	didakt. Schwerpunkte
Wie bekomme ich ein Sport- stipendium? (Prüfungsaufgabe *College – A New Stage of Life?*, Kap. 4.1.1 der Bildungsstandards)	D → E	schriftl. → schriftl.	Informationstext (Internet) → Artikel (Projektseite im Internet)	dreisprachiges Schulprojekt (D, USA, Polen) • Mittlung von In- formationen über Sportstipendien in D und USA für polnische Projektpartner • Vergleich zur Situation in den USA und D	Übertragung von spez. deutschen Begriffen
Trouver un emploi grâce aux réseaux sociaux (Prüfungsaufgabe *A la recherche d'un emploi*, Kap.4.2.1 der Bildungsstan- dards	F → D	mdl. → schriftl.	Radiodiskussion → E-Mail	Bruder sucht eine Arbeitsstelle • Mittlung von In- formationen aus Radiodiskussion über *Möglichkei- ten der Nutzung beruflicher sozia- ler Netzwerke* zur Stellensuche	Verstehen und Aus- wahl spezifischer Informationen
The Absolutely True Diary of a Part- Time Indian (Lernaufgabe in den Bildungsstan- dards, Kap. 5.1.2)	E → D	schriftl. → schriftl.	Buchbesprechung → Buchbe- sprechung	Anfertigen einer Buchbesprechung für privaten Blog, um Freunde für dieses Buch zu begeistern • Verbesserung von vorliegenden Online-Über- setzungen	intralinguale, textnahe Sprach- vergleiche → Sprachbewusstheit
Offres d'emploi (Lernaufgabe in den Bildungsstan- dards, Kap. 5.2.1)	1. D → F 2. D → F 3. F → D	schriftl. → schriftl.	1. Stellenanzeige → E-Mail 2. Zeitungsartikel → Zeitungs- artikel 3. Zeitungsartikel → Info-Text für Internet	1. Stellensuche für deutsche/n und frz. Freund/in • Mittlung eines deutschen Stellenangebotes mit Hilfe eines ähnlichen frz. Angebotes	Nutzung von Spiegeltexten für den Aufbau von Sprachmittlungs- kompetenzen (Hilfe für Wort- schatz/ Redemittel, interkulturelles Hintergrundwissen)

Titel der Aufgabe	Sprach-richtung	Form mdl. / schriftl.	Ausgangstext / Zieltext	Situation / Absicht	didakt. Schwerpunkte
				2. Praktikum bei einer frz. Regio-nalzeitung • Mittlung von Informationen über anonyme Bewerbungen in D mit Hilfe eines Textes über entsprechende Erfahrungen in F 3. Rubrik „Über die Grenzen" eines Internetportals für junge Menschen • Mittlung von In-formationen über Praktika in F	
Social Networking for All Ages (Aufgabe: 2_8_ SM_E_Revoluti-on_von_oben)	D → E	schriftl. → mdl.	Artikel → *three-minute-talk*	Kurzvortrag auf einer internationa-len Messe für eine Software-Firma • Mittlung von Informationen für ältere Men-schen über die Gefahren sozialer Netzwerke für ältere Menschen	Nutzung von Textinformationen für spezifische Kommunikations-situation
L'amitié franco-allemande – une mésentente cordiale? (Aufgabe: 2_1_ IKK_und_2_8_ SM_F_Amitie_ franco-allemande)	D → F	schriftl. → schriftl.	Artikel (Zeitung) → Artikel (Internet)	dt.-frz. Internetpro-jekt aus Anlass des 50. Jahrestages des Elysée-Vertrags • Darstellung der Wahrnehmung der französischen Intervention in Mali in einem deutschen Zei-tungsartikel	Nutzung von Spie-geltexten für Lexik und interkulturelle Hintergrund-informationen: IKK, Sprachlern-kompetenz, Reflexion der Kompetenz Sprach-mittlung

Titel der Aufgabe	Sprach- richtung	Form mdl. / schriftl.	Ausgangstext / Zieltext	Situation / Absicht	didakt. Schwerpunkte
Livre électronique ou livre papier ? (Aufgabe: 2_3_ HV_F_livre_elect- ronique)	F → D	mdl. → mdl.	Radiointerview → mdl. Wiedergabe von Informationen im informellen Kontext	Radiointerview über elektronische Bücher • Übertragung von Informationen für fachlich inter- essierten Freund	Übertragung von ausgewählten Textinformationen
Democratic Economy (Aufgabe: „Revo- lution von oben" (2_8_SM_E_Revo- lution_von_oben)	D → E	schriftl. → schriftl.	Zeitschriftenartikel → Bericht	Praktikum in einem englischen Unter- nehmen • Mittlung von Informationen für englischen Unternehmer	Sprachlern- kompetenz, Auswahl von zu mittelnden Informationen aus langer Textvorlage

Abb. 5, zusammengestellt von Daniela Caspari

Es liegen Aufgaben für beide Sprachrichtungen (aus der Zielsprache und in die Zielsprache), für alle vier Formen (schriftlich – schriftlich, schriftlich – mündlich, mündlich – schriftlich und mündlich – mündlich) und die unterschiedlichsten Textsorten von der Radiodiskussion über Buchbesprechungen bis zur E-Mail vor. Ein Schwerpunkt liegt dabei auf Zeitungs- bzw. Internetartikeln. Außerdem wird die Vielfalt von Sprachmittlungssituationen deutlich: von der privaten Mittlung für Freunde oder Familienangehörige über das Mitwirken an Begegnungsprojekten für Jugendliche bis hin zu professionellen Kontexten. In den Aufgaben stehen zudem unterschiedliche Teilfertigkeiten, die für den Aufbau dieser komplexen Kompetenz notwendig sind, im Mittelpunkt. Die folgende Kommentierung der Aufgaben erfolgt entlang dieser Schwerpunkte, wobei weder in Bezug auf die Schwerpunkte noch auf das Potential der entsprechenden Aufgaben Vollständigkeit angestrebt wird.

2.8.3.1 Schwerpunkt: Gezielte Auswahl der zu mittelnden Textinformationen

Wie oben dargelegt, handelt es sich bei der Sprachmittlung nicht um eine möglichst textgetreue Übertragung des Ausgangstextes, sondern um die situations- und adressatengerechte Mittlung wesentlicher Inhalte. Dies hat zur Folge, dass es keine objektiv richtige Auswahl der zu mittelnden Inhalte gibt, sondern dass diese von dem/der Sprachmittler/in und seiner bzw. ihrer Einschätzung bezüglich der Situation, des Interesses und Informationsbedürfnisses der Adressaten sowie der kommunikativen Absicht des Ausgangstextes abhängt. Je vager die Aufgabenstellung gehalten ist, umso größer ist der Spielraum des Sprachmittlers, oder umgekehrt, je genauer die Vorgaben sind, umso zielgerichteter kann der Sprachmittler die Informationen aussuchen.

Besonders gut kann man die Teilfertigkeit „gezielte Auswahl der zu mittelnden Textinformationen" an den Aufgaben *College – A New Stage of Life?*, *Trouver un emploi grâce aux réseaux sociaux* und *Livre électronique ou livre papier ?* erläutern.

Die Aufgabe *College – A New Stage of Life?* (KMK 2014) verlangt von den Lernenden, im Kontext eines dreisprachigen Schulprojektes (Deutschland, USA und Polen) für ihre polnischen Projektpartner/-innen Informationen über Sportstipendien in Deutschland und den USA zu mitteln. Dazu müssen sie aus dem ca. eine DIN-A4-Seite langen Text die für ihre Projektpartner relevanten Inhalte herausfiltern. Der für diese Prüfungsaufgabe angegebene Erwartungshorizont definiert diese Anforderung wie folgt: „[...] die Schülerinnen und Schüler [können] in einem kohärenten Text die relevanten Aussagen des Ausgangstextes zu Fragen eines Sportstipendiums in Deutschland und den USA vergleichend zusammenfassen und dabei auf kulturelle Unterschiede eingehen." (KMK 2014: 49). Ein Vergleich mit dem Originaltext macht deutlich, dass die Lerner für die Erfüllung der Aufgabe erkennen müssen, dass mehr als die Hälfte des Ausgangstextes unberücksichtigt bleibt: das erste Textdrittel, in dem die Natur und Funktion von Stipendien erläutert werden, und der letzte Absatz, in dem die Chancen deutscher Studierender angesprochen werden. Die Sprachmittlung bezieht sich somit nur auf den mittleren Textteil (Z. 25–43). Die dort enthaltenen Inhalte müssen jedoch detailliert und präzise gemittelt werden, damit die Adressaten, wie in der Aufgabenstellung gefordert, über die wesentlichen Unterschiede zwischen Deutschland und den USA in Bezug auf die Vergabe von Sportstipendien informiert sind. Auch wenn die Mehrheit der Lerner noch über keine eigenen Erfahrungen mit der Beantragung von Stipendien verfügen dürfte, erkennen sie an der Menge und am Detailgrad der im Ausgangstext aufgeführten Einzelheiten, dass es genau darauf ankommt.

In der Aufgabe *Trouver un emploi grâce aux réseaux sociaux* (KMK 2014) besteht die Herausforderung an die Lerner zum einen darin, dass die zu mittelnden Informationen nicht schriftlich vorliegen, sondern einer Radiodiskussion entnommen werden müssen (wobei aufgrund des Podcast-Formats ein mehrmaliges Hören grundsätzlich möglich ist). Zum anderen müssen sie von ihren Erfahrungen mit privaten sozialen Netzwerken abstrahieren, um die Spezifika eines beruflichen sozialen Netzwerks zu erkennen. Dazu müssen sie den Text sowohl in seiner Gesamtaussage als auch in relevanten Details verstehen. Denn das vorgestellte berufliche Netzwerk Linkedin erlaubt nicht, wie man erwarten könnte, sich direkt bei einem Unternehmen zu bewerben oder auf herkömmliche Bewerbungsunterlagen zu verzichten. Es ermöglicht vor allem, Informationen über Unternehmen und Referenzpersonen einzuholen und einen ersten Kontakt zu einer Firma herzustellen.

Als Hilfsmittel zur Filterung der Textinformationen werden in der Aufgabe *Livre électronique ou livre papier ?* (2_3_HV_F_livre_electronique) drei Leitfragen für die Rezeption des Radiointerviews mit einem Spezialisten für den französischen Buchmarkt vorgegeben (Was versteht P. Vandenberghe unter einem *poche nu-*

mérique? Wird das elektronische Buch den Tod von Buchhandlungen bedeuten? Was ist ein *péri-livre* und was sagt er darüber?). Diese erleichtern das fokussierte Hörverstehen, jedoch um den Preis, dass die Lerner keine selbstständige Auswahl der zu mittelnden Inhalte mehr treffen müssen. Eine Alternative bestünde darin, *Exercice 4* durch einen offeneren Arbeitsauftrag zu ersetzen: Sie fassen Ihre Erkenntnisse mündlich auf Deutsch für einen Freund zusammen, der eine Lehre als Buchhändler macht und sich sehr für das Thema interessiert, aber leider kein Französisch versteht.

In *Revolution von oben* (2_8_SM_E_Revolution_von_oben) müssen die Schülerinnen und Schüler aus einem fünfseitigen Zeitschriftenartikel zu den Möglichkeiten, die moderne Kommunikationsmöglichkeiten für die Mitbestimmung in Unternehmen bieten, sehr selbstständig die Informationen heraussuchen, die ihren Adressaten interessieren könnten. Gegeben sind – wie im realen Leben – lediglich die Situation (Praktikant in einem englischen Unternehmen), der Adressat (ein junger, aufgeschlossener Unternehmer) und die Absicht (Konzept, Hintergrund und Erfahrungen mit der betrieblichen Mitbestimmung durch moderne Kommunikationsmedien kennen lernen). Die Auswahl der zu mittelnden Informationen verlangt ein großes Fach- und Weltwissen und eignet sich daher erst für die Abiturstufe.

Besonderheit: relevante Informationen in langem Fachtext

2.8.3.2 Schwerpunkt: Transformation der Textsorte

Im Unterschied zur Übersetzung, bei der die Textsorte des Originaltextes beibehalten wird, verlangt die Sprachmittlung häufig die Verwendung einer anderen Textsorte. Dies ist immer der Fall, wenn vom Mündlichen ins Schriftliche oder umgekehrt gemittelt wird. Aber auch beim schriftlich-schriftlichen oder beim mündlich-mündlichen Sprachmitteln wird oft eine andere Textsorte vorgegeben. Dies verlangt von den Lernenden gute Kenntnisse in Bezug auf die formalen und stilistischen Charakteristika, da sie sich hierfür nicht am Ausgangstext orientieren können.

Die Aufgabe *Social Networking for All Ages* (2_8_SM_E_Revolution_von_oben, Task) verlangt die Mittlung von Informationen aus einem Zeitungsartikel über die Gefahren sozialer Netzwerke in Form eines Kurzvortrags (*three-minute-talk*) auf einer internationalen Messe. Eine besondere Schwierigkeit besteht darin, für diesen Vortrag den Auftraggeber der Mediation (eine Softwarefirma), das intendierte Publikum (ältere Computernutzer) und die Absicht (Werbung für das Unternehmen) zu berücksichtigen.

Bsp.: schriftliche Aufgabe in mündlicher Rede

Als Unterstützung für diese komplexe Anforderung enthält die Aufgabe ein Arbeitsblatt zur *task-analysis,* in das die Lerner im Vorfeld der Mittlung die entnommenen Informationen zur Situation und zum Adressaten eintragen und daraus Konsequenzen für die Mittlung ziehen müssen.

Bei der Bearbeitung der Aufgabe und der Beurteilung der Schülerinnen- und Schülerleistung sollte gerade bei Lernenden, die in der Mittelstufe nur wenig Erfahrung mit Sprachmittlung gesammelt haben, darauf geachtet werden, dass der

Problem: Sprachmittlung oder Sprechen üben?

Aufbau der Kompetenz Sprachmittlung im Fokus der Schülerinnen und Schüler bleibt und nicht zu sehr das Sprechen. Insbesondere ein Ausgangstext, der wie der hier gewählte nur wenige neue Informationen für die Schülerinnen und Schüler enthält, könnte sonst dazu verführen, die Sprachmittlungssituation lediglich als Sprechanlass für monologisches Sprechen zu betrachten. Daher sollte mithilfe des Arbeitsblattes zur *task-analysis* auf eine genaue Analyse der Aufgabenstellung und des Ausgangstextes Wert gelegt werden.

2.8.3.3 Exkurs: Zu Auswahl und Funktion von Spiegeltexten

Ein in vielfacher Hinsicht hilfreiches Mittel zum Aufbau der Sprachmittlungskompetenz stellen so genannte Parallel- oder Spiegeltexte dar, die vor allem zur Wortschatzentlastung empfohlen werden (vgl. LISUM 2006; Philipp / Rauch 2010). Caspari / Schinschke (2012: Anm. 1) fassen den Begriff und die Funktion von Spiegeltexten jedoch weiter:

Definition
Spiegeltexte
> Darunter werden weitere Texte zum gleichen oder zu einem ähnlichen Thema verstanden, die zur sprachlichen und inhaltlichen Unterstützung der Sprachmittlung dienen. Sie dienen somit auch der Vermittlung von Sachwissen, z. B. darüber, welche Unterschiede es in der Betrachtung eines Themas in zwei Sprachkulturen gibt.

Darüber hinaus können Spiegeltexte – vorbehaltlich möglicher kultureller Unterschiede – Informationen über Textsortenspezifika geben.

In den Aufgaben *Offres d'emploi* (KMK 2014) und *L'amitié franco-allemande – une mésentente cordiale ?* (2_1_IKK_und_2_8_SM_F_Amitie_franco-allemande) lernen die Schülerinnen und Schüler, Spiegeltexte für die Sprachmittlung zu nutzen.

Funktion:
sprachliche
Unterstützung
Offres d'emploi wird ausdrücklich als Lernaufgabe zum Aufbau von Sprachmittlungskompetenz zu Beginn der Sekundarstufe II empfohlen. Sie enthält zwei Mittlungsaufgaben: Bei der Suche nach einer Stelle für eine/n deutsche/n und eine/n französische/n Freund/in soll zuerst ein deutsches Stellenangebot mit Hilfe eines ähnlichen französischen Angebotes gemittelt werden. Danach sollen im Kontext eines Praktikums bei einer französischen Regionalzeitung Informationen über „anonyme Bewerbungen" (ohne Angabe von Name, Alter, Wohnort) in Deutschland gemittelt werden. Als Spiegeltext dient hier ein Zeitungsartikel über entsprechende Erfahrungen in Frankreich. Die Spiegeltexte werden in den Aufgaben gezielt als sprachliche Hilfe herangezogen:

In der ersten Aufgabe sollen die Schülerinnen und Schüler nach einer ersten, auf den Inhalt bezogenen Lektüre (Aufgabe 1a) die französische Stellenanzeige auf solche Wörter, Wendungen und sprachlichen Konstruktionen hin untersuchen, die für die Mittlung ins Französische hilfreich sein könnten (1b). Ob alle wichtigen Wendungen gefunden wurden, wird in Aufgabe 1c überprüft, bevor als letzter Schritt das zu mittelnde Stellenangebot in Form einer E-Mail an den französischsprachigen Freund formuliert werden soll (1d). In der Aufgabenformulierung werden die Schülerinnen und Schüler aufgefordert, dazu das erarbeitete Vokabular zu verwenden.

Entsprechend soll in der zweiten Aufgabe der französische Text über anonyme Bewerbungen dazu herangezogen werden, das notwendige Vokabular für die Mittlung des deutschsprachigen Textes zu liefern (2b). Abschließend sollen die

Schülerinnen und Schüler in Partnerarbeit ihre Texte in Bezug auf die gemittelten Inhalte aus dem deutschsprachigen und die Formulierungen aus dem französischsprachigen Text vergleichen und die zu verbessernden Passagen unterstreichen (2d). Diese Steuerungselemente zum gezielten Rückgriff auf die Spiegeltexte wurden nach der Erprobung der Aufgaben hinzugefügt, um das methodische Vorgehen bei der Arbeit mit Spiegeltexten exemplarisch vorzuführen.

Dass die Arbeit mit Spiegeltexten auch bei fortgeschrittenen Lernenden sinnvoll ist, zeigt die Aufgabe *L'amitié franco-allemande – une mésentente cordiale ?* (2_1_IKK_und_2_8_SM_F_Amitie_franco-allemande). Hier werden die Spiegeltexte nicht nur als sprachliche, sondern vor allem auch als interkulturelle Vorbereitung herangezogen: Im Kontext eines deutsch-französischen Internetprojektes aus Anlass des 50. Jahrestages des Elysee-Vertrages sollen die Schülerinnen und Schüler einen deutschsprachigen Zeitungsartikel mitteln, in dem aus deutscher Sicht der Einmarsch französischer Truppen in Mali in zeitlicher Nähe des Jahrestages kommentiert wird. Als inhaltliche Hintergrundinformation und als lexikalische Hilfe erhalten sie einen in deutscher und französischer Sprache vorliegenden zweiten Zeitungsartikel über die Entstehung, Entwicklung und Zukunft der deutsch-französischen Freundschaft. Zusätzlich kann ein französischer Blog zur französischen Haltung in Bezug auf den Mali-Konflikt konsultiert werden. Die inhaltlichen Hintergrundinformationen sind nicht nur für ein besseres Verständnis der Ereignisse hilfreich, sondern vor allem auch dafür, in der Sprachmittlung mögliche französische Empfindlichkeiten angesichts der deutschen Kritik an der Intervention in Mali zu berücksichtigen. In der Aufgabenstellung heißt es denn auch, dass die Mittlung *„tout en respectant vos partenaires qui vont le lire"* erfolgen solle. Diese Beispiele zeigen, dass Spiegeltexte unterschiedliche, für die Sprachmittlung notwendige Teilfertigkeiten unterstützen können.

Funktion: interkulturelle Unterstützung

2.8.3.4 Schwerpunkt: Sprachbewusstheit

Die im vorangegangenen Abschnitt vorgestellte gezielte Einbeziehung von Spiegeltexten dient ebenfalls der Ausbildung von Sprachbewusstheit. Die Lernenden werden aufgefordert, einen französischsprachigen Text gezielt nach Wörtern und Wendungen zu durchsuchen, die ihnen für die Mittlung der deutschsprachigen Ausgangstexte hilfreich sein können. Reflexionsaufgaben wie die Aufgabe 1c und 2d in *Offres d'emploi* lenken die Aufmerksamkeit der Lernenden auf die für die Sprachmittlung zur Verfügung stehenden sprachlichen Strukturen. In der Aufgabe *L'amitié franco-allemande – une mésentente cordiale ?* geschieht die Lenkung in der Form, dass die zu mittelnden Inhalte des Ausgangstextes auf der linken Hälfte eines Blattes notiert werden sollen (Aufgabe 1), die vom französischen Spiegeltext gelieferten sprachlichen Hilfen auf der rechten Hälfte (Aufgabe 2).

Bsp.: Reflexion über Wendungen im deutschsprachigen Text und im Spiegeltext

In der Aufgabe *The Absolutely True Diary of a Part-Time Indian* (KMK 2014) werden als Teil der Mittlungsaufgabe ins Deutsche verschiedene elektronisch erzeugte Übersetzungen einer Buchkritik intensiv miteinander verglichen. Dies geschieht in folgenden Schritten: Die englischsprachige Buchkritik wird gelesen (Aufgabe 1), anschließend wählen die Schülerinnen und Schüler aus drei vom Übersetzungsprogramm erstellten deutschen Versionen diejenige aus, die ihnen am besten gefällt und begründen ihre Wahl (2). Danach wird anhand einer vier-

Bsp.: Reflexion über Übersetzungsvarianten

ten Version die Aufmerksamkeit gezielt auf bestimmte schwierige, teilweise unangemessen bzw. falsch übersetzte Wörter und Wendungen gelenkt (3), bevor in Aufgabe 4 verschiedene Strategien zum Umgang mit schwer übersetzbaren landeskundlichen Begriffen angewendet und diskutiert werden. Nach diesen Vorarbeiten sind die Schülerinnen und Schüler in der Lage, eine deutschsprachige Version der Buchbesprechung zu erstellen.

Die Textvorlage enthält eine Vielzahl sprachlicher und kultureller Spezifika (Metaphorik und andere Stilmittel, Wechsel der Register, Idiomatik, Stilbrüche, Appellcharakter, Hypotaxen, kulturspezifische Phänomene), die Anlass geben, sich mit unterschiedlichen Fragen ihrer Übertragungsmöglichkeiten zu beschäftigen. Eingebettet in eine Sprachmittlungssituation erleben die Lernenden die Notwendigkeit, über die Bedeutung von sprachlichen Formulierungen nachzudenken und verschiedene Varianten mit ihren Vor- und Nachteilen zu erproben. Dabei lernen sie zu erkennen, dass Sprache stets sozio-kulturell geprägt ist. Außerdem werden sie dazu angeregt, Gemeinsamkeiten und Unterschiede zwischen beiden Sprachen zu reflektieren. Die Aufgabe bietet somit ein hohes Potential zur Entwicklung von Sprachbewusstheit, die – zumindest auf erhöhtem Niveau – für die Bewältigung von Sprachmittlungsaufgaben unabdingbar ist. Allerdings ist das in dieser Aufgabe angezielte Produkt innerhalb des Spektrums von verschiedenen Sprachmittlungsformen eher im Bereich der textnahen Übersetzung zu verorten.

2.8.3.5 Schwerpunkt: Interkulturelle kommunikative Kompetenz

Wie in Kap. 2.1 näher erläutert wird, manifestiert sich interkulturelle kommunikative Kompetenz (im Folgenden IKK) in angemessenem Verstehen und Handeln in Kontexten, in denen die Fremdsprache verwendet wird. Es wird postuliert (vgl. im Folgenden KMK 2014: 19), dass der Prozess interkulturellen Verstehens auf dem Zusammenspiel der drei Komponenten Wissen (fremdkulturelles Wissen, Einsicht in die kulturellen Prägungen von Sprache und Sprachverwendung, strategisches Wissen), Einstellungen (insb. die Bereitschaft und Fähigkeit, anderen respektvoll zu begegnen und beim eigenen Sprachhandeln sprachliche und inhaltliche Risiken einzugehen) und Bewusstheit (insb. die Fähigkeit und Bereitschaft, das eigene persönliche Verstehen und Handeln zu hinterfragen und mit dem eigenen Standpunkt Unvereinbares auszuhalten) beruht.

Überschneidungen von Sprachmittlung und IKK

Vergleicht man diese, in den Standardformulierungen konkretisierten, Aspekte von IKK (vgl. KMK 2014: 19–20) mit den Anforderungen, die an einen Sprachmittler bzw. eine Sprachmittlerin gestellt werden, so wird deutlich, dass es sehr weitgehende Überschneidungen zwischen beiden Kompetenzbereichen gibt (vgl. Seidel 2012). Es liegt daher nahe, IKK als unabdingbare Voraussetzung für gelingende Sprachmittlung zu betrachten. Umgekehrt kann davon ausgegangen werden, dass durch Sprachmittlung zentrale Aspekte der IKK gefördert werden können.

Kriterien für Sprachmittlungsaufgaben zur Förderung von IKK

Allerdings müssen entsprechende Sprachmittlungsaufgaben bestimmte Anforderungen erfüllen (vgl. auch Caspari / Schinschke 2010):

• Die Sprachmittlung muss in eine interkulturelle Kontakt- bzw. Mitteilungssituation eingebettet sein.
• Die Personenkonstellation muss im Horizont der Schülerinnen und Schüler

liegen, der darin enthaltene Grad an Fremdheit im Vergleich zur eigenen Lebenssituation muss für sie zu bewältigen sein.

- Die Aufgabe muss für die Schülerinnen und Schüler mit ihrem vorhandenen lebensweltlichen und landeskundlichen Wissen zu bewältigen sein. Andernfalls müssen sie in vorbereitenden Aufgaben oder durch die Sprachmittlungsaufgabe selbst (z. B. durch Spiegeltexte) das entsprechende Wissen erwerben können.
- Die sprachlichen Anforderungen, insb. bezüglich der Übertragung von kulturspezifischen Ausdrücken und Konventionen, müssen zu bewältigen sein.

Darüber hinaus ist zu berücksichtigen, dass Aufgaben zur mündlichen, insbesondere zur dialogischen Sprachmittlung allein schon aufgrund des Zeitdrucks und der Notwendigkeit, sich abwechselnd in die Positionen der verschiedenen Gesprächspartner zu versetzen, tendenziell höhere Anforderungen an die Schülerinnen und Schüler stellen als Aufgaben zur schriftlichen Sprachmittlung.

Von den vorliegenden Aufgaben verlangen bzw. fördern die meisten interkulturelle Kompetenzen; im Folgenden werden einzelne Aspekte kommentiert.

Auf welch unterschiedliche Weise das für Sprachmittlung notwendige soziokulturelle Wissen durch die Aufgabe selbst vermittelt werden kann, illustrieren die Aufgaben „Wie bekomme ich ein Sportstipendium?" (KMK 2014) und *L'amitié franco-allemande – une mésentente cordiale ?* (2_1_IKK_und_2_8_SM_F_Amitie_franco-allemande). Während in ersterer der zu mittelnde Text den geforderten Vergleich zwischen Deutschland und den USA bereits enthält, benötigen die Schülerinnen und Schüler für die Mittlung des zweiten mehrere Spiegeltexte. Sie enthalten die für das Verstehen des zu mittelnden Textes notwendigen Hintergrundinformationen über die deutsch-französische Freundschaft und die in Frankreich und Deutschland unterschiedliche Wahrnehmung der Intervention in Mali. Die Aufgabe *Revolution von oben* (2_8_SM_E_Revolution_von_oben) kann dagegen nur von solchen Schülerinnen und Schülern adäquat gemittelt werden, die sich im vorangegangenen Unterricht, insbesondere im Beruflichen Gymnasium, mit Mitbestimmungsformen in deutschen und englischen Unternehmen beschäftigt haben. Andernfalls dürfte es ihnen schwer fallen, das auf dem Hintergrund deutscher Betriebsstrukturen vorgestellte Konzept einer *liquid democracy* so für einen englischen Unternehmer zu übertragen, dass diese Spezifika deutlich werden.

Aspekt: Vermittlung von soziokulturellem Wissen

Wie im vorangegangenen Kapitel bereits dargestellt wurde, fördert die Aufgabe *The Absolutely True Diary of a Part-Time Indian* (KMK 2014) Sprachbewusstheit in Bezug auf die kulturell angemessene Übertragung von Wortbedeutungen und Formulierungen. Dazu gehört nicht nur, möglichst adäquate Übertragungen oder Umschreibungen zu finden, sondern ebenfalls zu reflektieren, welche Wirkung Sprache in bestimmten Verwendungssituationen auf den Leser hat und welches Wissen der Leserin bzw. des Lesers man für das Verstehen von Texten ‚einplanen' sollte. Dies stellt ein wesentliches Ziel im Bereich der interkulturellen Bewusstheit dar.

Wirkung von Sprache auf Rezipienten

Auch in der Aufgabe *L'amitié franco-allemande – une mésentente cordiale ?* liegt ein Schwerpunkt darauf, die Einstellungen und Erwartungen der französischen

Berücksichtigung der Adressatenperspektive

Leserinnen und Leser bei der Sprachmittlung zu antizipieren. Dies verlangt detailliertes Wissen über die unterschiedlichen Blicke auf die deutsch-französische Geschichte und die Intervention in Mali, das durch die Spiegeltexte vermittelt wird. Zudem macht die Aufgabenstellung *tout en respectant vos partenaires* deutlich, dass in dieser Aufgabe ein Perspektivenwechsel gefordert ist. Für einen erfolgreichen interkulturellen Perspektivenwechsel, der z. B. auch in den Aufgaben *The absolutely True Diary of a Part-Time Indian, Offres d'emploi* und *Revolution von oben* verlangt wird, ist das Verfügen über alle drei Bereiche der IKK, nämlich Wissen, Einstellungen und Bewusstheit, notwendig.

neutral bleiben   Zu erwähnen ist noch, dass Sprachmittlungsaufgaben durch die Anforderung, neutral zu bleiben und seine eigene Meinung herauszuhalten, auch ganz grundsätzlich den Bereich der interkulturellen Bewusstheit fördern. Es stellt für Schülerinnen und Schüler eine große Herausforderung dar, sich gerade bei emotional aufgeladenen oder kontroversen Inhalten tatsächlich auf das Mitteln der Inhalte und Absichten des bzw. der Kommunikationspartner(s) zu beschränken und währenddessen auch „mit dem eigenen Standpunkt Unvereinbares" auszuhalten.

2.8.3.6 Schwerpunkt: Sprachlernkompetenz

Alle Lernaufgaben enthalten unterstützende Hinweise und Materialien für die Erweiterung der Kompetenz Sprachmittlung. Wenn den Lernenden dabei zusätzlich deutlich gemacht wird, welche Aspekte und Teilfertigkeiten der Sprachmittlung dadurch gezielt gefördert werden sollen, tragen diese Aufgaben ebenfalls zum Erwerb von Sprachlernkompetenz bei. Besonders deutlich wird die Absicht, gezielt Sprachlernkompetenz im Bereich der Sprachmittlung zu vermitteln, in den Aufgaben *Social Networking for All Ages, Revolution von oben, Offres d'emploi* und *L'amitié franco-allemande – une mésentente cordiale ?.*

Hilfe zur Produktion: Regeln für die Sprachmittlung   In *Social Networking for All Ages* und *Revolution von oben* erhalten die Schülerinnen und Schüler zum einen ein Informationsblatt mit *Mediation Basics* (2_8_SM_E_Revolution_von_oben, Task support for Part 3). Es führt sechs zentrale Regeln auf, die bei der Sprachmittlung zu beachten sind. Zusätzlich werden Hinweise zum Sprachgebrauch und einige praktische Tipps bzw. Hinweise auf Strategien gegeben.

Hilfen zur Selbstreflexion: Aufgabenanalyse und Evaluationskriterien   Eine Teilaufgabe verlangt von den Schülerinnen und Schülern, ihre aufgrund der Lektüre des Ausgangstextes angefertigten Stichpunkte mit den *Mediation Basics* abzugleichen. Dadurch soll erreicht werden, dass sie sich Schwierigkeiten, die bei der Sprachmittlung auftreten könnten, bewusst machen und mögliche Lösungsstrategien überlegen. Dieser Schritt, der durch das Arbeitsblatt *Task Analysis* (2_8_SM_E_Revolution_von_oben, Task support for Part 1) unterstützt wird, ist gerade beim Erlernen der Sprachmittlung unabdingbar: Er lenkt den Fokus auf die Problematik, sich in den geforderten Adressaten hineinzuversetzen und dessen Fragestellungen zu erkennen und zu antizipieren. Komplettiert wird diese Absicht durch das *Evaluation Sheet* (2_8_SM_E_Revolution_von_oben, Task support for Part 5 und 6), mit dem die Angemessenheit des Zieltextes in Bezug auf die zentralen Kriterien überprüft werden kann. Dem unterschiedlichen Kompetenzniveau der Lernenden bezüglich der Sprachmittlungskompetenz trägt die

Aufgabe *Revolution von oben* darüber hinaus durch zwei Aufgabenvarianten Rechnung: Im *Access A* werden die Schülerinnen und Schüler stärker geleitet und durch Zusatzmaterialien unterstützt, während im *Access B* eine sehr hohe Selbstständigkeit gefordert wird.

In *Offres d'emploi* und *L'amitié franco-allemande – une mésentente cordiale ?* führen die aufeinander aufbauenden Teilaufgaben zu den Spiegeltexten den Lernenden zu einem systematischen Herangehen an die eigentliche Sprachmittlung. Dieses Vorgehen wird in den Aufgabenstellungen bewusst gemacht, z. B. in der Aufgabe 2d von *Offres d'emploi* (KMK 2014). Hier sollen die Schülerinnen und Schüler ihre individuell erstellten Zieltexte in Partnerarbeit vergleichen:

prozedurales Wissen durch Arbeit mit Spiegeltexten

Travaillez à deux. Comparez vos articles. Choisissez celui qui conviendrait le mieux à votre rédacteur en chef. Tenez compte des informations choisies dans le texte 1 et des expressions du texte 2 dont vous vous êtes servies. Mettez-vous d'accord sur les passages à améliorer (KMK 2014: 245).

Die vierte Aufgabe von *L'amitié franco-allemande – une mésentente cordiale ?* geht noch einen Schritt weiter und verlangt von den Lernenden nach erfolgter Mittlung, ihr Vorgehen zu reflektieren und dadurch ihren Arbeitsprozess zu evaluieren:

4. Réflexion

Après avoir rédigé votre texte pour le site Internet, reconsidérez votre travail:
- *Quelle était votre manière de procéder ?*
- *Qu'est-ce qui vous a vraiment aidé à faire votre médiation ?*
- *Où avez-vous eu des difficultés ?*

2.8.4 Weitere Aspekte der Sprachmittlung

2.8.4.1 Kriterien für gute Aufgaben

Aus den Aufgaben für Sprachmittlung, die im Kontext der Bildungsstandards erstellt und erprobt wurden, lassen sich Kriterien für „gute" Aufgaben ableiten (vgl. auch Caspari 2013; Caspari/Schinschke 2010; Hamburger Institut für Berufliche Bildung 2012; LISUM 2006; Pfeiffer 2013). Zentral ist, dass eine den Schülerinnen und Schülern realistisch erscheinende, in ihrem Horizont liegende zwei- oder mehrsprachige Situation konstruiert wird, die tatsächlich Sprachmittlung erfordert. Naturgemäß ist die Anzahl solcher, im Horizont der Schülerinnen und Schüler liegender Situationen und der sich daraus ergebenden Rollen begrenzt (vgl. auch LISUM 2006: 5). Möglich ist es zum Beispiel, im Inland für nicht deutschsprechende Touristen oder im Ausland für nicht die Fremdsprache sprechende Familienangehörige oder Touristen zu mitteln. Andere Möglichkeiten ergeben sich durch reale oder fingierte Austausch- oder Begegnungssituationen, z. B. als Austauschschüler/-in, als Praktikant/in, als Brieffreund/-in oder als Mitwirkende an einem binationalen oder internationalen Projekt. Für Schüle-

angemessene Situation

rinnen und Schüler des Beruflichen Gymnasiums sind dabei weitere, spezifische berufsvorbereitende Kontexte und Inhalte möglich.

Mittlungssituationen können sich auch im Umgang mit fremdsprachigen Quellen im fächerübergreifenden Unterricht oder bei der Erstellung von Vorträgen oder Projektarbeiten ergeben. Noch wenig genutzt werden hierbei die Möglichkeiten der Teilnahme an elektronisch unterstützten Projekten wie *E-Twinning*: Warum soll nicht eine ganze Klasse an einem solchen Projekt teilnehmen, auch wenn nur ein Teil der Schülerinnen und Schüler die Projektsprache beherrscht? Diese wären dann als echte Mittler gefordert.

genaue Hinweise auf Adressaten   Ein zweites, zentrales Merkmal besteht in möglichst präzisen Informationen über den bzw. die Adressaten (z. B. Alter, schulische oder berufliche Situation, sozialer Hintergrund, besondere Interessen, ggf. auch Geschlecht). Diese geben den Schülerinnen und Schülern Hinweise auf das Interesse des Adressaten am gemittelten Text und erlauben somit – wie auch die Angaben zur Situation – Rückschlüsse auf den Zweck bzw. die Absicht der Sprachmittlung. Außerdem ist es für eine möglichst ‚passgenaue‘ Mittlung unbedingt notwendig, die inhaltlichen und kulturellen Kenntnisse, Erfahrungen und Erwartungen der Adressaten erschließen zu können, damit sie sie insbesondere bei der Auswahl der zu mittelnden Inhalte und der Entscheidung über zusätzliche Erläuterungen berücksichtigen können.

zur Situation passende Textsorten   Ein drittes zentrales Merkmal besteht in der Wahl der passenden Textsorten (Ausgangs- und Zieltext). Diese müssen im vorangegangenen Unterricht eingeübt worden sein und es muss sichergestellt werden, dass sie den Schülerinnen und Schülern in ihren zentralen Merkmalen und ggf. auch in ihren kulturellen Unterschieden bekannt sind.

Wissen über Inhalte   Bislang noch weniger beachtet wird, viertens, dass den Schülerinnen und Schülern die zu mittelnden Inhalte entweder vertraut sind oder dass sie im Rahmen der Aufgabe, z. B. durch vorangehende Einzelaufgaben oder durch einbezogene Spiegeltexte, erworben werden können. Dies gilt sowohl für das zugrunde gelegte Weltwissen, für das fremd-, aber auch das notwendige eigenkulturelle Wissen der Lernenden.

Passgenauigkeit zwischen Situation, Adressat, Inhalt und Textsorte   Entscheidend für die Qualität einer Sprachmittlungsaufgabe ist letztlich das Zusammenwirken dieser vier Elemente, also die Stimmigkeit bzw. Passgenauigkeit zwischen Situation, Adressat, Inhalt und Textsorte (vgl. auch Caspari / Schinschke 2010; Gebauer / Kieweg 2008). Dabei ist auf die lebensweltliche Passung zu achten: Welche Textsorten sind für die gewählte Situation und die zu erreichenden Adressaten typisch und angemessen? Der für den Messeauftritt in *Social Networking for All Ages* passende *three-minute-talk* würde sich z. B. weniger für eine informelle Situation während eines Schüleraustausches oder im Freundeskreis eignen. Des Weiteren ist die Passung zwischen Adressat und Textsorte zu berücksichtigen: Um den Bruder in *Offres d'emploi* zu informieren, eignet sich die gewählte Mail tatsächlich besser als ein Bericht, den der Chef in *Revolution von oben* erwartet. Weiterhin ist auf die Passung zwischen Inhalt und Textsorte zu achten. Hierbei fällt auf, dass in den Aufgaben nicht selten ein Artikel verfasst werden soll, z. B. in „Wie bekomme ich ein Sportstipendium?", in *Offres d'emploi* oder *L'amitié franco-allemande – une mésentente condiale ?*. Bei dieser relativ wenig markierten Textsorte könnte es hilfreich sein, wenn den Schülerinnen und Schülern zusätzliche Hinweise, möglicherweise auch in Form von Tipps und Tricks oder von gelungenen Beispielen aus der Zielsprache, gegeben werden, damit sie die Form ihres Artikel auf den Inhalt, den Publikationsort und die Adressaten abstimmen können.

Wie im Prozess der Aufgabenentwicklung deutlich wurde, besteht eine große Herausforderung darin, diese Elemente in eine umfassende, präzise und zugleich gut verständliche Aufgabenformulierung zu gießen, der die Lernenden die für die Sprachmittlung notwendigen Angaben entnehmen können. Wie explizit die Aufgabenstellung in Bezug auf einzelne Details ist, z. B. Länge oder Stil des erwarteten Textes, hängt vom erreichten Kompetenzniveau der Schülerinnen und Schüler sowie von der Mittlungssituation ab. Ungeübte Lernende benötigen hier eher mehr Informationen, aus Gründen der Vergleichbarkeit kann es auch für Prüfungssituationen sinnvoll sein, genauere, orientierende Vorgaben zu geben.

Aufgaben-formulierung

2.8.4.2 Sprachmittlung ins Deutsche?

Die Bildungsstandards für den Mittleren Schulabschluss und für die Allgemeine Hochschulreife sehen beide Richtungen der Sprachmittlung vor: in die Fremdsprache und ins Deutsche. Der vorliegende Aufgabenkorpus enthält jedoch nur drei Aufgaben, in denen die Mittlung ins Deutsche gefordert wird: *A la recherche d'un emploi* (KMK 2014), *The Absolutely True Diary of a Part-Time Indian* (KMK 2014) und *Livre électronique ou livre papier ?* (2_3_HV_F_livre_electronique)). Dabei ist die Sprachmittlung ins Deutsche auch für fortgeschrittene Fremdsprachenlernende in lebensweltlichen Situationen durchaus relevant, insbesondere für nicht so verbreitete Sprachen. Sie kann auch einen wichtigen Beitrag zur Förderung von Sprachbewusstheit leisten, wie die intensive Arbeit an den Übertragungsmöglichkeiten für einzelne Begriffe, kulturelle Konzepte, grammatische Strukturen und idiomatische Formulierungen in *The Absolutely True Diary* zeigt. Außerdem kann sie die Sensibilität für die kulturelle Geprägtheit von Textsorten und interkulturelle Bewusstheit fördern. In der Sek. I ist die Sprachmittlung ins Deutsche denn auch verbreitet (vgl. Schnitter 2008).

Relevanz der Sprachmittlung ins Deutsche

Dagegen erscheint der sprachliche Zuwachs in Bezug auf die Fremdsprache bei einer Mittlung ins Deutsche eher gering. Außerdem lassen sich für die Oberstufe nur wenige authentische bzw. quasi-authentische Situationen konstruieren, in denen die Mittlung von fremdsprachigen mündlichen oder schriftlichen Texten ins Deutsche relevant ist. Am häufigsten dürfte dies bei der Konsultation fremdsprachiger Texte im Rahmen einer Facharbeit oder des fächerübergreifenden bzw. bilingualen Unterrichts der Fall sein.

Einwände gegen Sprachmittlung ins Deutsche

Weitere Bedenken gegen eine Sprachmittlung ins Deutsche gründen in der schwierigen Abgrenzung zum Format „Überprüfung des Lese-, Hör- und Hörsehverstehens durch Wiedergabe im Deutschen", wenn nicht sehr textnah übertragen bzw. übersetzt wird (vgl. auch die oben formulierte Kritik an *Livre électronique*). Nicht zuletzt sind bei dieser Richtung der Sprachmittlung fundierte Kompetenzen im Deutschen genauso wichtig wie die fremdsprachliche Kompetenzen. Dadurch könnten insbesondere Schülerinnen und Schüler nichtdeutscher Herkunft benachteiligt sein (vgl. auch Caspari/Schinschke 2012).

Möglicherweise könnte die Sprachmittlung ins Deutsche, insbesondere in der textnahen Variante von *The Absolutely True Diary* jedoch zu einer bereichernden Spracharbeit im Sinne durchgängiger Sprachbildung beitragen.

2.8.4.3 Nutzung von Strategien und Hilfsmitteln

Hilfen in Aufga-
benstellungen
und durch Aufbau
der Aufgabe

Zur Förderung der Sprachmittlungskompetenz bieten die Aufgaben zahlreiche Hilfen, die zumeist in den Aufgabenstellungen enthalten sind oder in Form von Materialien (vgl. Kap. 2.8.3.6) vorliegen. So gibt es Einzelaufgaben, die das Textverstehen fokussieren, die auf sprachliche Besonderheiten aufmerksam machen oder strategische Hilfen bereitstellen. Auch die Spiegeltexte stellen, wie in Kap. 2.8.3.3 ausgeführt, eine große Hilfe dar.

relevante
Strategien

Auch wenn die Standards für die Abiturprüfung keine Strategien auflisten, ist ihr Gebrauch für erfolgreiches Sprachmitteln zentral (vgl. GeR Kap. 4.4.4.3, Kieweg 2008; Rössler 2009). Zu den für die Sprachmittlung wichtigen Strategien zählen zum einen die fertigkeitsbezogenen Strategien zum Hör- bzw. Leseverstehen sowie zum Sprechen bzw. Schreiben. Zum anderen zählen für die Sprachmittlung spezifische Kommunikationsstrategien dazu, die notwendig werden, weil der Mittler nur über begrenzte sprachliche Mittel verfügt und mündliche Sprachmittlungsaktivitäten in der Regel nicht planbar sind. Dazu gehören z. B. Antizipationsstrategien, Reduktionsstrategien, Umschreibungsstrategien, Kompensationsstrategien oder Strategien zum Füllen von Lücken. Zum Einsatz kommen darüber hinaus soziale Strategien wie z. B. das Nachfragen, das Bitten um Erklärung oder das Anwenden von kulturellem Wissen, um sich in die Gesprächspartner hineinzuversetzen.

Wörterbücher:
pro und contra

Bei der schriftlichen Sprachmittlung und bei der Sprachmittlung in Form von monologischem Sprechen können auch Wörterbücher in elektronischer Form oder in Papierform sowie andere Nachschlagewerke verwendet werden. Jedoch sollte der spezifische Nutzen sorgfältig abgewogen werden, weil in lebensweltlichen Situationen diese Hilfsmittel nicht immer zur Verfügung stehen und weil sie möglicherweise den Gebrauch von Strategien einschränken. Dasselbe gilt für Annotationen im Text bzw. Übersetzungshilfen im Rahmen der Aufgabe.

2.8.4.4 Leistungsfeststellung und Bewertung

Schwächen bei
der Beurteilung

Für die Bewertung von Sprachmittlungsaufgaben liegen inzwischen zahlreiche Raster vor. Nach einem Vergleich der Beurteilungskriterien verschiedener Bundesländer kommt Elisabeth Kolb (2011: 191) jedoch zu dem Schluss, dass diese die unterschiedlichen Anforderungen an die Schülerinnen und Schüler nur unzulänglich abbilden: „Insgesamt ist Sprachmittlung jedoch so komplex, dass die Bewertungsraster, die bewertungsrelevanten Kriterien und deren Gewichtung durchaus weiter überdacht werden könnten. Gerade bei der Gewichtung sprachlicher, inhaltlicher, situativer und kultureller Teilaspekte besteht noch Reflexionsbedarf."

Grenzen bei der
Erstellung von
Evaluationsrastern

Auch wenn diesbezüglich noch größerer fachdidaktischer Reflexions- und Entwicklungsbedarf besteht, so ist es aufgrund der Eigenheiten der Sprachmittlung – wie bei der interkulturellen kommunikativen Kompetenz – vermutlich gar nicht möglich, ganz präzise Bewertungskriterien zu erstellen. Vieles ist Einschätzungssache, insbesondere die Frage, welche Inhalte für den Gesprächspartner im Einzelnen relevant sind bzw. sein könnten, oder welche zusätzlichen Erläuterungen er möglicherweise für das Verständnis benötigt. Umso wichtiger ist es daher, wie oben dargelegt, in der Aufgabenstellung möglichst präzise Informationen über die Situation, den Empfänger, die Textsorte und den Zweck der Sprachmittlung zu geben, deren Berücksichtigung dann auch zur Bewertung herangezogen werden können. Um den Schülerinnen und Schülern diese Zusammenhänge zu verdeutlichen, ist es sinnvoll, mit ihnen zusammen Bewertungskriterien für Sprachmittlungsaufgaben zu erarbeiten und diese in Selbst- oder *Peer*-Evaluation auf ihre eigenen Texte anwenden zu lassen.

Ungeklärt ist bislang auch, wie im Rahmen des Fremdsprachenunterrichts konstruktiv mit der Tatsache umgegangen werden kann, dass Sprachmittlungsaufgaben ebenfalls Kompetenzen im Deutschen verlangen. Dies betrifft bei der Sprachmittlung in die Fremdsprache die Lese- und Hörkompetenz, bei der Sprachmittlung ins Deutsche die produktiven sprachlichen und stilistischen Leistungen. Möglicherweise kann sich diese Schwierigkeit angesichts gewachsener Aufmerksamkeit für eine durchgängige Förderung des Deutschen im Rahmen von fächerübergreifenden Sprachbildungskonzepten in Zukunft sogar als Vorteil erweisen. Derzeit sind die Lehrkräfte hier auf Absprachen innerhalb der Fachgruppe und des Kollegiums angewiesen.

Problem: Berücksichtigung der Kompetenz im Deutschen

2.8.5 Ausblick

Wie dieses Kapitel zeigt, hat sich die noch ‚junge' Kompetenz der Sprachmittlung in wenigen Jahren einen festen Platz im fremdsprachlichen Curriculum erobert. Während sich die fremdsprachendidaktische Diskussion bislang eher mit der Sprachmittlung in der Sekundarstufe I beschäftigte, dürfte nach der Publikation der Bildungsstandards für die Allgemeine Hochschulreife auch die Sekundarstufe II in ihren verschiedenen Ausrichtungen vermehrt berücksichtigt werden.

Ein Forschungsaspekt könnte darin bestehen, die unterschiedlichen Funktionen von Sprachmittlung innerhalb von komplexen Lernaufgaben genauer zu bestimmen und ihr spezifisches Potenzial auszuloten. Während Sprachmittlungsaufgaben im Rahmen einer kombinierten Aufgabe bislang zumeist als Anschlussaufgaben verwendet wurden, zeigen die vorgelegten Aufgaben, dass Sprachmittlungsaufgaben vielfältiger eingesetzt werden können:

Platzierung der Sprachmittlung innerhalb einer komplexen Lernaufgabe

1. als „Diagnoseaufgabe" am Anfang einer Lernaufgabe (Was weiß ich inhaltlich, sprachlich und interkulturell über ein bestimmtes Thema? Was fehlt mir noch?); wird als Abschlussaufgabe ebenfalls eine Mittlungsaufgabe gewählt, kann man am Ende den Kompetenzzuwachs feststellen;
2. als Problemaufriss und Vorbereitung für weiterführende Aufgaben (z. B. *Social Networking for All Ages*);
3. als Grundlage, um zu einer schwierigen Thematik eine eigene Position zu entwickeln (z. B. *L'amitié franco-allemande*);
4. als Abschlussaufgabe, nachdem in vorangegangenen Aufgaben zu anderen Kompetenzbereichen entsprechendes inhaltliches und sprachliches Wissen erarbeitet worden ist;

5. als eigene, komplexe Lernaufgabe, in der z. B. durch Spiegeltexte das notwendige inhaltliche, sprachliche und interkulturelle Wissen erarbeitet werden kann.

mehrsprachige
Mittlungssituation

Ein weiterer Forschungsaspekt könnte sich der Frage nach den in den Bildungsstandards für den mittleren Schulabschluss vorgesehenen mehrsprachigen Mittlungssituationen widmen. Bislang gibt es hierzu erst sehr wenige Anregungen (vgl. Leitzke-Ungerer 2005; Seidel 2012). Zu überlegen ist in diesem Zusammenhang auch, wie mit den unterschiedlichen kulturellen Hintergründen der Beteiligten umgegangen werden kann, auch wenn die Fremdsprache als *Lingua Franca* genutzt wird. In der in den Bildungsstandards für die Allgemeine Hochschulreife vorgelegten Aufgabe „Wie bekomme ich ein Sportstipendium?“, in der deutsche Schülerinnen und Schüler im Rahmen eines trinationalen Projekts einen deutschen Text für polnischsprachige Schülerinnen und Schüler mitteln sollen, wird diesbezüglich Nachholbedarf deutlich.

2.9 Sprachbewusstheit

Helmut Johannes Vollmer
unter Mitwirkung von Franz-Josef Meißner, Günter Nold,
Konrad Schröder, Maike Wäckerle, Hélène Martinez
Aufgabenentwicklung: Martina Adler, Ellen Butzko, Rolf Beck,
Dorothea Nöth, Thomas Schmidt, Susanne Walker-Thielen

● ●

Sprache ist Teil des Menschseins, sie gehört zum Menschen, sie ist ein Besitz, mit dem sich Menschen identifizieren; qua Sprache kommunizieren sie und grenzen sich auch ab. Schulische Ausbildung zielt darauf ab, Verfügung über Sprache(n) als Denk- und Kommunikationsmittel auf- und auszubauen sowie Einsichten in Bereiche zu vermitteln, die bisher nicht bewusst waren. Alle Sprachen sind auf die eine Welt, auf Kommunikation gerichtet. Deshalb haben sie auch neben manchem Trennendem viel Gemeinsames – alles in allem überwiegen die Gemeinsamkeiten. Vor diesem Hintergrund ist fremdsprachliche Bildung ein wichtiger Teil der schulischen Bildung insgesamt.

2.9.1 Sprachbewusstheit als Teil von Fremdsprachen- kompetenz

2.9.1.1 Sprachbewusstheit als Bildungsdimension

Alle Formen und Arten von Sprachbewusstheit lassen sich unter dem Oberbegriff „Nachdenken über Sprache und Sprachen" zusammenfassen, unter Einschluss von kognitiven, affektiven, sozialen und performativen, auch von interkulturellen und sprachenpolitischen Aspekten. Eine Reduzierung auf abstrakte mentale Operationen wäre damit zu eng, denn es würden z.B. Aspekte der Neugier, des kreativen, spielerischen Umgangs mit Sprache, von Aufmerksamkeit, von Sprachlernmotivierung und von Sensibilisierung für fremde Denk- und Lebensformen nicht genügend erfasst. Diese wichtigen attitudinalen, volitionalen, sensorischen und reflexiven Fähigkeiten sollten ihren Platz in den Curricula innerhalb des Kompetenzbereichs der Sprachbewusstheit finden.

Nachdenken über Sprache und Sprachen

Der gesamte Bereich der Sprachbewusstheit (im Folgenden abgekürzt SB) kann nicht in Bildungsstandards und Lernaufgaben abgebildet oder operationalisiert werden. SB wirkt – wie Sprache und Sprachen allgemein – weit über Fachgrenzen und Wissensdomänen hinaus. Sie ist zugleich eine Dimension, die auf eine eigene reflexive Basiskompetenz von Menschen abzielt – und das nicht nur im Gymnasium. Sie ist Teil der Identität von (Fremd-)Sprachenlernenden (Vollmer 2013b). Wie alle „Bewusstheiten" wirkt sich auch SB in zwei Richtungen aus: Zum einen führt der Begriff der SB zur Sensibilität für die Ressourcen, die SB bilden; zum anderen unterfüttert die bewusste Kenntnis dieser Ressourcen die SB selbst.

eine eigene reflexive Basiskompetenz von Menschen

In diesem wechselseitigen Vorgang schließen sich Wahrnehmung, Bewusstmachung und Reflexion immer schon an eben gemachte Erfahrungen und Beispiele
aus dem eigenen Sprachhandeln an. Doch ohne explizite Zielsetzung kann das
Reflektieren in der Fülle der kommunikativen, funktionalen Aufgabenbewälti-
gungen leicht aus den Augen verloren werden, es kann unter Zeitnot in Vergessenheit geraten. Deshalb war die Ausformulierung eigener Bildungsstandards für
diesen Kompetenzbereich überfällig, um seine explizite Bearbeitung und Thematisierung im fortgeschrittenen Fremdsprachenunterricht zu gewährleisten (siehe
KMK 2014)[1].

Ausformulieren eigener Bildungs-standards (margin)

2.9.1.2 Das Konzept Sprachbewusstheit: Theoretische Fundierung

Bedeutung von SB für das Fremd-sprachenlernen (margin)

Die Bedeutung von SB für das Fremdsprachenlernen wird zunehmend anerkannt.
Es ist nicht zu übersehen, dass der Erwerb einer Fremdsprache – anders als über
weite Strecken der natürliche Erstspracherwerb – auf die bewusste, willentliche
Unterstützung durch die Lernenden selbst angewiesen ist. Daher ist Sprachbe-
wusstheit in das Kompetenzmodell für die Sekundarstufe II als eigenständige
Kompetenzdimension eingebracht worden.

Sprachbewusstheit umfasst mindes-tens zwei Aspekte (margin)

Im Englischen gibt es seit den 80er Jahren den Begriff „Language Awareness"
(Hawkins 1984), wobei sich dieses Konzept ursprünglich auf Mehrsprachigkeit
durch Migrantensprachen bezog. Heute umfasst Sprachbewusstheit mindestens
zwei Aspekte: 1. Sprachbewusstheit = Reflektieren und bewusstes Verfügen über
Sprache; 2. Sprachenbewusstheit = Reflektieren und bewusstes Verfügen über ein
Wissen, das durch den theoretischen und praktischen Umgang mit Mehrsprachigkeit generiert ist.

zwischen Sprach-bewusstheit und Sprachlernkompe-tenz unterscheiden (margin)

Ein weites Verständnis von Language Awareness vertritt die *Association of Language Awareness* (ALA): *„explicit knowledge about language, and conscious perception
and sensitivity in language learning, language teaching and language use"* (ALA 2009).
Das Konzept Sprachbewusstheit wird hier also nicht nur auf Sprache und Sprachgebrauch, sondern ebenso auf das Erlernen und Unterrichten von Sprachen bezogen (vgl. auch Gnutzmann 2010: 115). Aus Gründen der konzeptuellen Klarheit
sollte man allerdings zwischen Sprachbewusstheit einerseits und Sprachlernkompetenz andererseits unterscheiden – ganz im Sinne des für den Fremdsprachenunterricht in der Oberstufe erarbeiteten Kompetenzmodells: SB bezieht sich damit
auf Sprache(n) in all ihren Funktionalitäten, Sprachlernkompetenz dagegen auf
den Erwerb und das Lernen von Sprachen. SB zeigt sich in konkreten Einzelfällen
sprachlichen Handelns und anstehender Entscheidungen; Sprachlernkompetenz
dagegen richtet sich auf die Bewusstmachung individueller Lernprozesse und den
Einsatz von Sprachwissen und Sprachkönnen für systematisches Weiterlernen. SB
ist allerdings eng verknüpft mit Sprachlernkompetenz.

Auswirkungen von Sprachbewusstheit (margin)

Sprachbewusstheit, so die Grundannahme, führt zu einer Verbesserung der
Kenntnis von und über Sprache sowie Sprachen, zu erhöhter Sprachhandlungs-

[1] Eine ganz andere Frage ist die, ob Sprachbewusstheit als ein isolierter *Lernbereich* mit eigenen
Aufgaben innerhalb des Fremdsprachenunterrichts zu gestalten ist oder seine Behandlung in
Aufgaben aus anderen Kompetenzbereichen bis hin zur Text- und Medienkompetenz oder
zur Einübung interkultureller kommunikativer Kompetenz zu integrieren ist. Die Antwort ist:
beides – wobei die Ankopplung an größere, integrative (Lern-)Aufgaben sicherlich von Vorteil ist.

fähigkeit und zur Überwindung von akuten Äußerungsschwierigkeiten. Langfristig dürfte sie die Fähigkeit erhöhen, den Zusammenhang zwischen vorhandenen und gelernten Sprachkompetenzen (egal welcher Herkunft und welcher Ausprägung) sowie zwischen Sprachen und damit zwischen den in einem mehrsprachigen Individuum aktivierbaren Sprachelementen bzw. Sprachrepertoires herzustellen – dies bedarf jedoch noch weiterer empirischer Belege. Da Sprache immer soziokulturell eingebettet ist, führt erhöhte Sprachbewusstheit auch zu einer sensibleren Gestaltung der Beziehungen zu anderen Menschen und Kulturen. Ebenso hilft sie, soziale und geographische Varietäten einer Sprache zu verstehen sowie Sprache als Herrschaftsinstrument in ihrem manipulativen Charakter zu durchschauen bzw. den Einfluss von Machtverhältnissen auf Inhalt, Wortwahl und Struktur von Texten zu erkennen (vgl. KMK-Papier zum Globalen Lernen, wo dieses Ziel schon explizit für die Sekundarstufe I vorgesehen ist; Appelt/Siege 2010).

Für die Sekundarstufe II sind, aufbauend auf der Sek. I, weitere Aspekte der Sprach(en)bewusstheit umgreifend und konstitutiv, und zwar für den Fremd- wie für den Muttersprachenunterricht gleichermaßen. So sind auch Kenntnisse zur Entstehung und Entwicklung von Sprachen sowie zu ihrer Systematisierung zu vermitteln ebenso wie Einsichten in einen sozial oder politisch, wirtschaftlich oder kulturell induzierten Sprachwandel, in Sprachverfall und ,Sprachensterben'. Insofern sind klare Verknüpfungen mit interkultureller kommunikativer Kompetenz und einer Sensibilisierung für sprach- und sprachenpolitische Fragen gegeben sowie mit einer allgemeinen Befähigung zu kritischem Denken, zu kritischer Sprachanalyse und kritischem Sprachgebrauch und damit zu einer Sprach- und Gesellschaftskritik, die sich gegen alle Formen der Ideologisierung sowie einer sprachlich vermittelten Bevormundung und Herrschaft von Menschen über Menschen wendet. Bereits seit Ende der 1960er Jahre begegnet man emanzipatorischen Zielsetzungen dieser Art in Verbindung mit Sprachlernen, im Fremdsprachenunterricht verknüpft mit dem Konzept der kommunikativen Kompetenz (Piepho 1974)[2].

klare Verknüpfungen mit interkultureller kommunikativer Kompetenz und einer Sensibilisierung für sprach- und sprachenpolitische Fragen

Auch als Teil europäischer Entwicklungen geht es im Fremdsprachenunterricht der Sekundarstufe I und II nicht allein um Sprachenerwerb und Mehrsprachigkeit. Vielmehr geht es aus didaktischer und bildungstheoretischer Sicht immer auch um die Entwicklung von Bewusstsein für das Verhältnis und das Schicksal von Sprachen (und damit von Menschen) im politisch-historischen Raum. Bewusstheit für Sprachen und deren sich ändernden Status ist ein hohes Bildungsgut; auch jenseits aller oben benannten Komponenten, die sich eher darauf beziehen, wie Sprachenvergleich und Sprachenbewusstheit im engeren Sinne herzustellen sind. Ebenso wichtig wäre jedoch ein thematischer Zugriff auf die europäische (und globale) Situation von Sprachen, von Sprachkontakten und Sprachkonflikten, von Sprachwechsel, Sprachvermischung und Sprachverlust.

Entwicklung von Bewusstsein für das Verhältnis und das Schicksal von Sprachen (und damit von Menschen) im politisch-historischen Raum

In welcher Weise Sprachenlernen nachweislich von Sprachbewusstheit beeinflusst wird und inwieweit umgekehrt gerade der Fremdsprachenunterricht zu

---

[2] Vgl. auch die Denkrichtung einer *critical language awareness* bzw. einer kritischen Diskursanalyse, z.B. durch Fairclough 2001.

Sprachenlernen
nachweislich von
Sprachbewusstheit
beeinflusst

ihrer Entfaltung beitragen kann, ist empirisch in den letzten Jahren untersucht worden. Die DESI-Studie weist für die 9. Jahrgangsstufe und das Fach Englisch einen signifikanten Unterschied in der Fähigkeit von Schülerinnen und Schülern zur Beurteilung der Angemessenheit eines Sprachgebrauchs aus, im Gegensatz zur wesentlich schwächer ausgebildeten Fähigkeit, grammatische Fehler erkennen und auch korrigieren zu können (Nold/Rossa 2008, 157–169). Selbst im Gymnasium ist die Sprachbewusstheit im Bereich der schulisch vermittelten Grammatik nur ansatzweise entwickelt. Die Mehrheit der Schülerinnen und Schüler entwickelt lediglich die Fähigkeit, im Bereich einfacher morphologisch-syntaktischer Regelungen (z.B. Relativpronomen) Fehler zu erkennen, wenn deutliche Hinweise gegeben werden, und sie können Fehler korrigieren, wenn diese in besonders vertrauten Strukturen (*who/which*) vorkommen (DESI Niveau 1). Dagegen gelingt es der Mehrzahl der Schülerinnen und Schüler sehr wohl, bei Verstößen im Sprachgebrauch ihre vor allem mutter- oder schulsprachlich geprägte Kenntnis von Verhaltensnormen angemessen in die zielsprachlichen Kontexte zu transferieren (DESI Niveau 2). Diese Fähigkeit wirkt sich zugleich positiv auf ihre interkulturelle Kompetenz aus. Schwierigkeiten bereiten dagegen zielsprachige Regelungen, die spezifisch fremdsprachliches Handlungswissen erfordern. Dabei ist es bemerkenswert, dass unter dem Einfluss des bilingualen Sachfachunterrichts die Fähigkeiten der Schülerinnen und Schüler (bei vergleichbarem sozialen und leistungsrelevanten Hintergrund) klar erkennbar ansteigen, und zwar in beiden Bereichen der Sprachbewusstheit (Nold/Hartig/Hinz/Rossa 2008: 455) – ein weiteres Argument für die Effektivität des bilingualen Sachfachunterrichts. Darüber hinaus gibt es bereits genügend erfahrungsbasierten Grund zu der Annahme, dass erhöhte Wahrnehmung von Sprachphänomenen, z.B. durch verstärkte Aufmerksamkeitsfokussierung, zu einem expliziteren Sprachwissen und damit wenigstens partiell zu einer gelingenden Transformation in implizites, automatisiertes Sprachwissen führt oder zumindest führen kann (sog. schwache Interface-Hypothese; Ellis et al. 2009; Krashen 1985).

2.9.2 Sprachbewusstheit – Sprachenbewusstheit: Analyse und Bildungsstandards

Im Folgenden sollen die verschiedenen Komponenten von Sprachbewusstheit und von Sprachenbewusstheit theoretisch genauer betrachtet und mit den vorliegenden Bildungsstandards verknüpft werden.

2.9.2.1 „Sprach"-Bewusstheit

bewusstes
Umgehen mit
dem vorliegenden
Repertoire einer
Sprache

Die Teilkompetenz der Sprachbewusstheit richtet sich auf ein (relativ) bewusstes Umgehen mit dem vorliegenden Repertoire einer Sprache, basierend auf einer Kenntnis und Einsicht in ihre semantischen Bausteine, ihre strukturellen Einheiten und sozio-pragmatischen Gegebenheiten. Dies gilt vor allem im Hinblick auf deren funktionale Verankerung und Verwendung im Sprachgebrauch.

Sprachbewusstheit
als eine Art von
Begleitwissen

Sprachbewusstheit ist als eine Art von „Begleitwissen" zu charakterisieren, das in Dekodierungs- oder Produktionsprozessen und in kommunikativer Interaktion bewusst gemacht werden kann. Ein möglicher Weg ist die Selbstkorrektur von

Schülerinnen und Schülern, die von den Unterrichtenden im Rahmen von Phasen der Fehlerkorrektur bewusst und systemtisch einzuplanen ist (vgl. Helmke et al. 2008: 374 ff.; Nold 2010). Diese Bewusstmachung kann entweder unter Rückgriff auf vorhandenes (Vor-)Wissen erfolgen oder aber als Ergebnis introspektiver Verfahren (inneres Sprechen, lautes Denken) entstehen[3]. Stets ist das Vergleichen sprachlicher Schemata im Spiel. In der Bewusstmachung dieser Schemata liegt auch ein starker Grund für das transferbasierte Lernen bzw. für die Optimierung von Sprachlernprozessen (vgl. Meißner 2004; Bär 2009; Morkötter 2014).

Beide Aspekte von SB, das deklarative und das prozedurale Wissen, betreffen die operativen Teilkompetenzen von SB: z.B. Fehler erkennen, Verbesserungen vorschlagen, Korrekturen vornehmen, anders oder neu interpretieren, Sprachvarietäten oder einen deutschen Akzent im Englischen oder Französischen identifizieren, die Begrenztheit der eigenen Ausdrucksmöglichkeiten in der Zielsprache kennen und sich dabei der eigenen Lernersprache bewusst bleiben. Derlei Wissen ist Grundlage für Entscheidungen im Bereich der Steuerung sowohl von Rezeptions- als auch von Produktionsprozessen (vgl. Hörverstehen, Hörsehverstehen, Leseverstehen, Sprechen oder Schreiben; dies wird beispielhaft in einigen der vorliegenden Lernaufgaben umgesetzt). Sprachbewusstheit hat aber auch enge Beziehungen zur Kompetenz „Sprachmittlung", wo eine sinngemäße und adressatenorientierte Wiedergabe oder Übertragung eines Textes in eine andere Sprache zu leisten ist. Dies erfordert die Verfügbarkeit entsprechender Ressourcen im Bereich Ausdrucksmöglichkeiten sowohl in der Ausgangssprache als auch der Zielsprache:

Grundlage für Entscheidungen im Bereich der Steuerung von Rezeptions- und Produktionsprozessen

- bewusstes Nachvollziehen der sprachlichen Basis einer Äußerung, Mitteilung oder Information und seiner semantisch angemessenen Repräsentation im (Kurzzeit-)Gedächtnis unter Einschluss der möglichen Besonderheiten, des Mitgemeinten oder des Implizierten (u.a. Fähigkeit zur Paraphrase, gegebenenfalls zu Mehrfach-Paraphrasen);

bewusstes Nachvollziehen der sprachlichen Basis einer Äußerung

- bewusste Wahl einer der bestehenden Ausdrucksalternativen in der Zielsprache, vor allem unter dem Gesichtspunkt der Verständlichkeit für das Gegenüber (Adressatenbezug) sowie der Angemessenheit der Übertragung im Hinblick auf den Ausgangstext, seine Bedeutung und seine Struktur – bedingt auch unter Einschluss der Fähigkeit zur Begründung, zur kritischen Überprüfung oder gar zur Veränderung der getroffenen Entscheidung(en), m.a.W. Fähigkeit zum *Editing*, sowohl in mündlicher wie schriftlicher Form, etwa bei der Mediation. Bei mündlicher Mediation beispielsweise spielt das Präzisieren oder Rephrasieren eine wichtige Rolle (vgl. dazu auch das Kapitel 2.8 Sprachmittlung)[4].

bewusste Wahl einer der bestehenden Ausdrucksalternativen in der Zielsprache

---

[3] Der traditionelle Sprachunterricht, und so auch der traditionelle Englischunterricht, ist natürlich über die Befassung mit den sog. „sprachlichen Mitteln" immer schon ein Stück weit auf Sprachbewusstheit und die bewusste Auswahl von sprachlichen Realisierungsmöglichkeiten ausgerichtet, aber eben nicht auf Sprachenbewusstheit.

[4] Die genauen Teilkomponenten von Sprachbewusstheit aus theoretischer Sicht sind an anderer Stelle zusammenhängend aufgelistet und erörtert. Dasselbe gilt für die Benennung von Teilfähigkeiten einer Sprachenbewusstheit (siehe Vollmer 2013a).

2.9.2.2 „Sprachen"-Bewusstheit

Beziehungen zwischen Sprachen und ihren Elementen, Funktionen und Varietäten

Sprachen-Bewusstheit bezieht sich auf Erfahrung und Einsicht in die Beziehungen zwischen Sprachen und ihren Elementen, Funktionen und Varietäten. Diese Teilkompetenz ist zwar in der ersteren bereits enthalten; sie macht die Einsicht in die Bedeutung von sprachlichem Vorwissen / sprachlichen Vorerfahrungen, insbesondere die einflussreiche Rolle der zuerst erworbenen Sprachen (Muttersprache, Zweitsprache, Umgebungssprache, erste Fremdsprache, weitere Fremdsprachen) aber besonders deutlich. Sie nutzt für verstehende wie produktive Sprachhandlungen/-leistungen in einer bestimmten Einzelsprache/Zielsprache Kenntnisse aus unterschiedlichen Sprachen und Erfahrungszusammenhängen. Sprachenbewusstheit ist also eine spezifische Ausformung von *language awareness*, die in der Auseinandersetzung mit unterschiedlichen Sprachen und Kulturen entsteht. In diesem Fall ist sie bezogen auf die Nutzung von sprachlichem Wissen und von sprachlichen Fähigkeiten aus dem gesamten zur Verfügung stehenden bzw. zugänglichen Sprachenhaushalt einer Person und ihren plurilingualen Erfahrungen mit Sprachen, Sprachenerwerb und Sprachenlernen (vgl.

spezifische Ausformung von language awareness

Europarat 2010). Dabei können die Einzelkenntnisse und Teilfähigkeiten innerhalb verschiedener Sprachen auf sehr unterschiedlichem Niveau liegen und sehr differente Ausprägungen aufweisen – entscheidend ist die berechtigte Annahme, dass sprachliche Existenz und sprachliche Bildung innerhalb eines einzelnen Menschen nicht voneinander trennbar sind. Insofern ist Sprachenbewusstsein zugleich Ausdruck von realer und potentieller Mehrsprachigkeit, allerdings nicht verstanden als funktional breite Verfügung über mehr als eine Sprache, sondern als Kontakt „mit" mehreren Sprachen bzw. als Prägung „durch" verschiedene Sprachen, entweder punktuell oder aber nachhaltiger (vgl. das Konzept einer „gestuften Mehrsprachigkeit", Schröder 1973; 1993). Aus solchen mehrschichtigen und mehrsprachlichen Kontakten können eine Reihe von Fähigkeiten resultieren, die bei Schülerinnen und Schülern bereits potentiell vorhanden sind, die es dann aber auch als Kompetenz gezielt zu fördern gilt – und das nicht erst in der Sekundarstufe II (vgl. die wichtigen Einsichten und Befunde z. B. bei Morkötter 2005; 2014).

wichtige allgemeine mentale Operationen als Teilhandlungen der Kompetenz SB

Im Rahmen dieser fremdsprachlichen Fähigkeitsdimension kommen also wichtige allgemeine mentale Operationen als Teilhandlungen der Kompetenz SB zum Tragen: z. B. Erkennen und Benennen (von semantischen und/oder strukturellen Zusammenhängen, von pragmatischen Funktionen oder Wirkungen), Vergleichen (von Sprachphänomenen und/oder sprachlichen Entwicklungen), Abwägen und Beurteilen/Einschätzen (eines sprachlichen Ausdrucks unter Kriterien wie Angemessenheit und Effektivität oder auch von Sprachkontakten), Steuern (der eigenen Wortwahl, der diskursiven Mittel und/oder pragmatischer Absichten usw.). Diese mentalen Funktionen aktivieren immer Wissensressour-

mentale Funktionen aktivieren Wissensressourcen

cen zu den verschiedenen Aspekten von Sprache und Kommunikation: lexikalische, grammatikalische, pragmatische, interpersonale, varietätenbezogene Aspekte sprachlicher Bildung, und sie implizieren immer eine Überprüfung von Sprach-, Sprachen- und Sprachlernhypothesen, differenziert nach Dekodierungs- und Produktionsvorgängen. Ähnliche Unterscheidungen gelten für das Schriftliche wie Mündliche, hier vor allem im Bereich des dialogischen Sprechens.

2.9.2.3 Bildungsstandards: Vergleich Mittlerer Schulabschluss und Allgemeine Hochschulreife in der fortgeführten Fremdsprache

Die Bildungsstandards für den Mittleren Schulabschluss aus dem Jahre 2004 haben bereits einzelne Aspekte von Sprachbewusstheit (und auch von Sprachlernkompetenz) angesprochen – wenn auch noch nicht so systematisch, wie es für die Arbeit in der Sekundarstufe I dringend nötig wäre. Allerdings ist keine explizite terminologische Bezugnahme auf die hier in Frage stehende Kompetenz erfolgt. Es sind lediglich Formulierungen innerhalb der durchmischten 23 Standards für den Bereich „Methodenkompetenzen" vorhanden, die es in Zukunft weiter auszubauen gilt. In ihnen sind vor allem fachliche und fachübergreifende Arbeitstechniken, aber auch Aspekte von Lernbewusstheit und von Lernstrategien benannt (KMK 2004a). Zwei oder drei Standards aus diesem Bereich sind für ‚Sprachbewusstheit' relevant, obwohl die Betonung auf der Nutzung von Erkenntnissen für das eigene Lernen liegt und insofern ‚Sprachlernkompetenz' deutlicher angesprochen ist.

Bildungsstandards für den Mittleren Schulabschluss: keine explizite terminologische Bezugnahme

Die Bildungsstandards für die Allgemeine Hochschulreife dagegen fokussieren auf die wesentlichen Komponenten dieses Bereichs. Explizit sind neun Bildungsstandards zur Sprachbewusstheit aufgelistet: acht Standards laut KMK 2014 auf grundlegendem Niveau (S1–S7) und zwei Standards auf erhöhtem Niveau (S8–S9) (KMK 2014, 21). Als allgemeine Umschreibung dieser Kompetenz ist zunächst folgende integrative Formulierung vorangestellt: „Die Schülerinnen und Schüler können ihre Einsichten in Struktur und Gebrauch der Zielsprache und anderer Sprachen nutzen, um mündliche und schriftliche Kommunikationsprozesse sicher zu bewältigen." Diese Formulierung zeigt, dass es im Verständnis dieser Fähigkeit weniger um Wissen als vielmehr darum geht, über Sprachbewusstheit das kommunikative Sprachhandeln zu verbessern. Allerdings beruht diese Kompetenz auf einer fundierten Kenntnis fremdsprachiger Systeme und ihrer Möglichkeiten. Die neun Standards der SB lassen sich im Einzelnen folgendermaßen unterteilen und beschreiben:

neun Bildungsstandards zur Sprachbewusstheit

Grundlegendes Niveau

Die Schülerinnen und Schüler können
• grundlegende Ausprägungen des fremdsprachigen Systems an Beispielen erkennen und benennen, Hypothesen im Bereich sprachlicher Regelmäßigkeiten formulieren und Ausdrucksvarianten einschätzen (S1)

Der erste Bildungsstandard auf grundlegendem Niveau ist recht komplex; er bezieht sich auf die Kenntnis und ebenso auf die Benennung von Phänomenen des fremdsprachlichen Systems (wie z. B. Erkennen und Benennen der Funktion und Bedeutung von Adverbien oder auch von Partizipialkonstruktionen). Zugleich umfasst er aber auch schon die Fähigkeit zur Formulierung von Hypothesen „im Bereich sprachlicher Regelmäßigkeiten" sowie zur Einschätzung von sprachlichen Ausdrucksvarianten. Diese zuletzt genannte Komponente erfordert in der Regel eine stilistische und eine erhöhte (sensible) pragmatische Wahrnehmungs- und Urteilsfähigkeit gegenüber sprachlich-stilistischen und kommunikativen (pragmatischen) Phänomenen.

komplexer Bildungsstandard auf grundlegendem Niveau

Gelingen kommu-
nikativer Abläufe
sicherstellen

Eng verknüpft mit S1, aber doch deutlicher auf die Anwendung von Ergebnissen sprachbewusster Erkenntnisse und Einsichten bezogen, ist der Bildungsstandard S3: Er soll das Gelingen kommunikativer Abläufe sicherstellen.

> Die Schülerinnen und Schüler können
> • sprachliche Kommunikationsprobleme erkennen und Möglichkeiten ihrer
>   Lösung, u. a. durch den Einsatz von Kompensationsstrategien abwägen (S3)

aktives Abwägen
von Alternativen
und von Lösungs-
möglichkeiten
für sprachliche
Probleme

Dieser Standard bezieht sich eher auf die mündliche Kommunikation, obwohl
das keineswegs zwingend ist. Insgesamt gilt: Während es in S1 möglich ist,
Sprach- und Kommunikationsprobleme lediglich zu erkennen und richtig zu
benennen, ist dies in S3 nicht mehr ausreichend: Hier geht es um das aktive
Abwägen von Alternativen und Lösungsmöglichkeiten für sprachliche Probleme
im weitesten Sinne, die beim Kommunizieren in einer Fremdsprache auftreten
können. Dabei ist weder die Thematik noch der Selbstanspruch von Lernenden
auf die Formulierung eines eigenen Beitrags oder einer eigenen Position festgelegt.

> Die Schülerinnen und Schüler können
> • regionale, soziale und kulturell geprägte Varietäten des Sprachgebrauchs erken-
>   nen (S2)

Wahrnehmung
von Abweichun-
gen gegenüber der
Standardsprache
von zentraler
Bedeutung

Die Wahrnehmung von Abweichungen gegenüber der Standardsprache ist für
die Arbeit in der gymnasialen Oberstufe von großer Wichtigkeit, weil viele Texte eine solche sprachliche Markierung aufweisen. Über das einfache Erkennen
hinaus sollte deshalb auch die Fähigkeit eingeschlossen werden, die jeweils vorliegenden Unterschiede zwischen Standardsprache und Varietät im Einzelnen
zu beschreiben und festzuhalten. Damit gewinnt dieser Bildungsstandard noch
weiter an Bedeutung, weil er eine aktive Verarbeitung von Texten und den Besonderheiten ihrer Sprache als Ausdruck von SB erfordert.

> Die Schülerinnen und Schüler können
> • wichtige Beziehungen zwischen Sprach- und Kulturphänomenen an Beispielen
>   belegen und reflektieren (S4)

Zusammenhänge
von Sprach-
und Kultur-
phänomenen

Der Standard S4 verlangt von den Fremdsprachenlernenden in der Sekundarstufe II, Beziehungen zwischen Sprach- und Kulturphänomenen nicht nur zu erkennen, sondern sie am Material konkret zu belegen und über sie nachzudenken
bzw. sich reflektierend über sie zu äußern. Auch dieser Standard ist komplex und
trifft ins Zentrum einer anspruchsvollen Fremdsprachenarbeit in der Oberstufe, bei der thematisch-textuelle, funktionale und interkulturelle Gesichtspunkte
miteinander interagieren bzw. bewusst miteinander verknüpft werden.

> Die Schülerinnen und Schüler können
> • Gemeinsamkeiten, Unterschiede und Beziehungen zwischen Sprachen erken-
>   nen und reflektieren (S5)

Der Standard S5 geht einen Schritt weiter und fokussiert auf das Vergleichen von Sprachen. Für ein Anbahnen dieser Teilfähigkeiten ebenso wie für deren diagnostische Überprüfung erfordert dieser Standard die Entwicklung zusammenhängender Beobachtungen, Analysen und diskursive Äußerungen der Lernenden.

Vergleiche zwischen Sprachen

Der Standard S6 führt zurück zur Einzelsprache; er bezieht sich auf die Ebene der gezielten Einflussnahme durch Sprache:

> Die Schülerinnen und Schüler können
> - über Sprache gesteuerte Beeinflussungsstrategien erkennen, beschreiben und bewerten (S6)

Hier ergibt sich ein weites Feld von Anwendungen sowohl im Mündlichen als auch im Schriftlichen. Wiederum handelt es sich um ein (weiteres) Herzstück von SB, weil hier Sprache in ihren sozialen wie psychologischen Funktionen durchschaut und beurteilt werden muss – etwa wenn es um eine bestimmte Wortwahl geht, wenn eine ungewöhnliche Syntax verwendet wird oder wenn eine bestimmte Dialektvariante (Varietät) in der Zielsprache vorliegt. Dies setzt einen Überblick über potentielle Einfluss- und Steuerungsmöglichkeiten durch Sprache voraus sowie über Kriterien, woran diese im Einzelfall erkannt und bewertet werden können. Insofern ist für die Erfüllung dieses Standards wohl ein Rückgriff auf Vorwissen aus der Erst- bzw. Muttersprache und/oder ein sprachvergleichendes Vorgehen naheliegend, so dass an Vorerfahrungen – auch mit anderen Sprachen – angeknüpft werden kann.

Sprache in sozialen wie psychologischen Funktionen durchschauen und beurteilen

Überblick über potentielle Einfluss- und Steuerungsmöglichkeiten durch Sprache

> Die Schülerinnen und Schüler können
> - aufgrund ihrer Einsichten in die Elemente, Regelmäßigkeiten und Ausdrucksvarianten der Fremdsprache den eigenen Sprachgebrauch steuern (S7)

In S7 wird noch einmal der Handlungsaspekt (die Steuerung des eigenen Sprachgebrauchs) in den Vordergrund gehoben, denn Sprachbewusstheit sollte sich positiv in einer größeren Sicherheit beim Planen und Umsetzen der eigenen Sprachhandlungen auswirken. Insofern geht es bei S7 um eine Integration verschiedener Teilfertigkeiten und Teilfähigkeiten.

größere Sicherheit beim Planen und Umsetzen der eigenen Sprachhandlungen

Auf erhöhtem Niveau liegen für SB zwei zusätzliche Bildungsstandards ausformuliert vor.

Erhöhtes Niveau

> Die Schülerinnen und Schüler können darüber hinaus
> - Varietäten des Sprachgebrauchs sprachvergleichend einordnen (S8)

Dies geht deutlich über den Standard S3 hinaus, bei dem es ja zunächst um das „einfache" Erkennen von Sprachbesonderheiten und von Abweichungen ging, sodann aber auch um die Fähigkeit, die jeweils vorliegenden Unterschiede zwischen Standardsprache und Varietät im Einzelnen zu beschreiben und festzuhal-

qualitative Zu- und Einordnung von beobachteten Phänomenen sowie ein Vergleichen von Sprache und Sprachen

ten. S8 verlangt nun zusätzlich eine qualitative Zu- und Einordnung von beobachteten Phänomenen sowie ein Vergleichen von Sprache und von Sprachen, wenn es denn erforderlich ist, wenn es nützt oder naheliegt.

Zum anderen drückt sich im Bildungsstandard S9 die Fähigkeit aus, eine Reihe von Merkmalen und Kriterien zur Bewältigung einer Kommunikationssituation gleichzeitig und integrativ zu berücksichtigen und damit zu dokumentieren, wie sehr man die Bedingungsfaktoren für erfolgreiches Kommunizieren kennt und beherrscht.

Bedingungs-faktoren für erfolgreiches Kommunizieren kennen und beherrschen

Die Schülerinnen und Schüler können darüber hinaus
• die Erfordernisse einer kommunikativen Situation (u.a. bezogen auf Medium, Adressatenbezug, Absicht, Stil, Register) reflektieren und in ihrem Sprachhandeln berücksichtigen (S9)

wissenschaftlich-fachdidaktischer Sachstand in den vorliegenden Deskriptoren fest-gehalten

Vor dem Hintergrund dieser Beschreibungen und Analysen kann man zusammenfassend konstatieren, dass die wesentlichen Merkmale von SB entsprechend dem wissenschaflich-fachdidaktischen Sachstand in den vorliegenden Deskriptoren festgehalten sind. Dabei wird ein Verständnis des Kompetenzbereichs deutlich, das sich auf die bewusste und reflektierte Handhabung des zielsprachlichen Systems in seinen Varianten und kommunikativen Eigenarten richtet. Daneben aber werden in S5 und S8 das Vergleichen zwischen Sprachen und in S6 das Erkennen, Beschreiben sowie Bewerten von „über Sprache gesteuerte[n] Beeinflussungsstrategien" angesprochen. Der Standard S4 ist von besonderer Tragweite, da in ihm die Beziehungen zwischen Sprach- und Kulturphänomenen thematisiert werden, die erfahrungsgemäß eine Schwierigkeit für viele Fremdsprachenlernende darstellen. Insgesamt ist mit diesen neun Standardformulierungen Sprachbewusstheit als gleichwertige Kompetenz neben und quer zu den anderen Dimensionen des Fremdsprachenlernens erfolgreich etabliert worden. Auf die Formen und Möglichkeiten der Überprüfung und Bewertung von Sprachbewusstheit kann hier nicht eingegangen werden.

sprachbewusstes und sprachlernrelevantes Vorwissen aus der Sek. I

Es stellt sich noch die Frage, was die Lernenden aus der Sekundarstufe I an sprachbewusstem und sprachlernrelevantem Vorwissen wirklich mitbringen, was also für die Weiterarbeit in der Sek. II vorausgesetzt werden kann. Alles in allem muss man wohl davon ausgehen, dass Sprachbewusstheit allgemein trotz ihrer großen Bedeutung in der Sek. I bislang viel zu wenig thematisiert und befördert worden ist; dies ist auch empirisch nachgewiesen (vgl. MES-Studie 2008; Meißner/Schröder-Sura 2009; Beckmann 2013). Entsprechend muss die Planung des Oberstufenunterrichts und die Konstruktion geeigneter Lernaufgaben elementar genug ansetzen, um eine gute Basis und ausbaufähige Grundlagen sicherzustellen, bevor man zu anspruchsvolleren Anforderungen übergehen kann. Der Aufbau von SB ist und bleibt eine zentrale Herausforderung auf jeder Stufe des Fremdsprachenlehrens.

2.9.3 Aufgaben zur „Sprachbewusstheit"

2.9.3.1 Grundlagen der Aufgabenkonzeption

Sprachbewusstheit umgreift, wie dargelegt, die Einzelkompetenzen funktionaler, interkultureller oder textuell-medialer Ausprägung mit und zieht sich insofern durch alles Fremdsprachenlernen hindurch. Sprachbewusstheit ist überdies eine wichtige Komponente von Sprachlernkompetenz. Sprachbewusstheit muss deshalb im Zusammenhang mit dem Aufbau anderer Kompetenzen als eine begleitende Ebene der Kontrolle, der Reflexion und der Pragmatik berücksichtigt werden. Sie ist eine transversale Kompetenz und sollte im Lichte der expliziten Zielsetzungen, die mit den neun aufgeführten Bildungsstandards jetzt vorliegen, nicht nur punktuell – d.h. als Teilaufgabe – thematisiert, sondern als eine permanente Herausforderung begriffen und im Unterricht verfolgt werden.

Sprachbewusstheit umgreift alle Einzelkompetenzen funktionaler, interkultureller oder textuell-medialer Ausprägung

Neben integrativen Aufgaben werden im Folgenden daher auch Einzelaufgaben vorgestellt, die bestimmte Aspekte von SB besser erkennbar und überprüfbar machen. Beide Aufgabenarten haben ihre Berechtigung, wobei die komplexe, eingebettete Lernaufgabe den Schülerinnen und Schülern in der Regel mehr Gelegenheit bietet, ihre sprachbewussten Erkenntnisse in konkretes Sprachhandeln umzusetzen (vgl. Vollmer 2010).

transversale Kompetenz

neben integrativen Aufgaben auch Einzelaufgaben

Die komplexe Fähigkeit SB lässt sich allein durch die vorliegenden Aufgaben nicht abbilden; sie zeigen dennoch exemplarisch auf, wie man im Fremdsprachenunterricht Sprachbewusstheit gezielt auf- und ausbauen kann – und das auch in Verbindung mit anderen Kompetenzen im Rahmen größerer Aufgaben (orientiert am Konzept eines *Task Based Language Learning*; vgl. Ellis 2003; Willis 1996). Für die Mehrzahl der neuen Bildungsstandards zur SB sind überzeugende Aufgaben entwickelt worden; lediglich für den Standard S5 gibt es bislang nur ein Beispiel und zwar im Rahmen der Lernaufgabe *The Absolutely True Diary of a Part-Time Indian* (die sich allerdings nicht auf der DVD befindet, sondern in den Bildungsstandards der KMK 2014: 209 ff.). Für den Standard S6 dagegen gibt es je eine Aufgabe im Englischen (*Charlotte Simmons*, 2_9_SB_E_Charlotte_Simmons) und im Französischen (*Rouge Métro*, 2_9_SB_F_Rouge_Metro). Mit diesen beiden Aufgaben ist zugleich die Entwicklung und Förderung eines stärkeren Bewusstwerdens der durch Sprache ausgedrückten und transportierten Beeinflussungen gelungen (genauere Angaben finden sich bei den beiden Aufgaben selbst).

vorliegende Aufgaben: exemplarisch

Insgesamt heben die hier vorgestellten Lernaufgaben (incl. der bereits in den Bildungsstandards für die fortgeführte Fremdsprache für die Allgemeine Hochschulreife (KMK 2014) veröffentlichten) in Verbindung mit SB auf bestimmte Schwerpunkte aus diesem wichtigen und umfassenden Kompetenzbereich ab. Im Einzelnen sind dies:

Schwerpunkte

1. Erkennen regionaler und sozialer Varietäten (*Charlotte Simmons*, s. DVD, *À la recherche d'un colocataire*, KMK 2014)
2. Erkennen von Registern (Gran Torino, 2_9_SB_E_Gran_Torino, *Rouge Métro*, 2_9_SB_F_Rouge_Metro)
3. Erkennen des Zusammenhangs zwischen Sprache und kulturellen Phänomenen (*The Absolutely True Diary of a Part-Time Indian* (KMK 2014), *Gran Torino*, *Rouge Métro*, s. DVD, *La madeleine de Proust*, KMK 2014: 270 ff.)

4. Vergleich von Sprachen (*The Absolutely True Diary of a Part-Time Indian (KMK 2014)*

5. Wahrnehmen von Einflüssen bzw. Steuerung über Sprache, Wahrnehmen von Beeinflussungsstrategien (*À la recherche d'un colocataire, KMK 2014*)

6. Nutzung von SB-Erkenntnissen für das eigene Sprachhandeln (*Gran Torino* s. DVD, *À la recherche d'un colocataire*, KMK 2014).

Im Folgenden sollen diese Aufgaben punktuell genauer beschrieben und analysiert werden. Dies geschieht getrennt nach den beiden Fremdsprachen, weil damit der Aufbau und die Argumetation besser nachvollzogen werden können.

2.9.3.2 Aufgabenbeispiele im Englischen

2.9.3.2.1 *Charlotte Simmons* (2_9_SB_E_Charlotte_Simmons)

Southern American English als eine regional und sozial markierte Varietät des amerikanischen Englisch

Im Kern dieser Aufgabe geht es um das vertiefte Verständnis eines literarischen Textes (Romanauszug), in dem *Southern American English* als eine regional und sozial markierte Varietät des amerikanischen Englisch wesentlich zur Charakterisierung der Protagonisten und zur Leserlenkung beiträgt. Die Sprache des US-amerikanischen Südens wird dabei einerseits phonetisch (z. B. *Southern drawl*), andererseits lexikalisch und grammatisch (Abweichungen von der Standardsprache) angedeutet. Die Schülerinnen und Schüler sollen einen Paralleltext in Standardsprache erstellen und im Abgleich mit der Originalvorlage die unterschiedlichen Wirkweisen der beiden Sprachvarietäten vergleichen.

Erkennen und Beschreiben von Abweichungen zwischen regionaler Varietät und Standardsprache

Teilaufgabe 1 fordert von Schülerinnen und Schülern gemäß Standard S2 das Erkennen und Beschreiben von Abweichungen zwischen regionaler Varietät und Standardsprache in grammatischer, lexikalischer und phonetischer Hinsicht. Als Beispiele für diese Abweichungen seien hier das Reflexivpronomen (*theirselves* statt *themselves)* oder die doppelte Verneinung (*can't nobody*) genannt. Diese Teilaufgabe setzt demnach die Beherrschung des sprachlichen Systems und seiner Regelmäßigkeiten (vgl. S1) voraus. Mit den beiden Teilaufgaben 3 und 4 wird das erhöhte Niveau (S8) im Bereich SB angesteuert. Schülerinnen und Schüler sollen erkennen, dass in der privaten und emotionalen Situation (Verabschiedung der Tochter von ihren Eltern) der Gebrauch des häuslichen Dialekts / Soziolekts der ländlich geprägten Herkunft nahe liegt oder geradezu erforderlich ist. Gleichzeitig wird mit diesen Teilaufgaben auch partiell S6 (Beeinflussungsstrategien) abgedeckt, weil Schülerinnen und Schüler auch die psychologische Funktion des emotional aufgeladenen Dialekts durchschauen und bewerten sollen.

psychologische Funktion des emotional aufgeladenen Dialekts durchschauen und bewerten

Die Teilaufgaben folgen dem klassischen Dreierschritt der Identifizierung, Analyse und Deutung eines – literarischen wie nicht-literarischen Textes – und können in ihrer Abfolge als Grundmuster für die Förderung von SB in Verbindung mit anderen Kompetenzen (vor allem Leseverstehen, Text- und Medienkompetenz, interkulturelle kommunikative Kompetenz) dienen.

2.9.3.2.2 *Gran Torino* (2_9_SB_E_Gran_Torino)

Im Zentrum der Aufgabe auf der Basis eines vielfach preisgekrönten Films steht ein zweiminütiger, in sich abgeschlossener Ausschnitt, in dem ein Bewerberge- *Sprachregister einordnen können und über die An-* spräch um einen Job auf einer Baustelle dargestellt wird. Obwohl der Bewerber *gemessenheit des* Substandard spricht (i. e. *Slang*, Tabuwörter), ist er erfolgreich. Das Ziel der Aufga- *Sprachgebrauchs* be ist, dass Schülerinnen und Schüler das Sprachregister einordnen können und *in Abhängigkeit* über die Angemessenheit des Sprachgebrauchs in Abhängigkeit von der sozialen *von der sozialen* Umgebung reflektieren. In Vorbereitung auf die Analyse der Filmszene werden *Umgebung reflek-* die Schülerinnen und Schüler in einer klassischen *pre-viewing*-Aufgabe aufgefor- *tieren* dert, ihr eigenes Vorwissen über Bewerbungsgespräche und deren sprachliche Konventionen zu aktivieren.

Durch mehrere *while-viewing*-Aufgaben angeleitet sollen Schülerinnen und *Erfordernisse* Schüler dazu befähigt werden, im Sinne von S9 die Erfordernisse kommunika- *kommunikativer* tiver Situationen (hier konkret eines Bewerbungsgesprächs) zu reflektieren und *Situationen reflek-* dabei das fiktive Bewerbungsgespräch in einem *working-class-Setting* zu analy- *tieren* sieren (bezogen auf Register, Absicht, Adressatenbezug), um so Rückschlüsse für *Rückschlüsse für* ihr eigenes Sprachhandeln zu ziehen. Dazu dient des Weiteren eine abschlie- *ihr eigenes Sprach-* ßende, produktive *post-viewing*-Aufgabe, in der sie einem Arbeitgeber mitteilen *handeln zu ziehen* sollen, dass sie ein Jobangebot nicht annehmen können oder wollen. Diese Vorlage kann im Weiteren auch kreativ für ähnliche Aktivitäten desselben Gen- res genutzt werden. Hier das Beispiel:

Declining a job offer – Finding the best way to say it

You have been offered a job as an intern following a successful job interview. The company seemed really interested in you. The interview was quite informal, the interviewer didn't keep the distance you would normally have expected.

Due to unforeseen circumstances you have to turn down the job offer.

How will you communicate this and what type of language seems most appropriate to you?

a) *Explore all the different means of communicating your message by just listing them. Text message, leaving a message on the answer phone, …*
b) *What type of language seems most appropriate to you?*
c) *Now write down your text – whether for written or oral communication – with which you will inform the interviewer (i. e. Hi, Mr. Smith, this is Christian calling …). Work on your own.*
d) *In groups of three or four, present your own solution (i. e. medium and text), including a short explanation for your choice of medium and get feedback from your group members.*
   Agree on the best solution, which the speaker of your group will then present to the class.

Diese Aufgabe zeigt illustrierend, dass Sprache nicht losgelöst von ihrer kommu- *Einsatz des* nikativen Situation betrachtet werden kann, die einem Sprecher wiederum weit- *Mediums Films* gehend auch nicht-sprachlich oder visuell vermittelt wird (also über Umgebung, Kleidung, Körpersprache, Prosodie etc.). Für diesen Bereich der Thematisierung und des Lernens von Sprachbewusstheit eignet sich daher der Einsatz des Mediums Film in besonderem Maße.

2.9.3.2.3 *The Absolutely True Diary of a Part-Time Indian* (KMK 2014: 209 ff.)

Ziel der Aufgabe ist es, eine Rezension zu einem Jugendroman von Sherman Alexie ins Deutsche zu übertragen; der Lernzuwachs liegt vor allem in den vier Teilschritten davor. Die Möglichkeiten und Grenzen der Übertragung werden in den Teilaufgaben reflektiert und diskutiert, daran soll sich Sprachbewusstheit entwickeln.

Gemeinsamkeiten und Unterschiede zwischen Deutsch und Englisch erkennen

In der gesamten Aufgabe sind die Schülerinnen und Schüler aufgefordert, sich zwischen dem Deutschen und dem Englischen hin- und herzubewegen, um Gemeinsamkeiten und Unterschiede zwischen den beiden Sprachen zu erkennen (u. a. im Bereich Register, Bildlichkeit, Syntax) und zu reflektieren, wie es im Standard S 5 gefordert ist. Damit die Reflexion nicht nur Selbstzweck bleibt, münden die Teilaufgaben in eine produktive Schreibleistung in der Muttersprache.

In Teilaufgabe 4 wird in besonderem Maße der Standard S4 bedient, dadurch dass den Schülerinnen und Schüler kulturell geprägte sprachliche Phänomene im Kontext vorgelegt werden und sie entscheiden müssen, wie sie damit in der Übertragung adäquat umgehen, indem sie entweder übersetzen oder paraphrasieren oder das Original beibehalten (vgl. z. B. *the rez*, also die umgangssprachliche Abkürzung des typisch amerikanischen Phänomens des Indianerreservats).

Sprachbewusstheit unter punktueller Einbeziehung des Deutschen

Die Besonderheit dieser Aufgabe besteht darin, dass sie aufzeigt, wie Sprachbewusstheit unter punktueller Einbeziehung des Deutschen gefördert werden kann (vgl. weitere Details in den Bildungsstandards der KMK 2014).

2.9.3.3 Aufgaben zur Sprachbewusstheit im Französischen

2.9.3.3.1 *À la recherche d'un colocataire* (KMK 2014: 287 ff.)

À la recherche d'un colocataire: Analyse der Selbstdarstellung in Annoncen

Thema der Aufgabe ist die Suche nach einem neuen Mitbewohner bzw. einer Mitbewohnerin für eine WG in Paris – und dies über Annoncen. Im Einzelnen sollen die Schülerinnen und Schüler Annoncen lesen und dabei drei Kandidatinnen aussuchen, die ihnen geeignet erscheinen. Im Anschluss an diese erste Teilaufgabe 2a mit einer spontanen, intuitiven Reaktion auf die verschiedenen Texte (Annoncen) werden die Schülerinnen und Schüler angeregt, über die Gründe nachzudenken, die ihre Wahl beeinflusst haben. Dies impliziert eine genaue Analyse und Auseinandersetzung mit dem verwendeten Sprachregister sowie der damit vermittelten Art und Weise der Selbstdarstellung der Sprecher (festgemacht an Wortwahl, Satzstruktur, *français relâché*, inhaltlicher Aussage usw.) – und das im Vergleich der verschiedenen schriftlichen Annoncen (Aufgabe 2b). Da davon auszugehen ist, dass die Aufgabenstellung für Schülerinnen und Schüler etwas ungewöhnlich ist, werden in der Aufgabenstellung konkrete Beispiele angegeben. Am Ende der Sequenz ist auf der Basis der Textanalysen und Textbewertungen unter den Bewerbern eine Entscheidung zu treffen; diese ist zu begründen.

À la recherche d'un colocataire legt am Beispiel einer Analyse von Annoncen den inhaltlichen Schwerpunkt also auf SB in Verbindung mit Leseverstehen, Sprechen und Schreiben, und zwar insbesondere auf die Auseinandersetzung mit den Wirkungsweisen sprachlicher Gestaltung auf den Rezipienten. Die Schüler bearbeiten die Aufgabe mit der Zielstellung, sich mit einem der Partner am Ende auf drei Kandidaten zu einigen. Aufgabe 2b (s. u.) illustriert die Standards S1, S2 und S6 dadurch, dass Schülerinnen und Schüler Ausdrucksvarianten, Beeinflussungsstrategien und regionale, soziale und kulturell geprägte Varietäten erkennen, benennen und einschätzen.

> *Auseinanderset-zung mit den Wirkungsweisen sprachlicher Gestaltung auf den Rezipienten*

2b *Sensibilisation linguistique : Qu'est-ce qui vous a poussé à faire votre choix ? Toute annonce comprend des informations explicites et implicites sur son auteur. Celles-ci produisent un effet plutôt positif ou plutôt négatif sur le lecteur. Lisez les annonces une deuxième fois et tentez d'analyser, à l'aide du tableau ci-dessous, ce qui vous a poussé à choisir ou à ne pas choisir certaines personnes.*

Annonce	*Informations explicites*	*Signification / Interprétation de cette information (moyens linguistiques : mot / expressions / manière d'écrire)*	*Effet produit sur moi (plutôt positif / négatif; positif / négatif; très positif / négatif)*
p. ex. Mary	*« Ce que je déteste: faire le ménage. »*	*« détester » ≠ aimer (le choix de ce mot ?)* *« ce que » : mise en relief* *→ elle n'aime pas faire le ménage* *→ elle souligne son manque d'intérêt pour les tâches ménagères* *→ elle me paraît irresponsable, égoïste, peu sociable* *→ problèmes pour la vie en colocation*	*effet plutôt négatif*

Teilaufgabe 2b (Auszug, KMK 2014: 292)

In der Aufgabe 3b entwerfen die Schülerinnen und Schüler eine E-Mail, in der sie sich selbst vorstellen und die ausgewählten Kandidaten zu einem Termin einladen, um sich besser kennen zu lernen und die endgültige Wahl zu treffen. Dabei können sie die in der Aufgabe 2b gewonnenen Erkenntnisse (Wirkung von Wortwahl, Satz- und Textstrukturen, Stilmittel, Einhalten von Konventionen etc.) für ihre eigene Produktion bewusst verwenden. Die Teilaufgabe 3b illustriert den Standard 7, der sich auf eine bewusste Steuerung der eigenen Sprachproduktion bezieht.

> *gewonnene Erkenntnisse für ihre eigene Produktion bewusst verwenden, das eigene Sprachlernen bewusster wahrnehmen und gestalten*

Interessanterweise folgt eine vierte Teilaufgabe, die sich jedoch weniger auf SB als auf Sprachlernkompetenz richtet (und die deshalb dort genauer behandelt wird). Sie soll hier in ihrer Perspektive aber dennoch angedeutet werden, weil sie die Nähe zwischen beiden Kompetenzbereichen zeigt. Gerade weil in den Aufgaben davor SB gezielt angesprochen und aufgebaut wurde, können die Schülerinnen und Schüler jetzt umso klarer Auskunft darüber geben, inwieweit ihnen die Beschäftigung mit jenen Aufgaben dazu geholfen hat, ihr eigenes Sprachlernen bewusster wahrzunehmen und zu gestalten.

unmittelbare Thematisierung dieser Kompetenz selbst

Merkmal einer guten Aufgabe zur Sprachbewusstheit

Insgesamt zeigt sich, dass diese Lernaufgabe in direkter und vielfältiger Weise Sprachbewusstheit fördert und zwar durch die unmittelbare Thematisierung dieser Kompetenz selbst sowie durch eine Aufgabe dazu auf einer reflexiven Metaebene (Teilaufgabe 4). Diese Verbindung einzelner Aufgabenstellungen auf der Basis eines motivierenden thematischen Kontextes und der Verknüpfung von Ebenen der Analyse, der Integration, der Produktion und der Metareflexion über Sprachbewusstheit zeichnet eine gute Lernaufgabe zu diesem Bereich aus.

2.9.3.3.2 *Rouge Métro* (2_9_SB_F_Rouge_Metro)

Förderung von Sprachbewusstheit in Verbindung mit Text- und Medienkompetenz sowie mit Schreiben

Das Ziel dieser Aufgabe ist die Förderung von Sprachbewusstheit in Verbindung mit Text- und Medienkompetenz sowie mit Schreiben. Dabei werden auch die Kompetenzen des Sprechens und des Leseverstehens mitberührt.

stilistische Analyse der ausgewählten Erzählungen

Die Aufgabe basiert auf Auszügen aus dem Roman *Rouge Métro* von Claudine Galéa und legt den inhaltlichen Schwerpunkt auf die Analyse der in Tagebuchform festgehaltenen Erzählungen von Bettlern. Mittels einer stilistischen Analyse der ausgewählten Erzählungen setzen sich die Schülerinnen und Schüler mit sozialen Varietäten und Registern des Französischen, genauer mit dem standardnäheren *français écrit* und mit dem – gegenüber dem Substandard offeneren – *français parlé* auseinander. Dabei machen sich die Lernenden mit Merkmalen der gesprochenen Sprache (z. B. Besonderheiten der Phonetik und Lexik, Reduzierung der Modi und Tempora, Auslassung des Verneinungspartikels *ne* in der Negation, Rhema-Thema / Thema-Rhema Stellung) sowie mit speziell verfassten und mündlich vorgetragenen Betteltexten (sozusagen als eigene Textsorte) vertraut. So können sie sich besser auf mündliche Kommunikation vorbereiten und sich für Register- und Stilfragen im Hinblick auf eine bestimmte kommunikative Absicht sensibilisieren. Wissend, dass es zahlreiche Varietäten des Französischen gibt, beleuchten die Schülerinnen und Schüler die Frage nach der vermuteten Wirkung möglicher Sprechstile und des jeweiligen Inhalts der einzelnen Betteltexte auf unterschiedliche Fahrgäste. Sie bilden hierzu Hypothesen, die sie anschließend diskutieren. Die Aufgabe insgesamt soll mittels Analysen und Hypothesen das Nachdenken über Sprache in ihren verschiedenen Ausprägungen aktivieren.

vermutete Wirkung möglicher Sprechstile und des jeweiligen Inhalts von Betteltexten

Es folgen Auszüge von Teilaufgaben, die auf die Erfassung und Förderung von Aspekten der Sprachbewusstheit abzielen. Die in Aufgabe 1b intendierte Hypothesenbildung stellt eine implizite Anwendung der reflexiven Ergebnisse aus dem ersten Teil dieser Sprachbewusstheitsaufgabe dar.

1b « Vous trouvez dans le tableau ci-dessous des critères qui structurent votre analyse.
- *Dégagez des caractéristiques et particularités du texte et donnez des exemples.*
- *Partez des caractéristiques et particularités du texte et réfléchissez à quels destinataires et à quels milieux culturels le langage du texte pourrait s'adresser. Cherchez des exemples du texte qui valident votre hypothèse. »*

Die Aufgabe 2a erfordert einen Vergleich der analytischen Befunde zu den vier Betteltexten. 2b dagegen greift die Hypothesen der Schülerinnen und Schüler nochmals auf und verlangt eine mündliche Versprachlichung der Analyseergebnisse. Die Aufgaben 2b und 2c stellen eine unterschiedliche Fokussierung dar, zunächst auf die Beweggründe der Sprecher, danach auf die möglichen Reaktionen der Zuhörer.

2a Résumez en quelques phrases les différences et les points communs des quatre demandes que vous avez constatés.

2b Présentez vos hypothèses (1b) en petits groupes et essayez de trouver des raisons pour le choix de langue. Discutez vos points de vue en utilisant entre autres les aspects que vous trouvez dans la bulle en bas.

2c Discutez d'abord les différentes réactions possibles des autres voyageurs. Ensuite, imaginez votre réaction personnelle dans une situation pareille. À part la langue, quels autres facteurs pourraient vous influencer?

Die Lernaufgabe *Rouge Métro* mit den relativ offenen Kriterien einer Bewertung von Sprachhandeln bzw. einer Hypothesenbildung bezüglich des vorliegenden Sprachgebrauchs und seiner Wirkungen ist für den Kompetenzbereich Sprachbewusstheit relativ typisch: Sie zeigt, wie sehr sich Sicherheit im Umgang mit (eigener wie fremder) sprachlicher Performanz immer wieder erfahrungsbasiert entwickeln und herstellen muss. Sie zeigt auch die relative Offenheit des Konzepts Sprachbewusstheit insgesamt im Übergang zu Sprachgefühl einerseits und zu Sprachbewusstsein andererseits (s. dazu Abschnitt 4).

relativ offene Kriterien einer Bewertung von Sprachhandeln

2.9.3.3.3 La madeleine de Proust (KMK 2014: 270 ff.)

Diese Lernaufgabe befasst sich mit einem literarischen Textauszug aus *Du côté de chez Swann* von Marcel Proust. *La madeleine de Proust* legt den inhaltlichen Schwerpunkt auf eine Erinnerung, die durch den Genuss einer *madeleine* (französisches Kleingebäck) ausgelöst wird. Diese Lernaufgabe wurde ursprünglich nicht zur Förderung der Sprachbewusstheit entwickelt; sie enthält aber in Aufgabe 2f neben den Aspekten der Text- und Medienkompetenz auch Aspekte der Sprachbewusstheit. Durch das Analysieren der Gestaltungsmittel (siehe Aufgabe 2f, KMK 2014: 277) in ihrem textfunktionalen Bezug nähern sich die Schülerinnen und Schüler noch weiter der Textinterpretation an, so dass sie zu einem differenzierteren Verständnis der spezifischen ‚Sprache' Prousts gelangen. Sie entwickeln ein ästhetisches Bewusstsein, indem sie Inhalte und sprachliche Gestaltungsmittel in Bezug setzen und ihre Wirkung auf den Rezipienten reflektieren.

Analysieren der Gestaltungsmittel in ihrem textfunktionalen Bezug: Annäherung an die Textinterpretation

2f L'écriture de Proust retient l'attention du lecteur par l'emploi de certains moyens d'expression très particuliers. Expliquez comment fonctionnent ceux-ci dans cet extrait. Écrivez un texte cohérent.

Die Aufgabe illustriert die Standards S1 („[…] grundlegende Ausprägungen des fremdsprachigen Systems an Beispielen erkennen und benennen […]") und S6 („[…] über Sprache gesteuerte Beeinflussungsstrategien erkennen, beschreiben und bewerten"). Sie zeigt zugleich die enge Verbindung mit dem Kompetenzbereich „Text- und Medienkompetenz" auf.

2.9.4 Zusammenfassung und Ausblick

Auswahl an Schwerpunkten

Die hier vorgestellten Lernaufgaben heben, wie gezeigt, auf bestimmte Schwerpunkte des Kompetenzbereichs SB ab. Andere Aspekte dieses wichtigen und umfassenden Lernbereichs könnten zu einem späteren Zeitpunkt hinzugefügt werden. Als Beispiele seien genannt:

Lernaufgaben zum kreativen, spielerischen Umgang mit Sprache

- Lernaufgaben zum kreativen, spielerischen Umgang mit Sprache sind noch unterrepräsentiert. Hierfür würden sich etwa visuelle Texte (Plakate) eignen. Denkbar wären auch Aufgabenstellungen hinsichtlich des Umgangs mit Kalligrammen, mit freiem Versmaß, mit neuen Wortbildungen (z. B. Guillaume Apollinaire) usw.

problematische oder gar manipulative Formen der Einflussnahme über Sprache

- Der Bildungsstandard S6 (über Sprache gesteuerte Beeinflussungsstrategien erkennen […]) spielt u. a. bei der Lernaufgabe *Charlotte Simmons* eine Rolle und bezieht sich hier auf die Charakterisierung und „Steuerung" von fiktionalen Charakteren durch einen Autor. Andere Formen der sprachlichen „Beeinflussung" (im Sinne einer gezielten Selbstdarstellung) liegen in den Aufgaben *Gran Torino* und insbesondere in *À la recherche d'un colocataire* vor. In der Oberstufe müssten allerdings auch problematische oder gar manipulative Formen der Einflussnahme über Sprache behandelt werden, z. B. durch Werbung oder durch herabmindernde bzw. gewalttätige Arten der Sprachausübung bis hin zu einem möglichen Machtmissbrauch im Rahmen politischer Rhetorik. Ansonsten hätte der fortgeschrittene Fremdsprachenunterricht eines seiner wesentlichen Bildungsziele verfehlt, nämlich zur Entwicklung einer Kritikfähigkeit und kritischer demokratischer Bürger innerhalb eines entstehenden vereinten Europas beizutragen.

Erfordernisse einer kommunikativen Situation reflektieren und im eigenen Sprachhandeln berücksichtigen

- Der Bildungsstandard S9 aus dem erhöhten Niveau („[…] die Erfordernisse einer kommunikativen Situation (u. a. bezogen auf Medium, Adressatenbezug, Absicht, Stil, Register) reflektieren und im eigenen Sprachhandeln berücksichtigen") muss in seiner überragenden Bedeutung noch einmal gesondert hervorgehoben werden. Diese Anforderung im mündlichen wie schriftlichen Gebrauch der Zielsprache mit ganz unterschiedlichen Gesprächspartnern und Adressatengruppen ist so wichtig, dass sie im Unterrichtsalltag noch stärker berücksichtigt werden sollte. Dazu könnte eine erfolgreiche Grundlegung von einfacheren Aspekten der Sprachbewusstheit zunächst erforderlich sein.

Bewusstheit gegenüber dem erreichten Kompetenzniveau

- Aufgaben zur Bewusstheit gegenüber dem erreichten Kompetenzniveau in der Zielsprache bzw. der eigenen Lernersprache als Artefakt aus Elementen der vorgelernten Sprache und der Zielsprache (Sprachlernbewusstheit). Dies betrifft auch die interkulturelle Bewusstheit (Was kann ich wie in der Zielsprache ausdrücken? Wie wirke ich auf meine heterokulturellen Sprachpartner, wenn ich die Fremdsprache *face to face* im Kontext von interkultureller Kommunikation benutze?). Derlei Fragen leiten über zur Sprachlernkompetenz und werden dort behandelt.

Mit den vorliegenden Aufgabenbeispielen soll insgesamt verdeutlicht werden, dass der Dimension Sprachbewusstheit isoliert, aber auch in Verbindung mit anderen Kompetenzzielen ein zentraler Stellenwert im Fremdsprachenunterricht zukommt. Dabei ist eine Lernaufgabe wie z.B. *Rouge Métro* mit den relativ offenen Kriterien einer Bewertung von Sprachhandeln für den Kompetenzbereich Sprachbewusstheit und für die Entwicklung von erfahrungsbasierter Sicherheit im Umgang mit (eigener wie fremder) sprachlicher Performanz durchaus typisch für jene Offenheit (*fuzziness*) des Konzepts Sprachbewusstheit im Übergang zu Sprachgefühl einerseits und zu Sprachbewusstsein andererseits. Ersteres ist am intuitiven Ende von Sprachbewusstheit angesiedelt, letzteres eher am Ende eines affirmativen, automatisierten, abrufbaren Wissens über Sprache und im Umgang mit Sprache.

zentraler Stellenwert der Sprachbewusstheit im Fremdsprachenunterricht

Übergang zu Sprachgefühl und zu Sprachbewusstsein

Die Übergänge zwischen Sprachbewusstheit, Sprachgefühl und Sprachbewusstsein zu kennen und im fortgeschrittenen Fremdsprachenunterricht der Oberstufe zu thematisieren, ist ein wichtiges Bildungsziel. Dieses gilt es über den Weg einer verbindlichen Auseinandersetzung mit Sprachbewusstheit als eigenständiger Fremdsprachenkompetenz in den Blick zu nehmen.

Nachdenken über Sprache in seinen verschiedenen Ausprägungen ist deshalb mit Recht eine der unverzichtbaren Dimensionen, die jegliches Fremdsprachenlernen begleitet. Das Nachdenken über Sprache kann im Rahmen von Aufgaben in der Mutter- oder in der Zielsprache erfolgen. Letzteres ist vor allem dann gerechtfertigt, wenn dahinter der Gedanke steht, dass das Thema Sprachbewusstheit in interkultureller Perspektive behandelt werden soll. Durch die Bindung des Nachdenkens an eine Fremdsprache entsteht aber möglicherweise die Gefahr, dass die Schülerinnen und Schüler weniger zu Wort kommen und damit insgesamt der Bildungswert von SB reduziert wird.

Nachdenken über Sprache in seinen verschiedenen Ausprägungen

Gleichzeitig könnten Sprache und Sprachen allgemein in viel stärkerem Maße als bisher zu einem thematischen Schwerpunkt des Fremdsprachenunterrichts werden; Texte über Sprache(n), ihre zwischenmenschliche und kulturelle Bedeutsamkeit, ihre politischen Implikationen, ihre relative Effizienz und Exotik in der Abbildung von Welt dürfen nicht länger als angeblich weniger bedeutsam oder weniger interessant aus dem Unterricht ausgegrenzt werden. Sie sind beides: bedeutsam für den Lernprozess und den Erwerb von Sprachbewusstheit, interessant für Schülerinnen und Schüler und ihr Sprachenlernen im weiteren Sinne (also das Lernen von, mit und über Sprachen) als eine zentrale schulische, bildungswirksame Beschäftigung. Insgesamt ist zu erwarten, dass mit der Verbreitung der neuen Bildungsstandards für die Allgemeine Hochschulreife die Einsicht in die Notwendigkeit von Sprachbewusstheit und deren gezielter Förderung als ständige, begleitende Dimension des Fremdsprachenlernens, aber auch darüber hinaus (z.B. in Kooperation zwischen Sprachfächern oder mit dem bilingualen Sachfachunterricht) zunimmt und dass sich SB – zusammen mit Sprachlernkompetenz – auf breiterer Front durchsetzen wird.

Sprache und Sprachen könnten stärker zu einem thematischen Schwerpunkt des Fremdsprachenunterrichts werden

zentrale schulische, bildungswirksame Beschäftigung

2.10 Sprachlern-kompetenz

Hélène Martinez / Franz-Joseph Meißner
Aufgabenentwicklung: Martina Adler, Ellen Butzko, Maike Wäckerle

● ●

Es wird allgemein anerkannt, dass der heutige schulische Fremdsprachenunterricht die Lernenden befähigen muss, ihre vorhandenen Fremdsprachenkenntnisse ein Leben lang zu pflegen und weiter auszubauen. Hier findet die Sprachlernkompetenz (abgek. SLK) ihre Legitimation und ihren Auftrag. Die vorliegenden Bildungsstandards für die Allgemeine Hochschulreife geben dem Ausdruck.

2.10.1 Einführung

Die Europäische Kommission (1995: 92) hat bereits 1995 betont, möglichst viele Bürgerinnen und Bürger der Europäischen Union (EU) sollten neben ihrer Muttersprache mindestens zwei weitere Sprachen beherrschen. In der Bundesrepublik Deutschland knüpft das Postulat an den Leitvorstellungen der *sprachenteiligen Gesellschaft* an, die den sprachenpolitischen Diskurs seit Ende der 1970er Jahre bestimmte. So formulierten bereits im Jahr 1980 die „Homburger Empfehlungen" Grundlagen für eine Schulsprachenpolitik, die die Sprachenteiligkeit und die Diversifizierung des Schulsprachenangebots zum Leitprinzip erhob (Christ et al. 1980). Den einzelnen Sprachen wurden unterschiedliche und zueinander komplementäre pädagogische Funktionen für den Aufbau einer breiten und diversifizierten individuellen Mehrsprachigkeit zugewiesen, und zwar von der Primarstufe bis hin zur Sekundarstufe II.

Eine Weiterentwicklung im Sinne der Mehrsprachigkeit und des Mehrsprachigkeitserwerbs (Meißner 2014) erfuhren die „Homburger Empfehlungen" in den „Vorschlägen für einen erweiterten Fremdsprachenunterricht", welche die Erziehung zur Mehrsprachigkeit in den Fokus stellten (Bertrand / Christ 1990). Von den „Vorschlägen" lässt sich eine direkte Entwicklung zur sog. Mehrsprachigkeitsdidaktik und zur Didaktik der Interkomprehension ableiten (Meißner 2005). Weitere Orientierungen deuten in die hier aufgezeigte Richtung, wie etwa *English as Gateway to Languages* (Schröder 2009) oder *Eveil aux langues* (Candelier 2003).

Den Überlegungen ist gemein, dass sie mehr oder weniger explizit auch Sprachlernprozesse in den Blick nehmen. Der Begriff „mehrsprachige Kompetenz", den der GeR im 8. Kapitel erklärt, unterstreicht diese Dimension. Mehrsprachigkeit bedeutet, wie in den „Vorschlägen für einen erweiterten Fremdsprachenunter-

Mehrsprachigkeit seit 1995 Leitziel der europäischen Kommission

richt", nicht mehr die Beherrschung mehrerer isoliert nach- oder nebeneinander gelernter Sprachen auf einem gleich hohen Kompetenzniveau, sondern sie umfasst auch die Kompetenz, bereits gemachte Spracherfahrungen zu nutzen und sie auf das Lernen weiterer Sprachen zu transferieren.

Für die Erreichung der individuellen Mehrsprachigkeit kommt zum einen dem Fremdsprachenunterricht eine besondere Bedeutung zu, da er Schülerinnen und Schüler auf den lebenslangen Umgang mit Sprachen und Kulturen vorbereitet und Fenster zu anderen Fremdsprachen öffnen muss (vgl. Schröder 2009). Zum anderen nimmt ganz generell die Lernfähigkeit eine zentrale Rolle ein, nicht zuletzt da „die Schule (doch) nur [...] ein Ort des Sprachenlernens, eine relativ kurze, dennoch aber außenordentlich bedeutsame Etappe in einem lebensbegleitenden Sprachen- und Kulturenlernen [ist]" (ebd.: 70).

2.10.2 Zur Entstehung und Weiterentwicklung des Begriffs Sprachlernkompetenz

Der Begriff Sprachlernkompetenz setzt sich aus den Lexemen „Sprache(n)", „Lernen" und „Kompetenz" zusammen. Er bezeichnet die Fähigkeit und Bereitschaft, Fremdsprachen zu lernen. Dies impliziert, den eigenen Fremdsprachenlernprozess (selbst) steuern und kontrollieren zu können. SLK umfasst neben der Entfaltung entsprechender (Lern-)Strategien Einsichten in attitudinale sowie motivationale Faktoren. SLK ist somit entscheidend nicht nur für die Ausbildung der individuellen Mehrsprachigkeit, sondern auch des lebenslangen Lernens und der Pflege von Fremdsprachenkenntnissen.

Neben der Mehrsprachigkeit ist SLK auch dem (Groß-)Konzept der „Lernerautonomie" verpflichtet, dessen Ursprünge sich Ende der 1970er Jahre in den Arbeiten Henri Holecs finden (u. a. Holec 1979). Es wurde im Weiteren durch die kognitiven und konstruktivistischen Lerntheorien und die Strategienforschung gestützt. Seit Mitte der 1980er Jahre fanden entsprechende Ansätze auch Eingang in den schulischen Fremdsprachenunterricht (Martinez 2008: 66 ff.).

Lernerautonomie als Fähigkeit, die Verantwortung für den eigenen Lernprozess zu übernehmen

Mit der Kompetenzorientierung und den Bildungsstandards für die Allgemeine Hochschulreife gewinnt Lernfähigkeit eine neue Dimension. Sie ist nun eine „Kompetenz", die es wie die anderen Kompetenzen zu fördern gilt.

SLK geht über das eng gefasste Konzept der „Methodenkompetenz" der Bildungsstandards für die Sekundarstufe I (vgl. KMK: 2003 bzw. 2004c) hinaus, welches noch überwiegend auf Strategien und Techniken in Bezug auf die zu erlernenden funktional-kommunikativen Kompetenzen (Lesen, Hören, Sprechen, Schreiben) fokussierte und auf einem „eher instrumentalistischen, auf Effektivierung der Lernprozesse gerichteten Sprachlehr- und -lernverständnis" basierte (Decke-Cornill/Küster 2010: 206).

von der Methodenkompetenz zur Sprachlernkompetenz

Um die entscheidenden Änderungen im Konzept von Lernfähigkeit und den Kerngedanken von SLK nachvollziehen zu können, ist es nötig, auf die Konzeption von Kompetenzen und Lernfähigkeit (*knowing how to learn, savoir-apprendre*) in bildungspolitischen Dokumenten, speziell im Gemeinsamen Europäischen

Referenzrahmen für Sprachen (GeR) und im Referenzrahmen für Plurale Ansätze zu Sprachen und Kulturen *(RePA)*[1], einzugehen.

Kompetenzen als Problemlösungs- und Handlungsfähigkeit

Kompetenzen werden generell als Problemlösungs- bzw. Handlungsfähigkeit in bestimmten Domänen verstanden. So heißt es im GeR „Sprachverwendende und Sprachlernende setzen eine Reihe von Kompetenzen ein, die sie im Laufe früherer Lernerfahrungen entwickelt haben, um die in Kommunikation erforderlichen Aufgaben und Aktivitäten auszuführen, denen sie sich gegenübersehen" (Europarat 2001: 103). Für den sprachlichen Bereich wird im GeR zwischen „allgemeinen Kompetenzen" und „kommunikativen Sprachkompetenzen" unterschieden, was für die Konzeptualisierung von Lernfähigkeit von Bedeutung ist. Kommunikative Sprachkompetenzen umfassen linguistische (d. h. lexikalische, grammatikalische, semantische und phonologische), soziolinguistische und pragmatische Kompetenzen. Allgemeine Kompetenzen sind diejenigen, die „weniger eng mit der Sprache verknüpft sind" (ebd.: 103). Sie umfassen:

- Wissen, d.h. deklaratives Wissen (*savoir/knowledge*): Weltwissen, soziokulturelles Wissen, interkulturelles Bewusstsein
- Fertigkeiten und prozedurales Wissen (*savoir-faire/skills*): praktische Fertigkeiten (z. B. soziale Fertigkeiten), interkulturelle Fertigkeiten
- persönlichkeitsbezogene Kompetenzen (*savoir-être/attitudes*): Einstellungen, Motivation, Wertvorstellungen, Überzeugungen, Persönlichkeitsfaktoren
- Lernfähigkeit (*savoir-apprendre, knowing how to learn*): u.a. Sprach- und Kommunikationsbewusstheit, Lernstrategien und Lerntechniken, heuristische Fertigkeiten (ebd. 103 ff.)

Relevanz der allgemeinen Kompetenzen für die Bewältigung kommunikativer Aktivitäten

Mit der Unterscheidung zwischen „allgemeinen Kompetenzen" und "kommunikativen Sprachkompetenzen" unterstreicht der GeR, dass zur Umsetzung kommunikativer Absichten sowohl spezifische sprachbezogene kommunikative Kompetenzen als auch allgemeine Fähigkeiten notwendig sind. Anders gesagt umfasst z. B. kommunikative interkulturelle Kompetenz nicht nur sprachliche Dimensionen, sondern auch soziokulturelle Bewusstheit, interkulturelle Fertigkeiten, affektive, motivationale und nicht zuletzt selbstregulatorische Faktoren.

Kompetenzen entstehen durch Mobilisierung von Ressourcen

Das Kompetenzmodell des RePA unterstreicht, dass Kompetenzen durch die Mobilisierung von Ressourcen entstehen. Nach Auffassung einschlägiger Bildungsforscher (u. a. Le Boterf 2009; Klieme 2007) ist Kompetenz weit mehr als die „Summe des (deklarativen) Wissens, der (prozeduralen) Fertigkeiten, persönlichkeitsbezogener Kompetenzen und allgemeiner kognitiver Fähigkeiten" (Europarat 2001: 21). Als kompetent gilt eine Person, wenn es ihr gelingt, die für eine Problemlösung jeweils notwendigen „Ressourcen" (Wissen, Einstellungen, Fertigkeiten) zu identifizieren, zu mobilisieren und miteinander zu kombinieren (Le Boterf 2009). Die Zusammenstellung der Ressourcen geschieht im konkreten Fall stets neu und aufgabenbezogen. Dies impliziert, dass das Individuum sein Sprach- und Kommunikationshandeln reflektieren und selbst regulieren kann.

[1] Der am Europäischen Zentrum für Moderne Fremdsprachen (EZMF) entstandene RePA versteht sich als Ergänzung des GeR und Instrument zur Förderung pluraler Ansätze (*Eveil aux langues*, Integrative Sprachendidaktik, Interkomprehension, Interkulturelles Lernen) und somit zur Entwicklung mehrsprachiger und interkultureller Kompetenzen (vgl. Candelier et al. 2009).

Der RePA stellt eine umfangreiche Deskriptorenliste von Ressourcen zur Verfügung, die die Grundlage für die Entfaltung mehrsprachiger und interkultureller Kompetenz bzw. Sprachlernkompetenz bilden. Sie verstehen sich als Ergänzung zu den Deskriptoren des GeR, die sich in hohem Maße auf die funktional-kommunikativen Kompetenzen beziehen und somit im Bereich der Lernfähigkeit zu kurz greifen. Die Deskriptorenlisten beschreiben Ressourcen bezogen auf (a) Wissen, (b) Fertigkeiten/Können und (c) personenbezogene Kompetenzen (Haltungen/Einstellungen), auf die Lernende je nach Situation und Aufgabe zurückgreifen (vgl. Candelier et al. 2009; Meißner 2013). *Deskriptorenliste von Ressourcen für die allgemeinen Kompetenzen*

Lernfähigkeit ist dabei eine transversale Kompetenz (KMK 2014: 13), die in die Dimensionen „Wissen", „Fertigkeiten/Können" und „personenbezogene Kompetenzen (Haltungen/Einstellungen)" integriert ist. Dies betont, dass es sich nicht um eine Dimension handelt, die sich ausschließlich über abfragbare Komponenten wie etwa „Wissen über Lern- und Arbeitstechniken" isoliert darstellen lässt. Lernfähigkeit umfasst vielmehr deklarative, prozedurale und personenbezogene Komponenten, die ineinander greifen und sich gegenseitig bedingen. Dies lässt sich mit Hilfe der RePA-Deskriptoren wie folgt schematisieren: *Lernfähigkeit ist eine transversale Kompetenz*

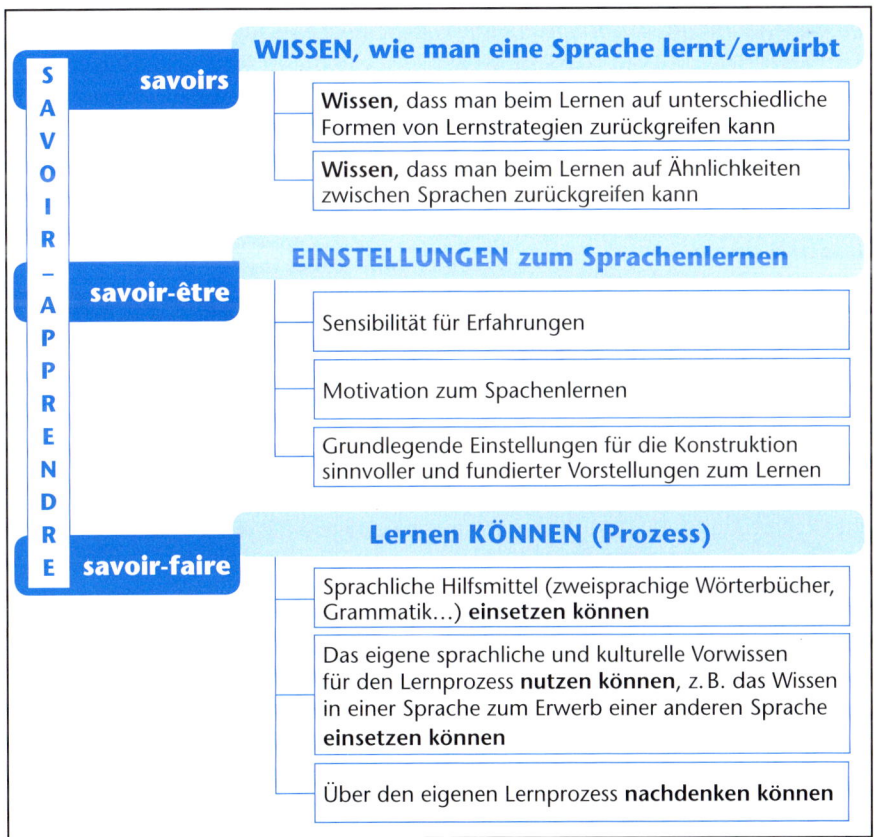

Abb. 1: Lernfähigkeit als transversale Kompetenz in Anlehnung an den RePA (vgl. Martinez 2011, unveröffentlichtes Manuskript)

Die Fähigkeit, „das eigene sprachliche und kulturelle Vorwissen für den Lernprozess nutzen [zu] können" (vgl. Candelier et al. 2009 sowie Standard 5) setzt voraus, dass man z. B. weiß, dass „man beim Lernen auf Ähnlichkeiten zwischen Sprachen zurückgreifen kann" und impliziert, dass man über „eine Sensibilität für (Sprachenlern-)Erfahrungen" verfügt. (vgl. Martinez/Schröder-Sura 2012).

Damit erlaubt der RePA die Konkretisierung von Ressourcen, die der Lernfähigkeit zugrunde liegen. Ein Fremdsprachenunterricht, der diese Ressourcen nicht ausbildet oder nur auf Ressourcen im Bereich von *savoir* (d. h. auf deklaratives Wissen) fokussiert, greift zu kurz und kann keine Sprach(en)lernkompetenz aufbauen und somit nicht auf das lebenslange Lernen vorbereiten.

2.10.3 Sprachlernkompetenz in den Bildungsstandards

SLK ermöglicht die zielführende Bündelung und Mobilisierung der Ressourcen, auf die Lernende zurückgreifen, um Aufgaben zu lösen und in kommunikativen Situationen zu handeln. Dies verlangt, dass sie über das eigene Handeln reflektieren und es entsprechend regulieren (können), also sich ihrer Ressourcen und Strategien bewusst sind, ggf. weitere suchen oder transferieren und je nach Aufgabe aktivieren.

SLK setzt immer voraus, dass die Schülerinnen und Schüler über ein bestimmtes Wissen in Bezug auf entsprechende notwendige Ressourcen verfügen (*Wissen, dass; know what, savoir*), dass sie wissen, *wie* sie dieses Wissen umsetzen können (*Wissen, wie; know how, savoir-faire*) und dass sie bereit sind, entsprechende Ressourcen zu mobilisieren (volitionale, motivationale und attitudinale Kompetenz). Dementsprechend definieren die Standards SLK wie folgt:

Definition von SLK in den Bildungsstandards für die Allgemeine Hochschulreife

„Sprachlernkompetenz beinhaltet die Fähigkeit und die Bereitschaft, das eigene Sprachenlernen selbstständig zu analysieren und bewusst zu gestalten, wobei die Schülerinnen und Schüler auf ihr mehrsprachiges Wissen und auf individuelle Lernerfahrungen zurückgreifen." (KMK 2014: 22)

Der erste Teil der Standardbeschreibung benennt SLK als eine bewusste Steuerung und Regulierung des Sprachlernprozesses und gründet in der Annahme, dass Sprachbewusstheit und Sprachlernbewusstheit eine lernförderliche Rolle beim Sprachenerwerb spielen (zur Sprachbewusstheit s. Kap. 2.9).

vorhandene Mehrsprachigkeit der Lernenden als Lernpotential

Der zweite Teil fußt darauf, dass Schülerinnen und Schüler der gymnasialen Oberstufe bereits mehrere Sprachen erworben haben und somit über ein „sprachliches Repertoire" und Sprachlernerfahrungen verfügen, die ihr Lernpotential bilden und eine entscheidende Rolle für den Erwerb weiterer Fremdsprachen spielen.

Dies ist ganz im Sinne des Europarats, wonach die Sprachen und Sprachlernerfahrungen „gemeinsam eine kommunikative Kompetenz [bilden], zu der alle Sprachkenntnisse und Spracherfahrungen beitragen und in der die Sprachen miteinander in Beziehung stehen und interagieren" (Europarat 2001: 17).

SLK trägt dazu bei, sprachliche Kompetenzen und die auf Seiten der Lernenden vorhandene Mehrsprachigkeit (Erstsprache, ggf. Zweitsprache, Fremdsprachen) selbstständig und reflektiert zu erweitern. Dabei nutzen Schülerinnen und Schüler zielgerichtet ein breites Repertoire von Strategien und Techniken des reflexiven Sprachenlernens sowie ein entsprechendes *Know-How* bezüglich der Hilfsmittel.

Die Ausführungen machen deutlich, dass die Verwendung des Begriffs SLK in den Bildungsstandards auf einer Lernkonzeption beruht, die Fremdsprachenlernen als einen aktiven und reflexiven Konstruktionsprozess des lernenden Subjekts modelliert.

Wie auch für die anderen Kompetenzbereiche unterscheiden die Bildungsstandards zu SLK zwischen einem grundlegenden und einem erhöhten Niveau. Im Folgenden soll auf die einzelnen Standards eingegangen werden.

Grundlegendes Niveau

Die Schülerinnen und Schüler können
- ihr Sprachlernverhalten und ihre Sprachlernprozesse reflektieren und optimieren (S1)

Der erste Bildungsstandard für das grundlegende Niveau ist recht allgemein formuliert. Er umfasst die Fähigkeit über das eigene „Sprachlernverhalten" und die eigenen „Sprachlernprozesse" nachzudenken, um den Prozess des Fremdsprachenlernens effizienter zu gestalten. Standard 1 betont, dass SLK die Prozessebene des Fremdsprachenlernens fokussiert und dass es sich um eine (selbst-)reflexive Kompetenz handelt, die einerseits auf die Bewusstwerdung und andererseits auf die Optimierung bzw. die Verbesserung des eigenen Sprachlernverhaltens und der eigenen Lernprozesse durch Selbststeuerung abzielt.

Dieser Standard erfordert, dass Schülerinnen und Schüler kontinuierlich eine Kontrolle über die eigenen Lernprozesse in Bezug auf ihre Zielerreichung ausüben. Er impliziert, dass sie über die entsprechenden strategischen und kognitiv-metakognitiven sowie über die instrumentalen Fähigkeiten verfügen, wobei Metakognition entscheidend für einen bewussten und reflektierten Lernprozess ist.

Die Fähigkeit, das eigene Sprachlernverhalten und den eigenen Lernprozess zu „reflektieren", impliziert, dass lernerseitig sog. „exekutive" Fähigkeiten erworben wurden, die der Steuerung und Regulierung des (fremdsprachlichen) Lernprozesses dienen. Dies betrifft Fähigkeiten zu Planungs- und Kontrollprozessen. Sie zeigen sich im Einsatz sogenannter metakognitiver Strategien, wie etwa dem Planen, Überwachen und Bewerten kognitiver Aktivitäten (Lesen, Hören, Schreiben, Sprechen), der Planung und Bewertung der Effizienz des Strategieeinsatzes, der Identifikation der eigenen kognitiven Aktivität (Was mache ich? Was habe ich gemacht? Was wird von mir verlangt?) und der selektiven Aufmerksamkeit. Sie bauen auf bereits erworbenem metakognitivem Wissen auf und sind stark von motivationalen und volitionalen Faktoren abhängig. Metakognitives Wissen umfasst etwa das Wissen über die kognitiven und affektiven Faktoren, die das eigene Fremdsprachlernen beeinflussen (Personenwissen), das Wissen darüber, was eine Aufgabe verlangt und welche Anstrengungen sie erfordert (Aufgabenwissen) sowie strategienbezogenes Wissen (z. B. Wissen über die Rolle / den Einsatz des echotischen [eventuell stummen] Nachsprechens zur hörenden Identifikation zielsprachlicher Strukturen) (vgl. Kapitel 2.1 Hörverstehen und Hörsehverstehen).

Operationalisierung von SLK in den Bildungsstandards

Metakognition meint das Bewusstsein und die Reflexionsfähigkeit über das eigene Lernen.

Die Schülerinnen und Schüler können
- ihre rezeptiven und produktiven Kompetenzen prüfen und gezielt erweitern, z. B. durch die Nutzung geeigneter Strategien und Hilfsmittel (u. a. Nachschlagewerke, gezielte Nutzung des Internets) (S2)

Standard 2 bezieht sich auf die Fähigkeit, auf der Grundlage von Selbstevaluation die eigenen interkulturellen kommunikativen Kompetenzen „gezielt [zu] erweitern". Speziell geht es um die Fähigkeit und Bereitschaft der Schülerinnen und Schüler, ihre rezeptiven (Lesen/Hören) und produktiven (Sprechen/Schreiben) Kompetenzen zu evaluieren, Stärken und Schwächen aufzudecken und Defizite mit Hilfe von adäquaten Ressourcen und Strategien auszugleichen.

Der Standard verlangt, dass Schülerinnen und Schüler mit geeigneten Strategien (z. B. kognitive wie fertigkeitsbezogene Strategien, Kommunikationsstrategien, metakognitive und sozio-affektive Strategien) und mit gedruckten und elektronischen bzw. digitalen Hilfsmitteln (z. B. Konkordanzlisten bzw. *Key-Word-in-Context*-Listen (KWIC)) vertraut sind (vgl. Kapitel 2.5 Leseverstehen).

Lernstrategien als Lernhandlungspläne können nur entwickelt werden, wenn eine hinreichend konkrete Vorstellung des angestrebten Handlungszusammenhangs, des Handlungsziels sowie der verfügbaren und notwendigen Ressourcen vorliegt. Im Falle der funktional-kommunikativen Kompetenzen betrifft dies das Leseverstehen und das Schreiben, das Hörverstehen und das Sprechen, und zwar in der von den GeR-Deskriptoren gefassten Breite. Da jede dieser vier Teilkompetenzen andere Ressourcen und mentale „Programme" mobilisiert, sind auch die spracherwerbsbezogenen Lernstrategien entsprechend zu spezifizieren. Es ergibt also Sinn, z. B. zwischen SLK/Leseverstehen und SLK/Schreiben zu unterscheiden bzw. zwischen SLK/Hörverstehen und SLK/Sprechen. Die Unterschiede haben erhebliche Auswirkungen auf die Art der pädagogischen bzw. psycholinguistischen Passung, welche für jede Teilkompetenz anders (passgenau) anzusetzen ist[2].

Die Schülerinnen und Schüler können
- das Niveau ihrer Sprachbeherrschung einschätzen, durch Selbstevaluation in Grundzügen dokumentieren und die Ergebnisse für die Planung des weiteren Fremdsprachenlernens nutzen (S3)

Standard 3 befasst sich mit (Selbst-)Evaluation im engeren Sinne. Evaluation ist eine unerlässliche Komponente der SLK und dient der Regulierung der Lernprozesse auf allen Kompetenzfeldern des Fremdsprachenunterrichts sowie der Festsetzung neuer Lernziele. Ein kontinuierliches Nachdenken der Schülerinnen und Schüler über das Was, Wie und Warum ihres Lernhandelns und darüber, warum dieses oder jenes Tun Lernerfolg oder Lernmisserfolg generiert, ist eine wichtige Voraussetzung für die Optimierung des Lernverhaltens (vgl. Kap. 3.3).

---

[2]   Die Beantwortung von Fragen zum Sprachenlernen verlangt Einsicht in die mentale Verarbeitung sprachlicher Strukturen oder Daten und in den Fremdsprachenerwerb. Lehrseitig betrifft dies die Planung von Aufgaben und deren psycholinguistische Passung. Anders gesagt, man muss wissen, wie Sprache funktioniert, um SLK zielführend umzusetzen.

Standard 3 spricht die Fähigkeit der Lernenden an, ihre Fremdsprachenkenntnisse zu beurteilen, zu „dokumentieren" und die „Ergebnisse für die Planung des weiteren Fremdsprachenlernens [zu] nutzen". Dieser Standard knüpft an die reflektierenden Aktivitäten des „Portfolio für Sprachen" an und versteht „dokumentieren" als eine Form der Bewusstmachung der eigenen (meta-)kognitiven Aktivitäten, durch die diese erst ‚sichtbar' werden. Die Selbstevaluation kann durch den Einsatz vorgegebener Selbsteinschätzungsskalen (u.a. DIALANG-Skalen-Items zur Selbsteinschätzung; Portfolio für Sprachen) erleichtert werden. Das Aufdecken von eigenen Lernbedürfnissen führt dabei zur Planung weiterer Lerninhalte.

Die Selbstevaluation dient nicht nur dem Diagnostizieren von Defiziten, sondern auch dem Erkennen von Lernfortschritten bzw. Lernerfolgen, was zur Steigerung des eigenen Selbstwertgefühls beitragen und als eine Strategie zur Motivationssteigerung verstanden werden kann (vgl. Burwitz-Melzer/Quetz 2006).

Die Schülerinnen und Schüler können
- Begegnungen in der Fremdsprache für das eigene Fremdsprachenlernen nutzen (z.B. persönliche Begegnungen, Internetforen, Radio, TV, Filme, Theateraufführungen, Bücher, Zeitschriften) (S4)

Standard 4 spricht die Fähigkeit der Lernenden an, authentische Situationen und Materialien außerhalb des Fremdsprachenunterrichts zu nutzen, diese als Lerngelegenheiten zu betrachten und in der Auseinandersetzung mit diesen selbstständig zu lernen.

Dieser Standard beruht auf der Tatsache, dass jede Begegnung mit der Zielsprache auch im Sinne einer Spracherwerbssituation erfahren werden kann und dass die bewusste Auseinandersetzung mit der in authentischen Situationen erlebten Fremdsprache zur Weiterentwicklung der jeweiligen Lernersprache führt. Dieser Standard impliziert, dass die Schüler der Fremdsprache gegenüber aufmerksam bleiben bzw. dass sie fähig sind, ihre Sprachaufmerksamkeit auf die fremde oder eigene Produktion zu richten.

Bei persönlichen Begegnungen bedeutet dies, dass sich der Fokus der Aufmerksamkeit der Interagierenden von den Inhalten zur sprachlichen Form verlagert und dass Schüler und Schülerinnern z. B. in der Lage sind, die eigenen Äußerungen zu analysieren, was sich positiv auf die mündliche L2–Kompetenz auswirken kann (u.a. Aguado 2003).

Allgemein knüpft dieser Standard an die Fähigkeit der Lernenden an, eigene Lerngelegenheiten außerhalb des Klassenunterrichts zu schaffen. Dies ist umso wichtiger, als der Fremdsprachenunterricht der gymnasialen Oberstufe nicht erschöpfend sein und alle möglichen Anwendungssituationen von Kompetenzen antizipieren kann.

Die Schülerinnen und Schüler können
- durch Erproben sprachlicher Mittel die eigene sprachliche Kompetenz festigen und erweitern und in diesem Zusammenhang die an anderen Sprachen erworbenen Kompetenzen nutzen (S5)

Standard 5 bezieht sich auf die Fähigkeit der Lernenden, bereits erworbenes Wissen in anderen Sprachen für das Lernen der jeweiligen Sprache aktiv und bewusst zu nutzen. Dies geschieht z. B. wenn Lernende beim Lesen oder Schreiben von Texten die Bedeutung unbekannter Wörter, morphologischer oder syntaktischer Strukturen erschließen, indem sie auf ihr mehrsprachiges Repertoire zurückgreifen und nach ähnlichen Begriffen und Phänomenen in ihnen bekannten (Fremd-)Sprachen suchen. Dies impliziert die Fähigkeit, das mehrsprachige Vorwissen zu aktivieren und zwischensprachlichen Transfer als (Vergleichs-)Strategie bewusst einzusetzen. Dieser Standard betrifft auch Sprachbewusstheit bzw. Sprachenbewusstheit (vgl. Kapitel 2.9). Die Fähigkeit, auf der Grundlage bereits vorhandenen (mehrsprachigen) Wissens Hypothesen zu bilden und zu verifizieren, ist dabei von zentraler Bedeutung.

Standard 5 bezieht sich explizit auf die Erweiterung sprachlicher Mittel (Wortschatz und Grammatik). Der Transfer von Strategien – auch als didaktischer Transfer bezeichnet (Meißner 2005) – hat aber gerade aufgrund der bereits gesammelten Sprachlernerfahrungen in der gymnasialen Oberstufe eine lernförderliche und lernökonomische Funktion und sollte daher explizit gefördert werden.

Die Standards tragen der Tatsache Rechnung, dass sich „die Spracherfahrung eines Menschen im Laufe seines Lebens erweitert, von der Sprache im Elternhaus über die Sprache der ganzen Gesellschaft bis hin zu den Sprachen anderer Völker (die er entweder in der Schule oder auf der Universität lernt oder durch direkte Erfahrung erwirbt)" (Europarat 2001: 17).

Für das erhöhte Niveau wurden für SLK zwei zusätzliche Bildungsstandards formuliert.

Erhöhtes Niveau

Die Schülerinnen und Schüler können darüber hinaus
• das Niveau ihrer eigenen Sprachbeherrschung einschätzen und selbstkritisch bewerten, durch Selbstevaluation angemessen dokumentieren und die Ergebnisse für die Planung des weiteren Sprachenlernens verwenden (S6)

Standard 6 greift auf Standard 3 zurück und spricht die Fähigkeit der Schülerinnen und Schüler an, „selbstkritisch" gegenüber dem eigenen sprachlichen Kompetenzniveau zu sein.

Die Schülerinnen und Schüler können darüber hinaus
• durch planvolles Erproben sprachlicher Mittel und kommunikativer sowie interkultureller Strategien die eigene Sprach- und Sprachhandlungskompetenz festigen und erweitern und in diesem Zusammenhang die an anderen Sprachen erworbenen Kompetenzen nutzen (S7)

Standard 7 knüpft an Standard 5 an und geht zugleich deutlich über diesen hinaus: Es geht nicht nur darum, „sprachliche Mittel" zu erweitern, sondern auch „kommunikative und interkulturelle Strategien" und „die eigene Sprach- und Sprachhandlungskompetenz" gezielt auszubauen.

Standard 7 unterstreicht, dass SLK eine transversale Kompetenz ist, welche auch für die Erreichung der höchst komplexen kommunikativen interkulturellen Kompetenz unerlässlich ist.

2.10.4 SLK, Sprachlernbewusstheit und Aufgabenkonstruktion

Kompetente Lernende verfügen über einen hohen Grad an Sprachlernbewusstheit. Bezogen auf einzelne Aufgaben sind sie (idealerweise) in der Lage,

- die zu lösende Aufgabe zu analysieren und die (Lern-)Ziele zu identifizieren
- die benötigten Ressourcen zu erkennen
- die Auswahl der Ressourcen zu steuern
- die Ressourcen einzusetzen
- den Einsatz der ausgewählten Ressourcen im Hinblick auf die zu lösende Aufgabe zu bewerten
- die erarbeitete Lösung der Aufgabe zu evaluieren

Das folgende Modell soll diesen Prozess verdeutlichen:

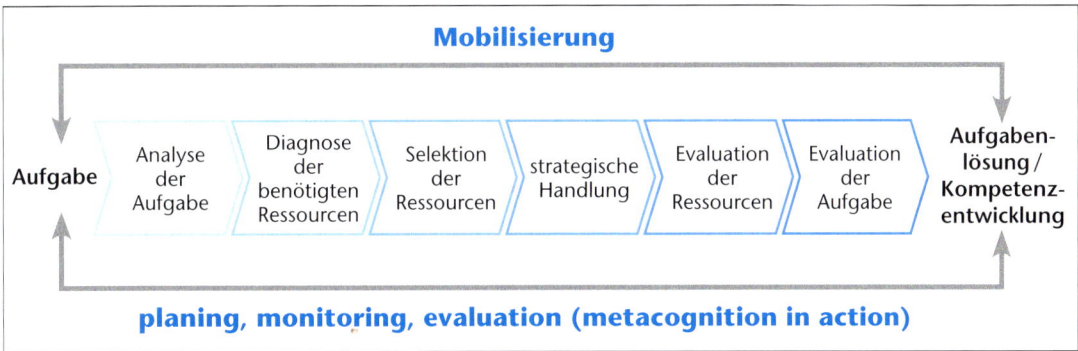

Abb. 2: Lernen als phasierte Mobilisierungskompetenz

Das Modell koinzidiert mit der bekannten Unterteilung der Aufgabenlösung in eine Prä-, Verlaufs- und Nachphase (*pre-, during-, post-activities*, vgl. u.a. Willis 1996). Die Fähigkeit, den Lösungsprozess einer Aufgabe zu kontrollieren, umfasst (1) den Entwurf eines (Lern-)Handlungsplans, (2) die Kontrolle der Durchführung der (Lern-)Handlung selbst und (3) deren Evaluation im Anschluss an die Lernhandlung. *(Randnotiz: kompetente Lernende reflektiert und reguliert den Aufgabenlösungsprozess)*

Dieser Vorgang ist bei erfahrenen Lernenden bzw. bei Experten automatisiert und nicht (mehr) bewusstseinspflichtig. Ziel von SLK-unterstützenden Aufgaben ist es, diesen Prozess bewusst zu machen und somit Sprachlernbewusstheit zu fördern. *(Randnotiz: Förderung von Sprachlernbewusstheit)*

Dabei bezieht sich die Förderung der Sprachlernbewusstheit auf vier Ebenen, die im Zusammenhang mit Aufgaben zu berücksichtigen sind, und zwar auf

- den Lernenden, d.h. seine Einstellungen, aber auch sein persönliches Wissen bezüglich der eigenen Ressourcen *(Randnotiz: Learner awareness)*
- die Sprachen (vgl. Kapitel 3.4 Sprachbewusstheit) *(Randnotiz: Language awareness)*
- den Lernprozess *(Randnotiz: Learning process awareness)*
- die Aufgabe bzw. die Wahrnehmung und Interpretation der Aufgabe selbst („*perception of the task's purpose*"; Wenden 1998: 522) *(Randnotiz: Task awareness)*

2.10.5 Förderung von Sprachlernkompetenz in Lernaufgaben

Die vorangegangenen Kapitel zu den funktional-kommunikativen Kompetenzen haben mit Rückgriff auf psycholinguistische Modelle zu den jeweiligen Kompetenzen deutlich hervorgehoben, dass beim Lesen, Hören, Schreiben, Sprechen und Sprachmitteln aktive Prozesse in Gang gesetzt werden, die der Lernende selbst reguliert (siehe exemplarisch dazu Kapitel 2.5 „Leseverstehen", Kapitel 2.6 „Schreiben"). SLK fokussiert die Prozessebene des Fremdsprachenlernens. Dies manifestiert sich in der Regel durch den Rückgriff auf adäquate Kommunikations- und Lernstrategien und setzt Reflexivität und Sprachlernbewusstheit voraus.

> Sprachlernkompetenz zeigt sich erstens im Verfügen über sprachbezogene Lernmethoden und in der Beherrschung daraus abgeleiteter, konkreter Strategien. Sie zeigt sich zweitens in der Beobachtung und Evaluation der eigenen Sprachlernmotivation, -prozesse und -ergebnisse sowie drittens in der Bereitschaft und Fähigkeit, begründete Konsequenzen daraus zu ziehen. (KMK 2014: 22)

Die Förderung von SLK muss als langfristiger und kontinuierlicher Prozess verstanden werden, der nur bedingt in einzelnen Aufgaben abbildbar ist. Die vorliegenden Aufgaben zeigen exemplarisch, wie man im Unterricht SLK gezielt aufbauen kann. Während zunächst auf die Analyse und Besprechung einer gesamten SLK-fördernden Aufgabe eingegangen werden soll, wird der Schwerpunkt in einem weiteren Schritt auf illustrierende Teilaufgaben gesetzt.

Analyse einer Gesamtaufgabe

Model European Parliament: The United States of Europe

In der Aufgabe *Model European Parliament: The United States of Europe* (2_6_ Schr_und_2_10_SLK_E_Model_European_Parliament) werden die Schülerinnen und Schüler angeleitet, eine Rede vorzubereiten, die sie vor dem Europäischen Jugendparlament halten sollen. Inhaltlich geht es um die Unterstützung der These, nach der jede Schule in Europa mehr Geld erhalten solle, um internationale Schüleraustausche zu finanzieren. Der Text- und Redetyp „Vortrag" ist in vielen Arbeitsbereichen verbreitet und das Aufgabenbeispiel enthält damit wissenschafts- und berufsvorbereitende Bezüge.

Die Schülerinnen und Schüler sollen eine Rede verschriftlichen und im Anschluss daran üben, diese vorzutragen. Im Mittelpunkt der Aufgabe steht nicht nur der Schreib- und Leseprozess, sondern auch die Reflexion darüber. Im Sinne der Aufgabenbewusstheit bzw. *task awareness* werden die Lernenden angeleitet, darüber zu reflektieren, auf welche notwendigen Ressourcen und Strategien sie zurückgreifen müssen und können, um die Aufgabe zu lösen und das Ergebnis zu überprüfen. Dabei ist es wichtig, dass sie sich der Spezifik der Mündlichkeit und des verlangten Redetypus bewusst werden. Eine Rede halten repräsentiert eindeutig den Typus des ‚vorbereiteten Sprechens' (*pre-meditated speech*). Die Textsorte selbst ist daher vom Medium her gesehen „gesprochen", vom Konzept, d. h. von ihren Entstehungsbedingungen her gesehen jedoch „geschrieben"[3].

---

3 Eine andere Fertigkeit betrifft die Fragen, die hörerseitig ein Vortrag hervorruft und deren spontane Beantwortung durch die Vortragenden. Dieser Zusammenhang zeigt, dass es sich auch beim Vortragen um eine integrierte Fertigkeit handelt. Vortragen (Rede planen, ein entsprechendes phonetisches Programm aktivieren u. a. m.) führt in der Situation der Rede zum Hörverstehen und zum Sprechen (Antworten).

Task

You are scheduled to deliver a speech at the Model European Parliament. Your delegation has worked out a proposal that every secondary school in Europe should introduce a compulsory subject "European culture and identity". You will have to write the speech explaining your proposal and incorporating convincing arguments. Then work on the delivery of the speech.

Versucht man die Aufgabe im Sinne der zu mobilisierenden Kompetenzen und Ressourcen zu analysieren, so ergeben sich *grosso modo* folgende Aktivitäten, die für die Konstruktion der vorliegenden Aufgabe handlungsleitend waren.

Die Aufgabe *to deliver a speech* erfordert, dass Schülerinnen und Schüler:
- das Lernziel der Aufgabe identifizieren (→ eine Rede schriftlich vorbereiten und halten) und die Anforderungen erkennen und antizipieren (auch schon die Schwierigkeiten, die damit verbunden sind)
- die Ressourcen, die zur Bearbeitung der Aufgabe notwendig sind, diagnostizieren:
  - linguistisches Wissen (Wortschatz, Grammatik, Phonetik / Aussprache / Prosodie)
  - pragmatisches Wissen (Diskurskonventionen: Wissen, dass eine Rede eine besondere Textsorte ist; Wissen, dass es sich um einen argumentativen Text handelt; Rhetorik: Wissen, „wie" man eine Rede hält, welche zielkulturellen Konventionen betroffen sind etc.)
  - inhaltliches Wissen (Wissen über ein Thema, inhaltliche Argumente sammeln, Ursachen und Folgen erkennen, Probleme beschreiben und Lösungen vorschlagen, Positionen erörtern usw.)
  - SLK (bezogen auf das Schreiben sowie das vortragende und das interpersonale Sprechen)
    - Wissen über den Prozess des fremdsprachlichen Schreibens
    - Wissen über Strategien, die für das erfolgreiche Schreiben in fremden Sprachen notwendig sind (Rückgriff auf Wörterbücher), Wissen über affektive Strategien (*savoir-être*)
    - Wissen, wie man beim Schreiben eines argumentativen Textes vorgeht
    - Wissen, wie man sich notwendiges sprachliches und inhaltliches Wissen verschafft (z. B. über eine Internet-Recherche zum Thema *European Parliament*; diese Recherche sollte natürlich auch Texte aus der Zielsprache umfassen [vgl. http://www.mepaustria.at/])
- überprüfen, inwieweit man dabei auf eigenes Vorwissen zurückgreifen kann
- die o. g. Ressourcen mobilisieren und die Rede schriftlich verfassen
  - dabei reflexive, metakognitive Kompetenzen einsetzen und den Schreibprozess planen, überwachen und evaluieren
    - die Aufmerksamkeit auf linguistische Phänomene lenken
    - die Aufmerksamkeit auf textlinguistische Phänomene (Kohärenz, Kohäsion) lenken
    - die Aufmerksamkeit auf inhaltliche Phänomene lenken
    - Revisionsstrategien einsetzen
    - …

- die o. g. Ressourcen mobilisieren und die Rede laut vorlesen (Zentral betroffen sind die sprachlichen Anforderungen im Bereich des vorbereiteten Sprechens, die textkompositorischen Anforderungen des Textes [Kohärenz, Kohäsion, Adressatenbezug mit der Ausrichtung des Hörverstehens], die thematische Anforderung unter Einschluss der europäischen Perspektive, die sprachlichen Anforderungen an die mündliche Gestaltung bzw. Performanz des Vortrags [Euphonik].)
  - dabei reflexive, metakognitive Kompetenzen einsetzen und den Prozess des lauten Lesens planen, überwachen und das Produkt evaluieren
    - Emotionen (z. B. Sprechangst) regulieren können (*savoir-être*)
    - …

Die verschiedenen Teilaufgaben setzen dort an: Sie sollen dazu beitragen, ein Bewusstsein für die Mobilisierung, Aktivierung und Überprüfung notwendiger Ressourcen und Strategien zu schaffen.

Teilaufgabe 1 (2_6_Schr_und_2_10_SLK_E_Model_European_Parliament, Part 1) dient dazu, das Lernziel und die Elemente zu dessen Erreichung zu identifizieren und damit die Anforderungen der Aufgabe zu erkennen sowie einen Handlungsplan zu erstellen.

Die Analyse der Anforderungen einer Aufgabe ist ein Prozess, der für jede Aufgabenlösung notwendig ist, in der Regel allerdings unbewusst bleibt. Die Bewusstmachung soll den Schülerinnen und Schülern helfen, sich ausdrücklich mit den Anforderungen der Aufgabe auseinanderzusetzen und ihren Aufgabenlösungsprozess bewusst zu planen. Teilaufgabe 1 zielt explizit auf die Schulung des Standards 1.

Part 1
- *What does the complete task require you to do? List the different aspects.*
- *In which order would you like to do them?*

In Teilaufgabe 2 (2_6_Schr_und_2_10_SLK_E_Model_European_Parliament, Part 2) sollen sich die Lernenden mit den Kriterien einer guten Rede auseinandersetzen. Diese Teilaufgabe zielt auf die Bewusstmachung der Ressourcen, die bei der Lösung der Aufgabe mobilisiert werden müssen (linguistisches Wissen, pragmatisches Wissen, strategisches Wissen etc.) und leitet die Schülerinnen und Schüler an, ihr Vorwissen bezüglich der Textsorte „Rede" zu reaktivieren.

Part 2
- *What makes a good speech for you? List criteria in the appropriate columns of the table below. With a partner compare your findings.*
- *Present your ideas to your class.*

Content	Language	Delivery
• introducing the subject	• rhetorical devices	• eye contact with audience
...	...	...

Diese Teilaufgabe wird durch Teilaufgabe 3 (2_6_Schr_und_2_10_SLK_E_Mo-del_European_Parliament, Part 3) ergänzt. Mit Hilfe einer authentischen Rede sollen die auf Seiten der Lernenden gesammelten Kriterien einer guten Rede verifiziert und ergänzt werden. Dabei sollen sich die Lernenden bewusst werden, dass Mustertexte eine Grundlage für die selbstständige Erweiterung ihrer sprachlichen und kommunikativen Kompetenzen sind (gemäß Standard 2). Lesen erhält eine entscheidende Dimension und wird zur Strategie für die Entwicklung der Schreibfähigkeit (s. auch Kapitel 2.5 Leseverstehen).

Teilaufgabe 5 (2_6_Schr_und_2_10_SLK_E_Model_European_Parliament, Part 5) knüpft an Standard 2 an. Sie zielt darauf, Ressourcen und Informationsquellen im Hinblick auf ihre Effizienz zu analysieren. Die Teilaufgabe ist als Partnerarbeit angelegt, was zur Reflexion und Bewusstmachung führen soll. Die Schüler sollen das Potenzial unterschiedlicher Informationsquellen für die Beantwortung der gestellten Fragen diskutieren und darüber reflektieren. Die Bewusstmachung der Techniken der Datenbeschaffung ist nicht losgelöst von der gesamten Aufgabe (eine Rede vorbereiten) und unterstützt den Schreibprozess.

Part 5

What information would be helpful for your speech? Where will you look it up? Together with a partner find answers for the questions below. Discuss the potential of the sources you have identified.
- *Where can I find reliable information about the topic?*
- *Where can I find a suitable opener (e. g. quotation, anecdotes) for my speech?*
- *Where can I check whether my words are suitable?*
- *Where can I find synonyms of words that I do not want to repeat?*
- *Where can I find out how to pronounce a word correctly?*

Während die beiden ersten Fragen eher die Güte von Informationsquellen ansprechen, beziehen sich die drei weiteren auf Ressourcen zur Erweiterung der Sprachmittel durch den Rückgriff auf gedruckte und elektronische bzw. digitale Wörterbücher. Intendiert ist dabei die Weiterentwicklung der Wörterbuchkompetenz von Schülerinnen und Schülern (vgl. Kapitel 2.5 Leseverstehen).

Der Rückgriff auf Lexika und auf elektronische Konkordanzlisten steht im Zusammenhang mit folgenden Fragen, ohne deren adäquate Beantwortung die redaktionelle Kontrolle des selbst erstellten Textes nicht wirklich möglich ist: Welches zielsprachliche Wort ist erforderlich? Wie verhält sich die Kombinierbarkeit z. B. des Nomens X mit dem Verb Y (vgl. die Begleiter von *stipulates*)? Dies wird besonders durch die letzten drei Fragen hervorgehoben.

Die Teilaufgabe knüpft an die Fähigkeit der Schüler an, selbstständig die eigene produktive Kompetenz zu festigen und zu erweitern (gemäß Standard 2 und 5).

Die Teilaufgaben 6 (2_6_Schr_und_2_10_SLK_E_Model_European_Parliament, Part 6) und 7 (2_6_Schr_und_2_10_SLK_E_Model_European_Parliament, Part 7) fokussieren – gemäß dem Prozesscharakter des Schreibens – den Schreibprozess und führen in die reflexiven Strategien desselben ein: Planung, Entwurf, Redaktion und Überarbeitung der Rede.

Part 6

a) Collect arguments, background information and suitable examples for your speech's proposal that every secondary school in Europe should introduce a compulsory subject "European culture and identity".

b) Think of a convincing order in which you want to present your arguments. Do not forget to connect sentences and paragraphs by using suitable linking words and phrases.

argument	background information and / or suitable example

Part 7

a) Write your first draft. You may use "How to write a Speech" (task support for part 7) for help.

b) In your class, put up every draft on a wall together with a blank sheet of paper. Now walk along the wall, read every draft and use the Evaluation Sheet – Writing a Speech (task support for part 7) below to assess the texts. Write your comments and feedback on the sheet of paper next to the texts, focus on positive aspects as well as points that might be improved in every draft. At this stage, do not talk to each other.

c) Then revise your draft according to your fellow students' comments and feedback.

Dabei werden Evaluation und Revision der eigenen Rede mit Hilfe von Partnerevaluation initiiert.

Teilaufgabe 8 (2_6_Schr_und_2_10_SLK_E_Model_European_Parliament, Part 8 bzw. Task support for Part 8) bezieht sich auf das Vorlesen der Rede, die Vorbereitung auf diese und das Trainieren des Vortragens. Die Lernenden sollen sich die erarbeiteten Kriterien in Erinnerung rufen und auf deren Basis üben, die verschriftlichte Rede vorzutragen. Das Üben soll in Partnerarbeit stattfinden, gemeinsam mit dem Partner evaluiert und so lange wiederholt werden bis die Schülerinnen und Schüler mit dem Ergebnis zufrieden sind. Diese Teilaufgabe erfordert die Fähigkeit, gemäß Standard 2, die produktiven Kompetenzen zu prüfen und gezielt zu erweitern.

Part 8

Before you start practicing the delivery of your speech, list the elements you need for a captivating speech.

Keep these aspects in mind when delivering the speech to a partner. Ask him to give you feedback on your performance.
Together with your partner go over your list and tick those elements you are good at. Mark those elements that you think you need further practice on. Concentrate on these elements and practice again.

Teilaufgabe 10 (2_6_Schr_und_2_10_SLK_E_Model_European_Parliament, Part 10) spricht im Sinne von Standard 1 die Fähigkeit der Schülerinnen und Schüler an, über den gesamten Schreiblernprozess zu reflektieren und diesen zu optimieren. Sie werden angeregt, während der gesamten Sequenz nachzudenken und ihr Lernverhalten sowie ihre Strategien kritisch zu reflektieren und gegebenenfalls zu revidieren.

Part 10
You made a plan in part 1. Did you adhere to it? If you had to write another speech, which changes would you make to your plan?

Die Aufgabe illustriert, wie Schülerinnen und Schülern geholfen wird, mehr Verantwortung für den eigenen Lernprozess zu übernehmen. Die Förderung eigenverantwortlichen und kooperativen Lernens sowie die Reflexion der Lernziele, Prozesse und Ergebnisse stehen dabei im Vordergrund.

Im Folgenden wird auf unterschiedliche SLK-fördernde Teilaufgaben eingegangen. Die Analyse der jeweiligen Teilaufgaben fokussiert dabei auf die Schulung ausgewählter Aspekte.

Analyse von sprachlernkompetenzfördernden Teilaufgaben

„Die Fähigkeit, Begegnungen in der Fremdsprache für das eigene Lernen zu nutzen" (S4) lässt sich schwer in konkreten Lernaufgaben illustrieren. Sie impliziert aber die Fähigkeit, die Aufmerksamkeit gezielt auf sprachlichen Input zu richten und Erkenntnisse für die Erweiterung der eigenen sprachlichen Kompetenz zu gewinnen. Die Aufgabe *Lettre de candidature à l'Institut Paul Bocuse* (2_6_Schr_F_ Bocuse_lettre_candidature) enthält einzelne Aufgabenstellungen, die gezielt den Ausbau der Sprachaufmerksamkeit von Schülerinnen und Schülern fördern. In dieser Aufgabe werden die Schülerinnen und Schüler angeleitet, im Rahmen einer Bewerbung für das *Institut Paul Bocuse* ein Motivationsschreiben zu verfassen.

Die Teilaufgabe 2.3 *Réfléchir sur la langue* (2_6_Schr_F_Bocuse_lettre_candidature, 2.3 Réfléchir sur la langue) zielt auf die Entfaltung von Sensibilität für den Gebrauch von Sprache in formellen Schreibkontexten und wird als Grundlage für die sprachliche Gestaltung des eigenen Motivationsbriefes betrachtet. Die gewonnenen Erkenntnisse sollen einerseits für die eigene Produktion und andererseits für die *Peer*-Evaluation der Schreibprodukte bewusst verwendet werden.

Die Sprachbetrachtung ist ebenso Gegenstand der Aufgabe. Bei *Écrire une lettre de motivation* (2_6_Schr_F_Bocuse_lettre_candidature, Étape 3 : Écrire une lettre de motivation) geht es darum, einen authentischen Motivationsbrief zu analysie-

Sprachaufmerk-samkeit als Grundlage zur Erweiterung der sprachlichen Kompetenz

ren, sich explizit mit sprachlichen und formalen Aspekten auseinanderzusetzen und die Erkenntnis dieser Analyse bewusst für die eigene Schreibproduktion zu verwenden. Farblich hervorgehobene Passagen im beispielhaften Motivations-brief sollen den Schülerinnen und Schülern helfen, den Fokus ihrer Aufmerk-samkeit auf sprachliche Formulierungen, formale und sprachsystematische so-wie strukturelle Aspekte (vgl. Kapitel 2.5 Leseverstehen) zu richten.

Diese Beispiele unterstreichen die Nähe zwischen Sprachlernkompetenz und Sprachbewusstheit. Der Ausbau der Sprachaufmerksamkeit als Erweiterung von sprachlicher und kommunikativer Kompetenz ist ein Prinzip, das auch bei der eng-lischen Aufgabe *Model European Parliament* (Teilaufgabe 3) zu finden ist:

Part 3
Read the closing remarks of the president of the Model European Parliament Callum Kelly at Afnorth International School, Brunssum, NL.
a) Underline the words and passages in which the speaker builds rapport with his au-dience.
b) Analyse the language used. What makes this speech particularly emotional?

Reflexion des Schreibprozesses

Die Reflexion über den Schreibprozess spielt eine wichtige Rolle bei unterschied-lichen Aufgaben. Planung, Entwurf, Redaktion und Überarbeitung der schrift-lichen Produktionen werden dabei durch Reflexionsaufgaben zur SLK begleitet (vgl. z. B. *Lettre de candidature à L'Institut Paul Bocuse*; *Les cinquante ans*; *Model European Parliament: The United States of Europe*).

Planungsprozesse

Teilaufgabe 1 aus *Les cinquante ans* (2_6_Schr_F_les_cinquante_ans, Tâche) lei-tet die Schülerinnen und Schüler an, einen Plan zu erstellen, bevor sie mit dem Schreiben beginnen. Dabei sollen sie darüber nachdenken, welche Schwierigkei-ten ihnen bei der Aufgabenbearbeitung begegnen und wie sie diese überwinden können:

Partie 1: Préparer l'article
Vous travaillez en groupes. Réfléchissez aux étapes et/ou aux difficultés à surmonter pour structurer votre texte. Elaborez un programme d'activités.

Reflexionsfragen zur Optimierung des Planungs-prozesses

Es wird erwartet, dass die Lernenden selbstständig ihre Vorkenntnisse zur ver-langten Textsorte, deren Merkmalen und zu möglichen Arbeitsschritten reakti-vieren und dass sie ihre Vorgehensweise in einem Arbeitsplan festlegen können, den sie selbstständig umsetzen. Zur Unterstützung erhalten sie Reflexionsfragen, die es ihnen erlauben, diesen Prozess zu optimieren (siehe Seite 237 Mitte).

Überwachungspro-zesse – Monitoring von Hörver-stehensprozessen

Die Aufgabe erfolgt in Gruppenarbeit. Der Austausch in der Gruppe unter-stützt die Versprachlichung metakognitiver Aktivitäten, ermöglicht eine ‚Distan-zierung' gegenüber den eigenen Ergebnissen und wirkt lernförderlich.

Überwachungsprozesse spielen eine entscheidende Rolle beim Fremdspra-chenlernen und tragen zur Entwicklung der Steuerung und Regulierung eigener Lernprozesse bei (Standard 1). Eine bewusste Überwachung von Hörverstehensprozessen illustrieren die Teilaufgabe 2a aus Partie 2 der Sequenz *Livre électronique ou papier ?* und *Task support: Improve your Listening Skills* (2_9_SB_E_Gran_Torino, Task support for part 2a) aus der Aufgabe *Gran Torino*.

Beide regen an, sich der Stärken und Schwächen der eigenen Verständnisprozesse bewusst zu werden. *Task support: Improve your Listening Skills* basiert auf der Bewusstmachung von Verständnisproblemen durch die Verschriftlichung der Hör-Seh-Sequenz, welche in der Gruppe stattfindet. Im Anschluss daran werden die Lernenden mit Hilfe des *task supports* zu Teilaufgabe 2a mit möglichen Schwierigkeiten konfrontiert, die ihnen helfen sollen, ihre Verständnisfehler zu verstehen und zu klassifizieren (2_9_SB_E_Gran_Torino, Task support for Part 2a) (siehe Seite 237 unten).

Matériel supplémentaire
Matériel : Fiche de réflexion
Devoir :
Réfléchissez aux étapes et ou aux difficultés à surmonter pour structurer vous-même votre travail. Élaborez un programme d'acitvités.

Exercices de réflexion :
→ *Avant le travail :*
Notez votre programme d'activités dans la colonne à gauche.

programme d'activités	notes
...	...

→ *Pendant le travail :*
Marquez les positions de votre programme d'activités qui n'étaient pas très efficaces. Notez des idées pour les changer dans la colonne à droite.

→ *Après le travail :*
Révisez votre programme d'activités en travaillant sur les notes que vous avez prises pendant le travail.
Préparez un modèle qui peut être utile pour la réalisation d'un travail pareil.

Discutez vos modèles en classe.

→ *Pendant la discussion :*
Est-ce qu'on peut améliorer votre modèle et comment ? Prenez des notes et finalisez votre modèle.

Les cinquante ans, Reflexionsfragen (2_6_Schr_F_les_cinquante_ans, Partie 2)

b) *Get together in groups of three. Listen to the beginning of the scene (approx. 30 – 45 sec.) two or three times. Try to write down the conversation. It doesn't have to be perfect. (Use back of the page).*

   Number your sentences 1 – 2 – 3 - ...

c) *What problems did you personally have in understanding? Add the number of the sentence(s) you wrote down in (2) behind the individual problem.*

☐ *The accent made it hard for me.*

☐ *The background noises made it hard for me.*

☐ *There were a number of unknown words that I didn't know.*

☐ *I understood every single word but I didn't understand the meaning of the phrase or the sentence.*

☐ *The speakers spoke too fast.*

☐ *I understood the gist of a sentence from the context but not every single word / I couldn't distinguish individual words.*

☐ *Other problems (write on the back of the page).*

Gran Torino, Task support zu Teilaufgabe 2a (2_9_SB_Gran_Torino, Task support for part 2a)

Kontrollprozesse – Selbstevaluation

Inwieweit die Selbst- oder Partnerevaluation zur Überarbeitung von Produkten führen kann, ist im Kapitel zu den funktionalen kommunikativen Kompetenzen bereits aufgezeigt worden (vgl. Kapitel 2.5 Leseverstehen, 2.6 Schreiben). Im Folgenden wird daher lediglich auf weitere Aspekte der Selbstevaluation eingegangen.

Die Fähigkeit „das Niveau der Sprachbeherrschung einzuschätzen" und „die Ergebnisse für die Planung des weiteren Lernens zu nutzen" (Standard 3) verlangt von den Schülerinnen und Schülern, dass sie sich realistisch einschätzen können. Je realistischer die Einschätzung ist, umso zutreffender gelingt die Festlegung der Lernziele. Die Teilaufgabe *Avant de commencer l'exercice: évaluez vos compétences* (2_3_HV_F_livre_electronique, Partie 1), welche der Bearbeitung der Aufgabe *Livre électronique ou papier ?* (2_3_HV_F_livre_electronique, Tâche) vorangestellt ist, trainiert eine solche Fähigkeit. In diesem Fall führt die Selbstevaluation nicht zur selbstständigen Definition der eigenen Lernziele, sondern zur Bestimmung der durchzuführenden Aufgabenvariante. Während Variante A relativ offen ist, ist Variante B kleinschrittiger und gesteuerter (vgl. Teilaufgabe 1 a-c Variante A und B):

Avant de commencer l'exercice évaluez vos compétences.
Pendant vos cours de français, vous avez écouté des dialogues, des reportages…
Cochez la phrase, qui décrit le mieux votre compétence d'écoute des documents audio :

☐ *Je comprends un document audio et je peux reformuler quelques informations de ce document (soit en français, soit en langue maternelle).*
→ *Vous travaillez sur les exercices que vous trouvez sous A.*

☐ *Je comprends un document audio, mais je ne suis pas sûr des informations que j'ai comprises. Je cherche des conseils pour mieux faire.*
→ *Vous travaillez sur les exercices que vous trouvez sous B.*

(2_3_HV_F_livre_electronique, Partie 1)

Produktevaluation: Evaluation von Lernergebnissen

Die Evaluation der eigenen Lernergebnisse ist auch Bestandteil der Teilaufgaben 3 und 4 (*Partie 1*).

Fällt die Selbstevaluation negativ aus, so werden die Lernenden angeleitet, die Hörverstehensaufgabe mit zusätzlicher Hilfe erneut zu bearbeiten (Variante A) oder unterstützendes Material als Lernhilfe hinzuzuziehen (Variante B). Eine positive Evaluation dagegen führt zur Reflexion über die Elemente, die das Hörverstehen erleichtert bzw. erschwert haben, mit dem Ziel, sich dieser bewusst zu werden, sie zu verallgemeinern und sie auf weitere Aufgaben transferieren zu können:

3) Avant de discuter une solution en classe :

☐ *Je suis content de mon résultat.*

→ *Réfléchissez sur des éléments qui peuvent faciliter la compréhension d'un document sonore. Formulez des conseils pour bien comprendre un tel document.*

☐ *Je ne suis pas content de mon résultat.*

→ *Faites l'exercice 1c) et écoutez le docu-ment encore une fois.*

(Variante A)

Die Reflexionsfähigkeit wird in der gesamten Lernaufgabe systematisch gefördert. Dies erfolgt in Form einer individuellen Evaluation (Selbstevaluation) oder im Rahmen von Partner- und Gruppenarbeit. Sie dient zur Bewusstmachung und Bewertung eigener Lernwege und Hörverstehensstrategien sowie zur Feststellung eigener Stärken und Schwächen. Anschließend werden die Ergebnisse der Bewertung genutzt, um einen Lernplan zum Training des Hörverstehens zu entwickeln (vgl. Teilaufgabe 2a-2b, *partie 2*) – ganz im Sinne des Standards 3:

Prozessevaluation – Anleitung zur Reflexion über Verständnisschwierigkeiten

2b) Vérifiez vos réponses à l'aide de la fiche des solutions. Il est normal que vous n'ayez pas retenu tous les détails. Vous allez donc entendre le document une troisième fois tout en consultant la transcription de l'extrait.
Marquez les passages que vous n'avez pas compris à la première écoute.
Identifiez en détail les difficultés qui expliquent pourquoi vous n'avez pas réussi à comprendre le texte. Quelles sont les lacunes ? Quels sont les phénomènes de langue qui vous posent problème ? (Concernant par exemple les voyelles, les nasales, les liaisons, la rapidité du langage, les mots et les collocations/formules inconnus). Développez un plan d'apprentissage personnel pour améliorer votre compréhension auditive.

(2_3_HV_F_livre_electronique, Matériel partie 2)

Standard 4 spricht die Fähigkeit der Schülerinnen und Schüler an, authentische Situationen, Medien und Materialien für das eigene Weiterlernen gezielt zu nutzen. Dies impliziert die Fähigkeit der Lernenden, die Materialien im Hinblick auf ihr jeweiliges Lernpotential beurteilen zu können. Diese Fähigkeit kann im Fremdsprachenunterricht im Rahmen von Aufgabenevaluation (vgl. Kap. 3.3) gefördert werden. Aufgabenevaluation findet bei jeder Aufgabe implizit statt und trägt zur Bereitschaft bei, sich kognitiv mit der Aufgabe auseinanderzusetzen – oder auch nicht. Entscheidend ist, wie Lernende den Wert einer Aufgabe wahrnehmen und dass sie sich in der Lage fühlen, diese Aufgabe zu kontrollieren (vgl.

Aufgabenevaluation

Viau 1997). Die folgende Teilaufgabe aus *À la recherche d'un colocataire* (KMK 2014: 287 ff.)[4] illustriert den Aufbau dieser Fähigkeit:

Aufgabe 4

Après avoir réalisé cette tâche, réfléchissez en allemand ou en français à ce qu'elle vous a apporté !

4a Welche Kriterien für die Nützlichkeit einer Aufgabe im Hinblick auf Ihre persönlichen Lernfortschritte im Französischen können Sie nennen? Bitte notieren Sie diese.

Réfléchissez d'abord à des critères d'utilité : qu'est-ce qui fait qu'une tâche est utile ou non pour progresser dans l'apprentissage du français ?

4b Können Sie jetzt sagen, nachdem Sie die Aufgabe bearbeitet haben, wie nützlich diese für Ihren Sprachlernprozess war?

Vous venez de résoudre une tâche particulière. Pouvez-vous maintenant indiquer dans quelle mesure elle vous semble utile et pourquoi ? Prenez des notes.

☐ *sehr nützlich / très utile*
☐ *nützlich / utile*
☐ *wenig nützlich / peu utile*
☐ *überhaupt nicht nützlich / pas du tout utile*

Begründen Sie Ihre Einschätzung, und gehen Sie dabei auf die konkreten Kriterien ein, die Sie in Aufgabe 4a ermittelt haben.

Justifiez votre évaluation en partant des critères concrets nommés à la tâche 4a

Die Teilaufgabe schließt an die Bearbeitung der gesamten Lernaufgabe *À la recherche d'un colocataire* an, in der es darum geht, auf der Grundlage von *annonces* mögliche Kandidaten für eine Wohngemeinschaft auszuwählen. Der inhaltliche Schwerpunkt der Aufgabe liegt in der Auseinandersetzung mit der Wirkung der sprachlichen Gestaltung von Annoncen auf den Rezipienten und zielt auf den Ausbau von Sprachbewusstheit (vgl. Kapitel 2.9.).

Beurteilung des Lernpotentials einer Aufgabe

Bei dieser Teilaufgabe ist es entscheidend, individuell zu begründen, warum die Aufgabe nützlich oder weniger nützlich für den jeweiligen (individuellen) Lernzuwachs ist. Die Antwort ist selbstverständlich vom einzelnen Lernenden und seinem Kompetenzniveau abhängig. Die Frage impliziert allerdings, dass Schülerinnen und Schüler sich über die Zielsetzungen und Teilschritte der Aufgabendurchführung sowie über ihr Lernverhalten bewusst werden und dass

---

4 Diese Aufgabe wurde bereits in den „Bildungsstandards für die fortgeführte Fremdsprache (Englisch/Französisch) für die Allgemeine Hochschulreife" (KMK 2014) veröffentlicht. Siehe: http://www.kmk.org/fileadmin/veroeffentlichungen_beschluesse/2012/2012_10_18-Bildungsstandards-Fortgef-FS-Abi.pdf

sie den Lernertrag der Aufgabe in Bezug auf ihre konkreten Lernbedürfnisse reflektieren.

Die Aufgabe ist allgemein formuliert und kann beliebig am Ende jeder Aufgabenbearbeitung verwendet werden. Sie kann in der Fremdsprache oder auf Deutsch durchgeführt werden. Dies hängt vom Sprachniveau der Schülerinnen und Schüler ab und von ihrer Gewohnheit, über Lernangelegenheiten in der Fremdsprache zu diskutieren.

Solche Ansätze bzw. Angebote zielen im Sinne von Standard 1 auf die Erhöhung der Reflexionsfähigkeit der Schülerinnen und Schüler ab. Sie tragen dazu bei, dass Schülerinnen und Schüler verstärkt eine aktive Rolle im Lehr-Lernprozess einnehmen, was zum Ausbau von Selbstbewusstsein und Selbstwirksamkeit sowie zur Bewusstmachung von Einstellungen gegenüber der Lernsituation und der jeweiligen Fremdsprache beitragen kann. Nicht zuletzt wirkt eine retrospektive Selbstevaluation motivationsfördernd (Dörnyei 2001: 29).

Zur Hinführung auf die Aufgabenevaluation kann eine transparente Gestaltung von Lernaufgaben beitragen (vgl. Kapitel 3.3): Sie antwortet implizit auf die Frage: Was mache ich wie, wozu und mit welchem Ergebnis? Die Aufgabe *Livre électronique ou livre papier ?* (2_3_HV_F_livre_electronique) illustriert sehr anschaulich, wie eine Aufgabe transparent konstruiert werden kann. Sie beschäftigt sich mit Vor- und Nachteilen der Verwendung von *E-Books* und zielt überwiegend auf die Entwicklung des Hörverstehens und SLK ab. Die Aufgabe besteht aus vier Teilaufgaben, die sich exemplarisch mit vier Hörstrategien auseinandersetzen.

transparente Gestaltung von Lernaufgaben

Vor der Bearbeitung der Lernaufgabe erhalten die Lernenden Angaben zum Inhalt der Aufgabe. Die Teilaufgabe stellt die funktional-kommunikativen und strategischen sowie reflexiven Kompetenzen vor, die im Laufe der Lernaufgabe erlernt werden sollen. Eine solche Transparenz dient als Orientierung und soll dazu beitragen, dass Schülerinnen und Schüler sich auf die jeweilige Aufgabe einlassen:

Tâche :

Dans un projet multidisciplinaire, vous examinez les aspects de l'utilisation des nouvelles technologies de l'information et de la communication dans différents pays. Vous exprimez d'abord votre degré d'utilisation des différents médias numériques (tablettes, livres électroniques, Smartphone etc.). Pour travailler sur les livres numériques, vous écoutez ensuite un reportage radiophonique. Dans l'émission, des experts du livre numérique s'expriment.

Vous allez écouter un document en quatre parties. A chaque fois, il s'agit pour vous de prendre une attitude d'écoute spécifique et différente des autres :

Partie 1 :	Je précise mes attentes et je les vérifie sur le document sonore.
Partie 2 :	J'identifie les détails.
Partie 3 :	Je me concentre sur un aspect particulier.
Partie 4 :	Je me concentre sur des trois questions précises.

Il y a deux types d'exercices : en travaillant sur les uns, vous ramassez les informations dont vous avez besoin pour la réalisation de votre projet. Les autres vous font réfléchir : comment faire pour mieux comprendre un document oral.

Livre électronique ou livre papier ? (2_3_HV_F_livre_electronique, Tâche)

Anleitung zur Herstellung von selbst erstellten Aufgaben

Die Lernaufgabe zeigt sehr konkret, wie Schülerinnen und Schüler „Begegnungen in der Fremdsprache für das eigene Fremdsprachenlernen nutzen" können (Standard 5) und kann infolgedessen als Anleitung zur Herstellung von selbst erstellten Aufgaben zum Hörverstehen betrachtet werden.

Aufgaben als Instrumente zur Förderung von SLK

Die Beispiele haben gezeigt, dass sich SLK in der reflexiven Auseinandersetzung mit Aufgaben (und deren Inhalten) entfaltet.

Dementsprechend müssen Aufgaben so konzipiert sein, dass sie die Bildung von Lösungshypothesen, deren Erprobung und Modifikation erlauben. Der Entwurf eines Lernhandlungs- bzw. Lösungsplans, die Durchführungsanalyse (mit der Identifikation von Lern- oder Lösungsdefiziten) und die Evaluation sowohl der Lernhandlung als auch der erarbeiteten Aufgabe selbst bieten Orientierungspunkte für den Aufgabenlösungsprozess.

Aufgaben, die auf Introspektion zielen, können – wie die Beispiele gezeigt haben – zum einen eine Möglichkeit darstellen, Sprach(lern)bewusstheit zu rekonstruieren, andererseits aber auch dazu dienen, dieses erst zu schaffen. Dabei werden die Sprache(n) und der Sprachlernprozess zum zentralen Gegenstand der Reflexion.

SLK-fördernde Aufgabenformate

Aufgabenformen, die auf Methoden der qualitativen empirischen Fremdsprachenforschung im Rahmen introspektiver Verfahren beruhen, erweisen sich als besonders geeignet, um SLK zu befördern (vgl. Haastrup 1987). Sie umfassen:

- lernerseitiges Erstellen von Checklisten
- Fragebögen, die auf Selbsteinschätzung basieren
- Thematisierung des Lernen Lernens
- Lerntagebücher (inkl. Notizenmachen zu den eigenen Lernhandlungen)
- (simultane und retrospektive) Aufzeichnung und Interpretation von Laut-Denk-Protokollen zur Identifikation der eigenen kognitiven Aktivitäten
- Videographie, die Lerner und ihr Lernen zeigt, und als Grundlage für die Analyse einer Lernhandlung dient
- (Schüler-)Interviews zum Thema „Aufgabe X"

Entscheidend ist, dass im Unterricht über die Bearbeitung und Lösung von Aufgaben gesprochen und dabei auf die Ansätze der Schülerinnen und Schüler selbst eingegangen wird.

Die Formate Fragebögen zur Selbsteinschätzung, Checklisten und Lerntagebücher sind allgemein bekannt und verlangen keine weiteren Erklärungen. Sie rekurrieren auf eine lange Expertise mit dem „Portfolio für Sprachen" (s. Burwitz-Melzer/Quetz 2006). Andere Instrumente, wie zum Beispiel Laut-Denk-Protokolle oder Videographieansätze sind zeitaufwendiger, (noch) weniger verbreitet und müssen geschult werden. Die Arbeiten im Rahmen der Mehrsprachigkeitsdidaktik zeigen, dass sie sich allerdings besonders eignen, um Einsicht in die eigenen und fremden Prozesse zu gewinnen. Nicht zuletzt hängt die Umsetzung dieser Instrumente und das Thematisieren des Lernen Lernens von der Fähigkeit und Bereitschaft der Lehrenden ab, Reflexionsgespräche zu führen (Martinez 2008; Bär 2009).

Grundsätzlich können bei der Integration metakognitiver Reflexionen zwei Wege unterschieden werden:

a) Integration metakognitiver Aktivitäten in eine Sequenz zur Entwicklung produktiver und/oder rezeptiver Kompetenzen (vgl. *Task support 1: improve your listening skills*), wobei Experimentieren und Reflexion im Mittelpunkt stehen.

b) gelenktes Nachdenken über eine Kompetenz (z. B. Fragebogen zur Evaluation der Kompetenz Schreiben, Leseverstehen etc.) (Beispiel: *livre électronique*).

2.10.6 Abschließende Anmerkungen und Ausblick

SLK kann in Lernaufgaben – wie gezeigt – gefördert werden. Schwieriger ist eine Erfassung von SLK in Testaufgaben. Dies darf jedoch nicht dazu führen, dass dieser Kompetenz weniger Bedeutung beigemessen wird. Untersuchungen zeigen, dass sich in den Ergebnissen kommunikativer Testaufgaben durchaus der Einfluss unterschiedlicher angewendeter Strategien widerspiegelt (vgl. Konsortium HarmoS Fremdsprachen 2009).

Die Standards zur SLK verzichten bewusst auf Progression. Dies ist in der Natur des Konzepts begründet. SLK umfasst neben einer deklarativen Komponente, prozedurale und personenbezogene Komponenten, die sich per se jeglicher Hierarchisierung entziehen. Selbstverständlich gilt der allgemeine Grundsatz jeder pädagogischen Passung, dass Aufgaben an das Niveau der jeweiligen Lernergruppe angepasst werden müssen. Auch innerhalb der Gruppen wird es Schülerinnen und Schüler geben, die über eine gut entwickelte Sprachlernkompetenz verfügen. Empirische Untersuchungen (Martinez 2008; Meißner/Schröder-Sura 2009; Beckmann 2014) lassen kaum Zweifel daran, dass es auch im FSU der Sekundarstufe II (noch) notwendig ist, die Lernenden zu befähigen, ihren eigenen Sprachlern- bzw. Aufgabenlösungsprozess zu kontrollieren.

Die Entwicklung von SLK geht auch mit der Entwicklung der „Lernkompetenz" von Lehrerinnen und Lehrern einher: „Unter dem Begriff ‚Lernkompetenz' fällt die Fähigkeit und Bereitschaft [der Lehrenden], neue Erkenntnisse aus unterrichtsrelevanten Forschungsbereichen aufzunehmen und mit vorhandenem Wissen bezüglich unterrichtlichen Handelns zu verknüpfen" (Leupold 2000: 180). Wie auch bei dem Lernenden ist die Entfaltung dieser Kompetenz von der Persönlichkeits- und Handlungskompetenz der jeweiligen Lehrperson abhängig und sollte daher Gegenstand von Aus- und Fortbildung sein.

3 Lernaufgaben

3.1 Lernaufgaben: Definitionen, Prinzipien und Kriterien

Eva Burwitz-Melzer / Daniela Caspari
Aufgabenentwicklung: Martina Adler, Rolf Beck, Jessica Bial, Bernhard Bremm,
Ellen Butzko, Dorothea Nöth, Andrea Schinschke, Thomas Schmidt,
Claudia Steffen, Susanne Walker-Thielen, Hanno Werry, Véronique Zettl

Auch wenn Lernaufgaben noch immer als recht neues Instrument für den schulischen Fremdsprachenunterricht wahrgenommen werden, so können sie bereits auf eine über 30-jährige fachdidaktische Tradition zurückblicken. Wesentliche Quellen für die aktuelle deutschsprachige Diskussion sind die Neubestimmung von Lernaktivitäten im kommunikativen Ansatz der 1970er Jahre, das seit Ende der 1980er Jahre insbesondere im anglo-amerikanischen Raum entwickelte Konzept des *Task-based language learning* sowie der Gemeinsame Europäische Referenzrahmen für Sprachen (GeR) (Europarat 2001).

3.1.1 Entstehung und Entwicklung des Konzepts

kommunikative Aufgaben im DaF-Unterricht

Bereits 1981 erschien die „Übungstypologie zum kommunikativen Deutschunterricht" (Neuner / Krüger / Grewer 1981), die in überarbeiteter Form (Häussermann / Piepho 1996) noch heute im Unterricht für Deutsch als Fremdsprache (DaF) benutzt wird. Das Besondere an diesen Aufgabensammlungen besteht darin, dass jeweils die Funktion der Aufgaben für die Ausbildung kommunikativer Kompetenz genannt wird und dass dabei bereits zwischen Aufgabe und Übung unterschieden wird. Hans-Eberhard Piepho, einer der Protagonisten des kommunikativen Ansatzes in Deutschland, stellt noch weitere Funktionen von Aufgaben heraus: „In einem Schüler/innen zugleich aktivierenden und sozial einbindenden Lernklima spielen Aufgaben eine entscheidende Rolle, weil sie auf vielfältige Weise den Sprachlernprozess fördern, kooperatives Handeln auslösen und unterschiedliche Arbeitsweisen positiv nutzen" (Piepho 2000: 33).

Task-based language learning

Task-based language learning (TBL) entstand ursprünglich aus der Unzufriedenheit erwachsener Lernender mit herkömmlichen Sprachkursen und hat inzwi-

schen weltweite Verbreitung für alle Altersstufen gefunden. Die Grundgedan-
ken, dass sich das Lernen im fremdsprachlichen Klassenzimmer an denjenigen
Aufgaben orientieren sollte, die Fremdsprachenlerner auch außerhalb des Klassenzimmers zu bewältigen haben und dass die Lernenden dabei als sie selbst
agieren sollten, unterstützt die „starke Variante" des kommunikativen Ansatzes:
Während die „schwache Variante" die Ziele und Prinzipien kommunikativen
Unterrichts nur sehr begrenzt realisiert, da dieser Unterricht im Prinzip an der
strukturalen Progression festhält und lediglich durch das „Drumherum" mehr
Schülerinnen- und Schülerorientierung in den Unterricht zu bringen versuche,
ermögliche projekt- und aufgabenbasierter Unterricht, die „starke Variante" des
kommunikativen Ansatzes zu realisieren, denn dieser Unterricht nehme auf die
von Grundwortschatzlisten und strukturalen Progressionen auferlegten Zwänge
keine Rücksicht mehr (Legutke / Schocker-v. Ditfurth 2003: 4f). Das Konzept des
TBL geht u. a. auf Nunan (1989), Skehan (1998) und Willis (1996) zurück, es
wurde von Ellis (2003) weiter entwickelt und ausdifferenziert.

Für die zunehmende Verbreitung der Idee, Aufgaben eine zentrale Funktion beim Fremdsprachenlernen zuzuweisen, sorgte in Europa insbesondere der
GeR (Europarat 2001). Er empfiehlt einen handlungs- und aufgabenorientierten
Ansatz mit der Begründung, dass Fremdsprachen gelernt würden, um sich mit
ihnen in unterschiedlichsten Domänen zu verständigen und mit ihnen unterschiedlichste Aufgaben zu bewältigen (vgl. Europarat 2001: 9). Kommunikativen
Aufgaben wird ein ganzes Kapitel gewidmet, denn

Gemeinsamer europäischer Referenzrahmen (GeR)

> [sie] sind ein Merkmal des alltäglichen Lebens im privaten, öffentlichen und beruf-
> lichen sowie im Bildungsbereich. Die Bewältigung einer kommunikativen Aufgabe
> beinhaltet die strategische Aktivierung spezieller Kompetenzen, um innerhalb eines
> bestimmten Lebensbereichs eine Gruppe zielgerichteter Handlungen mit einem klar
> definierten Ziel und einem speziellen Ergebnis auszuführen. (Europarat 2001: 153)

Der GeR unterscheidet verschiedene Funktionen von kommunikativen Aufgaben (alltägliche Aufgaben, realitätsbezogene Ziel- oder Probeaufgaben im Fremdsprachenunterricht, didaktische Aufgaben und Übungen), wobei für alle gilt,
dass sie „in dem Maße kommunikativ [sind], in dem sie von den Lernenden
verlangen, Inhalte zu verstehen, auszuhandeln und auszudrücken, um ein kommunikatives Ziel zu erreichen. [...] im Mittelpunkt steht folglich die inhaltliche
Ebene" (Europarat 2001: 153 f.).

Das Interesse an der Entwicklung von Aufgaben für den Fremdsprachenunterricht der Sekundarstufe I wurde durch das Erscheinen der Bildungsstandards für
die erste Fremdsprache (KMK 2004a) und die in diesem Kontext geübte Kritik an
den Aufgabenbeispielen (vgl. u. a. Bausch et al. 2006) nachdrücklich gefördert.
Im Unterschied zum „aufgabenbasierten Unterricht" (TBL) stellen Aufgaben
im deutschen Klassenzimmer i. d. R. nicht die Basis für das fremdsprachliche
Lernen dar (vgl. „starke Variante"). Stattdessen werden die Aufgaben in einem
weiterhin grundsätzlich an linguistischer Progression ausgerichteten Curriculum
zusätzlich oder als Ersatz für Lehrwerkseinheiten eingesetzt (vgl. Müller-Hartmann / Schocker-v Ditfurth 2010: 203). Kennzeichnend für einen solchen „aufgabenorientierten" Unterricht ist, „den Sprachunterricht nicht von isolierten
Fertigkeiten her anzulegen, sondern ausgehend von komplexen Lernaufgaben,

aufgabenbasierter vs. aufgabenorien-tierter Unterricht

die die Lernenden herausfordern, alle ihre Fähigkeiten und Fertigkeiten, ihr Wissen und ihre Strategien zu mobilisieren, um die jeweilige Aufgabe zu lösen [...]" (Krumm 2001: 26 f.).

Lernaufgaben für den Englisch- und Französisch- unterricht

Für die Entwicklung von Lernaufgaben für das Schulfach Englisch engagierte sich besonders intensiv eine Gruppe um Marita Schocker-v. Ditfurth und Andreas Müller-Hartmann. Zusätzlich zu einem Unterrichtskonzept für aufgabenorientiertes Lernen wurde ein entsprechendes Ausbildungskonzept entwickelt (vgl. u. a. Müller-Hartmann/Schocker-v. Ditfurth 2011). Während für das Fach Englisch der Fokus der Arbeit im Institut für Qualitätsentwicklung (IQB) zunächst auf Testaufgaben lag, wurden für das Fach Französisch von 2005 bis 2007 vornehmlich Lernaufgaben entwickelt (Tesch/Leupold/Köller 2008). In der Zusammenarbeit von Fachdidaktikerinnen und Fachdidaktikern und Aufgabenentwicklerinnen und Aufgabenentwicklern konkretisierten sich Vorstellungen von Aufgaben, die das Konzept von Lernaufgaben im deutschsprachigen Raum entscheidend mit geprägt haben (vgl. Caspari/Kleppin 2008).

aktuelle Situation

Inzwischen liegen für die Sekundarstufe I für alle Sprachen zahlreiche Unterrichtsvorschläge in Form von Zeitschriftenaufsätzen, Themenheften und Aufgabensammlungen der Landesinstitute und Schulbuchverlage vor. Während von allen Verlagen Lernaufgaben als Zusatzmaterialien angeboten werden, stellt sich die Integration von Aufgaben in Lehrwerke je nach Sprache und Verlag unterschiedlich dar.

Der gezielte Einsatz von Aufgaben gilt derzeit als besonders geeigneter Weg, um die in den Bildungsstandards und Lehrplänen vorgegebenen Kompetenzen im Unterricht sinnvoll zu fördern und zu überprüfen (vgl. z. B. Meißner/Tesch 2010; Müller-Hartmann/Schocker-v. Ditfurth 2011; Tesch/Leupold/Köller 2008). Darüber hinaus gilt die Entwicklung von Lernaufgaben inzwischen als probates Instrument zur Unterrichtsentwicklung, wie sowohl groß angelegte Projekte als auch regionale Initiativen der Ministerien und Schulbehörden belegen.

Dabei lag bei der Entwicklung von Lernaufgaben der Fokus bislang auf der Sekundarstufe I. Zwar wurde auch der Oberstufenunterricht zunehmend kompetenzorientiert ausgerichtet, jedoch wurden die Schwerpunktsetzung und Strukturierung der Unterrichtseinheiten vornehmlich von inhaltlichen Gesichtspunkten her vorgenommen. So wurden z. B. verschiedene Texte zu einem bestimmten Thema zusammengestellt und dazu themengeleitet Aufgabenstellungen formuliert. Oder es wurden ein längeres literarisches Werk oder ein Film ausgewählt und es wurden entlang dieses Werkes inhaltserschließende Aufgaben mit den Kompetenzschwerpunkten zum Leseverstehen, Hör- bzw. Hörsehverstehen, Sprechen oder Schreiben gestellt. „Echte" Lernaufgaben müssten dagegen weitere Prinzipien berücksichtigen.

3.1.2 Definition, Aufbau und Prinzipien von Lernaufgaben

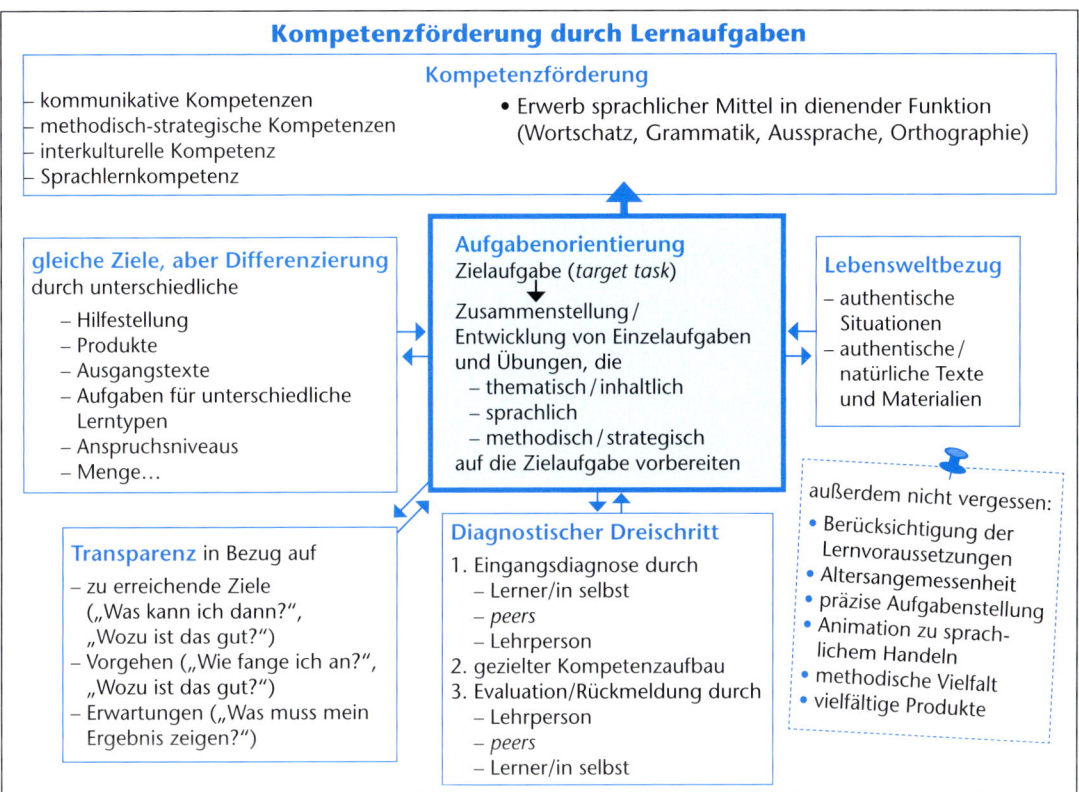

Kompetenzförderung durch Lernaufgaben

Kompetenzförderung

– kommunikative Kompetenzen
– methodisch-strategische Kompetenzen
– interkulturelle Kompetenz
– Sprachlernkompetenz

• Erwerb sprachlicher Mittel in dienender Funktion (Wortschatz, Grammatik, Aussprache, Orthographie)

gleiche Ziele, aber Differenzierung
durch unterschiedliche

– Hilfestellung
– Produkte
– Ausgangstexte
– Aufgaben für unterschiedliche Lerntypen
– Anspruchsniveaus
– Menge…

Aufgabenorientierung
Zielaufgabe (*target task*)

Zusammenstellung / Entwicklung von Einzelaufgaben und Übungen, die
– thematisch / inhaltlich
– sprachlich
– methodisch / strategisch
auf die Zielaufgabe vorbereiten

Lebensweltbezug

– authentische Situationen
– authentische / natürliche Texte und Materialien

Transparenz in Bezug auf

– zu erreichende Ziele („Was kann ich dann?", „Wozu ist das gut?")
– Vorgehen („Wie fange ich an?", „Wozu ist das gut?")
– Erwartungen („Was muss mein Ergebnis zeigen?")

Diagnostischer Dreischritt

1. Eingangsdiagnose durch
   – Lerner/in selbst
   – *peers*
   – Lehrperson
2. gezielter Kompetenzaufbau
3. Evaluation/Rückmeldung durch
   – Lehrperson
   – *peers*
   – Lerner/in selbst

außerdem nicht vergessen:
• Berücksichtigung der Lernvoraussetzungen
• Altersangemessenheit
• präzise Aufgabenstellung
• Animation zu sprachlichem Handeln
• methodische Vielfalt
• vielfältige Produkte

Abb. 1 (entnommen aus Caspari 2013a) stellt die in diesem Kapitel aufgeführten Charakteristika von kompetenzorientierten Lernaufgaben überblicksartig dar. Sie werden im Folgenden näher erläutert.

Kernelemente von Lernaufgaben

Bislang gibt es keine einheitliche Definition von „Lernaufgaben". Nach einem Vergleich der Konzepte in der Englischdidaktik *(tasks)*, Französischdidaktik *(tâches)* und Deutsch-als-Fremdsprache-Didaktik kommt Thonhauser (2010) zu dem Schluss, dass folgende drei Elemente in allen von ihm analysierten Konzepten den Kern einer Lernaufgabe ausmachen (vgl. Thonhauser 2010: 15 f.):

1. Lernaufgaben werden von den Schülerinnen und Schülern als authentisch, als relevant oder, so schwächt Thonhauser ab, zumindest als interessant wahrgenommen. Dies bedeutet, dass es sich bei für schulische Kontexte konzipierten Lernaufgaben nicht unbedingt um der fremdsprachlichen Lebenswelt entstammende originale *real-world tasks* handeln muss. *Pedagogical tasks* müssen jedoch so gestaltet sein, dass sie von Schülerinnen und Schülern als herausfordernde Aufgabe angenommen werden. Das geschieht vor allem dadurch, dass sie kommunikative Situationen schaffen und Aktivitäten verlangen, die in der realen Welt vorkommen könnten bzw. echte Kommunikation zwischen den Schülerinnen und Schülern anstoßen.

Authentizität bzw. Relevanz

Auslösen von
sprachlichen
Lernprozessen

2. Lernaufgaben stoßen sprachliche Lernprozesse an, die für die Bewältigung der Aufgabe notwendig sind. Das bedeutet, dass die Aufgaben nicht mit dem bei den Schülerinnen und Schülern bereits vorhandenen sprachlichen Wissen und Können zu bewältigen sind. Vielmehr sehen sich die Schülerinnen und Schüler in Situationen gestellt, für deren Bewältigung sie neue sprachliche Strukturen, neue Lexik und Redemittel, neue Strategien, neues Textsortenwissen etc. benötigen. Und natürlich auch neue oder verbesserte (Teil-)Kompetenzen.

Produkt-
orientierung

3. Lernaufgaben verlangen ein greifbares Endergebnis, ein Produkt. Dabei kann es sich um alle möglichen sprachlichen Ergebnisse handeln: von einer Rede über ein Interview oder eine Podiumsdiskussion bis zu einer Klangcollage, von einem Blogeintrag über einen Bericht oder einen Zeitungsartikel bis hin zu einem Drehbuch, von einer Broschüre über einen Hypertext bis hin zu einer Filmepisode.

Inhalts-
orientierung

Diese drei Kernelemente implizieren, dass Lernaufgaben primär inhaltlich (und nicht sprachlich) ausgerichtet sind: Ein bestimmtes Thema wird in einen Kontext eingebettet, zu dem verschiedene Situationen entworfen werden. Zur Bewältigung dieser Situationen werden die Lernenden zu authentischer, d. h. für sie als relevant bzw. als „echt" empfundener Sprachverwendung animiert, wodurch die sprachlichen Lernprozesse ausgelöst werden bzw. notwendig sind.

Aufbau von Lernaufgaben

Fokussierung
auf einzelne
Kompetenzen

Unter Lernaufgaben wird hier ein thematisch gerahmtes Arrangement aus Einzelaufgaben (Aufgabe 1, 2, 3 etc.) verstanden, die jeweils auf eine bestimmte Kompetenz fokussieren. Andere Kompetenzen werden in diesen Einzelaufgaben zwar berührt bzw. sind integrativ, stehen jedoch nicht im Mittelpunkt. Einzelaufgaben können aus mehreren Teilaufgaben (1a, 1b etc.) bestehen. Häufig bereiten die Einzelaufgaben inhaltlich, sprachlich und methodisch auf eine Zielaufgabe (*target task*) vor, in der ein bestimmtes Produkt erstellt werden muss.

zwei unterschied-
liche Konzepte von
Lernaufgaben

Für die Sekundarstufe I lassen sich zwei verschiedene Ausrichtungen von Lernaufgaben unterscheiden (vgl. Leupold 2008a):

Die erste (vgl. Kraus / Nieweler 2011) ähnelt den Anwendungs- bzw. Transferaufgaben aus Lehrwerken: Man geht von dem zu erwerbenden Wissen sowie den zu erlernenden sprachlichen Mitteln aus und konstruiert dafür eine sinnvolle kommunikative Situation. Die Aufgabe ist so angelegt, dass die Lernenden zunächst das für die Bewältigung der Aufgabe erforderliche Wissen sowie die sprachlichen Mittel erwerben und einüben. Danach wenden sie diese im situativen Kontext der Lernaufgabe an. Der Hauptunterschied zu traditionellen (in den Lehrwerken nicht selten als fakultativ ausgewiesenen) Transfer- bzw. Anwendungsaufgaben besteht darin, dass die Lernenden von Anfang an wissen, auf welche Zielaufgabe sie hinarbeiten, d. h. wozu sie dies alles lernen. Häufig fokussieren diese Lernaufgaben auf bestimmte grammatische Phänomene und können damit relativ problemlos in die Lehrwerkskonzeption eingebunden werden.

Die zweite geht von einer inhaltlich orientierten Zielaufgabe aus und plant sozusagen rückwärts: Man analysiert, über welches Wissen (insbesondere inhaltliches Wissen, interkulturelles Wissen, Textsortenwissen, methodisches Wissen) bzw. welche Kompetenzen und welche sprachlichen Mittel die Lernenden verfügen müssen, um das verlangte Produkt zu erstellen. Diese werden im Rahmen der Lernaufgaben in vorgeschalteten Einzelaufgaben und ggf. in Übungsschleifen erworben (vgl. Carstens 2005; Schinke/Steveker 2013). Im Anschluss an die Zielaufgabe können weitere Aufgaben, so genannte Anschlussaufgaben oder optionale Zusatzaufgaben, bearbeitet werden. Sie dienen entweder dem Transfer oder der Reflexion des Arbeitsprozesses sowie, falls nicht bereits innerhalb der Lernaufgabe eine Evaluation stattfindet, der Selbst-, *Peer-* oder Fremdevaluation.

Die im IQB entwickelten Lernaufgaben folgen in der Regel dem zweiten Modell, in dem alle Einzelaufgaben gezielt auf die Zielaufgabe hinführen (z. B. *Chinese Flag, Candidature à l'Institut Paul Bocuse, L'amitié franco-allemande*). Daneben gibt es aber auch Aufgaben, in denen eine sukzessive Kompetenzentwicklung über unterschiedliche Einzelaufgaben zu einem Thema erfolgt (z. B. *Foodbank, Faut-il supprimer le bac ?, London Snow*).

Zielsetzungen und Prinzipien von Lernaufgaben[1]

Lernaufgaben zielen in erster Linie auf den absichtsvollen Aufbau bzw. die Weiterentwicklung bereits vorhandener Kompetenzen ab. Mit dem Ziel einer umfassenden Sprachverwendung und unter Berücksichtigung der Bildungsziele der gymnasialen Oberstufe beziehen sie sich nicht nur auf die funktionalen kommunikativen Kompetenzen, sondern ebenso auf die interkulturelle kommunikative Kompetenz, die Text- und Medienkompetenz, die Sprachlernkompetenz und die Sprachbewusstheit. Letztere sind mit dem Ziel des lebenslangen Lernens für die Oberstufe von besonderer Bedeutung. Daher werden sie, obwohl die diesbezügliche fachdidaktische Forschung und Praxis noch weniger weit entwickelt ist, in den Lernaufgaben gezielt berücksichtigt.
(Randspalte: gezielte Entwicklung von Kompetenzen)

Lernaufgaben wollen nicht nur kognitive, sondern auch kreative und emotionale Prozesse auslösen. Sie stoßen individuelle Lernprozesse an und bieten die Möglichkeit zur Differenzierung. Die Differenzierung kann durch Auswahlangebote (z. B. unterschiedliche Texte bzw. Einzelaufgaben, ein variables Übungsangebot, differenzierte Hilfen), durch Wahlmöglichkeiten im Arbeitsprozess (z. B. in Bezug auf Tempo, Sozialform, Schwerpunktsetzung, Arbeitsorganisation, methodisches Herangehen) und bezüglich des Produktes (z. B. Umfang, Medium, Art der Präsentation) sichergestellt werden.
(Randspalte: Differenzierung/ Individualisierung)

Lernaufgaben sollen des Weiteren das Prinzip der Transparenz erfüllen. Schülerinnen und Schülern sollte bewusst sein, welche Ziele die Lernaufgabe verfolgt, welche Funktionen den einzelnen Aufgaben zukommen, welche sprachlichen und inhaltlichen Voraussetzungen gefordert sind etc. Außerdem sollten ihnen die vorgeschlagenen methodischen Entscheidungen transparent gemacht werden: „Warum sollt/könnt ihr jetzt so vorgehen?", „Worauf zielt diese Aufgabe ab?", „Welche Alternativen gäbe es?". Solche Überlegungen fördern nicht nur die Sprachlernkompetenz, sondern auch die Autonomie der Schülerinnen und Schüler, insbesondere wenn sie dabei mitentscheiden können.
(Randspalte: Transparenz)

---

[1] vgl. im Folgenden insb. Bechtel 2011; Caspari/Kleppin 2008; Hallet 2012; Leupold 2008b.

Evaluation

Selbstverständlich sollte in Lernaufgaben auch die Rückmeldung sowie Leistungsbeurteilung nach transparenten Kriterien erfolgen. Besonders hilfreich ist es für die Lernenden, wenn die Hilfen zum Erstellen der Arbeitsprodukte und die Kriterien zu ihrer Bewertung aufeinander bezogen sind, so dass die Schülerinnen und Schüler von Anfang an wissen, was genau in Bezug auf das konkrete Produkt von ihnen erwartet wird (vgl. Deharde / Lück-Hildebrandt 2006).

Weitere, eher „handwerkliche" Prinzipien zur Erstellung von Aufgaben (z. B. Formulierung der Aufgaben, Variabilität und Evaluation) werden im weiteren Verlauf des Kapitels angesprochen.

3.1.3 Abgrenzung zu anderen Aufgaben

Lernaufgaben und andere Aufgaben unterscheiden sich nicht notwendigerweise durch ihre Form, wohl aber durch ihre Funktion (vgl. Caspari 2013b; Tesch 2010). Dabei können, wie die Abb. 2 zeigt, Diagnose- und Evaluationsaufgaben durchaus Teil einer Lernaufgabe sein.

Diagnoseaufgaben

Diagnoseaufgaben (vgl. im Folgenden Caspari / Kleppin / Grotjahn 2010 und Meißner / Tesch 2010), helfen dabei, den aktuellen Kompetenzstand jedes einzelnen Lernenden oder einer Lerngruppe zu erfassen und an die Lernenden bzw. die Lehrkräfte zurückzumelden und liefern somit die Basis für gezielte Fördermaßnahmen.

Grundsätzlich kann eine Diagnose vor Beginn einer geplanten Unterrichtssequenz (Lernausgangsdiagnose), prozessbegleitend während des Lernens (Lernprozessdiagnose) oder am Ende eines Lernprozesses (Lernergebnisdiagnose) durchgeführt werden. Für die Auswahl einer für eine Lerngruppe angemessenen Lernaufgabe und ihre Anpassung an einzelne Lernende bzw. Lerngruppen ist eine Lernausgangsdiagnose notwendig. Um den tatsächlichen Leistungsstand der Schülerinnen und Schüler zu erfassen, sollte diese nicht bewertet werden, weil sonst z. B. Ängste oder Fehlervermeidungsstrategien provoziert werden könnten.

Es gibt keine feste Form für Diagnoseaufgaben. Häufig haben sie die Form von Testaufgaben. Aber auch Prüfungsaufgaben und Zielaufgaben aus Lernaufgaben können, insbesondere bei integrierten oder schwer messbaren Kompetenzen, die Funktion der Diagnose übernehmen. Wichtig ist, dass die Lehrerin bzw. der Lehrer und / oder die Lernenden über präzise, an die Aufgabe angepasste Evaluationskriterien verfügen. Diagnoseaufgaben können nicht nur von der Lehrperson, sondern auch von Mitschülerinnen und -schülern und / oder vom Lernenden selbst ausgewertet werden. Dies trainiert die Diagnose- und Selbsteinschätzungsfertigkeit der Lernenden („Wie bin ich zu dem Ergebnis gekommen?", „Wie könnte ich es verbessern?"; s. Kap. 3.3).

Evaluations-
aufgaben

Evaluationsaufgaben dienen im Rahmen einer Lernaufgabe dazu, den durch die Lernaufgabe erreichten Kompetenzzuwachs festzustellen.

Testaufgaben

Dies kann zum einen durch Testaufgaben geschehen (vgl. im Folgenden Grotjahn 2008a, 2008b). In der Regel konzentrieren sich Testaufgaben auf leicht messbare, isolierte Kompetenzen. Es werden geschlossene Aufgabenformate bevorzugt, für (teil-)offene Aufgabenformate müssen vorher feste Kodieranweisungen angegeben werden. Tests, die von der Lehrperson auf der Basis eines Kompetenzmodells erstellt werden, bezeichnet man als informelle Tests. Standardisierte Tests werden dagegen zumeist von zertifizierten Testagenturen, dem IQB oder Landesinstituten konstruiert. Diese Tests müssen zusätzlich genaue Angaben zur Durchführung, Auswertung und Interpretation enthalten und sie müssen in einer Pilotierung auf die Einhaltung der Testgütekriterien, insb. Objektivität (Unabhängigkeit von der Art der Testdurchführung und -auswertung), Reliabilität (Zuverlässigkeit der Testergebnisse) und Validität (Ausmaß, mit dem ein Test das misst, was er messen soll) überprüft werden.

Die Überprüfung des Kompetenzzuwachses durch eine Lernaufgabe kann ebenfalls in Form von Prüfungsaufgaben geschehen. Dies bietet sich insbesondere bei schwer messbaren Kompetenzen (Schreiben, Sprechen, Sprachmittlung, Text- und Medienkompetenz, interkulturelle Kompetenz, Sprachlernkompetenz, Sprachbewusstheit) an. In Prüfungsaufgaben wird von den Lernenden verlangt, dass sie die in der Lernaufgabe erweiterten Kompetenzen und das dabei erworbene inhaltliche, sprachliche und methodische Wissen auf einen anderen Gegenstand oder eine andere Situation übertragen (vgl. auch die in den Bildungsstandards veröffentlichten Abituraufgaben). Dadurch eignen sich Prüfungsaufgaben i. d. R. auch nicht zum Kompetenzaufbau; ihnen fehlen u. a. die dafür notwendigen Übungen, strategischen Hinweise und Hilfestellungen zum individuellen Lernen. *Prüfungsaufgaben*

Grundsätzlich kann auch die Zielaufgabe als Prüfungsaufgabe in Klausuren gestellt werden. Auch das im Rahmen der Lernaufgabe erstellte Produkt kann dazu dienen, den erzielten Lernfortschritt zu überprüfen. In diesem Falle sollten die Lernenden bereits zu Beginn der Lernaufgabe die Kriterien für die Evaluation kennen, um gezielt darauf hinarbeiten zu können. Eine weitere Möglichkeit besteht darin, erneut die diagnostische Aufgabe vom Beginn durchzuführen und den Lernfortschritt festzustellen. *weitere Möglichkeiten zur Evaluation*

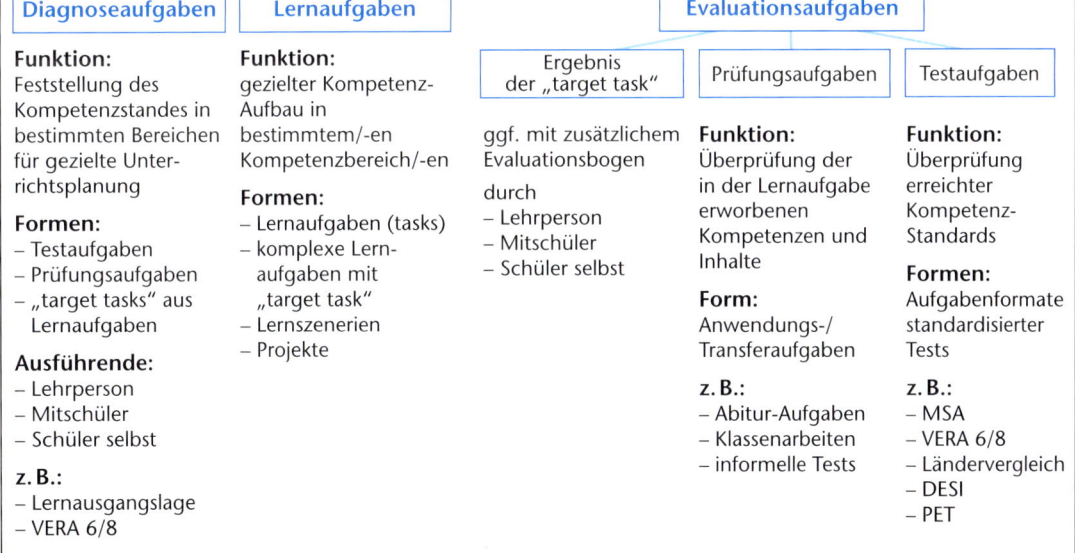

Abb. 2: Funktionen von Aufgaben im kompetenzorientierten Fremdsprachenunterricht (aus: Caspari 2013c)

3.1.4 Entwicklung und Erprobung von Lernaufgaben beim IQB

Erfahrungen aus der Sekundarstufe I und Zielsetzungen für die Sekundarstufe II

unterschiedliche
Reaktionen auf
Lernaufgaben

Bei der Erstellung der Lernaufgaben für die vorliegende Publikation und für die Bildungsstandards für die Allgemeine Hochschulreife (KMK 2014) wurden die Reaktionen auf die Aufgaben für die Bildungsstandards für den Mittleren Schulabschluss (Tesch / Leupold / Köller 2008) berücksichtigt. Damals gab es insbesondere von Aus- und Fortbildnern und von Seiten der Didaktik viele positive Rückmeldungen. Dagegen äußerten viele Französischlehrkräfte an Schulen deutliche Kritik: Die Aufgaben seien für Schülerinnen und Schüler, Lehrkräfte und Eltern zu fremd. Außerdem seien sie zu frei in dem Sinne, dass sie zu wenige bzw. zu wenig präzise Vorgaben machten und insgesamt zu viel Spielraum ließen; die Lehrkräfte müssten viele Entscheidungen letztlich selbst treffen. Außerdem ließen sie eine klare Struktur, eine klare Progression und die systematische Vermittlung von Wortschatz und Grammatik vermissen.

Lernaufgaben <->
Lehrwerksarbeit

   Aus diesen Reaktionen wird deutlich, dass die Lehrkräfte die Lernaufgaben im Vergleich zum Lehrwerk beurteilten. Andererseits beklagten viele Lehrkräfte an den damaligen Lehrwerken die starre Progression, enge Aufgabenstellungen, die große Menge an Übungen, wenig schülernahe Texte und Aufgaben, wenig authentische Texte und den Zeitdruck, der durch die Fülle der Inhalte und Materialien entstehe. Es bildet sich daher der Eindruck, dass manche Lehrkräfte an den Aufgaben genau das kritisierten, was sie an den Lehrwerken störte. Dieser Widerspruch könnte auf eine solch hohe Gewöhnung an die Vorstrukturierung des Lehrens und Lernens in der Sekundarstufe I durch Lehrwerke hindeuten, dass Alternativen grundsätzlich erst einmal Kritik hervorrufen.

   Wie oben bereits angedeutet, wurden in den letzten Jahren von vielen Seiten Lernaufgaben für die Sekundarstufe I entwickelt, in denen teilweise auch auf die genannte Kritik reagiert wurde. So wurden z. B. ganz gezielt *„focused tasks"* (Ellis 2003: 16) entwickelt, die den Einsatz bestimmter sprachlicher Mittel verlangen und vorstrukturieren (vgl. u. a. Schocker-v. Ditfurth 2011; Schinschke 2011). Auch Lernaufgaben, die in Form von situativen Anwendungs- bzw. Transferaufgaben an die herkömmliche Einführung bzw. Erarbeitung und Übung sprachlicher Phänomene anschließen (vgl. Kap. 3.1.2), können als Reaktion auf die genannte Kritik betrachtet werden.

Lernaufgaben-
entwicklung
für die Sek. II

   Andererseits ist damit zu rechnen, dass Lehrkräfte durch die weitere Verbreitung von Lernaufgaben zunehmend an diese Form des Unterrichts gewöhnt worden sind, so dass von den Aufgabenentwicklerinnen und Aufgabenentwicklern und Fachdidaktikerinnen und Fachdidaktikern insbesondere folgende Aspekte als besondere Herausforderung bei der Entwicklung der Lernaufgaben für die gymnasiale Oberstufe angesehen wurden:

- Weiterentwicklung von Aufgabenformaten, insb. für die Kompetenzbereiche Text- und Medienkompetenz, interkulturelle kommunikative Kompetenz, Sprachlernkompetenz und Sprachbewusstheit
- die Entwicklung von Lernaufgaben mit eingebetteten Diagnose- und Evaluationsaufgaben

- die Erstellung von Kriterienrastern zur Selbst-, *Peer-* und Fremdevaluation der Schülerinnen- und Schülerleistungen
- die Verwendung von Texten und Medien im Sinne eines weiten Textbegriffs
- die Nutzung eines breiten Inventars von Varianten und Übungsmöglichkeiten
- prägnante und zugleich nachvollziehbare didaktisch-methodische Erläuterungen und Begründungen

Der Prozess der Aufgabenentwicklung

Der Prozess verlief in zwei Phasen: Zunächst wurden 2010–2011 begleitend zur Erstellung der Bildungsstandards für die Allgemeine Hochschulreife Lernaufgaben und ab Juni 2011 zusätzlich Prüfungsaufgaben erstellt und als Teil der Bildungsstandards (KMK 2014) veröffentlicht. Diese Aufgaben mussten auf Geheiß der Bundesländer für die Veröffentlichung unterschiedlich stark überarbeitet werden. 2012–2013 wurden von kleineren Arbeitsgruppen dann weitere Aufgaben gezielt für die vorliegende Publikation entwickelt. Die Aufgabenentwicklerinnen und Aufgabenentwickler und die Fachdidaktikerinnen und Fachdidaktiker trafen sich ca. alle zwei Monate, um über den Fortschritt der Aufgaben zu beraten.

Bei den Entwicklerinnen und Entwicklern handelte es sich um Lehrkräfte aus allen Bundesländern, die zumeist zusätzliche Funktionen als Fachseminarleiterinnen und -leiter, Fachberaterinnen und -berater, Fortbildnerinnen und -bildner oder Aufgabenentwicklerinnen und -entwickler an den Landesinstituten innehatten, einige waren hauptberuflich an den Landesinstituten tätig. Die begleitenden Fachdidaktikerinnen und Fachdidaktiker (je drei für Englisch und für Französisch) waren in der Entwicklung von Lern- und/oder Testaufgaben ausgewiesen und hatten – im Fall Französisch – überwiegend bereits an der Aufgabenentwicklung für die Sekundarstufe I mitgewirkt. *Entwickler/-innen*

Als Grundlage erhielten die Lehrkräfte neben den Bildungsstandards für die Allgemeine Hochschulreife die IQB-Publikation für Französisch von 2008 (Tesch / Leupold / Köller) und ausgewählte Literatur zu Kompetenzaufgaben (z. B. Hallet / Krämer 2012). Daraus wurden die wesentlichen, oben aufgeführten Kriterien für Lernaufgaben abgeleitet. Zusätzlich erhielten die Aufgabenentwicklerinnen und Aufgabenentwickler eine sog. Kopftabelle (vgl. die den Lernaufgaben vorgeschaltete graue Tabelle), in die die wesentlichen Informationen zur Lernaufgabe eingetragen wurden. Sie erhielt dadurch die Funktion einer prozessbegleitenden Checkliste. *Materialien*

Der lange gemeinsame Arbeitsprozess macht deutlich, dass die Entwicklung von Lernaufgaben mit dem Ziele einer Veröffentlichung ein sehr komplexer Prozess ist. Für die Oberstufe liegt eine besondere Herausforderung darin, zwischen den in einem Text enthaltenen Potentialen (Sachanalyse!) und den Anforderungen an eine kumulative Kompetenzförderung zu vermitteln sowie eine präzise, umfassende und zugleich schülerangemessene Aufgabenstellung zu formulieren (Notwendigkeit neuer Operatoren). *Herausforderungen*

Eine Besonderheit des Entwicklungsprozesses bildete die Erprobung der Aufgaben. Alle für die Bildungsstandards für die Allgemeine Hochschulreife entwickelten Lernaufgaben wurden mindestens einmal, die meisten Aufgaben mehr- *Erprobung*

mals erprobt. Die Ergebnisse der Erprobungen flossen in die Weiterentwicklung der Aufgaben ein, teilweise führten sie zu einer völligen Neukonzeption.
Die vorliegenden Lernaufgaben sind somit das Ergebnis eines längeren, gemein-
schaftlichen Entwicklungs- und Anpassungsprozesses. Während in der ersten
Phase die Sprachgruppen weitgehend unter sich blieben, hat sich in der zweiten
Phase der systematische Austausch zwischen den Aufgabenentwicklern und
-entwicklerinnen für Englisch und Französisch als sehr bereichernd herausgestellt.

3.1.5 Lernaufgaben genauer betrachtet

3.1.5.1 Kriterien für die Lernaufgaben

*Lernaufgaben
unter dem
Mikroskop*

Ausgehend von fachdidaktischen Kriterien sollen die Kompetenzförderung und
der Lebensweltbezug von Lernaufgaben, ihre Inhaltsorientierung sowie ihre
Transparenz noch einmal genauer betrachtet werden.

Aufgaben zur gezielten Förderung von einzelnen Kompetenzen

Eine komplexe Lernaufgabe, deren Ziel es ist, die fremdsprachliche Diskursfähigkeit der Schülerinnen und Schüler als oberstes Bildungsziel zu fördern, muss –
ausgehend von ihrem jeweiligen Kompetenzstand – eine schrittweise Weiterentwicklung von Einzelkompetenzen und von integrierten Kompetenzen anstreben
(vgl. hierzu auch Hallet 2012: 13). Deshalb können sich die einzelnen Teilaufgaben mit ihrem Lernangebot sowohl auf die Förderung einer Einzelkompetenz
wie auch auf die Entwicklung eines integrierten Bündels von Kompetenzen richten. Mit fortschreitendem Schwierigkeitsgrad und unter Einbezug unterschiedlicher Texte und Medien sollen die Lernenden die gestellten Aufgaben möglichst
selbstständig lösen, wobei sie – ihren individuellen Möglichkeiten entsprechend
und, falls nötig, auch unter Einbezug von Unterstützungsangeboten – durchaus
unterschiedliche Lösungswege benutzen können. „Kompetenzaufgaben folgen
also dem Prinzip der Weiterentwicklung oder des Neuerwerbs von Können und
Wissen durch Wiederaufnahme des bereits Erlernten" (ibid.).

*gezielte Förderung
der Sprachbe-
wusstheit in der
Lernaufgabe
Charlotte Simmons*

Die Lernaufgabe *Charlotte Simmons* (2_9_SB_E_Charlotte_Simmons) zielt auf
die Förderung der Sprachbewusstheit ab. Dies kann entweder durch die Einzelaufgabe oder auch im Rahmen einer größeren Unterrichtseinheit zum Thema
College – A New Stage in Life geschehen. Es ist zur Übung der Sprachkompetenz
nicht nötig, den gesamten Roman *I Am Charlotte Simmons* von Tom Wolfe zu
lesen, es reicht eine kurze situative Einordnung, die darauf eingeht, dass der
Roman den Abschied eines jungen Mädchens und sein neues Leben im College
schildert. Die ausgewählte Szene spielt vor dem neuen College auf dem Park-
platz, auf dem sich ein kurzes Abschiedsgespräch zwischen Mutter und Tochter
entspinnt. Insbesondere die wörtliche Rede der Mutter ist stark geprägt von dialektalen und regionalen Sprachelementen, die mithilfe der Aufgabenstellung in
den Blickpunkt der Lernenden gerückt werden (Teilaufgabe 1 bis 4).

Die Kompetenz der Sprachbewusstheit steht in allen vier Teilaufgaben im
Mittelpunkt: Ziel der Aufgaben ist die Wahrnehmung von dialektalen und sozialen Varietäten des Englischen. Dazu müssen die Schülerinnen und Schüler

zunächst den authentischen Romanauszug lesen, ihn auf den Dialekt und Soziolekt hin untersuchen und dann einen eigenen Paralleltext in Standardsprache verfassen. Das Besondere an der Aufgabe besteht darin, dass die Aufgabe nicht mit der Präsentation des eigenen Textes endet, sondern darüber hinaus auch die Wirkung der dialektal geprägten Rede der Mutter in dieser Situation reflektiert werden soll. Eine so vollzogene Analyse greift auf den Aspekt der Text- und Medienkompetenz zurück, der sich intensiv mit den Effekten von Sprache in Romanen beschäftigt. Das schrittweise und zielgerichtete Vorgehen der Aufgabe ist interessant, weil es nicht nur ein stilistisches Phänomen feststellen und beschreiben, sondern auch dessen wichtige inhaltliche Funktion analysieren lässt.

Vor allem um die Entwicklung des Hörverstehens geht es in der Lernaufgabe *Livre électronique ou livre papier ?* (2_3_HV_F_livre_electronique), die vier Teilaufgaben zu vier Podcast-Ausschnitten des Schweizer Rundfunks vorsieht. Die Lernenden sollen den Hörtexten verschiedene Aspekte zu Vor- und Nachteilen von E-Books gegenüber herkömmlichen Büchern entnehmen. Dabei wird jeweils dieselbe schrittweise Herangehensweise an die einzelnen Texte beibehalten. Nach diesem Beispielmuster vorgehend, sollen die Lernenden die Hörtexte jeweils mehrfach anhören und sich dabei auf bestimmte Aspekte konzentrieren. Dann folgen jeweils Einzel- und Gruppenarbeit, in denen die Hörverstehensleistung vier Mal unterschiedlich bearbeitet werden soll; so werden Tabellen zur Überprüfung des Hörverstehens angeboten, *multiple-choice*-Fragen und richtig/falsch-Antworten. Teilaufgabe 3 (2_3_HV_F_livre_electronique, Partie 3) verlangt eine genauere Bearbeitung der sprachlichen Eigenschaften des Hörtextes. In Teilaufgabe 4 (2_3_HV_F_livre_electronique, Partie 4), einem Interview, kann die Schnelligkeit des Hörtextes variiert werden, so dass für leistungsschwächere oder -stärkere Lernende eine Binnendifferenzierung angeboten wird. Insgesamt wird in dieser komplexen und sehr konzentrierten Hörverstehensaufgabe auf beispielhafte Weise eine Kompetenz auf- und ausgebaut, indem Schülerinnen und Schüler gleichzeitig ein spannendes, lebensnahes Thema bearbeiten.

Entwicklung des Hörverstehens in der Lernaufgabe Livre électronique ou livre papier ?

Aufgaben zur integrierten Kompetenzentwicklung

Neben der Entwicklung einzelner Kompetenzbereiche kann man die Förderung mehrerer Kompetenzbereiche in integriert konzipierten Lernaufgaben vorantreiben. Auch bei diesem Entwicklungsprozess folgt man dem Prinzip, dass auf bereits bestehenden Kompetenzen der Schülerinnen und Schüler aufgebaut wird und die Aufgabe eine Weiterentwicklung von Wissen und Können gezielt unterstützt. Die Komplexität von Lernaufgaben macht sich bei diesen Beispielen besonders bemerkbar, denn die Lernenden aktivieren bei der Bearbeitung ihr Welt- und Erfahrungswissen und müssen zugleich das domänenspezifische Wissen und Können, das von der Aufgabe – etwa zu Texten und Medien – verlangt wird, einbringen. Zwei Beispiele sollen dies erläutern.

die Integration mehrerer Kompetenzbereiche in einer Lernaufgabe

Die englische Aufgabe *Lahore* (2_1_IKK_und_2_5_LV_E_Lahore) behandelt die Kompetenzen Leseverstehen, Text- und Medienkompetenz, interkulturelle kommunikative Kompetenz und Schreiben. Die vier Kompetenzbereiche sind in der Aufgabe eng miteinander verbunden; die Aufgabe ist nur lösbar, wenn alle Kom-

die Förderung von Leseverstehen, Schreiben, TMK und IKK in der Lernaufgabe Lahore

petenzbereiche bearbeitet werden. Die Einzelaufgabe ist Teil einer komplexen Aufgabe, die sich mit *Cross-cultural relations between Asia and the Western World* beschäftigt, genauer mit den interkulturellen Beziehungen zwischen den USA und verschiedenen asiatischen Staaten. Die Aufgabe ist aber als Einzelaufgabe auch unabhängig vom größeren Kontext einsetzbar. Sie befasst sich mit einem Auszug aus dem Roman *The Reluctant Fundamentalist* des Autors Mohsin Hamid, in dem die beiden Metropolen New York und Lahore einander gegenübergestellt werden. Nach einigen Einstimmungsübungen zum Titel des Romans, zum Autor und zu zwei Titelbildern sollen die Lernenden den Text lesen und die Beschreibungen der Städte sowie die Erfahrungen des Erzählers in New York und Lahore anhand von Schlüsselwörtern in eine Tabelle eintragen. Anschließend wird in Gruppen eine Analyse von Stilmitteln durchgeführt, die die Beziehungen zwischen dem Erzähler und den Städten ausdrücken. Die Wirkung dieser Stilmittel auf die Leser soll genauer untersucht werden. Eine abschließende *task* verlangt das Verfassen eines Online-Artikels aus der Sicht des Protagonisten Changez aus Pakistan, der über die Probleme und Bedürfnisse von pakistanischen Austauschangestellten in den USA berichtet.

Für die Einstimmung, die vor allem auf visuelle und wenige textuelle Stimuli eingeht, sind Leseverstehen, Text- und Medienkompetenz und die interkulturelle kommunikative Kompetenz unabdingbar. Beim Vergleich der Ergebnisse im Unterricht wird das dialogische Sprechen geübt. Das Erlesen des Textauszugs wird begleitet von zwei Aktivitäten, die eine integrierte Arbeit mit den Kompetenzen Schreiben, Text- und Medienkompetenz und interkulturelle kommunikative Kompetenz verlangen. Die Text- und Medienkompetenz hilft den Lernenden, sich den Text zu erschließen; die interkulturelle kommunikative Kompetenz sorgt dafür, dass die Einflüsse beider Kulturkreise auf den Erzähler wahrgenommen werden und die Stilmittel in ihrer Wirkung entschlüsselt werden können. Der Perspektivenwechsel, der bei der Schreibaufgabe durchgeführt werden muss, kann nur erfolgreich sein, wenn Text- und Medienkompetenz und interkulturelle kommunikative Kompetenz zusammenwirken. Um wichtige Punkte im Artikel zu ergänzen, muss noch einmal auf den Lesetext zurückgegriffen werden.

die Entwicklung der Kompetenzbereiche Schreiben, Leseverstehen, Sprechen, Sprachbewusstheit, TMK und IKK am Beispiel der Lernaufgabe *Les cinquante ans*

Im französischen Aufgabenbeispiel ist die Situation ähnlich komplex: In *Les cinquante ans* (2_6_Sch_F_les_cinquante_ans) geht es in der Zielaufgabe um einen Beitrag von Schülerinnen und Schülern zu einem Städtepartnerschaftsfest. Die Französischlernenden sollen an der *Jumelage* teilhaben, indem sie in ihrem Aufsatz argumentativ auf die Aktivitäten der Städte im Rahmen ihrer Partnerschaft eingehen und auch eigene Vorstellungen zum zukünftigen Ausbau der Beziehungen formulieren und begründen. Die lebensnahe Aufgabe ist in fünf Arbeitsschritte unterteilt, die eine integrierte Kompetenzentwicklung anstreben.

Als Stimulus für die Schreibleistung wird ein fiktiver Aufruf des Bürgermeisters einer französischen Partnerstadt gewählt. In der ersten Teilaufgabe (2_6_Schr_F_les_cinquante_ans, Tâche) sollen die Schülerinnen und Schüler vornehmlich in kooperativen Arbeitsformen ihr eigenes Vorwissen aktivieren, Überlegungen zu internationalen Partnerschaften, zur nicht immer friedlichen Vergangenheit zwischen Nationen, zur Gegenwart in Europa und zur Zukunft der deutsch-französischen Freundschaft anstellen. Ihre Perspektiven sollen miteinander verglichen und letztendlich auch koordiniert werden, um die Schreibphasen vorzubereiten. Im Zentrum stehen in dieser Phase die Kompetenzbereiche Leseverstehen, Sprechen, interkulturelle kommunikative Kompetenz und Sprachbewusstheit.

Die zweite Teilaufgabe (2_6_Schr_F_les_cinquante_ans_03) erfordert das Erstellen eines Arbeits- bzw. Schreibplans, der als wichtigsten Faktor die Überlegungen zu den inhaltlichen Aspekten vorsieht (Schreiben, Sprechen, Text- und Medienkompetenz, interkulturelle kommunikative Kompetenz). Dieser Schritt ist binnendifferenziert angelegt: Schülerinnen und Schüler mit hohem Autonomiegrad aktivieren selbstständig ihre Vorkenntnisse zur verlangten Textsorte und zu möglichen Arbeitsschritten, die sie bereits bei der Erfüllung vergleichbarer Arbeitsaufträge absolviert haben. Sie legen ihre Vorgehensweise in einem Arbeitsplan fest, den sie gleichermaßen selbstständig umsetzen. Parallel zur eigentlichen Schreibaufgabe erfolgt eine Reflexion über den Lernprozess, die in einem Bogen zur Selbstevaluation festgehalten wird. Dieser Bogen wird für die Lernenden mit geringerem Autonomiegrad nicht verwendet, stattdessen wird der Arbeitsplan herangezogen.

Der Artikel wird individuell als Hausaufgabe verfasst (Schreiben, Text- und Medienkompetenz, interkulturelle kommunikative Kompetenz, Sprachbewusstheit). Die nächste Phase dient der Diskussion und Evaluation der Artikel in der Gruppe.

Lebensweltbezug und Authentizität

Der Lebensweltbezug einer Lernaufgabe offenbart sich darin, dass sie authentische oder doch fast authentische Situationen vorgibt, die für die Lerngruppen plausibel und in ihrer Lebenswelt vorstellbar sind:

plausible Situationen und möglichst realistische Aufgabenziele

> Tasks [...] are activities which have meaning as their primary focus. Success in tasks is evaluated in terms of achievement of an outcome, and tasks generally bear some resemblance to real-life language use. (Skehan 1996: 20)

Die dargestellten Kontexte und Aufgabenziele sollten die Lernenden deshalb mit plausiblen Situationen konfrontieren, die sie zur Problemlösung und dadurch zu authentischer Kommunikation anregen. Dabei spielt der gelungene Wechsel von Eigenleistung und Teamwork wie im „richtigen" Leben eine zentrale Rolle. Die einbezogenen Texte und Medien sollten ebenfalls authentisch sein, da die Schülerinnen und Schüler in der gymnasialen Oberstufe in der Regel so weit fortgeschritten sind im Fremdsprachenlernen, dass sie mit solchen Texten und Medien gut umgehen und dabei ihr Vorwissen einbringen können. Lernaufgaben, die anhand dieser Grundregeln modelliert sind, werden Schülerinnen und Schüler motivieren, sich auf den „Ernstfall" vorzubereiten, sich einen Einblick in die fremdkulturelle Wirklichkeit, ihre Wertvorstellungen und Diskurse zu verschaffen und sich dabei auch mit den sprachlichen Anforderungen der Aufgabe auseinanderzusetzen.

An der englischen Lernaufgabe *Flag* (2_1_IKK_und_2_5_LV_E_Flag), in der es vor allem um eine Förderung der Schreibkompetenzen der Lernenden geht, kann man den lebensweltlichen Bezug gut nachvollziehen, er ergibt sich vor allem aus der plausiblen und den Lernenden sehr nahen Situations- und Aufgabenbeschreibung in der Zielaufgabe.

ein gut nachvollziehbarer Lebensweltbezug in der Lernaufgabe Flag kann die Lernenden zum Handeln motivieren

Die problematische und historisch begründete Einstellung vieler Deutscher zur deutschen Fahne wurde 2006 bei der Fußballweltmeisterschaft eindringlich reflektiert und hat sich seitdem sicher weiter verändert. Nichtsdestotrotz unterscheiden sich das Verhalten der US-Amerikaner und der Deutschen in diesem Punkt spürbar, interkulturelles Lernen kann deshalb gut an diesem Punkt der offensichtlichen Differenz ansetzen und ihn genauer ausloten. Dies soll in der Aufgabe mithilfe eines Vortrags geschehen, den die Lernenden bei einem Gastaufenthalt in den USA halten sollen. Gegenstand des Vortrags ist zum einen ein Leserbrief, in dem ein patriotischer US-Bürger sich sehr entschieden gegen das Mitführen einer chinesischen Flagge beim Umzug am Unabhängigkeitstag ausspricht. Nur durch einen Perspektivenwechsel kann diese Haltung von deutschen Lernenden nachvollzogen werden. Im Vortrag sollen sie aber noch einen Schritt weiter gehen und auch ihre eigene, deutsche Sicht auf den Brief darstellen. Durch diese „Doppelsicht" wird garantiert, dass die Aufgabe nicht aufgesetzt oder künstlich wirkt, die Außensicht auf die amerikanische Haltung, die im Leserbrief geäußert wird, erlaubt es den Schülerinnen und Schülern ihre eigene kulturelle Perspektive in den Vortrag mit einzubeziehen. Die Aufgabe sieht zudem auch einen Einbezug der Bedeutung der Nationalflaggen in Deutschland und den USA vor, ein Kontrast, den die Schülerinnen und Schüler sehr genau durch Recherche vorbereiten müssen. Cartoons, Poster, Blogs und Filmmaterial sollen ebenfalls einbezogen und analysiert werden. Die Aufgabenstellung ist sehr offen, die Lernenden sollen sich für ihren Vortrag selbstständig vorbereiten, einzelne Tabellen zu den Materialien helfen ihnen dabei, die Arbeit zu strukturieren.

Interessant wird die Aufgabe letztendlich auch durch die abschließende Reflexion, die erwartet, dass die Lernenden in kleinen Gruppen den Lernprozess noch einmal genau Revue passieren lassen und sich bewusst machen, welche Lösungswege und welche Materialien ihnen besonders geholfen haben.

ein Bewerbungs-gespräch als anregender situativer Kontext in der Lernaufgabe Entretien de Candidature à l'Institut Paul Bocuse

Genauso lebensnah und damit auch ansprechend und aktivierend ist die Lernaufgabe *Candidature à l'Institut Paul Bocuse* (2_5_LV_F_Bocuse_Institut_Paul_Bocuse, 2_6_Schr_F_Bocuse_lettre_candidature, 2_7_Spr_und_2_10_SLK_F_Bocuse_Entretien_candidature), in der die Lernenden sich beim Institut Paul Bocuse für eine Kochausbildung bewerben. Mit der Sprechaufgabe *Entretien de candidature à l'Institut Paul Bocuse* (2_7_Spr_und_2_10_SLK_F_Bocuse_Entretien_candidature) können Schülerinnen und Schüler ihre Kompetenzen in den Kompetenzbereichen „Zusammenhängendes monologisches Sprechen" und „An Gesprächen teilnehmen" vertiefen und erweitern. Eingebettet ist die Sprechaufgabe in die *simulation* eines fiktiven Bewerbungsgesprächs um eine Kochausbildung im renommierten Institut Paul Bocuse. Die Rollenverteilung (*candidat* und *responsable relations personelles*) ist so angelegt, dass beide Seiten des Bewerbungsgesprächs von den Lernenden eingenommen werden sollen. Für die Rolle des Mitglieds der Auswahljury ist also ein Perspektivenwechsel erforderlich; beide Rollen enthalten Anregungen zum monologischen Sprechen sowie zur gemeinsamen Interaktion.

Der in drei Schritte unterteilte Prozess der Lernaufgabe führt von einer sprachvorbereitenden Teilaufgabe, die die Redemittel zur Verfügung stellen und einüben soll, über eine inhaltliche Vorbereitung zur Berufsorientierung durch Lesetext und Schreibaufgabe zur Sprechaufgabe. Hier wechseln Phasen der Planung, Durchführung und des kooperativen Feedbacks mit dem Ziel, die individuelle Sprechkompetenz richtig einzuschätzen, zu prüfen und zu optimieren. Denkbar ist neben dem Feedback im Tandem oder in Kleingruppenarbeit die Selbsteinschätzung der Sprecherinnen und Sprecher mit Hilfe angefertigter Tonaufnahmen. Das simulierte Gespräch liefert einen schüleraktivierenden Kontext, der durch die Rollenverteilung und den lebensnahen kulturell interessanten Kontext zum Entdecken und Bearbeiten der Aufgabe einlädt.

Inhaltsorientierung

Lebensweltbezug und Inhaltsbezug gehen bei der Aufgabenorientierung Hand in Hand. Komplexe Lernaufgaben orientieren sich an den Diskursen und Problemstellungen der realen Welt. Da die Schülerinnen und Schüler bereits ein gesichertes Lernplateau erreicht haben, das ihnen den Zugang zu authentischen Texten garantiert, erschließen sich die Lernenden mit der Bearbeitung der Aufgaben neue Inhaltsfelder, die in kulturelle Diskurse, Aktivitäten, Prozesse und Praktiken einmünden (vgl. Hallet 2012: 11). Die Kritik, die die Fachdidaktiken der Fächer Englisch bzw. Französisch in den ersten Jahren nach Einführung der Standards für die Sekundarstufe I geäußert haben, bezog sich immer wieder auch auf die drohende Vernachlässigung der zentralen Inhalte im Fremdsprachenunterricht (vgl. u. a. Burwitz-Melzer 2012). Inzwischen zeichnet sich aber deutlich ab, auf welchem Wege sich Inhalts- und Kompetenzorientierung in Lernaufgaben so miteinander vereinbaren lassen, dass beide Komponenten im Unterricht zur Geltung kommen: nämlich mit Aufgaben, die an zentralen und interkulturell bedeutsamen Inhalten ausgerichtete authentische Texte und Medien nutzen, um Kompetenzen gezielt zu fördern. Die in diesem Band dargestellten Aufgaben decken die unterschiedlichsten Inhaltsfelder ab, sie stehen in direktem Bezug zum kulturellen, politischen, sozialen oder wirtschaftlichen Diskurs in den Ländern, in denen die unterrichteten Sprachen gesprochen werden. So erhalten die Schülerinnen und Schüler erstens durch die Texte (Artikel, Webseiten, Grafiken, Cartoons etc.) einen Einblick in diese Diskursprozesse, zweitens können sie an ihnen durch die Lernprozesse und die Produkte, die erstellt werden sollen, partizipieren. Ob es sich nun um den Beitrag zu einer *Jumelage* (2_6_Schr_F_les_cinquante_ans), die Analyse eines Gedichts (2_2_SB_London_Snow) oder das Produzieren eines Films (2_2_TMK_Mankind_is_no_island_Variante_1) handelt, die Lernenden arbeiten jeweils inhaltsorientiert und in einem klar definierten kulturellen und interkulturellen Kontext, der ihnen als Fremdsprachenlernenden motivierende Anreize bietet. Zwei Beispiele seien hier noch etwas genauer beleuchtet:

Die französische Lernaufgabe mit Ausschnitten aus dem Jugendroman *Rouge Métro* (2_9_SB_F_Rouge_Metro) kann in diesem Kontext als beispielgebend gelten. Sie fördert die Kompetenzbereiche Leseverstehen, Text- und Medienkompetenz, Sprachbewusstheit und Schreiben, indem die Schülerinnen und Schüler verschiedene Teilaufgaben zur Analyse dieses Ausschnitts bearbeiten und beson-

Verbindung von Kompetenzförderung mit lebensweltlich bedeutsamen Themen

Rouge Métro: Romanausschnitt, der eine U-Bahnfahrt eines jungen Mädchens wiedergibt

ders zur Reflexion der gesprochenen Sprache aufgefordert werden. Der Romanauszug stellt eine U-Bahnfahrt aus der Sicht der fünfzehnjährigen Ich-Erzählerin dar, während der sie von vier unterschiedlichen Personen angesprochen und um Unterstützung gebeten wird. Die Sprache der Bettler, deren Soziolekte und Varietäten vom Standard-Französisch abweichen, soll untersucht und verglichen werden. Hierbei geht es aber nicht nur um eine sprachwissenschaftliche Betrachtung, sondern auch um eine inhaltliche Einordnung: die Analyse der Bedeutung dieser Sprache mit ihren unterschiedlichen Ausprägungen für den Roman und ihre Wirkung auf den Leser. Damit können die Lernenden erfahren, wie der Sprachstil eines Romans seine Aussage unterstützt und wie ein solches Stilmittel die Leserin bzw. den Leser leiten kann. Die soziale Aussage und Kritik des Romans kann also über den Einbezug der Text- und Medienkompetenz und der Sprachbewusstheit erfahrbar gemacht werden. Eine so erlebte und untersuchte Literatur gibt auch Aufschluss über Werte und soziale Verantwortung in einer fremden Gesellschaft, die junge Menschen zusammen mit einer neuen Sprache entdecken und kennen lernen sollen.

Model European Parliament: The United States of Europe: Lernende bereiten sich auf eine eigene Rede im europäischen Parlament für Jugendliche vor

Die Inhaltsorientierung lässt sich in der Aufgabe *Model European Parliament: The United States of Europe* (2_6_Schr_und_2_10_SLK_E_Model_European_Parliament) festmachen am Thema, das die Grundlage für die Rede der Lernenden vor dem *Model European Parliament* bildet. Der Titel wird hier als „Schirmtitel" angeboten, d. h. er sollte mit relevanten Inhalten, die die Schülerinnen und Schüler selbst aussuchen und die sie selbst auch betreffen, gefüllt werden. Dies können kulturelle Phänomene sein, aber auch sozioökonomische Themen wie die Jugendarbeitslosigkeit in Europa oder Probleme und Chancen, die den Jugendaustausch zwischen den Nationen betreffen. Wichtig ist, dass die Lernenden ihren fremdsprachigen Arbeitsprozess selbst planen und durchführen. Von der Recherche über ein Thema bis zu seiner rhetorischen Aufbereitung in der Rede werden sie sich mit dem Inhalt auseinandersetzen und ihn von verschiedenen Seiten gründlich durchleuchten müssen, bevor sie stichhaltige Argumente gesammelt haben. Die Durchführung der Rede selbst, bei der sie lernen müssen, ihre Perspektive auf den Inhalt rhetorisch geschickt und mit geübter Betonung vorzutragen, rundet das Befassen mit der gewählten Thematik ab. Das Feedback der anderen Lernenden hilft, die eigene Leistung noch einmal in ihrer Wirkung zu verstehen.

Die in diesem Unterkapitel vorgestellten Lernaufgaben haben zentrale Aspekte dieser Aufgaben dargestellt, die dafür sorgen, dass Kompetenzen sinnvoll geübt und gefördert werden können. Es konnte dabei natürlich nicht auf alle Aspekte eingegangen werden. Ein genauer Blick auf die hier vorgestellte Sammlung von Lernaufgaben auf der DVD zeigt aber, dass auch die hier nicht eigens hervorgehobenen Eigenschaften von Lernaufgaben wie Binnendifferenzierung, Transparenz in Bezug auf die Ziele und Durchführungsschritte etc. in den Aufgaben realisiert worden sind.

3.1.5.2 Vom Text zur Aufgabe: Wie gehe ich vor beim Erstellen von Lernaufgaben?

Beim Erstellen einer kompetenzorientierten Lernaufgabe schlagen Müller-Hartmann und Schocker von Ditfurth vor, von einem *task-cycle,* d. h. einem Dreischritt aus sprachlicher und thematischer Vorbereitung, unterschiedlichen Teilaufgaben zur Durchführung und einer Form der Präsentation von Ergebnissen auszugehen (vgl. Müller-Hartmann / Schocker-v. Ditfurth 2010: 205). Bei der Planung sind es meist drei zentrale Komponenten, die den *task-cycle* definieren: ein für die Lerngruppe passender Text oder eine Gruppe von Texten, die zu fördernden Kompetenzen und natürlich die Lerngruppe selbst mit ihren spezifischen Anforderungen.

beim Erstellen einer Lernaufgabe zu beachten: der Text / Inhalt, die zu fördernde Kompetenz und die Lerngruppe

Die Texte sollten bestimmte Kriterien erfüllen: Sie sollten den Themen der Qualifikationsphase entsprechen, angemessen und anregend sein für die Lernenden, authentisch und, falls es mehrere sind, eine gewisse Text- und Medienvielfalt darstellen. Die zu fördernden Kompetenzen können je nach Eigenheiten der Texte und Bedarf der Schülerinnen und Schüler von der Lehrkraft gewählt werden, es können Einzelkompetenzen oder auch mehrere Kompetenzen gleichzeitig involviert werden. Das Zusammenspiel von inhaltlichen, sprachlichen, medialen Potenzialen des Textes und der bzw. den zu fördernden Kompetenzen stellt das Grundgerüst für jede Lernaufgabe dar.

Mit dem Aufgabenbeispiel *Mankind is no island* soll diese Anleitung illustriert werden. Es handelt sich um eine Lernaufgabe, die in drei verschiedenen Varianten angeboten wird. Der der Aufgabe zugrundeliegende Film besteht aus Handyaufnahmen, die in den Straßen Sydneys und New Yorks aufgenommen wurden.

das Aufgabenbeispiel Mankind is no island *illustriert den Planungsprozess mit drei Aufgabenvarianten zu einem Kurzfilm*

Es werden in allen drei Varianten die Text- und Medienkompetenz und die Kompetenzbereiche Schreiben und Sprechen angesprochen und gefördert, wobei die Sprechkompetenz etwas im Hintergrund steht, aber für die Gruppendiskussionen und die Präsentationsphasen wichtig ist.

Aus dem Zusammenspiel von Text und Kompetenzen ergibt sich in der Regel die Möglichkeit eine lebensnahe und adressatengerechte Zielaufgabe zu formulieren. Diese Aufgabe stellt den Kontext der Lernaufgabe dar, d. h. sie bietet den Schülerinnen und Schülern eine lebensnahe Situation (oder Situationen), innerhalb derer sie agieren sollen. Ihr sprachliches Handeln wird durch diesen Kontext situationsgebunden geprägt, eine authentische Sprachverwendung wird so gefördert. Da Lernende angeregt werden sollen, die Aufgabe möglichst intensiv und erfolgreich durchzuführen, sollte sie neben der möglichst lebensnahen Situation auch noch andere motivierende Elemente wie z. B. die Produktion von eigenen Texten, Filmen oder Szenarien enthalten.

wichtig für adressatengerechte Lernaufgabe: lebensnaher Text und eine möglichst authentische Situation

Die drei Varianten der Lernaufgabe stellen drei unterschiedliche Zielaufgaben vor:

Variante 1 (2_2_TMK_E_Mankind_is_no_island_Variante_1) lässt die Lernenden selbst einen Film nach der Vorlage von *Mankind is no island* drehen, damit dieser auf der Webseite einer amerikanischen Partnerschule eingestellt werden kann. Mit dieser Zielvorgabe wird ein authentischer englischsprachiger Sprachraum gewählt und ein realistischer Publikationsmodus für die selbst erstellten Filme gefunden. Neben dem Film muss ein begleitender Kommentar für die Webseite als weiteres Endprodukt angefertigt werden.

Variante 2 (2_2_TMK_E_Mankind_is_no_island_Variante_2) wählt den Kontext eines jährlichen Filmfestivals an der Schule, diesmal mit dem Titel *Urban Life*. Um in der Jury den besten Film auszuwählen, ist es nötig, den Film genau zu analysieren und in der Diskussion darüber stichhaltige Argumente für seine Wahl bereitzuhalten. Das Endprodukt besteht aus der Eröffnungsrede vor der Präsentation des Films auf dem Festival. Auch diese Aufgabenstellung ist lebensnah und schafft eine plausible Grundlage für den Umgang mit dem Text.

Variante 3 (2_2_TMK_E_Mankind_is_no_island_Variante_3) ist stark in den Kontext des täglichen Unterrichts eingebunden, denn es soll die Wirkweise verschiedener medialer Formen diskutiert werden. Ein Endergebnis der Diskussion soll die Feststellung des überzeugendsten Mediums für eine bestimmte Argumentation sein.

Konsequenz für die Unterrichts-planung: Backward planning

Nachdem Text, zu fördernde Kompetenzen und Zielaufgabe feststehen, wird der genaue Arbeitsweg der Lernenden von der Vorbereitung bis zur Präsentation geplant. Hier empfiehlt es sich rückwärts vorzugehen, von der Zielaufgabe und ihrem Endprodukt aus schrittweise zu überlegen, welches Wissen, welche Fähigkeiten und Fertigkeiten die Schülerinnen und Schüler benötigen, um das Endprodukt zu erstellen. In Einzelaufgaben bzw. in Übungsschleifen werden die einzelnen Kompetenzen gefördert oder auch sprachliche Mittel geübt, die notwendig sind, um die Aufgabe zu erfüllen. Die Lehrkraft sollte in Anlehnung an die Bedürfnisse der Lerngruppe kognitive, linguistische, textdidaktische, interaktionale und motivationale Überlegungen bei der Planung einbeziehen. Unterstützungsmaßnahmen in Form eines geeigneten *task support*, sollten an dieser Stelle ebenfalls berücksichtigt werden (vgl. Müller-Hartmann / Schocker-v. Ditfurth 2010: 205).

weitere Notwendigkeit: präzise Aufgabenstellung und klare Operatoren

Die Einzelschritte müssen in präzisen, sorgfältig geplanten Aufgabenstellungen mit aussagekräftigen, eindeutigen Operatoren ausgedrückt werden, damit die Lernenden verstehen können, welche Teilleistung sie jeweils erbringen sollen. Der häufige Einsatz der Operatoren in den Aufgabenstellungen erleichtert den Lernenden den Umgang mit ihnen. Wie ein Gerüst müssen die Aufgaben aufeinander aufbauen, um die Schülerinnen- und Schülerleistungen angemessen zu unterstützen. Dabei sollten auch sinnvolle Phasenwechsel eingeplant werden: Individuelle Denkprozesse werden z. B. in der Gruppe noch einmal diskutiert und danach überarbeitet, Schreibprodukte können im Tandem oder zu dritt gemeinsam oder gegenseitig korrigiert und dann editiert werden. Ziel des Phasenwechsels ist eine sinnvolle Einbindung von Einzel-, Partner- und Gruppenarbeit, die sich zu einem möglichst selbstständigen Arbeitsablauf ergänzen sollen.

Abgleich mit den Standards als notwendiger Planungsschritt

Zum Schluss empfiehlt es sich, die abgeschlossene Aufgabe noch einmal „vorwärts" zu überprüfen und dabei auch zu kontrollieren, welche der Standards aus dem jeweiligen Kompetenzbereich berücksichtigt wurden. Für eine Evaluation der Schülerinnen- und Schülerleistungen und/oder eine eventuelle Selbstevaluation durch die Lernenden ist die Rückbindung an die Standards unerlässlich.

Beeinflussung der Meso- und Mikroebene der Aufgabe durch finale Variante

Es wird aus dem Vergleich der drei Aufgabenvarianten zu *Mankind is no island* deutlich, dass drei sehr unterschiedliche Wege zum jeweiligen Endprodukt eingeschlagen werden. Während Variante 1 zwei aufwändige Endprodukte anstrebt, für die insgesamt 22 Einzelaufgaben benötigt werden, steuern die beiden anderen Varianten jeweils eine Filmanalyse und eine kurze Rede bzw. eine Textanalyse und eine begründete Entscheidung an, für die nicht so viele kleine Arbeitsschritte eingeplant werden müssen. Die Entscheidung über das Endprodukt beeinflusst also maßgeblich die Aufgabenstruktur auf der Meso- und Mikroebene. Alle Aufgaben benutzen zahlreiche Hilfsmittel, von denen die Lernenden zur Recherche recht selbstständig Gebrauch machen sollen. Alle drei Varianten zeigen ausführliche Gruppenarbeitsphasen, die inhaltlich und sprachlich sinnvoll sind, da jeweils die individuellen Meinungen verglichen werden sollen, um zu einer Gruppenentscheidung zu gelangen. Am Ende der Varianten 1 und 3 steht jeweils eine Präsentationsphase im Plenum. Variante 2 endet mit einem Schreibauftrag.

Die folgende Tabelle stellt alle genannten Aufgabenmerkmale im Überblick zusammen:

Variante	Endprodukt	Teil-/Einzel-aufgaben	Sozial-formen	Task Sup-port	Hilfsmittel	Operatoren
Variante 1	Film / Kommentar	1. TA: 8 Einzel-aufgaben; 2. TA: 5 Einzel-aufgaben 3. TA: 6 Einzel-aufgaben 4. TA: 4 Einzel-aufgaben	Gruppen Gruppen Gruppen Plenum	Ja	Wörterbuch, Internet, Nachschla-gewerke	1. Film analysis 2. Film production 3. Write a commentary 4. Present film and commentary (Operatoren der Einzelaufgaben vgl. 2_2_TMK_E_Man-kind_is-no-island)
Variante 2	Filmanalyse / Rede	6 Einzelaufgaben	Gruppen	Ja	Wörterbuch, Internet, Nachschla-gewerke	1. Discuss aspects etc. 2. Watch the film 3. Watch again and describe 4. Discuss 5. Decide 6. Write a speech
Variante 3	Entschei-dung, welches der drei Medien seine Bot-schaft am effektivsten vermittelt	6 Einzelaufgaben	Grup-pen / Plenum	Nein	Wörterbuch, Internet, Nachschla-gewerke	1. Read / watch your material 2. Summarize 3. Analyse 4. Write an analysis 5. Present the analysis 6. Decide and give reasons for the decision

Die Operatoren der Einzelaufgaben (für die umfangreiche Variante 1 sind aus Platzgründen in der Tabelle nur die Titel der Teilaufgaben genannt, vgl. 2_2_TMK_E_Mankind_is_no_island_Variante_1), fassen das schrittweise Vorgehen bei der Entwicklung der Kompetenzen anschaulich zusammen. Es wird deutlich, wie sorgfältig die einzelnen Arbeitsschritte vorbereitet werden, wie analysierende Aufgabenschritte in der Gruppe rückgebunden werden, wie sorgfältig darauf geachtet wurde, erstellte Teil- oder Endprodukte auch stets zu präsentieren. Obwohl der Film keine besonderen Vorkenntnisse erfordert, werden in allen drei Varianten besondere Phasen des Lernens deutlich und detailliert gelenkt.

Phasenwechsel, Lenkung und Binnendifferenzierung können je nach Endprodukt und Lerngruppe variieren

Bei Variante 1 (2_2_TMK_E_Mankind_is_no_island_Variante_1) wird vor allem die Filmanalyse in kleine Schritte aufgebrochen und stark gelenkt. Die Filmerstellung wird möglich, weil nicht alle Mitglieder einer Gruppe die notwendigen technischen Kenntnisse erbringen müssen, sondern jeweils nur ein, zwei „Spezialisten". Bei Variante 2 (2_2_TMK_E_Mankind_is_no_island_Variante_2) wird die Phase der Bewertung des Films durch entsprechende Vorgaben gelenkt, es werden sowohl ästhetische Stilelemente wie auch Bewertungskriterien vorgegeben. Es ist allerdings möglich, diese Phase auch schwieriger oder binnendifferenziert durchzuführen, indem die Lernenden selbst noch Elemente hinzufügen können. In Variante 3 (2_2_TMK_E_Mankind_is_no_island_Variante_3) werden die Arbeitsaufträge zwar schrittweise und aufeinander abgestimmt gegeben, es wird aber nicht durch Tabellen oder Listen mit Vorgaben gelenkt.

Zuordnung der Teilaufgabe zu Standards: Transparenz in Bezug auf die Lernziele und Bewertungsmaßstäbe

Die Transparenz der Lernaufgaben ergibt sich aus der genauen Zuordnung von Standards zur Aufgabe, die die zentralen Kompetenzbereiche darstellen. Mit dieser Hilfestellung werden Lernziele klar vorgegeben. So ist es der Lehrkraft zum einen möglich, die Leistungen der Schülerinnen und Schüler genau zu beurteilen, d. h. Lernfortschritte oder Lerndefizite festzustellen. Zum anderen kann aber mit einer transparenten Lernaufgabe auch die Selbsteinschätzung der Schülerinnen und Schüler gefördert werden, indem man ihnen vorab einen kurzen Diagnosebogen mit Fragen zum eigenen Leistungsstand in den relevanten Kompetenzbereichen aushändigt und sie nach Erledigung der Lernaufgabe die erbrachte Leistung mit der vorab eingeschätzten vergleichen lässt. Am besten verbindet man eine solche Selbstdiagnose mit den entsprechenden weiterführenden Lernplänen, die die Schülerinnen und Schüler daraufhin aufstellen sollten.

Variabilität von Lernaufgaben in Bezug auf unterschiedliche Lerngruppen, Lerntypen und Lernstände

Das Aufgabenbeispiel mit drei Varianten zeigt, dass Lernaufgaben methodisch sehr variabel angelegt werden können, sie können einzelnen Lerngruppen individuell angepasst und auf ihren aktuellen Leistungsstand ausgerichtet werden. Diese Flexibilität im Umgang mit Lernförderung passt sich individuellen Gruppen, aber auch individuellen Lernenden an, so dass unterschiedliche Lerntypen und Lernstände in der Klasse berücksichtigt werden können. Die Rückbindung an die Standards, die sich, wie in den Beispielaufgaben auf der DVD gezeigt, für jede Lernaufgabe empfiehlt, gibt die notwendige Sicherheit, trotz der methodischen Variabilität stets gleiche und klare Ziele vorzugeben, die die Bewertungsmaßstäbe nachvollziehbar machen.

3.1.6 Ausblick

Es ist nicht einfach, gute kompetenzorientierte Lernaufgaben zu erstellen. Daher empfiehlt sich die Arbeit in Tandems oder kleinen Gruppen. Der Erstellungsprozess mag am Anfang aufwändig sein, vieles daran wird sich aber recht schnell in eine Routine übersetzen lassen. Für die Verwendung einheitlicher Operatoren stehen z. B. Listen für Englisch und Französisch auf den Seiten des IQB zur Verfügung (z. B. https://www.iqb.hu-berlin.de/bista/abi/englisch/dokumente). Die Erfahrungen mit Lernaufgaben können ebenfalls „archiviert" werden, d. h. man notiert auf den Aufgabenblättern, wie die Schülerinnen und Schüler reagiert haben, wie erfolgreich sie eingesetzt werden konnten, zu welchen Texten und Medien sie passen und welchen Verbesserungsbedarf es eventuell noch gibt. Die Transparenz, die durch eine genaue Zuordnung von Lernaufgaben, Teil- und Einzelaufgaben zu den Standards entsteht, wird sich bei Prüfungen auszahlen. Auch bei der Bewertung und Benotung der Aufgaben zahlt sich der Aufwand der genauen Zuordnung aus, da eine transparente Bewertung einzelner Teilschritte und der Gesamtaufgabe gewährleistet ist.

gute Lernaufgaben können den Fremdsprachenunterricht maßgeblich verbessern

3.2 Umsetzung und Weiterentwicklung von Lernaufgaben

Maike Wäckerle / Hélène Martinez
Aufgabenentwicklung: Martina Adler, Ellen Butzko

3.2.1 Kompetenzorientierte Lernaufgaben und Implementation der Bildungsstandards

Bildungsstandards und Lernaufgaben

In den länderübergreifenden Bildungsstandards für die fortgeführte Fremdsprache für die Allgemeine Hochschulreife (KMK 2014) sind illustrierende Lernaufgaben enthalten, die Wege aufzeigen, wie Lernende Kompetenzen erwerben und Standards erreichen können. Bei der Umsetzung von Bildungsstandards in tägliches Unterrichtshandeln können Lernaufgaben eine Schlüsselfunktion übernehmen. Sie tragen dazu bei, den Unterricht zu strukturieren und die Lern- und Lehrprozesse überschaubar zu gestalten. Sie können bestimmte Aspekte eines zu erwerbenden Lerngegenstands fokussieren und möglichst lernwirksame Aktivitäten anstoßen, die wiederum spezifische Teilkompetenzen zugleich fordern und fördern. Somit stellen sie ein zentrales Steuerungsinstrument des Unterrichts dar. Mittels Lernaufgaben wird der Bezug von Lehrenden und Lernenden zu dem Lerngegenstand hergestellt. Die Verabschiedung der Bildungsstandards für die Allgemeine Hochschulreife wirft die Frage nach der Konzeption adäquater Lern- und Prüfungsaufgaben für die Sekundarstufe II auf, welche einen kompetenzorientierten Fremdsprachenunterricht systematisch unterstützen könnte.

Definition Lernaufgabe

Dieses Kapitel geht von folgendem Begriff kompetenzorientierter Lernaufgaben aus: Lernaufgaben zielen auf Kompetenzförderung und regen sprachliche Lernprozesse an, die für die Bewältigung der Aufgabe notwendig sind. Sie dienen der bewussten Steuerung und Unterstützung von Lernprozessen und trainieren so bestimmte Kompetenzen. Idealerweise sind Lernaufgaben in kommunikative Situationen eingebettet, die den Lernenden authentisch und relevant erscheinen (vgl. hierzu Kapitel 3.1). Das heißt, dass die zu erwerbenden Inhalte und das geforderte Sprachhandeln dabei eng mit der Realität der Lernenden außerhalb des Unterrichts verknüpft sein sollten (Siebold 2007: 63).

Aufbau des Kapitels

Der Einsatz von Lernaufgaben im Unterricht der gymnasialen Oberstufe soll in diesem Kapitel näher beleuchtet werden. Dabei gehen die Autorinnen der Frage nach, wie Lernaufgaben ihr didaktisches Potenzial im Unterricht entfalten können. Der vorliegende Beitrag betrachtet in Ergänzung der in Kapitel 3.1 dargestellten Planungsebene die Prozessebene von Lernaufgaben. Das Zusammenspiel von Lernaufgaben, Lehrenden und Lernenden im Unterricht wird in diesem Kapitel untersucht. Exemplarisch wird für die Lernaufgabe *Model European Parliament: The United States of Europe* gezeigt, wie ihre unterrichtliche Ausrichtung aussehen könnte. Aufgrund der fehlenden Empirie kann die Frage nach der Wirksamkeit von Lernaufgaben in ihrem Einsatz nur ansatzweise diskutiert, aber nicht vollständig geklärt werden. Gleichwohl werden am Beispiel der Lernaufgabe Möglichkeiten der Umsetzung genannt, die eine spracherwerbsfördernde und lernwirksame Aufgabenbearbeitung begünstigen könnten. Abschließend wird dargestellt, in welcher Weise Lernaufgaben als Instrument zur Reflexion und Weiterentwicklung des Fremdsprachenunterrichts betrachtet werden können.

3.2.2 Planungs- und Prozessebene von Lernaufgaben

Das didaktische Potenzial einer kompetenzorientierten Lernaufgabe zeigt sich erst in ihren Interaktionen im Unterricht selbst. Eine Lernaufgabe, die bestimmte Lerneraktivitäten auslösen soll, wird erst im Unterricht durch ihre Bearbeitung durch die Lernenden zur eigentlichen Aufgabe. In der Fremdsprachenforschung wird häufig zwischen *task as workplan* und *task as process* unterschieden (vgl. Legutke 2006; Ellis 2003; Breen 1987).

Task as workplan bezieht sich auf die Papierform der Aufgabe, auf die Abfolge der einzelnen Teilaufgaben, ihre intendierten Ziele und Wege der Aufgabenlösung, wie sie beispielsweise auch in elektronischer Form in dieser Publikation vorliegen. Ihr Entwurf folgt didaktischen Kriterien der Konzeption von Lernaufgaben, die folgerichtig zu einer gewissen Qualitätssicherung beitragen (vgl. hierzu Kapitel 3.1 Lernaufgaben: Definitionen, Prinzipien und Kriterien). Allerdings zeigt sich letztlich erst in der unterrichtlichen Durchführung und Auswertung der Lernaufgabe, ob die in der Aufgabe angelegte Unterstützung und Steuerung der Lernprozesse zu einem Lernzuwachs bei den Lernenden beitragen kann. *task as workplan*

Im Prozess der Aufgabenbearbeitung (*task as process*) geraten die Schüler- und Lehrertätigkeiten ins Blickfeld, die Interaktionen mit der Lernaufgabe im Unterricht. Bezogen auf die Lehrperson stellt sich die Frage nach der Art und Weise, wie Aufgabenbearbeitungsprozesse initiiert, moderiert, erklärt und ausgewertet werden. Bezogen auf die Lernenden sind die Lernprozesse von Interesse, die durch die Bearbeitung der Aufgabe bei unterschiedlichen Lernenden ausgelöst werden. *task as process*

Im Unterricht stimmen die Konzeption, also der didaktische Entwurf der Aufgabe (*task as workplan*), und ihre Umsetzung (*task as process*) nicht immer überein. Dies mag daran liegen, dass Lehrende in ihrer Unterrichtspraxis Aufgabenstellungen implizit oder explizit verändern bzw. Lernende Aufgaben anders als in ihrer Konzeption angedacht verstehen und bearbeiten. Lernende und Lehrende können Ziele und Funktionen von Aufgaben unterschiedlich interpretieren. Demnach sind die erzielten Ergebnisse der Lernenden auch im Kontext ihrer jeweiligen Interpretation der Aufgabe zu sehen. Die Ergebnisse einer Aufgabenbearbeitung durch die Lernenden sind für den Lehrenden kaum vorhersehbar (vgl. Kumaravadivelu 1991). Nach Murphy (2003: 353) ist das individuelle Ergebnis der Bearbeitung einer Lernaufgabe von der Aufgabe, der Unterrichtssituation, in *Aufgaben in der Unterrichtspraxis* der die Aufgabe ausgeführt wird, und dem individuellen Beitrag des Lernenden abhängig.

Aufgaben-
und Kompetenz-
orientierung

Erst durch das Ausführen einer Lernaufgabe im Unterricht dokumentiert sich ihre Lernwirksamkeit im Zusammenspiel mit den jeweils unterschiedlichen Lernvoraussetzungen der Gruppe. Dabei besteht der Zusammenhang zwischen Aufgaben- und Kompetenzorientierung darin, dass durch die Performanz der Aufgabenbearbeitung erkennbar wird, inwiefern Lernende über die entsprechenden Kompetenzen verfügen bzw. wo sie gefördert werden könnten. Erst durch die Bearbeitung und Reflexion solcher Lernaufgaben im Unterricht werden die erforderlichen Kompetenzen nach und nach aufgebaut und weiterentwickelt (Bechtel 2011).

3.2.3 Lehrende, Lernende und Lernaufgaben

Moderner Fremdsprachenunterricht fußt auf einem dynamischen und konstruktiven Zusammenspiel von kompetenzorientierten Aufgaben, Lehrenden und Lernenden mit dem Ziel, die mündliche und schriftliche Diskurs- und Handlungsfähigkeit der Lernenden in der Fremdsprache zu fördern. Die Steuerung der Lern- und Lehrprozesse findet im Unterricht mittels Lernaufgaben statt.

Interaktionen
zwischen
Lehrenden,
Lernenden und
Lernaufgaben

Interessanterweise ist diese Frage der Interaktion zwischen Lernenden, Lehrenden und Lernaufgaben bisher kaum empirisch erfasst worden. Aufgrund der Rückmeldungen von Lehrenden und Lernenden, die Aufgaben in ihren Kursen erprobt haben, wissen wir, dass dieselben Lern- und Prüfungsaufgaben des IQB je nach Lern- und Lehrorientierung sehr unterschiedlich hinsichtlich der Schwierigkeit, der thematischen Relevanz oder des Innovationgrades bewertet wurden. Die Akzeptanz und der wahrgenommene Nutzen einer im Unterricht eingesetzten Lernaufgabe sind immer auch als Ergebnis individueller Interpretationen der Aufgabe seitens der Lehrenden und Lernenden zu sehen, die dem postulierten Lernzuwachs der jeweiligen Aufgabenautoren ent- oder widersprechen und damit gegenläufige Handlungen bewirken können.

konstruktivistische
Perspektive

Diese unterschiedlichen Denk- und Interpretationsprozesse der Akteure werden in einem konstruktivistisch orientierten pädagogischen Ansatz in den Vordergrund gerückt. Die sozialen Interaktionen im Unterricht und die gegenseitige Beeinflussung von Individuum und Umfeld ergänzen den konstruktivistischen Blick auf den Unterricht. Im Zentrum der Betrachtung von Aufgaben steht nicht mehr nur die Lernaufgabe als Entwurf, sondern die der Aufgabenbearbeitung inhärente unterrichtliche Interaktion zwischen ihr und Lernenden und Lehrenden.

empirische Lern-
aufgabenforschung

In der deutschsprachigen Fremdsprachenforschung liegt eine Vielzahl an Publikationen vor, die Unterrichtsmaterialien zu ihrem Untersuchungsgegenstand machen. Gleichwohl werden die darin abgeleiteten unterrichtspraktischen Vorschläge nur selten von entsprechenden empirischen unterrichtsbasierten Untersuchungen begleitet. Die deutschsprachige empirische Lernaufgabenforschung steht also erst in ihren Anfängen. Erste empirische Arbeiten liegen hierzu aus der DaF-Forschung (vgl. Pesce 2010; Eckerth 2003; Schwerdtfeger 2001; Börner 2000), vereinzelt auch in der Englisch- und Französischdidaktik (vgl. Ilin et al. 2007; Murphy 2007; Kumaravadivelu 1991; Tesch 2010) vor. Gemeinsam ist den Studien, dass sie die Lernenden als reflexive Subjekte betrachten und Aufgaben nicht a priori als lernwirksam angesehen werden. Das jeweilige Erkenntnisinteresse zielt auf die Erforschung der Aufgabe und der Aktivitäten, die beim Bearbeiten und Lösen der Aufgabe im Unterricht stattfinden. Empirische Studien, die den Einsatz von Lernaufgaben in der gymnasialen Oberstufe untersuchen, sind bislang nicht bekannt. Das Defizit an empirischen Studien zum unterrichtlichen Einsatz von Aufgaben lässt sich womöglich mit der eher aufwendigen Erhebung und Auswertung empirischer Daten sowie mit der Spezifität der eingesetzten Aufgaben und des Unterrichtskontextes begründen. Die Erkenntnis, dass eine Aufgabe erst durch ihre unterrichtliche Interaktion zu einer solchen wird, scheint zunächst banal zu sein, betont aber die Notwendigkeit der Analyse dieser Interaktion.

Das im Folgenden zur Illustrierung verwendete didaktische Dreieck (in Anlehnung an Koenig 2010: 177) beinhaltet die Eckpunkte Lehrender und Lernender als Subjekte des Unterrichts und die (Lern-)Aufgabe als Objekt des Unterrichts. Es wird in den nächsten Abschnitten jeweils die Beziehung der einzelnen Kategorien zueinander dargestellt.

3.2.3.1 Lehrende und Lernaufgabe

Für die Vorbereitung des Einsatzes einer Lernaufgabe ist die eingehende Betrachtung der Lernaufgabe durch die Lehrenden ratsam. Ziel der Analyse der Lernaufgabe durch den Lehrenden ist die Erfassung der intendierten Aufgabenfunktionen und Lernziele. Die Arbeit liegt hier bei den Lehrenden in der Vorbereitung ihres Unterrichts und sieht eine Analyse, Einschätzung und ggf. eine Überarbeitung der im Unterricht einzusetzenden Lernaufgabe vor. Die Analyse konzentriert sich zuerst auf die Aufgabe selbst und lässt die Lernenden erst einmal außer Acht. *Analyse der Lernaufgabe durch den Lehrenden*

Eine Einschätzung der Komplexität und Schwierigkeit einer Lernaufgabe basiert auf der Sichtung der Aufgabenstellungen, der Stimuli (Textvorlagen wie Hör- oder Lesetexte) sowie der Wechselbeziehung von Aufgabenstellungen zu Stimuli. Durch die Analyse eines Stimulus können seine schwierigkeitsgenerierenden Merkmale rekonstruiert werden. Gehen wir beispielsweise von einer Audiodatei als Stimulus aus, dann könnten schwierigkeitsgenerierende Merkmale wie Dichte der Informationen, Sprechgeschwindigkeit, Varietäten und Dialekte, Textlänge, Anzahl der Sprecherinnen und Sprecher oder Geräuschkulisse bereits in der Vorbereitung des Einsatzes berücksichtigt und durch das Erstellen zusätzlicher Unterstützungsaufgaben kompensiert werden. *Sichtung der Stimuli und Aufgabenstellungen*

Als Kriterien für eine möglichst umfassende Analyse einer Lernaufgabe eignen sich allgemeine pädagogische Prinzipien wie z. B. intendierte Kompetenzorientierung, Transparenz, Varianz, Konsistenz, Kohärenz, Relevanz und Authentizität sowie Reflexion und Evaluation. *allgemeine pädagogische Prinzipien als Analysekriterien*

Analyseleitende Fragen könnten u. E. diesbezüglich sein:

Erwarteter Lernzuwachs (intendierte Kompetenzorientierung)	✓ Welche kognitiven Aktivitäten verlangen die einzelnen Aufgabenstellungen? ✓ Welche Teilkompetenzen eines Kompetenzbereichs (z. B. Schreibprozess) sollen gefördert werden? ✓ Welche Ressourcen (Wissen, Können und Einstellung) müssen für die Bearbeitung der einzelnen Aufgabenstellungen aktiviert werden? ✓ Welche kommunikativen Situationen werden geübt? ✓ Welche Lösungsergebnisse werden erwartet?
Transparenz	✓ Sind Aufgaben- und Lernziele in der Anlage der Aufgabe transparent?
Varianz	✓ Variieren die einzelnen Aufgabenstellungen hinsichtlich ihrer Komplexität, ihrer zugrundeliegenden Teilkompetenzen und ihrer kognitiven Herausforderungen? ✓ Werden Varianten der Bearbeitung bzw. Ansätze der Differenzierung in der Aufgabe angeboten?
Konsistenz	✓ Passen Stimuli (Textgrundlagen) und Aufgabenstellungen zueinander?
Kohärenz	✓ Sind Struktur und Aufbau der Aufgabe kohärent und stringent?
Relevanz und Authentizität	✓ Wie wird der Interessantheitsgrad der Aufgabe von den Lehrenden eingeschätzt? ✓ Haben Thematik und kommunikative Einbettung der Aufgabe einen Bezug zur außerschulischen Lebenswelt der Lernenden?
Reflexion und Evaluation	✓ Bietet die Aufgabe Raum zur Reflexion der eigenen Lernerpersönlichkeit? ✓ Sieht die Aufgabe eine Evaluation der Lernprodukte bzw. Lernprozesse vor? ✓ Wird die Aufgabe selbst zum Gegenstand und Ziel einer Evaluation?

kognitive Aktivierung

Im Sinne der Kompetenzorientierung steht bei einer Lernaufgabenanalyse die kognitive Aktivierung im Zentrum. Mittels Aufgabenstellungen soll eine aktive Auseinandersetzung mit spezifischen Lerninhalten auf einem für die Lerngruppe optimalen Niveau angestoßen werden. Lernaufgaben sollten daher eine möglichst große Verarbeitungstiefe anregen und möglichst viel Zeit zur Auseinandersetzung mit den Lerninhalten erlauben, um überhaupt Lernerfahrungen ermöglichen zu können. In den Bildungsstandards für die Allgemeine Hochschulreife werden kompetenzorientierte Lernaufgaben als Unterrichtsmaterialien betrachtet, die „aktive Lernprozesse anstoßen und diese durch eine Folge von gestuften Aufgabenstellungen steuern, die die Schülerinnen und Schüler für Probleme sensibilisieren und Kompetenzen konsolidieren bzw. vertiefen" (KMK 2014: 188). Folgerichtig ist bei der Vorbereitung der Lernaufgabe für ihren Einsatz im Unterricht darauf zu achten, dass sie für die Lernenden eine kognitive Herausforderung darstellt und von ihnen verlangt, Wissensformen und -prozesse zur Bearbeitung neuer Herausforderungen aktiv und kreativ einzusetzen.

Die Lernaufgabe sollte vor ihrem Einsatz im Unterricht hinsichtlich ihrer initiierten kognitiven Aktivitäten analysiert werden, um die Tiefe der Bearbeitung und damit ihre Eignung für den jeweiligen Kurs einschätzen und ggf. eine Veränderung bzw. Erweiterung der Lernaufgabe vornehmen zu können.

Eine Möglichkeit stellt hierfür das Lösen der Aufgaben durch den Lehrenden vorab dar. Oftmals zeigt sich dabei, welche Wissensarten und -prozesse die Aufgabenbearbeitung verlangt und welche Schwierigkeiten beim Lösen der Aufgabe auftreten können.

Kleinknecht et al. (2011) haben ein allgemeindidaktisches Analysesystem für das kognitive Potenzial von Aufgaben entwickelt, das aus den Dimensionen Wissensart, kognitiver Prozess, Wissenseinheiten, Offenheit, Lebensweltbezug, sprachlogische Komplexität und Repräsentationsformen besteht und sich auch für die Analyse von Lernaufgaben für den Fremdsprachenunterricht eignen könnte.

Analyse des kognitiven Potenzials von Aufgaben

allgemeindidaktisches Analysesystem für das kognitive Potenzial von Aufgaben

Dimensionen und Kategorien der fächerübergreifenden Aufgabenanalyse			
Dimension	**Kategorien**		
Wissensart	Fakten	Prozeduren	Konzepte	Metakognition
Kognitiver Prozess	Reproduktion	Naher Transfer	Weiter Transfer	Problemlösen
Wissenseinheiten	eine WE	bis zu 4 WE		mehr als 4 WE
Offenheit	definiert/ konvergent	definiert/ divergent		ungenau/ divergent
Lebensweltbezug	kein	konstruiert authentisch		real
Sprachlogische Komplexität	niedrig	mittel		hoch
Repräsentationsformen	eine RF	Integration		Transformation

Tab. 1: Kleinknecht et al. (2011: 334)

Im Folgenden wird anhand einer Teilaufgabe der Lernaufgabe *Model European Parliament: The United States of Europe* vorgestellt, wie die kognitiv-aktivierende Ausgestaltung der Aufgabenstellung in Anlehnung an das Analyseraster von Kleinknecht et al. (2011) eingeschätzt werden kann. Dabei werden exemplarisch die ersten zwei der insgesamt sieben Kriterien für die Analyse einer Aufgabenstellung illustriert, um einen ersten Eindruck vermitteln zu können, wie Lehrende bei der Analyse des kognitiven Potenzials einer Aufgabenstellung vorgehen könnten.

kognitiv-aktivierende Ausgestaltung der Lernaufgabe Model European Parliament

Die Lernaufgabe *Model European Parliament: The United States of Europe* (2_6_Schr_und_2_10_SLK_E_Model_European_Parliament) wurde für den Englischunterricht der gymnasialen Oberstufe entwickelt. In dieser Aufgabe werden die

Lernenden angeregt, eine Rede vorzubereiten, die sie vor dem Europäischen Jugendparlament halten sollen. Sie sollen in ihrer Rede die These unterstützen, nach der in jeder weiterführenden Schule Europas das Unterrichtsfach „Europäische Kultur und Identität" verpflichtend eingeführt werden soll. Die Aufgabe beinhaltet mehrere Teilaufgaben, die zum Verfassen und Vortragen der Rede führen. In der hier vorgestellten Aufgabe 2 (2_6_Schr_und_2_10_SLK_E_Model_European_Parliament, Part 2) sollen Lernende Merkmale einer guten Rede in eine vorgegebene Tabelle eintragen. Die Tabelle beinhaltet drei Dimensionen (*Content*, *Language* und *Delivery*). Für diese drei Dimensionen sind erste Merkmale einer „guten" Rede den Lernenden bereits vorgegeben. Sie sollen die Tabelle um weitere Merkmale ergänzen. Im Anschluss werden die festgehaltenen Merkmale mit denen des Partners verglichen und der Klasse vorgestellt. Die Aufgabenbearbeitung stellt eine Arbeitsgrundlage für die nachfolgenden Arbeitsschritte dar.

Task 2

What makes a good speech for you? List criteria in the appropriate columns of the table below. With a partner compare your findings. Present your ideas to your class.

Content	Language	Delivery
• introducing the subject	• rhetorical devices	• eye contact with audience
...	...	...

Dimension: Wissensart

Aufgabe 2 fokussiert das konzeptuelle Wissen (hier: Textsortenwissen) der Lernenden (Wissensart), das als vielfach vernetztes Begriffswissen sowohl verbalisiert als auch implizit vorliegen kann (vgl. Anderson et al. 2001). Das konzeptuelle Wissen ist dabei eng mit dem Faktenwissen verbunden. Sobald das Faktenwissen unter dem Oberbegriff „Merkmale einer Rede" subsummiert werden kann, liegt ein fachspezifisches Konzept vor, das durch bestimmte Klassifikationen und Kategorien (Sprache, Inhalt und Darstellung) gekennzeichnet ist. Fakten werden folglich nicht mehr isoliert gespeichert, sondern automatisch mit Konzepten und Begriffen vernetzt. In dieser Aufgabe handelt es sich konkret um Textsortenwissen, das Querverbindungen zu anderen Konzepten bzw. anderem Faktenwissen beispielsweise aus dem Deutschunterricht aufweist.

Dimension: kognitiver Prozess

Um die Komplexität kognitiver Prozesse einschätzen zu können, wird zwischen Aufgaben zur Reproduktion, zum Transfer und zum Problemlösen unterschieden. Bei dieser Teilaufgabe handelt es sich um eine Reproduktionsaufgabe (kognitiver Prozess), die eine Gedächtnisleistung von den Lernenden erfordert und sich auf das Faktenwissen und das konzeptuelle Wissen der Lernenden bezieht. Die Aufgabe wird ohne Textgrundlage (Stimulus) bearbeitet und verlangt keine textbasierte Transferleistung (das Anwenden von Wissen in neuen unbekannten Situationen). Die den Lernenden bereits vorgegebenen Merkmale einer guten Rede sind abstrakt und von einer exemplarischen Rede losgelöst. Eine kognitive Herausforderung könnte für die Lernenden darin bestehen, Abstraktionen zu bilden bzw. Merkmale einer der drei Dimensionen zuzuordnen. Die Dramaturgie einer Rede als Merkmal könnte beispielsweise dem Inhalt, der Sprache oder der Darstellung oder eben allen drei zugeteilt werden. Ebenso könnte die implizit der Tabelle zugrundeliegende Trennung nach dem Was (Inhalt) und dem Wie (Sprache und Darstellung) eine Schwierigkeit beim Lösen der Aufgabe darstellen.

Letztlich kann eine solche Analyse die kognitiven Schüleraktivitäten alleine nicht erfassen. Hierzu bedarf es zusätzlich an Empirie, die aufzeigen kann, wie die individuelle Aufgabenbearbeitung im Unterricht konkret erfolgt und wie sich beispielsweise Motivation, Emotion und Selbstkonzept auf diese auswirkt. empirische Klärung

3.2.3.2 Lernende und Lernaufgabe

In der gymnasialen Oberstufe verfügen Jugendliche bereits über eine langjährige schulische Erfahrung im Umgang mit Aufgaben. Sie kennen unterschiedliche Formate und Typen von Aufgaben, die in den einzelnen Unterrichtsfächern zum Einsatz kommen. Über viele Jahre hinweg haben sich Lernende eine gewisse Routine beim Bearbeiten und Lösen von Aufgaben angeeignet. Sie verfügen daher in der Oberstufe über Aufgabenwissen und Strategien der Aufgabenbewältigung, die für den Unterricht und für das individuelle Sprachenlernen stärker als bisher genutzt werden könnten. Das Potenzial von Lernenden als ernstzunehmende Akteure in der Erforschung und Verbesserung von Aufgaben und Unterricht wird in der Fremdsprachenforschung vermehrt erkannt (u. a. Meißner 2005; Weskamp 2001). Routine und Erfahrung im Umgang mit Aufgaben

Die Aufgabenanalyse durch die Lernenden findet im Unterricht meist implizit statt. Aufgaben werden im Unterricht nicht nur durch die Lernenden ausgeführt, sondern auch von ihnen interpretiert. Die Analyse der Aufgabenstellung ist a priori ein konstruktiver Prozess des Individuums. Die Lernenden erklären sich Aufgabenstellungen und konstruieren dabei ihre eigene Lernaufgabe. Dabei aktivieren sie ihre individuellen Ressourcen (Sprachwissen, Aufgabenwissen, Strategien, Einstellungen), um die Aufgabe verstehen und ihre Bearbeitung steuern zu können. Sind die Lernenden mit den jeweiligen Aufgaben- und Lernzielen vertraut, können sie die Aufgabe hinsichtlich der zu aktivierenden Ressourcen besser einschätzen. Analyse der Lernaufgabe durch die Lernenden

Die reflexive Auseinandersetzung mit Lernaufgaben im Unterricht kann die Aufgabenbewusstheit der Lernenden nachhaltig schärfen: Wenn sie verstehen, wie sie bei der Analyse der Aufgabenstellungen vorgehen können, um herauszufinden, welche Ressourcen für die jeweilige Aufgabenbearbeitung bereitzustellen Anbahnung und Förderung der Aufgabenbewusstheit

und auf welche Unterstützungsangebote zurückzugreifen sind, können sie künftig Aufgaben noch effektiver bearbeiten und mit ihrem erworbenen Aufgabenwissen ihre Lernprozesse beim Lösen von weiteren Aufgaben optimieren.

Aufgabenbeispiel zur Förderung der Aufgabenbewusstheit

Das folgende Beispiel zeigt, wie eine Sensibilisierung für die eigene individuelle Aufgabenbearbeitung aussehen könnte.

Task

You are scheduled to deliver a speech at the Model European Parliament. Your delegation has worked out a proposal that every secondary school in Europe should introduce a compulsory subject "European culture and identity". You will have to write the speech explaining your proposal and incorporating convincing arguments. Then work on the delivery of the speech.

Part 1

- *What does the complete task require you to do? List the different aspects.*
- *In which order would you like to do them?*

Die Lernenden werden zuerst mit der Gesamtaufgabe (2_6_Schr_und_2_10_SLK_E_Model_European_Parliament, Task) vertraut gemacht, die es in der folgenden Aufgabenstellung zu bearbeiten gilt. Bevor erste inhaltliche oder formale Aspekte der Rede erarbeitet werden, sollen die Lernenden zunächst die Gesamtaufgabe analysieren (*What does the complete task require you to do?*), um das Verständnis der Aufgabenstellung zu sichern und ihre individuelle Bearbeitung der Aufgabe planen zu können (2_6_Schr_und_2_10_SLK_E_Model_European_Parliament, Part 1). Sie sollen sich überlegen, was die Aufgabe konkret von ihnen verlangt und in welcher Reihenfolge sie die einzelnen Arbeitsschritte, die sie aus der Gesamtaufgabe ableiten, am besten absolvieren möchten. Die Reflexion über die Aufgabe ist folglich selbst Gegenstand und Ziel der Aufgabe. Zu dieser Aufgabe wird ein *task support* (2_6_Schr_und_2_10_SLK_E_Model_European_Parliament, Task support for Part 1) gegeben, der den Lernenden helfen kann, ihre Analyse der Aufgabenstellung zu strukturieren.

reflexive Auseinandersetzung mit Aufgaben

Die reflexive Auseinandersetzung der Lernenden mit Aufgaben kann zum einen durch den Einsatz von Aufgaben, die metakognitive Prozesse bewusst anstoßen, unterstützt werden. Zum anderen ist die Art und Weise, wie die Aufgabenbearbeitung im Unterricht durch die Lehrenden begleitet wird, entscheidend für die Entwicklung einer Aufgabenbewusstheit (*task awareness)* bei den Lernenden.

Definition Aufgabenbewusstheit

Unter Aufgabenbewusstheit wird hier die Fähigkeit und Fertigkeit der Lernenden verstanden, Aufgaben hinsichtlich ihrer Funktionen und Ziele einschätzen und analysieren, die benötigten Ressourcen zur Bearbeitung und zur Lösung der Aufgabe mobilisieren, Lernprozesse und Lernprodukte der Aufgabe evaluieren und das erworbene Aufgaben- und Lernprozesswissen in neuen Situationen anwenden zu können.

Lehrerhandeln und Sensibilisierung für Aufgaben

Als zentrale Einflussgröße für die Sensibilisierung für Aufgaben ist die Lehrperson selbst zu nennen, die durch ihren bewussten bzw. unbewussten Umgang mit Aufgaben im Unterricht auch die Praxis der Aufgabenbewältigung der Lernenden bedingt. Findet beispielsweise im Unterricht selten eine Auswertung und Bewertung von Lernprodukten durch die Lehrperson und die Lerngruppe statt, so werden Lernende in Zukunft womöglich weniger Mühe und Zeit für die Erstellung von Lernprodukten aufwenden. Die Ausbildung der Aufgabenbewusstheit bei den Lernenden kann durch die jeweilige Lehrorientierung der Lehrpersonen gefördert bzw. behindert werden. Legt eine Lehrperson in ihrem Unterricht Wert auf die Analyse von Aufgabenstellungen, führt dies möglicherweise dazu, dass die Lerngruppe Anforderungen und Ziele einer Lernaufgabe präziser und effektiver einzuschätzen lernt. Ein eher hinderlicher Faktor stellt beispielsweise die vorgegebene Geschlossenheit des Bearbeitungsweges und der Lösung einer Lernaufgabe dar. Andere Bearbeitungs- und Lösungswege (und -umwege) werden in einem solchen Unterricht nicht angestoßen, thematisiert und reflektiert. Den Lernenden werden mithin keine Angebote gemacht, originelle und kreative Zugänge der (Problem-)Lösung auszuprobieren und zu erkunden.

Die Einstellung der Lernenden zur Lernaufgabe, ihre Bereitschaft, sich mit einer Lernaufgabe sowohl sprachlich als auch inhaltlich tiefer auseinanderzusetzen, sind eng mit der im Unterricht erfahrenen sozialen Anerkennung und der Möglichkeit der Selbstbestimmung verbunden. Die individuelle Wahrnehmung von Autonomie oder Selbstbestimmung, Kompetenz oder Wirksamkeit und sozialer Eingebundenheit oder sozialer Zugehörigkeit wird in der Selbstbestimmungstheorie der psychologischen Grundbedürfnisse (vgl. Deci/Ryan 1993: 228) als Voraussetzung für das Zustandekommen intrinsischer Motivation gesehen. Wenn sich die Lernenden bei der Analyse, Bearbeitung und Evaluation von Aufgaben im Unterricht als kompetent und autonom erleben und sich im Unterricht eingebunden fühlen, kann sich intrinsische Motivation entwickeln und sich positiv auf die Aufgabenbearbeitung und den eigenen Sprachlernprozess auswirken. *(soziale Anerkennung und Motivation)*

In den Schülerrückmeldungen zu Lernaufgaben des IQB hat sich gezeigt, dass Lernende der gymnasialen Oberstufe beispielsweise die wahrgenommene Altersangemessenheit, die Authentizität der kommunikativen Situation und die Relevanz der Inhalte häufig infrage stellen. Die Lernenden verlangen Formen der Kommunikation im Unterricht, wie sie in vergleichbarer Form in der „realen" Welt vorkommen können (Wäckerle in Vorb.). Aufgaben, die Situationen und Themen ihrer außerschulischen Erlebniswelt aufgreifen, scheinen für die Jugendlichen bedeutsam und motivierend zu sein. *(Authentizität und Relevanz der Themen und Inhalte)*

3.2.3.3 Lehrende und Lernende

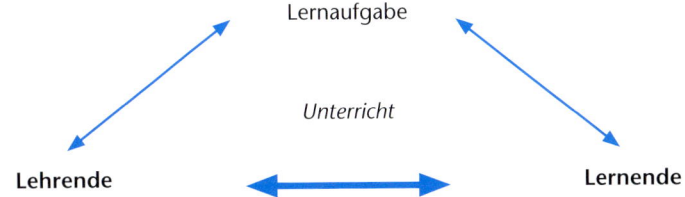

Interaktion zwischen Lehrenden und Lernenden

Im Folgenden wird die Interaktion zwischen Lehrenden und Lernenden beschrieben. Dabei rückt die Diagnose der Lernvoraussetzungen in den Mittelpunkt der Betrachtung. Dies lässt sich damit begründen, dass für die Auswahl von Aufgaben und die Vorbereitung des Aufgabeneinsatzes das Wissen der Lehrperson um die (Heterogenität der) Lernvoraussetzungen der Gruppe von zentraler Bedeutung ist. Für die Interaktion zwischen Lehrenden und Lernenden ist das Wissen um die individuellen Bedürfnisse und Dispositionen der Gruppe ebenso wesentlich. Wenn Lehrende und Lernende miteinander im Unterricht über Lernvoraussetzungen, -wege, -ziele und -aufgaben kommunizieren, können Schwierigkeiten bei der Bewältigung von Aufgaben systematisch erkannt werden. Die Unterrichtssprache und die Kommunikationsformen haben Einfluss auf die Beziehung der Beteiligten. Ein als angenehm wahrgenommenes Unterrichtsklima beruht auf einer gegenseitig ausgesprochenen und gezeigten Wertschätzung und Unterstützung.

Diagnose der Lernstände

Bei der Planung und Gestaltung von Unterricht dienen die kognitiven, sozialen und motivationalen Lernbedingungen der Lerngruppe dem Lehrenden als Orientierung für die Ausrichtung der einzusetzenden Aufgabe und die Gestaltung des Unterrichts. Die Einschätzung und Bestimmung der individuellen Lernstände gehört dabei zu seiner alltäglichen Arbeit. Nach Weinert (2000: 14f.) handelt es sich bei der diagnostischen Kompetenz

> um ein Bündel von Fähigkeiten, um den Kenntnisstand, die Lernfortschritte und die Leistungsprobleme der einzelnen Schüler sowie die Schwierigkeiten verschiedener Lernaufgaben im Unterricht fortlaufend beurteilen zu können, sodass das didaktische Handeln auf diagnostische Einsichten aufgebaut werden kann.

Durch eine möglichst präzise und fortlaufende Diagnose von Lernständen kann festgestellt werden, in welchen Kompetenzbereichen einzelne Lernende Stärken und Schwächen haben. Damit können Lernziele präziser erfasst und formuliert werden. Grundlage für das Erreichen der diagnostizierten Lernziele ist eine jeweils darauf angepasste Ausführung der Lernaufgabe im Unterricht. Eine hohe diagnostische Kompetenz des Lehrenden wird sich dann positiv auf den Lernerfolg auswirken, wenn sie mit einem bestimmten Unterrichtshandeln einhergeht, das auch geeignet ist, das Potenzial einer hohen diagnostischen Kompetenz wirksam zu nutzen (vgl. Liposwky 2006). Eine optimale Anpassung einer Lernaufgabe an eine Lerngruppe ist dann gegeben, wenn die Lernaufgabe an den aktuellen Lernstand der Gruppe anknüpft und dabei gleichzeitig darüber hinausführt (vgl. Zone der proximalen Entwicklung nach Vygotskij 1978). Lehrende sollten daher Lernaufgaben einsetzen, die für die Lernenden angemessen fordernd, also hinreichend komplex und thematisch und kommunikativ bedeutsam sind, sodass die Lernenden die Mühe ihrer Bearbeitung lohnenswert finden.

Darüber hinaus gilt es im Unterricht, die gesamte Persönlichkeit des Lernenden zu betrachten. Lernfortschritte können mithin längerfristig und im Zusammenhang mit den individuellen Lernbedingungen der einzelnen Lernenden analysiert werden. Durch einen differenzierten Blick auf die Lernenden werden sie in ihrer Unterschiedlichkeit wertgeschätzt. Eine von der Lehrperson festgestellte Sprachenvielfalt der Lerngruppe könnte beispielsweise durch den Einsatz von sprachvergleichenden Lernaufgaben im Unterricht didaktisch gezielter genutzt werden.

In einer aufgabenbasierten Interaktion spielt zudem die Sozialität des Unterrichts eine zentrale Rolle für den individuellen Fremdsprachenerwerb (Wäckerle in Vorb.). Folgt man Lipowsky (2009: 94f, so fühlen sich Lernende in einer Gruppe wohler, wenn sie die Beziehung zu anderen Lernenden und zum Lehrenden als wertschätzend und respektvoll erfahren. Auf diese Weise erleben die Jugendlichen eine starke soziale Eingebundenheit, die wiederum zu mehr Interesse und zu einer aktiven Beteiligung im Unterricht führt. Sie sind stärker motiviert zu lernen, was sich schließlich fördernd auf den eigenen Lernerfolg auswirkt. Furrer u. Skinner (2003) konnten empirisch nachweisen, dass eine gute Beziehungsqualität zwischen Lehrenden und Lernenden sich positiv auf die Lernleistung auswirkt.

Lehrende richten sich in ihrem Unterricht nicht nur an Fremdsprachenlernende, sondern an Individuen, die eigene Werte, Normen, Erwartungen, Ängste und Erfahrungen in den Unterricht mit einbringen. Die individuellen Dispositionen werden idealerweise in einer lernaufgabenbasierten Interaktion berücksichtigt. Denkbar wäre diesbezüglich der Einsatz von Lernaufgaben, die zum Ausprobieren und Erkunden neuer Lösungsansätze und -wege anregen, inhaltliche Positionierung verlangen und authentische Sprachverwendung fordern. Die Bereitschaft, sich mit Aufgaben und Themen im Unterricht auseinanderzusetzen, ist eher gegeben, wenn die Lernenden sich als Individuum ernst genommen fühlen, sich ausprobieren können und Meinungsäußerung ausdrücklich erwünscht ist (Wäckerle in Vorb.).

Aus diesem Grund sollten Lehrende in regelmäßigen Abständen Interessensgebiete der Lernenden erfragen, um die thematische Ausrichtung des Unterrichts besser an die Lebenswelt der Lernenden anpassen zu können. Ellis (2003) vertritt hierzu die These, dass der Fremdsprachenunterricht dann besonders lernfördernd ist, wenn die Lernenden die Fremdsprache als Medium der Kommunikation betrachten und der „reine" Sprachunterricht zugunsten einer thematischen Diskussion in Vergessenheit gerät.

Dieser Gedanke findet sich auch in dem Bildungsansatz des integrierten Sprach- und Fachlernens (*Content and language integrated learning* (CLIL)) wieder (vgl. Coyle et al. 2010). Kern dieses Konzeptes ist die Integration von Inhalt und Sprache in einem bilingualen Sachfachunterricht. Die Fremdsprache wird dabei nicht als Lerngegenstand, sondern als Kommunikationsmedium begriffen. Die Lernenden erleben sie in einem authentischen Kontext von realen Fragestellungen unter Anwendung von spezifischen Lern- und Arbeitstechniken (z. B. Quelleninterpretationen, Auswertung von Klimadiagrammen, Analyse von Statistiken und Grafiken, Interpretation von Karikaturen), die im herkömmlichen Fremdsprachenunterricht nicht erlernt werden.

Zusammenfassend lässt sich feststellen, dass sich Lernaufgaben und Diagnose wechselseitig bedingen. Der Leitsatz „Nach dem Einsatz einer Lernaufgabe ist vor dem Einsatz einer Lernaufgabe" verdeutlicht, dass die Diagnose der Lernziele stets mit dem Einsatz einer Lernaufgabe korrespondiert. Die Diagnose der Lernenden sollte sich dabei nicht nur auf kognitive, sondern auch auf soziale und

Marginalien:

Sozialität des Unterrichts

Lernende als eigenständige Subjekte

Fremdsprache als Medium der Kommunikation

Content and language integrated learning (CLIL)

Wechselseitigkeit von Diagnose und Lernaufgabe

motivationale Aspekte des Lernens beziehen. Die sozialen und motivationalen Aspekte des Lernens sind wiederum eng mit den Interaktionen zwischen Lernenden, Lehrenden und Lernaufgaben im Unterricht verbunden. Wertschätzung, Respekt und Vertrauen wirken sich dabei positiv auf das Unterrichtsklima bzw. die Interaktion zwischen Lehrenden und Lernenden aus.

3.2.4 Arbeiten mit Aufgaben im Unterricht

Jede Lernaufgabe fordert in ihrer Umsetzung im Unterricht didaktisch-methodische Entscheidungen des Lehrenden, die vor, während und nach dem Einsatz einer Lernaufgabe getroffen werden und im Hinblick auf das Erreichen der angestrebten Lernziele evaluiert werden können. Neben der organisatorischen, inhaltlichen und methodischen Strukturierung der Unterrichtsstunde bzw. der Unterrichtssequenz bedarf die Ausführung einer Lernaufgabe im Unterricht einer Moderation, Begleitung und Auswertung durch den Lehrenden. Eine lernförderliche Begleitung und Unterstützung der Bearbeitungsprozesse basiert dabei auf der theoretischen Analyse der Aufgabe und dem Wissen um Stärken und Schwächen jedes einzelnen Lernenden.

Das Augenmerk liegt nachfolgend auf der unterrichtlichen Umsetzung von Lernaufgaben. Exemplarisch soll an der Lernaufgabe *Model European Parliament: The United States of Europe* gezeigt werden, wie sich Lehrerhandeln und Aufgabenbearbeitung im Unterricht gegenseitig bedingen. Für die Ausrichtung der aufgabenbasierten Lehr- und Lernprozesse im Unterricht können dem Lehrenden die im Folgenden erläuterten pädagogischen Prinzipien als Orientierung dienen.

3.2.4.1 Strukturiertheit und Sequenzierung

Steuerung der Aufgabenbearbeitung und richtige Dosierung an Lernhilfen und Arbeitsschritten

Die Sequenzierung einer Aufgabe dient der Steuerung der Bearbeitung, die den Lernenden meist durch eine Abfolge der Aufgabenstellungen vorgegeben wird. Durch die Sequenzierung wird die Gesamtaufgabe (eine Rede zu verfassen und vorzutragen) unterrichtbar und die einzelnen Arbeits- und Lernschritte transparent gemacht. Für erfahrene und fortgeschrittene Fremdsprachenlernende kann auf eine Sequenzierung der Gesamtaufgabe verzichtet werden. Die einzelnen Arbeitsschritte, die zum Lösen der Gesamtaufgabe führen sollen, werden dann von den Lernenden in eigener Regie geplant und durchgeführt. Hier gilt es, das geeignete Maß an Sequenzierung und strukturierenden Lernhilfen für die Lerngruppe bzw. für die einzelnen Lernenden zu finden. Ein Zuviel oder Zuwenig an Steuerung und Lernhilfen kann sich im Unterricht negativ auf den Lernprozess und die Motivation der Lernenden auswirken (vgl. Helmke 2007).

Sequenzierung in der Lernaufgabe Model European Parliament

Die Lernaufgabe *Model European Parliament: The United States of Europe* (2_6_Schr_und_2_10_SLK_E_Model_European_Parliament) beinhaltet eine Gesamtaufgabe, die durch eine Folge von zehn Aufgabenstellungen gesteuert wird. Die einzelnen Aufgaben bauen aufeinander auf und führen vom Allgemeinen zum Spezifischen. Die Sequenzierung ermöglicht den Lernenden, sich schrittweise der Rede zu nähern, die es letztlich zu verfassen und vorzutragen gilt. Die Sequenzierung der Gesamtaufgabe, also die Abfolge der Teilaufgaben, kann je nach Lernstand, Vorwissen und Erfahrungen variiert werden. Können die Lernenden auf ein Repertoire von englischsprachigen Reden zurückgreifen und sind sie mit formalen und rhetorischen Merkmalen der Rede vertraut, so könnte im Unterricht auf die Aufgabe 2 (*What makes a good speech for you?*) und ggf. auf die texbasierten Aufgaben 3a (*Underline the words and passages in which the speaker builds rapport with his audience.*) und 3b (*Analyse the language used. What makes this speech particularly emotional?*) verzichtet werden.

Bei der Umsetzung einer Lernaufgabe ist darauf zu achten, dass die einzelnen Arbeitsschritte und Varianten deutlich markiert sind und zwischen Phasen der individuellen und kollektiven Planung, der Bearbeitung und Festigung, der Vertiefung und Transformation sowie der Auswertung und Reflexion deutlich unterschieden wird. Häufig wird bei der Aufgabenbewältigung im Unterricht zwischen drei Phasen unterschieden (vgl. Willis 1996): Strukturiertheit der unterrichtlichen Ausführung einer Lernaufgabe

- Einführung und Vorbereitung der Lernaufgabe (*pre-task-activity*)
- Ausführung der Lernaufgabe (*during-task-activity*)
- Reflexion und Auswertung der Lernprodukte und -prozesse (*post-task-activity*)

Strukturiertheit bezieht sich hier auf die unterrichtliche Ausführung einer Lernaufgabe und bedeutet eine klar erkennbare und nachvollziehbare Gliederung der Aufgabenbewältigung in einzelne Phasen des Unterrichts, in denen inhaltliche und fremdsprachliche Komponenten der Gesamtaufgabe betrachtet werden. Lernen und Behalten werden begünstigt, wenn der Lehrende die der Lernaufgabe innewohnenden Abhängigkeiten (zum Beispiel die Kohärenz der Aufgabenstellungen) beachtet und die Ausrichtung der Lernaufgabe analog strukturiert (vgl. Lipowsky 2009: 77). Das Lehrerhandeln im Unterricht sollte dabei auf die Lernziele, Methoden und Inhalte der Aufgabe abgestimmt sein.

3.2.4.2 Differenzierung

Die durch äußere Differenzierung homogenisierten Kurse der Oberstufe (meist Leistungs- und Grundkurse) weisen durchaus eine große innere Heterogenität auf, und zwar nicht nur bezogen auf das Leistungsniveau, sondern auch auf Faktoren wie Motivation, Lerntempo, Metakognition und Spracherfahrungen außerhalb des Unterrichts. Insofern sind Fragen der Differenzierung auch für die gymnasiale Oberstufe von Bedeutung. Lehrende greifen im Laufe ihrer Praxis auf ein Repertoire an Strategien der Differenzierung zurück, das nach und nach erweitert und systematisch eingesetzt werden kann. Strategien der Differenzierung können beispielsweise das Erstellen von Zusatzaufgaben für Leistungsstärkere, das Führen von Lernberatungsgesprächen mit Leistungsschwächeren oder das Bereitstellen von Unterstützungsmedien wie redaktionelle Wörterbücher, Checklisten und Redewendungen sein.

Ein gängiges Verfahren, der Differenzierung und Individualisierung gerecht zu werden und das Lernen im Gleichschritt aufzulösen, ist ein Angebot an Varianten von Aufgabenstellungen zu ermöglichen, die sich in sprachlicher und inhaltlicher Komplexität, in kognitiven Aktivitäten und in Bearbeitungsformen unterscheiden. Lernaufgaben sollten den Lernenden Raum geben, um Lerninhalte und Teilkompetenzen selbstständig vertiefen zu können, beispielsweise Angebot an Varianten durch spezifische Varianten der Unterstützung, Erweiterung und Transformation. Zudem können zur gezielten Förderung der Lernenden je nach Lernvoraussetzung auch maßgeschneiderte Lernaufgaben eingesetzt werden, die individuell oder gruppenspezifisch zu bearbeiten sind (vgl. Vollmer 2010).

geschlossene und offene Differenzierung

Entwickeln Lehrende für jeden einzelnen Lernenden gemäß den individuellen Lernvoraussetzungen passgenaue Aufgaben und Förderprogramme, ist von einer geschlossenen Differenzierung die Rede (vgl. Hußmann / Prediger 2007). Eine offene Differenzierung beruht auf der Idee, den Lernenden bei der Einschätzung seiner Leistungsfähigkeit miteinzubeziehen, um die Verantwortung für angemessene Förderung mit ihm zu teilen, indem selbstdifferenzierende Aufgaben, die eine Bearbeitung auf unterschiedlichen Niveaus und mit unterschiedlichen Zugangsweisen ermöglichen, angeboten werden. Sind Aufgaben, die im Unterricht dargeboten werden, hinreichend komplex und vielseitig, so können die Lernenden Herausforderungen entsprechend ihrer eigenen Niveaueinschätzung selbst definieren.

Wahlmöglichkeiten und *Choice-Overload* Hypothese

Allerdings kann eine mangelnde Klarheit und Strukturierung der unterschiedlichen Wahlmöglichkeiten bei den Lernenden dazu führen, dass bei der Auswahl und Bearbeitung von Aufgabenstellungen ein Leerlauf entsteht und die Lernenden nicht erkennen, welche Aufgabenstellungen und welche Textvorlagen sie in ihrem individuellen Fremdsprachenlernprozess voranbringen können. Im Sinne der *Choice-Overload* Hypothese kann ein Übermaß an Wahlfreiheiten auch zu Frustration, Unzufriedenheit und Lernabbrüchen führen (vgl. Iyengar / Lepper 2000). Aus diesem Grund sollten die Anforderungen und Lernziele der einzelnen Wahlmöglichkeiten vorab geklärt werden, damit die Lernenden eine für sie adäquate Auswahl treffen können. Überdies sollten Lehrende und Lernende in regelmäßigen Abständen überprüfen, ob das anvisierte Niveau der Aufgabenbearbeitung auch dem tatsächlichen Niveau bzw. dem Förderbedarf entspricht, um Unter- und Überforderung zu vermeiden.

Differenzierung in der Lernaufgabe *Model European Parliament*

Die Lernaufgabe *Model European Parliament: The United States of Europe* beinhaltet eine komplex gestaltete Aufgabe (das Verfassen einer Rede), die zu Beginn der Aufgabe dargestellt wird. Die weiteren Aufgabenstellungen sind dieser Aufgabe untergeordnet und dienen dazu, die für die Lösung der eigentlichen Aufgabe nötigen sprachlichen und inhaltlichen Ressourcen bereitzustellen. Der Lernaufgabe sind insgesamt drei *task supports* beigefügt, die von den Lernenden individuell als Differenzierungsangebot herangezogen werden können. Der *task support* zur Aufgabe 8 (2_6_Schr_und_2_10_SLK_E_Model_European_Parliament, Part 8) bezieht sich beispielsweise auf das Vortragen einer Rede.

Part 8

Before you start practicing the delivery of your speech, list the elements you need for a captivating speech.

Keep these aspects in mind and deliver your speech to a partner. Ask him to give you feedback on your performance.

Die Lernenden sollen zunächst Merkmale einer fesselnden (mündlich vorgetragenen) Rede auflisten, bevor sie mit dem Einstudieren einer eigenen Rede beginnen. Die Unterstützung durch das Zusatzmaterial basiert auf sieben Ratschlägen, die beim Vortragen umgesetzt werden sollten. Den Lernenden dient der Zusatz als Überprüfung bzw. als Erweiterung ihrer eigenen Auflistung von Merkmalen und anschließend als Orientierung für das Einüben der Rede. Die Bandbreite an Merkmalen, die aufgrund von unterschiedlichen Vorerfahrungen und Vorkenntnissen der Lernenden genannt werden könnten, wird durch den *task support* (2_10_SLK_E_Model_European_Parliament, Task support for Part 8) auf sieben Merkmale beschränkt. Von der unterrichtlichen Einbettung des *task support* durch den Lehrenden ist es abhängig, wie geschlossen bzw. offen die Lernenden diese Unterstützung wahrnehmen (Präsentationsnorm oder hilfreiche weiterführende Ratschläge für die Präsentation).

Task Support for Part 8: How to deliver a speech

- *Keep your hands in front of you, use hand gestures effectively.*
- *Do not fidget or make other nervous gestures with your hands.*
- *Stand up straight.*
- *Keep eye contact with your audience.*
- *Speak clearly and adjust your voice so that everyone can hear you.*
- *Do not shout. Do not speak rapidly.*
- *Use speech pauses to emphasize important points and to allow your audience to react to what you have said.*

Die Art und Weise der Bearbeitung einer Lernaufgabe durch die Lernenden kann von den Lehrenden sehr eng gesteuert bzw. offen gehalten werden. Die bereits in diesem Kapitel im Abschnitt 3.2.3.1 vorgestellte Teilaufgabe 2 (*What makes a good speech for you?*) (2_6_Schr_und_2_10_SLK_E_Model_European_Parliament, Part 2) könnte sich insbesondere für Lernende eignen, die Unterstützung in Form von Weisung und Exemplifizierung benötigen, um eigene Lernprozesse anregen zu können. Eine offenere Variante für die unterrichtliche Umsetzung wäre diesbezüglich, wenn Merkmale einer „guten" Rede in Form einer *Mind-Map* erarbeitet und dargestellt werden. Der Vorteil dieser Variante wäre, dass die Lernenden selbst Verknüpfungen, Zuordnungen und Wertungen von Merkmalen vornehmen können und sich nicht an eine vorgegebene Strukturierung halten müssten.

3.2.4.3 Produkt- und Prozessorientierung

Die Lernaufgabe *Model European Parliament: The United States of Europe* wurde so konzipiert, dass die Schülerinnen und Schüler eine Rede verfassen und dabei die einzelnen Arbeitsschritte, die zum Verfassen der Rede führen, bearbeiten. Die Umsetzung der Aufgabe kann dabei variieren: Soll das Produkt am Ende ein mündlicher Vortrag oder eine schriftliche Fassung der Rede sein oder soll bewusst der Prozess, also das Erarbeiten, Umarbeiten und Überarbeiten der Rede im Vordergrund stehen?

Produkt- und Prozessorientierung am Beispiel der Lernaufgabe *Model European Parliament*

Schreibprozess
im Fokus

Gilt Letzteres, so könnten beispielsweise differenzierte Rückmeldebögen eingesetzt und weitere auf sprachliche, textsortenspezifische und inhaltliche Aspekte bezogene Überarbeitungsschritte in Form von Checklisten und Zusatzmaterialien hinzugefügt werden. Eine Bewertung des Redemanuskripts könnte beispielsweise nicht nur durch *Peers* erfolgen, sondern auch durch den Lehrenden. Rückmeldungen, die konkrete Anmerkungen enthalten, sich auf bestimmte Merkmale des Textes beziehen und explizite Verbesserungsvorschläge beinhalten, sind zwar zeitaufwendig aber unerlässlich, wenn eine Überarbeitung von Texten im Sinne einer qualitativen Verbesserung des Textes intendiert ist.

Sprechprozess
im Fokus

Soll hingegen die Umsetzung der Aufgabe mehr auf den Sprechprozess fokussieren, könnten erste Übungsrunden mit kurzen Sprechbeispielen innere Unsicherheiten der Lernenden überwinden helfen. In einem weiteren Schritt könnten einzelne Passagen der Rede vorgetragen, daran anschließend (und als weitere Lernübung zu verstehen) Feedback der Zuhörer gegeben werden (Ich-Botschaften kurz und konkret formulieren, sich dabei auf bestimmte Aussagen und Gesten beziehen, dabei auch die Intonation und Aussprache berücksichtigen und konkrete Verbesserungsvorschläge nennen). Anschließend kann die gesamte Rede erst alleine und dann vor der Klasse geübt und das Feedback der anderen ggf. anhand von Videoaufzeichnungen validiert bzw. relativiert werden. Eine solche prozessorientierte Umsetzung konzentriert sich stärker auf den Lernenden und seinen Fremdsprachenlernprozess. Der Lernende soll durch Aufgaben dazu geführt werden, seine individuelle Aufgabenbearbeitung und seinen eigenen Sprachlernprozess zu reflektieren und sich personen-, aufgaben-, und strategiebezogenes (Meta-)Wissen anzueignen.

Schreib- bzw.
Sprechprodukt
im Fokus

Eine eher produktorientierte Umsetzung dieser Aufgabe bietet sich dann an, wenn die Lerngruppe bereits auf eigene Schreib- und Sprecherfahrungen und eigenes Wissen in Bezug auf das Verfassen und Vortragen von Reden zurückgreifen kann. Auf die explizite Nennung der einzelnen vorbereitenden Arbeitsschritte kann verzichtet werden, schließlich steht das Produkt und nicht der Weg dorthin im Vordergrund. Das Produkt kann in dieser Aufgabe das Redemanuskript oder die vorgetragene Rede selbst sein. Für die Auswertung des Produkts sollten präzise Kriterien vorliegen bzw. erarbeitet worden sein, anhand derer die Rede in schriftlicher oder mündlicher Form analysiert und bewertet werden kann. Durch die Auswertung der Lernergebnisse kann für den Lehrenden und Lernenden erkennbar werden, über welche Teilkompetenzen der Schreib- und Sprechkompetenz er bereits verfügt und welche Teilkompetenzen im künftigen Unterricht noch gezielter zu fördern sind.

3.2.4.4 Klarheit

Klarheit des
Unterrichts

Die Klarheit des Unterrichts manifestiert sich im Lehrerhandeln beispielsweise durch eine klare Lehrersprache, eine transparente Darstellung der Lernziele und -inhalte, eine Beschränkung auf das Wesentliche sowie eine Betonung und Zusammenfassung zentraler Inhalte und Ergebnisse (vgl. Lipowsky 2009: 86). Empirische Studien konnten immer wieder belegen, dass sich die Klarheit des Unterrichts positiv auf den Lernerfolg und die Zufriedenheit der Lernenden auswirkt (vgl. Rodger et al. 2007; Chesebro/McCroskey 2001).

Unter Klarheit der Lehrersprache wird die sprachlich verständliche und prägnante, inhaltlich kohärente und fachlich korrekte Darstellung von Informationen im Unterricht verstanden (vgl. Helmke 2007). Durch die Wahrnehmung und Verarbeitung der sprachlichen Äußerungen des Lehrenden werden Lernprozesse auf der Schülerseite angebahnt. Lernen setzt Verständnis voraus. Bei der unterrichtlichen Gestaltung einer Lernaufgabe ist also darauf zu achten, dass die Lerninhalte und -ziele den Lernenden verständlich, prägnant, kohärent und korrekt vermittelt werden. Der Lehrende kann durch Beispiele, Beschreibungen, Analogien und Metaphern schwierige Lerninhalte veranschaulichen. Überdies kann sich die Verwendung und Verbindung unterschiedlicher Darstellungsarten positiv auf das Verstehen der Inhalte auswirken. (vgl. Lipowsky 2009: 86). Klarheit der Lehrersprache

Klarheit in der Moderation einer Lernaufgabe kann zu einer bewussten und aktiven Aufgabenbearbeitung führen und sich positiv auf die Motivation der Lernenden auswirken. Dörnyei (1994: 278) weist auf die unterrichtliche Präsentation der Aufgabe hin, die motivationsfördernd erfolgen kann: Klarheit in der Moderation einer Lernaufgabe

> Task presentation: efficient teachers call students' attention to the purpose of the activity they are going to do, its potential interest and practical value, and even the strategies that may be useful in achieving the task, thus raising students' interest and metacognitive awareness.

Besteht für die Lernenden Klarheit über die Aufgabenziele, also die Anforderungen und Erwartungen der Aufgabe, so können sie im Anschluss an die Bearbeitung der Aufgabe ihre eigenen Lernergebnisse und -prozesse bezüglich der an sie gestellten Anforderungen gezielter evaluieren. Sind den Lernenden Ziele und Nutzen ihres Arbeitsaufwandes klar und können sie diesen auch zustimmen, werden Arbeitsaufträge vermutlich erfolgreicher umgesetzt. Klarheit über die Aufgabenziele

Aus den Rückmeldungen der Lernenden im Rahmen der Erprobungen von Aufgaben des IQB ist ersichtlich, dass die Sinnhaftigkeit einzelner Aufgaben für die Lernenden nicht immer nachvollziehbar ist. Kann die Intention der Aufgabe den Lernenden plausibel erklärt und mögliche außerschulische Anwendungssituationen des in der Aufgabe fokussierten Kompetenz- und Wissenserwerbs skizziert werden, nimmt die Akzeptanz und Motivation der Lernenden zu, sich auf Arbeitsaufträge einzulassen und diese zu bearbeiten. Beinhaltet eine Aufgabe, die im Unterricht eingesetzt wird, Varianten, die unterschiedliche Schwierigkeitsgrade aufweisen, so sollte gewährleistet sein, dass der jeweilige Schwierigkeitsgrad der einzelnen Aufgabe den Lernenden bekannt ist und als Orientierung für die Einschätzung des eigenen Bearbeitungsniveaus herangezogen werden kann. Transparenz und Nachvollziehbarkeit

3.2.4.5 Evaluation

Aufgaben können im Unterricht mit unterschiedlichem Augenmerk evaluiert werden. Dabei muss der Lehrende vorab überlegen, was genau er wie im Unterricht evaluiert haben möchte. Die Lernaufgabe selbst kann Ziel und Gegenstand einer Evaluation sein. Eine Aufgabe, die im Unterricht bearbeitet worden ist, kann z. B. von den Lernenden und Lehrenden hinsichtlich ihrer Verständlichkeit, Praktikabilität, thematischen Relevanz und Schwierigkeit bewertet werden. Festlegung der Ziele einer Evaluation

Aufgabenevaluationen können im Unterricht wertvolle und verwertbare Ergebnisse liefern, wenn die anvisierten Lernziele der Aufgabe vor ihrem Einsatz transparent gemacht worden sind und die Evaluation sich auf einen klar definierten Bereich der Aufgabe bezieht, zum Beispiel auf die Tiefe der inhaltlichen Bearbeitung. Eine konstruktive Evaluation von Lernaufgaben orientiert sich an Kriterien und nimmt Bezug auf eine bestimmte Lernaufgabe bzw. auf eine einzelne Aufgabenstellung. Sie ermöglicht es, künftige Lernaufgaben und Lern- und Lehrprozesse zu optimieren und den Fremdsprachenunterricht langfristig und nachhaltig zu verbessern. Dies setzt allerdings eine gewisse *task awareness* der Lernenden voraus, welche bereits im Unterricht der Sekundarstufe I durch angeleitete Analysen und Auswertungen von Aufgaben trainiert werden kann.

Formate und Formen der Evaluation

Für die Evaluation einer Lernaufgabe im Unterricht bieten sich unterschiedliche Formate und Formen an (vgl. hierzu Kapitel 3.3). Lernaufgaben können im Unterricht in offenen und geschlossenen Formaten, individuell und kollektiv und in schriftlicher bzw. mündlicher Form evaluiert werden. Erhebungsinstrumente zur Evaluation von Lernprodukten, -prozessen und -aufgaben können diesbezüglich Fragebögen, Befragungen, Unterrichtsgespräche oder Analyseraster sein. Eine Evaluation sollte den Lernenden immer auch Freiräume geben, in denen sie ihre Einschätzungen und Wahrnehmungen ausführen und begründen können.

Evaluation in der Lernaufgabe Model European Parliament: The United States of Europe

In der Lernaufgabe *Model European Parliament: The United States of Europe* wird in der abschließenden Aufgabe 10 (2_6_Schr_und_2_10_SLK_E_Model_European_ Parliament, Part 10) von den Lernenden verlangt, dass sie ihre ursprünglich angedachte Planung der Arbeitsschritte in der Aufgabe 1 mit dem durchgeführten Bearbeitungsprozess abgleichen und dabei auswerten, welche Änderungen sie für künftige Aufgaben dieser Form vornehmen würden.

Part 10

You made a plan in part 1. Did you adhere to it? If you had to write another speech, what changes would you make to your plan?

Die Evaluation bezieht sich auf den eigenen Bearbeitungsprozess (Ist-Zustand), der anhand der eingangs festgelegten Planung (Soll-Zustand) reflektiert werden soll. Die Lernenden werden angeregt, ihr eigenes Planen und Handeln zu reflektieren. Letztlich geht es auch darum, wie Aufgaben dieser Art, die das Verfassen einer Rede verlangen, künftig allgemein bewältigt werden können. Insofern werden auch die einzelnen Arbeitsaufträge der Aufgabe analysiert und reflektiert, um daraus Konsequenzen für die zukünftige Lösung vergleichbarer Aufgaben ziehen zu können. Die Evaluation von Aufgaben verlangt von den Lernenden eine retrospektive Kontrolle der Lernwirksamkeit und initiiert daher eine reflexive Auseinandersetzung mit der Aufgabe und dem eigenen Bearbeitungsprozess. Dadurch wird das in der Aufgabenbearbeitung erworbene Wissen reaktiviert, was seine Speicherung im Langzeitgedächtnis begünstigen könnte. Die individuelle Bearbeitung der Aufgabe wird damit selbst zum Reflexionsgegenstand erhoben.

3.2.5 Lernaufgaben als Instrument für die Weiterentwicklung des Fremdsprachenunterrichts

Die Erstellung, Durchführung und Auswertung von Lernaufgaben findet in der Unterrichtspraxis meist durch eine einzelne Lehrperson statt. Fachkolleginnen und -kollegen werden im Schulalltag selten in Prozesse der Aufgabenentwicklung miteinbezogen. Dabei könnte das individuelle professionelle Handeln der Lehrenden durch eine theoretische und praktische Auseinandersetzung mit kompetenzorientierten Aufgaben im Fachkollegium reflektiert und optimiert werden. DuFour und Eaker (1998) sehen im Professionsverständnis der Lehrtätigkeit die Notwendigkeit begründet, die eigene Unterrichtspraxis fortlaufend zu reflektieren und die Unterrichtsqualität zu optimieren.

Diese Vorstellung vom „Lehren als Lernen" ist eng mit der Einrichtung so genannter „Professioneller Lerngemeinschaften" (PLG) verbunden. In der Schulwirkungsforschung wird unter dem Begriff der „Professionellen Lerngemeinschaften" eine engagierte Arbeitsgruppe von Lehrenden verstanden, die immer wieder Möglichkeiten zur Verbesserung ihrer Unterrichtspraxis sucht, Wissen untereinander austauscht und Neuerungen im Unterricht anwendet, systematisch erprobt und reflektiert (Hord 1997). Empirische Befunde aus der angelsächsischen Schulentwicklungsforschung zeigen, dass es zwischen der Ausbildung Professioneller Lerngemeinschaften und der Erhöhung der Effektivität schulischen Unterrichts, d. h. einer Verbesserung von Schülerleistungen, einen Zusammenhang gibt (vgl. Rosenholtz 1991; Hord 2004).

Lehren als Lernen – Professionelle Lerngemeinschaften

Bezogen auf den Einsatz von kompetenzorientierten Aufgaben im Unterricht der gymnasialen Oberstufe können Aufgaben in Professionellen Lerngemeinschaften (z. B. im Fachkollegium Französisch oder Englisch) gemeinsam entwickelt, erprobt und reflektiert werden. In einer regelmäßig stattfindenden Arbeitsgruppe können fachinhaltliche und fachdidaktische Fragen behandelt und ein fremdsprachenspezifisches Professions- und Aufgabenverständnis (weiter-)entwickelt werden. In der Gruppe als sozialem Raum zeigt sich möglicherweise eine größere Bereitschaft an der Konzeption von Aufgaben mitzuwirken und diese als Lehrperson auch mitzutragen. Mit der Zeit kann so ein Pool an Lern- und Prüfungsaufgaben entstehen, auf den das Fachkollegium künftig zurückgreifen kann. Durch das gemeinsame Entwickeln, Erproben und Auswerten von Lernaufgaben, durch gegenseitige Unterrichtsbesuche und das Aushandeln und gemeinsame Akzeptieren neuer Ansätze für den Unterricht können Veränderungen von Handlungsroutinen angestoßen werden. Ein angenehmes und kollegiales Arbeitsklima bietet auch die Gelegenheit, fachbezogene Rückmeldung und Beratung zur individuellen Lehrerarbeit zu bekommen.

Austausch und Beratung in PLG

Die Betrachtung von kompetenzorientierten Lern- und Prüfungsaufgaben scheint auch für die Lehrerbildung (Aus-, Fort- und Weiterbildung) interessant zu sein. Eine nachhaltige und erfolgreiche unterrichtliche Umsetzung von Bildungsstandards in Form von Lern- und Prüfungsaufgaben setzt die Förderung und Weiterentwicklung der Aufgabenbewusstheit von sowohl angehenden wie auch bereits praktizierenden Lehrenden voraus. Im Rahmen von Seminaren und Veranstaltungen der Lehrerbildung kann eine fachdidaktisch angeleitete und begleitende Analyse, Umsetzung und Evaluation von Lern- und Prüfungsaufgaben

Lernaufgaben und Lehrerbildung

dazu beitragen, dass Lehrerinnen und Lehrer die von ihnen im Unterricht eingesetzten Aufgaben vor dem Hintergrund der jeweils intendierten Kompetenzförderung reflektieren.

Bezug zum Unter-
richtshandeln

Wenn Lern- und Prüfungsaufgaben in der Lehrerbildung nicht nur losgelöst
als ein pädagogisch-fachdidaktischer Ansatz thematisiert, sondern auch in die
Unterrichtspraxis eingebunden werden, kann Aufgabenbewusstheit gezielt erfahren und gefördert werden. Der Bezug zum Unterrichtshandeln kann durch
Erproben und gemeinsames Auswerten von Lernaufgaben bzw. durch metakom-
munikative und reflexive Phasen der Auseinandersetzung mit dem eigenen Lehrerhandeln hergestellt werden. (vgl. Gräsel et al. 2006: 547 f.). Lehrende sollten
ermutigt werden, das didaktische Potenzial ihrer Aufgaben zu analysieren bzw.
hierfür Analyseinstrumente zu entwickeln, um schließlich Aufgaben der eigenen
Lehr- und Lernsituation noch besser anpassen zu können. Für eine begleitende
und praxisorientierte Evaluation von Aufgaben im Rahmen einer Fortbildung
eignet sich die gemeinsame Sichtung und Auswertung von Schülerprodukten
bzw. Daten aus Rückmeldebögen zu Aufgaben, die im Unterricht ausgeführt worden sind.

Zusammenfassung
und Ausblick

Die hier beschriebenen Möglichkeiten der professionellen Auseinandersetzung mit Lernaufgaben verdeutlichen, dass Lernaufgaben als Instrument für die
Weiterentwicklung des Fremdsprachenunterrichts betrachtet werden können.
Das forschende Lehren und Lernen könnte eine kritisch reflektierte Implemen-
tierung der kompetenzorientierten Aufgaben für die gymnasiale Oberstufe unterstützen und damit neue Impulse für die bestehende Aufgabenkultur der gymnasialen Oberstufe geben.

Die Erforschung der aufgabenbasierten Interaktionen im Unterricht ist auf
eine enge Zusammenarbeit zwischen Lehrenden und Forschenden angewiesen.
Denn Interaktionen zwischen Lehrenden, Lernenden und Lernaufgaben können
am besten erforscht werden, wenn sie dort beobachtet werden, wo sie auftreten,
also im Unterricht selbst. Eine systematische Beschreibung und Analyse dieser
Interaktionsprozesse kann wissenschaftliche Erkenntnisse und pädagogisches
Handlungswissen in Bezug auf die Lernwirksamkeit von Aufgaben erzeugen. Für
die Lehr-Lern-Ebene im Unterricht gilt, dass sich die Qualität einer Lernaufgabe
erst in der Prozessqualität des Unterrichts dokumentiert (vgl. Klieme / Rakoczy
2008: 223). Für die qualitative Weiterentwicklung von Lernaufgaben kann also
eine stärker auf die unterrichtliche Ausführung ausgerichtete Analyse und Evaluation von Lernaufgaben wertvolle Erkenntnisse liefern, die wiederum zu einer
Optimierung der Lehr- und Lernprozesse im Unterricht führen können.

Im Rahmen der Lehrerbildung sollte die Entwicklung von Aufgabenbewusstheit weiter gefördert werden, mit dem Ziel, angehende wie praktizierende Lehrende zu einem reflexiven und kritischen Umgang mit Aufgaben zu befähigen.

3.3 Evaluation und Lernaufgaben

Hélène Martinez / Maike Wäckerle / Bernd Tesch
Aufgabenentwicklung: Rolf Beck, Jessic Bial, Eva Gebauer,
Jochen Roebers, Thomas Schmidt, Claudia Steffen, Hanno Werry

In Folge der Kompetenz- und Aufgabenorientierung sind neue Instrumente zur Weiterentwicklung von Prüfungen und Bewertungen entstanden, die zu einer neuen Evaluationskultur beigetragen haben. Zu den neuen Instrumenten zählen im Bereich der Fremdsprachen der Gemeinsame europäische Referenzrahmen (Europarat 2001, abgek. GeR), speziell die Deskriptoren zu den Niveaustufen, das *Manuel pour relier les examens au CECR* (Conseil de l'Europe 2003), das Europäische Portfolio der Sprachen, der Referenzrahmen für Plurale Ansätze zu Sprachen und Kulturen (RePA) (Candelier et al. 2007) sowie national und international anerkannte Zertifikate (DELF/DALF, Cambridge ESOL, TOEFL).

neue Evaluationskultur

,Neue Evaluationskultur' beinhaltet, dass diese Instrumente in ihren komplementären pädagogischen Funktionen eingesetzt werden (vgl. auch Christ 2003) und ist insbesondere durch folgende Aspekte gekennzeichnet:
- die Bezugnahme auf die Deskriptorenlisten des GeR und des RePA
- die Verwendung von Kriterienrastern und kriterienorientierten Werkzeugen
- die Entwicklung formativer (Selbst- und *Peer-*)Evaluationsinstrumente (Huver/Springer 2012: 202)

Im Folgenden soll gezeigt werden, wie Lernaufgaben einen Beitrag zur neuen Evaluationskultur leisten können. Bevor dies mit konkreten Beispielen illustriert wird, soll zunächst das Konzept der Evaluation bzw. der Leistungsbeurteilung spezifiziert sowie auf Merkmale von *Feedback* eingegangen werden.

3.3.1 Formative und summative Evaluation

In der Fremdsprachendidaktik wird der Begriff der Evaluation meist als Oberbegriff für alle Formen der Diagnose und Überprüfung verwendet. Erst in jüngerer Zeit wird auch der Begriff der Diagnose bzw. der Diagnostik verwendet, z. B. im Zusammenhang mit Diagnosekompetenz, Diagnoseaufgaben und Unterrichtsdiagnostik. Häufige Verwendungen des Begriffs der Evaluation in den Fremdsprachendidaktiken betreffen die summative und die formative Evaluation von Lernergebnissen sowie die Selbst-, Fremd- und *Peer-*Evaluation. Im Verlauf des Kapitels wird auf die Differenzierungen näher eingegangen, zunächst werden jedoch zwei zentrale Evaluationsformen unterschieden, die auf unterschiedliche Ziele fokussieren: formative und summative Evaluation.

formative Evaluation

Formative Bewertung ist ein Evaluationsvorgang, der während des Lernprozesses vorgenommen wird. Die Ergebnisse werden wie in einem Regelkreis an die Schülerinnen und Schüler zurückgemeldet, um daraus unmittelbar Maßnahmen zur weiteren Lernsteuerung abzuleiten (vgl. Porsch et al. 2010: 289). Ziel der formativen Evaluation ist es, Lehrende und Lernende zu informieren, um es ihnen zu ermöglichen, den Lehr- bzw. Lernprozess zu regulieren und zu optimieren (vgl. Huver / Springer 2011: 99). Sie wird „kontinuierlich und prozessorientiert in den Unterricht integriert" (Grotjahn 2008: 181).

summative Evaluation

Summative Evaluation erfolgt im Gegensatz zur formativen Evaluation „nach Abschluss eines Lernzyklus und dient infolgedessen nicht zur Optimierung eines laufenden Lernprozesses, sondern als Vergleichsgrundlage" (vgl. Porsch et al. 2010: 298). Ziel summativer Bewertungsverfahren ist es, Lernstände an bestimmten Schnittstellen zu erheben (z. B. Lernstandserhebungen der Länder in der 8. Jahrgangsstufe) oder Lernergebnisse am Ende einer bestimmten Lernphase zu ermitteln (z. B. Noten am Ende eines Halbjahres oder Schuljahres, vgl. Grotjahn 2008: 181). Summative Evaluation ist in der Vergangenheit im Rahmen der sogenannten *Output*-Orientierung verstärkt in den Blick geraten, was Befürchtungen weckte, die Lernprozesse könnten dadurch weniger Beachtung finden.[1]

Schlüsselfaktoren der Beurteilung und Förderung von Lernprozessen

Wenn auch in der Praxis verbreitet, ist eine schematische Trennung zwischen diesen Formen nicht haltbar. Nach Taras (2005) beinhaltet formative Beurteilung immer auch eine vorlaufende summative Beurteilung, die explizit oder implizit sein kann. Nach Smit (2009: 33) besteht

> kein Gegensatz zwischen formativer und summativer Beurteilung, beides sind Prozesse der Urteilsbildung. Die formative Beurteilung hat [dabei: HM] eine zusätzliche Komponente. Der Gegensatz besteht vielmehr in der Funktion der Beurteilung, welche sich in den Begriffen selektiv und förderorientiert widerspiegelt.

Das Portfolio der Sprachen ist beispielsweise ein Instrument, welches beide Formen von Evaluation unterstützen kann. Wichtig erscheint, dass die Ziele der Evaluation auf Seiten der Lehrenden wie der Lernenden bewusst sind.

Nach Dochy und Nickmans (2005: 12 zitiert nach Smit 2009: 32) sind die folgenden fünf Schlüsselfaktoren der Beurteilung für die Förderung von Lernprozessen und die Entwicklung des Wissens bedeutsam:

- „das den Schüler/innen [zur-Verfügung-Stellen] von effektivem *Feedback*
- das Entwickeln von Verantwortungsübernahme seitens der Schüler/innen für ihr eigenes Lernen
- die Abstimmung des Unterrichts auf die Ergebnisse von (formativer) Beurteilung
- das Erkennen des starken Einflusses, welche Beurteilung auf die Motivation der Lernenden haben kann und damit verbunden die Bedeutung des Selbstwertgefühls sowie des Wohlbefindens der Lernenden, welche ebenfalls den Lernprozess beeinflussen

---

[1] Summative Evaluation kann beträchtliche Rückwirkungen auf den Lehr-Lernprozess haben, und Kritiker sehen eine Gefahr, dass der Fremdsprachenunterricht auf das Training messbarer Kompetenzen (*teaching to the test*) reduziert werden könnte.

• und das Bedürfnis der Lernenden, sich selber zu beurteilen, zu verstehen, wie sie ihre Leistungen verbessern können, um damit Einfluss zu nehmen auf ihre Entwicklung" (ebd. 2005: 12)

3.3.2 Das WAS / WER / WIE der Evaluation

Der selbstständige Umgang mit Evaluation erfordert, dass man sich ihrer Komponenten bewusst wird. Das folgende Schaubild (Koenig 2000: 5 nach Estaire/ Zani 1994: 36) zeigt, wie differenziert sich Evaluation aufgliedern lässt:

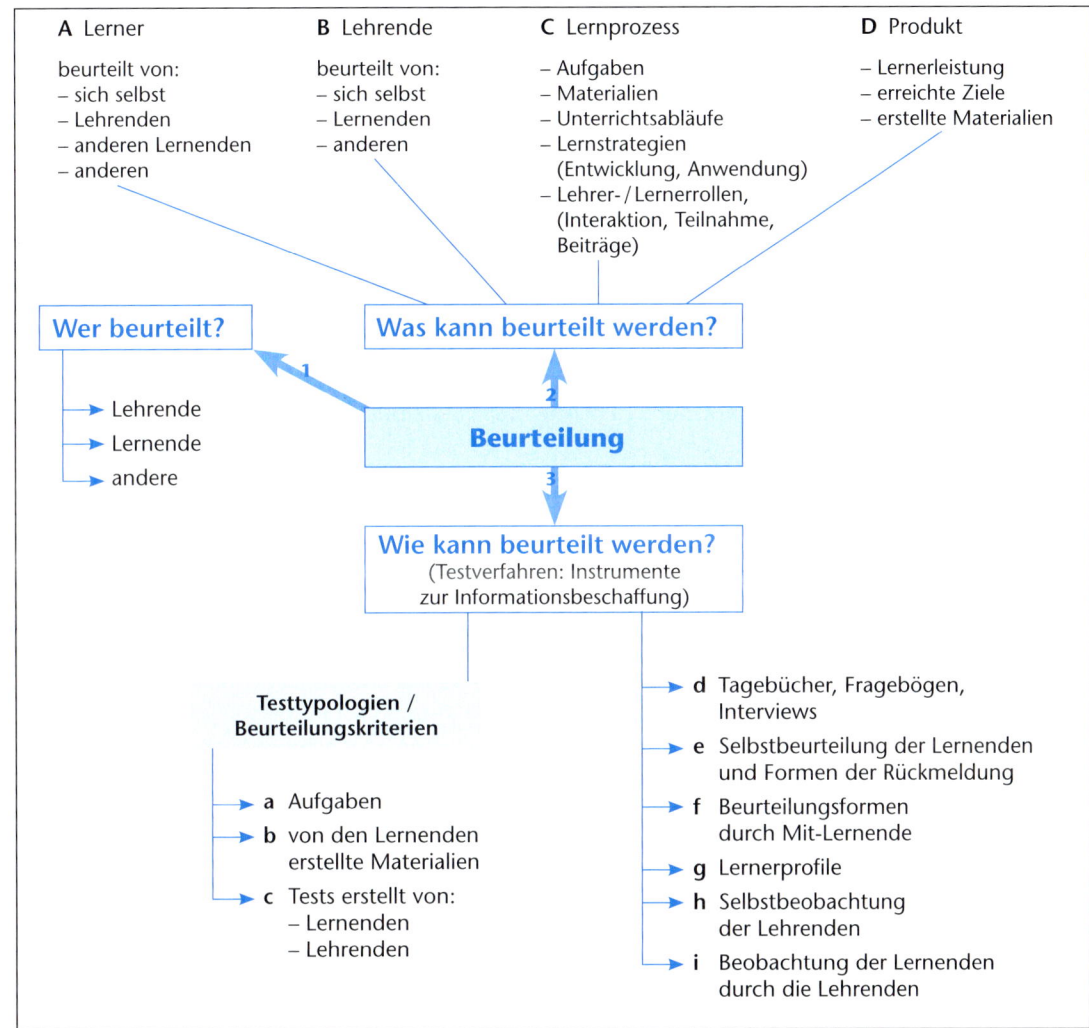

Abb. 1: *Differenzierung von Evaluation in Anlehnung an Estaire/Zanón (1994: 36).*

Mit Rückgriff auf dieses Modell soll auf folgende Fragen eingegangen werden:
a) Was kann evaluiert werden?
b) Wer kann evaluieren?
c) Wie kann evaluiert werden?

a) Was kann evaluiert werden?

Produktevaluation

Evaluation fokussiert im schulischen Fremdsprachenunterricht auf die Lernleistungen der Schülerinnen und Schüler bzw. auf die Beurteilung von einzelnen Kompetenzen. Es wird in diesem Zusammenhang von Produktevaluation gesprochen.

Prozessevaluation
Aufgabenevaluation

Beim Fremdsprachenlernen geht es allerdings nicht nur um Endprodukte, sondern auch um Lernwege und den Lernprozess, die ebenfalls evaluiert werden können. In diesem Zusammenhang spielen Lernaufgaben eine besondere Rolle, denn sie beinhalten u. a. Aufgabenstellungen, die die Evaluation von Prozessen in den Fokus stellen. Wie im Kapitel „Sprachlernkompetenz" (Kapitel 2.10) erläutert, ist es wichtig, dass Schülerinnen und Schüler sich während der eigenen Lerntätigkeit in den drei Phasen Planung, Durchführung und Bewertung selbst kontrollieren und die Effizienz ihrer eingesetzten Strategien prüfen. Darüber hinaus sollten sie kontrollieren, welche Rolle sie selbst im Lehr- und Lernprozess einnehmen. Reflexionsansätze zum eigenen Rollenverständnis spielen nicht nur in der Sekundarstufe I (Martinez 1998), sondern auch in der Sekundarstufe II eine entscheidende Rolle und tragen dazu bei, dass Lernende sich als aktive Subjekte des Lehr- und Lernprozesses begreifen. Dieses Ziel kann im Rahmen von Lernaufgaben auf zweierlei Art erreicht werden, nämlich durch prozessfokussierte Teilaufgaben wie auch durch Teilaufgaben, die dazu auffordern, die Qualität der Aufgabe in Bezug auf den eigenen Lernbedarf zu evaluieren. Dieser Aspekt hat allerdings bisher in Theorie und Praxis noch wenig Berücksichtigung erfahren.

b) Wer kann evaluieren?

externe und interne
Evaluation

Diese Frage erlaubt eine Differenzierung zwischen externer und interner Evaluation. Bezogen auf das Kriterium der Zugehörigkeit zur Lehr-/Lerngemeinschaft im engeren Sinne (Klasse, Lerngruppe, Kurs) bezeichnet ‚externe' Evaluation diejenige, die von Personen durchgeführt wird, die sich außerhalb der Schule befinden (z. B. bei Zertifikatsprüfungen wie Cambridge ESOL, TOEFL, DELF/DALF) und ‚interne' Evaluation die Evaluation durch die Lehrperson oder durch die Lernenden selbst (Huver/Springer 2012). Dabei wird gewöhnlich zwischen Fremd-, Selbst- und *Peer*-Evaluation unterschieden. Die Grenzen zwischen interner und externer, Fremd-, Selbst- und *Peer*-Evaluation sind fließend und führen zu unterschiedlichen Mischformen.

interne Evaluation:
Fremd-, Selbst- und
Peer-Evaluation

Selbstevaluation

Im Unterricht der gymnasialen Oberstufe ist die Übernahme der Evaluation durch den Lernenden selbst von großer Bedeutung. Lebenslanges selbstreguliertes Lernen wird gefördert, wenn Schülerinnen und Schüler ihre Stärken und Schwächen selbst ermitteln, ihre Sprachlernerfahrungen dokumentieren, ihre Lernprozesse und Lernergebnisse kritisch reflektieren und selbst bewerten. Dabei wird „Steuerungswissen" (Bastian 2007, zitiert nach Saldern 2011: 136) aufgebaut, das für die Entwicklung der Sprachlernkompetenz unerlässlich ist (vgl. Kapitel 2.10; Standard 3).

Selbstevaluation wird als „*the pivot of learner autonomy*" (Dam 1995: 49) bezeichnet. Die Ergebnisse der (Selbst-)Evaluation führen zur Planung weiterer Lerninhalte, wie das folgende Schaubild (ebd.: 49) zeigt:

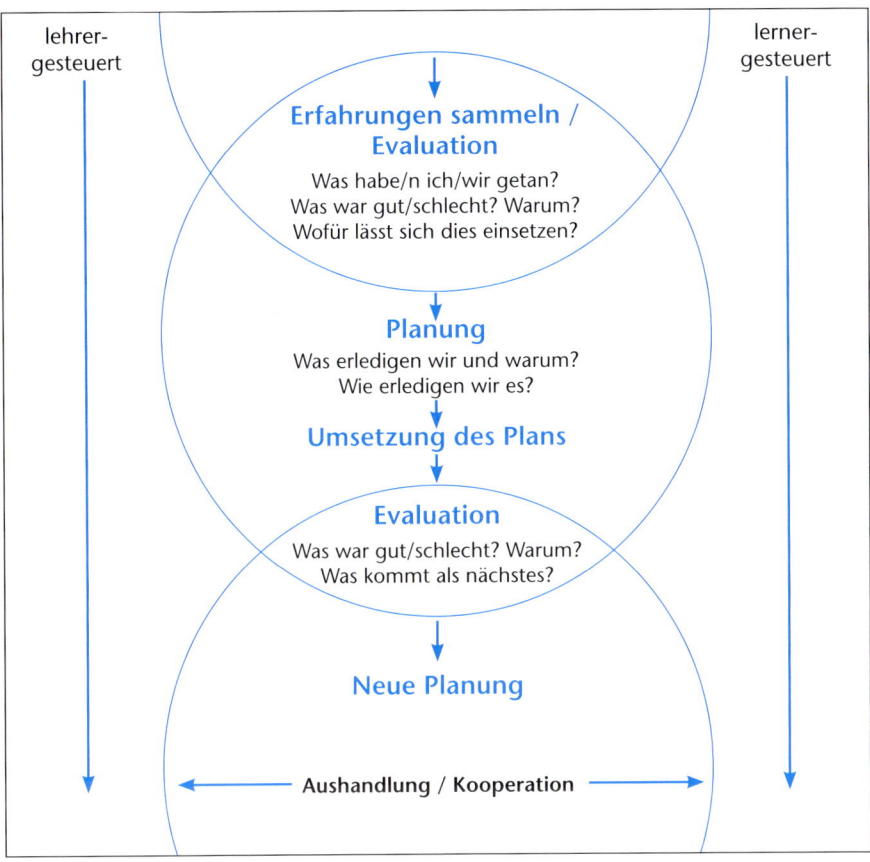

Abb. 2: Planung von Lerninhalten auf Grundlage der Selbstevaluation

Weskamp (2001: 236 in Anlehnung an Cram 1995: 27) fasst die Vorzüge von Selbstevaluation zusammen:

- „Lerner, die sich selbst beurteilen, verfügen über ein hohes Maß an Kontrolle über Inhalte und Strategien des Lernens, was eine Voraussetzung für das oft geforderte lebenslange Lernen darstellt.
- Lerner, die kontinuierlich an die Selbstbeurteilung herangeführt wurden, zeigen ein höheres Maß an Sprachbewusstheit und ein besseres Verständnis für die Komplexität des Sprachlernprozesses.
- Lerner, die sich selbst beurteilen, beschäftigen sich häufiger mit der Fremdsprache, auch außerhalb des Klassenzimmers."

Die Anerkennung der eigenen Leistung und der damit verbundene Lernerfolg führen in der Regel zu einer Erhöhung der Motivation (vgl. auch Dörnyei 2001) und zur Steigerung des Selbstvertrauens und des Selbstwirksamkeitsgefühls, was sich wiederum auf die Bereitschaft der Übernahme von Verantwortung für den eigenen Lernprozess auswirkt.

Selbstevaluation impliziert die Fähigkeit zur Selbstreflexivität und ist mit dem Konzept der Sprachlernkompetenz und der Metakognition eng verbunden:

Selbstevaluation und Selbstreflexivität

> Je mehr jemand über sein Wissen, den Wissenserwerb und die Wissensnutzung weiß, desto besser kann er dieses Wissen beim Denken und für den Erwerb neuen Wissens einsetzen. Dabei kommt es nicht so sehr auf das deklarative Metawissen, sondern vor allem auf die prozeduralen Fertigkeiten der Planung, Überwachung, Kontrolle, Korrektur und Bewertung des eigenen Lernens und Denkens an. (Weinert 1996: 17, zitiert nach Smit 2009: 50)

Peer-Evaluation

Die Entwicklung der Selbstreflexivität kann durch *Peer*-Evaluation gefördert werden. Gemäß Weskamp (2001: 237) ist *Peer*-Evaluation „eine besondere Form des *collective scaffolding*, der gegenseitigen Hilfestellung, die dazu beiträgt, Kenntnisse in der Fremdsprache zu erweitern und die Sprachentwicklung zu fördern". Sie stellt darüber hinaus ein gutes Training für die Entwicklung der Selbstbeurteilungskompetenz dar:

> Peer evaluation is a practical form of learner training which develops learners' understanding of language usage and the type of difficulties which they are likely to experience in their own language production, which can then be used to inform their self-assessment skills. (Tudor 1996: 182)

Die Selbst- bzw. *Peer*-Evaluation kann auf unterschiedlichen Ebenen geschehen (Weskamp 1996: 407):

- „Evaluation der gegebenen oder selbstgestellten Aufgabe (Aufgabenevaluation)
- Evaluation der eigenen Vorgehensweise beim Lösen der Aufgabe (Prozessevaluation)
- Evaluation des Lernergebnisses (Produktevaluation)
- Evaluation des Lernprozesses insgesamt (Gesamtevaluation)"

c) Wie kann evaluiert werden?

Wie bereits in der Einführung erwähnt, sind im Rahmen des Paradigmenwechsels von der Input- zur Outputorientierung neue Bewertungsinstrumente entstanden.

Bewertungsskalen und Kriterienraster

Globale, aber insbesondere analytische Bewertungsskalen bzw. -raster mit expliziten Teildimensionen des zu messenden Kompetenzbereichs zählen zu diesen neuen Instrumenten und erhöhen die Objektivität und Validität der Leistungsbewertungen von Schülerinnen und Schülern (vgl. Grotjahn / Kleppin 2008: 191). Beispiele für analytische Kriterienraster sind die Skala für die Bewertung der *production écrite* im DELF B1 oder die analytische Skala zur Bewertung der sprachlichen Leistung beim schriftlichen Abitur (vgl. Beispiel für NRW in Grotjahn / Kleppin 2008: 195). Viele Raster orientieren sich an den bekannten Skalen des GeR und des Portfolios für Sprachen.

kriteriale Bezugsnorm

Münden die gesammelten Informationen in die Planung des Unterrichts oder in einen individuellen Lernplan, werden diese Raster zu Instrumenten der Diagnostik im Rahmen der formativen Bewertung. Im Hinblick auf eine Selbstbeurteilung durch die Lernenden bilden sie eine sogenannte kriteriale oder sachliche Bezugsnorm, die den Schülerinnen und Schülern Hinweise darauf gibt, ob sie den Anforderungen genügen und bestimmte Ziele erreicht haben. Unter Zuhilfenahme positiver Kann-Beschreibungen unterstreichen sie, was Lernende bereits können, und bilden eine Grundlage für die Entwicklung der Beurteilungskompetenz.

In letzter Zeit sind auch Kriterienraster zur Selbstevaluation entstanden, welche die sogenannten weichen Kompetenzen (interkulturelle Kompetenz, Sprachbewusstheit, Sprachlernkompetenz) in den Blick nehmen. Die französische Version des Portfolios für Sprachen, *PEL collège*, beinhaltet Deskriptoren zur Wahrnehmung des eigenen mehrsprachigen Lernverhaltens inklusive der entsprechenden Strategien:

Kriterienraster für die Beurteilung von weichen Kompetenzen

- « J'ai traduit des textes d'une langue dans une autre, j'ai dit au professeur d'une langue ce que je faisais ou avais fait quand j'en apprenais une autre. »
- « Je me demande si la langue nouvelle que j'apprends ressemble un peu à une que je connais déjà […]. »
- « Je me rappelle les astuces et les méthodes qui ont ‚marché' pour apprendre d'autres langues auparavant et je me demande si je ne peux pas les utiliser à nouveaux. » (vgl. Castellotti et al. 2004: 11, 14)

Für Schülerinnen und Schüler der gymnasialen Oberstufe bildet die Checkliste „Wie schätze ich mich als autonomer Lerner ein?" (Tassinari 2010) eine interessante Grundlage zur Selbstevaluation der eigenen Sprachlernkompetenz.

Als illustrierende Beispiele für (Selbst-)Evaluationsraster im Hinblick auf interkulturelle Kompetenz sind insbesondere der französische *Référentiel pour les compétences culturelles dans les enseignements de langues* (Beacco et al. 2004) sowie die zwei folgenden europäischen Projekte zu nennen: INCA und LOLIPOP.

Im Rahmen des europäischen Leonardo-Projekts INCA *(= Intercultural Competence Assessment)* ist ein Referenzrahmen für die Messung interkultureller Kompetenz erstellt worden. Es werden sechs Kompetenzelemente unterschieden, nämlich Empathie, Offenheit gegenüber anderen Kulturen, Wissenserwerb, Kommunikationsbewusstsein, Ambiguitätstoleranz und Verhaltensflexibilität.[2]

Im Sokrates-Projekt LOLIPOP wurde ein Online-Sprachenportfolio erarbeitet, das den Anspruch erhebt, einen besonderen Aspekt auf das interkulturelle Lernen zu legen. Dort werden die drei Dimensionen Wissen (savoir), Fertigkeiten (savoir-faire) und Einstellungen (savoir-être) unterschieden und durch Deskriptoren beschrieben.[3]

Zur Entwicklung von Kriterienrastern und zur Bestimmung präziser Deskriptoren kann der „Referenzrahmen für Plurale Ansätze zu Sprachen und Kulturen" (REPA) (Candelier et al. 2007) dienen, der eine Ressourcen- und Kompetenzbeschreibung bezogen auf *savoir*, *savoir-faire* und *savoir-être* auflistet (vgl. Kapitel 2.10).

Neben solchen konkreten Instrumenten wie den beschriebenen Kompetenzrastern, spielt der Aspekt *Feedback*[4] eine entscheidende Rolle bei der Evaluation. Nach Ruiz-Primo und Furtak (2007) liegt hierin auch die Qualität guter informeller formativer Beurteilung. „Feedback spielt eine Schlüsselrolle in der Beeinflussung der Wahrnehmung von Lernenden hinsichtlich der Erwartung, etwas

Feedback

---

[2] ec.europa.eu/ewsi/de/resources/detail.cfm?ID_ITEMS=9372
[3] lolipop-portfolio.eu/index.html
[4] Mit *Feedback* wird meist externes *Feedback* gemeint und nicht das interne *Feedback*, das Teil der Überwachungsprozesse von Schülerinnen und Schülern ist (vgl. Smit 2009: 88).

lernen zu können, die Aufgaben im Unterricht zu meistern und Prüfungen erfolgreich zu bestehen" (Smit 2009: 54).

Das *Feedback* ist nach Auffassung des Bildungsforschers John Hattie sogar das Kernelement erfolgreichen Lehrerhandelns: *„I realized that the most powerful single influence enhancing achievement is feedback."* (Hattie 2009: 12)

Feedback ist allerdings nicht per se wirksam. Nach Hattie und Timperley (2007) muss wirksames *Feedback* helfen, drei Fragen zu beantworten:
1. Was sind die Lernziele?
2. Welche Fortschritte mache ich bzgl. der Lernziele?
3. Was muss ich tun, um größere Lernziele zu erreichen?

das Wer / Wie / Was von *Feedback* Das *Feedback* stellt innerhalb der Evaluation eine diagnostische Rückmeldung dar. *Feedback* kann sich nach Hattie auf die Aufgabe (Was bezweckt die Aufgabe?), auf den Lernprozess (Wie gehe ich beim Lösen der Aufgabe vor?) und auf die Selbstregulation bzw. die Sprachlernbewusstheit beziehen (Wie gut ist mir der letzte Lernschritt gelungen? Was muss ich als Nächstes tun?) (vgl. Wilkening 2013). *Feedback* kann von der Lehrperson oder von den Mitschülerinnen und Mitschülern gegeben werden. *Feedback* kann explizit oder implizit im Anschluss an die eigentliche diagnostische Handlung bzw. Fremd- und Selbstevaluation (vgl. Tesch 2010: 39f.) erfolgen.

Implizit-beiläufige Diagnose findet im Unterricht kontinuierlich statt. Dabei beobachten Lehrpersonen das Lernverhalten von Schülerinnen und Schülern, ohne ihnen aber jedes Mal direkt ein *Feedback* zu geben. Die Anteile von expliziter Diagnose verbunden mit explizitem *Feedback* sollten nach Auffassung Hatties (passim: Hattie 2009) möglichst hoch sein. Explizite Diagnose wird meist von der Lehrperson initiiert, sofern sie nicht in der Aufgabenstellung bereits angelegt ist.

Diagnose durch informelle Tests Diagnose durch informelle Tests (von Unterrichtspraktikern ad hoc erstellte Tests im Vergleich zu psychometrisch fundierten Tests von Testinstituten) kann im Rahmen der formativen Evaluation als Instrument eingesetzt werden, um Lernstände zu erfassen und daraus die weiteren Lernschritte abzuleiten. In der Aufgabe *Faut-il supprimer le bac ?* (2_5_LV_F_Supprimer_le_bac) werden Fragen mit (überwiegend) geschlossenen Formaten (*multiple choice*, Richtig-falsch-*Items*) eingesetzt:

Répondez aux questions suivantes en cochant la ou les bonnes cases. Nommez aussi le passage du texte qui justifie votre choix. Cet exercice permet de vérifier si vous avez bien compris tous les détails importants du texte et d'analyser les problèmes individuels que vous avez connus.

1. Dans le premier paragraphe, la journaliste
  ☐ *caricature le déroulement du baccalauréat en France.*
  ☐ *souligne l'importance du bac pour les jeunes d'aujourd'hui.*
  ☐ *dénonce la vanité de l'épreuve du baccalauréat.*

Nommez le ou les passage(s) du texte qui justifie(nt) votre réponse.

Die Schülerinnen und Schüler diskutieren zunächst untereinander, warum sie sich für die eine oder andere Lösung entschieden haben. Dabei tritt alleine schon dadurch ein Lerneffekt ein, dass Sie sich gegenseitig ihre Lösungsoptionen und vor allem ihre Lösungsstrategien erläutern und sich auf diese Weise ein *Feedback* geben. Im Einzelfall mag herauskommen, dass nicht nur eine Lösung plausibel erscheint, sondern eine weitere oder verschiedene und das Item damit nicht ganz eindeutig ist. Die Lernenden können zum Abgleich das Lösungsblatt benutzen.

Solche (selbst-)evaluativen Arbeitsphasen beinhalten Formen des intro- und retrospektiven lauten Denkens und sind ausgesprochen wichtig für die Förderung des Textverstehens. Eine Bewertung der individuellen Schwierigkeiten anhand der o. g. Fragen (2_5_LV_F_Supprimer_le_bac), die die Lehrperson vornimmt, kann schließlich dazu verwendet werden, Förderschwerpunkte bzw. konkrete Maßnahmen zu vereinbaren, die auf die Bedürfnisse jedes einzelnen Lernenden in der Lerngruppe zugeschnitten sind.

Alle genannten Diagnoseformen lassen sich selbstverständlich vielfältig kombinieren. So ist beispielsweise implizit-beiläufige Diagnose sowohl mit als auch ohne explizites *Feedback* denkbar sowie Selbstevaluation der Schülerinnen und Schüler mit der Diagnose durch informelle Tests, wie das Beispiel *Faut-il supprimer le bac ?* zeigt. Direktes explizites *Feedback* ist allerdings nicht in jedem Fall angebracht. Wenn zum Beispiel zielsprachlich mündlich interagiert und die Herstellung zusammenhängender spontaner Rede angestrebt wird, könnte unmittelbares explizites *Feedback* den Redefluss unterbrechen und eine Wahrnehmung von Kontrolle auslösen, die kontraproduktiv wirkt. Dies wiederum lässt ggf. auf ein Lehrkonzept schließen, in dem Instruktion stark mit Kontrolle verknüpft ist und gemeinsame Bedeutungskonstruktion eher behindert (s. Tesch 2010). Gute Aufgaben alleine reichen somit nicht, da die Aufgabenbearbeitung von der Persönlichkeit des / der Unterrichtenden und von bestimmten Einstellungen und Orientierungen der Lehrpersonen abhängen. Es liegt auf der Hand, dass die Bearbeitung der Aufgabe umso mehr von den individuellen Orientierungen und Einstellungen der Lehrperson abhängt, je weniger die Aufgabenstellung explizite Hinweise auf die Art der durchzuführenden Diagnoseschritte liefert (mündlich – schriftlich; in Partner-, Gruppenarbeit oder im Plenum; Zeitpunkt, Positionierung und Intensität des *Feedbacks*). Fallen diese Hinweise zu ausführlich und detailliert aus, könnten sie auch Reaktanz oder einfach Überdruss hervorrufen. Lernaufgaben können somit zwar aus fachdidaktischer Sicht das Prädikat „gut" erhalten, weil sie sinnvoll konstruiert sind. Vieles bei ihrer Umsetzung, vermutlich das allermeiste, hängt jedoch von der individuellen Interaktion im Klassenzimmer ab und damit von den individuellen Orientierungen und Einstellungen der Beteiligten.

Feedback nicht als Kontrolle einsetzen

Hinweise auf *Diagnoseschritte* in Lernaufgaben

3.3.3 Die diagnostische Funktion von Lernaufgaben

Aufgaben, die die Grundlage für gezielte Fördermaßnahmen liefern, werden auch als Diagnoseaufgaben bezeichnet (vgl. Caspari/Grotjahn/Kleppin 2010; Caspari 2013). Diagnoseaufgaben können „vor Beginn einer Unterrichtssequenz (Lernausgangsdiagnose), prozessbegleitend während des Lernprozesses (Lernprozessdiagnose) oder am Ende eines Lernprozesses (Lernergebnisdiagnose)" (Caspari 2013: 6) eingesetzt werden. Eine Auswertung kann sowohl von Lehrkräften als auch von Schülerinnen und Schülern erfolgen. Im Sinne einer formativen Evaluation fördern sie „das Nachdenken über den Aushandlungs- und Lernprozess sowie über einen möglichen Lernzuwachs" (Kleppin 2006: 104). Somit ist eine lernförderliche Funktion gegeben. Im Folgenden sollen solche diagnostischen Funktionen von Lernaufgaben mit konkreten Beispielen verdeutlicht werden.

Selbstevaluation der Schülerinnen und Schüler gilt als ein zentrales Ziel- und zugleich Prozesselement beim Aufbau selbstregulierten bzw. autonomen Lernens. Sie sollte systematisch bei der Aufgabenkonstruktion berücksichtigt werden und kann mit Hilfe von *Peer*-Evaluation gefördert werden.

Les cinquante ans: Teilnahme an der Erarbeitung von Kriterien und Selbstevaluation

Die Aufgabe *Les cinquante ans* (2_6_Schr_F_les_cinquante_ans) sieht eine Partnerevaluation der Schülerinnen und Schüler u. a. für den Schreibprozess vor. Die Lernenden fertigen zunächst in Kleingruppen ein Bewertungsraster an. Dazu haben sie zuvor bereits Kriterien gesammelt, die als Grundlage für den Wettbewerb um den besten Zeitungsartikel geeignet erscheinen. Inhaltlich geht es darum, eine Städtepartnerschaft zu neuem Leben zu erwecken:

Partie 2: Écrire l'article
Vous cherchez des idées pour réaliser ce travail? Les quatre consignes suivantes vous aident.
a) Reprenez les critères que vous avez trouvés sous 1 c). Préparez une grille d'évaluation.
b) Présentez votre article dans votre groupe. Les autres membres du groupe écoutent/lisent votre article, remplissent la grille et notent des conseils.
c) Vous recevez les grilles des autres membres du groupe. Révisez votre article (à faire à la maison).
d) Présentez votre article révisé dans le groupe. Ensemble, vous choisissez l'article que vous voulez présenter dans la classe.

Silence, on irradie: Kriterienraster zur Selbsteinschätzung der Lesekompetenz

Die Aufgabe *Silence, on irradie* (2_5_LV_F_Silence_on_irradie) beginnt mit einer Teilaufgabe zur Selbsteinschätzung der Lesekompetenz. Die Diagnose des Kompetenzniveaus soll die Schülerinnen und Schüler bei der Auswahl des Schwierigkeitsgrads der Folgeaufgaben unterstützen. Als Grundlage für ihre Selbsteinschätzung erhalten die Lernenden ein Kriterienraster, eine sog. *grille d'auto-évaluation*. Sie werden dabei angeleitet, sich in Partnerarbeit mit den verschiedenen Deskriptoren bzw. Kriterien auseinanderzusetzen und diese miteinander zu diskutieren: *Choisissez un partenaire parmi vos camarades de classe et discutez les descripteurs avec elle/lui.* Damit soll das individuelle Sprachverständnis gesichert werden, bevor die Schülerinnen und Schüler mit der Selbstevaluation beginnen. Die Kriterien orientieren sich wie üblich am GeR.

Lire sur un niveau moyen 🔑	☑	Lire sur un niveau avancé 🔑🔑	☑
Je sais…		Je sais…	
… lire et comprendre des textes de genres différents et d'époques différentes.	☐	… lire et comprendre des textes de genres différents et d'époques différentes de façon autonome même si le sujet ne m'est pas très familier.	☐
… reconnaître ce qui n'est pas exprimé de façon directe.	☐	… comprendre en détail ce qui est écrit entre les lignes.	☐
… juger l'effet d'un texte sur le lecteur.	☐		
… parcourir un texte assez long pour y localiser une information cherchée.	☐		
… parcourir un texte assez long pour y localiser de différentes parties du texte ou de textes différents pour accomplir une tâche spécifique.	☐		
… adapter le mode de lecture en fonction de mon objectif.	☐	… lire avec un grand degré d'autonomie en adaptant le mode et la rapidité de lecture à différents textes et objectifs.	☐
… identifier les messages principaux d'un texte ainsi que les points significatifs qui soutiennent ce message.	☐		
…reconnaître les informations de support.	☐		
… suivre la structure d'un texte et reconnaître l'effet des moyens de style d'un texte.	☐	… identifier la structure des textes complexes.	☐
		… analyser et interpréter la fonction et l'effet des moyens de style.	☐
… reconnaître l'intention et l'effet d'un texte dans son contexte interculturel.	☐	… analyser l'effet d'un texte dans son contexte interculturel.	☐

Abb. 3: Selbstevaluation bei ›Silence, on irradie‹

Ähnliche diagnostische Ansätze bietet die Aufgabe *Livre électronique ou livre papier ?* (2_3_HV_F_livre_electronique). Die Teilaufgabe *Avant de commencer l'exercice : évaluez vos compétences* sensibilisiert die Schülerinnen und Schüler dafür, dass sie bereits über Hörverstehenskompetenzen verfügen, an die sie anknüpfen können: *Pendant vos cours de français, vous avez écouté des dialogues, des reportages… Cochez la phrase qui décrit le mieux votre compétence d'écoute des documents audio.*

Die Selbstevaluation führt – wie in der Aufgabe *Silence, on irradie* – zur Bestimmung der durchzuführenden Folgeaufgabe. Zwei Aufgabenvarianten werden dem Lernenden angeboten. Während Variante A relativ offen ist, ist Variante B kleinschrittiger und gesteuerter (vgl. Teilaufgabe 1 a-c Variante A und B):

Avant de commencer l'exercice : évaluez vos compétences.
Pendant vos cours de français, vous avez écouté des dialogues, des reportages...
Cochez la phrase, qui décrit le mieux votre compétence d'écoute des documents audio :

☐ *Je comprends un document audio et je peux reformuler quelques informations de ce document (soit en français, soit en langue maternelle).* → *Vous travaillez sur les exercices que vous trouvez sous A.*

☐ *Je comprends un document audio, mais je ne suis pas sûr des informations que j'ai comprises. Je cherche des conseils pour mieux faire.* → *Vous travaillez sur les exercices que vous trouvez sous B.*

Abb. 4: Selbstevaluation bei ›Livre électronique ou livre papier ?‹

Sind die Lernenden unsicher, inwieweit sie die Informationen verstanden haben, so werden sie angeleitet, die Hörverstehensaufgabe mit zusätzlicher Hilfe erneut zu bearbeiten (Variante A) oder unterstützendes Material als Lernhilfe hinzuzuziehen (Variante B). Eine positive Evaluation dagegen führt zur Reflexion über die Elemente, die das Hörverstehen erleichtert bzw. erschwert haben, mit dem Ziel, sich dieser bewusst zu werden, sie zu verallgemeinern, und sie für das Verstehen von unbekannten Texten gezielt nutzen zu können:

3) Avant de discuter une solution en classe :

☐ *Je suis content de mon résultat.* → *Réfléchissez sur des éléments qui peuvent faciliter la compréhension d'un document sonore. Formulez des conseils pour bien comprendre un tel document.*

☐ *Je ne suis pas content de mon résultat.* → *Regardez sous B :*
→ *Faites l'exercice 1c) et écoutez le document encore une fois.*

_____

_____

_____

_____

(Variante A)

Abb. 5: Selbstevaluation bei ›Livre électronique ou livre papier ?‹

Die Selbstevaluation dient in diesem Fall zur Feststellung eigener Stärken und Schwächen sowie zur Bewusstmachung und Bewertung eigener Lernwege und Hörverstehensstrategien. Anschließend werden die Ergebnisse der Bewertung genutzt, um einen Lernplan zum Training des Hörverstehens zu entwickeln (vgl. Teilaufgabe 2a-2b, *partie 2*) – ganz im Sinne der formativen Evaluation:

Réflexion

2a) Travaillez seuls d'abord :
Essayez de vous rendre compte des éléments aidant et/ou compliquant la compréhension et notez-les. Ils seront retenues dans la documentation du savoir-apprendre de la compréhension orale.

> **Pour vous donner des idées**
> *Voici quelques éléments qui peuvent vous aider à comprendre le document sonore : mots internationaux, mots de la même famille, noms propres, répétitions (p ex. question – réponse), vitesse et clarté du parleur…*

Ce qui m'a aidé à comprendre le document   Ce qui m'a compliqué la compréhension

_____   _____

_____   _____

_____   _____

_____   _____

2b) Vérifiez vos réponses à l'aide de la fiche des solutions. Il est normal que vous n'ayez pas retenu tous les détails. Vous allez donc entendre le document une troisième fois tout en consultant la transcription de l'extrait.
Marquez les passages que vous n'avez pas compris à la première écoute.
Identifiez en détail les difficultés qui expliquent pourquoi vous n'avez pas réussi à comprendre le texte. Quelles sont les lacunes ? Quels sont les phénomènes de langue qui vous posent problème ? (Concernant par exemple les voyelles, les nasales, les liaisons, la rapidité du langage, les mots et les collocations/formules inconnus). Développez un plan d'apprentissage personnel pour améliorer votre compréhension auditive.

Abb. 6: Bewertung der eigenen Hörverstehensstrategien und Bestimmung eines Lernplans

Die gegenseitige Beurteilung von einzeln verfassten Texten ist Gegenstand der Teilaufgabe *Evaluez une lettre de motivation* (2_6_Schr_F_Bocuse_lettre_candidature, Étape 4). Diese bildet den Schluss der Sequenz *Lettre de candidature à l'Institut Paul Bocuse* (2_6_Schr_F_Bocuse_lettre_candidature). Die *Peer*-Evaluation findet in Gruppenarbeit statt. Anhand einer *grille d'évaluation* werden alle in der Klasse einzeln verfassten Texte kritisch gesichtet und miteinander verglichen, so dass

Peer-Evaluation in *Lettre de candidature à l'Institut Paul Bocuse*

ein Urteil über das beste Motivationsschreiben ermöglicht wird. Die vergleichende *Peer*-Evaluation erlaubt Aushandlungsprozesse über formale und inhaltliche Aspekte der schriftlichen Produktion und dient der Bewusstmachung der Kriterien für ein gut verfasstes Motivationsschreiben.

gegenseitige Beurteilung zur Überarbeitung der Texte: „Revolution von oben"

Peer-Evaluation hat eine formative Funktion, wenn die gegenseitige Beurteilung zur Überarbeitung der Texte durch die jeweiligen Verfasser führt. Die Mediationsaufgabe *Revolution von oben* (2_8_SM_E_Revolution_von_oben), in der es darum geht, auf der Basis eines deutschsprachigen Artikels einen Text als Vorlage für einen Arbeitgeber zu schreiben, regt die Schülerinnen und Schüler an, sich gegenseitig bei der schriftlichen Textproduktion zu unterstützen im Sinne des *„collective scaffolding"* (vgl. Weskamp 2001: 237).

Part 8

Give your report to a classmate for feedback. Tell him/her to use the "task support for part 8: evaluation sheet".

Task support for part 8: Evaluation sheet

Look back at your findings from the "Task Analysis" to remind yourself of what you thought is important for your own preparation. Keep that in mind while evaluating your classmate's report.

Part 9

Discuss your classmate's feedback with him/her and then write your final report.

Abb. 7: Peer-Evaluation bei ,Revolution von oben'

3.3.4 Von der Aufgabenanalyse zur Aufgabenevaluation – Förderung der Aufgabenbewusstheit

Analyse von Lernaufgaben durch die Lernenden

Wie bereits ausgeführt (3.3.2 a) können die Aufgaben von den Lernenden selbst analysiert werden. Eine regelmäßige Analyse von Lernaufgaben im Unterricht bahnt die Förderung von Aufgabenbewusstheit, Sprachlernbewusstheit und Sprachlernkompetenz der Lernenden an (vgl. Kap. 2.10).

Reflexion über den eigenen Aufgabenlösungsprozess

Die Übernahme der Verantwortung für den eigenen Sprachlernprozess setzt voraus, dass Lernende neben der Aufgabe auch den Prozess der Aufgabenbearbeitung reflektieren und regulieren können. Schülerinnen und Schüler der Oberstufe sollten punktuell angeleitet werden, bewusst über diesen Prozess nachzudenken. Dabei kann Ihnen die Auseinandersetzung mit folgenden Fragestellungen helfen. Sie beziehen sich auf die drei Phasen des Aufgabenlösungsprozesses: (1) den Entwurf eines Lernhandlungsplans, (2) die Durchführung und die Kontrolle der Lernhandlung und (3) die Reflexion der Ergebnisse im Anschluss an die Lernhandlung (vgl. Kap. 2.10; Instituto Cervantes 2007: 514–520; Martinez 2013; Weskamp 1996: 408):

Zu (1): Entwurf eines (Lern-)Handlungsplans bzw. des Aufgabenlösungsprozesses:

✓ Was wird in dieser Aufgabe von mir verlangt / erwartet?

✓ Was ist das Ziel der Aufgabe?

✓ Was muss ich tun oder wissen, um das Aufgabenziel zu erreichen?

✓ Welche Ressourcen muss ich bei der Bearbeitung der Aufgabe mobilisieren?

✓ Lassen sich Bezüge zu ähnlichen, bereits bearbeiteten Aufgaben herstellen?

✓ Kann ich für die aktuelle Aufgabe auf bereits gemachte Lernerfahrungen rekurrieren? (Mobilisierung sprachlicher wie nicht-sprachlicher Kenntnisse, Fertigkeiten und Strategien etc., die für die Aufgabenlösung hilfreich sein könnten)

✓ Welche Strategien muss ich mobilisieren, um eventuell fehlende Lernerfahrungen auszugleichen? (z. B. Hilfe suchen, Informationsquellen o. ä. konsultieren)

✓ Wie viel Zeit wird die Bearbeitung der Aufgabe in Anspruch nehmen?

Zu (2): Durchführung und Kontrolle der Lernhandlung bzw. des Aufgabenlösungsprozesses

✓ Worauf richtet sich meine Aufmerksamkeit bei der Bearbeitung der Aufgabe? (Aufmerksamkeitskontrolle)

✓ Ist der Lernprozess effektiv und erfolgt er in einer optimalen Art und Weise? (Monitoring)

✓ Welche Emotionen und Reaktionen stellen sich bei der Aufgabenbearbeitung ein und wie kann ich sie kontrollieren? (Regulierung der Selbstmotivation)

Zu (3): Reflexion der Ergebnisse im Anschluss an die Lernhandlung

✓ Bin ich mit dem Aufgabenprodukt zufrieden?

✓ Ist das Ergebnis korrekt?

✓ Was habe ich durch die Aufgabe gelernt?

✓ Was fiel mir leicht / schwer? Warum?

✓ Waren die eingesetzten Strategien zielführend?

✓ Welche weiteren Lernziele lassen sich auf der Basis der Aufgabenevaluation formulieren?

Darüber hinaus sollten Schülerinnen und Schüler der gymnasialen Oberstufe ermutigt und befähigt werden, das Lernpotenzial einer Lernaufgabe zu beurteilen. Aufgabenevaluation findet bei jeder Aufgabe implizit statt und trägt zur Bereitschaft bei, sich kognitiv mit der Aufgabe auseinanderzusetzen – oder auch nicht. Entscheidend ist, dass Lernende den Wert und die Relevanz einer Aufgabe wahrnehmen und dass sie sich in der Lage fühlen, diese Aufgabe zu kontrollieren (vgl. Viau 1997). *Aufgabenevaluation*

Die folgende Teilaufgabe aus À *la recherche d'un colocataire*[5] (KMK 2014: 287ff.) illustriert den Aufbau dieser Fähigkeit. Sie zielt auf die Evaluation der Relevanz der Lernaufgabe für den jeweiligen Lernenden ab:

Aufgabe 4

Après avoir réalisé cette tâche, réfléchissez en allemand ou en français à ce qu'elle vous a apporté !

> *4a Welche Kriterien für die Nützlichkeit einer Aufgabe im Hinblick auf Ihre persönlichen Lernfortschritte im Französischen können Sie nennen? Bitte notieren Sie diese.*
>
> *Réfléchissez d'abord à des critères d'utilité : qu'est-ce qui fait qu'une tâche est utile ou non pour progresser dans l'apprentissage du français ?*

> *4b Können Sie jetzt sagen, nachdem Sie die Aufgabe bearbeitet haben, wie nützlich diese für Ihren Sprachlernprozess war?*
>
> *Vous venez de résoudre une tâche particulière. Pouvez-vous maintenant indiquer dans quelle mesure elle vous semble utile et pourquoi ? Prenez des notes.*

☐ *sehr nützlich / très utile*
☐ *nützlich / utile*
☐ *wenig nützlich / peu utile*
☐ *überhaupt nicht nützlich / pas du tout utile*

Begründen Sie Ihre Einschätzung, und gehen Sie dabei auf die konkreten Kriterien ein, die Sie in Aufgabe 4a ermittelt haben.

Justifiez votre évaluation en partant des critères concrets nommés à la tâche 4a

Abb. 8: Evaluation der Relevanz der Lernaufgabe

Die Teilaufgaben 4a und 4b runden die Bearbeitung der gesamten Sequenz *À la recherche d'un colocataire* ab. In der Sequenz geht es darum, auf der Grundlage von *annonces* mögliche Kandidaten für eine Wohngemeinschaft auszuwählen. Der inhaltliche Schwerpunkt der Aufgabe liegt in der Auseinandersetzung mit der Wirkung der sprachlichen Gestaltung von Annoncen auf den Rezipienten und zielt auf den Ausbau von Sprachbewusstheit (vgl. Kapitel 2.9).

Bei den oben dargestellten Teilaufgaben sollen die Lernenden nun über die Nützlichkeit der gesamten Aufgabensequenz reflektieren und begründen, warum diese sinnvoll oder weniger sinnvoll für ihren jeweiligen (individuellen) Lern-

---

[5]   Diese Aufgabe wurde bereits in den „Bildungsstandards für die fortgeführte Fremdsprache (Englisch/Französisch) für die Allgemeine Hochschulreife" (KMK 2014) veröffentlicht. Siehe: http://www.kmk.org/fileadmin/veroeffentlichungen_beschluesse/2012/2012_10_18-Bildungsstandards-Fortgef-FS-Abi.pdf

zuwachs ist. Die Antwort ist selbstverständlich vom einzelnen Lernenden und seinem Kompetenzniveau abhängig, sodass es keine allgemeingültigen Antworten gibt. Denn die Beantwortung der Frage impliziert, dass Schülerinnen und Schüler sich über die Zielsetzungen und Teilschritte der Aufgabe sowie über ihr Lernverhalten bewusst werden und dass sie den Lernertrag der Aufgabe in Bezug auf ihre konkreten Lernbedürfnisse reflektieren.

Die Aufgabe ist allgemein formuliert und kann am Ende jeder Aufgabenbearbeitung eingesetzt werden. Sie kann in der Fremd- oder Muttersprache bearbeitet werden, was nicht nur vom Sprachniveau der Schülerinnen und Schüler, sondern auch von ihrer Gewohnheit abhängt, über Lernangelegenheiten in der Fremdsprache zu diskutieren.

Solche Reflexionsansätze bzw. -angebote zielen auf die Fähigkeit der Schülerinnen und Schüler ab, ihren Lernprozess zu beobachten und daraus Konsequenzen für zukünftige Lernhandlungen abzuleiten. Sie tragen dazu bei, dass Schülerinnen und Schüler verstärkt eine aktive Rolle im Lehr-Lernprozess einnehmen, was nicht ohne Auswirkungen auf ihr Selbstbewusstsein und ihre Selbstwirksamkeit bleiben dürfte. Außerdem trägt dies zur Bewusstmachung von Einstellungen gegenüber der Lernsituation und der jeweiligen Fremdsprache bei. Zudem verweist Dörnyei (2001: 29) darauf, dass sich eine retrospektive Selbstevaluation motivationsfördernd auswirken kann.

Die retrospektive Auswertung der Aufgabe selbst kann zur Weiterarbeit und qualitativen Verbesserung der Aufgabe genutzt werden (vgl. Kapitel 3.2). Durch die Evaluation erhalten die Lehrenden Informationen, die ihnen aufzeigen, welche Aufgabenstellungen funktioniert haben und welche nicht, und wie Aufgabenstellungen für den zukünftigen Einsatz der Aufgabe effektiver gestaltet werden können. Evaluation der Aufgabe durch die Lehrperson

Nach Ellis (1997: 39) kann die Aufgabenevaluation drei unterschiedliche Aspekte fokussieren:

- „Student-based evaluation (i.e. students' attitudes towards and opinions about the task are investigated).
- Response-based evaluation (i.e. the outcomes – products and processes – of the task are investigated).
- Learning-based evaluation (i.e. the extent to which any learning or skill / strategy development has occurred is investigated)."

Eine solche Aufgabenevaluation durch die Lehrperson zielt darauf ab, sich der Ziele von evaluativen Aufgaben bewusst zu werden:

> It forces teachers to go beyond impressionistic assessments by requiring them to determine exactly what it is they want to evaluate and how they can do it. (ebd: 41).

Darüber hinaus erscheint es besonders wichtig, die Validität einer Lernaufgabe zu reflektieren und zu überprüfen, inwieweit diese fördert, was sie entsprechend der Intention ihres Einsatzes fördern soll. Bezogen auf die Förderung der Lernkompetenz und in Anlehnung an die Konzeptualisierung von SLK nach dem RePA (vgl. Kapitel 2.10) könnten folgende Fragestellungen von Bedeutung sein (s. Martinez 2013: 109f.):

Übergeordnete Ziele durch SLK-fördernde Aufgaben (vgl. RePA)		Fragestellungen zur Beurteilung von Lernaufgaben
Wissen (savoir / knowledge)	• wissen, wie man eine Sprache erwirbt / lernt • wissen, wie man die erforderlichen Ressourcen zu einer Kompetenz zusammenfügt • wissen, welche inhaltlichen und inhaltlich-methodischen Ressourcen eine Aufgabe erfordert	• Knüpft die Aufgabe an Wissen über Fremdsprachenerwerb / Fremdsprachenlernen an (z. B. Wissen, dass Fehler notwendige Bestandteile von Lernersprachen sind?)? • Knüpft die Aufgabe an relevantes Sachwissen an (z. B. Hilfsmittel und Wege zur Herstellung / Kontrolle der formalen Richtigkeit des eigenen Schreibens kennen (Bezug zu Medienkompetenz, Verwendung von Methoden der Textanalyse etc.))?
Können (savoir-faire / skills)	• autonom lernen können / zielführend über den eigenen Lernprozess nachdenken können • sich Sprachen aneignen können in den Bereichen Hörverstehen und Sprechen / Leseverstehen und Schreiben / Sprachmittlung	• Fördert die Aufgabe das reflexive Lernen und zwar ganz konkret anhand der Aufgabenstellung (z. B. bei der Überprüfung des Einsatzes von Lösungsstrategien)? • Leitet die Aufgabe an, über den eigenen Lern**prozess** zu reflektieren (z. B. speziell über Gedächtnisstrategien nachzudenken, den eigenen Lernfortschritt / ausbleibenden Lernfortschritt erkennen zu können etc.)? • Leitet die Aufgabe an, den eigenen Aufgabenlösungsprozess und / oder die Aufgabenlösung allein oder in Partnerarbeit zu evaluieren? • Fördert die Aufgabe die Mobilisierung / Generierung von Lern- bzw. Spracherwerbsstrategien (z. B. Lesestrategien beim Textverstehen, Kompositions- und Revisionsstrategien beim Schreiben etc.)? • Erlaubt die Aufgabe, die eigenen sprachlichen, kulturellen und lernbezogenen Ressourcen für den Bearbeitungsprozess zu nutzen?

Übergeordnete Ziele durch SLK-fördernde Aufgaben (vgl. RePA)		Fragestellungen zur Beurteilung von Lernaufgaben
Haltungen / Einstellungen / Attitüden (savoir-être / attitudes)	• Sensibilität für sprachliche Ressourcen • Sensibilität für das eigene Lernen (Lernhypothesen entwerfen, überprüfen, modifizieren) • Sensibilität für die Rolle der Motivation für das Sprachenlernen • grundlegende Einstellungen zur Konstruktion sinnvoller und fundierter Vorstellungen über Sprachenlernen	• Löst die Aufgabe das bewusste / kontrollierte Lernen von Sprachen aus (*focus on form / focus on content / focus on communication*)? • Leitet die Aufgabe an, über Einstellungen zum Sprachenlernen (und den Sprechern der Zielsprache) nachzudenken und diese eventuell zu revidieren? • Regt die Aufgabe an, über die eigene Rolle als Lernende/r nachzudenken? • Leitet die Aufgabe an, über eigene Lernstile und Lernerstrategien nachzudenken? • Erlaubt die Aufgabe, aus eigenen Fehlern zu lernen?
Aufgabenbewusstheit (savoir-faire avec les tâches, task-awarness)	• Planung der Aufgabendurchführung • Aufgabendurchführung • Evaluation der Aufgabe	• Ist die Aufgabe ausreichend transparent, um Lernziele / Lernformat zu erkennen? • Erlaubt die Aufgabe ein Erkennen der Ressourcen, die mobilisiert werden sollen (Anknüpfung an bereits erworbenes Wissen, Strategien, Einstellungen etc.)? • Regt die Aufgabe zum Monitoring des Lösungsprozesses / des Bearbeitungsprozesses an? • Regt die Aufgabe zur Evaluation des Produktes / des Bearbeitungsprozesses an?

Im Rahmen der Erprobungen von Lernaufgaben für die Sekundarstufe II am IQB wurden aufgabenspezifische Rückmeldebögen für Schülerinnen und Schüler eingesetzt. Diese Bögen beinhalteten beispielsweise Fragen zur Relevanz des Themas, zur Schwierigkeit der Aufgabe, zur Verständlichkeit der Aufgabe, zum Umfang der Bearbeitung der Aufgabe und zum wahrgenommenen Lernzuwachs. Die Fragen konnten bei den Lernenden eine Reflexion der Aufgabe und des individuellen Bearbeitungsprozesses anregen. Für die Aufgabenautoren haben sich die Informationen aus den Rückmeldebögen der Schülerinnen und Schüler als wertvoll für die weitere Überarbeitung und Optimierung der Aufgabe erwiesen. Mithilfe von Rückmeldungen konnten beispielsweise Unklarheiten, die zu Fehlinterpretationen führten, durch Präzisierung oder Umgestaltung der Aufgabenstellung behoben werden. Wenn den Lernenden im Unterricht die Möglichkeit gegeben wird, sich mit Aufgabenkonstruktionen zu befassen und Aufgaben hinsichtlich ihrer Sinnhaftigkeit zu begutachten, können Aufgaben im Nachhinein auf der Grundlage dieser Rückmeldungen weiterentwickelt werden. Das Einbeziehen der Lernenden in die Aufgabenanalyse ermöglicht zudem das Kennenlernen unterschiedlicher individueller Zugänge zur Aufgabe.

Evaluation im Rahmen der Aufgabenentwicklung am IQB

3.3.5 Zusammenfassung und Ausblick

Evaluation ist fester Bestandteil eines Fremdsprachenlehr- und -lernprozesses. Die Ausführungen haben unterstrichen, dass

> formative Beurteilung ein Prozess [ist], welcher dazu dient, kriteriengeleitet Lernhandlungen und -produkte der Schülerinnen zu bewerten, mit dem Ziel, dass anschließend aussagekräftige Informationen für das weitere Lernen der Schüler und das Unterrichten der Lehrperson vorliegen. (Smit 2009: 37)

Bei der Gestaltung dieses Prozesses spielen Lernende, Lehrende und nicht zuletzt Lernaufgaben eine entscheidende Rolle. Lernende wie Lehrende benötigen dafür eine entsprechende Beurteilungskompetenz, welche in der Auseinandersetzung mit Lernaufgaben bzw. Diagnoseaufgaben entwickelt werden kann.

Der Prozess der formativen Beurteilung impliziert, dass neben der Selbstreflexion der Schülerinnen und Schüler auch das Lehrhandeln in den Fokus von (Selbst-)Evaluation im Sinne von *reflective teaching* rückt (s. o. Schaubild König 2000). Die vorliegenden Lernaufgaben bieten dazu zahlreiche Anknüpfungspunkte.

3.4 Inhalte und Themen

Helmut Johannes Vollmer / Bernd Tesch / Günter Nold
Aufgabenentwicklung: Martina Adler, Jessica Bial, Ellen Butzko, Hanno Werry

Die theoretische Beschreibung des thematisch-inhaltlichen Wissens ergänzt die in den vorangegangenen Kapiteln erfolgten Beschreibungen einer „Kompetenzorientierung" bei der Konstruktion von Lernaufgaben. Themen und Inhalte rücken auf der Makroebene der Planung kompetenzorientierter Lernaufgaben gleichgewichtig neben die systematische Entwicklung von Kompetenzen, da beide den planerischen roten Faden über ein ganzes Kurshalbjahr und darüber hinaus bilden. In der Wahrnehmung der Lernenden dominieren u. U. die Themen des Fremdsprachenunterrichts und weniger das, was mit ihnen an Kompetenzen erworben werden soll.

Themen und Inhalte in der Unterrichtsplanung

Andererseits wird die Reflexion der Themen und Inhalte in der Lehrerbildung bzw. in den Unterrichtsentwürfen von Referendaren und Referendarinnen gegenüber der Reflexion der methodischen Aspekte des geplanten Unterrichts nicht selten vernachlässigt bzw. mit dem Verweis auf Lehrplanvorgaben eher zu kurz abgehandelt. Dies liegt auch daran, dass die fachdidaktischen Grundlagen für eine kriterienbasierte Entscheidung über geeignete Themen bisher noch schmal sind.

3.4.1 Begriffliche Klärung

Im Kontext von Schule und Unterricht wird unter „Inhalt" üblicherweise das Sachgebiet oder jener Ausschnitt von Welt verstanden, der in dem jeweiligen Fach bzw. im Rahmen einer bestimmten Unterrichtsreihe behandelt wird. Dem Inhalt wird dann meistens die Sprache gegenüber gestellt oder auch zugeordnet, durch die ein Inhalt erst konkret vermittelt werden kann bzw. vermittelt wird (vgl. dazu auch das Konzept eines Sprache und Inhalt integrierenden Lernansatzes wie beim *Content and Language Integrated Learning, CLIL*), wie es etwa im Bilingualen Unterricht versucht wird (z. B. Vollmer 2013).

Definition „Inhalt"

Ähnlich wie bei den sog. „Sachfächern" stellt sich der Zusammenhang von Inhalt und Sprache auch im Rahmen von schulischen „Sprachfächern" komplex und mehrschichtig dar. Denn die Sprache ist hier nicht nur das Medium der Vermittlung von „Inhalten", sondern wird über weite Strecken selbst zum Inhalt oder genauer zum „Gegenstand" des Unterrichts. Das gilt für jeglichen Sprachunterricht, ob für den muttersprachlichen Unterricht, den Zweit- oder Fremdsprachenunterricht oder auch für einen Unterricht zur Vermittlung oder Förderung von Herkunfts- oder Minderheitensprachen, so wie er üblicherweise heutzutage konzipiert und im Rahmen eigenständiger Fächer durchgeführt wird.

Sprache als Medium und Gegenstand zugleich

Abgrenzung
von Inhalten
und Themen

Indem Sprache aber selbst zum expliziten Gegenstand des Unterrichtens wird, benötigen wir eine Differenzierung zwischen „Inhalt" als dem sprachlichen Gegenstand des Lehrens und Lernens von Sprachen und „Inhalt" als jener außersprachlichen Realität, auf das sich Sprachenlernen situativ und handlungsmäßig bezieht, wenn auch meist nur simulativ oder symbolisch. Während man im ersteren Fall begrifflich am „Inhaltskonzept" als Gegenstand festhalten kann, sollte man im zweiten Fall doch eher von „Thema" sprechen. Der Bereich Sprache kann in diesem Sinne dann selbst ein Thema unter anderen Themen im Fremdsprachenunterricht werden.

das Verhältnis von
Kompetenzzielen
zu thematischen
Zielen

Ganz unabhängig von diesen Bezügen sind natürlich die Ziele eines Faches bzw. die Kompetenzziele des jeweiligen Unterrichts als eine übergeordnete Dimension festzuhalten, welche die sprachlich-inhaltliche ebenso wie die thematische Ausrichtung einer Unterrichtssequenz bzw. einer Unterrichtshandlung mitbestimmen. Dabei ist innerhalb der inhaltlichen Ausrichtung und Gestaltung eine gewisse Bandbreite oder Variation – manche sprechen sogar von einer gewissen Beliebigkeit – denkbar und möglich, ohne dass die Thematik oder gar das Ziel verändert und aus den Augen verloren würde. Dasselbe gilt für Kompetenzen im Rahmen eines kompetenzorientiert ausgerichteten Unterrichts. Die Formulierung von Kompetenzzielen hängt aufs Engste mit dem jeweiligen Gegenstand sowie der Thematik und dem entsprechenden Wissen sowie damit verbundenen Motivationen und Einstellungen zusammen, geht aber darin nicht auf. Vielmehr wird in der Operationalisierung von Teilkompetenzen idealerweise festgehalten, wie mit diesem Wissen und den Motivationen und Einstellungen umzugehen ist, wie ein bestimmtes Wissen anzuwenden und in verschiedenen Einbettungen zu beobachten, wie es zu überprüfen ist, welche Fähigkeiten und Fertigkeiten also mit ihm verknüpft sind. Dieses Verständnis von Wissen als angewandtem Wissen schlägt sich dann auch in der Formulierung von gestuften Bildungsstandards im sog. *Can do*-Format (als Könnensaussagen) nieder.

Themen,
Gegenstände,
Ziele

Vereinfacht ausgedrückt können wir also im Hinblick auf sprachliche Fächer begrifflich an folgenden Unterscheidungen festhalten:

- die Ebene der Themen oder der Ausschnitte von Welt, auf die sich Sprachlernen im fremdsprachlichen Fachunterricht im Wesentlichen immer bezieht bzw. beziehen muss, um für die Lernenden relevant zu werden bzw. zu sein
- die Ebene der konkreten Lerngegenstände oder sprachlichen Inhalte, auf die sich Sprachlernen im Fachunterricht und so auch im Unterricht der Fremdsprache Englisch oder Französisch im Einzelnen bezieht
- die Ebene der Kompetenzziele (diese umfassen Motivationen und Wissen sowie die Fähigkeit zur Anwendung dieses Wissens in variablen Kontexten)

Mit dieser begrifflichen Abgrenzung haben wir die Möglichkeit, sowohl übergeordnete Kompetenzbereiche als auch Einzelkompetenzen sowie Teilkompetenzen zu unterscheiden, ebenso wie wir verschiedene Themenbereiche des Fremdsprachenunterrichts sowie darunter liegend eine Bandbreite an Einzelthemen und -problemen differenzieren können, die ein und demselben Kompetenzziel dienlich sein können. Insbesondere haben wir mit dieser Klärung einen klaren sprachbasierten Inhaltsbegriff erarbeitet, der eben nicht mehr – wie umgangssprachlich allzu oft geschehen – mit „Thema" gleichgesetzt oder zumindest mit ihm vermengt werden kann. Sprachliche Inhalte machen den zentralen Bereich fremdsprachlichen Wissens aus. Der Wissensbegriff wird also in enger Kopplung mit sprachlichen Inhaltsbereichen des fremdsprachlichen Lehrens und Lernens, aber auch mit der Definition von Themenbereichen benutzt. Damit kann man unterschiedliche Wissensbereiche bestimmen. Diese korrespondieren einerseits mit bestimmten angestrebten Könnens- bzw. Kompetenzbereichen als auch andererseits mit thematischen Einsichten (Komponenten) und eignen sich insofern zu einer Beschreibung von Aufgaben, in der beide Dimensionen, die Kompetenzdimension als auch die thematische Dimension, zusammengeführt werden. Dies wird im nächsten Abschnitt näher erläutert.

3.4.2 Wissensbereiche des Fremdsprachenunterrichts

Die Wissensbereiche des Fremdsprachenunterrichts lassen sich grob fünf Dimensionen zuordnen.

Mit (Fremd-)Sprachenwissen ist das durch die aktive Auseinandersetzung mit Fremdsprachen transportierte bzw. vermittelte und auf die Sprache als Gegenstand des Unterrichts bezogene Wissen gemeint. Dieses Wissen umfasst Sprache als System, Sprache als Metasprache (über sprachliche Regelungen), Sprache als Text, Sprache als Diskurs und Sprache als Vermittler kultureller (inter- und transkultureller) Inhalte. Es wird unterrichtlich und außerunterrichtlich durch individuelle Konstruktionsprozesse erworben, es wird durch Anwendung habitualisiert und es kann auf Metaebenen reflektiert werden. Es schlägt sich im Können nieder, Fremdsprachen funktional-pragmatisch angemessen, metasprachlich zutreffend, textuell und diskursiv versiert und interkulturell sensibel anzuwenden. *(Fremd-)Sprachenwissen*

Soziokulturelles (inter- und transkulturelles[1]) Wissen umfasst das fremdkulturelle Wissen von Schülerinnen und Schülern. Es bezieht sich insbesondere auf „sozio-kulturelles Orientierungswissen" und „Einsichten in die kulturellen Prägungen von Sprache und Sprachverwendung, auch bezogen auf den Gebrauch der Fremdsprache als *lingua franca*" (KMK 2014: 19). Letzteres betrifft insbesondere das Englische. Aus transkultureller Perspektive tritt die Einsicht hinzu, dass eine klare (essentialistische) Abgrenzung von Kulturen schwierig ist und Kulturen sich vielmehr in einem Prozess ständiger gegenseitiger Beeinflussung sowie ggf. durch Überlappungen und Vermischungen ausbilden. Auch ein Individuum partizipiert häufig an mehreren kulturellen Welten gleichzeitig. Soziokulturelles Wissen ist eng mit inhaltlichem Wissen verbunden, schlägt sich aber zugleich im Können nieder, die Kommunikation unter den Bedingungen des Gebrauchs einer fremden Sprache interkulturell sensibel zu gestalten und dabei die Begrenztheit des eigenen Wissens nicht als Hindernis, sondern als Bedingung und Chance zu begreifen. *Soziokulturelles Wissen*

[1] Zur Verwendung der Begriffe und der damit verbundenen Debatte s. z. B. Bredella 2010.

Text- und Medienwissen   Text- und Medienwissen umfasst „Erkenntnisse über die Bedingungen und Techniken der Erstellung von Texten" sowie die Kenntnis der „Mittel und Verfahren der Informationsverarbeitung und -verbreitung" (KMK 2014: 20). Mit einem erweiterten Textbegriff ließen sich zwar potenziell auch die Spezifika des Medienwissens verbinden, doch liegen aus mediendidaktischer Sicht gute Gründe vor, diese begrifflich zu trennen. Text- und Medienwissen zeigt sich im Können, „Texte selbstständig, zielbezogen sowie in ihren historischen und sozialen Kontexten zu verstehen, zu deuten und eine Interpretation zu begründen. Text- und Medienkompetenz schließt überdies die Fähigkeit mit ein, die gewonnenen Erkenntnisse […] zur Produktion eigener Texte unterschiedlicher Textsorten zu nutzen" (ibid).

Sprachlernwissen   Sprachlernwissen umfasst die drei Komponenten mehrsprachiges Wissen, Wissen über eigene Sprachlernerfahrungen und strategisches Lernwissen. Alle drei Komponenten zusammen schlagen sich im Können nieder, „das eigene Sprachenlernen selbstständig zu analysieren und bewusst zu gestalten" (KMK 2014: 22).

Die bisher genannten vier Wissensbereiche sind implizit im Kompetenzmodell der KMK (KMK 2014: 12) enthalten. Darüber hinausgehend lässt sich eine fünfte, allgemeinere Wissensdimension erkennen und benennen, die für die didaktische Verortung von Themen bzw. die Bestimmung ihrer didaktischen Eignung jedoch unerlässlich erscheint: das Kommunikationswissen.

Kommunikations-wissen   Kommunikations- oder auch „Diskurswissen" beinhaltet die Einsicht, dass jedwede kommunikative Handlung (Texte, Äußerungen, Gesten) in einem kommunikativ-kulturellen Kontext steht bzw. nur durch den kommunikativ-kulturellen Kontext überhaupt zu verstehen ist. Der kommunikativ-kulturelle Kontext konstituiert sprachliche Einzelhandlungen zu einem diskursiven Ganzen. Kommunikationswissen schlägt sich somit im Können nieder, die jeweils richtigen oder angemessenen Kommunikations- oder Diskursstrategien erfolgreich einzusetzen, um Zusammenhänge zu bereits vorhandenen Einsichten, Aussagen, Teilbeiträgen oder „Texten" (im weitesten Sinne) zu einem bestimmten Thema oder Problem herzustellen und damit an Diskussionen bzw. gesellschaftlich relevanten Auseinandersetzungen (Diskursen) teilzuhaben. Seine Entstehung im Unterricht ist eng gebunden an das sich entwickelnde Fremdsprachenwissen (siehe oben). Die Nichtverfügung oder Nichtbeachtung kommunikativ-diskursiver Regeln und Konventionen kann insbesondere unter den Bedingungen des Gebrauchs der Fremdsprache zu sprachlich-kulturellem Nichtverstehen, zu dysfunktionalen Diskursen, zu Diskursabbrüchen bzw. zum Ausschluss aus bestimmten Diskursen führen.

Bedeutung der Wissensbereiche für die Unterrichtsplanung   Es ist unverkennbar, dass die fünf Wissensbereiche fremdsprachlichen Lehrens und Lernens stark überlappen; sie lassen sich nur analytisch trennen und sind für die erfolgreiche Aneignung und Nutzung der Zielsprache alle gleichermaßen wichtig. Sie stellen sozusagen ein theoretisches Bezugssystem für die konkrete Unterrichtsplanung dar, hinter der sie in der Praxis zurücktreten oder gar verschwimmen. Ihre Bedeutung liegt daher eher im Kontext der Planung und Evaluation von inhaltlichen Lerngegenständen und der thematischen Rückbesinnung und Selbstvergewisserung auf Seiten der Unterrichtenden, wenn es darum geht, konkrete Texte und Themen für Curricula, Lehrwerke und Lernsequenzen auszuwählen und sie im Hinblick auf ihre funktional-sprachlichen, interkulturellen, textuellen und diskursiven Funktionen zu sichten, um sie in Aufgaben umzusetzen und zu operationalisieren.

3.4.3 Rahmenthemen

Die Themen des fremdsprachlichen Unterrichts sind – anders als die eben genannten Wissensbereiche – im Hinblick auf die gegenwärtigen und zukünftigen Interessen der Schülerinnen und Schüler und die für sie zentralen Fähigkeiten frei wählbar, wenn sie nicht bereits durch curriculare Vorgaben oder Empfehlungen gesteuert bzw. eingeschränkt sind. Dennoch geschieht die Formulierung von unterrichtlichen Rahmenthemen in der Regel nicht aus einem freien Willensakt, sondern folgt meist der Tradition. Die zentrale Rolle der Lehrwerke als Vermittlungsinstanz in den Unterricht ist dabei unverkennbar, zumal die Einführung des Zentralabiturs eine erhöhte Anpassung an die inhaltlichen Vorgaben seitens der Lehrkräfte mit sich bringt. Die Spielräume zur individuellen inhaltlichen Gestaltung des Unterrichts sind kleiner geworden. Im Zuge der Genehmigungsverfahren schließlich wachen die Länderbehörden darüber, dass die gesellschaftliche Akzeptanz und politische Korrektheit der Themenwahl und der Texte gewährleistet wird. Themen wie zum Beispiel „Betrug am europäischen Sparer", „Adoptionsrecht homosexueller Paare" oder „Pädophilie im Internet" kommen aus unterschiedlichen Gründen deshalb für den Fremdsprachenunterricht nicht in Frage. Mit anderen Worten, vorliegende Traditionen, das Denken in Kategorien des Mainstreams oder auch politische Korrektheit bilden in der Regel den kulturellen Kontext für die eingeschränkte Formulierung von schulisch akzeptablen Themen. Zugleich gibt es aber immer noch genügend Freiheitsräume für innovative Einzelthemen und für deren spezifische Ausgestaltung, die sozusagen das „Gesicht" eines Lehrwerks oder einer Unterrichtssequenz erzeugen. In den einzelnen Fremdsprachen finden wir somit einen gewissen thematischen Rahmen vor, der unter den Angeboten am Schulbuchmarkt fast wortgleich wiederkehrt. Er konstituiert implizit ein bestimmtes Weltbild, stanzt Ausschnitte aus dieser so konstituierten „Welt" vor und suggeriert dabei, dass nach erfolgreichem Abarbeiten der thematischen Bereiche eine Teilhabe an relevanten inter- bzw. zielkulturellen Diskursen möglich ist. Dies ist jedoch eher zu bezweifeln. Hier einige Beispiele für Rahmenthemen:

Auswahl von Themen für den Unterricht

The individual and society	*Les jeunes*
National and cultural identity	*Aspects de la société*
One world – global issues	*Vivre ensemble*
Challenges of the present	*Vivre la culture*
	La France, l'Allemagne, l'Europe
	Le monde francophone
	L'avenir de l'homme

Rahmenthemen

Rahmenthemen, wie die beiden erstgenannten Englischbeispiele weisen bereits in der Formulierung eine Polarität oder einen Spannungsbogen auf. Sie geben von daher mehr Orientierung als völlig offene Themenstellungen. Eine Formulierung wie *Aspects de la société* dagegen würde keinerlei thematische Anregung bieten. Curriculums-Autorinnen und -Autoren wäre deshalb die Empfehlung zu geben, sich eher an Formulierungen von Rahmenthemen zu orientieren, die einen Problemgehalt darstellen oder eine Spannung für die Gestaltung von Subthemen anbahnen und daher zur Reflexion, zur Persönlichkeitsentwicklung und zur sozialen Verantwortung von Jugendlichen beitragen können.

Auch bei zentralen Abiturprüfungen bestehen in der Regel genügend Spielräume, zumindest auf der Ebene der Subthemen individuelle inhaltliche Schwerpunkte zu setzen und damit markantere Profile zu bilden. Viele Unterrichtende nutzen diese Spielräume tatsächlich und machen sich selbst auf die Suche nach eigenen oder weiteren Texten für ihre Unterrichtsplanung. Diese Spielräume können aber wiederum eingeengt werden, sobald ein Lehrwerk in der gymnasialen Oberstufe verbindlich eingeführt ist. Dann üben Schülerinnen und Schüler sowie Eltern häufig Druck aus, damit die Investition in das beschlossene Lehrwerk sich sichtbar „auszahlt" und das entsprechende Buch als zentrale oder sogar ausschließliche Arbeitsgrundlage im Unterricht eingesetzt wird.

3.4.4 Das Verhältnis von Kompetenz-, Themen- und Aufgabenorientierung

Entscheidungsspielräume für die Unterrichtsplanung

Wie bereits in den Abschnitten 3.4.1 und 3.4.2 angedeutet, stehen Wissens- und Inhaltsorientierung mit der Themenorientierung in einem bestimmten, keineswegs beliebigen Zusammenhang. Dasselbe gilt für beide zusammen mit der Kompetenzorientierung. Dabei ist nicht zu übersehen, dass es im Hinblick auf ein- und dasselbe Kompetenzziel sowie denselben Themenbereich durchaus unterschiedliche inhaltliche Realisierungsmöglichkeiten und Freiräume gibt, die eine curriculare Öffnung und letztlich eine eigenverantwortliche Lehrer- und Schülerentscheidung erlauben, ja sogar voraussetzen. So können z. B. viele Aspekte von inter- oder transkultureller Kompetenz auf der Grundlage eines einschlägigen soziokulturellen Wissens mit Hilfe unterschiedlicher Texte und Themen angegangen und behandelt werden, ebenso wie beispielsweise das Hörverstehen oder die Fähigkeit zum Verknüpfen von Sätzen (Kohäsion) sowie von ganzen Textpassagen zu in sich strukturierten Äußerungseinheiten (Kohärenz) in thematisch unterschiedlicher Weise aufgebaut und sichergestellt werden können. Entscheidend ist das Miterlernen von Transferfähigkeiten, die es erlauben, ein einmal behandeltes oder erworbenes Kompetenzziel auch in neuen Kontexten wieder zu erkennen und das damit verbundene Wissen und Können erneut zu aktivieren, so dass eine Optimierung des Lernens und des Sprachhandelns erfolgen kann.

Wechselverhältnis von Kompetenz- und Wissensorientierung

Gehen wir zunächst auf das Wechselverhältnis von Kompetenz- und Wissensorientierung genauer ein. Jedes kompetente sprachliche Handeln innerhalb wie außerhalb des Fremdsprachenunterrichts erfordert eine bestimmte Basis im Wissensbereich, die ihrerseits aufgebaut oder genutzt und umgewälzt werden muss, um sie kontextuell angemessen zu verwenden. Man kann im Sinne des Referenzrahmens für Plurale Ansätze zu Sprachen und Kulturen (abgek. REPA, Europarat 2009) auch von „Ressourcen" sprechen, die es entweder zu aktivieren oder herzustellen gilt und ohne die eine bestimmte sprachliche Handlungsanforderung nicht (kompetent) zu meistern ist.

Aktivierung von Ressourcen

Es bedarf jedoch immer noch einer dritten Dimension, nämlich der situativ definierten, thematischen Ausprägung innerhalb eines bestimmten sprachlichen Handlungskontextes, wodurch die Ebene der beteiligten Personen, die genauen inhaltsbezogenen Horizonte und die Möglichkeiten der Handlungsspielräume oder auch der angemessenen bzw. zulässigen Handlungsabsichten mitbestimmt sind. Doch damit nicht genug: Erst mit einer ganz bestimmten, einmaligen und unverwechselbaren persönlichen Zielsetzung in Aufgabenformen bzw. einer gesetzten Aufgabenstellung sind die spezifischen Anforderungen und Herausforderungen benennbar, auf die hin sprachliches Lernen konkret zu planen, zu gestalten und zu überprüfen ist – und auf die hin sich auch die Lernenden selbst im Sinne einer Autonomisierung ihres Lernens überprüfen können. Diese vier Ebenen also – Kompetenzziele, beteiligte Wissensbasis, thematische Einbettung bzw. Einbindung und konkrete inhaltliche Aufgabenstellung – bestimmen den eigentlichen Rahmen für kompetenzorientiertes Fremdsprachenlernen. Dabei kann bezüglich der Kompetenzziele und im Bereich der thematischen Ausrichtung ebenso wie bei der Entscheidung für eine bestimmte Aufgabenstellung eine gewisse Flexibilität und Wahlfreiheit konstatiert werden. Diese Spielräume können im Rahmen kollegialer Absprachen von Lehrerinnen und Lehrern genutzt werden. Die Wissensdimension dagegen liegt mit der Bestimmung eines Kompetenzziels mehr oder minder fest.

situativ definierte thematische Ausprägung

persönliche Zielsetzung in der Aufgabenstellung

Natürlich handelt es sich hier um ein komplexes und schwieriges didaktisches Problem, das in einer gemeinsamen Unterrichtsplanung oder in der Unterrichtspraxis vielleicht noch häufig zu wenig Berücksichtigung findet. Es geht darum, im Zusammenhang mit einem geeigneten, motivierenden Thema ein bestimmtes inhaltliches Wissen und ein bestimmtes Können aufzubauen und diese auch thematisch eingebunden abzuspeichern, um sie dann mit anderem vorhandenen Wissen und Können zu verbinden (Prinzip der Vernetzung). Es geht aber in zweiter Linie bei jeder thematischen wie inhaltlichen Entscheidung und bei der Wahl einer bestimmten Aufgabenstellung immer auch darum, die eigentlich angestrebte Kompetenz anhand einer Bandbreite von Themen, Inhalten und Lernaufgaben zu fokussieren. Gegebenenfalls können andere Themen und andere Lernaufgaben später noch hinzugefügt werden, so dass ein breiteres Spektrum an Anforderungen und thematisch-inhaltlicher Einbettung im Hinblick auf ein und dieselbe Kompetenz erfahren werden kann (Prinzip der Kumulativität).

Kumulativität

Wie erwähnt können Kompetenzziele, Themenorientierung und Aufgabenorientierung Gegenstand von Abwägung und Entscheidung sein. Um solche Entscheidungen fällen zu können, müssen Unterrichtende jedoch Erfahrung darin besitzen, wie bestimmte Kompetenzen integrativ mitentwickelt werden können, welche Themen für wen und wann in Frage kommen, welche Aufgabenarten und Formulierungsmöglichkeiten von Aufgaben es gibt bzw. welche für eine gezielte Lernförderung innerhalb der Kompetenzorientierung zur Verfügung stehen und wofür sie geeignet sind. Über die letzten beiden Dimensionen soll im Folgenden genauer nachgedacht werden. Dabei wird der Versuch unternommen, die implizite Gegenstandsstruktur und die damit verbundenen Ausschnitte von Welt anhand von Einzelthemen transparent zu machen.

3.4.5 Einzelthemen

3.4.5.1 L'Institut Paul Bocuse

Eignung des Themas L'Institut Paul Bocuse

Das Thema „Französische Kochkunst" am Beispiel des spezifischen Gegenstandes *L'Institut Paul Bocuse* kann in dieser Form als neuartig in Bezug auf die bisher gängigen Unterrichtsmaterialien und Textsammlungen bezeichnet werden. Zwar gibt es stets auch im Bereich der Sachtexte Materialien zum Thema *La cuisine*, doch wird an keiner Stelle die Teilnahme an einem Ausbildungslehrgang in einer renommierten Kochschule thematisiert bzw. durchgespielt. Mit anderen Worten, es handelt sich um eine Spontanentdeckung außerhalb des „heimlichen Kanons" an Themen, der den Oberstufenlehrwerken meist zu Grunde liegt. Die Rechtfertigung zur Berücksichtigung des Themenvorschlags *Candidature à L'Institut Paul Bocuse* liegt in seiner mehrfachen Eignung als Ausgangspunkt textuell-medialen, kulturell-interkulturellen und kommunikativ-diskursiven Lernens sowie eines mehrsprachigen und lernstrategischen Wissensaufbaus.

Subthemen und Kompetenzbezug

Zur Bearbeitung des Themas dieser Lernaufgabe werden drei Subthemen vorgeschlagen. Zunächst wird das *Institut Paul Bocuse* (2_5_LV_F_Bocuse_Institut_Paul_Bocuse) über seine Internetseite vorgestellt und damit eine Leseverstehensaufgabe verbunden. Der Textkorpus umfasst kontinuierliche und diskontinuierliche Texte, in denen das Leitbild und das Ausbildungs- und Kursangebot des Instituts sowie die Bewerbungsformulare vorgestellt werden. Das zweite Subthema *Lettre de candidature* à l'Institut Paul Bocuse (2_6_Schr_F_Bocuse_lettre_candidature) nutzt dieselbe Textvorlage zu einem Schreibauftrag, der darin besteht, ein Bewerbungsschreiben mit Lebenslauf zu verfassen. Das dritte Subthema *Entretien de candidature* à l'Institut Paul Bocuse (2_7_Spr_und_2_10_SLK_F_Bocuse_Entretien_candidature) schließt an die beiden ersten an: In einer Sprechaufgabe wird das Bewerbungsgespräch zur Aufnahme in die Ausbildung am Institut *Paul Bocuse* simuliert.

Text- und Medienwissen zu l'Institut Paul Bocuse

Auf der Ebene des Text- und Medienwissens begegnen den Lernenden bei dieser Aufgabe im Kernbereich informierende Texte einer kommerziellen Internetseite, die peripher durch weitere informierende Texte ebenfalls aus dem Internet gestützt werden, z. B. ein Text aus www.lefigaro.fr zum neu erworbenen Status der französischen Küche als *patrimoine de l'humanité*, Texte zur Optimierung eines Bewerbungsgesprächs, dazu auch ggf. (nach eigener Recherche) videogestützte Dokumente. Da bei den Aufgaben jedoch der Schwerpunkt auf den funktionalen sprachlichen Teilkompetenzen Leseverstehen, Schreiben und Sprechen liegt, werden die Strukturmerkmale dieser Textsorten nicht weiter verfolgt. Das heißt, dass dieser textuelle Wissensbereich hier nur eine sekundäre Rolle spielt. Die Einsicht in die Struktur und Relevanz der Textsorte „informierende Texte auf kommerziellen Internetseiten" wird vorausgesetzt, die Texte selbst zur Weiterentwicklung anderer Kompetenzschwerpunkte instrumentalisiert.

Anders sieht es im Hinblick auf den Bereich „soziokulturelles (inter- und trans-kulturelles) Wissen" aus. Die kulturelle Relevanz für einen Teil der frankophonen Welt, vor allem das Kernland Frankreich, liegt im Stellenwert der *cuisine* im Hinblick auf kulturelle Identität(en). *La cuisine* hat in Frankreich den Rang einer Kunstform: Die kunstvolle Zubereitung der Speisen, der Anbau und die Auswahl der Zutaten, das Ambiente eines Restaurants, die Vergabe von Michelin-Sternen und der Eingang in die Gourmet-Literatur sowie das Ansehen der Chefköche sind Beispiele einer kulturellen Ausformung, die hohes gesellschaftliches Ansehen genießt. Das *Institut Paul Bocuse* wiederum ist eine der prestigeträchtigsten Ausbildungsstätten für Köche. Es verdankt seinen Ruf nicht nur dem Namensgeber.

In der Aufgabe wird darauf hingewiesen, dass die Vertrautheit mit dem Thema *La cuisine* gerade nicht vorausgesetzt werden kann und ggf. bei deutschen Gymnasiasten Vorbehalte bzw. sogar Klischees und Stereotype dazu vorliegen. Diese zu thematisieren, durch Zusatztexte zur Bedeutung und zur Besonderheit der französischen Küche als *art culinaire* zu relativieren, ist Bestandteil der Aufgabe. Zusätzlich sollten an dieser Stelle auch Unterschiede im Bildungssystem der beiden Länder Deutschland und Frankreich thematisiert und gedeutet werden. Der Besuch eines Gymnasiums und das Erreichen der Allgemeinen Hochschulreife impliziert im zwei- bzw. dreigliedrigen deutschen Schulwesen einen restriktiveren und selektiveren Zugang (durchschnittlich 40 bis 45 % eines Jahrgangs erlangen die Hochschulreife) als im System der école *unique* (bis zu 85 % eines Jahrgangs; s. z.B. 2_5_LV_F_Supprimer_le_bac). Folgerichtig streben deutsche Abiturientinnen und Abiturienten eher ein längeres akademisches Hochschulstudium an als französische Schulabsolventinnen und -absolventen, die sich u. U. mit einem zweijährigen Hochschulabschluss (*DEUG*) zufrieden geben, um danach eine bestimmte berufliche Ausbildungslaufbahn einzuschlagen. Eine Ausbildung zum Koch erfolgt in Deutschland i. d. R. auf der Grundlage eines nicht-gymnasialen Abschlusses und im Rahmen der dualen Ausbildung.

All dies führt zur Wahrnehmung der eigenen Perspektive: Was habe ich bei Begegnungen mit Franzosen oder Frankophonen über dieses Thema erfahren? Welche Schlüsse habe ich bisher daraus gezogen? Kenne ich Laufbahnen französischer Jugendlicher meines Alters? Wofür haben sie sich entschieden und warum? Was bedeutet *la cuisine* für mich selbst? Welchen Stellenwert hat sie in meiner Stadt und Region? Käme ein praktischer Beruf oder sogar eine Kochausbildung trotz des angestrebten Abiturs für mich in Frage? Wenn ja, was würde mich daran reizen? Wenn nein, was würde mir dabei fehlen? Werden die unterschiedlichen Perspektiven auf das Thema innerhalb des Kurses und nach Möglichkeit auch mit Gleichaltrigen aus Frankreich oder anderen Ländern kontrastiert, so besteht die Chance zu einer Perspektivenkoordination und damit zu einer Neubewertung bzw. Revision der eigenen möglicherweise klischeehaften Perspektive.

Auch in transkultureller Hinsicht ist dem Thema *l'art culinaire* Relevanz zu attestieren, die mit der sich ausbreitenden Gourmet-Mode als Lifestyle-Phänomen zusammenhängt. Längst feiern Großstädte und Regionen in ganz Europa ihre Sterneköche, Kochsendungen sind aus dem Fernsehen nicht wegzudenken, und

soziokulturelles Wissen zu l'Institut Paul Bocuse

Wahrnehmung unterschiedlicher Perspektiven zu l'Institut Paul Bocuse

die Presse hat auch in Deutschland wöchentliche, wenn nicht gar tägliche Rubriken zum Thema *cuisine* aufgenommen. Es ist zu einem globalen Phänomen geworden.

zweckgebundene Alltagsdiskurse in *l'Institut Paul Bocuse*

Auf kommunikativ-diskursiver Ebene begegnen uns in der Aufgabe *L'Institut Paul Bocuse* ausnahmslos zweckgebundene Diskurse, die zur praktischen Lebensbewältigung bzw. zum beruflichen Weiterkommen jedoch Standard sind: Die Selbstpräsentation eines kommerziellen Kursanbieters in seinem Webauftritt bildet einen ebenso gängigen Alltagsdiskurs wie die Selbstdarstellung in einem Lebenslauf und einem Bewerbungsschreiben sowie der Ablauf eines Bewerbungsgesprächs. Alle drei Diskursausprägungen stehen in dem gemeinsamen diskursiven Bezug der Selbstpräsentation in einer Konkurrenzsituation (Konkurrenz der verschiedenen Anbieter von Nischen- oder Premiumausbildungen, Konkurrenz der Bewerberinnen und Bewerber). Sie legitimieren sich gleichzeitig durch diesen Bezug, der in hohem Maße dem Bildungsziel der Vermittlung „sprachlich-kommunikativer Fähigkeiten, die für das Studium, die Berufsausbildung und erfolgreiches Handeln im Beruf erforderlich sind" (KMK 2014: 11). Dies kann jedoch nicht ein unkritisches Antrainieren von Diskurswissen bedeuten. Die Aufgabenstellungen sollten die Möglichkeit eröffnen, Diskursausprägungen bzw. Diskursmuster auch kritisch zu bewerten, manipulative Komponenten zu erkennen und zu benennen sowie sich selbst kritisch zum Einsatz solcher Komponenten zu positionieren und ggf. zu verhalten. Die Realisierung dieses Anspruchs kann sicherlich nicht vollständig durch die Aufgabenkonstruktion antizipiert, sondern muss letztlich durch das kritische Diskurswissen der Unterrichtenden eingebracht und gesichert werden.

Weiterentwicklung des (Fremd-)Sprachenwissens durch *l'Institut Paul Bocuse*

Im Kernbereich der Lernaufgabe *L'Institut Paul Bocuse* steht die Weiterentwicklung des (Fremd-)Sprachenwissens. Wie bereits dargelegt, liegt der konzeptionelle Fokus der Einzelaufgaben auf den drei sprachlichen Teilkompetenzen Leseverstehen, Schreiben und Sprechen, während textuelles, inter- und transkulturelles und diskursives Wissen lediglich unterstützend und erweiternd mit angesteuert werden. (Fremd-)Sprachenwissen impliziert natürlich genau wie jeder der drei anderen genannten Wissensbereiche mögliche Weiterungen hin zur Sprachbewusstheit und zur Sprachlernkompetenz. Diese interagieren im Sinne des Kompetenzmodells der *Bildungsstandards für die fortgeführte Fremdsprache (Englisch/Französisch) für die Allgemeine Hochschulreife* (KMK 2014) als laterale Kompetenzen mit den anderen Kompetenzen. Insbesondere das vorhandene „(Fremd-)Sprachenwissen" kann durch Aufgabenstellungen zur Sprachbewusstheit und zur Sprachlernkompetenz aus dem Status der Implizitheit heraustreten und zu explizitem Sprachenwissen werden und auch als solches von den Lernenden z. T. formuliert werden. Beispielhaft dafür sei auf die Strategien und Redepläne sowie auf die Selbst- und Partnerkontrollbögen zur Umsetzung des Sprechens in der Aufgabe *Entretien de candidature à l'Institut Paul Bocuse* (2_7_Spr_und_2_10_SLK_F_Bocuse_Entretien_candidature) verwiesen. Solche (selbst-)reflexiven Elemente sind Aufgaben mit einem deutlichen Fokus auf Text- und Medienkompetenz oder auf interkulturelle kommunikative Kompetenz bereits stets inhärent.

3.4.5.2 I am Charlotte Simmons

Der Ausschnitt aus dem Roman *I am Charlotte Simmons* bildet den Ausgangs-punkt einer klassischen literaturorientierten Aufgabe im Rahmen des Unterrichts auf dem Weg zum Abitur. Innovativ ist die Aufgabe in ihrer Zusammenführung von funktional sprachlichen Kompetenzen und interkultureller kommunikati-ver Kompetenz sowie Text-und Medienkompetenz und Sprachbewusstheit. Die Thematik des Romans reiht sich ein in eines der zentralen Rahmenthemen der Sekundarstufe II: Identitätssuche, Identitätsfindung, und zwar konkret mit dem Thema *Initiation into adulthood – American college experiences*. Eine den Schülerin-nen und Schülern altersnahe Thematik wird demnach in den Mittelpunkt ge-rückt, wobei der Übergang von der Schule zu einem Universitätsstudium in den USA am Beispiel einer jungen Frau als zentralem Charakter erlebbar wird. Damit löst die Aufgabe die Forderung nach Schülerorientierung in besonderer Weise ein.

klassische literatur-orientierte Aufgabe

Darüber hinaus ist hervorzuheben, dass der Roman *I am Charlotte Simmons* als zeitgenössisches literarisches Werk aus dem Jahr 2004 sowie als Werk mit einer kulturellen Verankerung in North Carolina – einem Südstaat der USA – zwei weitere Aspekte der Auswahl von geeigneten Thematiken für das Abitur erfüllt, nämlich die Berücksichtigung von zeitgenössischer Literatur sowie von neuen kulturellen Kontexten im Vergleich zu den traditionell im Unterricht dominan-ten literarischen Texten (vgl. Nünning 1997). In dem hier ausgewählten litera-rischen Werk und entsprechend auch in dem Textausschnitt sind Sprache und Textgestaltung einerseits durch besondere Passagen dialektal gefärbter direkter Rede gekennzeichnet und andererseits durch emotional aufgeladene Passagen in erlebter Rede (2_9_SB_E_Charlotte_Simmons, Part 1). Diese Besonderheiten des Romans stellen literarische Gestaltungsmittel zur Entwicklung des zentralen Charakters des Romans dar. Im regionalen Kontext von North Carolina kenn-zeichnet die dialektal gefärbte Sprache einige Merkmale des Akzents von *Sou-thern American English*, das entsprechend der Zugehörigkeit zur ländlichen oder städtischen Bevölkerung und der sozialen Stellung variiert. Dazu gehören der *Southern Drawl* in Worten wie *get,* das zu *git* /iə/ wird, während *thing* zu einem lang dahingezogenen und häufig zugleich nasal ausgesprochenen *Drawl* wird, der im Text als *thang* wiedergegeben ist. Andererseits werden Laute wie der kurze Vokal in einem Wort wie *just* deutlicher zentriert gesprochen und Konsonanten-gruppen wie /st/ werden vereinfacht, sodass aus *just* /jəs/ werden kann. Darüber hinaus fallen die Assimilationen und Auslassungen im Bereich der Konsonanten sowie das /d/ als Ersatzlaut für /z/ vor /n/ wie in isn´t /idnt/ auf. Ansatzweise werden in der Romansprache auch lexikalische und grammatische Merkmale des regionalen Dialekts des Südens der USA deutlich. Im Zusammenhang mit der Entwicklung von Sprachbewusstheit spielen diese sprachlichen Aspekte eine herausragende Rolle, zumal hier auch Vergleiche mit regionalen Varianten des Deutschen möglich sind, und zwar einschließlich ihrer Implikationen für die Konstruktion von Identität. Zur regional gefärbten Identität des zentralen Cha-rakters des Romans gehört auch der gewählte Name Charlotte. So tragen die größte Stadt von North Carolina, die Queen City „Charlotte" und die *County of Mecklenburg* den Namen von Charlotte Sophia von Mecklenburg-Strelitz, der Gemahlin von King George III. aus dem Gründungsjahr Charlottes von 1750.

zeitgenössisches literarisches Werk und dialektal gefärbte direkte Rede

Die Lernaufgabe besteht aus vier Teilaufgaben (2_9_SB_E_Charlotte_Sim-mons). Im ersten Teil wird mit dem Textausschnitt aus dem Roman von Tom Wolfe *I am Charlotte Simmons* das intensive Lesen eines literarischen Textes zur Grundlage einer analytischen Schreibaufgabe gemacht, bei der die Besonder-heiten der Sprache (grammatische, phonologische und lexikalische Aspekte) in Stichpunkten erarbeitet und damit für die gesamte Lernaufgabe von der sprach-lichen Seite her erschlossen werden. Für diese Aufgabenstellung kommt der Ak-tivierung der Sprachbewusstheit eine besondere Bedeutung zu. So ist im weiteren Verlauf die in der Sprache ausgedrückte soziokulturelle und regionale Besonder-heit von Personen aus einem Staat wie North Carolina ebenso zu erfassen wie der Kontext des Lebens an einer überregionalen Universität in den USA; ferner ist es notwendig, das (inter-)kulturelle Wissen über die Beziehungen zwischen Gene-rationen und zwischen Gleichaltrigen zu aktivieren. Beim Abschied von ihren Eltern spielt die spezifische regionale Identität in der Sprache Charlottes und ih-rer Eltern eine herausragende Rolle, da hier die gewohnte Identifikation mit der Familie und ihren Werten und ihrer sozialen Verankerung (*„Can't nobody make us do a thang once we git hard set against it"*) ungebrochen zur Geltung kommen, obwohl Charlotte sich schon in der für sie neuen und ungewohnten Umgebung der Universität (*„stone fortress"*) befindet.

Die zweite Teilaufgabe (2_9_SB_E_Charlotte_Simmons, Part 2) richtet das Augenmerk auf einige der sprachlichen Besonderheiten, in denen die Identität Charlottes und ihrer Eltern zum Ausdruck kommen. Da hier die Unterschiede zwischen einem regionalen Dialekt und der Standardsprache zu reflektieren sind, fordert diese Aufgabenstellung die Schülerinnen und Schüler heraus, ihre Sprachbewusst über standardsprachliche Regelungen zum Übersetzen von Re-gionalsprache in Standardsprache einzusetzen. Mit dieser Aufgabenstellung ist damit zugleich ein Element von Sprachmittlung verbunden, da anknüpfend an die originale Textvorlage ein Paralleltext (vgl. Hallet 2002) entsteht. Es ist daher sinnvoll, dass über die Lösungsmöglichkeiten ein Austausch im Partnergespräch vorgesehen ist.

In der dritten (2_9_SB_E_Charlotte_Simmons, Part 3) und der vierten Teilauf-gabe (2_9_SB_E_Charlotte_Simmons, Part 4) stehen die soziokulturellen Impli-kationen von Sprache als Ausdrucksmittel von Identität im Mittelpunkt. Die emotional-affektive Nähe, die das regionalsprachliche Original mit den ange-deuteten Werten und dem Gefühl der Zugehörigkeit kennzeichnet, geht bei der Übersetzung in die standardsprachliche Fassung verloren. Andererseits wird die standardsprachliche Version für die Schülerinnen und Schüler sprachlich mögli-cherweise verständlicher. Mit dieser Aufgabenstellung wird damit vor allem ein Beitrag zur interkulturellen kommunikativen Kompetenz sowie zur Text- und Medienkompetenz geleistet. Mit der vierten Teilaufgabe wird darüber hinaus fer-ner ein Weg aufgezeigt, wie im Rahmen einer literarischen Interpretation eine Charakterisierung ggf. mit Blick auf die Sprache in wörtlicher Rede fundiert erar-beitet werden kann. Die literarische Textkompetenz von Schülerinnen und Schü-lern erfährt hier eine Erweiterung.

3.4.6 Kriterien für die Auswahl von Inhalten, Themen und Texten für das Fremdsprachenlernen

Es sollte deutlich geworden sein, wie groß das Spannungsverhältnis von sprachlich-diskursiver Kompetenzorientierung des Fremdsprachenunterrichts und seiner inhaltlichen Ausrichtung ist. Dabei ist es eine Binsenweisheit, dass Sprache nur durch den Sprachgebrauch selbst gelernt, geübt und angewandt werden kann und dass man Sprache nur sinnvoll verwenden kann, wenn man „über" etwas, „über" eine Sache, „über" ein Thema, „über" fachliche wie persönliche Erfahrungen usw., also über bedeutsame Inhalte kommuniziert. Insofern ist offenkundig, wie eng die sprachliche Kompetenzentwicklung beim Fremdsprachenlernen mit der Entwicklung des thematischen, des interkulturellen, des textuellen, des mehrsprachig-lernstrategischen und des diskursiven Wissens verknüpft ist. Aus dieser hohen Komplexität der Lerngegenstände resultiert auch die Schwierigkeit, das thematische Wissen curricular separat zu beschreiben. Dieser Umstand darf jedoch nicht dazu führen, die Diskussion über thematische Orientierung in ihrer Reichweite und Legitimität zu vernachlässigen. Die Fremdsprachendidaktiken sind aufgefordert, allgemeine Kriterien für die Bestimmung und Auswahl von Themen und Texten zu entwickeln, die es erlauben, sie im Hinblick auf ihre Eignung für bestimmte Lernstufen und Lehrgänge sowie für den Bildungsgang der Lernenden insgesamt zu prüfen.

Sprache, Diskurs und Inhalt im Fremdsprachenunterricht

Hier tritt also ein weiteres Spannungsfeld zu den bereits genannten hinzu: Der Fremdsprachenunterricht, zumal in der Sekundarstufe II, muss einen klaren Beitrag zur Gesamtzielsetzung schulischer Bildung und schulischen Lernens leisten. Insofern muss er seine Rolle im Gesamtcurriculum aller Fächer für die Entwicklung der Persönlichkeit sowie für die Befähigung zu einer kritischen Partizipation an gesellschaftlichen Prozessen in Deutschland wie Europa deutlich ausweisen. Dies setzt die Beherrschung der jeweiligen Zielsprache wie auch fundiertes inhaltliches Wissen und Problembewusstsein voraus.

Diskussion über thematische Orientierung in ihrer Reichweite und Legitimität

Wie bereits skizziert, ist der Erwerb von kommunikativer und interkultureller Diskurs- und Handlungsfähigkeit das oberste Ziel des fremdsprachlichen Unterrichts und zugleich dessen wichtigster Beitrag zum Erziehungsziel von Schule allgemein. Damit ist eine emanzipatorische und gesellschaftliche Perspektive benannt, die bereits bestimmte und keineswegs beliebige Lerninhalte impliziert und die zu notwendigen inhaltlichen Auseinandersetzungen beiträgt (vgl. Schuh-Fricke / Vollmer 2011). Es werden somit Kriterien für die Auswahl von Themen und Texten benötigt, die sicherstellen, dass sich die Schülerinnen und Schüler exemplarisch mit Themen und Texten auseinandersetzen, die lebensweltlich und kulturell relevant sind, an fremdsprachige und fremdkulturelle Diskurse anschließen, wie sie realiter geführt werden und die sprachliche und metasprachliche Kompetenzzuwächse sowie Zuwächse im Bereich des Text- und Medienwissens sowie des mehrsprachigen und lernstrategischen Wissens ermöglichen.

eine emanzipatorische und demokratische Perspektive

Die generelle didaktische Eignung bestimmter Themen und ihnen zugeordneter Texte für den Fremdsprachenunterricht löst noch nicht die Frage der Auswahl. Letztendlich stehen Lehrwerkautorinnen und -autoren, Curriculumskommissionen sowie einzelne Lehrpersonen immer wieder vor genau dieser Frage. Sie entscheiden meist nach impliziten oder unbewussten Kriterien sowie nach

die Frage der Auswahl: angenommene Relevanz

Vielfalt. Textbezogene Vielfalt wird in Bezug auf Textarten, z. B. fiktionale und nicht-fiktionale, kontinuierliche und diskontinuierliche Texte, und Textsorten wie z. B. Werbetexte, Musiktexte, Brief und E-Mail etc. hergestellt, thematische Vielfalt in Bezug auf die Bezugskulturen US, GB, Indien, Australien, Frankreich, frankophones Afrika, Québec etc. und ggf. vermutete geschlechtsspezifische Interessen (karikierend: Fußball und Technik versus Mode und Liebe).

Globalkriterien:
relevant,
bedeutsam,
herausfordernd
und problemhaltig

Die angesprochenen unbewussten Kriterien dagegen leiten sich meist aus der angenommenen aber meist nicht überprüften persönlichen Relevanz bestimmter Themen für die Lernenden ab. Diese unbewussten Kriterien könnten bewusst bzw. transparent gemacht und mit bereits vorliegenden begrifflichen Grundgerüsten wie beispielsweise relevant, bedeutsam, herausfordernd und problemhaltig (vgl. Hallet 2009) abgeglichen werden. Zu ähnlichen Globalkriterien für die Auswahl möglicher Themen und Texte kommen Schuh-Fricke und Vollmer (unveröffentlichtes Manuskript):

Globalkriterien:
authentisch,
repräsentativ,
bedeutsam,
kompetenz-
fördernd

- authentisch im Sinne von relevant und realistisch bezogen auf die Lebenswelt der Lernenden und bezogen auf die Lebenswelt der zielsprachigen Kulturen
- repräsentativ für einen am Ziel des interkulturellen Lernens ausgerichteten Unterricht
- bedeutsam für die Schülerinnen und Schüler und ihre Lebenslagen wie zukünftige Lebensperspektiven
- kompetenzfördernd

Letzteres bedeutet, dass der Unterricht Anforderungssituationen schafft, die es erlauben, einerseits auf bereits bestehenden Kompetenzen aufzubauen und die andererseits einen kumulativen, nachhaltigen Auf- und Ausbau von Kompetenzen erfordern. Dies impliziert, Problemlösungsstrategien inhaltlicher und sprachlicher Art zu fordern und zu fördern, die den Transfer auf neue Situationen, Kontexte und Themen ermöglichen.

3.4.7 Ausblick

mangelnde
Transparenz bei
der Textauswahl

Wir haben partiell versucht, die oben (3.4.2) genannten Dimensionen für die Eignung von Themen und Texten an Beispielen zu illustrieren bzw. zu konkretisieren, damit Verlagsredaktionen, ministerielle Lehrplankommissionen, Abiturkommissionen und nicht zuletzt die einzelnen Lehrpersonen in den Schulen darauf zurückgreifen können. Es verwundert, dass bestimmte literarische Texte oder Autoren Eingang in Lehrwerke und Prüfungen finden, ohne dass ihre Berücksichtigung an irgendeiner Stelle transparent gemacht, begründet oder fachöffentlich diskutiert wird. Bestenfalls finden sich verstreut individuelle Begründungen für die Auswahl.

impliziter Kanon

Wir reden hier keineswegs einem Kanon das Wort. Gerade das Vorhandensein eines impliziten Kanons bestimmter Texte und Autoren sollte nachdenklich stimmen. Denn dieser verändert sich zwar bisweilen, die Veränderungen sind jedoch wiederum eher zufälliger Natur bzw. folgen keiner erkennbaren Systematik.

Vielleicht ließe sich nach der oben (3.4.6) skizzierten Bestimmung thematischer Auswahlkriterien durch Experten eine Lektüre-Empfehlung für jedes

Sprachfach aussprechen, die jährlich und öffentlich transparent neu zu diskutieren und zu aktualisieren wäre. Damit wiederum könnte das Projekt der ab 2017 geplanten Gemeinsamen Abituraufgabenpools der Länder (KMK-Beschluss vom 20. Juni 2013) von dieser Seite her schlüssig unterstützt werden. Und gleichzeitig wäre sicher gestellt, dass alle Schülerinnen und Schüler der gymnasialen Oberstufe in Deutschland jeweils einen Sockel an gemeinsamen Texten und Themen bearbeiten, so dass auf der Basis eines gemeinsamen Bildungswissens zugleich soziale Kohäsion gefördert wird. Einen längerfristigen Lektürekanon zu verordnen, wäre angesichts der damit erforderlichen, aber eher unrealistischen Einigungsprozesse und vor allem wegen der unerwünschten Kanonisierungseffekte bezogen auf bestimmte Texte und Autoren nicht mehr zeitgemäß, ja kontraproduktiv. Insgesamt wären der Verzicht auf die fachdidaktische Diskussion über Kriterien einer thematischen Auswahl und der Verzicht auf das Aussprechen regelmäßig zu revidierender Empfehlungen nicht akzeptabel und hinterließen ein Unbehagen.

Projekt Gemeinsame Abituraufgabenpools der Länder

Literaturverzeichnis

Aguado, Karin (2003): Kognitive Konstituenten der mündlichen Produktion in der Fremd-sprache. In: *Fremdsprachen Lehren und Lernen*, 32, S. 11–26.

Aguado, Karin / Schramm, Karen / Vollmer, Helmut Johannes (Hrsg.) (2009): *Fremdsprachli-ches Handeln beobachten, messen und evaluieren: Neue methodische Ansätze der Kompetenz-forschung und Videographie*. Frankfurt / M.: Peter Lang.

Ahrens, Rüdiger / Bald, Wolf-Dietrich / Hüllen, Werger (Hrsg.) (1995): *Handbuch Englisch als Fremdsprache (HEF)*. Berlin: Erich Schmid Verlag.

Alderson, Charles J. / Figueras, Neus / Kuijper, Henk / Nold, Günter / Takala, Sauli / Tardieu, Claire (2006): Analysing Tests of Reading and Listening in Relation to the Common European Framework of Reference: The Experience of the Dutch DEFR Construct Project. In: *Language Assessment Quarterly*, 3 (1), S. 3–30.

Anderson, Lorin W. / Krathwohl, David R. (Hrsg.) (2001): *A taxonomy for learning, teaching and assessing: A revision of Bloom's taxonomy of educational objectives*. New York: Longman.

Appelt, Dieter / Siege, Hannes (2010): *Orientierungsrahmen für den Lernbereich Globale Ent-wicklung im Rahmen einer Bildung für nachhaltige Entwicklung. Ergebnis des gemeinsamen Projekts der Kultusministerkonferenz (KMK) und des Bundesministeriums für wirtschaftliche Zusammenarbeit und Entwicklung (BMZ). Stand: Juni 2007*. Berlin: Warlich Druck. (Neue, erweiterte Fassung mit einem Kapitel über die Neueren Fremdsprachen, im Druck).

Association of Language Awareness (ALA) (2009). [Online: http://www.lexically.net/ala/la_defined.htm; 30.10.2013].

ATILF – Analyse et traitement informatique de la langue française. [Online: http://atilf.atilf.fr/; 13.09.2016].

Austin, John L. (1972): *Zur Theorie der Sprechakte. [How to do things with Words]*. Stuttgart: Reclam.

Bachman, Lyle F. / Palmer, Adrian S. (1996): *Language Testing in Practice*. Oxford: Oxford University Press.

Bär, Marcus (2009): *Förderung von Mehrsprachigkeit und Lernkompetenz. Fallstudien zu Inter-komprehensionsunterricht mit Schülern der Klassen 8 bis 10*. Tübingen: Narr.

Baumert, Jürgen / Stanat, Petra / Demmrich, Anke (2001): PISA 2000. Untersuchungsgegen-stand, theoretische Grundlagen und Durchführung der Studie. In: Baumert, Jürgen / Klieme, Eckhard / Neubrand, Michael / Prenzel, Manfred / Schiefele, Ulrich / Schneider, Wolfgang / Stanat, Petra / Tillmann, Klaus-Jürgen / Weiß, Manfred (Hrsg): *PISA 2000: Basiskompetenzen von Schülerinnen und Schülern im internationalen Vergleich*. Opladen: Leske + Budrich, S. 15–68.

Baumert, Jürgen (2003): *PISA 2000, ein differenzierter Blick auf die Länder der Bundesrepublik Deutschland*. Opladen: Leske + Budrich.

Baumgratz, Gisela / Becker, Norbert / Bock, Hans-Manfred / Christ, Herbert / Edener, Wil-fried / Firges, Jean / Picht, Robert / Schröder, Konrad / Stephan, Rüdiger / Zapp, Franz-Josef (1982): Stuttgarter Thesen zur Rolle der Landeskunde im Französischunterricht. In: *Ziel-sprache Französisch*, 13 (4), S. 183–186.

Bausch, Karl-Richard et al. (Hrsg.) (1994): *Interkulturelles Lernen im Fremdsprachenunterricht: Arbeitspapiere der 14. Frühjahrskonferenz zur Erforschung des Fremdsprachenunterrichts*. Tü-bingen: Narr.

Bausch, Karl-Richard et al. (Hrsg.) (2005): *Bildungsstandards auf dem Prüfstand: Arbeitspapie-re der 25. Frühjahrskonferenz zur Erforschung des Fremdsprachenunterrichts*. Tübingen: Narr.

Bausch, Karl-Richard et al. (Hrsg.) (2006): *Aufgabenorientierung im Fremdsprachenunterricht. Arbeitspapiere der 26. Frühjahrskonferenz zur Erforschung des Fremdsprachenunterrichts*. Tü-bingen: Narr.

Beacco, Jean-Claude / Bouquet, Simon / Porquier, Rémy (Hrsg.) (2004): *Niveau B2 pour le français – un référentiel*. Paris: Didier.

Bechtel, Mark (2011): Lernaufgaben für einen kompetenzfördernden Französischunter-richt in der Sekundarstufe I. In: *Französisch heute*, 42 (1), S. 25–34.

Beck, Bärbel / Klieme, Eckhard (Hrsg.) (2007): *Sprachliche Kompetenzen: Konzepte und Mes-sung. DESI-Studie*. Weinheim: Beltz.

Beckmann, Christine (2014): *Lernziele und Lehrziele in der Sicht von Schülern der Sekundarstufe II und Studierenden. Eine quantitative Analyse zur Entwicklung des Fremdsprachenunterrichts.* Tübingen: Narr.

Bejar, Isaac / Douglas, Dan / Jamieson, Joan / Nissan, Susan / Turner, Jean (2000): *TOEFL 2000 Listening Framework: A Working Paper.* Princeton, NJ: ETS.

Bereiter, Carl (1980): Development in Writing. In: Gregg, Lee W. / Steinberg, Erwin Ray (Hrsg.): *Cognitive Processes in Writing.* Hilldale / N.J.: Erlbaum, S. 73 – 79.

Bertrand, Yves / Christ, Herbert (1980): Vorschläge für einen erweiterten Fremdsprachenunterricht. In: *Neusprachliche Mitteilungen,* 43 (4), S. 208 – 213.

Bliesener, Ulrich / Schröder, Konrad (1977): *Elemente einer Didaktik des Fremdsprachenunterrichts in der Sekundarstufe II. Didaktische Reflexionen, Entwürfe und Modelle.* Frankfurt/M.: Diesterweg.

Blume, Otto-Michael (2007): Sprechen und Schreiben fördern. In: Krechel, Hans-Ludwig (Hrsg.): *Französisch Methodik. Handbuch für die Sekundarstufe I und II.* Berlin: Cornelsen Scriptor.

Börner, Wolfgang (2000): Das ist eigentlich so'ne Übung, wo man überhaupt nicht nachdenken muß. Lernermeinungen zu Grammatikübungen. In: Riemer, Claudia (Hrsg.): *Kognitive Aspekte des Lehrens und Lernens von Fremdsprachen. Festschrift für Willis J. Edmondson zum 60. Geburtstag.* Tübingen: Narr, S. 323 – 337.

Bredella, Lothar (1999): Zielsetzungen interkulturellen Fremdsprachenunterrichts. In: Bredella / Delanoy, Werner (Hrsg.): *Interkultureller Fremdsprachenunterricht.* Tübingen: Narr, S. 85 – 120.

Bredella, Lothar (2010): *Das Verstehen des Anderen. Kulturwissenschaftliche und literaturdidaktische Studien.* Tübingen: Narr.

Breen, Michael P. (1987): Learner Contribution to Task Design. In: Candlin, Christopher / Murphy, Dermot (Hrsg.): *Language Learning Taks.* London: Prentice Hall, S. 23 – 46.

Bremerich-Vos, Albert / Böhme, Katrin (2009): Lesekompetenzdiagnostik – die Entwicklung eines Kompetenzstufenmodells für den Bereich Lesen. In: Granzer, Dietlinde / Köller, Olaf / Bremerich-Vos, Albert / Van den Heuvel-Panhuizen, Marja / Reiss, Kristina / Walther, Gerd (Hrsg.): *Bildungsstandards Deutsch und Mathematik.* Weinheim / Basel: Beltz, S. 210 – 250.

Buck, Gary (2001): *Assessing Listening.* Cambridge: Cambridge University Press.

Bundesministerium für wirtschaftliche Zusammenarbeit und Entwicklung (Hrsg.) (2007): *Orientierungsrahmen für den Lernbereich Globale Entwicklung im Rahmen einer Bildung für nachhaltige Entwicklung.* [Online: http://www.kmk.org/fileadmin/Dateien/veroeffentlichungen_beschluesse/2015/2015_06_00-Orientierungsrahmen-Globale-Entwicklung.pdf 13.09.2016]. (Abgekürzt KMK 2015)

Bundesministerium für Bildung und Forschung (Hrsg.) (2003): *Zur Entwicklung nationaler Bildungsstandards: Eine Expertise.* Berlin: BMBF.

Burger, Günter (1995): Fiktionale Filme im fortgeschrittenen Fremdsprachenunterricht. In: *Die Neueren Sprachen,* 94 (6), S. 592 – 608.

Burwitz-Melzer, Eva (2000): Interkulturelle Lernziele bei der Arbeit mit fiktionalen Texten. In: Bredella, Lothar / Christ, Herbert / Legutke, Michael K. (Hrsg.): *Fremdverstehen zwischen Theorie und Praxis. Arbeiten aus dem Graduierten-Kolleg „Didaktik des Fremdverstehens".* Tübingen: Narr, S. 43 – 86.

Burwitz-Melzer, Eva / Quetz, Jürgen (2006): Mehrsprachigkeit und Interkulturalität in Fremdsprachenportfolios. In: Martinez, Hélène / Reinfried, Marcus (Hrsg.): *Mehrsprachigkeitsdidaktik gestern, heute und morgen.* Tübingen: Narr, S. 203 – 213.

Burwitz-Melzer, Eva (2007): Kompetenzen im fremdsprachlichen Literaturunterricht: Ein Plädoyer für ein neues Konzept. In: Bausch, Karl-Richard / Burwitz-Melzer, Eva / Königs, Frank Gerhard / Krumm, Hans-Jürgen (Hrsg.): *Textkompetenzen. Arbeitspapiere der 27. Frühjahrskonferenz zur Erforschung des Fremdsprachenunterrichts.* Tübingen: Narr, S. 37–48.

Burwitz-Melzer, Eva (2012): Kulturelle und interkulturelle Kompetenzen im Fremdsprachenunterricht erwerben. In: *Babylonia,* 2, S. 12 – 21.

Butzkamm, Wolfgang (2004): *Lust zum Lehren, Lust zum Lernen: Eine neue Methodik für den Fremdsprachenunterricht.* Tübingen und Basel: Francke.

Byram, Michael (1997): *Teaching and assessing intercultural competence.* Clevedon: Multilingual Matters.

Byram, Michael (2005): *European Language Portfolio. Theoretical model und proposed template for an Autobiography of „Key Intercultural Experiences".* Document prepared by Michael

Byram for discussion during the 6th European seminar on the European Language Portfolio, Moscow 29 September – 1 October 2005, Language Policy Division.

Camp, Beth (1996): *Effective Workplace Writing*. New York: MacGraw-Hill Higher Education.

Candelier, Michel (2003): *L'éveil aux langues à l'école primaire : bilan d'une innovation européenne*. Bruxelles: De Boeck.

Candelier, Michel/Camilleri-Grima, Antoinette/Castellotti, Véronique/De Pietro, Jean-François/Lörincz, Ildiko/Meißner, Franz-Joseph/Schröder-Sura, Anna/Noguerol, Artur/Molinié, Muriel (2009): *Referenzrahmen für Plurale Ansätze zu Sprachen und Kulturen*. Graz/CELV/Strasbourg: Europarat. (Abgekürzt: RePA/Carap). [Online: http://carap.ecml.at/Resources/tabid/425/language/fr-FR/Default; aspx. 30.10.2013].

Carstens, Ralph (2005): Engaging Learners in Meaning-Focused Language Use. In: *Praxis Fremdsprachenunterricht*, 2 (49), S. 7–12.

Caspari, Daniela/Schinschke, Andrea (2007): Interkulturelles Lernen: Konsequenzen für die Konturierung eines fachdidaktischen Konzepts aufgrund seiner Rezeption in der Berliner Schule. In: Bredella, Lothar/Christ, Herbert (Hrsg.): *Fremdverstehen und interkulturelle Kompetenz*. Tübingen: Narr, S. 78–100.

Caspari, Daniela (2008a): Didaktisches Stichwort: Sprachmittlung. In: *Praxis Fremdsprachenunterricht*, 5 (5), S. 60.

Caspari, Daniela (2008b): Zu den „Interkulturellen Kompetenzen" in den Bildungsstandards. In: Fäcke, Christiane/Hülk, Walburga/Klein, Franz-Josef (Hrsg.): *Multiethnizität, Migration und Mehrsprachigkeit. Festschrift zum 65. Geburtstag von Adelheid Schumann*. Stuttgart: ibidem, S. 19–35.

Caspari, Daniela/Grünewald, Andreas/Hu, Adelheid,/Küster, Lutz/Nold, Günter/Vollmer, Hellmut Johannes/Zydatiß, Wolfgang (2008): *Kompetenzorientierung, Bildungsstandards und fremdsprachliches Lernen – Herausforderungen an die Fremdsprachenforschung: Positionspapier von Vorstand und Beirat der DGFF*. [Online: http://www.dgff.de/fileadmin/user_upload/dokumente/Sonstiges/Kompetenzpapier_DGFF.pdf; 30.10.2013].

Caspari, Daniela/Kleppin, Karin (2008): Lernaufgaben. Kriterien und Beispiele. In: Tesch, Bernd/Leupold, Eynar/Köller, Olaf (Hrsg.): *Bildungsstandards Französisch: konkret*. Berlin Cornelsen, S. 88–148.

Caspari, Daniela/Schinschke, Andrea (2009): Aufgaben zur Feststellung und Überprüfung interkultureller Kompetenzen im Fremdsprachenunterricht – Entwurf einer Typologie. In: Byram, Michael/Hu, Adelheid (Hrsg.): *Interkulturelle Kompetenz und fremdsprachliches Lernen. Modelle, Empirie, Evaluation*. Tübingen: Narr, S. 273–287.

Caspari, Daniela (2010): Auf der Suche nach dem spezifischen Beitrag des Fremdsprachenunterrichts zu den interkulturellen Kompetenzen. Ausgangspunkt: Die „EPA Französisch". In: Caspari, Daniela/Küster, Lutz (Hrsg.): *Wege zu interkultureller Kompetenz. Fremdsprachendidaktische Aspekte der Text- und Medienarbeit*. Frankfurt/M.: Peter Lang, S. 103–114.

Caspari, Daniela/Grotjahn, Rüdiger/Kleppin, Karin (2010): Testaufgaben und Lernaufgaben. In: Porsch, Raphaela/Tesch, Bernd/Köller, Olaf (Hrsg.): *Standardbasierte Testentwicklung und Leistungsmessung: Französisch in der Sekundarstufe I*. Münster: Waxmann, S. 46–68.

Caspari, Daniela/Schinschke, Andrea (2010): Sprachmittlungsaufgaben gestalten. Zum interkulturellen Potential von Sprachmittlung. In: *Der fremdsprachliche Unterricht Französisch*, 44 (108), S. 30–33.

Caspari, Daniela/Schinschke, Andrea (2012): Sprachmittlung: Überlegungen zur Förderung einer komplexen Kompetenz. In: *Fremdsprachen Lehren und Lernen*, 41, S. 40–53.

Caspari, Daniela (2013a): Aufgaben im kompetenzorientierten Fremdsprachenunterricht. In: *Praxis Fremdsprachenunterricht Basisheft*, 10 (4), S. 5–8.

Caspari, Daniela (2013b): Didaktisches Stichwort: Aufgaben. In: *Praxis Fremdsprachenunterricht Basisheft*, 10 (4), S. 17.

Caspari, Daniela (2013c): Kompetenzorientierter Fremdsprachenunterricht. In: Freie Hansestadt Hamburg (Hrsg.): *Kompetenzorientierung im Fach Englisch. Ausgewählte Ergebnisse der Fachsets Englisch im Schulversuch „Alleskönner"*. Hamburg: Behörde für Schule und Berufsbildung, S. 9–18.

Caspari, Daniela (2013d): „Literatur" in offiziellen Vorgaben für den Fremdsprachenunterricht: Ein Vergleich des Berliner Rahmenlehrpans (1984), der Bildungsstandards (2003), der EPA (2002/04) und der Abiturstandards (2012). In: Grünewald, Andreas/Plikat, Jochen/Wieland, Katharina (Hrsg.): *Bildung – Kompetenz – Literalität. Fremdsprachenunterricht zwischen Standardisierung und Bildungsanspruch*. Seelze: Klett/Kallmeyer, S. 60–73.

Caspari, Daniela (2013e): Methoden, Lernstrategien und Lerntechniken. In: Küster, Lutz/Krämer, Ulrich (Hrsg.): *Mythos Grammatik. Kompetenzorientierte Spracharbeit im Französischunterricht.* Seelze: Klett/Kallmeyer, S. 21–43.

Caspari, Daniela (2013f): Sprachmittlung als kommunikative Situation. Eine Aufgabentypologie als Anstoß zur Weiterentwicklung eines Sprachmittlungs-Modells. In: Reimann, Daniel/Rössler, Andrea (Hrsg): *Sprachmittlung im Fremdsprachenunterricht.* Tübingen: Narr, S. 27–43.

Castellotti, Véronique/Coste, Daniel/Moore, Danièle/Tangliante, Christine (2004): *Portfolio européen des langues: collège.* Paris: Didier/ENS/CIEP.

Chesebro, Joseph L./McCroskey, James C. (2001): The relationship of teacher clarity and immediacy with student state receiver apprehension, affect, and cognitive learning. In: *Communication Education,* 50 (1), S. 59–68.

Chomsky, Noam (1965): *Aspekte der Syntaxtheorie. [Aspects of the Theory of Syntax].* Frankfurt/M.: Suhrkamp.

Christ, Herbert/Schröder, Konrad/Weinrich, Harald/Zapp, Franz-Josef (Hrsg.) (1980): Fremdsprachenunterricht in Europa. Homburger Empfehlungen für eine sprachenteilige Gesellschaft in Deutschland und Europa. In: Rutke, Dorothea (Hrsg.) (2002): *Europäische Mehrsprachigkeit: Analysen – Konzepte – Dokumente.* Aachen: Shaker, S. 97–100.

Christ, Ingeborg (2003): Auf dem Wege zu einer neuen Evaluationskultur im Fremdsprachenunterricht. In: *Neusprachliche Mitteilungen aus Wissenschaft und Praxis,* 56 (3), S. 157–169.

Clark, James M./Paivio, Allan (1991): Dual Coding Theory and Education. In: *Educational Psychology Review,* 3 (1), S. 149–207.

COCA = Davies, Mark (2008): *The Corpus of Contemporary American English: 450 million words, 1990–present.* [Online: http://corpus.byu.edu/coca/; 30.10.2013].

Conseil de l'Europe (2003): *Manuel pour relier les examens de langues au Cadre européen commun de référence pour les langues (CECR).* [Online: http://www.coe.int/t/dg4/linguistic/Manuel1_fr.asp; 30.10.2013].

Coyle, Do/Hood, Philip/Marsh, David (2010): *CLIL: Content and Language Integrated Learning.* Cambridge: Cambridge University Press.

Cram, Barbara (1995): Self-assessment. From theory to practice. Developing a workshop for teachers. In: Brindley, Geoff (Hrsg.): *Language assessment in action.* Sydney: National Centre for English Language Teaching and Research, S. 271–305.

Dam, Leni (1995): *From theory to classroom practice.* Dublin: Authentik.

De Bot, Kees (1992): A bilingual production model: Levelt's speaking model adapted. In: *Applied Linguistics,* 13 (1), S. 1–24.

Dechert, Hans-Wilhelm/Möhle, Dorothea/Raupach, Manfred (1984) (Hrsg.): *Interlinguale Prozesse.* Tübungen: Narr.

Deci, Edward L./Ryan, Richard M. (1993): Die Selbstbestimmungstheorie der Motivation und ihre Bedeutung für die Pädagogik. In: *Zeitschrift für Pädagogik,* 39 (2), S. 223–238.

Decke-Cornill, Helena/Küster, Lutz (2010): *Fremdsprachendidaktik. Eine Einführung.* Tübingen: Narr.

Deharde, Kristine/Lück-Hildebrandt, Simone (2006): „Fiches d'écriture" und „fiches de correction". Ein Werkzeug für Lernende und Lehrende. In: *Praxis Fremdsprachenunterricht,* 3 (1), S. 38–43.

DESI-Konsortium (Hrsg.) (2008): *Unterricht und Kompetenzerwerb in Deutsch und Englisch. Ergebnisse der DESI-Studie.* Weinheim: Beltz.

Dörnyei, Zoltan (1994): Motivation and Motivating in the Foreign Language Classroom. In: *The Modern Language Journal,* 78 (3), S. 273–284.

Dörnyei, Zoltán (2001): *Motivational Strategies in the Language Classroom.* Cambridge: Cambridge University Press.

DuFour, Richard/Eaker, Robert (1998): *Professional learning communities at work: Best practices for enhancing Student achievement.* Bloomington: Solution Tree Press.

Eckerth, Johannes (2003): Entwicklung, Einsatz und Evaluierung von Lernaufgaben – von der Fremdsprachenforschung zur Unterrichtspraxis. In: *German as a foreign Language (GFL),* 2, S. 1–28.

Ehlers, Swantje (1998): *Lesetheorie und fremdsprachliche Praxis aus der Perspektive des Deutschen als Fremdsprache.* Tübingen: Narr.

Ellis, Rod (1997): The empirical evaluation of language teaching materials. In: *ELT Journal,* 51, (1), S. 36–42.

Ellis, Rod (2003): *Task-based language learning and teaching.* Oxford / New York: Oxford University Press.

Ellis, Rod / Loewen, Shawn / Elder, Catherine / Erlam, Rosemary / Philp Jenefer / Reinders, Hayo (2009). *Implicit and explicit knowledge in second language learning, testing and teaching.* Bristol: Multilingual Matters.

Estaire, Sheila / Zanón, Javier J. (1994): *Planning Classwork: A Task Based Approach.* Oxford: Heinemann.

Europäische Kommission (1995): *Weißbuch zur allgemeinen und beruflichen Bildung. Lehren und Lernen. Auf dem Weg zur kognitiven Gesellschaft.* KOM (95) 590 vom 29.11.1995. [Online: http://europa.eu/documents/comm/white_papers/pdf/com95_590_de.pdf; 13.09.2016].

Europäische Kommission, Generaldirektion XXII (1996): *Weißbuch zur allgemeinen und beruflichen Bildung. Lehren und Lernen. Auf dem Weg zur kognitiven Gesellschaft.* Luxemburg: Amt für amtliche Veröffentlichungen der Europäischen Gemeinschaften.

Europäische Kommission (2002): *Bericht über die Qualitätsindikatoren für das lebenslange Lernen in Europa. Fünfzehn Qualitätsindikatoren auf der Grundlage der Ergebnisse der Arbeitsgruppe „Qualitätsindikatoren".* [Online: http://www.saarland.de/dokumente/thema_bildung/report_de.pdf; 13.09.2016].

Europarat. Rat für kulturelle Zusammenarbeit (2001): *Gemeinsamer europäischer Referenzrahmen für Sprachen: lernen, lehren, beurteilen.* Berlin München / Wien / Zürich / New York: Langenscheidt. (Abgekürzt GeR).

Europarat. Rat für kulturelle Zusammenarbeit (2010): *Guide for the development and implementation of curricula for plurilingual and intercultural education.* Strasbourg: Council of Europe / Language Policy Unit. [Online: http://www.coe.int/t/dg4/Linguistic/Source/LE_texts_Source/LE%202015/GUIDE_PIE_final%2030%20sept15_EN.pdf; 13.09.2016].

Fairclough, Norman ([2]2001): *Language and Power.* London: Longman.

Field, John (2008): Emergent and divergent: A view of second language listening research. In: *System*, 1, S. 2–9.

Finkbeiner, Claudia (2005): *Interessen und Strategien beim fremdsprachlichen Lesen. Wie Schülerinnen englische Texte lesen und verstehen.* Tübingen: Narr.

Flower, Linda / Hayes, John R. (1981): A Cognitive Process Theory of Writing. In: *College Composition and Communication*, 32, S. 365–387.

FMF (1990): Fremdsprachenlehren und Fremdsprachenlernen für die Welt von morgen (Koblenzer Erklärung des Fachverbandes Moderne Fremdsprachen). In: *Neusprachliche Mitteilungen*, 43, S. 140–142.

Frederking, Volker (2013): Literarisches Verstehen. In: Gailberber, Steffen / Wietzke, Frauke (Hrsg.): *Handbuch kompetenzorientierter Deutschunterricht.* Weinheim / Basel: Beltz.

Furrer, Carrie / Skinner, Ellen A. (2003): Sense of relatedness as a factor in children's academic engagement and performance. In: *Journal of Educational Psychology*, 95 (1), S. 148–162.

Garbe, Christiane / Holle, Karl / Jesch, Tatjana (2009): *Texte lesen: Lesekompetenz – Textverstehen – Lesedidaktik – Lesesozialisation.* Paderborn: Schöningh.

Gebauer, Stephanie / Kieweg, Werner (2008): „Frag ihn bitte mal für mich, ob …": Sprachmittlungsaufgaben erstellen und bewerten. In: *Der fremdsprachliche Unterricht Englisch*, 42 (93), S. 20–27.

Geulen, Dieter (Hrsg.) (1982): *Perspektivenübernahme und soziales Handeln. Texte zur sozialkognitiven Entwicklung.* Frankfurt/M.: Suhrkamp.

Ginther, April (2001): *Effects of the Presence and Absence of Visuals on Performance on TOEFL® CBT Listening-Comprehension Stimuli: TOEFL Research Report 66.* Princeton, NJ: ETS.

Ginther, April (2002): Context and content visuals and performance on listening comprehension stimuli. In: *Language Testing*, 19 (2), S. 133–167.

Gnutzmann, Claus (2010): Language Awareness. In: Hallet, Wolfgang / Königs, Frank G. (Hrsg.): *Handbuch Fremdsprachendidaktik.* Seelze: Klett / Kallmeyer, S. 115–119.

Gräsel, Cornelia / Fussangel, Kathrin / Parchmann, Ilka (2006): Lerngemeinschaften in der Lehrerfortbildung. In: *Zeitschrift für Erziehungswissenschaft*, 9 (4), S. 545–561.

Graesser, Arthur C. / Singer, Murray / Trabasso, Tom (1994): Constructing inferences during narrative text comprehension. In: *Psychological Review*, 101, S. 371–395.

Grotjahn, Rüdiger (2005): Testen und Bewerten des Hörverstehens. In: Ó Dúill, Micheál / Zahn, Rosemary / Höppner, Kristina D. C. / Voss, Bernd (Hrsg.): *Zusammenarbeiten. Eine Festschrift für Bernd Voss.* Bochum: AKS-Verlag, S. 115–144.

Grotjahn, Rüdiger (2008a): „Klassenarbeit" und „Test". In: *Praxis Fremdsprachenunterricht*, 5 (4), S. 62–63.

Grotjahn, Rüdiger (2008b): Tests und Testaufgaben: Merkmale und Gütekriterien. In: Tesch, Bernd / Leupold, Eynar / Köller, Olaf (Hrsg.): *Bildungsstandards Französisch: konkret. Sekundarstufe I: Grundlagen, Aufgabenbeispiele und Unterrichtsanregungen*. Berlin: Cornelsen Verlag Scriptor, S. 149–186.

Grotjahn, Rüdiger / Kleppin, Karin (2008): Bewertung produktiver sprachlicher Leistungen. In: Tesch, Bernd / Leupold, Eynar / Köller, Olaf (Hrsg.): *Bildungsstandards Französisch: konkret. Sekundarstufe I: Grundlagen, Aufgabenbeispiele und Unterrichtsanregungen*. Berlin: Cornelsen Verlag Scriptor, S. 187–204.

Grünewald, Andreas / Küster, Lutz / Lüning, Marita (2011): Kultur und Interkulturalität. In: Meißner, Franz-Joseph / Krämer, Ulrich (Hrsg.): *Spanischunterricht gestalten*. Seelze: Klett / Kallmeyer, S. 49–80.

Haastrup, K. (1987): Using thinking aloud and retrospection to uncover learners' lexical inferencing procedures. In: Faerch, Claus / Kasper, Gabriele (Hrsg): *Introspection in second language research*. Clevedon, UK: Multilingual Matters, S. 197–212.

Häussermann, Ulrich / Piepho, Hans-Eberhard (1996): *Aufgaben-Handbuch Deutsch als Fremdsprache. Abriß einer Aufgaben und Übungstypologie*. München: Iudicium.

Hallet, Wolfgang (2002): *Fremdsprachenunterricht als Spiel der Texte und Kulturen. Intertextualität als Paradigma einer kulturwissenschaftlichen Didaktik*. Trier: Wissenschaftlicher Verlag.

Hallet, Wolfgang (2008): Zwischen Sprachen und Kulturen vermitteln. Interlinguale Kommunikation als Aufgabe. In: *Der fremdsprachliche Unterricht Englisch*, 42 (93), S. 2–7.

Hallet, Wolfgang (2009): „Ways of being in the world". Diskursfähigkeit als Kompetenzziel und die Inhaltsorientierung des Fremdsprachenunterrichts. In: Bausch, Karl-Richard / Burwitz-Melzer, Eva, Königs, Frank G. / Krumm, Hans-Jürgen (Hrsg.): *Fremdsprachenunterricht im Spannungsfeld von Inhaltsorientierung und Kompetenzbestimmung*. Tübingen: Narr, S. 68–77.

Hallet, Wolfgang (2010): Umgang mit Texten und Medien. In: Hallet, Wolfgang / Königs, Frank Gerhard (Hrsg.): *Handbuch Fremdsprachendidaktik*. Seelze: Klett / Kallmeyer, S. 173–777.

Hallet, Wolfgang (2012): Die komplexe Kompetenzaufgabe. In: Hallet, Wolfgang / Krämer, Ulrich (Hrsg.): *Kompetenzaufgaben im Englischunterricht. Grundlagen und Unterrichtsbeispiele*. Seelze: Klett / Kallmeyer, S. 8–19.

Hallet, Wolfgang / Krämer, Ulrich (Hrsg.) (2012): *Kompetenzaufgaben im Englischunterricht. Grundlagen und Unterrichtsbeispiele*. Seelze: Klett / Kallmeyer.

Hamburger Institut für Berufliche Bildung (HIBB) (2010): *Sprachmittlung (Mediation). Schriftliche Sprachmittlungsaufgaben erstellen und bewerten*. Hamburg: Behörde für Schule und Berufsbildung.

Harsch, Claudia / Neumann, Astrid / Lehmann, Rainer / Schröder, Konrad (2007): Schreibfähigkeit. In: Beck, Bärbel / Klieme, Eckhard (Hrsg.): *Sprachliche Kompetenzen. Konzepte und Messung. DESI-Studie*. Weinheim / Basel: Beltz, S. 42–62.

Hattie, John / Timperley, Helen (2007): The Power of Feedback. In: *Review of Eductional Research*, 77 (1), S. 81–112.

Hattie, John (2009): *Visible learning. A synthesis of over 800 meta-analyses relating to achievement*. London, New York: Routledge.

Hawkins, Eric (1984): *Awareness of Language. An Introduction*. Cambridge: Cambridge University Press.

Helmke, Andreas (2007): Lernprozesse anregen und steuern. Was wissen wir über Klarheit und Strukturiertheit? In: *Pädagogik*, 6, S. 44–47.

Helmke, Andreas / Helmke, Tuyet / Schrader, Friedrich-Wilhelm / Wagner, Wolfgang / Nold, Günter / Schröder, Konrad (2008): Alltagspraxis des Englischunterrichts. In: DESI-Konsortium (Hrsg.): *Unterricht und Kompetenzerwerb in Deutsch und Englisch*. Weinheim: Beltz, S. 371–381.

Henseler, Roswitha / Surkamp, Carola (2009): O this reading, what a thing it is! Lesekompetenz in der Fremdsprache Englisch fördern. In: *Der fremdsprachliche Unterricht Englisch. Themenheft Lesekompetenz*, 100 (101), S. 4–11.

Heringer, Hans-Jürgen (2004): *Interkulturelle Kommunikation. Grundlagen und Konzepte*. Tübingen: Narr.

Hesse, Hermann-Günter / Göbel, Kerstin (2006): Interkulturelle Kompetenz. In: Bärbel Beck / Eckhard Klieme (Hrsg.): *Sprachliche Kompetenzen: Konzepte und Messung: DESI-Studie: Deutsch-Englisch-Schülerleistungen-International*. Weinheim / Basel: Beltz, S. 286–304.

Hord, Shirley M. (1997): *Professional learning communities: Communities of continuous inquiry and improvement*. Austin: Southwest Educational Development Laboratory.

Hord, Shirley M. (2004): *Learning together, leading together. Changing schools through professional learning communities*. New York / London: Teachers College Press.

Hu, Adelheid et al. (2008): Kompetenzorientierung, Bildungsstandards und fremdsprachliches Lernen – Herausforderungen an die Fremdsprachenforschung. In: *Zeitschrift für Fremdsprachenforschung*, 19, S. 163–186.

Hu, Adelheid/Byram, Michael (Hrsg.) (2009): *Interkulturelle Kompetenz und fremdsprachliches Lernen / Intercultural competence and foreign language learning*. Tübingen: Gunter Narr.

Hüllen, Werner (1995): Englisch als Fremdsprache. In: Ahrens, Rüdiger/Bald, Wolf-Dietrich/Hüllen, Werner (Hrsg.): *Handbuch Englisch als Fremdsprache*. Berlin: Erich Schmidt, S. 54–58.

Hummel, Kirsten M./French, Leif M. (2010): Phonological Memory and Implications for the Second Language Classroom. In: *The Canadian Modern Language Review*, 66 (3), S. 371–391.

Hußmann, Stephan/Prediger, Susanne (2007): Mit Unterschieden rechnen – Differenzieren und Individualisieren. In: *Praxis der Mathematik in der Schule*, 49 (17), S. 2–8.

Huver, Emmanuelle/Springer, Claude (2011): *L'évaluation en langues*. Paris: Didier.

Hymes, Dell (1972): On Communicative Competence. In: Pride, John B./Holmes, Janet (Hrsg.): *Sociolinguistics*. Harmondsworth: Penguin, S. 269–293.

İlin, Gülden/İnözü, Jülide/Yumru, Hülya (2007): Teachers' and learners' perceptions of tasks: Objectives and outcomes. In: *Journal of Theory and Practice in Education*, 3 (1), S. 60–68.

Instituto Cervantes (2007): *Plan curricular del Instituto Cervantes: Niveles de referencia para el español*. Madrid: Editorial Bibliotheca Nueva.

Iyengar, Sheena S./Lepper, Mark R. (2000): When choice is demotivating: Can one desire too much of a good thing? In: *Journal of Personality and Social Psychology*, 79 (6), S. 995–1006.

Kieweg, Werner (2008): Sprachmittlungsstrategien anwenden. In: *Der fremdsprachliche Unterricht Englisch*, 42 (93), S. 8–10.

Kintsch, Walter/van Dijk, Teun (1983): *Strategies of discourse comprehension*. New York: Academic Press.

Kintsch, Walter (1998): *Comprehension: A paradigm for cognition*. Cambridge: Cambridge University Press.

Klein, Erwin/Meißner, Franz-Joseph/Prokopowicz, Tanja (2013): *Lesen, Lesekompetenz, Leseförderung. Akten des GMF-Sprachentages*. http://d-nb.info/1065319207/34; 13.09.2016

Kleinknecht, Marc/Maier, Uwe/Metz, Kerstin/Bohl, Thorsten (2011): Analyse des kognitiven Aufgabenpotenzials. Entwicklung und Erprobung eines allgemeindidaktischen Auswertungsmanuals. In: *Unterrichtswissenschaft*, 39 (4), S. 329–345.

Kleppin, Karin (2006): Selbstreflexion und Selbstevaluation: ein vernachlässigtes Potential bei Aufgaben. In: Bausch, Karl-Richard/Burwitz-Melzer, Eva/Königs, Frank G./Krumm, Hans-Jürgen (Hrsg.): *Aufgabenorientierung als Aufgabe*. Tübingen: Narr, S. 102–108.

Klieme, Eckhard/Avenarius, Hermann/Blum, Werner/Döbrich, Peter/Gruber, Hans/Prenzel, Manfred/Reiss, Kristina/Riquarts, Kurt/Tenorth, Heinz-Elmar/Vollmer, Helmut J. (2003): *Zur Entwicklung nationaler Bildungsstandards. Eine Expertise*. Berlin: BMBF.

Klieme, Eckhard/Beck, Bärbel (Hrsg.) (2007): *Sprachliche Kompetenzen. Konzepte und Messung. DESI-Studie*. Weinheim: Beltz.

Klieme, Eckhard/Rakoczy, Katrin (2008): Empirische Unterrichtsforschung und Fachdidaktik. Outcome-orientierte Messung und Prozessqualität des Unterrichts. In: *Zeitschrift für Pädagogik*, 54 (2), S. 222–237.

KMK, s. Sekretariat der Ständigen Konferenz der Kultusminister der Länder in der Bundesrepublik Deutschland

Knapp-Potthoff, Annelie (1997): Interkulturelle Kommunikationsfähigkeit als Lernziel. In: Knapp-Potthoff, Annelie/Liedke, Martina (Hrsg.): *Aspekte interkultureller Kommunikationsfähigkeit*. München: iudicium, S. 181–205.

Koch, Peter/Oesterreicher, Wulf (1985): Sprache der Nähe – Sprache der Distanz. Mündlichkeit und Schriftlichkeit im Spannungsfeld von Sprachtheorie und Sprachgeschichte. In: *Romanistisches Jahrbuch*, 36, S. 15–43.

Köller, Olaf/Watermann, Ralf/Trautwein, Ulrich/Lüdtke, Oliver (Hrsg.) (2003): *Wege zur Hochschulreife in Baden-Württemberg: TOSCA, eine Untersuchung an allgemein bildenden und beruflichen Gymnasien*. Opladen: Lenske + Budrich.

Köller, Olaf / Trautwein, Ulrich / Cortina, Kai S. / Baumert, Jürgen (2006): Rezeptive Kompetenzen in Englisch am Ende der gymnasialen Oberstufe. In: *Unterrichtswissenschaft, 24* (3), S. 230–255.

Koenig, Michael (2000): *Testen mit sowieso. Handbuch mit Beispieltests.* Berlin / München: Langenscheidt.

Koenig, Michael (2010): Lehrwerkarbeit. In: Hallet, Wolfgang / Königs, Frank G. (Hrsg.): *Handbuch Fremdsprachendidaktik.* Seelze: Klett/Kallmeyer, S. 177–182.

Kolb, Elisabeth (2008a): „Almabtrieb" is something like a cattle drive: Sprachmittlungskompetenz systematisch schulen. In: *Der Fremdsprachliche Unterricht Englisch, 42* (93), S. 11–19.

Kolb, Elisabeth (2008b): „Se débrouiller avec des ressources limitées": Sprachmittlung im Anfangsunterricht Französisch. In: *Praxis Fremdsprachenunterricht,* 5 (5), S. 40–44.

Kolb, Elisabeth (2011): Wie stuft und prüft man Sprachmittlung? Einige Fragen und Antworten aus Forschung und Unterrichtspraxis. In: *Zeitschrift für Fremdsprachenforschung,* 22 (2), S. 180–194.

Konsortium HarmoS Fremdsprachen (Hrsg.) (2009): *Fremdsprachen. Wissenschaftlicher Kurzbericht und Kompetenzmodell.* [Online: http://www.edudoc.ch/static/web/arbeiten/harmos/L2_wissB_25_1_10_d.pdf; 13.09.2016].

Krashen, Stephen (1985): *The Input-Hypothesis.* Torrance, CA: Laredo Publishing Company.

Kraus, Alexander / Nieweler, Andreas (2011): La tâche: von der Übung zur Aufgabe. In: *Der Fremdsprachliche Unterricht Französisch,* 112, S. 2–8.

Krumm, Hans Jürgen (1995): Interkulturelles Lernen und interkulturelle Kommunikation. In: Bausch, Karl-Richard / Christ, Herbert / Krumm, Hans-Jürgen (Hrsg.): *Handbuch Fremdsprachenunterricht.* Tübingen: Francke, S. 156–161.

Krumm, Hans-Jürgen (2001): Please, lies! Hat Literatur einen Platz in der gegenwärtigen Diskussion über das Lehren und Lernen von Fremdsprachen? In: *1000 und 1 Buch: Das österreichische Magazin für Kinder- und Jugendliteratur,* 1, S. 24–28.

Küster, Lutz (2011): Das Prinzip vernetzten und vernetzenden Lernens als fremdsprachendidaktische Herausforderung. In: Bausch, Karl-Richard / Burwitz-Melzer, Eva / Königs, Frank G. / Krumm, Hans-Jürgen (Hrsg.): *Fremdsprachen lehren und lernen: Rück- und Ausblick.* Tübingen: Narr, S. 138–147.

Kumaravadievelu, B. (1991): Language-learning tasks: Teacher intention and learner interpretation. In: *ELT Journal,* 45 (2), S. 98–107.

Le Boterf, Guy (1994): *De la compétence: essai sur un attracteur étrange.* Paris: Éditions d'Organisation.

Legutke, Michael K. / Schocker-v. Ditfurth, Marita (2003): *Kommunikativer Fremdsprachenunterricht: Rückblick nach vorn.* Tübingen: Narr.

Legutke, Michael K. (2006): Aufgabe – Projekt – Szenario. Über die großen Perspektiven und die kleinen Schritte. In: Bausch, Karl-Richard / Burwitz-Melzer, Eva / Königs, Frank G. / Krumm, Hans-Jürgen (Hrsg): *Aufgabenorientierung als Aufgabe. Arbeitspapiere der 26. Frühjahrskonferenz zur Erforschung des Fremdsprachenunterrichts.* Tübingen: Narr, S. 140–148.

Leitzke-Ungerer, Eva (2005): Interlinguale Unterrichtseinheiten Englisch – Französisch – Spanisch. Konzeption und Aufgaben für ‚Kombi-Stunden'. In: *Praxis Fremdsprachenunterricht,* 2 (5), S. 12–22.

Leitzke-Ungerer, Eva (Hrsg.) (2009): *Film im Fremdsprachenunterricht.* Stuttgart: ibidem.

Leonardo-Projekt INCA (Intercultural Competence Assessment. [Online: http://www.leonardo.org.uk/; 30.10.2013].

Leupold, Eynar (2000): Ich weiß etwas, was du nicht weißt…: Lehrkompetenz als Schlüssel zu einem innovativen Fremdsprachenunterricht. In: Wendt, Michael (Hrsg.): *Konstruktion statt Instruktion. Neue Zugänge zu Sprachen und Kulturen im Fremdsprachenunterricht.* Frankfurt / M.: Peter Lang, S. 164–174.

Leupold, Eynar (2008a): A chaque cours suffit sa tâche? Bedeutung und Konzeption von Lernaufgaben. In: *Der fremdsprachliche Unterricht Französisch,* 96, S. 2–9.

Leupold, Eynar (2008b): Prendre d'abord un texte… Eine Checkliste zur Konzeption von Lernaufgaben. In: *Der fremdsprachliche Unterricht Französisch,* 96, S. 24–25.

Leupold, Eynar. (2008c): Veni, medi, vici … Mit Lernaufgben die Mediationskompetenz fördern. In: *Der Fremdsprachliche Unterricht Französisch,* 42 (96), S. 16–19.

Levelt, Willem J. M. (1989): *Speaking: From intention to articulation.* Cambridge/Mass.: MIT Press.

Lextutor Concordancier-corpus français. [Online: http://www.lextutor.ca/concordancers/concord_f.html; 30.10.2013].

Lipowsky, Frank (2006): Lehrerkompetenz und Schülerleistung. In: *DIPF informiert. Journal des Deutschen Instituts für Internationale Pädagogische Forschung*, 10, S. 7–11.

Lipowsky, Frank (2009): Unterricht. In: Wild, Elke/Möller, Jens (Hrsg.): *Pädagogische Psychologie*. Berlin: Springer, S. 73–102.

LISUM (Landesinstitut für Schule und Medien Berlin) (2006): *Handreichungen zur Sprachmittlung in den modernen Fremdsprachen: Englisch, Französisch, Spanisch*. [Online: http://www.kmk-format.de/material/Fremdsprachen/6-1-3_Handreichung_Berlin_Sprachmittlung_Abitur.pdf; 13.09.2016].

Lutjeharms, Madeline (2010): Der Leseprozess in Mutter- und Fremdsprache. In: Lutjeharms, Madeline/Schmidt, Claudia (Hrsg.): *Lesekompetenz in Erst-, Zweit- und Fremdsprache*. Tübingen: Narr, S. 11–26.

Lynch, Tony/Mendelsohn, David J. (2002): Listening. In: Schmitt, Norbert (Hrsg.): *An Introduction to Applied Linguistics*. London: Arnold, S. 193–210.

Martinez, Hélène (1998): Activer le rôle de l'apprenant en classe de FLE. In: *Fremdsprachenunterricht*, 42 (5l), S. 277–283.

Martinez, Hélène (2008): *Lernerautonomie und Sprachenlernverständnis. Eine qualitative Untersuchung bei zukünftigen Lehrerinnen und Lehrern romanischer Sprachen*. Tübingen: Narr.

Martinez, Hélène/Schröder-Sura, Anna (2012): Der Referenzrahmen für Plurale Ansätze zu Sprachen und Kulturen: Ein Instrument zur Förderung mehrsprachiger Aneignungskompetenz. In: *Die neueren Sprachen. Jahrbuch des Gesamtverband Moderne Fremdsprachen*, 2, S. 67–83.

Martinez, Hélène (2013): From standards to tasks and vice versa: Challenges in foreign language teaching and learning. In: *Fremdsprachen Lehren und Lernen*, 42 (2), S. 99–114.

Mayer, Richard E. (2005): Cognitive theory of multimedia learning. In: Mayer, Richard E. (Hrsg.): *The Cambridge Handbook of Multimedia Learning*. New York: Cambridge University Press, S. 31–48.

McKoon, Gail/Ratcliff, Roger (2008): Passive Parallel Automatic Minimalist Processing. In: Engel, Christoph/Singer, Wolf (Hrsg.): *Better than conscious? Decision making, the human mind, and implications for institutions*. Cambridge, Mass: MIT Press.

Meißner, Franz-Joseph (2003): Wörterbücher. In: Bausch, Karl-Richard/Christ, Herbert/Krumm, Hans-Jürgen (Hrsg.): *Handbuch Fremdsprachenunterricht*. Tübingen/Basel: Francke, S. 402–406.

Meißner, Franz-Joseph (2004): Transfer und Transferieren. Anleitungen zum Interkomprehensionsunterricht. In: Klein, Horst G./Rutke, Dorothee (Hrsg.): *Neuere Forschungen zur Europäischen Interkomprehension*. Aachen: Shaker, S. 39–66.

Meißner, Franz-Joseph (2005a): Evaluation durch Lernende. Eine Strategie zur Lernerautonomisierung und zur Lehrwerkoptimierung. In: *Französisch heute*, 36 (2), S. 178–194.

Meißner, Franz-Joseph (2005b): Mehrsprachigkeitsdidaktik revisited: Über Interkomprehensionsunterricht zum Gesamtcurriculum. In: *Fremdsprachen Lehren und Lernen*, 34, S. 125–145.

Meißner, Franz-Joseph (2006): Linguistische und didaktische Überlegungen zur Entwicklung von Kompetenzaufgaben im Lernbereich Mündlichkeit (Schwerpunkt Hörverstehen). In: *Französisch heute*, 37, S. 240–282.

Meißner, Franz-Joseph (2008): Diastratische und diaphasische Varietäten des Französischen. In: Kolboom, Ingo/Kotschi, Thomas/Reichel, Edward (Hrsg.): *Handbuch Französisch – Lehre – Studium – Praxis*. Berlin: E. Schmid, S. 87–92.

Meißner, Franz-Joseph/Beckmann, Christine/Schröder-Sura, Anna (2008): *Mehrsprachigkeit fördern. Vielfalt und Reichtum in der Schule nutzen (MES). Zwei deutsche Stichproben einer internationalen Studie in den Klassen 5 und 9 zu Sprachen und Fremdsprachenunterricht*. Tübingen: Narr.

Meißner, Franz-Joseph/Schröder-Sura, Anna (2009a): Französischunterricht in Lernersicht. Befunde aus der empirischen Fremdsprachenforschung. In: *Französisch heute*, 40, S. 5–7.

Meißner, Franz-Joseph/Schröder-Sura, Anna (2009b): Studierende erinnern sich an ihren schulischen Französischunterricht. Eine quantitative Untersuchung. In: Meißner, Franz-Joseph/Schröder-Sura, Anna (Hrsg.): *Französischunterricht aus Lernersicht (Themenheft). Französisch heute*, 40 (1), S. 5–8.

Meißner, Franz-Joseph/Tesch, Bernd (2010): Kompetenzorientierter Spanischunterricht. In: Dies (Hrsg.): *Spanisch kompetenzorientiert unterrichten*. Seelze: Klett/Kallmeyer, S. 14–27.

Meißner, Franz-Joseph (2013a): *Die RePA-Deskriptoren der ‚weichen' Kompetenzen. Eine Handreichung für den kompetenzorientierten Unterricht zur Förderung der Sprachlernkompetenz und Mehrsprachigkeit.* [Online: http://geb.uni-giessen.de/geb/volltexte/2013/9372/; 30.10.2013].

Meißner, Franz-Joseph (2013b): Lesen, Lesekompetenz, Leseförderung in fremden Sprachen. In: Klein, Erwin / Meißner, Franz-Joseph / Prokopowitz, Tanja (Hrsg.): *Lesen, Lesekompetenz, Leseförderung: Akten des GMF-Sprachentages Aachen 2011.* Gießen: GEB, S. 8–72.

Meißner, Franz-Joseph (2014): Plurilingual Education. In: Fäcke, Christiane (Hrsg): *Language Acquisition. Manuals of Romance Linguistics.* Berlin / New York: De Gruyter.

Menze, Clemens (1975): *Die Bildungsreform Wilhelm von Humboldts.* Hannover: Schroedel.

Morkötter, Steffi (2005): *Language Awareness und Mehrsprachigkeit: Eine Studie zu Sprachbewusstheit und Mehrsprachigkeit aus der Sicht von Fremdsprachenlernern und Fremdsprachenlehrern.* Frankfurt a. M.: Peter Lang.

Morkötter, Steffi / Meißner, Franz-Joseph / Schröder-Sura (2010): Wie sehen Schüler das Englische und die Mehrsprachigkeit? Erwartungen, Erfahrungen, Lernvorhaben in der MES-Studie. In: *Die Neueren Sprachen. Jahrbuch des Gesamtverbandes Moderne Fremdsprachen,* 1, S. 27–40.

Morkötter, Steffi (2014): *Förderung von Sprachlernkompetenz zu Beginn der Sekundarstufe. Untersuchungen zu früher Interkomprehension.* Tübingen: Narr.

Müller-Hartmann, Andreas / Schocker-von Ditfurth, Marita (2010): Task-Based Language Teaching und Task-Supported Language Teaching. In: Hallet, Wolfgang / Königs, Frank G.: *Handbuch Fremdsprachendidaktik.* Seelze: Klett / Kallmeyer, S. 203–207.

Müller-Hartmann, Andreas / Schocker-v. Ditfurth, Marita (2011): *Teaching English: Task Supported Language Teaching.* Paderborn: Schöningh.

Murphy, Jacky (2003): Task-based learning: the interaction between tasks and learners. In: *ELT Journal,* 57 (4), S. 352–360.

Neugebauer, Bettina / Grotjahn, Rüdiger / Tesch, Bernd (2013): Zeitbegrenzungen in Lesetests. Auswirkungen auf das Testkonstrukt, testmethodische Konsequenzen und didaktisches Potential am Beispiel der Vera-8. Leseaufgaben im Fach Französisch. In: *Zeitschrift für Fremdsprachenforschung,* 23 (1), S. 195–241.

Neuner, Gerhard / Krüger, Michael / Grewer, Ulrich (1981): *Übungstypologie zum kommunikativen Unterricht.* Berlin: Langenscheidt.

Neveling, Christiane / Hoyer, Bettina / Zausch, Alexandra (2012): Unterrichtsverfahren zur Förderung der Sprechkompetenz. In: *Französisch heute,* 43 (3), S. 107–115.

New London Group (1996): A Pedagogy of Multiliteracies: Designing Social futures. In: *Harvard Educational Review,* 66 (1), S. 64.

Nold, Günter / Haudeck, Helga / Schnaitmann, Gerhard W. (1997): Die Rolle von Lernstrategien im Fremdsprachenunterricht. In: *Zeitschrift für Fremdsprachenforschung,* 8 (1), S. 27–50.

Nold, Günter / Willenberg, Heiner (2007): Lesefähigkeit. In: Beck, Bärbel & Klieme, Eckhard (Hrsg.): *Sprachliche Kompetenzen: Konzepte und Messung. DESI-Studie.* Weinheim: Beltz, S. 19–41.

Nold, Günter / Rossa, Henning (2007): Leseverstehen. In: Beck, Bärbel / Klieme, Eckhard (Hrsg.): *Sprachliche Kompetenzen und Messung. DESI-Studie.* Weinheim: Beltz, S. 197–211.

Nold, Günter / Rossa, Henning / Hartig, Johannes (2008): Hörverstehen Englisch. In: DESI-Konsortium (Hrsg.): *Unterricht und Kompetenzerwerb in Deutsch und Englisch: Ergebnisse der DESI-Studie.* Weinheim: Beltz, S. 120–129.

Nold, Günter / Hartig, Johannes / Hinz, Silke / Rossa Henning (2008): Klassen mit bilingualem Sachfachunterricht: Englisch als Arbeitssprache. In: DESI-Konsortium (Hrsg.): *Unterricht und Kompetenzerwerb in Deutsch und Englisch.* Weinheim: Beltz, S. 451–457.

Nold, Günter / Rossa, Henning (2008): Sprachbewusstheit Englisch. In: DESI-Konsortium (Hrsg.): *Unterricht und Kompetenzerwerb in Deutsch und Englisch. Ergebnisse der DESI-Studie.* Weinheim, Basel: Beltz, S. 157–169.

Nünning, Ansgar (1997): Literatur ist, wenn das Lesen wieder Spaß macht! In: *Der fremdsprachliche Unterricht,* 31 (27), S. 4–13.

Nunan, David (1989): *Designing Tasks forthe Communicative Classroom.* Cambridge: Cambridge University Press.

O'Malley, Michael / Chamot, Anna U. / Küpper, Lisa (1989): Listening Comprehension Strategies in Second Language Acquisition. In: *Applied Linguistics,* 10 (4), S. 418–437.

Paivio, Allan (1986): *Mental representations: a dual coding approach*. Oxford: Oxford University Press.

Pascal, Blaise (1893): *Pensées de Blaise Pascal avec les Notes de Voltaire*. Paris: Librairie de la Bibliothèque Nationale.

Pesce, Silvia (2010): *Löse- und Lernprozesse bei der Bearbeitung grammatisch-kommunikativer Lernaufgaben. Eine Studie am Beispiel des Spanischen als Fremdsprache*. Tübingen: Narr.

Philipp, Elke / Rauch, Kerstin (2010): Sprachmittlung mit Spiegeltexten. Themengleiche Texte als Wortschatzquelle nutzen. In: *Der fremdsprachliche Unterricht Französisch*, 44 (108), S. 2–7.

Piepho, Hans-Eberhard (1974): *Kommunikative Kompetenz als übergeordnetes Lernziel im Englischunterricht*. Dornburg-Frickhofen: Frankonius.

Piepho, Hans-Eberhard (2000): Aufgaben. In: Karbe, Ursula / Piepho, Hans-Eberhard (Hrsg.): *Fremdsprachenunterricht von A – Z*. Insmaning: Hueber, S. 35–36.

Porsch, Raphaela / Grotjahn, Rüdiger / Tesch, Bernd (2010): Hörverstehen und Hör-Sehverstehen in der Fremdsprache – unterschiedliche Konstrukte? In: *Zeitschrift für Fremdsprachenforschung*, 21 (2), S. 143–189.

Porsch, Raphaela / Tesch, Bernd (2010): Messung der Schreibkompetenz im Fach Französisch. In: Raphaela Porsch / Bernd Tesch / Köller, Olaf (Hrsg.): *Standardbasierte Testentwicklung und Leistungsmessung. Französisch in der Sekundarstufe I*. Münster: Waxmann, S. 153–179.

Porsch, Raphaela / Tesch, Bernd / Köller, Olaf (Hrsg.) (2010): *Standardbasierte Testentwicklung und Leistungsmessung: Französisch in der Sekundarstufe I*. Münster: Waxmann.

Posner, Roland (1992): Der polyglotte Dialog. Ein Humanistengespräch über Kommunikation im mehrsprachigen Europa. In: *Mitteilungen des Hochschulverbandes*, 1, S. 11–15.

Quetz, Jürgen / Vogt, Karin (2009): Nationale Bildungsstandards für die erste Fremdsprache: Sprachenpolitik auf unsicherer Basis. In: *Zeitschrift für Fremdsprachenforschung*, 20 (1), S. 63–90.

Raddatz, Volker (1996): Fremdsprachenunterricht zwischen Landeskunde und Interkulturalität. In: *Fremdsprachenunterricht*, 4 (40 / 49), S. 242–252.

Rodger, Susan / Murray, Harry G. / Cummings, Anne L. (2007): Effects of teacher clarity and student anxiety on student outcomes. In: *Teaching in Higher Education*, 12 (1), S. 91–104.

Rössler, Andrea (2008): Die sechste Fertigkeit? Zum didaktischen Potenzial von Sprachmittlungsaufgaben im Französischunterricht. In: *Zeitschrift für Romanische Sprachen und ihre Didaktik*, 2 (1), S. 53–77.

Rosenblatt, Louise (2004): The transactional theory of reading and writing. In: Ruddell, Robert B. / Unrau, Norman J. (Hrsg.): *Theoretical Models and processes of reading*. Newark, DE: International Reading Association, S. 1363–1398.

Rosenholtz, Susan J. (1991): *Teacher's workplace: The social organization of schools*. New York: Teachers College Press.

Rossa, Henning (2009): Was messen Hörverstehensaufgaben. Ansätze zur Konstruktvalidierung von Sprachtestaufgaben als Beitrag zur Qualitätssicherung in der Kompetenzforschung. In: Aguado, Karin / Schramm, Karen / Vollmer, H. Johannes (Hrsg.): *Fremdsprachliches Handeln beobachten, messen und evaluieren. Neue methodische Ansätze der Kompetenzforschung und Videographie*. Frankfurt / M.: Peter Lang, S. 119–152.

Rossa, Henning (2012): *Mentale Prozesse beim Hörverstehen in der Fremdsprache. Eine Studie zur Validität der Messung sprachlicher Kompetenzen*. Frankfurt / M.: Peter Lang.

Rost, Michael (1993): *Listening in Language Learning*. Harlow: Longman.

Rost, Michael (2002): *Teaching and Researching Listening*. Harlow: Pearson Education.

Ruiz-Primo, Maria A. / Furtak, Erin M. (2007): Exploring teachers' informal formative assessment practices and students' understanding in the context of scientific inquiry. In: *Journal of Research in Science Teaching*, 44 (1), S. 57–84.

Sarter, Heidemarie (2008): Sprachmittlung und sprachliches Handeln. In: *Praxis Fremdsprachenunterricht*, 5 (5), S. 9–13.

Schinke, Simone / Steveker, Wolfgang (2013): Lernaufgaben im Spanischunterricht. In: *Der Fremdsprachliche Unterricht Spanisch*, 11 (41), S. 4–11.

Schinschke, Andrea (1995): Perspektivenübernahme als grundlegende Fähigkeit im Umgang mit Fremdem. In: Bredella, Lothar / Christ, Herbert (Hrsg.): *Didaktik des Fremdverstehens*. Tübingen: Narr, S. 36–50.

Schinschke, Andrea (Red.) (2011): *Handreichung moderne Fremdsprachen. Grammatik im kompetenzorientierten Fremdsprachenunterricht. Unterrichtsvorschläge für Französisch, Russisch, Spanisch, Englisch.* [Online: https://bildungsserver.berlin-brandenburg.de/fileadmin/bbb/unterricht/faecher/sprachen/franzoesisch/pdf/Fremdsprachen_Handreichung.pdf; 16.09.2016].

Schnitter, Tobias (2008): Welcome to Pirate Cove Hotel: In einer Prüfung schriftlich ins Deutsche sprachmitteln. In: *Der fremdsprachliche Unterricht. Englisch,* 42 (93), S. 34–39.

Schocker-v. Ditfurth, Marita (2011): Grammatik und Fremdsprachkompetenzen. Plädoyer für ein lernaufgabenorientiertes Verständnis. In: *Praxis Fremdsprachenunterricht Basisheft,* 8 (1), S. 8–11.

Schröder, Konrad (1993): Essay One: Languages. In: Shelley, Monica / Winck, Margaret (Hrsg.): *Aspects of European Cultural Diversity.* London / New York: Routledge, S. 13–64.

Schröder, Konrad (2009): Englisch as a Gateway to Languages. In: Fäcke, Christiane (Hrsg.): *Sprachbegegnung und Sprachkontakt in europäischer Dimension.* Frankfurt / M.: Peter Lang, S. 69–85.

Schwerdtfeger, Inge C. (2001): *Gruppenarbeit und innere Differenzierung.* Berlin: Langscheidt.

Seidel, Juliane (2012): *Das Potenzial der Kompetenz Sprachmittlung zur Förderung der interkulturellen Kompetenz im Italienischunterricht.* [Online: http://docplayer.org/20481819-Das-potenzial-der-kompetenz-sprachmittlung-zur-foerderung-der-interkulturellen-kompetenz-im-italienischunterricht.html; 13.09.2016].

Sekretariat der Ständigen Konferenz der Kultusminister der Länder in der Bundesrepublik Deutschland (KMK) (Hrsg.) (2003): *Beschlüsse der Kultusministerkonferenz. Einheitliche Prüfungsanforderungen in der Abiturprüfung Englisch. Beschluss vom 1.12.1989 i.d.F. vom 24.5.2002.* München: Wolters Kluwer. (Abgekürzt KMK 2003).

Sekretariat der ständigen Konferenz der Kultusminister der Länder der Bundesrepublik Deutschland (KMK) (Hrsg.) (2004a): *Bildungsstandards für die erste Fremdsprache (Englisch / Französisch) für den Mittleren Schulabschluss. Beschluss vom 4.12.2003. Beschlüsse der Kultusministerkonferenz.* München: Luchterhand. (Abgekürzt KMK 2004a).

Sekretariat der ständigen Konferenz der Kultusminister der Länder der Bundesrepublik Deutschland (KMK) (Hrsg.) (2004b): *Bildungsstandards für die erste Fremdsprache (Englisch / Französisch) für den Hauptschulabschluss. Beschluss vom 15.10.2004. Beschlüsse der Kultusministerkonferenz.* München: Luchterhand. [Online: http://www.kmk.org/fileadmin/Dateien/veroeffentlichungen_beschluesse/2004/2004_10_15-Bildungsstandards-ersteFS-Haupt.pdf; 13.09.2016]. (Abgekürzt KMK 2004b).

Sekretariat der Ständigen Konferenz der Kultusminister der Länder in der Bundesrepublik Deutschland (KMK) (Hrsg.) (2004c): *Beschlüsse der Kultusministerkonferenz. Einheitliche Prüfungsanforderungen in der Abiturprüfung Französisch. Beschluss vom 1.12.1989 i.d.F. vom 5.2.2004.* München: Wolters Kluwer. (Abgekürzt KMK 2004c).

Sekretariat der Ständigen Konferenz der Kultusminister der Länder (KMK) in Zusammenarbeit mit dem Institut zur Qualitätsentwicklung im Bildungswesen (IQB) (Hrsg.) (2006): *Gesamtstrategie der Kultusministerkonferenz zum Bildungsmonitoring.* München: Carl Link / Wolters Kluwer (Abgekürzt KMK 2006).

Sekretariat der Ständigen Konferenz der Kultusminister der Länder in der Bundesrepublik Deutschland (KMK) (Hrsg.) (2012): *Bildungsstandards für die fortgeführte Fremdsprache (Englisch / Französisch) für die Allgemeine Hochschulreife. Beschluss der Kultusministerkonferenz vom 18.10.2012. Beschlüsse der Kultusministerkonferenz.* [Online: http://www.kmk.org/fileadmin/Dateien/veroeffentlichungen_beschluesse/2012/2012_10_18-Bildungsstandards-Fortgef-FS-Abi.pdf; 13.09.2016]. (Abgekürzt KMK 2014).

Sekretariat der Ständigen Konferenz der Kultusminister der Länder in der Bundesrepublik Deutschland (KMK) (Hrsg.) (2012): *Bildungsstandards im Fach Deutsch für die Allgemeine Hochschulreife. Beschluss der Kultusministerkonferenz vom 18.10.2012. Beschlüsse der Kultusministerkonfernz.* [Online: http://www.kmk.org/fileadmin/Dateien/veroeffentlichungen_beschluesse/2012/2012_10_18-Bildungsstandards-Deutsch-Abi.pdf; 13.09.2016]. (Abgekürzt KMK 2012c).

Sekretariat der Ständigen Konferenz der Kultusminister der Länder in der Bundesrepublik Deutschland (Hrsg.) (2014): *Bildungsstandards für die fortgeführte Fremdsprache (Englisch / Französisch) für die Allgemeine Hochschulreife.* Köln: Wolters Kluwer.

Sekretariat der Ständigen Konferenz der Kultusminister der Länder der Bundesrepublik Deutschland (KMK) (Hrsg.) (2014): *Bildungsstandards im Fach Deutsch für die Allgemeine Hochschulreife.* Köln: Wolters Kluwer. (Abgekürzt KMK 2014b).

Siebold, Jörg (2007): *Aufgabe/Task und Übung/Exercise*. In: *Praxis Fremdsprachenunterricht*, 4, S. 63–64.

Silbereisen, Rainer (1998): Soziale Kognition: Entwicklung von sozialem Wissen und Verstehen, In: Oerter, R./Montada, L. (Hrsg.): *Entwicklungspsychologie*. Weinheim: Beltz, S. 823–861.

Skehan, Peter (1998): *A Cognitive Approach to Language Learning*. Oxford: Oxford University Press.

Smit, Robbert (2009): Die formative Beurteilung und ihr Nutzen für die Entwicklung von Lernkompetenz. In: *Schul- und Unterrichtsforschung, Bd. 10*. Baltmannsweiler: Schneider Hohengehren.

Solmecke, Gert (2003): Das Hörverstehen und seine Schulung im Fremdsprachenunterricht. In: *Der Fremdsprachliche Unterricht Englisch*, 37 (4+5), S. 4–10.

Surkamp, Carola (2007): Zum Lesen und Schreiben motivieren und befähigen: Was literarische Texte für die Förderung von fremdsprachlichen Rezeptions- und Produktionskompetenzen leisten können. In: Bredella, Lothar/Hallet, Wolfgang (Hrsg.): *Literaturunterricht – Kompetenzen – Bildung*. Trier: WVT, S. 177–195.

Surkamp, Carola (Hrsg.) (2010): *Metzler Lexikon Fremdsprachendidaktik*. Stuttgart: Metzler.

Taras, Maddalena (2005): Assessment: Summative and Formative: Some Theoretical Reflections. In: *British Journal of Educational Studies*, 53 (4), S. 466–478.

Tassinari, Maria Giovanna (2010): *Autonomes Fremdsprachenlernen: Komponenten, Kompetenzen, Strategien*. Frankfurt/M.: Peter Lang.

Tenorth, Heinz-Elmar (Hrsg.) (2001): *Kerncurriculum Oberstufe. Mathematik – Deutsch – Englisch. Expertisen – im Auftrag der Ständigen Konferenz der Kultusminister*. Weinheim, Basel: Beltz.

Tenorth, Heinz-Elmar (2003): *Vortrag bei der Schulaufsichtskonferenz 26. November 2003*. [Online: li.hamburg.de/contentblob/3156246/data/download-vortrag-tenorth-14112011.pdf; 30.10.2013].

Tesch, Bernd/Leupold, Eynar/Köller, Olaf (Hg.) (2008): *Bildungsstandards Französisch: konkret. Sekundarstufe I: Grundlagen, Aufgabenbeispiele und Unterrichtsanregungen*. Berlin: Cornelsen Scriptor.

Tesch, Bernd (2010a): Aufgabenorientierung: Übungsaufgaben, Test- und Lernaufgaben. In: Meißner, Franz-Joseph/Tesch, Bernd (Hrsg.): *Spanisch kompetenzorientiert unterrichten*. Seelze: Klett/Kallmeye, S. 57–69.

Tesch, Bernd (2010b): *Kompetenzorientierte Lernaufgaben im Fremdsprachenunterricht. Konzeptionelle Grundlagen und eine rekonstruktive Fallstudie zur Unterrichtspraxis (Französisch)*. Frankfurt/M.: Peter Lang.

Tesch, Bernd (2010c): Leseverstehen. In: Meißner, Franz-Joseph/Tesch, Bernd (Hrsg.): *Spanisch kompetenzorientiert unterrichten*. Seelze: Klett/Kallmeyer, S. 87–95.

Thonhauser, Ingo (2010): Was ist neu an den Aufgaben im aufgabenorientierten Fremdsprachenunterricht? Einige Überlegungen und Beobachtungen. In: *Babylonia*, 3, S. 8–16.

Timpe, Veronika (2013): *Assessing Intercultural Language Learning: The Dependence of Receptive Sociopragmatic and Discourse Competences on Learning Opportunities and Input*. Frankfurt/M.: Peter Lang.

Tudor, Ian (1996): *Learner-centredness as Language Education*. Cambride: CUP.

Vandergrift, Larry (2003): Orchestrating Strategy Use: Toward a Model of the Skilled Second Language Listener. In: *Language Learning*, 53 (3), S. 463–496.

Vandergrift, Larry (2004): Listening to learn or learning to listen. In: *Annual Review of Applied Linguistics*, S. 3–25.

Vandergrift, Larry (2007): Recent developments in second and foreign language listening comprehension research. In: *Language Teaching*, 40, S. 191–210.

Vandergrift, Larry/Tafaghodtari, Marzieh H. (2010): Teaching L2 Learners How to Listen Does Make a Difference. An Empirical Study. In: *Language Learning*, 60 (2), S. 470–497.

Viau, Rolland (1997): *La motivation en contexte scolaire*. Bruxelles: De Boeck.

Volkmann, Laurenz (2012): Förderung von Medienkompetenzen. In: *Fremdsprachen lehren und lernen*, 41 (1), S. 25–39 .

Vollmer, Helmut J. (2010): Kompetenzstandards und Aufgabenentwicklung. In: Hallet, Wolfgang/Königs, Frank G. (Hrsg.): *Handbuch Fremdsprachendidaktik*. Seelze: Klett/Kallmeyer, S. 372–376.

Vollmer, Helmut Johannes (2013a): Das Verhältnis von Sprach- und Inhaltslernen im Bilingualen Unterricht. In: Hallet, Wolfgang / Königs, Frank G. (Hrsg.): *Handbuch Bilingualer Unterricht. Content and Language Integrated Learning.* Seelze: Klett-Kallmeyer, S. 124–131.

Vollmer, Helmut J. (2013b): Fremdsprachenlernen und Bildung. In: Burwitz-Melzer, Eva / Königs, Frank G. / Riemer, Claudia (Hrsg.): *Identität und Fremdsprachenlernen. Anmerkungen zu einer komplexen Beziehung.* Tübingen: Narr, S. 301–310.

Vollmer, Helmut J. (2013c): *Komponenten und Teilfähigkeiten von Sprachbewusstheit: Theoretische und praktische Analysen.* Osnabrück: (Unveröffentlichter Universitätsvortrag).

Von Saldern, Matthias (2011): *Schulleistung 2.0: Von der Note zum Kompetenzraster.* Norderstedt: Books on Demand.

Vygotskij, Lev S. (1978): *Mind in society. The development of higher psychological processes.* Cambridge, Ma: Harvard University Press.

Vygotskij, Lev S. (1934 / 2002): *Denken und Sprechen.* Weinheim und Basel: Beltz.

Wäckerle, Maike (in Vorb.): *Konstruktionen kultureller Differenz. Eine rekonstruktive Studie zu Orientierungen von Fremdsprachenlernenden der gymnasialen Oberstufe.* Unveröffentlichte Dissertation, Freie Universität Berlin, Fachbereich Erziehungswissenschaft.

Weinert, Franz E. (1999): *Concepts of competence. OECD: Definition and selection of competencies: theoretical and conceptional foundations (DeSeCo).* [Online: http://www.deseco.admin.ch/bfs/deseco/en/index/01.parsys.90715.downloadList.74320.DownloadFile.tmp/desecobackgrpaperdec01.pdf; 30.10.2013].

Weinert, Franz E. (2000): Lehren und Lernen für die Zukunft – Ansprüche an das Lernen in der Schule. In: *Pädagogische Nachrichten Rheinland-Pfalz,* 2, S. 1–16.

Weinert, Franz E. (2001): Vergleichende Leistungsmessung in Schulen – eine umstrittene Selbstverständlichkeit. In: Franz E. Weinert (Hrsg.): *Leistungsmessungen in Schulen.* Weinheim / Basel: Beltz, S. 17–31.

Weinrich, Harald (1986): Die Spitzenforschung spricht Englisch – oder etwa nicht? Zur Einführung. In: Kalverkämper, Hartwig / Weinrich, Harald (Hrsg): *Deutsch als Wissenschaftssprache.* Tübingen: Narr.

Wenden, Anita (1998): Metacognitive knowledge and language learning. In: *Applied Linguistics,* 19 (4), S. 515–537.

Weskamp, Ralf (1996): Selbstevaluation: Ein zentraler Aspekt schülerorientierten Fremdsprachenunterrichts. In: *Fremdsprachenunterricht,* 40 (49), S. 406–411.

Weskamp, Ralf (2001a): Leistungsbeurteilung für einen schülerorientierten Fremdsprachenunterricht: Zur Professionalisierung von Assessment und Evaluation. In: *Praxis des neusprachlichen Unterrichts,* 48 (3), S. 227–238.

Weskamp, Ralf (2001b): Schüler und Lehrer erforschen ihren Unterricht – Ein Beitrag zur Qualitätsentwicklung im Klassenzimmer. In: Edelhoff, Christoph (Hrsg.): *Neue Wege im Fremdsprachenunterricht.* Hannover: Schroedel / Diesterweg, S. 30–37.

Wilkening, Monika (2013): *Selbst- und Partnerevaluation unter Schülern: Lernwege individualisieren – Kompetenzen steigern.* Weinheim, Basel: Beltz Verlag.

Willenberg, Heiner (2007): Lesen. In: Beck, Bärbel / Klieme, Eckhard (Hrsg.): *Sprachliche Kompetenzen. Konzepte und Messung. DESI-Studie.* Weinheim: Beltz, S. 107–117.

Willis, Jane (1996): *A Framework for Task-based Learning.* Harlow: Longman.

Wolff, Dieter (2000): Sprachproduktion als Planung: ein Beitrag zur Psychologie des Sprechens. In: *Der fremdsprachliche Unterricht Englisch,* 5, S. 11–16.

Wolff, Dieter (2002): *Fremdsprachenlernen als Konstruktion: Grundlagen für eine konstruktivistische Fremdsprachendidaktik.* Frankfurt / M.: Peter Lang.

Zausch, Alexandra (2012): Sprechleistungen anhand von Rastern bewerten: Allgemeine Qualitätsmerkmale und ein Praxisbeispiel. In: *Französisch heute,* 43 (3), S. 124–131.

Zöfgen, Ekkehard (2010): Wörterbuchdidaktik. In: Hallet, Wolfgang / Königs, Frank G. (Hrsg.): *Handbuch Fremdsprachendidaktik.* Seelze: Klett / Kallmeyer, S. 107–111.

Stichwortverzeichnis

A

Adressatenbezug 125, 142 ff., 205 ff.
adressatenrelevant 183 f.
advance organising 134
Alltagsdiskurse 316
ästhetisches Lesen 124
allgemeine Kompetenzen 19 ff.
Anforderungsbereiche 30 f.
Anforderungsniveau 30 f., 148
Antizipation 96, 115, 147, 169
Antizipationsstrategien 198
attitudinale Faktoren 221
Attitüde, attitudinal 18
Audio- und Videoaufzeichnung 168, 176
auditiver Input 110
Aufgabenanalyse 53, 270 ff., 300
aufgabenbasierter Unterricht (TBL) 244 f.
Aufgabenbewusstheit 230, 273 ff., 285 f., 300 ff.
aufgabenorientierter Unterricht 161 f.
Aufgabenorientierung 247, 259, 287, 312 ff.
authentisch 91 ff., 142 ff., 156, 259 ff., 320
Authentizität 247, 257, 275
autonomiefördernd 157

B

backward planning 17, 262
bedeutsam 23, 179, 320
Bedeutungskonstruktion 86, 101 ff., 123, 131, 295
Beeinflussungsstrategien 51, 209 ff.
Begleitwissen 204
Bewertungsraster 168, 177 f., 196, 198

Bewertungsskalen 292
Bewusstheit 15 ff., 201 ff.
Bildung 14 ff.
Bildungskanon 14
Bildverstehen 101
bilingualer Sachfachunterricht 204, 219, 277
Binnendifferenzierung 67, 171, 255, 260

C

Choice-Overload-Hypothese 280
Content and Language Integrated Learning (CLIL) 277, 307
Corpus-Linguistik 141
critical cultural awareness 42
critical incident 165

D

deklaratives Wissen 19, 205, 222 f., 243, 292
DESI-Studie 15, 204
Detailverstehen 70, 74, 96, 114, 117
Diagnose 34, 133, 168
Diagnoseaufgabe 199, 250 f., 287, 296, 306
Diagnoseraster 168
Diagnoseschritte 295
DIALANG 227
dialogisches Sprechen 161, 171
Differenzierung 90 ff., 247 ff.
Diskurse 156 ff., 310, 311
Diskurswissen 107, 310 ff.
Distanz- und Nähesprache 118, 163
Dolmetschen 179 f.
Domäne 103, 128, 222, 245, 255
dual coding theory 100

E

editing 146 ff., 205
efferentes Lesen 124
Einstellungen 29 ff., 97 ff.
Einzelkompetenzen 17, 211
English as a gateway to languages 220
erschließendes Lesen 128
Erwartungshaltung 34, 96
E-Twinning 55
Evaluation, (Selbst-) 287 ff.
Evaluationsaufgaben 250 f.
Evaluationsraster 198, 293
éveil aux langues 220
Exploration 44
externe Evaluation 290 ff.
externes Feedback 293

F

Feedback 234 ff., 259 ff., 294 ff.
Fehleranalyse 129
Flüssigkeit 159 ff.
focused tasks 252
formale Mündlichkeit 143
formale Schriftlichkeit 143
formative Evaluation 287 ff.
formelles Schreiben 151
français relâché 214
Fremdsprachenwissen 310
funktional-pragmatisch 309
funktionale kommunikative Kompetenz 19 ff., 97 ff.

G

Gedächtnisleistung 272
gefeilter Text 145
Gemeinsamer europäischer Referenzrahmen für Sprachen (GeR) 19 ff., 245

Genre 101, 107
geschlossene Aufgabenfor-
    mate 32f., 113, 250
gestufte Mehrsprachigkeit
    16, 206
Globalverstehen 70
Globalverständnis 62
Grammatik der gesproche-
    nen Sprache 162
Grammatik-Übersetzungs-
    Methode 180

H

halboffene Aufgabenfor-
    mate 32f., 127
Hattie-Studie 10
Hauptaussage 91f., 104ff.,
    118f.
Heterogenität 145, 176ff.
Hinweise zur Prüfungs-
    durchführung 17ff.,
    31ff.
Hörerrollen 87, 164
Hörsehverstehen 100ff.
Hörverstehen 84ff.
Hypothesen 207, 216f.

I

Identität 201, 315
Individualisierung 132,
    155, 279
Inferenz 86, 121
inferieren 43f., 103,
    123ff., 136ff.
informelle Schreibstile 151
informelle Tests 251, 294f.
Inhalt 23ff., 62ff., 110ff.,
    182ff.
Inhaltsorientierung 259f.,
    312
Integrativität 159, 172
intelligent guessing 134
Interaktion 159ff., 268f.,
    276ff.
Interkomprehension 220
interkulturelle kommu-
    nikative Kompetenz
    16ff., 42ff.
interkulturelle Sensibilität
    52, 143
interkulturelles Lernen
    36ff., 53ff., 258
interne Evaluation 290

internes Feedback 293
Intermedialität 59
Intertextualität 59
intrinsische Motivation
    275
intro- und retrospektives
    lautes Denken 205, 295
introspektive Verfahren
    205, 242

J

jumelage 256, 259

K

Kanal 88, 100, 113, 158
Kanonproblematik 23
Key-word-in-Context-
    Listen 226
kognitivierendes Lernen
    270ff.
kognitives Potenzial 271
Kohärenz 59, 125, 163
Kohäsion 146f., 232
kollaborativ 132, 157
Kommunikationswissen
    310
kommunikative Kompe-
    tenz 16ff., 36ff.
Kompensationsstrategien
    198, 208
Kompetenz 10ff., 14ff.,
    36ff.
Kompetenz und Perfor-
    manz 17f.
Kompetenzaufgaben 253f.
Kompetenzbereiche 25ff.,
    45ff., 182ff., 252ff.,
    308f.
kompetenzfördernd 320
Kompetenzorientierung
    14ff., 31ff., 221, 312ff.
Konkordanzer 134, 139,
    146
Konkordanzlisten 226,
    233
Konnektoren 146f.
Konstruktion 93ff., 125ff.,
    229ff.
konstruktivistisch 221,
    268
Kontrollfragen 168
Konventionen 36, 41f.,
    120, 144ff.

kooperative Bedeutungs-
    aushandlung 94
Korrektheit 162ff., 311
kreatives Schreiben 148ff.
kriteriale Bezugsnorm 292
Kriterienraster 253, 287ff.
Kulturem 183
Kumulativität 313

L

Landeskunde 36
language awareness
    202ff., 229
language process aware-
    ness 229
learner awareness 229
Lebensweltbezug 247,
    257ff.
Lernaufgabe 32ff., 230ff.,
    244ff.
Lernausgangsdiagnose
    250, 296
Lernerautonomie 66, 221
Lernergebnisdiagnose 250
Lernersprache 39, 122,
    205, 218, 227
Lernfähigkeit 221ff.
Lerngelegenheiten 95, 103
Lernprozessdiagnose 296
Lesediagnose 133
Lesehandlung 121, 126f.,
    130ff.
Lesekontrolle 126f., 136,
    140
Leseplanung 126f.
Lesestil 121ff.
Leseverstehen 29ff., 120ff.
Lösungshypothesen 242

M

Makroebene 12, 307
mehrsprachige Kompetenz
    20, 220
Mehrsprachigkeit 20ff.,
    202, 206, 220ff., 242
mentale Repräsentation
    87
Metakognition 99, 131,
    225 279, 291
metakognitive Strategien
    90, 226
Mitteilungs- und Sprach-
    bezogenheit 161

Mobilisierungskompetenz 19, 229

monologisches Sprechen 161, 166 ff.

Motivation 130 f., 273 ff.

Mustertexte 153, 233

N

Nachdenken über Sprache 201, 219

Narrativ 23, 106, 153 ff.

Niveaudifferenzierung 31

O

Objektivität 251, 292

P

parallele Verarbeitung 100

Paraphrase 181, 205

Partnergespräch 174

Peer-correction 148

Peer-Evaluation 167, 199, 235, 287 ff.

Peer-Kommentar 158

Performanz 17, 217 ff., 232, 268

Perspektivenwechsel 37, 118

Phasenwechsel 262 ff.

PISA 15 f., 120

Planung 132 ff., 156 ff., 267 ff., 307 ff.

Planungszeit 160 f.

plurilingual 206

Podiumsdiskussion 95 ff.

Portfolio für Sprachen 227, 242, 287 ff.

Präsentationsstrategien 167

Prä-, Verlaufs- und Nach-phase (pre-, during-, post-activties) 229

pragmatische Angemessen-heit 163, 204 ff.

professionelle Lerngemein-schaften (PLG) 285

Produktorientierung 152, 282

Produktevaluation 238, 290 ff.

prozedurales Wissen 195, 222

Prozessevaluation 239, 290

Prüfungsaufgabe 33 ff., 250 ff., 285 f.

psycholinguistische Pas-sung 140, 226

R

Reaktionszeit 161

reale und potentielle Mehr-sprachigkeit 206

Redegeländer 170, 176

Redeplan 171

Reduktionsstrategien 198

reflexive Fähigkeiten 201

reflexives Lernen 131

Regelstandards 17

Relevanz 197, 222, 274, 319

Reliabilität 251

RePA 20, 222 ff., 287, 303 ff.

Rephrasieren 205

Ressourcen 18 ff., 222 ff., 273 f., 313

reziprokes Lesen 139

Rollenkarten 176

Rollenspiel 99

S

scaffolding 174, 292, 300

scanning 121

Schemata 100, 121, 123, 138, 139, 159, 205

Schreiben 29, 142 ff.

Schreibprozess 144 ff., 282

schwache Interface-Hypo-these 204

schwierigkeitsgenerierende Merkmale 97, 269

Segmentierung des Laut-stroms 86

Selbstevaluation 133, 226 ff., 238 ff., 257, 290 ff.

Selbstreflexion 157, 174

Selbstregulation 126

sensorische Fähigkeiten 201

Sequenzierung 278

situationsangemessen 49, 69, 149 ff., 183 f.

Situationsmodell 103

skimming 121, 127, 154

Skripte 100, 159

Sockel 31, 321

Solidaritäten 122, 129

soziale Anerkennung 275

Sozialität 277

sozio-kulturelles Orientie-rungswissen 309

Soziolekt 125, 212, 255, 260

Spiegeltexte (Paralleltexte) 52, 190 ff.

Sprachbewusstheit 30, 50 ff., 201 ff.

Sprachenbewusstheit 202 ff., 228

Sprachenteiligkeit 220

Sprachgefühl 217 ff.

Sprachkontakt 203 ff.

Sprachlernkompetenz 194 ff., 220 ff.

sprachlernrelevantes Vor-wissen 210

Sprachlernwissen 126, 310

sprachliche Mittel 29

Sprachmittlung 28 ff., 52, 179 ff.

Sprachverlust 203

Sprachvermischung 203

Sprachwechsel 203

Standardsprache 91 ff., 105 f., 119, 208 ff.

Stereotyp 53, 315

Strategien 94 ff., 145 ff., 167 ff., 198 ff.

summative Evaluation 287 f.

T

task as process 267

task as workplan 267

task awareness 229 f., 274, 283 f.

task-based language lear-ning (TBLL) 244

Teilhabe 22, 59 f.

Teilkompetenzen 15 ff., 98 ff., 143 ff.

Testaufgabe 250

Text 56 ff., 319 ff.

Textsorte 101 f., 107, 144 ff., 189 ff.

Text- und Medienkompe-tenz 56 ff.

Text- und Medienwissen
310 ff.
Thema 91 ff., 107 ff.,
163 ff., 308 ff.
Transfer 131, 153, 228,
248 ff., 272, 312
Transfer- bzw. Anwen-
dungsaufgaben 157
Transformation der Text-
sorte 189
Transparenz 93, 177, 241,
247 ff., 269, 283
transversale Kompetenz
211, 223 ff.

U

Übersetzung 52, 147,
176 ff., 318
Übertragung 52, 147 ff.,
179 ff., 205, 214
Umschreibungsstrategien
198

V

Validität 251, 292, 303
Varietäten 203 ff.
vernetzendes Lernen 59,
64
Verständnis 123 ff.
Verstehen 46 ff.
visueller Input 110
visuelle Kompetenz 61
Volition, volitional 18 ff.,
122, 201, 224 f.
vorbereitetes Sprechen
232
Vorwissen 86, 210

W

Wissen 40 ff., 188 ff.,
222 ff., 309 ff.
Wörterbücher 65, 139,
198, 231 ff., 279
Worterkennung 90

Z

Zeitökonomie 177
zone of proximal develop-
ment 130